第一屆

跨越想像
的邊界

族群・禮法・社會

中國史國際學術研討會
論文集

國立臺灣師範大學歷史學系　編印

①吳正己副校長及陳秀鳳主任舉行開幕式。

②第一場專題演講，由林麗月教授（右）主持，森正夫教授（左）主講。

③第二場專題演講，由邱添生教授（右）主持，陳弱水教授（左）主講。

①第一日，A-1場次，由左而右依序為三位發表人陳進金、陳惠芬、吳有能教授，主持人呂芳上教授，評論人劉維開、潘光哲、莊佳穎教授。

②第一日，B-1場次，由左而右依序為兩位發表人葉高樹、陳國棟教授，主持人賴惠敏教授，評論人林士鉉、鄭永昌教授。

③第一日，C-1場次，由左而右依序為兩位發表人李和承、周春燕教授（代邱仲麟教授宣讀論文），主持人張哲郎教授，評論人張秀蓉、巫仁恕教授。

①第一日，D-1場次，由左而右依序為三位發表人方震華、沈宗憲、陳昭揚教授，主持人黃寬重教授，評論人蔣武雄、劉馨珺、林煌達教授。

②第二日，A-2場次，後排由左而右依序為二位發表人妹尾達彥、金相範教授，主持人高明士教授，評論人廖幼華、桂齊遜教授。

③第二日，B-2場次，由左而右依序為三位發表人劉淑芬、陳俊強（兼同場評論人）、甘懷真教授。

①
②
③
④

①第二日,B-2場次,由左而右依序為主持人張廣達教授,評論人李玉珉、陳登武教授。

②第二日,C-2場次,閻鴻中教授發表。

③第二日,C-2場次,由左而右依序為發表人黃銘崇、陳健文教授,主持人杜正勝教授。

④第二日,C-2場次,由左而右依序為評論人王仁祥、林冠群教授、李訓詳教授。

①綜合討論，由左至右分別為引言人杜正勝、邱添生教授。

②綜合討論，由左至右分別為引言人陳秀鳳、黃寬重、陳國棟教授。

③會後大合照，由左至右依序為林麗月、黃寬重、巫仁恕、陳登武、陳俊強、
陳秀鳳、李和承、杜正勝、森正夫、金相範、張廣達、邱添生、甘懷真、黃
銘崇、陳國棟、妹尾達彥教授。

①	②
③	④
⑤	⑥

①會議報到情況。
②會場全貌與與會人員。
③參與學生與教授熱烈進行學術討論。
④與會學者們熱烈進行學術討論。
⑤與會學者們熱烈進行學術討論。
⑥與會學者們熱烈進行學術討論。

序一

　　2013年11月30日和12月1日本系舉辦「跨越想像的邊界：族群、禮法、社會中國史學術研討會」。此一研討會主題標示了本系教師的研究專長，也幾乎涵蓋了人類歷史的各種面向。歷史研究者在特定的想像空間中掘發史料，任由思考馳騁，解釋歷史，建構歷史。本次會議，參與者眾。不同領域的歷史學者分享研究成果，討論熱烈，跨越了各自的想像空間。

　　2014年，本系研擬學術發展特色，決定以「族群論述與國家治理」作為近期學術發展的方向。2015年，本系開始在研究所規劃「中國族群關係史」課程，由呂春盛、葉高樹、陳健文、陳昭陽四位教授擔任不同歷史階段的授課。2016年底，本系進一步籌畫於2017年12月1、2二日召開國際學術研討會。有鑑於2013年研討會成果豐碩，以及族群相關問題至今仍是臺灣受到普遍關注的議題，本系決定仍以「跨越想像的邊界：族群、禮法、社會」作為會議研討的主題，並以「第二屆」冠之。所不同者，2017年的研討會，討論的歷史空間不限於中國，而是臺灣史、中國史和世界史三者兼容並蓄，跨越了中國史的邊界，亦可視為想像空間之擴大推升。就以上諸事觀之，2013年研討會之意義不言可喻。

　　2013年研討會籌畫之時，即有於會後出版會議論文集之構想。2017年春天決定著手編輯，並開始與宣讀論文之學者聯繫，請其賜稿，學者亦表支持。本次研討會除有2篇專題演講，另有宣讀論文18篇。其中，陳弱水、黃銘崇二位教授表示論文正在投稿審查中，陳健文教授另有投稿計畫，自是不便納入；劉淑芬教授之論文已在期刊發表，然以該文多達76頁，彩圖10張，惟恐多佔篇幅，謙辭刊載。除以上四者，本論文集共收錄16篇論文，包括1篇專題演講及15篇宣讀論文，其中8篇已在各式刊物發表，獲得同意轉載，在此同時感謝與會所有學者以及本論文集之賜稿者。此外，本論文集編輯期間，承蒙本次會議籌備委員會祕書長葉高樹教授協助指導、碩士班黃千嘉同學擔任編輯助理、博士班齊汝萱、陳鴻明二位同學悉心校誤補闕，李文珠、歐詠芝二位助教與廠商接洽出版事宜，在此一併致謝。

　　2013年研討會結束至今，匆匆四年已過。時光荏苒，能夠履行當初承諾，仍是倍感欣慰。本論文集的出版，一方面為研討會留下記錄，一方面在跨界、跨領域幾已成為流行話語之今日，將它分享學界與一般社會大眾，期能激發更廣泛的對話，為知識傳播略盡棉薄之力。付梓前夕，爰作此序，以述其要。

國立臺灣師範大學歷史學系主任

陳惠芬

2018年5月25日謹識於師大

序二

　　法國大文豪維克多・雨果說：「歷史是什麼：是過去傳到將來的回聲，是將來對過去的反映」（出自Victor Hugo, *L'homme qui rit*）。歷史也是一面鏡子，它呈現了往古的跡象，照亮了當代的鑒戒也映廓了未來的實踐。而歷史學者的責任就是要因應現時社會的訴求，通過嚴謹科學的考證澄清，復活歷史的真實並讓研究成果服務於社會。正所謂：「夫史者，所以記政治典章因革損益之故，與夫事之成敗得失，人之邪正，用以彰善癉惡，而為法戒于萬世，是故聖人之經綸天下，而不患其或敝者，惟有史以維之也（出自《南山集・史論》）。」

　　多年以來，師大歷史系在致力於保持與發展優秀的學術傳統的同時，也致力於與國際和台灣學界更加緊密的學術交流，不論在中國史、世界史與台灣史方面，都陸續舉辦多次的國際學術研討會；作為國內外學者交流學術見解與學術對話的平台，在學術研究這個層面，師大歷史系是從不缺席的。從2012年陳登武主任任內，本系已著手規劃此國際學術會議，經過一年多的籌畫，在教育部、科技部（舊稱國科會）、文學院等機構的支持贊助；暨本系師長：林麗月老師、陳登武老師、葉高樹老師、呂春盛老師、劉文彬老師、陳惠芬老師，以及其他師長與同仁的辛勤努力與付出，終於在2014年11月29-30日成功舉辦了「跨越想像的邊界：族群・禮法・社會——中國史國際學術研討會」。此次研討會以中國史為範圍，邀集國內外各個斷代、不同領域的學者專家，分就各自的學術專長，針對由來已久、約定俗成或源自想像的各種面向的「邊界」，進行廣泛的省思。為期兩天的研討會議，共舉辦2場專題演講、7場論文研討，發表論文18篇（國外：4篇、國內：14篇），與會人員合計共達325人（國外：5人、國內：320人）。來自海內外多位專家、學者和歷史研究的新生代齊聚一堂，深入研討，精琢詳證，疑義相析，發表了豐碩的成果。在此國際學術會議上發表的論文題目，更涵蓋了政治、社會、族群、經濟、文化各個面向，並兼及中國史正在發展中的文化論述。透過本次會議，促成中國史研究社群的學者之間的良性互動與相互交流的機制。

　　這部論文集即是此次中國史國際學術研討會的濃縮精華，它涵蓋族群、國家建構、政治多元化、身份認同、國家考試、貿易、社會禮俗、官場升遷、婚育制度、都市規劃與佈局、自然災害的應對與民間信仰、國家變革、法制、民族問題、外族政體、信仰與禮儀以及特定歷史人物諸方面，這是各位與會學者在其研究領域的最新研究；因此，這部論文集不僅僅是最前沿的史學研究成果，也足為其它科學領域提供有價值的參考材料。本人希冀讀者在濟覽這部雖不浩繁、卻嚴謹簡潔，也經得起時間檢驗的論文集之際，能夠在拓展眼界、明晰國家事物發展軌跡層面，獲得真實而又完整的收穫。值此論文集付梓出版之際，爰綴數語，略述緣起與所感，並致誠摯謝忱。

國立臺灣師範大學歷史學系副教授

陳秀鳳　謹識

誌於2018年5月臺北市

目次

三十年來的鄉族研究與地域社會論

森正夫[*]

前言

　　1983年9月我住在廈門大學，邀請傅衣凌和楊國楨兩位先生前後舉辦6次的合作研究會。有一次就傅衣凌先生提倡的「鄉族」進行坦誠的意見交流。之後，廈門大學刊出研究會紀要，[1]我也發表相關短文。[2]在此的前兩年1981年，我在名古屋大學東洋史學研究室跟東海地區的同仁和青年研究生們共同召開的中國史研討會上，負責主題報告，即〈近代以前中國歷史研究中的地域社會觀點〉，[3]已經過了差不多30年。今年一月承蒙臺灣師範大學歷史學系邀請我擔任十一月學術研討論會的主題演講，提供的兩個講題當中，有一個涉及「地域社會」論。這時，我想到廈門大學歷史系鄭振滿先生參加1983年合作研究會之後持續研究「鄉族」，近年發表三篇相關的大作。[4]因此我希望藉此機會再次就30年前個人很關心的「鄉族」和「地域社會」這兩個課題進行報告。秉承臺灣師範大學歷史學系的意見，我將題目訂為《三十年來鄉族研究與地域社會論》，第一章主要介紹鄭振滿先生最近的成果和它的研究特點，同時運用附錄的資料。第二章首先敘述1981年我個人有關地域社會觀點的基本報告內容和現在的感想，接著提出

---

[*]　日本國立名古屋大學名譽教授。

[1]　〈明清地主、農民土地権利與地方社會―1983年廈門大學研究會紀要〉，《楊國楨教授治史五十年紀念文集》（南昌：江西教育出版社，2009）。森正夫，〈圍繞「鄉族」問題〉，《中國社會經濟史研究》，1986年第2期（廈門，1986.7）。

[2]　〈『鄉族』をめぐって―廈門大学における共同研究会の報告―〉原刊1985年，收入《森正夫明清史論集》，第2卷（東京：汲古書院，2006）。

[3]　〈中国前近代史研究における地域社会の視点―中国史シンポジウム『地域社会の視点―地域社会とリーダー』基調報告〉原刊1982年，收入《森正夫明清史論集》第3卷）。

[4]　本論〈附錄　關於鄭振滿氏的近著三篇〉。

對鄭振滿先生相關研究成果的個人淺見。同時期待在場各位先生女士關於今天明清史研究所面臨的課題能不吝賜教。

第一章　鄭振滿氏的鄉族研究

一、作為傅衣凌氏晚年中國傳統社會論的鄉族論和鄉族概念的廣泛性

　　鄭振滿氏在本論的附錄第1部「一、傅衣凌的「鄉族」理論與「多元結構」理論」中，根據自己個人研究總結近年來自身新展開的鄉族論時，首先確認了鄭氏自身所學習並受到很大影響的傅衣凌氏生前對鄉族論的最後見解，可以說就是作為中國社會論的鄉族理論。其敘述如下：

> 由於新中國特定的學術環境，傅衣凌的鄉族研究直接與「封建社會的長期延續」、「資本主義萌芽曲折發展」等中心議題相聯繫，因而也特別關注鄉族與「階級鬥爭」、「自然經濟」等社會經濟現象的內在聯繫，這應是可以理解的。然而，這一學術取向無疑限制了鄉族研究的理論視野，難以充分揭示鄉族在中國歷史上的地位與作用。實際上，傅衣凌生前對此已有清醒的認識，並已作了深入的理論反思。

又：

> 1988年發表的傅衣凌遺著《中國傳統社會：多元的結構》（《中國社會經濟史研究》1988年第3期）中，他直言不諱地宣告：鴉片戰爭以前的中國社會，與西歐或日本那種純粹的封建社會（Feudalism），不管在生產方式、上層建築或者是思想文化方面，都有很大差別。為了避免在比較研究中出現理論和概念的混淆，本文使用「中國傳統社會」一詞。

又：

> 這就是說，他（傅衣凌）決定不再使用「封建社會」的理論模式解

釋中國歷史，而是從中國的歷史實際出發解釋中國歷史。至於「中
國傳統社會」的基本特徵，他（傅衣凌）認為是「多種生產方式長
期併存」，因而是「多元的結構」。

這裡鄭振滿氏引用的地方，說到傅衣凌首言具有經濟特質的「生產方
式」，但是在上述部分有「不管在生產方式、上層建築或者是思想文化方
面」，還有在原文的中段，有「因生產方式、社會的控制體系及思想文化的
多元化」之述。傅衣凌認為「多元的結構」是指存在於社會的各個方面。

只是在這個階段，傅衣凌的鄉族概念本身範圍非常廣。鄭氏敘述如下：

> 為了充分揭示鄉族的多元性，傅衣凌在遺著中對鄉族的概念作了詳
> 細的說明：「鄉族保留了亞細亞公社的殘餘，但在中國歷史的發展
> 中已多次改變其組織形態，既可以是血緣的，也可以是地緣性的，
> 是多層次的多元的錯綜複雜的網絡系統，而且具有很強的適應性。
> 傳統的中國農村社會所有實體性的和非實體性的組織都可被視為鄉
> 族組織，每一社會成員都在鄉族網絡的控制之下，只有在這一網絡
> 中才能確定自己的社會身分和社會地位。」在這裡，鄉族全面涵蓋
> 了中國傳統社會以血緣與地緣為基礎的社會組織，幾乎中國歷史上
> 的所有社會關係都可已歸入鄉族的範疇，從而也就極大地拓寬了鄉
> 族研究的學術視野。

還有，針對筆者請教所謂「非實體性的組織」是否指理論上的存在？
鄭氏回答：「鄉規民約、地方習俗及儀式傳統等制度、觀念及文化等，未
必是社會組織的形態。」

又，鄭氏在最近受訪，即附錄第3部〈訪談錄〉（一鄉族和家族‧宗
族）中，敘述如下：[5]

> 什麼是「鄉族」？……籠統地說，鄉族就是血緣和地緣群體，

5　附錄第3部概括收錄的〈訪談錄〉原文，全部由鄭振滿氏回答10個問題所構成，筆者整理有關
　　鄉族理論的前半部為「一、鄉族和家族‧宗族」、「二、族產和明中葉以降的財政問題」、
　　「三、基層社會的自治化」，後半部很簡略地整理成「四、民間信仰、地域研究、田野調
　　查」。在此，從其「一」開始引用。

可以追溯到遠古時代的氏族制和村社制，並不是新東西。在我們中國的傳統文獻中，原來就有「鄉族」這個詞，這是（中國）本土的概念，不是外來的概念。傅先生提出「鄉族」這個概念，是試圖把它作為分析中國傳統社會的核心概念，也可以說是具有社會科學意義的概念。（中略）

傅先生很早就提出了「鄉族」的概念，但一直沒有明確的定義，有時是「鄉族勢力」，有時是「鄉族集團」，有時是「鄉族經濟」，有時是「鄉族組織」。在他那篇很著名的遺著〈中國傳統社會：多元的結構〉中，他明確指出，所有「非官方」的組織都是鄉族組織。這就是說，鄉族就是民間社會，或者說就是地方社會。

鄉族的概念，在抽象意義上，很清楚地被定義為是，包括「試圖把它作為分析中國傳統社會的核心概念，具有社會科學意義的概念」，「以血緣和地緣為基礎的社會組織」，「中國歷史上的所有社會關係」屬於這個範疇。不過，「所有『非官方』的組織是鄉族組織」、「鄉族是民間社會或是地方社會」的解釋卻是很一般的。

反過來，傅衣凌根據自己廣泛蒐集的福建地方志和原始文獻資料，發表在1961年，生動描繪明清時期農村社會的面貌，是第二次大戰後中國國內外第一部專著《明清農村社會經濟》（生活‧新知‧讀書三聯書店），最初使用「鄉族」一詞時，其圖像，如下所述，相當具體。其言：

> 福建民間多聚族而居，家必有祠，祠必有田。至其他鄉族共有的學田、寺廟田、茶田等，亦所在皆有。……就是這些共有地來源，有些原為氏族共同體的殘存物，但大多數則出於族中或地方有力者的捐捨，自然，這般地方豪族對於這些共有地能把握有莫大的支配權。[6]

在這裡，「鄉族」幾乎與宗族、同族的意思等同。另一方面鄭振滿氏意指，其恩師傅衣凌所提示的意見雖富魅力，但還是抽象，而且帶有過度

---

[6] 傅衣凌，〈明清時代福建佃農風潮考証〉，收入氏著，《明清農村社會經濟》（北京：中華書局，2007），頁151，注2。1962年寫傅衣凌《明清農村社會經濟》書評時，初次知道「鄉族」這詞的意涵，印象深刻。登載於《東洋史研究》，第21卷第2號（京都，1962.9）；收入《森正夫明清史論集》，第2卷。

一般性的鄉族概念，使其明確化。關鍵之一是，通過國家與鄉族的關係檢討明清時期賦役制度的轉變，則得以使承擔賦役組織的鄉族情形浮現。

　　下面，以附錄第1部《鄉族與國家》「三、明清時期國家與社會關係的轉型」為主，同時也參引「二、閩臺地區的傳統鄉族組織」，來探尋鄭氏的見解。

二、鄉族與國家的關係

　　首先，鄭氏針對鄉族與國家的關係，敘述如下：

> 在傅衣凌的「多元結構」理論中，鄉族與國家已經不再是單一的封建地主階級的政治工具，而是用以協調多種生產方式的政治的力量。在這種多元的社會結構，鄉族與國家共同承擔維護社會秩序的公共職能，但二者所處的地位及作用又不盡相同。

接著，鄭氏把中國傳統社會由國家政權和基層社會此二元性所構成作為前提，再把鄉族和國家的關係歸納成以下四個面向。

　　第一、由於多元的經濟基礎與高度集權的國家權力之間既相適應又相矛盾的運動，中國傳統社會的控制體系，分為「公」和「私」兩個部分。一方面，凌駕於整個社會之上的是組織嚴密、擁有眾多官僚、胥役、家人和幕友的系統……國家的權力似乎是絕對和無限的。另一方面，實際對於基層社會直接進行控制的是鄉族勢力。國家政權對社會的控制，實際上也是公和私兩大系統互相衝突又互相利用的互動過程。

　　第二、公和私兩大系統之間發揮重要作用的，是中國社會所特有的鄉紳階層。鄉紳一方面被國家利用來控制基層社會，另一方面又作為鄉族利益的代表或代言人與政府抗衡，並組織鄉族的各項活動。

　　第三、鄉族共有經濟包括族田、學田、義田、義倉、社倉、義渡、義集、私稅、私牙等形態，在傳統社會的某些發展段階、在某些地區，這種鄉族共有經濟曾經成為社會最重要的經濟成分。鄉族勢力對鄉族成員的財產也有一定的控制權，這點在族人的土地買賣中尤為明顯的表現。

　　第四、從漢代有「鄉曲豪富無官位，而以威勢斷曲直」的現象，到明清鄉族的族規、鄉例等，這種鄉族的司法權一直存在。

　　接著，鄭氏回想起明朝初期以來賦役制度的歷史，就福建省，在國家

政權和基層社會兩極之間賦予鄉族組織的位置。就是上述鄉族與國家關係的四個面向中的第一個面向。他說：

> 中國傳統社會的國家政權，既可以對基層社會實行直接統治，也可以對基層社會實行間接統治。……明清時期的政治體制，經歷了由直接統治向間接統治的演變過程，我稱之為「基層社會的自治化」。這一自治化進程主要表現為鄉族組織的政治化，因而也可以視為「國家內在於鄉族」的歷史過程。

鄭氏所稱的「政治化」，是行政組織化的意思。又：

> 明代初期（14世紀後半），朱元璋大力加強專制集權體制，試圖對民間社會實行全面控制。明初的社會控制體系，是以「畫地為牢」的里甲組織為基礎。即通過里甲審定戶籍、編制黃冊和魚鱗圖冊，有效地控制人口和土地資源，承擔賦役徵派與治安、司法等地方行政職能。明初的里甲組織具有基層政權的性質，因而可以把當時的政治體制稱為「里甲體制」。

鄭氏所言「政治體制」，是行政體制的意思。又：

> 然而，自永樂（15世紀前半）以降，由於各級政府（省—府—縣的行政機關）濫用民力，民間為了逃避日益沉重的賦役負擔，千方百計隱瞞戶口和土地，遂使里甲體制趨於解體。在福建地區，最遲至成化、弘治年間（15世紀後半～16世紀初頭）里甲（都、圖、團）編戶已損耗過半，原有的社會控制體系難以繼續維持。因此，福建各地陸續推行賦役制度改革，不再實行定期的里甲戶籍與賦役編審，而是由現存的里甲編戶分擔原有的賦役定額，從而使里甲組織成為世代相承的賦役承包單位。在此情況下，每里、每甲乃至每一編戶，都必須對人口與土地實行自我管理，合理分攤既定的賦稅與勞役，而官僚政府不再對基層社會實行直接的控制。明中葉以後福建的里社與家族組織，實際上也是不同層次的賦役共同體，里甲編戶逐漸演變為鄉族組織的代名詞。

　　鄭氏還引用自己的兩篇專論〈明後期福建地方行政的演變—兼論明中葉的財政改革〉、〈清代福建地方財政與政府職能的演變〉,[7]記述明代中葉以降至清代王朝國家的地方財政改革,促進鄉族基層社會的自治化過程。其言:

　　　　明中葉的財政改革,進一步促進地方政府職能的轉變。明代前期,各級地方政府不受財政預算的約束,可以隨意徵發民力,因而具有較為廣泛的行政職能。明中葉前後,(國家)為了減輕民間的賦役負擔,各地陸續對地方政府的財政支出實行制限,逐漸形成了分類管理的財政包幹體制。隆慶至萬曆年間(16世紀後半至17世紀初頭)全面推行的「一條鞭法」,就是這一改革趨勢的總成果。在「一條鞭法」體制下,各級地方政府只能在既定的預算範圍內安排財政支出,其行政機能受到嚴格的限制。由於「一條鞭法」的指導思想在於「節流」,各級地方財政的規模大為壓縮,只能維持經常性財政支出,缺乏應對突發性事件的機動財源。因此,萬曆以降,凡屬水利、交通等重大工程或救災、禦敵等突發性事件,都必須通過募捐籌集經費,或是責成民間自行解決。更為嚴重的是,明王朝為了緩解中央政府的財政危機,不斷裁減各級地方政府的財政經費,使之難以發揮正常的行政職能。在此情況下,地方政府為了維持社會秩序的相對穩定,日益依賴於鄉族組織與鄉紳階層,從而導致社會控制權的下移。明代後期福建的各種地方公共事務,如水利、交通、治安、教育、救濟及禮儀活動等,大多經歷了從官辦向民辦的轉變過程,其原因即在於此。

　　　　清代的地方財政體制,直接承襲了明中葉確立的「一條鞭法」,其基本特徵為分級分類定額包幹。

又:

　　　　由於清代州縣政府可以自由支配財力是極其有限的,無論地方官員

────────
7　鄭振滿,〈明後期福建地方行政的演變—兼論明中葉的財政改革〉,《中國史研究》,1998年第2期(北京,1998.2);同氏著,〈清代福建地方財政與政府職能的演變〉,《清史研究》,2002年第2期(北京,2002.5)。

如何廉潔奉公，都是不可能有大有作為的。因此，清代的各種地方
公共事務，仍是依賴鄉族組織與鄉紳階層。

又：

從明中葉至清後期，由於地方政府職能日趨萎縮，社會控制權不斷
下移。明中葉以後的政治體制，可以說是以鄉族自治為特徵的，或
者說是「國家內在於社會」。在這一政治體制下，明清時期的國家
政權維持了長達數百年的長治久安，而社會秩序也是相對穩定的。
因此，對於這一時期的國家、鄉族及鄉紳階層的歷史特點與內在聯
繫，仍有必要再做進一步的深入探討。

像這樣，鄭氏根據賦役制度與地方財政改革的精心分析，具體表述明
中葉為轉折點，鄉族組織與鄉紳階層在基層社會的作用提升，直至清代後
期。我們可能開始了解作為歷史存在的鄉族組織和鄉紳姿態。鄭氏分析的
鄉族組織和鄉紳不是無關於時代變遷的一般性存在。關於本論二、鄉族與
國家的關係，在附錄第3部「鄉族論的方法背景」的「二、族產與明中葉
以降的財政問題」、「三、基層社會的自治化」，平易的敘述說明，非常
有參考性。

三、鄉族的具體存在形態

鄉族組織於明中葉，成為賦役承擔的實質擔任者，促進了鄭氏所言
「基層社會的自治化」。可以說鄭氏因從和國家的關係揭示了鄉族組織的
社會職能而有了釐清，但是鄉族本身的具體存在形態是什麼樣的情形？鄭
振滿氏，在附錄第2部介紹「鄉族自治傳統」之論文〈清代閩西客家的鄉
族自治傳統─《培田吳氏族譜》研究〉中，揭示了福建西北部的連城縣培
田吳氏從明至清的鄉族的實際面貌及其變遷。

該論文「一、前言」表明鄭氏的問題意識如下：

在中國傳統社會，以實行以家族組織為基礎的鄉族自治，曾經是許
多政治家和思想家的社會理想。北宋時期的《藍田鄉約》、南宋時
期的《朱子家禮》、明清時期的《聖諭六條》、《聖諭十六條》和

《聖諭廣訓》，其目的都是為了推行鄉族自治，建立和諧穩定的社會秩序。然而，在不同時代與不同地區，由於客觀歷史條件的差異，鄉族自治的形式與內容也不盡相同。為了全面揭示鄉族自治的歷史與邏輯，有必要展開深入的實證研究與比較研究。

本論文的目的，「主要依據福建省長汀縣培田吳氏家族的族譜資料，考察閩西客家的鄉族自治傳統，探討晚清地方自治的歷史淵源。」

在這裡重要的是，從「以家族組織為基礎的鄉族自治」規定，明白鄉族再怎麼還是以「家族」及作為其延長的「宗族」之血緣團體為核心的存在。因此，居住在福建省長汀縣培田特定區域的吳氏家族成為對象，其族譜成為基本資料。

論文記述「由於培田遠離政治中心，歷來是山高皇帝遠的地方，鄉族自治得到充分的發展。」緊接著，令人印象深刻的是「二、家族發展與社會轉型」，從介紹傳說開始。培田吳氏始祖「八四郎公」，生於元末泰定年間，曾在江浙一帶為官，元末為逃避方國珍之亂，由浙江遷徙（福建）寧化縣，再到長汀縣的宣河里，終於定居在培田附近。

接下來，於「二、家族的發展與社會轉型」之大部分，及「三、家訓、家法與族規」、「四、公共事務與公益事業」、「五、從家族自治到地方自治」中，詳細記載培田吳氏的歷史。由於篇幅的關係，具體內容全載於附錄第2部「鄉族自治的傳統」。「六、餘論」，觸及培田吳氏鄉族組織的核心部分參見下述。

　　培田吳氏的歷代精銳，終始與國家政權保持了較為密接的關係，可以說是國家在基層社會的代言人。早在明代前期，吳氏四代祖琳敏既「掌國賦」，又應詔「出粟賑饑」，受封為「義民」。五代祖郭隆，「生平厚贈孫千戶，急周沈監生，訴罷縣官吳潛，剿獲廣寇蒲毛」，這些義行深受朝廷嘉許，受封為「尚義郎」。

　　明中葉以後，吳氏歷代都有不少族人考取科舉功名，或是出任官職，在家族內部形成了相當穩定的士紳階層。這些士紳既是鄉村社會的權力核心，也是國家政治利益的代表，自然也就成為鄉族自治的社會基礎與中堅力量。

　　培田吳氏長期聚族而居，血緣關係與地緣關係緊密結合，其家

族組織實際上也就是村落組織。因此，培田吳氏的家族自治，同時具有地方自治的功能，可以說是最典型的鄉族自治。培田吳氏的許多公共事務和公共事業，都不是由各級家族組織主辦的，顯然已經超出了家族自治的範圍。例如，培田歷史上的「文昌社」、「孔聖會」、「修業社」、「惜字社」、「義倉」、「拯嬰社」、「大和山道堂」、「培田公益社」之類，主要是吳氏士紳階層主辦的社團組織和慈善機構。士紳階層借助於這些社團組織與慈善機構，對地方社會的公共事務和公共事業實行了全面的干預。這就是清末推行地方自治的歷史依據。

剛剛在本章二所言及關於鄉族共有經濟，「四、公共事務與公益事業」中的「公共事務」意味著吳氏一族的共有事業，這裡有關於所謂族產的具體敘述。

而「餘論」文末有關民間信仰的敘述也很重要，如下：

在閩西歷史上，不僅有各種以祭祖儀式為標誌的家族組織，還有各種以祭神儀式為標誌的地方組織。培田吳氏參加的地方組織，主要是號稱「河源十三坊」的輪流祭祀「玲瑚公王」的儀式聯盟。⋯⋯這是吳氏族人追求地方控制權的另一歷史舞台，也可以說是鄉族自治的另一表現形式。

〈鄉族自治傳統〉論文的52條註釋中，有42條引自乾隆、同治、光緒族譜之處，也是想要留意的地方。此論文是就一姓的族譜資料所進行的研究，極為有系統的實證研究。必須注意的是，鄭氏的〈鄉族自治傳統〉研究，不僅是推進以族譜為主的文獻實證分析，也如附錄第2部末尾指出的，還有實地調查的證明。即關於培田，鄭振滿氏及張侃氏合著《鄉土中國：培田》2005年出版。[8]本書刊載祭祀自吳氏始祖八四郎公起十一代祖先的吳氏家廟、含二十棟明清時期建築的各種民居、被稱為「千米長街」的廣長商店街、精緻的村落景觀圖和鮮艷紅色封面的培田吳氏族譜、進行祭祀玲瑚公王等豐富的照片，得見團隊縝密田野調查的成果。

8　鄭振滿‧張侃合著，《鄉土中國：培田》（北京：生活‧讀書‧新知三聯書店刊，2005年9月）。

　　只是鄉族的具體存在形態，如吳氏，並不僅是長期繼承的單一姓氏，而且是被設想為超越單一姓氏的複數姓氏群居·生活在某個區域的案例。針對這樣的狀態進行具體的介紹、分析也是必要的。即是為了解明以血緣為核心的「鄉族」的血緣與地緣關係。比如與本章二、「鄉族與國家關係」的相關論文，要關注鄭振滿氏在附錄第2部「鄉族與國家」中所引用的一處資料；即鄭氏執筆的〈明後期福建地方行政的演變—兼論明中葉的財政改革〉（《中國史研究》1998年第1期）頁154，董應舉（閩縣人，萬曆26年進士）的《崇相集》，〈議·社倉議〉一節，兩個地方使用了「鄉族」這詞。如下：

> 昔先君子嘗以夏初發粟平價，至秋冬收成，如其價以入，不加息焉，曰吾此法成，即古常平、社倉昉是矣。不幸遽沒。而予兄弟無腴田之所入，僅足自給，警于歲飢，市粟五千，以待鄉族之乏者。春放而秋還，以新還舊，粟不論價，而數加十二。……鄉族有好義者，為予推行，庶幾有備，而先君子未竟之志，或少酬萬一。[9]

　　此處的「鄉族」具有什麼樣的意義？對於在江南文獻幾乎很少見的「鄉族」一詞的使用方法也有必要得到共通的認識。

　　根據三木聰氏的指教，中國有莊為璣編的民國37年（1948）《晉江新志》（排印本）。根據同書卷3，〈社會志〉，第10篇〈鄉族〉載有晉江鄉鄉族初步統計「晉江東石鎮32鄉鄉族調查表」（頁43-44）。在這個表的鄉鎮保甲、鄉號、鄉名、戶數、男性戶數、補註的6個欄位中，記載各鄉的實際狀況。在三木氏的理解下顯示其中的一部分，但省略各鄉的女性戶數。

鄉鎮保甲	鄉號	鄉名	戶數	男性戶數		補註
隻碧保	1	郭岑鄉	119	楊156	郭43	什姓楊郭
	2	白沙鄉	175	周176	謝8　蔡2	什姓周謝
梅唐保	3	前塘保	91	蔡91		純姓蔡
	4	刑厝鄉	125	蔡125		純姓蔡有什姓的傾向
		（下略）				

9　關於（明）董應舉，《崇相集》，〈議二·社倉議〉，也閱覽日本蓬左文庫藏本，確認了內容。

這是近代的事例，或許可以作為「鄉族」存在形態的案例之一，成為檢討的對象。

四、鄉族與福建省地域

以上，將鄭振滿氏的鄉族研究，就一、傅衣凌氏晚年中國傳統社會論的鄉族理論與鄉族概念的廣泛性；二、鄉族與國家的關係，及三、鄉族的具體存在形態加以論述。至於二、論述鄉紳階層、鄉族共有經濟及鄉族的司法權部分，本論所言之處不充分。即使是三，也沒能把作為廣大專論的鄭振滿氏的原文做充份的提要。這些，請參照附錄第2部的「鄉族自治傳統」及第3部的「訪談錄」。有關鄭振滿氏的鄉族研究，至此還有沒觸及的部分，想一併於本章作一總結。

本論檢討的對象是收錄在附錄的鄭振滿氏的三篇近著之中，第2部簡稱為〈鄉族與國家〉的論文，本來題目是〈明清時代的鄉族與國家：閩臺地區的例証〉。鄭振滿氏在論文一開頭，如下敘述：

> 在中國區域社會史研究中，國家與社會的互動關係日益受到重視。以往的研究成果表明，中國歷代大一統的國家政權與意識形態，對地域社會的發展具有不可忽視的影響，但由於各地的社會經濟形態與歷史文化傳統不盡相同，國家與社會的互動關係也不可一概而論。為了全面揭示中國傳統國家與社會關係的時空特徵，有必要開展深入的區域比較研究。本文主要依據業師傅衣凌教授的鄉族理論與多元結構理論，闡述我對閩臺傳統鄉族組織及明清國家與社會關係的初步認識，以期有助於深化區域社會史比較研究。

鄭氏注視到近年中國「區域社會史」（regional social history）研究對國家與社會相互關係的關注提高，雖然承認中國歷代統一的國家政權及其意識形態對「地域社會」的發展具有不容忽視的影響，但是各地的社會經濟形態與歷史的文化傳統不盡相同，國家與社會的相互關係不得一概而論，因此強調深化「區域比較研究」的必要性。此意思，可以說該論文中鄭氏對鄉族的關心，是嘗試從重新深入認識中國歷史各個「區域」的不均衡發展，亦即每個「區域」特色的立場出發。

在此不深入有關鄭氏所謂「閩臺」關係的說明，而把重點放在「閩」，

也就是福建。換言之，鄭振滿氏於傅衣凌遺著〈中國傳統社會：多元的結構〉中，縱使提出鄉族具有全中國的普遍性的概念銘記在心，但其傾心於對鄉族具有可以說是福建性的關注更強。附錄收錄鄭振滿氏近著的其他二篇，為第2部簡稱〈鄉族自治傳統〉的論文〈清代閩西客家的鄉族自治傳統—《培田吳氏族譜》〉，第3部作為「訪談錄」的「新史料與新史學—鄭振滿教授訪談」的實質內容，都是基於對鄉族具有福建性更強的關心。收錄的這三篇論文，都是以此關心為背景，其豐富的內容和明確的理論成為具有說服力的成果。

　　所留下問題之一是，從這個鄉族的福建性、福建的地域性看鄉族，如何使其與鄉族具有全中國的普遍性關聯。換句話說，這意味著中國的其他區域，例如在江南，鄉族具有什麼樣的存在形態。關於這點，將於第二章七中述及。

第二章　森正夫的地域社會論

一、「地域社會觀點」─「地域社會論」的提出

　　筆者於1981年提出今天被稱為「地域社會論」的想法，1982年發表論文。亦即1981年8月25-27日於名古屋大學文學部東洋史學研究室主辦舉行中國史研討會：「地域社會的觀點—地域社會與指導者」，我進行主題報告。這個報告，隔年1982年，以〈中國前近代史研究的地域社會的視點—中國史研討會「地域社會的視點—地域社會與指導者」〉為題，刊載於《名古屋大學文學部研究論集》第83號・史學28。[10]以下二至五，編輯這篇舊作的一部分，加以若干重寫的地方，把它介紹。

二、至戰後1970年中期日本的中國史研究方法特點

　　戰後日本的中國史研究，在唯物史觀的強力影響下，研究每個時代該社會的生產力水準，確定符合其水準的生產手段的所有關係。通過此事揭示基本的生產關係，設定基於生產關係的階級構成。以生產力發展作為階級鬥爭展開的最終契機，促使社會從以往的發展段階往該段階推進的同

---

[10]　《森正夫明清史論集》，第3卷。

時，進行使該段階往更高層次階段的認識作為方法的主軸。據此，顯示中國前近代社會經過了沿襲世界歷史基本法則的發展段階。在批判中國社會停滯論的同時，作為被支配階級的勞動群眾，即使在中國，也期望一併解明歷史真正的主要骨幹。今天，想將這個方法稱作「階級分析的方法」。年輕學生受到這個方法的影響，在明清史領域這個傾向也強，我自己即使向不採取這樣立場的各個老師學習，但對使用此方法還是抱持義務感。而戰後日本中國史的研究方法，也有其不能忽視的特點。那就是想要查出發揮物質財貨再生產之媒介功能的共同體之努力，即使於明清史研究，也特別指摘農業經營之生產共同體的重要性，達成「階級分析的方法」的補充作用。總言之，我自身從1960年代到1970年代中段，也認為必須使用階級分析的方法放基礎於經濟研究上。不過，在1981年8月的名古屋大學研討會的主題報告中，自己表明了以下的問題意識。

三、以秩序問題作為出發點

今天的日本，以及生存在世界的我們，在生活中，致力於自己所面臨的課題、面對它的解決，而想為此踏出一步時，我們重新自覺在日常意識上規範我們自己，另一方面我們自己維持這個秩序，或者是秩序原理的存在。這個秩序乃至秩序原理，若敢於直率表達的話，究竟社會秩序是什麼。

今天，我們以經營自己生命的生產和再生產的「場」（地方）、廣義再生產的「場」（地方）為人類生存的基本「場」（地方）。秩序乃至秩序原理－社會秩序，被推想與這個「場」（地方）的存在密切相關。

人生存的基本「場」（地方），一般可以認為是由以下三方面所構成。

1.生命及物質財貨的生產與再生產—經濟

2.政治權力的存在基礎—政治

3.支配理念體系—思想

還有，以下兩方面扮演重要的作用。

1.秩序意識的統合—以習俗、倫理、價值觀為媒介—

2.指導人的指導、作用

像這樣，取出人生存之基本「場」（地方）（廣義再生產的「場」（地方））的各方面一看，上述的秩序乃至秩序原理—社會秩序，對組成這個「場」（地方）的人們的意識統合是不可或缺的，可以定位它像鹽滷的存在一樣重要。而社會秩序被想像，是以這個「場」（地方）指導者的

指導，尤其是知識、道德的教導，即以人們知識、道德意向的作用作為媒介而成立的。

在人生存的基本「場」（地方）之意識統合上發揮不可欠缺的功能的秩序原理即社會秩序是什麼。今日因為這樣的關心，如果能夠設定前近代中國史研究的新問題、新視野，那麼通過這件事，我們是否可以找到自己與中國史研究的一個接觸點。地域社會的觀點是因為這樣的關心而提出的。上述主題報告觀點的核心部分如下。

四、「地域社會觀點」的核心部分

「雖然包藏階級的矛盾、差異，但是面對廣義再生產的共同現實課題的各個人，在共同社會秩序下，由共同指導者（或指導集團）的指導所統合的地域「場」（地方），我們稱為地域社會。」換言之，「所謂地域社會，乃包含意識範疇在內，為固有的社會秩序所貫穿的地域「場」（地方）。在這個「場」（地方），雖然包藏階級的矛盾、差異，但是面對廣義再生產的共同現實課題的各個人，在共同社會秩序下，由共同指導者（或指導集團）的指導所統合。」

像這樣，地域社會觀點的特徵，總言之，在於具有對立、差異的各個人，在另一方面卻被統一、合作，於其統一、合作的契機中，注意同時包含意識範疇在內，也掌握地域的「場」（地方）。換言之，徹底思考地域「場」（地方）中對立事物統一的契機、結構也包含意識範疇。1981年我們主張的「地域社會」，像這樣，始終是觀點、是方法概念。

地域社會的觀點—賦予作為方法概念的地域社會特徵的關鍵詞，是「場」（地方）、「秩序」、「指導者」、「知識道德的作用」。

五、至戰後1980年日本中國史研究的地域社會觀點和具共同層面的見解

地域社會的觀點—作為方法概念的地域社會見解，不是完全突然出現。至戰後1980年初日本中國史研究的的先行業績中，有共同方面的研究。

1961年谷川道雄提出作為「共有現實課題『場』（地方）」的「共同體」及作為它開展形態的1970年「豪族共同體」。1971年重田德主張「政治社會的範疇」，及作為「該社會基礎單位」的「鄉紳支配」，以及遠在兩位之前1954年宮崎市定設定作為「士大夫和民眾」結合的「場」（地

方）的「鄉里」便是。[11]順便一提，學術論文中，首次使用「地域社會」一詞的是，戰後日本明清史研究來講，是1971年的重田德。

六、1981年提出地域社會觀點的回顧和今後的課題

筆者當時，對1945年以來日本明清史研究，也對包含自己1960-70年代前半的研究抱持以下的看法。

第一、階級間的矛盾和存在於其反面的社會統合分開加以掌握，而且就社會統合的檢討本身，不一定進行。

第二、階級矛盾和社會統合同時成立的「場」（地方）之存在和功能沒有充分被關注。

第三、對於維持社會統合的社會秩序、秩序意識的關注還是薄弱。

進行這些批判，是在1970年中期結束高度成長期，進入所謂穩定成長期而國民的經濟需求告一段落，日中兩國恢復國交，日本的中國、亞洲研究者緊張緩和的1980年前後的日本，不是對基於歷史唯物論‧發展階段論之經濟史的優先關心，而是因為也強烈抱持有必要對涉及到人之意識範疇的社會秩序，或秩序意識所發揮的作用予以了解的這個想法。還有，關於進行抗租運動研究的江南、福建的民眾動向，於1973年以後，注意福建抗租運動中土豪的指導。1970年代後半到1980年代初，收羅閱讀中國全地區地方志的「風俗」項目，了解明末全國各地之秩序意識的顯著變化，同時也注意到南方無賴和奴僕多樣且複雜的暴動。此外，從這時候起，我則受到明清史研究的前輩們，不是對士大夫的地主層面而是對鄉紳或是處士層面開始研究的刺激。以「地域社會」一詞號召作為「為了全面掌握廣義再生產的「場」（地方）、人生存的基本「場」（地方）之方法概念」使用，是因為這樣的背景。

只是從最初提出歷經近三十年的今天，提出當時所抱持上述的三個課題，可以說還沒解決，但是課題本身所在，在今天的日本似乎已成為共同的看法。問題是，中國史研究現在真正迫切解決的課題是否停留在這些議題，而「地域社會觀點」此概念、方法的提出，包括課題本身的擬定，今

---

[11] 谷川道雄，〈一東洋史研究者における現実と学問〉（原刊1961年），《中國中世社會と共同体》（東京：國書研究会，1976）；重田德，〈鄉紳支配の成立と構造〉（原刊1971年），《清代社會經濟史研究》（東京：岩波書店，1975）；宮崎市定，〈明代蘇松地方の士大夫と民衆〉（原刊1954年），《宮崎市定全集》，13卷（東京：岩波書店，1992）。

天果真有用嗎？

七、關於福建和江南比較的問題

（一）以明末江南為中心的地域社會掌握的各類型

　　鄭振滿氏，就福建所累積傅衣凌氏的研究成果及其所達到的視野為前提，根據自己福建的文獻收集、分析和實地調查的基礎，積極地設定課題和系統地進行考察，推進鄉族研究。筆者從1960年代中期至今，大體上如別表3所示，主要就江南三角洲的土地制度、民眾的抵抗運動和叛亂、地域社會的統合等課題持續進行個別研究。關於福建的研究工作，以西北部寧化縣為主，江南以外其他地域的研究很有限。我本身雖然欠缺充分討論鄭振滿氏鄉族研究的條件，但從地域社會觀點來說，鄉族研究的觀點和成果非常重要。因此我就有關第一章四所提出鄉族具有福建性這點，想從自己以江南為主的研究經驗，大膽加以檢討。

　　於1981年「地域社會觀點」的學術研討會中，我廣泛根據日本的先行研究，加上基於那時候自己的研究，提出作為「人生存的基本『場』（地方）（廣義再生產的「場」（地方））」的「地域社會」概念設定的必要性。同時為了理解這個概念及相關的方法，做若干補充說明。其一、主要將明末江南地域社會的指導者、指導方式、地域「場」（地方）與指導者、指導方式的關係，歸納為(a)地主、(b)鄉紳、(c)士大夫、(d)國家、(e)民眾五個類型，作成別表1的原型。

　　這個類型化原本與各研究者的見解無關，是筆者應用「地域社會」觀點分類而成。地主、鄉紳、士大夫，雖然資料方面有些相同，但至1960年代，日本很多學者研究地主，1970年代以後的學者研究，從哪個方面來說，多半是研究鄉紳，而1954年宮崎市定提出士大夫的層面，[12]至1980年當時，未必成為許多研究者所理解的地方。此外，對於把「大一統」的國家本身當作一個「地域社會」，同時把它看作指導者，另一方面則設定以民眾為指導者的體制等各點，認為是荒唐無稽而成為批判的對象。

　　但是，這樣的類型化都是因為筆者自身方法和實驗的需求。亦即嘗試這樣的類型化，是想據此找到關於明末江南的日本各個研究認識「該社

---

[12] 參照本文第二章五。

會之基礎單位」（重田德）的核心主體在哪裡、釐清意見分歧在哪裡。因為通過這樣的類型化，企圖考察「地域社會觀點」所具有的意義和有效性的線索。比如，地主類型（經濟、社會範疇）及鄉紳類型（政治、社會範疇）以外，欲就設定士大夫類型（文化、社會範疇）加以敘述。蘇州府的「市隱」（宮崎市定）、蘇州府的「處士」（森正夫。最初關注處士存在的是小山正明）、江蘇、浙江的東林派（溝口雄三）屬於這類型，[13]想探討其地域社會知識道德的指導性，還有與此指導性互為表裡的意向作用。至於一般被指導的民眾，即使是暫時的，但對於明末蘇州、松江、杭州等都市地區民變的極大影響則投以關注。

　　而上述鄉紳類型及士大夫類型二者，可以說是根據意向性的差異設定，因此也有可能化分成鄉紳右派類型和鄉紳左派類型。如稍後（二）將觸及的賦役制度改革，在江南三角洲，很有可能假定來自這種意向性的分化，則鄉紳階層的「層」是很有厚度的，其間的差異、矛盾也是顯著的，因而這裡不就存在與福建的差異了嗎。

（二）賦役制度改革、特別是一條鞭法成立的原委

　　如第一章二所見，據鄭振滿氏的研究，從隆慶至萬曆年間（16世紀後半至17世紀初），實行以財政支出的「節流」為指導思想的一條鞭法，地方政府為維持社會秩序的相對穩定，關於公共事務的施行，逐漸依賴鄉族組織和鄉紳階層，因此導致社會控制權下移。一條鞭法是明中葉前後中央政府為了減輕民間的賦役負擔，遂行賦役制度改革的最終結果。這是鄭振滿氏立足於以福建為對象的自己多篇論文，所提出的看法。

　　然而，在江南，一條鞭法是①各縣均一化每畝稅糧徵額，②各縣統一化每石稅糧徵收物品種類（米與銀）和③各縣一元化每畝與稅糧相關的徭役代納銀徵收額，而總稱為均糧的改革。這項改革，違反有意維持從前每畝稅糧徵收額體系的明朝中央方針。在江南三角洲的蘇州、松江、常州、鎮江、湖州、嘉興六府，經過15世紀前半的準備段階，自15世紀後半著

---

[13]　前揭宮崎市定論文。森正夫，〈明代の鄉紳—士大夫と地域社会との関連についての覚書〉原刊於1980年，收入《森正夫明清史論集》第3卷（2006）。森正夫，〈宋代以後の士大夫と地域社会—問題点の模索—〉原刊於1983年，收入《森正夫明清史論集》第3卷（2006）。小山正明，〈明代の糧長—とくに前半期の江南デルタを中心にして—〉原刊於1968年，收入《明清社会経済史論文集》（東京：東京大学出版会，1992）。溝口雄三，〈いわゆる東林派人士の思想—前近代期における中国思想の展開—（上）〉，《東洋文化研究所紀要》75（1978）。

手，特別是16世紀的30年代至60年代，隨著各府內部的抗爭，也就是可以說從地方—底層頑強不斷地累積至付諸實行。別表2是根據拙著《明代江南土地制度的研究》，[14]大幅濃縮此一過程所整理出的表格。

嘉靖16年（1537），廣大區域的地方行政首長南直隸巡撫為改革而主動召開七個月的長時間會議。現實的改革早從15世紀後半開始，較遲的松江府實行於16世紀60年代的隆慶3年（1569），除了三角洲西邊的鎮江府部分施行外，這時其他五府全部完成。此間，府行政首長知府的職責非常大。請參照別表2負責官僚的地方。

在地域狀況、地域發言人的項目下，大戶、豪右、宦室富家反對「均糧」改革，另一方面強烈要求實行的小戶、支持的鄉里孝廉（舉人）等狀態被呈現，而圍繞改革的地域內部對抗關係變得明顯。

即使在此，也顯示地域鄉紳階層的「層」的厚度、鄉紳階層間矛盾的大小，還有對鄉紳階層之非鄉紳階層的抵抗強度，我認為在這裡透露出與福建的差異。

（三）福建和江南宗族活動的特徵

關於明清時期福建鄉族是以同姓宗族為核心的集團，從第一章三檢討鄭振滿氏根據對福建西北部連城縣培田吳氏族譜的分析所撰寫有關鄉族自治傳統的論文中也得以清楚明白。不過，在本章七（一）所述掌握地域社會的各類型中，沒有設定宗族或宗族的代表成為指導者的類型。1980年代以降，日本的華中、華南宗族研究活躍，關於廣東有片山剛[15]、西川喜久子[16]等厚厚的積累；也有關於華中東部，上田信以浙東為對象的一系列業績[17]，及井上徹以元末明初浙東、浙西為對象的論文[18]；檀上寬以明初浙東

---

[14] 森正夫，第三章〈十五世紀前半における江南官田の再編成〉、第四章〈十五世紀中葉以降の江南デルタにおける稅糧徵收制度の変容〉、第五章〈十六世紀江南における稅糧徵收制度の改革と官田の消滅〉，《明代江南土地制度の研究》（京都：同朋舍出版，1988）。

[15] 片山剛，〈清末広東省珠江デルタの図甲制について—稅糧・戶籍・同族〉，《史學雜誌》91：4（東京，1982）。

[16] 西川喜久子，〈珠江デルタの地域社会—新会県の場合〉，《東洋文化研究所紀要》，124（東京，1994）。

[17] 上田信，〈明清期、浙東における州県行政と地域エリート〉，《東洋史研究》，46：3（京都，1987）。

[18] 井上徹，〈宗族形成の動因について—元末明初の浙東・浙西を対象として—〉，《和田博德教授古稀記念・明清時代の法と社会》（東京：汲古書院，1993）。

為對象的研究[19]，但是廣泛展望明清時期江南三角洲的宗族存在形態，使得與福建比較成為可能的研究較少。這是在上述表格中不能設定類型的理由之一。

在此情況下，最近三木聰發表〈一九五〇年期福建の土地改革と公地‧公田〉[20]，是以現代為對象的著作，以「福建的族田、祭田、祠田、蒸嘗田、太公田等各式各樣名稱作為宗族共有地」的「公地、公田」為對象，注意宗族結合的方式，對1949年以降土地改革時期，也關注福建以外的華東地區各省。根據三木對引用資料之一，即華東軍政委員會土地改革委員會編，《華東區土地改革成果統計》收錄〈土地改革前華東各省（區）市農村各階級（層）土地佔有情況統計表〉分析，「公田佔土地所有的比例情形，相對於蘇南（江蘇省南部……森）5.90%、安徽4.17%、浙江16.35%，福建的公田29.36%顯示突出且高的數據。而在蘇南、安徽、浙江、福建「四地區，中農、貧農、雇農的土地所有比例大幅超過地主、富農」，「尤其在福建，地主、富農的土地所有比率18.67%，於四區域中最低」。若就地主與中農比較來說，在蘇南，地主28.30%、中農31.62%；在安徽，地主28.30%與中農34.67%；在浙江，地主20.66%與中農31.43%；在福建，則地主13.50%與中農32.36%，有「二倍以上的差異」。

如此土地改革期的統計資料，關於如何繼承、反映明、清及民國各時期的土地所有狀態，慎重的態度是必要的。不過，作為福建宗族共有地的「公地‧公田」比率，跟和江南重疊的蘇南、安徽、浙江相比，顯得特別的高。此事，在福建，與中農土地所有占地主所有的倍數之事實，及本論第二章七（一）、（二）所見江南鄉紳階層與福建其階層厚薄相符合，同時也反映福建社會宗族組織的根深蒂固。

還有，和鄭氏同是廈門大學的王日根氏，1996年發表〈明清福建與江南義田的比較研究〉[21]，「福建的義田」是「封建官府對社會基層的管理更加間接化和無為化，同時也反映了社會基層的自治化趨向」。關於明中葉以降的基層社會自治化、鄉族組織的行政組織化，提出與鄭振滿氏同樣

---

[19]　檀上寬，〈元‧明交替の理念と現實—義門鄭氏を手掛りとして〉，《史林》，65：2（京都，1982）。

[20]　三木聰，〈一九五0年期福建の土地改革と公地‧公田〉，《東洋史研究》，72：2（京都，2013）。

[21]　王日根，〈明清福建與江南義田的比較研究〉，《史林》，1996年第2期（上海，1996.5）。

的看法。同時，在與江南比較上討論福建的義田也很有意思。王氏重視宋代以後中國為了防止貧富急劇分化，於范仲淹在蘇州提倡義田的影響下，因宗族的族人扶養，福建也開始設置義田，持續了1990年以來的研究。[22] 針對他的見解，有必要另外給予詳細的介紹和檢討，但是在此想介紹上述論文的三個要點：

一、「福建和江南因地理位置不同，所以政治、社會環境不一樣，福建的義田和江南的義田與發展方向有別」。「江南義田的設置者多半是官僚階層」，「在福建，義田的設置者，包括官僚、義民、商人、諸生、節義之婦乃至僧道等。」其次、「明清時期福建家族組織的發展，已衝破單純的血緣紐帶，出現了超家族的類家族組織，顯然是與當時社會的動盪與不安定相適應的，反映政府統治的薄弱化」。再者，論文總結，「明清福建義田與江南義田有傳承關係，也有不少共同點，但其中的不同點也是不可忽視的」。

王氏這些指摘，顯示明清時期的江南原本也與福建同樣展開宗族活動，而且被認為更加顯著。但另一方面在江南和福建，與宗族和社會的關係方式、鄉族地域的影響狀態上不是沒有差異的。

至此，本論在第二章七關係福建與江南的比較問題中的（一）至（三）提出的意見，除依據（三）的三木聰、王日根二人研究部分，主要都是基於自己以往研究所提出的不成熟看法，盼望今後有關福建及江南之專門研究學者的批判和檢討。

代結語

本演講介紹了鄭振滿氏的鄉族研究，在提出明確的問題意識和方法上，其根據詳細的文獻研究，也立足於田野調查，是長達30餘年系統性力行累積而來的優秀研究成果。另一方面，今天被稱為地域社會論的我個人的見解當中，作為文獻表述的確切部分，只是30年前我進行研討會的主題報告，是用日語表現「地域社會視角」的一個觀點，只不過是「地域社

22　王日根，〈論明清時期福建家族內義田的發展及其社会背景〉，《中國社會經濟史研究》，1990年第2期（廈門，1990.7）。同氏，〈清代福建義田與鄉治〉，《中國社會經濟史研究》1991年第3期（廈門，1991.7）。同氏，〈論明清時期福建民辦社會事業的發展〉，《中國社會經濟史研究》，1993年第3期（廈門，1993.10）。

會」之方法概念的提示而已。之後，到目前為止，我在陸續進行別表3所載的個別專題研究中，提到這個觀點－方法概念的地方不少。但這個觀點自身的全面性驗證及據此之研究，依然沒能形成。

　　在1981年的研討會，關於筆者所做的主題報告：〈中國前近代史研究的地域社會觀點〉，研討會當天就收到很多的批判和意見。對於到2006年的情形，於拙著，《森正夫明清史論集》第三卷刊載該報告的【補記】，有大約長達7頁的介紹。[23]論點之一是，在我的「地域社會觀點」中，如何掌握地域社會與國家的關係，存在著不清楚的問題。[24]鄭振滿氏的鄉族研究，如本論第一章二所見，通過賦役制度和財政結構來分析鄉族和國家關係，取得具體究明鄉族之社會功能的成果。對此，我的立場，在本章七之（一）及別表1，儘管作為論理框架述及國家，但沒有如鄭振滿氏從正面進行中國歷史「大一統」的集權國家與「地域社會」相互關聯的討論。針對地域社會與國家的關係進行考察，是今後筆者的課題。本論就江南研究向鄭振滿氏的鄉族研究提出若干問題，但是鄭振滿氏把焦點放在福建，以國家作為研究鄉族的媒介的此一作法，應該值得學習。

　　1981年研討會9年後，即1990年，岸本美緒於〈道德經濟與中國社會研究〉一文，[25]檢討戰後日本中國史研究論爭的課題。當中提到，「地域社會」是關係中國史研究上「社會團體與國家權力關係」問題的社會團體之一環，作為環繞「規範形成『場』（地方）之結構」的議論之一，而提出之前的主題報告，稱此觀點為「地域社會論」。岸本尖銳批判森的「『地域社會』，提出與村落和縣之實體框架分離的方法概念，缺乏具體形象，極為模糊」，解釋到：「森的地域社會論，其分析單位，未必與明確團體重疊的『場』（地方），即作為人們意識中所共有的一個認知世界而被提出」。「地域社會的視角」作為觀點、方法概念出發，現在還一直停滯在那裡，岸本的指摘與這樣的情形不是沒有關連的。不過，我認為歷史學的方法內含主觀性和實踐性，岸本的看法帶有這種建設性的啟示。

---

[23]　拙稿，〈中国前近代史研究における地域社会の視点─中国史シンポジウム『地域社会の視点─地域社会とリーダー』基調報告〉，《森正夫明清史論集》，第3卷【補記】（2006年）。

[24]　註23【補記】所收山田賢，〈中国明清時代史研究における『地域社会論』〉，《歷史評論》，580號（東京都，1998.8），就筆者「地域社會論」中國家的處理進行詳細的批評。

[25]　岸本美緒，〈モラル・エコノミー論と中国社会研究〉，《思想》，792號（東京都，1990.6）。

附錄　有關鄭振滿氏鄉族研究的近著三篇

前言

　　鄭氏鄉族研究的特點之一是，其「鄉族」概念以含括地域和宗族這兩個層面為對象，同時也論及鄉族與國家關係。本論為了理解鄭氏的鄉族研究和「鄉族」概念，以下將介紹鄭氏最近的三篇作品。

　　1930年代到1940年代，傅衣凌氏在福建內地山區收集鄉里資料和進行與「鄉族」概念相關的研究。1946年發表以「鄉族集團」為題的論文。但是，這詞廣泛為研究者所知是因為1961年傅衣凌氏《明清農村社會經濟》所收的幾篇論文中使用了這個詞。同年，傅氏也發表〈論鄉族勢力對於中國封建經濟的干涉—中國封建社會長期停滯的一個探索〉（《廈門大學學報》1961年第3期），此論文在日本首次於傅氏的《明清社會經濟史論文集》（北京：人民出版社，1982）中得知。1982年我也聽講的，傅衣凌氏於京都大學人文科學研究所明代史小組的「明清社會經濟變遷論」集中講義中，論及「從血緣＝族擴大到地緣＝鄉的結合，在中國後期封建社會中占有非常重要的地位。日本學者稱此為共同體，而我稱它為鄉族勢力。」

　　筆者自1962年有機會為《明清農村社會經濟》撰寫書評以來，對此在他處未見類似的「鄉族」概念感到興趣，於1983年4月至1984年1月長期訪中之際，曾停留廈門大學歷史系一個月，請求傅衣凌氏及其高徒亦是同事的楊國楨氏，舉辦也是以「鄉族」為主題的一系列的共同研究會。1985年，將共同研究會的報告總結成以〈『鄉族』をめぐって〉為題的一篇論文（《東洋史研究》44卷1號）。鄭振滿氏於傅衣凌氏正在構築「鄉族」概念之時，就讀於廈門大學歷史系，在其指導下，完成碩士論文〈明清時期鄉族地主經濟〉及博士論文〈明清福建家族組織與社會變遷〉，並以此為基礎持續進行研究至今。近年來，似乎看到鄭振滿氏正在集成自身多年的「鄉族」論。以下三篇的近著顯示此事。本文以「→」略記。

　　〈明清時代的鄉族與國家〉（《鄉族與國家—多元視野中的閩臺傳統社會》緒論。生活・讀書・新知三聯書店，2009年5月）；〈明清時代的鄉族與國家：閩臺地區的例證〉（《相聚休休亭：傅衣凌教授誕辰100周年紀念文集》，2011年12月，廈門大學出版社）。雖然這兩篇文章基本上

相同，但是這裏選擇後者→《鄉族與國家》。

　　〈清代閩西客家的鄉族自治傳統─《培田吳氏族譜》研究〉（《學術月刊》第44卷4月號，2012年4月）→〈鄉族自治傳統〉。

　　〈新史料與新史學─鄭振滿教授訪談〉（鄭振滿；鄭莉、梁勇訪問）《學術月刊》第44卷4月號，2012年4月，〈「中青年專家訪談錄」〉）→〈訪談錄〉。

　　本附錄，首先第1部，以「鄉族論的論理構成」為題，基於《鄉族與國家》提示鄉族論的理論特點；第2部，基於《鄉族自治傳統》，題為「鄉族自治的傳統」，探究明清時期福建西北部某個地域的鄉族之歷史性的開展過程；第3部，基於〈訪談錄〉，題為「鄉族論的方法─鄉族與家族、宗族、明中葉的財政改革」，同時提出鄭氏鄉族論中兩個有獨點的方法，涉到他對於民間信仰、儀式關注。

　　以下文章，新明細體的部分是筆者所記，而標楷體則是直接引用鄭氏的原文。

第1部　鄉族研究的論理構成

　　鄭氏鄉族研究的理論架構，濃縮在「鄉族與國家」的一、傅衣凌的「鄉族」理論與「多元結構」理論之中。此文，鄭氏以學習並受到極大影響的傅衣凌氏的理論為標題，謹慎追溯傅衣凌氏終其一生探索鄉族論的過程，介紹傅衣凌氏畢生治史的總結。藉此，鄭氏本人根據自己個人的研究所構築的鄉族論的理論架構全面地展開。鄭氏敘述如下：

> 由於新中國特定的學術環境，傅衣凌的鄉族研究直接與「封建社會的長期延續」、「資本主義萌芽曲折發展」等中心議題相聯繫，因而也特別關注鄉族與「階級鬥爭」、「自然經濟」等社會經濟現象的內在聯繫，這應是可以理解的。然而，這一學術取向無疑限制了鄉族研究的理論視野，難以充分揭示鄉族在中國歷史上的地位與作用。實際上，傅衣凌生前對此已有清醒的認識，並已作了深入的理論反思。

又：

> 1988年發表的傅衣凌遺著《中國傳統社會：多元的結構》（《中國社會經濟史研究》1988年第3期）……直言不諱地宣告。即鴉片戰爭以前的中國社會，與西歐或日本那種純粹的封建社會（Feudalism），不管在生產方式、上層建築或者是思想文化方面，都有很大差別。為了避免在比較研究中出現理論和概念的混淆，本文使用「中國傳統社會」一詞。

又：

> 這就是說，他（傅衣凌）決定不再使用「封建社會」的理論模式解釋中國歷史，而是從中國的歷史實際出發解釋中國歷史。至於「中國傳統社會」的基本特徵，他認為是「多種生產方式長期併存」，因而是「多元的結構」。在傅衣凌的「多元結構」理論中，鄉族與國家已經不再是單一的封建地主階級的政治工具，而是用以協調多種生產方式的政治的力量。在這種多元的社會結構，鄉族與國家共同承擔維護社會秩序的公共職能，但二者所處的地位及作用又不盡相同。

以下則扼要摘錄鄭氏所整理的四個要點。

第一、由於多元的經濟基礎與高度集權的國家權力之間既相適應又相矛盾的運動，中國傳統社會的控制體系，分為「公」和「私」兩個部分。一方面，凌駕於整個社會之上的是組織嚴密、擁有眾多官僚、胥役、家人和幕友的系統，國家的權力似乎是絕對和無限的。另一方面，實際對於基層社會直接進行控制的是鄉族勢力。國家政權對社會的控制，實際上也就是公和私兩大系統互相衝突又互相利用的互動過程。

第二、公和私兩大系統之間發揮重要作用的，是中國社會所特有的鄉紳階層。高度集權的國家實際上無法完成其名義上承擔的各種社會責任。國家對基層社會的控制，只能由一個雙重身分的社會階層來完成。基層社會也期待有這樣的階層代表它與高層在上的國家政權打交道。這就是鄉紳階層長期存在的根本原因。鄉紳一方面被國家利用控制基層社會，另一方面作為鄉族利益的代表或代言人與政府抗衡，並組織鄉族的各項活動。

第三、與多元的經濟基礎和社會控制體系適應的，資產形態和資產

法權觀念的多元化。國有經濟、鄉族共有經濟與私有經濟的長期共存，是中國傳統社會資產所有形態的一大特色。鄉族共有經濟包括族田、學田、義田、義倉、社倉、義渡、義集、私稅、私牙等形態，在傳統社會的某些發展段階、在某些地區，這種鄉族共有經濟曾經成為社會最重要的經濟成分。鄉族勢力對鄉族成員的財產也有一定的控制權，這點在族人的土地買賣中尤為明顯的表現。

　　第四、與社會控制多元化相對應的還有司法權的多元化。從漢代有「鄉曲豪富無官位，而以威勢斷曲直」的現象，到明清鄉族的族規、鄉例等，這種鄉族的司法權一直存在。而且在解決民事訴訟和預防、懲罰犯罪方面起著國家司法系統無法替代的作用。鄉族勢力不僅可以施行私刑，而且往外擁有部曲、私兵、家兵等武裝力量。

　　鄭氏通過以上的分析，總結鄉族與國家的地位和作用如下。「中國傳統社會的鄉族與國家，無論在社會的控制、政治體制、產權關係及司法體系等領域，都同樣具有不可或缺的作用。因此，如何在多元經濟基礎的矛盾運動中，揭示鄉族和國家的不同地位和作用，可以說是研究中國傳統社會的關鍵所在」。

　　鄭氏如是敘述。傅衣凌的鄉族理論和「多元結構」理論，具有內在的一致性。這是因為，中國傳統社會的多元性集中地表現為鄉族的多元性。在某種意義上說，正是由於存在多元的鄉族組織，才有可能適應多元的經濟基礎。為了充分揭示鄉族的多元性，傅衣凌在遺著中對鄉族的概念作了詳細的說明：「鄉族保留亞細亞公社的殘餘，但在中國歷史的發展中已經多次改變其組織形態，既可以是是血緣，也可以是地緣性的，是多層次的多元的錯綜複雜的網絡系統，而且具有很強的適應性。傳統的中國農村社會所有實體性的和非實體性的組織都可被視為鄉族組織，每一社會成員都在鄉族網絡的控制之下，只有在這一網絡中才能確定自己的社會身分和社會地位。」在這裡，鄉族全面涵蓋了中國傳統社會以血緣和地緣為基礎的社會組織，幾乎中國歷史上的所有社會關係都可以歸入鄉族的範疇，從而也就極大地拓寬了鄉族研究的學術視野。還有，針對筆者請教所謂「非實體性的組織」是否指理論上的存在？鄭氏回答：「鄉規民約、地方習俗及儀式傳統等制度、觀念及文化等，未必是社會組織的形態。」

第2部　鄉族自治的傳統─概論和事例研究

鄭氏鄉族論的第二個特點是關注鄉族自治，透過文獻資料釐清鄉族自治的起源與開展，亦即歷史的形成過程。這是由兩個方向所形成。

第一、可以說是歷史的概觀。

鄭氏在「鄉族與國家」的「三、明清時期國家與社會關係的轉型」，敘述如下：

> 中國傳統社會的國家權力（←國家政權），既可以對基層社會實行直接統治，也可以對基層社會實行間接統治。一般說來，只有在高度發達的中央集權體制下，才可能對基層社會實行直接統治，否則就只能實行間接統治。明清時期的政治體制，經歷了由直接統治向間接統治的展開（←演變）過程，我稱之為「基層社會的自治化」。這一自治化進程主要表現為鄉族組織的政治化，因而也可以視為「國家內在於鄉族」的歷史過程。

順便一提，鄭氏稱「政治化」是行政組織化的意思。又：

> 明代初期（14世紀後半……筆者。以下同），朱元璋大力加強專制集權體制，試圖對民間社會實行全面控制。明初的社會控制體系，是以「畫地為牢」的里甲組織為基礎。即通過里甲審定戶籍、編制黃冊和魚鱗圖冊，有效地控制人口和土地資源，承擔賦役徵派與治安、司法等地方行政職能。由於明初的里甲組織具有基層政權的性質，因而可以把當時的政治體制稱為「里甲體制」。

鄭氏所言「政治體制」，有行政體制的意思。鄭氏在這裡，根據自己的專論〈明清福建的里甲戶籍與家族組織〉（《中國社會經濟史研究》1989年第2期），就上述「里甲體制」的解體過程加以敘述。有些繁瑣，但需要進一步解說，因為是重要的部分，所以再次載錄原文：

> 然而，自永樂（14世紀前半）以降，由於各級政府（省─府─縣的行政機關）濫用民力，民間為了逃避日益沉重的賦役負擔，千方百

計隱瞞戶口和土地，遂使里甲體制趨於解體。在福建地區，最遲至成化、弘治年間（15世紀後半～16世紀初頭）里甲（都、圖、團）編戶已損耗過半，原有的社會控制體系難以繼續維持。因此，福建各地陸續推行賦役制度改革，不再實行定期的里甲戶籍與賦役編審，而是由現存的里甲編戶分擔原有的賦役定額，從而使得里甲組織成為世代相承的賦役承包單位。在此情況下，每里、每甲乃至每一編戶，都必須對人口與土地實行自我管理，合理分攤既定的賦稅與勞役，而官僚政府不再對基層社會實行直接的控制。明中葉以後福建的里社與家族組織，實際上也是不同層次的賦役共同體，里甲編戶逐漸演變鄉族組織的代名詞。

有關在此期間的情形，在《鄉族與國家》的「二、閩臺地區的傳統鄉族組織」，鄭氏基於自己的論文〈明清福建家庭結構的周期性變化〉（1988年）記述如下，以供參考。

明清時期福建家庭構造的理想模式，經歷從小家庭向大家庭演變的歷史過程。這是因為，明初按里甲〔制〕編戶的人丁和事產攤派差役，大家庭必須承擔較重的差異，民間往往提前分家以避重役。明代中葉前後，由於對里甲〔制〕戶籍與賦役負擔實行定額承包，〔大家庭也可以迴避沉重的差役負擔〕大家庭的發展逐漸趨於穩定。明代中葉以後福建的分家習俗，一般是在幾兄弟結婚之後才開始分家，這使大家庭成為家族結構的理想模式。

鄭氏進而引用自己的兩篇專論〈明後期福建地方行政的演變─兼論明中葉的財政改革〉（《中國史研究》1998年第2期）、〈清代福建地方財政與政府職能的演變〉（《清史研究》2002年第2期），記述明代中葉以降至清代王朝國家的地方財政改革，促進鄉族基層社會的自治化過程。

明中葉的財政改革，進一步促進了地方政府職能的轉變。明代前期，各級地方政府不受財政預算的約束，可以隨意徵發民力，因而具有較為廣泛的行政職能。明中葉前後，〔國家〕為了減輕民間的賦役負擔，各地陸續對地方政府的財政支出實行制限，逐漸形

成了分類管理的財政包幹體制。隆慶至萬曆年間（16世紀後半至17世紀初頭）全面推行的「一條鞭法」，就是這一改革趨勢的總成果。在「一條鞭法」體制下，各級地方政府只能在既定的預算範圍內安排財政支出，其行政機能受到了嚴格的限制。「一條鞭法」的指導思想在於「節流」，各級地方財政的規模大為壓縮，只能維持經常性財政支出，缺乏應對突發性事件的機動財源。因此，萬曆以降，凡屬水利、交通等重大工程或救災、禦敵等突發性事件，都必須通過募捐籌集經費，或是責成民間自行解決。更為嚴重的是，明王朝為了緩解中央政府的財政危機，不斷裁減各級地方政府的財政經費，使之難以發揮正常的行政職能。在此情況下，地方政府為了維持社會秩序的相對穩定，日益依賴於鄉族組織與鄉紳階層，從而導致社會控制權的下移。明代後期福建的各種地方公共事務，如水利、交通、治安、教育、救濟及禮儀活動等，大多經歷了從官辦向民辦的轉變過程，其原因即在於此。

又：

清代的地方財政體制，直接承襲明中葉確立的「一條鞭法」，其基本特徵為分級分類定額包幹。順治至康熙初期（17世紀中葉前後），為了籌集額外的軍事費用，對各級地方財政經費實行大幅度的裁減，從而使地方政府的行政職能進一步萎縮。在福建地區，為了解決地方財政經費不足的問題，清初曾一度恢復向里甲派役的做法。康熙中期（17世紀末年）以後則主要通過加徵「耗羨」彌補地方財政虧空。雍正年間（18世紀20-30年代）實行「耗羨歸公」後，養廉銀成為各級地方政府的機動財源，主要用於支付各種額外的辦公經費。清中葉以後，由於「就廉攤捐」日益盛行，養廉銀已經名存實亡，不再具有原有的意義。不僅如此，清後期對全省各級地方財政經費實行集中管理、統一核銷，也在一定程度上限制了省以下地方政府的行政自主權。由於清代州縣政府可以自由支配的財力是極其有限的，無論地方官員如何廉潔奉公，都是不可能大有作為的。因此，清代的各種地方公共事務，仍是依賴鄉族組織與鄉紳階層。康熙年間，福建總督與永朝推行「糧戶歸宗」；雍正至乾隆時期（18世紀20

年代-90年代），各地官員要求實行「族正制」。這些都表明鄉族自治
已成為不可逆轉的發展趨勢。乾隆帝對「族正制」心懷疑慮，轉而
推行保甲制，而保甲制實際上也只是鄉族組織的代名詞，結果並未
改變鄉族自治的基本格局。

又：

　　晚清時期，清王朝為了抵禦外侮、鎮壓內亂，鼓勵各地組織團
練，促成了基層社會的軍事化。團練作為鄉族武裝，在晚清的地方
政局中占有舉足輕重的地位。與此同時，清王朝為了廣闢財源，大
開捐納之例，造就了大批紳商合一的地方精英，導致了地方權力體
系的深刻變化。……在某種意義上說，中國現代的民族國家建設，
直接面對的是以團練和紳商為代表的地方政治勢力，而不是傳統的
鄉族組織與鄉紳階層。

　　從明中葉至清後期，由於地方政府職能日趨萎縮，社會控制
權不斷下移。明中葉以後的政治體制，可以說是以鄉族自治為特徵
的，或者說是「國家內在於社會」。在這一政治體制下，明清時期
的國家政權維持了長達數百年的長治久安，而社會秩序也是相對穩
定的。因此，對於這一時期的國家、鄉族及鄉紳階層的歷史特點與
內在聯繫，仍有必要再做進一步的深入探討。

　　像這樣，鄭氏將鄉族同鄉紳階層一起於與「中國傳統社會的國家政
權」關係中理解，特別就明初至晚清政治過程與社會秩序的關係進行歷史
分析。

　　第二、如〈鄉族自治傳統〉論文本身所示，是就福建西北部的連城縣
培田地區歷時長久的明清鄉族之個別實證研究。

　　鄭氏在「一、前言」設定如下的課題：

　　在中國傳統社會中，實行以家族組織為基礎的鄉族自治，曾經是許多
政治家和思想家的社會理想。北宋時期的《藍田鄉約》、南宋時期的《朱
子家禮》、明清時期的《聖諭六條》、《聖諭十六條》和《聖諭廣訓》，
其目的都是為了推行鄉族自治，建立和諧穩定的社會秩序。然而，在不同

時代與不同地區，由於客觀歷史條件的差異，鄉族自治的形式與內容也不盡相同。為了全面揭示鄉族自治的歷史與邏輯，有必要展開深入的實証研究與比較研究。

本論文的目的，「主要依據福建省長汀縣培田吳氏家族的族譜資料，考察閩西客家的鄉族自治傳統，探討晚清地方自治的歷史淵源。」
又：

> 培田地處長汀縣和連城交界的河源溪流域，1956年以前隸屬於長汀縣，此後則劃歸連城縣管轄。當地的早期居民，主要是刀耕火種的畬民，宋元之際始有大批漢人遷入，逐漸演變為閩西客家的聚居地。由於培田遠離政治中心，歷來是山高皇帝遠的地方，鄉族自治得到充分的發展。

鄭氏認為，培田吳氏有乾隆53年（1788）本（共10冊）、同治13年（1874）本（共8冊）、光緒32年（1906）年本（共14冊）這些三種不同版本的族譜。深入閱讀這些「家族的歷史文獻」有助於對「閩西客家社會文化變遷」的系統性考察。

接下來，概括鄭氏於「二、家族發展與社會轉型」的記述。即：

培田吳氏的始祖「八四郎公」，據說生於元末泰定年間，曾在江浙一帶為官，為逃避方國珍之亂，由浙江遷徙至〔福建〕寧化縣，再到長汀縣的宣河里。他從培田附近的地主魏氏購地建屋，並娶魏氏之女為妻定居開祖，號稱「吳家坊」。鄭氏認為「八四郎」是當地土著，明初因為編入里甲戶籍而定居，成為培田等地「吳氏家族」的始祖，所以此傳說本身是「閩西客家族源傳說」的一般模式。

「培田吳氏的族人」力農起家，成為鄉村社會的領袖人物。明代中葉的吳琳敏據說曾「掌國賦」，可能是當地的里長或甲首。根據乾隆《培田吳氏族譜》所收成化18年（1482）應志和的〈琳敏公行略〉記載，吳琳敏應正統年間（1436-1449）賑饑詔捐穀二千石，被表彰為「義民」。其長子郭隆，控制當地的主要生態資源，使培田逐漸成為吳氏家族聚居的單姓村。琳敏孫祖寬，「通過武舉的考試，成為縣學生員」。吳氏自此發展成「耕讀傳家」的「士紳家族」。祖寬長子方茂和四子遷都是府學生員。之後，

吳氏家族歷代皆有中舉，培田成為長汀縣東南部的首善之區。明中葉以後，「吳氏族人」開始進入仕途，外出從政。

明代後期，「吳氏家族」的人口迅速增長，族譜編纂和祠堂建蓋「開始提上議事日程」。郭隆子孫當中，最興盛的是第十代的欽道（字在敬）、宗道（字在崇）、正道（字在中）、任道（字在宏）四大房，共16子‧41孫。族譜編修開始於第八代吳方茂，到第十代正道，正式編成《培田吳氏族譜》，系統地記述了歷代祖先的「名行次第、仕宦始終、生卒、塋墓」。同代人欽道找到「風水寶地」，創建奉祀本支派祖先之祠堂。

明清之際，培田吳氏的科舉事業一度趨於衰弱，康熙之後，「文風」日益興盛，第十五代8人、第十六代9人、第十七代10人考取科舉。「這些士紳」為了積極編修族譜、興建祠堂、推行「禮儀改革」，「培田吳氏家族組織日益嚴密」。現存的乾隆版《培田吳氏族譜》，在這一時期反復修訂和首次「刻印」。此族譜是相當完整的「家族文獻匯編」，共刊印40部，由族內的主要「支派」收藏。族譜中專門刊印了「修譜人名」、「領譜人名」、「領譜字號」，以示〔管理〕慎重。

清代後期，培田「吳氏族人」既是官員，也是商人，進入「家族發展」的鼎盛時期。到了晚清，培田吳氏的「士紳」和「商人」密切合作，把各項「家族事業」推向極致。他們一方面建祠堂、捐祭田、興義學、設義倉等，「種種善事，無不踴躍為之」。同治版及光緒版的《培田吳氏族譜》，收錄大量晚清族人的傳記、壽序、墓表、誥命和各種家族建設資料，還有收錄了新增的《家法十條》、《族規十則》、《培田公益社章程》及歷代「祖先祭文」等。這些資料大多與「士紳」、「商人」的社會活動有關，反映晚清培田的社會變動和吳氏「家族」組織的歷史特點。

明代中葉以來，尤其對清代以降培田吳氏的活動，鄭氏從以下兩方面進行分析。

「三、家訓、家法與族規」，通過豐富資料的引用，詳細闡明以下各點。即：

明代中葉以來，培田吳氏長期聚族而居，力求對家族事務實行最大程度的自我管理。《培田吳氏族譜》中的「家訓」、「家法」和「族規」，集中地體現吳氏家族自治的理想模式。通過《家法十條》，「家族組織早已擔任地方政府的某些司法職能，因而也具有基層政權組織的性質」。《族規十則》的重點是在保護風水和生態資源，與族人的生產和生活環境

密切相關，故制定嚴格的管理制度。

「四、公共事務與公益事業」，首先澄清以下幾點：

自明末以降，培田吳氏分為「敬公房」、「崇公房」、「中公房」、「宏公房」四大支派，每一支派都有各種「親疏」有別而又「層次」分明的家族組織。因此，培田吳氏家族的各種公共事務和公益事業，也主要是由族內的不同支派分別承辦。可以說實行公共事務和公益事業的家族組織的獨自承擔系統，具體是如此。例如「敬公房」第十七代「南郊公」派下的「五大房」，就「公共產業、賦稅、祭祖儀式及資助外戚等」家族事務，由各房選出殷實公正〔董理〕，以一人總其事，四人副之。每個業務，規定董理與房長協助處理。在家族自治上，這樣嚴密組織支派發揮一舉手一投足都關係整體局勢的重要功能。

鄭氏指出「培田吳氏為了發展公益事業，還建立了各種慈善機構與社團組織」，還說「培田歷史上的各種集會和結社活動，最初大多也與文教事業有關」。例如，乾隆初期，〔培田吳氏〕十五世錦江始創「文昌社」，此時吳家坊上、下二村的族人，共結八十份，每份三百文，運用釀金子母錢，每年定期舉行祭拜文昌帝君的儀式。

鄭氏還關注清代後期，培田吳氏先後創立名目繁多的義倉。這些義倉，「或藉公項而設，或由集腋而成」，其目的都是為了賑災救荒，緩和社會矛盾。

鄭氏總結「清代培田吳氏的各種慈善機構和社團組織，大多擁有較為雄厚的財力，創辦了多種形式的公益事業。這些公益事業不僅有助於社會秩序的穩定，而且有效地推動了家族自治向地方自治的發展」。

「五、從家族自治到地方自治」

鄭氏最後述及，清末的「新政」期間，培田吳氏的「士紳」發起成立「培田公益社」團體目的為「興利除害」，而實際上，試圖趁清朝政府推行「新政」的機會，把家族自治納入地方自治的新體制之中。亦即動員「吳氏家族」中的各大支派共同捐資，揭示「交眾生息，以利公益」之事。光緒33年（1907），任官及科舉資格保持者侍衛吳拔楨等11名，及耆民吳乃驤等聯合具名，向長汀知縣要求批准「培田公益社章程」，授權「社董」主管社區事務，對罪犯「秉公裁判處理」。長汀知縣准如所請。通過此事，「培田公益社」成為合法的地方自治組織，其統治範圍從家族內部擴大到地方社會，從原有的宣和里鄉約，成為地方自治的權威機構。家族

組織仍是地方自治的主體，而「士紳」階層成為家庭組織的代言人。清末的「培田公益社」，儘管像曇花一現，卻反映了家族自治與地方自治的內在歷史聯繫。「在聚族而居的歷史條件下，無論任何形式的地方自治，都必須以家族自治為基本前提，或說是家族自治的必要補充。

「六、餘論」；〈鄉族自治傳統〉論文的「六、餘論」，實質上是整篇論文的結語。述及：

> 中國傳統社會的政治體制，大致可以分為「公」與「私」兩大系統。所謂「公」的系統，主要是指國家政權；所謂「私」的系統，主要是指鄉族組織。在一般情況下，國家政權很難深入基層社會，鄉族組織是官僚政治的必要補充。從《培田吳氏族譜》可以看出，閩西歷史上的家族組織，對基層社會實行了有效的控制與管理，在很大程度上實現了鄉族自治的理想。
>
> 所謂「鄉族自治」，是指在國家法律和官府授權的基礎上，對鄉族事務和公益事業實行自我管理。培田吳氏的《家訓》、《家法》與《族規》，明確要求族人遵守國家法律與禮教秩序，如有不遵則「送官究治」。與此同時，培田吳氏還依據實際需要，制定一系列家族內部的行動規範和管理規則，這可以說是對國家法律的必要補充。
>
> 有的學者認為，中國歷史上的家法與族規，反映了中國傳統法制的「二元結構」。不過，從培田吳氏的實例看，家法與族規並未違反國家法律的立法本意，很難說是自成體系的法秩序。
>
> 培田吳氏的歷代精銳，終始與國家政權保持密接的關係，可以說是國家在基層社會的代言人。早在明代前期，吳氏四代祖琳敏既「掌國賦」，又應詔「出粟賑饑」，受封為「義民」。五代祖郭隆，「生平厚贈孫千戶，急周沈監生，訴罷縣官吳潛，剿獲廣寇蒲毛」，這些義行深受朝廷嘉許，受封為「尚義郎」。
>
> 明中葉以後，吳氏歷代都有不少族人考取科舉功名，或是出任官職，在家族內部形成相當穩定的士紳階層。這些士紳既是鄉村社會的權力核心，也是國家政治利益的代表，自然也就成為鄉族自治的社會基礎與中堅力量。
>
> 培田吳氏長期聚族而居，血緣關係與地緣關係緊密結合，其家族組

織實際上也就是村落組織。因此，培田吳氏的家族自治，同時具有
地方自治的功能，可以說是最典型的鄉族自治。培田吳氏的許多公
共事務和公共事業，都不是由各級家族組織主辦的，顯然已超出家
族自治的範圍。例如，培田歷史上的「文昌社」、「孔聖會」、
「修業社」、「惜字社」、「義倉」、「拯嬰社」、「大和山道
堂」、「培田公益社」之類，主要是吳氏士紳階層主辦的社團組織
和慈善機構。士紳階層借助於這些社團組織與慈善機構，對地方社
會的公共事務和公共事業實行了全面的干預。這就是清末推行地方
自治的歷史依據。

在閩西歷史上，不僅有各種以祭祖儀式為標誌的家族組織，還有各
種以祭神儀式為標志的地方組織。培田吳氏參加的地方組織，主要
是號稱「河源十三坊」的輪流祭祀「玡瑚公王」的儀式聯盟。這一
儀式聯盟據說形成於宋代，涵蓋河源溪流域的上百個村落，跨越長
汀和連城二縣，至今仍是當地最為隆重的儀式傳統。培田吳氏始終
積極參與這一儀式聯盟，力求在這十三年一度的輪祭儀式中扮演領
袖群倫的角色。這是吳氏族人追求地方控制權的另一歷史舞台，也
可以說是鄉族自治的另一表現形式。限於篇幅，本文對此暫不展開
討論，容當另文探討。

鄭氏以此結束〈鄉族自治傳統〉的論文。

　　〈鄉族自治傳統〉論文總計52條註釋中，有42條引自乾隆、同治、光
緒族譜之處。其餘10條大多是先行相關論著的提示，知道該論文是以族譜
為基礎資料。

　　另一方面，必須注視的是，鄭氏〈鄉族自治傳統〉研究，不僅是推
進以族譜為主的文獻實證分析，還有實地調查的證明。附帶一言，關於培
田，鄭振滿氏及張侃氏合著，收錄有關多種景觀和村民、族譜等豐富的
照片，2005年9月，北京生活·讀書·新知三聯書店出版《鄉土中國　培
田》，是其縝密田野調查的成果。

第3部 鄉族論的方法背景─家族・宗族、族產・明中葉以降的財政改革、基礎社會自治化、民間信仰與禮儀

鄭振滿氏的傅衣凌鄉族論之發展，開始於他的碩士論文〈明清時期鄉族地主經濟〉和博士論文〈明清福建家族組織與社會變遷〉的撰寫。近年的鄭振滿氏訪談─「新史料與新史學─鄭振滿教授訪談」─在前揭〈訪談錄〉，記錄了坦率回答採訪者的10個問題。第一、傅衣凌教授的研究指導內容，第二、區域研究與通史研究關係的理解，第三、碩士論文提出的「鄉族」概念與博士論文提出的「家族」概念的區別和關係，第四、關於明清時期中國社會變化的三個關鍵詞，為「宗族倫理庶民化、基層社會自治化、財產關係共有化。這4個部分可以說構成直接關係本稿課題的前半部。第五、民間信仰，第六、與丁荷生（Kenneth Dean）合作在莆田民間儀式調查、研究，第七、以莆田為主的田野調查意義，第八、民間歷史文獻，第九、與第六、七、八相關的歷史人類學方法，第十、歷史學今後的研究計畫。這六個部分形成後半部。與前半部同時釐清至今鄭氏研究之豐富的各個面向，顯示鄭氏鄉族論的背景。以下，主要以「一、鄉族和家族・宗族」、「二、族產與明中葉以降的財政問題」、「三、基層社會自治化」作為有關鄉族論的前半部，後半部則很簡略介紹「四、民間信仰、地域研究、田野調查」。內容前後・繁簡及這四個課題的總括，是出自筆者的選擇與編集。

「一、鄉族和家族、宗族」

> 什麼是「鄉族」？這是經常被追問的問題，但很難說清楚。籠統地說，鄉族就是血緣和地緣群體，可以追溯到遠古時代的氏族制和村社制，並不是新東西。在我們中國的傳統文獻中，原來就有「鄉族」這個詞，這是〔中國〕本土的概念，不是外來的概念。傅先生提出「鄉族」這個概念，是試圖把它作為分析中國傳統社會的核心概念，也可以說是具有社會科學意義的概念。問題在於我們現在對西方社會科學的概念耳熟能詳，對中國本土的概念、本土的詞彙反而很陌生。相對而言，「家族」是比較常見的概念，在社會科學中主要是指血緣群體和親屬制度。不過，我後來在〔修士、博士論文提出以後〕研究的

時候發現，中國的「家族」也很複雜，不一定真的是血緣群體，所以我把家族紛成六種不同的類型，包括大家庭、小家庭、不完整家庭、繼承式宗族、依附式宗族、合同式宗族。我的博士論文翻成英文的時候，找不到一個合適的單詞翻譯「家族」，最後還是把家族（Family）和宗族（Lineage）並列。（中略）

關於鄭氏這個中國「家族」的分類，在《鄉族與國家》的「二、閩臺地區的傳統鄉族組織」中有下面一節：

更為重要的是，閩臺民間在分家之際，一般都會留下一部分財產，作為分家後的公共產業或公共費用來源，這就是族產的主要來源。這種不徹底的分家析產，促使原有的大家庭直接演變為宗族組織，構成了宗族發展的邏輯起點。分家之後形成的宗族組織，可以說是以血緣關係為基礎的繼承式宗族，其權利及義務取決於各自的繼嗣關係。然而，由於族人之間的貧富分化在所難免，繼承式宗族很難長期維持，勢必逐漸演變為以地緣關係為基礎的依附式宗族或以契約關係為基礎的合同式宗族。不過，在戰亂之後或移民地區，家族組織的發展也可能經由不同的途徑，即先由若干的家庭組成依附式宗族或合同式宗族，再通過分家析產形成繼承式宗族。

〈訪談錄〉中談到：

傅先生很早就提出了「鄉族」的概念，但一直沒有明確的定義，有時是「鄉族勢力」，有時是「鄉族集團」，有時是「鄉族經濟」，有時是「鄉族組織」。在他那篇很著名的遺著〈中國傳統社會：多元的結構〉中，他明確指出，所有「非官方」的組織都是鄉族組織。這就是說，鄉族就是民間社會，或者說就是地方社會。
我的碩士論文研究鄉族地主經濟，同時考慮族產與地方公產，實際上就是研究整個地方社會的問題。後來我覺得這個問題太很複雜了，不容易說清楚，所以博士論文縮小範圍，專門研究家族的問題。不過，做了博士論文之後，我又回頭做地方社會的研究，做地方文化和地方政治的研究，可以說又回到碩士論文的問題意識。

〈訪談錄〉中談到：

　　我的理解是，區域研究是通史研究的一種方法，是為了對中國歷史作出更深刻的解釋。有人認為區域研究是關注小歷史，不關注大歷史，這是很大的誤解。傅先生的「十二字真言」，就是說區域研究要關注全國的歷史，要有通史的背景知識。

　　他（傅先生）還告訴我，做鄉族研究要追根溯源，至少要追到宋代，最好要去讀「三禮」（《禮記》、《周禮》、《儀禮》）。後來我真的去讀了這些書。當然是似懂非懂。我當時覺得最有幫助的是《古今圖書集成》的《明倫彙編》（鄭氏原文為《明倫匯編》），讓我明白了古人對「鄉族」的各種看法和各種試驗，比如宋代的「藍田鄉約」、「范氏義莊」和《朱子家禮》等等。這樣，我就明白了鄉族問題的歷史脈絡。

「二、族產和明中葉以降的財政問題」

　　〔在傅先生指導下撰寫碩士論文〕當時還有一個收穫。就是通過讀地方志，明白了明代的制度變革。比如，明後期，出現了大量的地方公產，包括橋田、渡田、學田、廟田之類。我想搞清楚這些地方公產是怎麼來的，通讀了很多地方志，後來發現這是明中葉的賦役改革造成的。在明初，地方的公共事務主要是通過派勞役解決的。比如，每個橋、每個渡、每個水壩甚至每個廟，都可以派幾個人去看守、去維護。後來勞役改成收錢，這些公共事務又不能不管，就只好發動募捐、建立一個基金會、買一些房產、田產，或者是放高利貸，收入用來辦理地方公共事務，用政治學的話就是提供公共產品。所以，我當時的看法是「地方公產是賦役的轉化形式」。後來我的看法有點改變，認為「地方公產是財政的轉化形式」。因為老百姓已經交了代役錢，這些錢就是地方政府的財政收入。本來政府應該用這些錢提供公共產品，可是政府把這些錢挪用了，所以就只好發動當地民眾募捐，建立「基金會」。這就是地方公產的來歷，也就是「鄉族地主經濟」的起源。

　　我做鄉族地主經濟的另一個角度，是討論族產的來源。我研究

分家文書的時候發現，每個地主分家的時候都要留很多族產，最多的占家產的三分之二，平均占家產的三分之一多。如果每一次分家都這麼留，當然就會有很多族產，就像滾雪球越滾越大。在閩北地區，土地改革時沒收的「封建土地」，大部分都是族產。那麼，為什麼地主要把土地都變成族產？為什麼不要私人的土地。

我當時的看法是，明以後土地的流動性太大，私人地主的經營很不穩定，遲早都會破產。有很多的例子，都是祖先曾經擁有上千畝的土地，幾代人分家之後，每家只剩下幾十畝，甚至都賣掉了，變成佃農。所以，地主把土地留作族產，對子孫是有好處的，可以保持地產的相對穩定。

後來科大衛（David Faure）有一個說法，中國歷史上唯一可以造成資本積累的辦法，就是用家族控制財產。他把家族（宗族）當作「控產機構」。我在做碩士論文的時候，還在關注資本主義萌芽的問題，認為族產是封建的，鄉族地主延緩了封建社會的解體。

現在我的看法是，鄉族地主經濟也可能是中國的資本主義。比如，在臺灣，在海外的華人中，都是用家族企業和合股經營做生意，這難道不是資本主義？當然，族產的意義不完全是經濟的，有很多族產也是用來作公共事務的，也是為了提供「公共產品」。這方面的道理，和地方公產一樣的，我就不多說了。

「三、基層社會自治化」

博士論文出版後，學術界對「三化」有比較多的討論，尤其是「自治化」的問題。我在博士論文中比較強調基層社會的自主性，尤其是在戶籍管理和賦役攤派等方面。後來引起了一些誤解，以為我認為國家對基層社會失去控制。其實，我認為宗族是一種結構性的社會組織，跟明清時期的政治體制相吻合的。在正常情況下，宗族也可以執行政府的行政職能，是一種基層政權組織。當然，這種情況主要發生在明中葉以後，可以說是明代政治體制的轉型。

我後來發表了一些文章，主要討論明清時代的財政改革和政府職能的轉變。我認為明中葉實行「一條鞭法」改革之後，地方政府的財政規模日益萎縮，把許多公共職能轉移給基層社會。這就是我

所說的「自治化」。所以，自治化的關鍵是經歷了一個自上而下的授權過程，政治權力和公共職能的轉移過程。這並不意味著國家控制力的削弱，也不同於鬧割據，搞對立。

我現在對自治化的解釋是「國家內在於社會」，也就是國家通過鄉族自治控制地方社會。同樣，從地方社會的角度看，是「社會內在於國家」，也就是鄉族組織可以在政府授權之下，獲得合法的政治權力，成為國家政治體制的有機組成部分。

我們現在還有一個看法，認為明清時代的國家主要通過宗教和儀式系統控制地方社會，我稱之為「地方行政體制的儀式化」。所以，特別重視地方宗教和儀式系統的研究。科大衛（David Faure）正在做一個很大的項目，就是通過比較中國各地的禮儀系統，研究國家與社會關係的時空特徵。我們有很多的朋友都在參加這個研究計畫，應該很快會有重大的研究成果。

「四、民間信仰、地域研究、田野調查」

以下，涉及民間信仰、莆田的民間禮儀調查、研究、田野調查的意義、民間歷史文獻學、歷史人類學方法、歷史學今後的研究計畫之〈訪談錄〉後半的六個主題中，主要介紹關於民間信仰和田野調查的發言，同時也觸及這些與地域研究關係的談話。

我在做研究家族的時候，開始考慮儀式傳統對社會組織的影響。在分家以後，為什麼形成宗族組織？這是我當時考慮的主要問題。我認為關鍵在於拜祖先，這是宗族區別於其他社會組織的基本特徵。

1987年，我發表了〈宋以後福建的祭祖習俗與宗族組織〉（《廈門大學學報》1987年增刊），提出祭祖儀式是宗族發展的主要標志。在博士論文中又提出「宗法倫理的庶民化」。在宋代以前，祭祖是貴族和官僚的特權，但宋以後才推廣到民間，所以我認為這是一種「庶民化」的過程，這對民間宗族組織的發展具有決定性的影響。

完成博士論文以後，我開始考慮用「庶民化」的觀點，研究

宋以後的地方文化和地方組織。這個段階的研究，包括兩方面的內容：一方面是道教史和地方神的崇拜，另一方面是宗教儀式和地方組織的關係。（以下省略）

我們（鄭振滿氏與丁荷生氏　Kenneth Dean）比較長期的合作項目，主要是編纂《福建宗教碑銘匯編》，還有就是最近出版《莆田平原的儀式聯盟》。這兩個項目都是胡子工程（持續很久還沒完成），前後歷時近二十年，維持我們長期的合作關係。（以下省略）

我們做這個項目的動機，是感覺以往的社區研究，有很大的局限。因為每個社區都不是孤立存在，都必須和其他地域相聯繫，因此社區研究有必要發展為區域研究。另一方面，以往的社區研究缺乏歷史深度，需要在更大的歷史背景中理解社區的發展。所以，我們除了做田野調查，也花了大量的精力分析和整理歷史文獻資料，包括歷代的地方志、政書、文集、筆記、碑記、族譜等。

我們把這些資料也盡可能放進數據庫，建立了綜合性的歷史地理信息系統。這樣，我們就可以利用這個系統，考察歷代的水利建設、聚落形態、行政系統、士紳分布、家族遷徙、社區關係等等。我們希望，可以在這個基礎上研究長時段的整體史，也可以在這個基礎上開展多學科的合作與交流。實際上，我們這本書（《莆田平原的儀式聯盟》）只是做了一些很初步的專題研究，以後應該可以開發出更多的研究課題。

〈訪談錄〉中談到：

在田野調查中，我每天都很開心。雖然有時候很苦，經常是日晒雨淋，甚至找不到吃飯的地方，可是每天都會有所收穫，你會覺得日子過得很充實。我們每天一起跑田野，一起討論新發現的東西，這可以說是理論聯繫實際的最好機會。我經常和學術界的朋友說，田野是我們思想的實驗室。因為我們知道的任何一種理論，想到的任何一個問題，都可以帶到田野中來驗証，來反思，很容易發現這些理論和想法是否符合實際，是否行得通。所以，我建議你們都要找一個地方做田野，但不一定要研究它，而是作為你自己的思想實驗室。

　　對於歷史研究者說，我認為田野調查可以有很多不同的意義，但首先開發新的史料來源。我們雖然已經有很多歷史文獻資料，有二十五史，有四庫全書，有各種文集，筆記等等，但這些都是反映王朝和精英的歷史，我們很難從中了解民間的歷史。所以，我們必須走出圖書館，到各地去收集民間歷史資料，了解老百姓的歷史。在田野調查中，不僅可以找到各種民間文獻，還可以收集口述資料和實物資料，這些資料在圖書館裏都是看不到達的，可以幫助我們了解更全面、更豐富的歷史過程。

別表1　以明末江南為中心的地域社會諸類型：指導者與指導的依據

序號 摘要	1	2	3	4	5
指導者	地主 ┌當地親自經營的 　地主 └經濟、社會範疇	鄉紳 ┌鄉紳統治 └政治、社會範疇	士大夫＊ ┌市隱、處士的行 　為模式 └東林黨的行為方 　式文化、社會範 　疇	國家 ┌皇帝權力 └官僚機構 　政治範疇	民眾 ┌不是與單一的生 　產關係相結合的 　經濟範疇。 └通過日常性生產 　與生活形成輿 　論、通過非日常 　性的有組織的叛 　亂影響到地域社 　會。
指導的 主要根據	〈長江三角洲〉 (1) 通過土地所 　　有（及動產 　　所有）掌握 　　個別生產、 　　生活。 (2) 為著維持物 　　質再生產作 　　用，掌握共 　　同體控制 　　（生產共同 　　體）。 (3) 統括國家 　　的稅、役 　　徵收機構 　　（糧長、里 　　長）。	〈長江三角洲〉 (1) 基於土地所 　　有（主要是 　　地主佃戶制 　　土地所有） 　　的私人的、 　　個別的統治 　　與不依據土 　　地所有的廣 　　域性統治 　　（即間接 　　的、領域性 　　統治）。 (2) 國家對屬於 　　科舉官僚體 　　系的社會階 　　層給予的固 　　有特權地 　　位，以及附 　　著於這一地 　　位的繇役豁 　　免特權。	〈長江三角洲〉 (1) 對於基於儒 　　教教養植 　　出的有知識 　　的、有道德 　　使命感的社 　　會實踐（解 　　決地域社會 　　的共同利 　　害）志向 (2) 對民眾客觀 　　上所處的狀 　　況、自主提 　　出的課題的 　　感受能力 (3) 對於民眾叛 　　亂敏銳的危 　　機意識 以上三點在士大 夫作為官僚赴任地也 同樣適用。 (4) 一些糧長作 　　為"處士" 　　發揮作用 福建西北部寧化 縣的士人李世熊 對於抗租判亂進 行防禦：森正夫 （1992）	(1) 行使國家公 　　共權力。 關於公共權力有以 下兩種理解： (a) 基於國家固 　　有的公共性 　　格，通過官 　　僚機構介入 　　解決地域社 　　會的共同利 　　害。 (b) 作為地主階 　　級實現其根 　　本利害的手 　　段發揮作 　　用。 (2) 與皇帝權所 　　具有的公、 　　私性質及官 　　僚機構的關 　　係不清楚。 福建西北部寧化 縣的土豪黃通抗 租叛亂和各地長 關呼應：森正夫 （1972/1973/1992/ 2010/2012）→	〈長江三角洲等〉 (1) 鄉村的農 　　業、手工業 　　生產，城、 　　鎮的手工業 　　生產，城、 　　鎮在市場的 　　活動培植起 　　來的組織性 　　（抗租叛 　　亂、織傭之 　　變、臨清 　　〔山東〕民 　　變等） (2) 城市的日常 　　性市民生活 　　中的連帶關 　　係培植出來 　　的組織性 　　（杭州反鄉 　　紳民變、織 　　傭之變等） (3) 士大夫、民 　　眾型結合中 　　對士大夫的 　　批判、提 　　議（「鄉 　　評」） (4) 身份連帶 　　（目的在於 　　廢除主－僕 　　的身份隸屬 　　關係的奴變 　　等） (5) 與儒教的世 　　界觀針鋒相 　　對的宗教世 　　界觀和宗教 　　結社的形成

序號 摘要	1	2	3	4	5
地域的場之實體以及與指導者、指導的關聯	〈長江三角洲〉 ‧區（糧長） ‧里（里長） ‧圩 ‧村	〈長江三角洲〉 ‧縣——關心所在的地域：會議（特別是鄉紳會議）的單位；稱呼（徐華亭…徐階）；會議的設置場所（縣學、縣城內的府學、孔廟、城隍廟等） ‧城市中的坊、鄉村的區（在福建有墟）——作為直接活動基礎的居住地及其周邊 ‧士大夫志向性的實際情況決定的場（地方）的可變性		〈長江三角洲〉 ‧全國或數個省級——通過皇帝、內閣、六部等 ‧省級——通過巡撫布政使等 ‧府級——通過知府 ‧縣級——通過知縣 ‧江南的區、里級——通過糧長、里長	〈長江三角洲〉 ‧鄉村中的村、圩等；鎮；城市中的保甲（杭州民變）、道觀（織傭之變）、城隍廟（金壇縣奴變）等 ‧縣，或日常有交流的數個縣的活動場所 ‧超越縣、府、省級的全國情報網
戰後日本明清研究史上最早的提案人（請參見註）	古島和雄（1950） 小山正明（1969） 濱島敦俊（1969）	重田德（1971）	宮崎市定（1954）	田中正俊（1954、1961） 小山正明（1969）	小山正明（1958） 横山英（1952） 田中正俊（1961） 宮崎市定（1954） 森正夫（1977） 小林一美（1973） 谷口規矩雄（1971） 佐藤文俊（1977） 野口鐵郎（1962、63）

註
戰後日本史日本研究史上最早的提案人
古島和雄（1950），〈明末長江デルタ地帶における地主經營—沈氏農書の一考察〉原刊1950年，《中國近代社會史研究》，東京：研文出版，1982。
小山正明（1969），〈明代の糧長について—とくに前半期の江南デルタを中心にして—〉原刊1969年，《明清社会経済史研究》，東京：東京大學出版會，1992年。
濱島敦俊（1969），〈明代江南の水利の一考察〉原刊1969年，《明代江南農村社会の研究》，東京：東京大學出版会，1982年。
重田德（1971），〈鄉紳支配の成立と構造〉原刊1971年，《清代社会経済史研究》，東京：岩波書店，1975年。
宮崎市定（1954），〈明代蘇松地方の士大夫と民衆〉原刊1954年，《宮崎市定全集》，東京：岩波書店，1992年。
田中正俊（1954），〈民変、抗租奴変〉原刊1961年，《田中正俊歷史論集》，東京：汲古書院，2004。
小山正明（1958），〈明末清初の大土地所有—特に江南デルタ地帶を中心として—〉原刊1958年，《明清社会経済史研究》，東京：東京大學出版会，1992年。
横山英（1952），〈中国における商工業者の發展と役割—明末における蘇州を中心として〉，《歷史學研究》，160號（1952）。
田中正俊（1953），〈十五世紀における福建の農民叛乱（一）〉原刊1953年，《田中正俊歷史論集》，東京：汲古書院，2004。
森正夫（1977），〈一六四五年太倉州沙溪鎮における烏龍会の反乱について〉原刊1977年，《森正夫明清史論集》第2卷，東京：汲古書院，2006。
小林一美（1973），〈抗租‧抗糧闘争の彼方—下層生活者の想いと政治的‧宗教的自立の道—〉，《思想》584號（1973年）。
谷口規矩雄（1971），〈明代の農民反乱〉岩波講座《世界歷史》二‧中世六（1972年）
佐藤文俊（1977），〈光山県‧麻城県奴変考〉原刊1977年，《明末農民反乱の研究》，東京：研文出版，1985年。
野口鐵郎（1962），〈天啓徐鴻儒の乱（上）（下）〉，《東方宗教》20‧21（1962‧1963年）。

森正夫，〈地域的場之實體以及與指導者、指導的關聯—民眾〉之參考文獻
◆〈十七世紀の福建寧化県における黃通の抗租反乱（一）〉原刊1973年，《森正夫明清史論集》第2卷，東京：汲古書院，2006年。
◆〈十七世紀の福建寧化県における黃通の抗租反乱（二）〉原刊1974年，《森正夫明清史論集》第2卷。
◆〈《寇変紀》の世界—李世熊と明末清初福建寧化県の地域社会—〉1992年，《森正夫明清史論集》第2卷。
◆〈地域社會的視角和擁有具體性的地域空間會有怎麼樣的關聯？按照明末清初福建寧化縣的地域社會〉2010年，《嘉義大學主辦2010第2屆區域史地研究學術研討會論文集》。
◆〈民衆反乱史研究トフィールドワーク—明末清初福建寧化県における黃通の抗租反乱に即して—〉，吉尾寛編，《民衆反乱と中華世界—新しい中国史像の構築に向けて》，東京：汲古書院，2012。

**別表2　15-16紀江南稅糧徵收制度的改革與地域－江南賦役改革的特點：
從地域基層創設出的一條鞭法**

（出處：森正夫，《明代江南土地制度的研究》，京都：同朋舍出版，1988。第三章～第五章）

（「府」在中央戶部與縣的共同點）

Ⅰ、15世紀的改革

1‧15世紀前半：蘇州府、松江府、常州府、鎮江府、湖州府—南直隸‧浙江北部

　　　　　每畝稅糧徵收額削減。

　　　　　每石稅糧付加負擔定率化。

　　　　　部分稅糧的銀、棉布代納化。

負責官僚

南直隸巡撫（正式稱呼是應天巡撫）、蘇州府、松江府、常州府的知府。

地域發言人

蘇州府長洲縣糧長‧老人徐璿等→蘇州府知府況鍾。

松江府上海縣人杜宗桓→巡撫周忱。

鄉里父老→巡撫周忱。

2‧15世紀後半：蘇州府

　　　　　沒有改變每畝稅糧徵收額，但實質負擔額均等化。

　　　　　段階的論糧加耗方式。

　　　　　銀代納時的換算率減低。

負責官僚

南直隸巡撫、蘇州府知府。

地域發言人

蘇州府吳江縣人＝「隱士」糧長史鑑。

　　　長洲縣人＝「市隱」沈周（沈石田）、趙同魯。

大戶與小戶、官豪與小民的矛盾。

3・15世紀後半－16世紀前半：松江府

按照該土地所有者稅糧徵收總額來賦課付加負擔（一律論糧加耗）還是按照該土地所有者的所有面積總額來賦課付加負擔（論田加耗）。

這兩種改革方式的競爭、鬥爭。

負責官僚

南直隸巡撫─松江府知府。

地域發言人

顧清　於南京禮部尚書時致仕。其後，未與跟一般士大夫來往。來往的都是清貧而無位勢的「薄宦」。著有《周文襄公年譜》、《傍秋亭雜記》、《正德松江府志》等。

華亭縣耆民嚴泰→巡撫張鳳　　上海縣耆民朱禋→巡撫張鳳。

何良傅（士大夫，何良俊弟）→松江知府劉存德（書簡）。

4・15世紀前半─後半：湖州府

沒有改變每畝稅糧徵收額規定額。不過，按照稅糧徵收額的輕重調整付加負擔額，加上調整每畝徵收額中的銀代納額，實質上均一化每畝稅糧負擔額，還是否定這樣的辦法。把每石稅糧付加負擔進行定額化，換言之，採用「浙江嘉、湖、杭官民田徵收則例」方式。

負責官僚

南直隸巡撫周忱─湖州府知府趙登。

知府岳璿（在任1457-1465）。

Ⅱ、16世紀前半到後半的改革

1・總稱「均糧」改革的基本內容

①均糧：每畝稅糧徵收額的均一化。

②徵一：稅糧每石的徵收物品之統一化（米與銀）。

③按照①②，把每畝役銀賦課額進行一元化。

如果加以丈量，最完全。

以「均糧」總稱江南各府的賦役改革在萬曆8～10年（1580～82），在內閣首輔張居正領導下，為舉行全國性丈量（對課稅對象土地站測量）紮根。

大陸學界把這個改革看作張居正一條鞭法的實施。

我認為改革乃依據南直隸巡撫以下各級地方官的判斷和執行力，跟明朝中央意志對立。不必按照中央的指示，是基于對管轄地域稅糧徵收制度實際情況的認識和地區內部的要求，而企圖實施改革。（森正夫，《明代江南土地制度的研究》，頁566-567）

這裏所謂地方官是經由巡撫收到每年中央戶部稅糧繳納額通知行政單位的「府」長官─知府，以及作為明朝「起科等則」─每畝公定稅糧徵收額設定單位的「縣」或「州（散州）」長官─知縣‧知州。

作為廣大區域行政長官的巡撫，實質上是知府的上司。蘇州、松江、常州和鎮江四府屬於南直隸巡撫。湖州和嘉興境域本身在浙江省，不過是南直隸巡撫兼管的對象（需要巡按浙江監察御史的承認）。

2‧改革的開始

嘉靖16年（1537）3月，南直隸巡撫歐陽鐸招集管轄地區的知府、知縣和負責會計事務的書算到南京，讓他們了解關於「賦役」─稅糧徵收、徭役賦課－制度面臨的課題和改善辦法。經過4個月，會議決定包括以各府屬縣為單位實施8個基本原則在內的統一方針。一方面開始「均糧」的準備，另一方面實施「徵一」。會議關於稅糧徵收等各種問題的情報進行交換。那時各府縣當局認知包括「均糧」基本方法、「徵一」和以土地所有面積為單位的徭役代納銀之萌芽形態等在內的正德14年（1519）策定的湖州府計畫。

3‧湖州府之一：正德14年（1519）

知府劉天和對巡按浙江監察御史許庭光要求施行稅糧每畝徵收額均一化。許庭光向皇帝上奏有關15世紀湖州府知府趙登策定的均一化方式進行實施，不過沒有裁可。知府劉天和實施稅糧每畝徵收額二則化。

地域發言人

烏程縣糧〔長〕塘〔長〕里〔長〕老〔人〕王元等（1519）

當過武康縣知縣（1513）的桂萼，任吏部尚書時（1527），建議皇帝施行「均則」（「均糧」），但未同意。

4・蘇州府：嘉靖17年（1538）

知府王儀實現丈量（土地測量）、徵一（稅糧每石徵收物品的統一化＝銀一元化和銀米換算率降低到1兩＝2石）、均糧（每畝稅糧徵收額均一化）、徭役銀納化和每畝一律賦課等一系列的施措。

知府王儀學習過湖州府創設的賦課方法。

「嘉靖十七年知府王儀刊定賦役冊」。

嘉靖十七年知州萬敏撰〈太倉州清理丈量田地冊〉，判官鄭寅〈太倉州清理丈量田地冊後序〉。

地域狀況

王儀著任以前，多資者、豪宗巨蠹、豪右跟里胥、猾胥反對傾向均糧政策→賦法大壞。鄉大夫、官戶・大戶、勢要「百般訕謗，以撓成」，「遂癱殘待盡之氓，……怨苦愁嘆之聲徹四野」。

5・常州府：嘉靖16年（1537）附鎮江府

知府應檟實施徵一。均糧沒能完全實施，只是實施均攤（每畝稅糧徵收額的二元化）。

知府應檟學習湖州府創設的方法。

地域狀況

①均糧（每畝稅糧徵收額均一化）實施的曲折。

靖江縣：嘉靖18年（1539）。

無錫縣：嘉靖33年（1554）。

江陰縣：嘉靖33～41年（1554～1562）之間的某一年。

宜興縣：嘉靖42年（1563）。

武進縣：隆慶2年（1568）。

②萬曆31年刊（1602）《武進縣志》。編者唐鶴徵以長文對65年以前知府應檟的改革進行嚴屬批判。後來，顧炎武《日知錄》〈蘇松二府田賦

之重〉，從另外的角度，重視唐鶴徵的說法。

鎮江府（與常州府西接）

嘉靖16年（1537），只實施徵一（稅糧每石的徵收物品之統一化＝銀納化）。

萬曆3年（1575），實施均糧。

6‧湖州府之二：嘉靖20年（1541）

知府張鐸讓部屬寄來蘇州府「均平田糧事例緣由」，以及「刻印清理田糧書冊」。企圖均糧，因「變亂之名，轉生疑畏」而未實現。

地域發言人

「民間私議，不約而同」─改革內容與烏程縣糧〔長〕、塘〔長〕、里〔長〕、老〔人〕邵鍼等要求一致。另一方面出現阻止改革的動態。

其後，隆慶3年（1569）以前，實施均糧。

7‧嘉興府

嘉靖26年（1547）知府趙瀛立案，嘉靖28年（1549）知府畢竟容實施均糧。

清初顧炎武《日知錄》〈蘇松二府田賦之重〉誤解江南均糧由趙瀛創立施行。

地域狀況

嘉靖10年（1531）海鹽縣「里父老」向浙江巡按監察御史要求均糧。御史要知縣檢討，不過未施行。「當時不利於均者，借紛更名籍制之。」

嘉靖21-26年

錢薇（嘉興府海鹽縣出身，嘉靖11年進士）道，明初以來所有稅糧都很低的麥地（非水田），已經變成稻田，應該實施稅糧額均等化（明末崇禎刊《皇明經世文編》揭載3篇文章）。

嘉靖10年（1531）嘉興府海鹽縣里父老對巡撫要求均則(均糧)。嘉靖16年（1537）建議均平，為豪右所阻。

嘉靖26年（1547）

「豪右」、「宦室富家」進行抵抗。「麥地、糧地」所有者企圖維持原來定額稅糧。

當時江南各地的地方志詳細記錄湖州府承襲15世紀以來均糧改革案，且正確地傳播至江南三角洲各府。知府層次、改革派士大夫層次和民間層次都共同了解改革案內容。

8・松江府

嘉靖16年（1537）3月，南直隸巡撫歐陽鐸召開會議（前揭）之後，每畝付加稅糧負擔為每畝1斗2合。但是松江府實施均糧是在隆慶3年（1569），晚了30多年。

崇禎4年（1631）刊《松江府志》卷10，〈田賦四・賦議利弊〉。

范濂，《雲間據目抄》卷4，〈記賦役〉。

負責官僚的動向

隆慶3年（1569）生員張內蘊建為清丈均糧之說，請於當事者（南直隸巡撫林潤）……乃簡命按察使司僉事鄭元韶董其役……於是廣詢輿論，分上中下三鄉，以定斗則。

地域狀況

大戶・大家←→小民

士大夫中均糧反對論者

徐階—稱呼徐華亭，為代表性鄉紳（嘉靖25年：1546）

《世經堂集》卷22，〈與撫按論均糧〉（→巡按南直隸監察御史呂光洵）。

經常把每畝稅糧額跟收租額做對比。

何良俊《四友齋叢說》卷14，〈史10〉。

士大夫中均糧促進論者。

徐宗魯，〈侍御南湖徐公宗魯均糧異議辨〉（崇禎《松江府志》卷10・田賦4・賦議利弊）

「夫今丈糧均糧之舉，乃足國安民之策，但大家不樂，多立異議，欲阻良議。……重糧多在小民，輕糧多在大戶。」

別表3　森正夫地域社會論相關研究概觀（1962-2013）

發表年份	區域對象	著作名稱	出處
1962	福建	書評：傅衣凌《明清農村社會經濟》	II
1973	福建	17世紀福建寧化縣的黃通抗租叛亂（一）－17世紀福建寧化縣幾個叛亂的展開過程	II
1974	福建	17世紀福建寧化縣的黃通抗租叛亂（二）－長關和有關各集團的存在形態	II
1975	江西	18-20世紀江西省農村社倉‧義倉的探討	I
1977	江南	1645年太倉州沙溪鎮的烏龍會叛亂	II
1978	福建 江西	17世紀福建寧化縣的黃通抗租叛亂（三）－閩粵贛交界江西地區抗租叛亂的展開	II
1979	南北	明末社會關係中的秩序變動	III
1980	全國	明代的鄉紳－略論士大夫與地域社會的關係	III
1981	華中南	奴變和抗租－以明末清初為中心的華中‧華南地域社會的民眾抵抗運動	註1
1982	全國 江南	近代以前中國歷史研究中的地域社會觀點 中國歷史研討會「地域社會觀點：地域社會與領導者」主題報告	III
1983	全國 江南	宋代以降士大夫及地域社會－探索問題所在－	III
1983	華中南	中國民眾叛亂史4　二　奴變‧抗租	II　註2
1985	江南	17世紀初「織傭之變」的二‧三資料	III
1985	福建	關於「鄉族」－廈門大學的研究交流報告－	III
1988	江南	明代江南土地制度的研究	註3
1989	越南	關於阮悋炎的一些資料－針對論文〈越南的儒教與馬克思主義〉的探討	III
1991	福建	《寇變紀》的世界－李世熊與明末清初福建寧化縣地域社會	III
1992	江南	朱家角鎮略史－《江南三角洲市鎮研究：從歷史學和地理學觀點來看》第二章	III
1993	江南	現代中國鎮中居民委員會與居民的生活意識－針對上海市青浦縣朱家角鎮的考察－	III
1995	南方	評論：寺田浩明<明清法秩序中「約」的性格>	III
1995	南北	再論明末秩序變動	
1995	江南	關於《錫金識小錄》的特質	III
1996	江南	江南三角洲的鄉鎮志－以明後期為中心的探討	註4
1997	全國	《明清時代史的基本問題》總論	III
1998	江南	清代江南三角洲的鄉鎮志與地域社會	
2000	江南	書評：岸本美緒《明清交替與江南社會：17世紀中國的秩序問題》	III
2001	全國	田野調查與中國歷史研究－以中國史研究為中心－	III
2006	傾向江南	民眾叛亂、社會秩序與地域社會觀點－兼論日本近四十年的明清史研究	註5

發表年份	區域對象	著作名稱	出處
2008	江南	中國史研究中實地調查的新發展－以清末民國時期為中心－	III　註6
2009	江南	明末清初的抗租與地域秩序—關於江南三角洲的蘇州府、松江府	註7
2012	福建	地域社會與森林－傳統與現代	註8
2012	福建	民眾叛亂史研究與田野工作－以明末清初福建省寧化縣黃通抗租叛亂為例	註9
2013	河南南部	清初南北交界地方治理重建：金鎮〈條議汝南利弊十事〉為例－反思地域社會論的方法	註10

註
1）表右欄羅馬數字 I 、II 及 III 表示《森正夫明清史論集》第一、二、三卷（東京：汲古書院，2006）所收。III 表示第三卷所收。
2）註1～註10分別參照如下。

註1　昭和54年（1979）・55年（1980）度科學研究費（一般研究C）研究成果報告書
註2　谷川道雄・森正夫編著，平凡社，1983年
註3　森正夫，《明代江南土地制度の研究》（京都：同朋舍出版，1988）收入這部著作的各篇論文分別發表在1960-1988年。
註4　第7屆中國明史學術討論會論文
註5　《歷史人類學刊》5卷2期（2007）
註6　《日本中國史研究年刊》2008年度（2011）
註7　《楊國楨教授治史五十年紀念文集》（南昌：江西教育出版社，2009）
註8　國立嘉義大學人文藝術學院《人文研究期刊》9期（2011）
註9　吉尾寬編《民眾叛亂與中華世界－為了構築中國歷史新像》（東京：汲古書院，2012）
註10　「第九屆史學與文獻學」國際學術研究研討會－從社會到政治－再現中國近世歷史論文

現代中國的建構：
蔣介石及其《中國之命運》[*]

陳進金[**]

一、前言

　　1943年3月10日，蔣介石出版了《中國之命運》一書，全書除結論、附錄外共分八章，該書的出版曾在國內外造成極大的影響。[1]1943年7月，中共針對蔣介石《中國之命運》展開強烈的反擊，毛澤東親自組織了一場批判運動。8月25日，《解放日報》還發表題為〈沒有共產黨，就沒有中國〉的社論，反駁《中國之命運》的「沒有國民黨，就沒有中國」的論調。[2]受到毛澤東批判運動的影響，長久以來的中國大陸史學界，其對於蔣介石《中國之命運》一書的評價有如下定論：蔣介石推出這部書的動機，是為掀起第三次反共高潮作思想準備和輿論動員，目的是想挑起新內戰。[3]或是說：蔣介石發表《中國之命運》的目的，就是要壓制中國共產黨和民主進步的力量，把中國完全置於他和國民黨的極權統治之下。[4]這樣的論調

---

[*]　本文於2013年11月29、30日在國立臺灣師範大學歷史學系主辦「跨越想像的邊界：族群、禮法、社會─中國史國際學術研討會」上發表初稿，後經《國史館館刊》審查通過，刊登於該刊第42期（2014.12）頁31-62。

[**]　國立東華大學歷史學系副教授。

[1]　張憲文、方慶秋主編，《蔣介石評傳》（鄭州：河南人民出版社，1996），頁532；張瑞德，〈侍從室與戰時國民政府的宣傳工作（1937-1945）〉，收入黃自進、潘光哲主編，《蔣介石與現代中國的形塑》，第2冊（臺北：中央研究院近代史研究所，2013），〈變局與肆應〉，頁209-210。

[2]　〈沒有共產黨，就沒有中國〉，《解放日報》（上海），1943年8月25日，1版。此處引自中央檔案館編，《中共中央文件選集》，第14冊（北京：中共中央黨校出版社，1991），頁559-565。

[3]　李楊，〈蔣介石與《中國之命運》〉，《開放時代》，2008：6（上海，2008），頁39。

[4]　嚴如平、鄭則民於2012出版的《蔣介石傳》一書，對蔣介石於抗日戰爭之評價，與以往中國出版之相關著作已有顯著不同，強調「正面戰場的艱難撐持」；不過，該書有關國共關係相關議題，以及蔣介石之《中國之命運》的評論，仍舊堅持以往中共傳統的解釋。參閱嚴如平、鄭則

是「政治多於歷史」，有關蔣介石及其《中國之命運》的議題，應該拋開政治回到歷史來加以探討。

近年來，學者對於蔣介石《中國之命運》的研究已經有不少的成果，或討論《中國之命運》一書所宣示的民族觀或「國族同源論」，或檢討「陶希聖代筆說」，或從中共「反中國法西斯」切入討論，或論述蔣介石的命題與國共「兩個口號」，或分析國共兩黨爭論「中國之命運」的背後意涵，或說明蔣氏及其幕僚日記中所提及的《中國之命運》等。[5]在這些論著中，仍然以探討國共爭議者為多，但已經不再全奉「毛（澤東）調」為定論，而開始有了較為深入的分析，例如李楊〈蔣介石與《中國之命運》〉、鄧野〈蔣介石關於"中國之命運"的命題與國共的兩個口號〉等文都試圖回到歷史現實面，做出較為客觀地分析。

李、鄧等文試圖較為平實探討1943年《中國之命運》，但仍無法避免陷入國共爭議的窠臼，鄧野〈蔣介石關於「中國之命運」的命題與國共的兩個口號〉一文曾云：「蔣著如果沒有設置一個或幾個政治對立面，那麼，「中國之命運」的提出就是多餘的。因此，蔣著必然是一部批判性質的論著，通過一連串聯繫、比較、批判與揚棄，由此而論證其所題的問題。」[6]鄧文似乎認為蔣介石出版《中國之命運》一書，自始即充滿著政治算計。事實上，蔣介石出版《中國之命運》時引發國內各界及盟邦的議論，但蔣氏仍然決定於翌年（1944）1月1日再出版《中國之命運》增訂版；如果這是一種政治算計的話，蔣介石似乎是在從事一門蝕本的生意。到底蔣介石執意撰述本書的背景與目的為何？該書所引發的爭論情形與背

民，《蔣介石傳》（北京：中華書局，2012），頁459-462、466-468。

5　較為重要著作有：劉會軍，〈《中國之命運》論析〉，《史學集刊》，1994：3（吉林，1994），頁36-40；潘光哲，〈郭沫若與〈甲申三百年祭〉〉，《中央研究院近代史研究所集刊》，30（臺北，1998.12），頁297-302；李楊，〈陶希聖與《中國之命運》新解〉，《中國社會導刊》，2008：13（北京，2008），頁44-46；張瑞德，〈侍從室與戰時國民政府的宣傳工作（1937-1945）〉，頁201-229；婁貴品，〈陶希聖與《中國之命運》中的「中華民族」論述〉，《二十一世紀》，總131（香港，2012.6），頁65-72；鄧野，〈蔣介石關於「中國之命運」的命題與國共的兩個口號〉，《歷史研究》，2008：4（北京，2008），頁84-98；李楊，〈蔣介石與《中國之命運》〉，《開放時代》，2008：6（廣州，2008），頁39-51；李楊，〈陶希聖與《中國之命運》的歷史與解讀〉，載湯應武主編，《黃埔軍校研究》，第4輯（廣州：中山大學出版社，2009）；王震邦，〈蔣及幕僚日記中的《中國之命運》〉，中央研究院近代史研究所主辦，「國共關係與中日戰爭國際學術討論會」，2013年11月1-3日。

6　鄧野，〈蔣介石關於「中國之命運」的命題與國共的兩個口號〉，頁90。

後意涵為何？這些問題都是本文所欲討論的重點。

　　此外，本文想要提出一個命題，即：「1928年成為中國實際領導者的蔣介石，他是否曾經試圖建立一個統一的、現代性的中國呢？」以往有關抗戰前蔣介石在中國的統治，大都會強調其為「新軍閥」或「法西斯」，認為蔣氏討伐地方軍人則被認為是一種「削藩」，學界較少從現代中國建構的角度來分析蔣介石在中國的統治。如果上述命題成立的話，那麼在1928年國民革命軍完成北伐後，身為中央領袖的國民政府主席蔣介石，其在建立政權的過程中，整合地方勢力，建立一個訓政體制的國家，就是建構現代中國的第一步。[7]延續同樣的命題，1943年蔣介石出版《中國之命運》一書，是否也可以放在蔣氏建構現代中國的脈絡中觀察？這也是本文要探討的重點。

二、《中國之命運》的出版

　　1942年10月10日，蔣介石開始構思欲撰寫《中國之命運》（原本書名為「國民革命風」），1943年3月10日《中國之命運》正式出版，以往部分中共學者認為：蔣介石出版《中國之命運》是為了掀起第三次反共高潮作思想準備與輿論動員。回到歷史現場，從1942年下半年至1943年3月間，國共之間並沒有發生齟齬，更沒有劍拔弩張的情形；相反地，此時期正是自新四軍事件以來國共最為和諧的時刻，也是國共頻頻往來和談的時期。

　　1942年7月5日，中共駐重慶代表董必武約見國民黨代表王世杰，表示：希望政治解決國共糾紛問題。[8]7月7日，中共中央即公開發表〈為紀念抗戰五週年宣言〉聲明：「一致擁護蔣委員長領導抗戰，中國共產黨承認，蔣委員長不僅是抗戰的領導者，而且是戰後新中國建設的領導者。」中共「願盡自己的能力來與國民黨當局商討解決過去國共兩黨間的爭論問題，來與國民黨及各抗日黨派商討爭取抗戰最後勝利及建設戰後新中國的一切有關問題。」[9]大約同一時期，毛澤東也曾電令中共各地領導人，避免

[7]　陳進金，〈蔣介石的國家觀念與實踐（1928-1937）〉，《民國研究》，總17（南京，2010.5），頁29-49。

[8]　王世杰著，林美莉編輯校訂，《王世杰日記》，上冊（臺北：中央研究院近代史研究所，2012），頁442。

[9]　〈中國共產黨中央委員會為紀念抗戰五週年宣言〉，《解放日報》（上海），1942年7月7日。

與國民黨發生衝突。[10]8月中旬，蔣介石約見周恩來表示願意親自接見毛澤東商談國共關係問題，毛澤東甚至已經準備親自見蔣，以求將國共根本關係加以改善。[11]後來，毛澤東以罹患感冒為由，改派林彪赴西安晉謁蔣介石。[12]11月月27日，中國國民黨五屆十中全會通過〈今後對共產黨政策之研究結果案〉表示：對共產黨仍本寬大政策，只要服從政府命令，忠實地實現三民主義，自可與全國軍民一視同仁。[13]

　　國民黨的「十中宣言」被中共視為善意回應其「七七宣言」，乃引起中共黨人的重視；11月29日，中共中央的指示就提到：

> 十中全會的這一決議，對於從一九三九年到現在四個年頭的國共不良關係，作了個總結，是對於我們今年七七宣言的回答，開闢了今後兩黨繼續合作及具體談判與解決過去存在著的兩黨爭論問題的途徑。[14]

該指示中提醒中共黨員：「對於國民黨人員，應繼續採取誠懇協商，實事求是，有理有節的態度，力戒驕傲誇大、有害無益的態度，借以爭取更進的好轉。」[15]中共中央也正式公開回應國民黨十中全會，表示：「中共產黨人的立場，一切以抗日民族統一戰線為基礎」，「深望中國國民黨人士諒解吾人此種為國為民之誠意，達到進一步之合作。」[16]12月1日，毛澤

---

[10] 國史館藏，《蔣中正總統文物》（特交檔案），〈熊式輝電蔣中正最近周恩來在重慶與美方談話中央召其會商表力避與共軍衝突擔保胡宗南軍決不進攻共軍等兩點要點〉，1942年7月26日，典藏號：002-080104-00010-001。楊奎松，《"中間地帶"的革命》（太原：山西人民出版社，2010），頁430。

[11] 〈周恩來關於蔣欲約見毛在陝晤談事致毛澤東電〉，1942年8月14日；〈毛澤東關於見蔣事致周恩來電〉，1942年8月19日、1942年9月3日，轉引自楊奎松，《"中間地帶"的革命》，頁430。

[12] 國史館藏，《蔣中正總統文物》（革命文獻），〈周恩來電蔣中正毛澤東因感冒不克應召擬派林彪赴西安晉謁〉，1942年8月18日，典藏號：002-020300-00050-045。

[13] 中國國民黨史委員彙編，《革命文獻第80輯：中國國民黨歷屆歷次中全會重要決議案彙編（二）》（臺北：中國國民黨史委員會，1979），〈今後對共產黨政策之研究結果案〉，頁290。

[14] 〈中央關於國民黨十全會問題的指示〉，載中央檔案館編，《中共中央文件選集》，第13冊（北京：中共中央黨校出版社，1991），頁460。

[15] 〈中央關於國民黨十全會問題的指示〉，載中央檔案館編，《中共中央文件選集》，第13冊，頁460-461。

[16] 〈中央關於國民黨十全會問題的指示〉，載中央檔案館編，《中共中央文件選集》，第13冊，頁463-464。

東就示範如何爭取更進一步的好轉，毛氏親自致函蔣介石表示：「前承寵召，適染微恙，故派林彪同志晉謁，嗣後如有垂詢，敬乞隨時示知，自當趨轅聆教。」[17]12月24日，依據中共中央新的指示精神，周恩來、林彪向國民黨代表張治中提出四項條件，包括黨的問題、軍隊問題、陝北邊區和作戰區域等，以作為國共雙方談判的基礎。[18]由上述可知，此時期的國共關係趨於和解，若說蔣介石選擇在此時醞釀書寫一本「掀起反共高潮」的宣傳書，似乎不合情理。

　　《中國之命運》如果不是一本反共宣傳書，則蔣介石撰寫此書的目的為何？1942年10月10日下午，蔣介石在重慶的一場檢閱青年團團員的訓詞中宣布：美、英兩國已經通知中國放棄一切在華特權，且將商訂平等新約消息的日子。蔣氏表示：「我國近百年來所受各國不平等條約之束縛，至此已可根本解除，總理廢除不平等條約之遺囑亦可云完全實現。」[19]就在這一天（10月10日），蔣介石決定撰寫《中國之命運》一書，故可以判斷蔣氏撰寫該書的動機與此有關。其次，檢驗《中國之命運》全書內容，全書8章中與廢除不平等條約相關者中即佔3章，若以頁數統計則全書223頁中有112頁與廢除不平等條約直接相關，超過全書之半。[20]再者，陶希聖也提到蔣介石撰寫《中國之命運》的宗旨，除了1942年10月10日的訓詞外，還與1943年1月13日簽訂中美中英平等新約時所發表的〈告全國同胞書〉有關。[21]蔣氏撰寫此書期間，曾多次約陳布雷、陶希聖商談書稿內容中有關「七七事變以前，與今日我國對倭政略之成就，使美、英、俄各國知我國抗戰對世界貢獻之大。」[22]是以，美國學者費正清也認為：該書是為慶祝1943年英、美廢除不平等條約而出版，出版此書的目的是藉以重振道德來激勵民族復興。[23]10月27日，蔣介石提到：

[17] 黃仁宇，《從大歷史的角度讀蔣介石日記》（臺北：時報文化出版企業有限公司，1994），頁319。

[18] 高素蘭編，《蔣中正總統檔案：事略稿本》，第52冊（臺北：國史館，2011），頁141-142。

[19] 周美華編，《蔣中正總統檔案：事略稿本》，第51冊（臺北：國史館，2011），頁387-388。

[20] 《中國之命運》，第2章，〈國恥的由來與革命的起源〉、第3章，〈不平等條約影響之深刻化〉、第5章〈平等新約的內容與今後建國工作之重心〉，參閱蔣介石，《中國之命運》（臺北：正中書局，1944），頁13-82、123-164。

[21] 陶希聖，〈關於《中國之命運》〉，頁203。

[22] 周美華編，《蔣中正總統檔案：事略稿本》，第51冊，頁610。

[23] 費正清著，張理京譯，《美國與中國》（北京：商務印書館，1989），頁183。

> 際茲不平等條約取消，外交勝利之時，應不失機宜，推行戰時生
> 活，改造民眾心理，轉移社會風氣，革除政治習性……。使人民
> 能為國家服務，不失為現代國民，而得能與聯合國各國之國並肩
> 作戰，對世界戰事能有所貢獻，如此方不愧為獨立自由國家之國民
> 也。[24]

　　足見蔣氏撰寫此書的動機，是想藉著中國廢除不平等條約，新時刻到來之
際，來推行戰時生活，以改造民眾心理，轉移社會風氣，革除政治習性，
以使人民成為現代國民。

　　有關《中國之命運》一書撰述經過如下：1942年10月26、27日，蔣介
石親自手擬訂「國民革命風」要旨大綱，邀陳布雷、陶希聖商議，決定由
陶希聖負責撰稿。[25]11月7日，蔣介石四度修正書稿內容，並決定將「國民
革命風」正式改名《中國之命運》。[26]蔣氏對於陶希聖所撰寫的初稿並不
滿意，從1942年12月22日起至該年年底，蔣介石幾乎天天在修改《中國之
命運》書稿。[27]關於蔣介石屢屢改稿一事，陶希聖曾云：

> 自三十一年十月十日起，蔣委員長即著手撰述一本書。至十一月至
> 十二月之間，在黃山官邸，以四十多天的功夫，再三再四改稿，每
> 一章每一節的命意與行文，經過七八次乃至十餘次的修訂與增刪，
> 方纔定稿。十二月下旬，全書的稿子已定，交南岸海棠溪附近之南
> 方印書館印刷樣本二百冊。[28]

---

[24]　周美華編，《蔣中正總統檔案：事略稿本》，第51冊，頁437-438。

[25]　周美華編，《蔣中正總統檔案：事略稿本》，第51冊，頁482、484；王泰棟，《陳布雷日記解
　　　讀：找尋真實的陳布雷》（北京：作家出版社，2011），頁220。

[26]　黃自進、潘光哲編，《蔣中正總統五記：學記》（臺北：國史館，2011），頁269。

[27]　蔣介石於12月22日修改第1章、第2章，23日上午修改第3章、第4章，晚上修改第5章。24日，記
　　　述曰：「昨夜修改《中國之命運》，今晨二時醒覺，思五項建設之內容不必列舉，只擇其最要
　　　者提示之，使青年易於了解而樂從為宜。」25日蔣又修改《中國之命運》。26日，蔣氏記下：
　　　「《中國之命運》內國民黨之特點一段，手擬畢，交陶希聖注意補之。」同時提到：「《中
　　　國之命運》一書必須完全自著，布雷體弱多病，不能隨時協商，是近日最大之缺憾也。」27
　　　日、蔣氏又云：「陶希聖之文筆與思想皆不合余意，關於經濟民生為本文重點與國民黨之特點
　　　二篇仍須完全由余親擬。」31日，蔣氏則提到：「本月以所擬《中國之命運》原稿膚淺不能
　　　用，皆須重加自著。」參閱黃自進、潘光哲編，《蔣中正總統五記：學記》，頁272-274。

[28]　陶希聖，〈關於《中國之命運》〉，《潮流與點滴》（臺北：傳記文學出版社，1964），頁204。

事實上，陶希聖上段記述並不甚精確，因為蔣介石於1943年1月仍繼續修改《中國之命運》書稿，經過5次修改補正後，才於1月30日完成付梓。而且，即使書稿已經送印出版中，蔣氏仍繼續修改書稿內容，直到2月10日才正式定稿。[29]2月13日，蔣介石自記曰：「自去年11月杪，撰著《中國之命運》一書，兩月以來，不能照常閱讀學案，今始恢復常課。」[30]長久以來，學界幾乎一致認為陶希聖是蔣介石《中國之命運》一書的「代筆者」，但是觀察上述蔣介石修訂該書經緯，陶希聖雖為「代筆者」，但從著書的立意或觀點，蔣介石都扮演著更重要的角色。[31]陶希聖的外孫沈寧也曾經提過：「外祖父後來幾次說，他自己用黑墨書寫，蔣介石以紅墨修改，文稿修改到最後，已經見不到一個黑字，全篇紅墨。」[32]「已經見不到一個黑字，全篇紅墨」，足以說明《中國之命運》一書是蔣介石理念的呈現。

　　1943年1月底，《中國之命運》付印200冊樣書，分送黨中及政府領導及負責人士讀閱，並請其簽註意見。根據陶希聖的回憶，共計回收百餘份意見書予以集中整理，修改建議大都被採納，全稿重加通盤修訂後，才交由正中書局印刷普及本。[33]陶希聖負責《中國之命運》一書中文文稿的整理、校訂，及排印校對工作，於1943年3月10日正式出版。[34]至於該書英文譯稿的指導和校訂工作，則交由王寵惠負責主持。[35]《中國之命運》一書出版3日（10-12日），僅重慶一地，零售就已在5萬冊以上。[36]蔣介石為了廣為推銷該書理念，3月24日致電國防最高委員會秘書長王寵惠，令

---

[29] 黃自進、潘光哲編，《蔣中正總統五記：學記》，頁275-279。

[30] 黃自進、潘光哲編，《蔣中正總統五記：學記》，頁275-279；高素蘭編，《蔣中正總統檔案：事略稿本》，第52冊，頁488。

[31] 以往學界幾乎一致認為陶希聖是蔣介石《中國之命運》一書的「代筆者」，近年來有學者持不同看法，認為：「陶希聖代書《中國之命運》的觀點至少是簡單化，甚至是不準確的。」參閱李楊，〈陶希聖與《中國之命運》新解〉，《中國社會導刊》，2008：13（北京，2008），頁46。不過，也有學者強調《中國之命運》初版中關於中華民族的論述，確實與陶希聖有關。參閱婁貴品，〈陶希聖與《中國之命運》中的「中華民族」論述〉，頁65-67。

[32] 沈寧，〈我的外祖父為蔣介石執筆《中國之命運》〉，《文史博覽》，2009：9（長沙，2009），頁14。

[33] 陶希聖，〈關於《中國之命運》〉，頁204。

[34] 高素蘭編，《蔣中正總統檔案：事略稿本》，第52冊，頁693。

[35] 國史館藏，《蔣中正總統文物》（籌筆），〈蔣中正電陳布雷請王寵惠在譯中國之命運者中擇人兼譯中國經濟學說〉，1943年3月19日，典藏號：002-010300-00051-013；陶希聖，〈關於《中國之命運》〉，頁204。

[36] 黃自進、潘光哲編，《蔣中正總統五記：學記》，頁284。

各級機關學校官兵等研討《中國之命運》並表達意見。[37]26日，國防最高委員會即函各級政府機關呈報研討《中國之命運》一書讀後感，並要求選擇相關內容研擬具體實施辦法。[38]4月5日，蔣氏又致電王寵惠令各高級官長研讀《中國之命運》一書並加以評論。[39]因為蔣介石大力推銷《中國之命運》一書，自3月出版至5月正中書局即印了130版，共銷售130萬冊以上。[40]抗日戰爭末期的中國，宣揚蔣介石理念的《中國之命運》成為當時最暢銷的一本書，其結果卻反而引爆一場來自黨內外的風暴。

三、《中國之命運》的爭論

　　1943年3月10日《中國之命運》一書正式出版，中共直到7月才展開批判行動，但在中共之前已有來自國民黨內的不同意見。3月24日，四川省主席張群與參政會秘書長王世杰電話聯繫時，對於《中國之命運》指責英、美、俄過去對華政策部分，深以其將傷及友邦感情為慮。[41]3月30日，蔣介石詢問王世杰將《中國之命運》譯成英文向國外發行時，王氏認為此書將對友邦人士造成刺激，建議英譯本應摘由意譯，刪略一切刺激外人的言語。[42]4月9日，為了該書英譯一事，王世杰、王寵惠、吳鐵城、何應欽和朱家驊等人於國民黨中央黨部商議，與會諸人都擔心書中內容將可能損及友邦情誼，連平常較為寡言的王寵惠也語多憂慮。[43]同一時間（4月8-9日），由參謀總長何應欽召集軍事委員會辦公廳各部次長以上人員，也正在共同研討《中國之命運》一書，軍法執行總監何成濬記錄當時的情形如下：

　　　　午前九時赴會，繼續研討《中國之命運》一書，秦副監（按：秦德純）因事未參加。昨今兩次研討，均由何總長（按：何應欽）主

[37]　國史館藏，《蔣中正總統文物》（交擬稿件），〈蔣中正電王寵惠令各級機關學校官兵等研討「中國之命運」並呈意見〉，1943年3月24日，典藏號：002-070200-00017-070。

[38]　國史館藏，《國民政府檔案》，〈「中國之命運」研討〉，1943年3月26日，典藏號：001-090084-0004。

[39]　國史館藏，《蔣中正總統文物》（交擬稿件），〈蔣中正電王寵惠令各高級官長研讀「中國之命運」一書並作評論〉，1943年4月5日，典藏號：002-070200-00018-003。

[40]　陶希聖，〈關於《中國之命運》〉，頁210。

[41]　王世杰著，林美莉編輯校訂，《王世杰日記》，上冊，頁496。

[42]　王世杰著，林美莉編輯校訂，《王世杰日記》，上冊，頁497-498

[43]　王世杰著，林美莉編輯校訂，《王世杰日記》，上冊，頁499。

席，命秘書一人持原書朗讀，每讀畢一段，即詢問在座諸人有無意
見，有者可盡量陳述，以備採擇，作出第二版時修正之資料。此書
撰擬於忙迫之際，自不無絲毫偏差，但其大體則實極善極美，結果
發表意見者頗多，大半以此書為我國最高領袖所撰述，對外關係不
能不審慎顧慮，免外人有所批評，喪失尊嚴。至十二時半未畢，主
席宣布終止研討，各就其意見所及，逐條筆記，限十一日以前送交
辦公廳商主任（按：商震）彙齊，由梁副部長寒操、李副主任中襄
加以有系統之整理，再繕呈最高領袖之案旁，隨時用作參考。[44]

有學者根據國防最高委員會發出的代電（1943年4月18日），表示蔣介石
無意修訂該書，認為：蔣氏官員提交讀書報告，其實質就是要求人人表
態。[45]實際上，何成濬這段《日記》正說明當時黨政高層研讀《中國之
命運》非常熱烈，歷經3個半小時仍無法討論完畢，而且會後還將彙整意
見，裨以提供蔣介石修訂二版時參考。不過，陳克文對於行政院秘書長張
屬生於討論會上態度虛偽，感到不以為然。[46]

　　實際上，4月18日國防最高委員會雖然發出代電，要求全國各級政府
機關、各級黨部、各大中學、各戰區、各級政治部，及全體官兵等均應切
實研討《中國之命運》，同時也要求將研討結果與批評意見呈報，即使是
經濟部的事業單位，如湖南電氣特種股份有限公司、鎢業管理處贛南分處
都被要求呈復研讀心得與意見。[47]根據陳克文的觀察，許多各部會次長研
讀《中國之命運》的心得報告，十之八九係敷衍了事的文章。[48]不過，蔣
介石確實參考了各方的意見（心得），從6月16日開始校正修訂《中國之
命運》二版。[49]因此，蔣氏要求各界撰寫心得與提出意見之舉，絕不能逕

[44] 何成濬，《何成濬將軍戰時日記》，上冊（臺北：傳記文學出版社，1986），頁244-245。

[45] 鄧野，〈蔣介石關於「中國之命運」的命題與國共的兩個口號〉，頁93。

[46] 陳方正編輯、校訂，《陳克文日記（1937-1952）》，下冊（臺北：中央研究院近代史研究所，2012），頁738。

[47] 國史館藏，《資源委員會檔案》，〈中國之命運讀後心得及研討報告〉，典藏號：003-010102-1190。

[48] 陳克文在日記中記載公務人員撰寫《中國之命運》閱讀報告時，有前後不一之處，曾說：「許多各部會次長研讀《中國之命運》的心得報告，十之八九係敷衍了事的文章。」又說：「寫《中國之命運》研讀後的報告。這種報告係奉命而作，……想敷衍也不容易。」參閱陳方正編輯、校訂，《陳克文日記（1937-1952）》，頁739、743。

[49] 黃自進、潘光哲編，《蔣中正總統五記：學記》，頁297。

以「要求人人表態」來論斷。

4月9日，曾經參與軍事委員會共同閱讀《中國之命運》一書的軍令部長徐永昌，也在他的《日記》上留下這次研討的情形，徐永昌說：「除為章（按：劉斐）外，咸謂第三章（不平等條約影響之深刻化一章）不惟過於刺激其他各友國，亦極難堪英國，在今日而言此，殊嫌不智。」[50]由上述可知，無論王寵惠、王世杰、何成濬、徐永昌等黨政高層，均擔憂此書將影響戰時中國的對外關係，尤其是英國的反應。而這樣的擔憂是有道理的，因為在前一年（1942年），中英兩國談判平等新約時，就曾經因為西藏問題就有所爭議，蔣介石對於英國為了己身利益，而不擇手段作風的評語是：「可惡」[51]二字。是以，中英新約雖於1943年1月11日簽訂，但蔣介石認為與英國仍是「鬥爭外交」[52]的狀態；故蔣氏在簽約之後開始撰寫《中國之命運》一書，將英國與其他列強帝國主義國家同樣看待，蔣氏說：「西藏問題一樣受外來的影響。藏人與川滇的衝突，亦為英人所利用。而英人之操縱達賴，與俄人之利用班禪，事正相同。」[53]基於此，英美各國對於《中國之命運》一書都有所批判，英國政府對於本書內容涉及西藏表示不滿；美國國務院遠東部門也提到：這本書內容反映的是「反動型民族主義」，是「令人不快及不幸的愚蠢和過火行為」，並無益於中國與其他大國間的合作。[54]因此，費正清（J. K. Fairbank）也提過：蔣氏撰寫《中國之命運》是打算點燃排外主義怒火，以激起愛國情緒而促成其內部的凝聚。[55]

對於英國的反彈，蔣介石的心裡已經有所準備，《事略稿本》1943年10月7日記載蔣氏說：「《中國之命運》出版以來，最受反響者，一為英國，二為共匪，此為預想所及，然未料其反感有如此之大也。凡事利害不

---

[50]　徐永昌，《徐永昌日記》，第7冊（臺北：中央研究院近代史研究所，1991），頁57。

[51]　高素蘭編，《蔣中正總統檔案：事略稿本》，第52冊，頁174。

[52]　高素蘭編，《蔣中正總統檔案：事略稿本》，第55冊（臺北：國史館，2011），頁716。

[53]　蔣介石，《中國之命運》，頁50。

[54]　Xiaoyuan Liu, A Partnership for Disorder: China, the Uited States, and Their Policies for the Postwar Disposition of the Japanese Empire,1941-1945（Cambridge: Cambridge University Press,1996），pp.23,74. 轉引自張瑞德，〈侍從室與戰時國民政府的宣傳工作（1937-1945）〉，載黃自進、潘光哲主編，《蔣介石與現代中國的形塑》，第2冊（臺北：中央研究院近代史研究所，2013），〈變局與肆應〉，頁209-210。

[55]　費正清（J. K. Fairbank）著，陸惠勤等譯，《費正清對華回憶錄》（上海：知識出版社，1991），頁296。

能完全避免，自信此書對於國家與民族之影響將愈久而愈大。」[56]除了英國之外，中共對於《中國之命運》一書的反響更大，毛澤東甚至將此書定位為一本「掀起反共高潮的宣傳書」，乃親自組織一場批判運動；陳伯達〈評《中國之命運》〉一文首發其端，范文瀾、呂振羽、齊燕銘、艾思奇等人也都撰文，分別從歷史、文化、法律、哲學進行全面批判。

　　7月21日，陳伯達的〈評《中國之命運》〉一文，首先刊登於延安《解放日報》，之後中共中央宣傳部將該文印成一本小冊子廣泛發行，除了黨政軍民幹部每人一本外（陝甘寧邊區印了1萬7千本），並要求南方局、華中局在重慶、桂林、上海等地密發，同時特別強調「注意散發到國民黨軍隊中去」，應趁此機會作一次對黨內黨外的廣大宣傳。[57]陳伯達的〈評《中國之命運》〉一文開宗明義就說：

> 《中國之命運》既是以蔣介石先生的名義出版的，就因蔣先生的關係，引起人們的注意。當此抗戰處在重要關頭的時候，大家想蔣先生在這個時候出版這本東西，應該是對於如何準備對敵反攻、配合盟國作戰、爭取抗戰最後勝利的重大問題，有所指陳。因為盡人皆知：今日決定中國之命運的，是抗戰，而不是其他。但大家讀到《中國之命運》後卻不免大失所望，原因是那書中所提出的問題，和人們所期望的都相反，而且關於抗戰問題，在全書二一三頁當中，只佔了十二頁半。全書中心是談內政問題。一言蔽之，反對自由主義與共產主義，實際上主張買辦的封建的法西斯主義，或新專制主義（雖然形式上仍戴著「三民主義」的帽子），因此使人們大失所望。[58]

---

[56] 高素蘭編，《蔣中正總統檔案：事略稿本》，第55冊，頁37。

[57] 中央檔案館編，《中共中央文件選集》，第14冊，〈中央宣傳部關於廣泛印發《評〈中國之命運〉》的通知〉，頁79。

[58] 陳伯達〈評《中國之命運》〉原文刊登於延安《解放日報》（上海），1943年7月21日，4版，隨後中共中央宣傳部印成一本小冊子廣泛發行；抗戰勝利後（1945年9月），又與范文瀾〈誰革命？革誰的命？〉、艾思奇〈《中國之命運》——極端唯心論的愚民哲學〉和齊燕銘〈駁蔣介石的文化觀〉等文合成一本專書，書名仍為《評《中國之命運》》，本文相關文章主要參閱此書。陳伯達〈評《中國之命運》〉，收入於陳伯達等著，《評《中國之命運》》（張家口：新華書店晉察冀分店，1945），頁1-2；另可參閱中央檔案館編，《中共中央文件選集》，第14冊，頁504-505。

陳伯達一文是經過毛澤東修訂才發表的，因此可視為是執行毛意志的一篇文章，陳文認為《中國之命運》第7章「中國革命建國的動脈及其命運決定關頭」是全書的核心，其中心思想，在實質上說來，是「一個黨，一個主義，一個領袖」，即「國民黨即中國，中國即國民黨」。因此，陳文特別鎖定這一章展開激烈批判，稱本書是「一本對中國人民的宣戰書，是為著發動內戰的思想準備與輿論準備。」[59]隨後，范文瀾在〈誰革命？革誰的命？〉一文中，要蔣介石在決定「中國之命運」時，先學習毛澤東的《新民主主義論》，並強調中國共產黨才是革命建國者，他忠告蔣介石放棄「朕即國家」、「實行一個新專制主義」的荒謬思想。[60]

中共對蔣介石及其《中國之命運》的批判，一波接著一波，除了動員學者從學理方面的批判外，中共中央也開始進行反擊。為了強化對蔣氏《中國之命運》一書的攻擊，除了由專人教導發言技術之外，還曾經由中華全國文藝抗敵協會延安分會理事模擬蔣介石的角色，連續於1943年8月12、13日舉行模擬辯論會。[61]足見中共中央對批評《中國之命運》一書的重視。8月13日，毛澤東也致電中央局指示：「盡一切方法避免和國民黨破裂，避免大內戰，同時揭露國民黨抗戰不力與反共陰謀，對抗國民黨的反共言論，並準備自衛實力。」[62]8月23日，中共又發表〈國共兩黨抗戰成績的比較〉、〈中國共產黨抗擊的全部偽軍概況〉二文，說明蔣介石所謂「沒有國民黨就沒有中國」是沒有根據的，且中華民族的興亡繫於中國共產黨。[63]8月25日，《解放日報》的「社論」則刊登了〈沒有共產黨，就沒有中國〉，提出了三個「事實證明」：1.「不是共產黨的軍隊『游而不擊』，而是國民黨反動派不游不擊。」2.「不是共產黨是『新式封建』和『變相軍閥』，而是國民黨反動派是老式封建焊道地軍閥。」3.「中國共產黨是萬萬取消不得，證明了：沒有中國共產黨就沒有中國。」[64]此篇社

---

[59]　陳伯達〈評《中國之命運》〉，頁40-41、45。另可參閱中央檔案館編，《中共中央文件選集》，第14冊，頁530-531、534。

[60]　范文瀾〈誰革命？革誰的命？〉，頁53、60-63。

[61]　蕭軍，《延安日記（1940-1945）》，下卷（香港：牛津大學出版社，2013），頁203。

[62]　中央檔案館編，《中共中央文件選集》，第14冊，〈對擊退國民黨第三次反共高潮後形勢的分析和關於黨的政策的〉，頁87-88。

[63]　中央檔案館編，《中共中央文件選集》，第14冊，〈國共兩黨抗戰成績的比較〉、〈中國共產黨抗擊的全部偽軍概況〉，頁547-558。

[64]　中央檔案館編，《中共中央文件選集》，第14冊，〈沒有共產黨，就沒有中國〉，頁559-565。

論，正是中共攻擊蔣介石及其《中國之命運》最高峰的作品。

　　觀察此時期中共對蔣介石及其《中國之命運》的批判，主要的攻擊策略是：擬定以「反中國的法西斯」為批判架構的鬥爭觀點，陸續推出相關的反擊宣傳。換言之，中共當局希望透過「反中國的法西斯」的觀點和言論，能夠讓黨內成員及治下群眾對國民黨、蔣介石有一致的認識。[65]事實上，中共對《中國之命運》的攻擊並不完全合理，以陳伯達〈評《中國之命運》〉一文為例，該文認為《中國之命運》一書不談抗戰，抗戰內容僅佔12頁半，又說第7章「中國革命建國的動脈及其命運決定關頭」是全書的核心；其實，若根據陳氏論點，以篇幅計算《中國之命運》中的第7章也僅佔15頁半，全書的內容主要是環繞著廢除不平等條約，共計3章112頁。[66]另外中共稱《中國之命運》是掀起第三波反共高潮的宣傳書，事實上連中共學者楊天石都認為：第三波反共稱不上「潮」更從沒有「高」過。[67]因此，所謂「第三波反共高潮」，只是當年毛澤東批判行動的政治話語，蔣介石雖然於《中國之命運》一書中批判中共是新軍閥，但是強說此書「掀起第三波反共高潮」，不僅稍嫌誇大，也高估了當時中共的影響與地位。值得注意的是，蔣介石《中國之命運》一書出版於1943年3月，中共的攻擊行動則遲至7月下旬才展開，觀察這四個多月國內外情勢演變，就可以瞭解中共發動攻擊《中國之命運》的原委。

　　1942年2月，毛澤東在延安的展開整風運動，即「反對主觀主義以整頓學風，反對宗派主義以整頓黨風，反對黨八股以整頓文風」的整頓三風運動。[68]1943年3月，毛澤東召開政治局擴大會議，重申黨一元化領導的重要性，再次確定政治局勢中共最高領導機構，決定思想、政治、軍事、政策和組織等重要問題，毛澤東擔任政治局和書記處主席。4月3日，中共中央決定繼續開展整風運動，認為黨內的內奸人數驚人，要求徹底肅清。[69]

---

[65] 潘光哲，〈郭沫若與〈甲申三百年祭〉〉，頁297-301。

[66] 本文有關《中國之命運》之相關內容主要是根據1952年台4版，第7章的頁次為197至212，與不平等條約相關者有第2章、第3章、第5章。參閱蔣中正，《中國之命運》（臺北：正中書局，1952），頁197-212、13-48、49-82、123-164。

[67] 楊天石，〈第三國際的解散與蔣介石「閃擊」延安計畫的撤銷－論「第三次反共高潮」並未成「潮」〉，收入氏著，《找尋真實的蔣介石：蔣介石日記解讀》，下冊（太原：山西人民出版社，2008），頁407-423、45。另可參閱中央檔案館編，《中共中央文件選集》，第14冊，頁530-531、534。

[68] 陳永發，《中國共產革命七十年》，上冊（臺北：聯經出版事業公司，1998），頁370-376。

[69] 中央檔案館編，《中共中央文件選集》，第14冊，〈中共中央關於繼續開展整風運動的決

其實，共產黨內並無嚴重內奸問題，只是為了累積更多的人事資料，以便審查幹部，推動整風學習，而其終極目的是將毛澤東思想定於一尊，由毛一人擁有思想、政治、軍事、政策和組織等重大事務的最後決定權。[70]7月，毛澤東開始向蔣介石及其《中國之命運》展開批判，正是呼應其延安的整風運動，使毛澤東思想定於一尊更為強化。

　　1943年5月22日，共產國際宣告解散，對於蔣介石而言，這是「劃時代之歷史」[71]，蔣氏認為：第三國際宣布解散，是「二十世紀上半期之惟一大事」，「不僅為此次世界戰爭中最有價值之史實，且為我國民革命三民主義最大之勝利。」[72]因此，蔣介石乃加強對中共的軍事攻勢與政治攻勢；6月17日，蔣介石還致電胡宗南詢問邊區準備至何種程度。[73]熊斌、劉學海也曾經致電蔣介石稱：查奸黨自共產國際解散後，各派鬥爭益烈，內部日形分化，幹部動搖，乘此時期解決實為最適當良機。[74]

　　對於中共而言，共產國際突告解散，確實讓其充滿著不確定的危機感；5月26日，中共中央針對共產國際解散做出了回應，表示：完全同意共產國際執行委員會主席團解散共產國際的提議，更進一步說明共產國際的解散，將使中國共產黨人的自信心與創造性更為加強。[75]5月31日，中共中央書記處立即指示：「抗戰六週年之宣傳，應該集中我軍在敵後堅持抗戰之英勇壯烈，並說明我們之所以能夠堅持的原因，藉以擊破游而不擊、封建割據及交出軍隊、政權之類的反動宣傳。」[76]6月1日，毛澤東致電彭德懷指出：「國民黨對我疑忌甚大，不願解決問題，天天宣傳我罪狀，打擊我黨威信，勵行特務政治，圖從內部破壞我黨。」毛進一步提到其黨內

定〉，頁28-33。

[70] 陳永發，《中國共產革命七十年》，上冊，頁384-385。

[71] 高素蘭編，《蔣中正總統檔案：事略稿本》，第53冊，頁498。

[72] 高素蘭編，《蔣中正總統檔案：事略稿本》，第53冊，頁531。

[73] 國史館藏，《蔣中正總統文物》（籌筆-抗戰時期），〈蔣中正電詢胡宗南邊區準備至何程度〉，1943年6月17日，典藏號：002-010300-00051-050。

[74] 國史館藏，《蔣中正總統文物》（特交文電-共匪禍國-增編（八）），〈劉學海電蔣中正查奸黨自共產國際解散後各派鬥爭益烈內部日形分化幹部動搖乘此時期解決實為最適當良機等〉，1943年7月12日，典藏號：002-090300-00223-095。

[75] 中央檔案館編，《中共中央文件選集》，第14冊，〈中國共產黨中央委員會關於共產國際執委主席團提議解散共產國際的決定〉，頁38-41。

[76] 中央檔案館編，《中共中央文件選集》，第14冊，〈中央書記處關於紀念抗戰六週年宣傳工作的指示〉，頁43。

政策為：「一是整頓三風（應堅持一年計畫），二是審查幹部（清查內奸包括在內），三是保存幹部（送大批幹部來後方學習）。如能實施上述各項，不犯大錯，我黨即可立於不敗之地。」[77]7月4日，中共中央也獲得了胡宗南進攻計畫方案。[78]在在顯示，中共在共產國際解散和國共和談擱置後的不安感，乃於此時發動對《中國之命運》的攻擊行動。

此外，1943年前後的中蘇關係趨於冷淡，莫斯科方面從1943年7月起開始批評在重慶的國府，將中國抗戰的光榮全部加諸在中共身上，對國民政府不讚一詞。同時，指稱：國民政府裡面有「綏靖主義者，失敗主義者及投降派所進行的陰謀活動。」[79]中共配合蘇聯對華態度的改變，展開一系列攻擊《中國之命運》的言論，正是其為爭奪抗戰勝利後的中國政權作準備。[80]

綜合上述，蔣介石出版《中國之命運》後，即遭到國民黨的黨政軍高層的質疑，幾乎一致認為該書對於不平等條約的描述，恐損及友邦情誼，將影響戰時中國的外交關係。不過，對於《中國之命運》一書最大的攻擊來自中共，自1943年7月下旬起，毛澤東即親自組織一場「反中國法西斯」的鬥爭行動，試圖讓黨員、群眾對國民黨和蔣介石有一致的認識，最終目的則是強化毛澤東思想與領導一尊的地位，便於戰後與蔣介石進行政權的爭奪。

蔣介石對於出版《中國之命運》一書後，引發黨內外的爭議了然於胸，也瞭解抗戰關鍵時刻友邦情誼的重要性。[81]但是，蔣介石仍然決定於1944年元旦再出版增訂版，這絕不是蔣介石的意氣之爭，而是蔣氏在領導中國堅忍抗戰5、6年之後，見到抗日戰爭勝利已經露出了曙光，欲藉《中國之命運》一書來規劃未來的現代中國。

四、現代中國的想像與建構

《中國之命運》初版印行後，王寵惠、王世杰曾經當著蔣介石的面，

[77] 中央檔案館編，《中共中央文件選集》，第14冊，〈對國民黨現狀的分析和關於我黨今後的工作方針的指示〉，頁44-45。

[78] 中央檔案館編，《中共中央文件選集》，第14冊，〈軍委關於蔣介石進攻邊區的軍事部署的情況通報〉，頁62-66。

[79] 陶希聖，〈關於《中國之命運》〉，頁210-211。

[80] 李楊，〈蔣介石與《中國之命運》〉，《開放時代》，2008：6（廣州，2008），頁47-48。

[81] 黃自進、潘光哲編，《蔣中正總統五記：學記》，頁308。

批評陶希聖不應撰寫批評不平等條約之內容。[82]事實上，《中國之命運》一書出版前，陶希聖也曾經建議刪除相關內容，陶氏曾提到《中國之命運》初版付梓時，他有四項建議並沒有被蔣介石所採納，包括：1.本書不必追述過去不平等條約束縛之下的弊害與國家危困，因為追述過去，勢必涉及當時的友邦，並且不平等條約業已取消，又何必重提舊事。2.本書預期抗戰勝利不出兩年之外的文句，應予以刪除。3.「中國之命運」的書名宜加修改為「中國之前途」。4.蔣委員長為國家領袖，不必自居於一黨的領袖，所以第7章（關於中國國民黨及三民主義青年團）應該刪除。[83]

　　針對上述四點意見，蔣介石的回應是：1.中國百年來國家積弱之勢與國民從自大轉為自卑的心理，都是導源於列強的侵略與不平等條約的壓迫。現在不平等條約由於革命抗戰之堅貞奮鬥而得以解除，一般國民如何改變其民族自卑感而培養其民族自尊心，國家如何與世界各國立於平等地位，而分擔世界和平的責任，這就是中國今後的根本課題。因此，倘如刪去這些章節，那全書將失其意義。2.中國抗戰將與世界大戰一同結束，現在義大利已經投降，德、日兩國的敗形已見，世界大戰勝利結束不出兩年之外。因此，中國政府與國民要在這兩年中盡更大的努力，爭取勝利，並對戰後建設事業預為準備。3.書名「中國之命運」是根據國父所說「國家之命運在於國民之自決」，這句話是全書的宗旨之所在。4.中國國民黨乃是革命建國的黨，沒有國民黨就沒有國民革命，沒有國民革命就沒有當前抗戰與戰後的建國事業。[84]綜合上述，蔣介石不僅透過《中國之命運》一書來從事心理建設[85]，更重要的是蔣氏欲透過本書來試圖建構現代中國，其重要內容如下：

　　（一）民族同源：蔣介石在闡釋「現代國民」之前，先對中華民族的形成有所說明，且是《中國之命運》一書的重點之一；該書初版時提到：「就民族成長的歷史來說：我們中華民族是多數宗族融合而成的。融合於中華民族的宗族，歷代都有增加，但融合的動力是文化不是武力，融合的方法是同化而不是征服。」又說：「四海之內，各地的宗族，若非同源於

[82]　陶希聖口述，陳存恭、蘇啟明、劉妮玲訪問，陳存恭、尹文泉總整理，《陶希聖先生訪問紀錄》（臺北：國訪部史政編譯局，1994），頁164。

[83]　陶希聖，〈關於《中國之命運》〉，頁204-205。

[84]　陶希聖，〈關於《中國之命運》〉，頁205。

[85]　高素蘭編，《蔣中正總統檔案：事略稿本》，第55冊，頁720。

一個始祖，即是相結以累世的婚姻。《詩經》上說：『文王孫子，本支百世』，就是說同一血統的大小宗支。《詩經》上又說：『豈伊異人，昆弟甥舅』，就是說各宗族之間，血統相維之外，還有婚姻的繫屬。」[86]1942年8月27日，蔣介石在青海西寧對漢、滿、蒙、回、藏各族仕紳的講演中已經提過同樣的觀點。[87]這是一直流行於中國的民族「融合論」與「同源論」，其與陶希聖《中國社會之史的分析》、《中國民族戰史》兩書的論點相近，故《中國之命運》初版所提到中華民族的形成應與陶希聖有關。[88]不過，根據陳布雷對於《中國之命運》增訂版的說明，與初版不同之處，其中一項為：「第一章對於中華民族成長之歷史說明有所增益。」[89]在增訂版中有關中華民族形成，已經刪除了「融合於中華民族的宗族，歷代都有增加」一語，而強調：「這多數的宗族，本是一個種族和一個體系的分支。」「我們的各宗族，實同為一個民族，亦且為一個體系之一個種族。」[90]是以，蔣氏在增訂版中明確闡述「中華民族同源論」，這可能來自黨政高層的建議，更是與民族同源論在抗戰時期廣泛流傳有關。[91]學者則認為：蔣介石有意模仿西歐模式，將中國建成nation-state。[92]

（二）現代國民：《中國之命運》闡釋中華民族同源後，蔣氏進一步說明「現代國民」的意義與責任，他說：「中國今後的命運，皆在我們現代這一輩國民的雙肩之上。」（頁77）蔣認為：近百年來因不平等條約的壓迫，使得國人在不知不覺之中，做了外國文化的奴隸。（頁70-71）

---

[86] 本文所參閱蔣介石《中國之命運》一書為1944年的增訂版，有關1943年初版之內容係轉引自婁貴品論文，參閱婁貴品，〈陶希聖與《中國之命運》中的「中華民族」論述〉，頁67-69。

[87] 周美華編，《蔣中正總統檔案：事略稿本》，第51冊，頁111-112。

[88] 婁貴品，〈陶希聖與《中國之命運》中的「中華民族」論述〉，頁65-67。

[89] 陳布雷於1943年12月15日說明增訂版與初版的異同時，曾云：「本書自今年三月十日開始發行以後，印刷至二百餘版。茲經總裁就全書加以校訂，交正中書局重製增訂版。其重要增訂之點：（一）第一章對於中華民族成長之歷史說明有所增益。（二）第三章後段另加一節，附錄今年一月總裁為平等新約訂立告全國軍民之廣播詞，期使我同胞對不平等條約招致之由反省字勵。（三）第五章十年建設表內增加關於農林建設之各項數字。」的說明，參閱蔣介石，《中國之命運》，扉頁。

[90] 蔣介石，《中國之命運》，頁2、9。

[91] 徐永昌曾針對《中國之命運》初版中有關「中華民族成長與發達」內容，向蔣介石提出修改建議。參閱徐永昌，《徐永昌日記》，第7冊，頁57；婁貴品，〈陶希聖與《中國之命運》中的「中華民族」論述〉，頁68-70。

[92] 吳啟訥，〈中華民族宗族論與中華民國的邊疆自治實踐〉，收入於黃自進、潘光哲主編，《蔣介石與現代中國的形塑》，第1冊，〈領袖的淬鍊〉，頁180。

因此，蔣要求：國民認識過去的苦痛和艱難，體察今後的責任重大，滌除舊染，積極振奮，不愧為現時代的國民，以適應不平等條約取消後的新機運。（頁74）至於如何成為「現代國民」及其責任為何？蔣介石又說：「國民如不能竭盡其對國家的任務，則國家無由建立，民族無法生存，面對於世界問題，更無從過問，這是無可置疑的事實。」（頁132）「我們必須本於中國六藝教育的精義，以自衛的實力和求生的本能，訓練國民，使每一國民，都能致力於生產，獻身於國防，手腦並用，智德兼修，一改過去委靡文弱虛偽浮誇的弊病。」（頁136）至於，現代國民該如何致力於今後建設中國的工作，蔣介石分別提出心理建設、倫理建設、社會建設、政治建設和經濟建設五方面，要求「成年國民，應各就其職業與地位，把握此中一個重點，以推進其業務。青年國民，應當各就其學業與志趣，選擇此中一個方向，以發展其能力。」（頁137）其中，在社會建設方面，蔣介石提到：「新生活運動是社會建設的基本運動，其目的在求中國國民之『現代化』。國民惟有現代化，才配做獨立自由的國民。國民能做獨立自由的國民，國家才能成為獨立自由的國家。」（頁142）「總之，中國的命運，決定於中國國民本身是不是能夠自立自強，以達成抗戰建國的使命。」（頁183）由上述可知，蔣介石在《中國之命運》一書中，不斷強調「現代國民」的意義與責任，亦即蔣氏欲透過此書來形塑「現代國民」，俾以戰後承擔從事建設國家的重責大任。

（三）**國家統一**：1928年國民革命軍完成北伐後，身為國家領導人的蔣介石，即反對地方軍人割據，重視國家的真正統一；對於抗戰前地方軍人的異動，蔣氏閱讀《聖武記》、《清代通史》等書，期望效法清康熙平定三藩的經驗。[93]1930年中原大戰期間，蔣介石也以「國家統一」來遊說張學良支持南京，「國家統一」是蔣介石對於地方軍人異動時的底限。[94]因此，「國家統一」一直是蔣介石堅持的信念，因此蔣介石對於自由主義和共產主義提出嚴厲的批評，《中國之命運》云：

　　至於所謂自由主義與共產主義，則不外英、美思想與蘇聯思想的抄

---

[93] 蔣介石於1928年底至1929年初，最常閱讀的書籍就是《聖武記》、《清代通史》等書，他曾說：「前清對於藩鎮與封建制，似較歷朝為勝。觀於此（《聖武記》）可知立國之難與駕馭之難，足為鑑戒！」參閱黃自進、潘光哲編，《蔣中正總統五記：學記》，頁19、20、25。

[94] 陳進金，《地方實力派與中原大戰》（臺北：國史館，2002），頁145-146。

襲和附會。這樣抄襲附會的學說和政論，不僅不切於中國的國計民生，違反了中國固有的文化精神，而且根本上忘記了他是一個中國人，失去了要為中國而學亦要為中國而用的立場。其結果他們的效用，不過使中國的文化陷溺於支離破碎的風氣。這種風氣既已構成，於是區解自由主義和濫用共產主義的學系政派，或明目張膽，或旁敲側擊，或有意，或無意，以某一外國的立場為立場，以某一外國的利益為利益，甚至為帝國主義作粉飾，為侵略主義作爪牙，幾乎忘其所本，亦不知其所學何為和所為何事。[95]

對於組織邊區政府的中國共產黨，蔣介石指責其為「變相軍閥和新式封建」。[96]《中國之命運》中則有較為詳細的說明：「在現在這個軍政和訓政時期之中，無論用何種名義，或何種策略，而來組織武力，割據地方，企圖破壞抗戰，妨礙統一，這種行動，不是軍閥，至少亦不能不說是封建。這種變相的軍閥和新式封建，究竟對民族，對革命是不是有益，還是有害？大家痛斥從前把持軍隊、割據地方的軍閥是反革命，難道這樣新式封建與變相軍閥，就是真革命！如果這樣武力歌劇，和封建軍閥的反革命勢力存留一日，國家政治就一日不能上軌道。」（頁208）又說：「為什麼我們國內的黨派，倒反而不肯放棄他武力割據的惡習，滌蕩他封建軍閥的觀念，那還能算是一個中國的國民？更如何說得上是『政黨』？」（頁208-209）

　　《中國之命運》初版發行之後，此段「變相軍閥和新式封建」的論述，引發中共強烈的反擊，蔣介石的反應是：「看完共匪批評《中國之命運》反動小冊，更覺此書對國民教育之重要。惟此足以消除共匪禍國之思想，所以共匪非竭其全力以謀抵消，則其不圖存也。」[97]「至此，匪因此反動，則此書作用已生效果，以余意本在此也。」[98]足見，蔣介石從1928年成為國家領導人後，一直無法達成國家真正的統一，因為抗戰的緣故使得地方實派力派軍人已經相繼中央化，只剩下組織邊區政府的中共影響國

---

[95] 蔣介石，《中國之命運》，頁72-73。

[96] 根據《事略稿本》1943年1月25日記載，公曰：「本日增補文稿指斥共黨為變相軍閥與新式封建一段時誠精思入神，此文非自撰，任何人所不能深入此境也。」參閱周美華編，《蔣中正總統檔案：事略稿本》，第51冊，頁368。

[97] 高素蘭編，《蔣中正總統檔案：事略稿本》，第55冊，頁82。

[98] 黃自進、潘光哲編，《蔣中正總統五記：學記》，頁309。

家統一。是以，蔣介石在1943年中國國際地位達到最高峰，也是個人威望最頂峰之際，已經在思考戰後如何達成真正的國家統一。

（四）領土完整：《中國之命運》主要是因為廢除不平等條約而寫，全書內容也環繞著不平等條約，應無疑義。蔣介石在書中多次提到：「今日中國獨立自由的地位，已隨不平等條約的撤廢而獲得。」（頁222）但是，中國並沒有因為簽訂平等新約，而達成領土完整的目標。蔣氏說：「吾人對於此次新約之成立，所不無遺憾者，就是九龍租借地本為我國領土，而英國未能將此問題在新約內同時解決，實為中、英兩國間美中不足之缺點。」（頁128）事實上，在中英平等新約簽訂時，蔣介石曾經強烈主張同時解決九龍租借地和西藏問題，甚至考慮戰後「用軍事力量由日軍手中取回」。[99] 後來，在駐英大使顧維鈞的勸告下，蔣氏才勉強接受英國的方案，而順利簽訂新約。[100] 其在1942年12月的反省錄中記下：「對英外交頗費心神，以九龍交還問題，英堅不願在新約內同時解決，余暫忍之，此時為對英政策與技術一大變也。」[101] 不過，無法順利收回九龍租借地，仍然讓蔣介石耿耿於懷，1943年1月18日，曾致電人在紐約的蔣宋美齡，表示：「英國與我所訂新約不肯提及歸還九龍租借地事，實為遺憾！」[102] 可見，蔣氏多麼在意九龍租借地歸還問題，此時正在書寫《中國之命運》的蔣介石，就透過此書來抒發他對領土完整的期待。

《中國之命運》云：「以國防的需要而論，上述的完整山河系統，如有一個區域受異族的佔據，則全民族全國家，即失其自衛上天然的屏障。河淮江漢之間，無一處可以作鞏固的邊防，所以臺灣、澎湖、東北四省、內外蒙古、新疆、西藏，無一處不是保衛民族生存的要塞。這些地方的割裂，即為中國國防的撤除。更由立國的資源來說，東北的煤鐵與農產，西北的馬匹與羊毛，東南的鋼鐵，西南的鎢錫，無一種不是保衛民族生存的要素。這些資源的喪失，亦即為國基的毀損。」（頁6-7）又說：「帝國主義者除以各種威脅和利誘的手段，勾結軍閥取得特權之外，其他直接干涉的事件，更是層出不窮，尤以邊疆問題為最著。外蒙古受帝俄的操縱，

---

[99] 周美華編，《蔣中正總統檔案：事略稿本》，第51冊，頁478-479、481；高素蘭編，《蔣中正總統檔案：事略稿本》，第52冊，頁140。

[100] 陳進金，〈蔣介石對中英新約的態度（1942-1943）〉，《東華人文學報》，7（臺東：2005.7），頁141-145。

[101] 高素蘭編，《蔣中正總統檔案：事略稿本》，第52冊，頁152。

[102] 高素蘭編，《蔣中正總統檔案：事略稿本》，第52冊，頁339-340。

在滿清宣統三年宣佈獨立，內外一切實權，都歸俄人掌握。俄國革命之後，蒙人撤銷獨立，實行內向，歸還中國。其時正日寇利用所謂『中日軍事協定』，策動蒙匪和白俄，以窺我外蒙。西藏問題一樣受外來的影響。藏人與川滇的衝突，亦為英人所利用。而英人之操縱達賴，與俄人之利用班禪，事正相同。我在民國元年《軍聲雜誌》中公開的表示說：『征撫蒙藏，不可僅視其形勢之難易，狀況之利害，拘泥於戰術之一隅而已。要當深省英俄之現況與關係於蒙藏之如何而決定……當英俄要求干涉之際，吾國雖無力宣戰，亦宜據理力爭，要求其歸還我國主權。……何吾政府計不出此，一再隱忍，甘為退守，喪權辱國，莫此為甚。』」（頁50）《中國之命運》上述的論述，雖曾引起英國的不滿，卻代表蔣氏對於領土完整的堅持。

　　（五）平等外交：蔣介石《中國之命運》一書中，關於未來中國的對外關係也有所陳述，他說：「我們中國所受於民族壓迫的痛苦最久最深。所以我們中國要求民族自由與國家平等，亦最急最切。」（頁216）因此，「民族自由與國家平等的原則，更當適用於戰後世界經濟與文化的復興和發展。」（頁218）早在日本發動「九一八事變」時，蔣介石就有「東亞事，應歸東亞人自決；中國事，亦應歸中國人自決」[103]的主張。基於此，蔣介石認為：「日本帝國主義倡導所謂『大日本主義』，與納粹主義者所謂『日耳曼種族優越論』同為破壞世界和平的思想。自今以後，文化優越、種族優越的理論必須永絕於世界，世界和平始可以保持不敝。」（頁218）至於，中國自立自強打倒日本帝國主義之後，更不會有「領導亞洲」的思想和行為；「中國求自由、求獨立、求進步、求發展，其目的在與世界各國『並駕齊驅』，更在與世界各國共同擔負世界和平與人類自由解放的責任。」（頁216-217）由上述可知，蔣介石透過《中國之命運》一書來闡述，戰後的國際和平組織，應以民族自由與國家平等為原則，世界永久和平才有堅實的保證。

　　（六）一個黨、一個主義、一個領袖：1943年3月，蔣介石出版《中國之命運》一書時，即預估2年內戰爭即將結束。[104]因此，蔣氏透過此書進一步來告訴國人，2年後的中國該何去何從？蔣認為：「為國家獨立，

---

[103] 黃自進、潘光哲編，《蔣中正總統五記：愛記》（臺北：國史館，2011），頁117。

[104] 蔣介石說：「預計世界戰爭的結束，不能延至二年以後，而今年的一年即為戰局的決定關頭。」參閱蔣介石，《中國之命運》，頁182。

為民族自由，為雪恥，為圖強，為使後世子孫不淪入奴隸牛馬的悲運，那就應該要共同一致的集中於三民主義中國國民黨之中，來完成我們國民的責任和義務。」（頁203）蔣氏，甚至以中國共產黨的〈共赴國難宣言〉的四項承諾，來「證明惟有三民主義為匯萃我整個民族意識的思想，更可以證明中國國民黨為代表我全體國民的要求，和各階級國民的利益而組織，為革命的惟一政黨。任何思想離開了三民主義，即不能長存於民族意識之中。所以抗戰的最高指導原則，惟有三民主義，革命的最高指導組織，惟有中國國民黨。我們可以說，沒有三民主義就沒有抗戰，沒有中國國民黨就沒有革命。」（頁112-113）基於此，蔣介石進一步提到：「抗戰發動之後，我就組織三民主義青年團，以適應全國青年迫切的需要，而開創了中國國民黨的新生命，和中華民族新動力的根源。」蔣又說：「中國國民黨和三民主義青年團乃是實行革命建國的總指揮部。成年的國民須加入國民黨，青年的國民只有加入青年團，才可以顧全民族全體的幸福，保障國家整個的利益，策畫國家民族永久的安危。」（頁199）蔣氏最後強調：「沒有國民黨，就沒有中國。」

　　上述蔣介石「民族同源論」的主張，實異於其總理孫中山的「五族共和說」；[105] 有關「現代國民」主張與五大建設說與孫中山主張相近，所差異者為蔣氏已經可以具體規劃時程。有關國家主權與平等的理念，包括國家統一、領土完整與平等外交等，則與〈中國國民黨第一次全國代表大會宣言〉[106] 中之對外政策相似，亦可視為孫中山遺教。不過，孫中山只是單純主張爭取國家主權平等，蔣介石則進一步闡釋戰後中國所應肩負的國際責任，適足以說明1943年的蔣介石對於建構未來的現代中國，充滿著無比的自信。

　　至於「一個黨、一個主義、一個領袖」的內容，則引發了中共的強烈批評，蔣介石對於中共的反彈，有了更明確的論述。1943年8月25日，蔣寫了一篇題為〈最近國內中共與國際蘇俄之動向應做如左之判斷〉的雜錄，文中提到：「共匪對余《中國之命運》第七章，最近乃露骨攻訐，蓋彼以為余決心在此二年之內必欲解決其事也。此為本書重要之點，即試驗

---

[105] 有關蔣介石宣示繼承孫中山的民族思想，及其主張中國各民族乃至世界各民族的國際地位平等的相關論述與分析。可參閱吳啟訥，〈中華民族宗族論與中華民國的邊疆自治實踐〉，頁177-182。

[106] 中國國民黨史委員彙編，《革命文獻第69輯：中國國民黨宣言集》（臺北：編者，民國65年），〈中國國民黨第一次全國代表大會宣言〉，頁92。

共匪對其政治軍事有否拋棄其割據之局勢，而可以政治方法和平解決之意。今其態度已畢露，對於政治方法之解決完全絕望乃不得不準備軍事積極進剿，此乃本書所發生之又一效用也。」[107]對於該如何解決中共，蔣介石認為：「中共問題無根本消滅之法，但不能不有解決之方案，如果始終要用十軍以上兵力防制陝北匪區，則不如先搗毀其延安巢穴，使之變成流寇無立足之地為上策。」[108]蔣介石並且擬定了對中共的步驟，表示：「總之，共匪根據地之延安，必須於德俄戰爭未了之前，與倭俄未確切妥協之時，更須於我對倭總反攻之前，從事肅清為要，過此則無此良機。」[109]由上述可知，對於2年後世界大戰結束的中國，蔣介石透過《中國之命運》宣示：一個黨、一個主義、一個領袖；同時，擬定了解決中國共產黨的步驟與策略。

五、結論

　　1943 年3月，蔣介石出版了《中國之命運》一書，以往學界總認為陶希聖是該書的「代筆者」，但透過該書出版經緯和陶希聖的回憶，《中國之命運》一書的綱要、概念與內容皆以蔣介石意見為主，故該書仍應視為蔣氏理念的呈現。其次，《中國之命運》一書出版後，引發了黨內外的檢討與批評，國民黨黨政高層咸認該書有關不平等條約的描述，將損及戰時盟邦的情誼，不利於戰時中國的對外關係。而更大的反彈則來自中共，在該書出版4個月之後，毛澤東親自組織了一場批判行動，把《中國之命運》視為「掀起第三次反共高潮的宣傳書」，並攻擊蔣介石是「中國的法西斯」。事實上，中共認為此書「掀起第三波反共高潮」，不僅稍嫌誇大，也高估了當時中共的地位與影響力。

　　中共中央攻擊蔣的真正原因是：必須淡化蔣介石（中國國民黨）與廢除不平等條約的連結，強調這是全中華民族共同努力所致的結果；是以，將1943年的中國焦點集中於《中國之命運》，並擴大對蔣介石的攻擊行動，有助於削弱蔣介石（中國國民黨）在廢除不平等條約方面的貢獻。至於，中共延宕4個月之後才展開攻擊，則與當時國內外情勢的發展有關，

---

[107] 高素蘭編，《蔣中正總統檔案：事略稿本》，第54冊，頁387。

[108] 高素蘭編，《蔣中正總統檔案：事略稿本》，第54冊，頁378。

[109] 高素蘭編，《蔣中正總統檔案：事略稿本》，第54冊，頁381-382。

包括共產國際的解散、中共延安的整風運動，與蘇聯對華政策的改變等。

再者，吾人更應把《中國之命運》一書放在蔣介石建構現代中國的脈絡中觀察，透過《中國之命運》一書的分析，可以理解蔣介石嘗試為戰後的中國擘畫一個藍圖。蔣介石所欲建構的現代中國，其重要元素包括民族同源、現代國民、國家統一、領土完整與平等外交等；值得注意的是，蔣介石在《中國之命運》一書中宣示：「一個黨、一個主義、一個領袖」，這種延續「國民黨訓政」的政治理念，等於提前2年引發國共政權的爭奪戰，而且這樣國共爭權的戲碼一直延續到戰後。

總之，就國際外交而言，1943年是中國抗日戰爭極具關鍵的一年，蔣介石選擇在此重要時刻出版了《中國之命運》一書，且蔣氏已經預先瞭解到此書將引起英國和中共的反響；但是，蔣介石仍執意出版該書，這並非蔣氏的意氣之爭，而是有其重要的政治理念。換言之，蔣介石在領導中國堅忍抗戰5、6年之後，終於得以簽署《聯合國宣言》、廢除不平等條約，與出席開羅會議，適於中國國際地位與蔣介石個人聲望達到最頂峰之際，蔣氏藉《中國之命運》一書試圖建構現代中國。

跨域的知識流轉：《政治典範》在中國[*]

陳惠芬[**]

一、前言

　　拉斯基（Harold J. Laski, 1893-1950）是20世紀上半葉著名的政治思想家。學者曾將拉斯基的政治思想分為三至四個時期，即多元主義時期、費邊社會主義時期、馬克思主義時期（或準馬克思主義時期、民主社會主義時期）。[1]儘管拉斯基晚期政治思想發生重大修正，但拉氏盛名與早期政治多元論幾不可分。[2]

　　20世紀上半葉，拉斯基的政治思想引起了廣泛的注意。1950年，著名政治學者Max Beloff把1920年到1950年拉斯基去世期間稱為「拉斯基時代」（The Age of Laski）。他相信，拉斯基在知識史上所扮演的催化性角色就如同19世紀的彌爾（John Stuart Mill, 1806-1873）一樣。[3]美國學者Carroll Hawkins雖然對拉氏認為古典自由主義乃是資本主義的產品，以及拉氏企圖融合現代自由主義與馬克思主義的作法不表認同，卻認為拉斯基早期對「自由」的努力，是一個「多元主義者拉斯基」（pluralist Laski）。[4]確實，比起他

---

[*]　本次會議宣讀論文〈域外知識的選擇與建構——以20世紀初期拉斯基（Harold J. Laski）政治多元論在中國的傳播為中心〉，已於會後增補成書，題為《知識傳播與國家想像：20世紀初期拉斯基政治多元論在中國》，於2016年9月由五南圖書出版有限公司出版。本文係將書中相關議題，獨立成篇，刊登於《歷史教育》第21期（臺北：國立臺灣師範大學歷史學系，2016），頁133-184。

[**]　國立臺灣師範大學歷史學系教授。

[1]　Michael Newman, "Harold Laski Today," *Political Quarterly*, 67: 3 (July-September 1996), p. 229.

[2]　杭立武、陳少廷著，《拉斯基政治多元論》（臺北：臺灣商務印書館，1987），頁43。

[3]　Max Beloff, "The Age of Laski," *Fortnightly*, n. s. 167 (June, 1950), pp.378-384.此處轉引自Arthur A. Erick, Jr., "Harold J. Laski: The Liberal Manqué or Lost Libertarian?," *The Journal of Liberian Studies*, 4: 2 (Spring, 1980), p. 139.

[4]　Carroll Hawkins, "Harold J. Laski: A Preliminary Analysis," *Political Science Quarterly,* 65 (September, 1950), pp. 376-392.

一生中許多對資本主義、共產主義、戰爭和法西斯主義的評論，他所主要關懷的自由和平等、個人主義與威權主義等議題更具重要性。[5]

　　政治多元論的出現與一元主權論的批判有關。一般認為，主權觀念乃是隨著近代民族國家的獨立而形成。16世紀法國的布丹（Jean Bodin, 1530-1596）首先提出主權理論。主權被視為至高無上，是絕對的，不受限制的、永久的、不可轉讓和代表的，以及不可分的權力，其作用即在總體上和具體的領域中為公民提供法律。[6]大體自布丹以降，關於主權的起源、作用、本質及歸屬等，成為政治思想中的重要議題。主權論也歷經了主權在君主、主權在人民、法律主權、主權在議會、主權在國家等種種內容的演變，至19世紀奧斯汀（John Austin, 1790-1859）更將主權是絕對的，單一的，不可分等特質作了更詳盡的發揮。主權理論歷經幾個世紀未嘗動搖，一種典型的一元理論實現於一元論國家的極端形式中，所有政治權威集中於一個政府以及一個法律體系。[7]

　　作為20世紀初期一種新的國家學說，政治多元論受到歐美學界的普遍重視。1916年至1920年拉斯基在美國任教期間，他的主權相關研究已受到矚目。1920年拉氏回英，在倫敦大學擔任教職，繼續探討主權問題，1925年《政治典範》（A Grammar of Politics）出版，學術聲望再上高峰。《政治典範》一書，實是他理想社會的理論依據和制度改造規劃，具費邊主義色彩，卻也是拉斯基政治多元論的代表著作。自1910年代以來，拉氏之研究議題即與西方歷史發展密切相關的資本主義、社會主義、個人自由、國家權力等重大問題，或者也可說是人類文明發展至20世紀上半葉的重大問題。拉斯基不僅自居於英國，自居於美國，而且自居於全人類的立場，企圖挽救人類文明發展所面臨的危機，他尋求解決之道，希望能「改造國家」。終其一生，其自由主義的價值觀和強烈的人道關懷未曾改變。也是拉斯基門徒的鄒文海強調，拉斯基從未拋棄《政治典範》一書中的基本觀點。[8]

　　近代以來，中國知識分子致力吸收西學，其中更有懷抱改造中國理想

---

[5]　Arthur A. Erick, Jr., "Harold J. Laski: The Liberal Manqué or Lost Libertarian?," p. 140.

[6]　陳序經著，張世保譯，《現代主權論》（北京：清華大學出版社，2010），頁7-35。

[7]　蕭公權著，周林剛譯，《政治多元論》（北京：中國法制出版社，2011），「導論」，頁5。

[8]　鄒文海，〈拉斯基政治思想的背景〉，《國立政治大學學報》，6（臺北，1962. 12），頁129-151。

者。作為一個出色的、具有創新性的政治理論家；一個為理想奔走，不畏困難的政治改革者；一個熱情的教師，拉斯基吸引了20世紀上半葉眾多慕名前來的外國學生。中國知識分子因緣際會，與其相遇，成其門徒者亦復不少。[9]大抵從1920年前後到1937年抗戰以前，不少中國知識分子為拉氏學說吸引，闡述其政治多元主義及具費邊主義色彩之修正時期學說，更援引其說論述中國現實政治；自1937年抗戰以後至1949年，不少知識分子則深受其民主社會主義理論之啟發，且形成政治訴求，於1940年代達到高峰。目前關於拉斯基與中國關係之歷史研究，主要著眼於拉斯基與一些中國知識分子之師生關係，以及拉斯基民主社會主義對中國的影響，特別是與1940年代國、共兩黨之外，所謂「第三勢力」或持「中間路線」之知識分子的關係。[10]拉斯基在20世紀上半葉的中國，留下了複雜深刻的歷史軌跡。其中拉氏《政治典範》一書在中國所產生的效應即為其中之一。該書在中國的傳播，反映了20世紀上半葉中西學術的互動交流，更記錄了民國知識分子學思的歷史軌跡。

　　1925年《政治典範》出版後，在西方頗受讚譽，中國知識分子亦多推崇者。更有進者，法政學者張君勱翻譯該書，拉斯基門徒杭立武鑒於《政治典範》普受知識界重視，邀請拉氏來華講學。拉氏雖不克訪華，杭氏仍約集專家學者介紹拉斯基的政治思想，引發了《政治典範》的相關述評，誠為拉氏思想在中國知識界傳播之盛事。本文即是擬以拉斯基經典名著《政治典範》為中心，考察拉斯基政治多元論在20世紀初期中國的傳播歷程，時間斷限為1920年代到1930年代中期。此一時期許多中國大學的法政科系逐漸成立，專門性學術刊物逐漸普遍，引進西洋學術呈現蓬勃現象，也是中國知識界輸入政治多元論最熱烈時期。

　　本文之撰寫，首先說明拉斯基《政治典範》的思想概要，其次介紹張君勱對《政治典範》的譯介，最後對1930年代初期《政治典範》的重要述評作一考察，期能對拉斯基政治思想在中國的傳播有所掌握。唯《政治典範》在中國，其效應實不限於學術方面，該書諸多理論以及制度改造規劃，對

---

[9]　孫宏雲，〈拉斯基與中國：關于拉斯基和他的中國學生的初步研究〉，《中山大學學報（社會科學版）》，5（廣州，2000.9），頁87-92。

[10]　大抵在1980年代前，大陸學界對拉斯基及其理論以其為反革命分子，採取全盤否定的態度。1980年代以後，在改革開放政策的激勵下，拉斯基民主社會主義相關思想的研究逐漸出現。大體而言，大多數的研究常受政治現實所影響。見孫宏雲，〈民主社會主義與民國政治—拉斯基在中國的影響〉，《政治思想史》，9（天津，2012.3），頁98。

亟欲找尋中國現代化出路的知識分子啟迪甚深。僅就本文討論的1920年代至1930年代初期言，《政治典範》書中觀點或被援引為批判國民黨訓政的理論依據；或被轉化為向國民黨爭自由、爭平等、呼籲實施民主憲政的言論力量；而在救國建國的宏願下，以之作為規畫立國宏規時理論和制度設計的參考，亦所在多有。本文限於篇幅，不擬一併探討，留待後論。

二、拉斯基及其《政治典範》

　　政治多元論，或謂政治多元主義（political pluralism）是拉斯基輝煌學術生涯的標記，其立論的基礎是對國家主權論的再思考。1914年至1916年在加拿大任教期間，他已有撰寫一本論述主權（Sovereignty）專書的構想。在他看來，主權問題正是造成一戰的主要因素，「國家」成為其政治思想的中心議題。1916年秋，拉斯基應聘至哈佛大學擔任講師。自1916年至1920年的美國經驗，更為其提供建構政治多元主義的豐富養分。此時美國政治學界討論國家與社會、人民關係甚為盛行，不少學者注意及社團組織的問題。而在美國「多元社會」的環境下，拉斯基也更清楚其間的利益糾葛。[11]《主權問題之研究》（*Studies in the Problem of Sovereignty*）和《現代國家之權威》（*Authority in the Modern State*）等書均是拉氏在美時期主權相關論著的代表作品。

　　1917年出版的《主權問題之研究》，主要是批評一元主權說。拉斯基表示，世界是多元的，國家也應該是多元的。國家不是集體的（collective），而是分體的（distributive）國家各部分或各團體和國家一樣，是自足的。各地方與各團體有其各自的主權，國家不過是社會內各種組織之一，主權是相對而非絕對的。國家只能藉由它的成就，並通過社會中其他團體的競爭來證明它自己。因此人民對於國家的忠誠，也是相對而不是絕對的。[12]拉氏所追求者，是政治的自由主義、多元化、公正等價值觀，並且認為這些元

---

[11]　金斯利‧馬丁（Kingsley Martin）著、奚博銓譯、馬清槐校，《拉斯基評傳》（北京：商務印書館，1995），頁29-32；此外，哈佛期間，拉斯基不僅從社會看多元主義，也從民主看多元主義。他攻擊唯心主義（idealism）的一元論，杜威和詹姆士（W. James）的經驗主義、實用主義以及美國的聯邦主義，對拉斯基政治多元論的建構頗多助益。肯尼斯‧R.胡佛（Kenneth R. Hoover）著，啟蒙編譯所譯，《凱恩斯、拉斯基、哈耶克—改變世界的三個經濟學家》（上海：上海社會科學院出版社，2013），頁62。

[12]　Arthur A. Erick, Jr., "Harold J. Laski: The Liberal Manqué or Lost Libertarian?," p. 141.

素應通過社會團體的活動，在廣泛的統治中發生作用，減少由政府的權力來實現。1917年後，拉斯基更加關注資本家與勞動者之間的衝突。他主張政府應改善社會的不平等，改善教育，使勞工選舉代表，在國會作全面性的制度修改，走向多元主義。學者指出，拉斯基已走上社會主義的道路，他要求一個人道的社會。[13]

1919年《現代國家之權威》（*The Authority of Modern State*）一書出版，拉斯基的學術創新性更受矚目。拉氏指出，社會被一個巨大的勢力所籠罩，但社會為多元，並非單一勢力所可把持。國家不等於社會，國家無權統其大權。他表示，與其說是單一的國家，不如說社團可以被視為社會大多數人所隸屬階級有利之權威秩序基礎。中央集權是危險的，政府必須分散權力，實行代議制度，他認為主權應更多地直接取決於人民的意志。[14]1919年9月，由於聲援波士頓警察罷工事件，拉斯基被迫離開美國。

1920年夏，拉斯基獲聘為倫敦政治經濟學院講師。1921年他完成《主權的基礎》（*The Foundation of Sovereignty and Other Essays*）一書，該書繼續對「國家」展開攻擊。他強調，國家的目的在提高良善生活，而民主政府永久的安全閥，即是個人覺醒到政府只是手段，而不是目的。他肯定洛克、亞當・斯密（Adam Smith, 1723-1790）、彌爾的古典自由主義，卻也表示，自由只有經由集體努力而獲得安全的情況下才能獲得。[15]拉氏也繼續批判一元主權論，他考察一元主權論的歷史，認為布丹、霍布斯等人的主權思想多半是社會紛亂時期的產物。這些主權論者，無論是從法律或從哲學的角度，皆以國家是社會團結的最高表現，一切人民都包含在國家中，同時受它支配，而這是錯誤的。在拉氏看來，國家的主權就是政府的主權。政府的主權，就是一個社會團體的主權。他還補充說，政權總是握在有經濟權力的人手中，政府是特殊階級的政府。關於主權的性質或歸屬，拉氏主要批評「主權在民」思想，認為盧梭直接民權之說勢不可行，只能採用代議制度。然而，他也承認議會制度已到一個新階段。以英國論，議員的獨立性固已完全消失；議會中的辯論，也因事務太繁，急於竣事，弊

[13]　Michael Newman, *Harold Laski: A Political Biography* (England: Macmillan Press, 1993), p. 56.

[14]　Michael Newman, Harold Laski: A Political Biography, pp. 56-63；另見Paul Q. Hirst edit, *The Pluralist Theory of the State: Selected Writings of G. D. H. Cole, J. N. Figgis and H. J .Laski* (London: Routledge, 1989).

[15]　相關討論詳參Arthur A. Erick, Jr., "Harold J. Laski: The Liberal Manqué or Lost Libertarian?" pp. 141-142.

端叢生。儘管如此，他仍力主代議制，且是採取屬地主義，而不主張當時為多人主張之職業代表制。

拉斯基認為，國家的目的即是在使國家中各個人為善的技能得以充分的發展，欲如此，自由平等絕不可少。此時他的多元論不僅挑戰一元論，更挑戰層級制（hierarchical），他從中古和美國聯邦制挑戰政府的權力獲得啟示。他表示，自由的秘訣是「分權」，各組織中最能堅定保持分權的組織，便是「聯治」的組織。沒有一定程度的聯治組織，平等精神無法保持。多元的國家就是聯治的國家，分權的國家，也是地方聯治與經濟聯治的國家。拉斯基同時指出，二十世紀新的社會和經濟的勢力，是勞工與社會各團體的勢力。一般人民，一方面屬於國家，一方面屬於各種團體，他們對於國家，或是對於團體的忠順完全是國家與社會團體競爭的問題。[16]

1924-1925年間，拉斯基完成《政治典範》（*A Grammar of Politics*）一書，自謂此書為十年思想的結晶。該書共計11章，分成二卷：上卷論國家、主權、權利、自由平等、財產、民族主義與文化、權威與服從之關係；下卷論政治、經濟、司法、國際組織等問題，所涉範圍極廣，共計672頁，30餘萬言，可謂皇皇鉅著。拉斯基自述，《政治典範》以前的著作，主要是討論政治哲學中的一些技術問題。如今，他將這些思想體系化，並且研擬具體實踐方案。他在書中思考如何建立新社會，新社會秩序的本質為何，並描繪理想中的制度，因此有謂此書代表了一個英國社會主義者對工黨的具體建議。

《政治典範》出版後，佳評如潮。「識者許為『十年來政治學第一部書』」；美籍學者艾略特（W. Y. Elliott, 1896-1979）謂此書「能將政治學原理以實驗主義之語詞翻新解說，實近紀政治思想著述中之一二必有將來地位者也。」P. W. Ward則謂拉氏此作，「關於理論之析解，可稱登峰造極，關於實際之策畫，復類無限寶藏。」[17]當時費邊社重鎮，也是政治多元論的倡議者韋伯（Sidney J. Webb, 1859-1947）推崇它是一部偉大的作品。[18]著名思想家林賽（A. D. Lindsay）則表示，作為一本流傳久遠的著作，拉斯基的論述邏輯以及書寫文字可以更加清晰，但總體說來，此書在理論陳述和制度

---

[16]　盧錫榮，《拉斯基政治思想》（上海：世界書局，1934），頁33-78。

[17]　轉引自杭立武，《政治典範要義》（上海：商務印書館，1947年勝利後第一版），「導言」，頁1。

[18]　Ralph Miliband, "Harold Laski's Socialism," *The Socialist Register*, 31 (1995), pp. 239-263.

設計上均具建設性，他認為沒有人比拉氏更覺察到「國家」的變遷。[19]也有評論者指出，拉斯基的分析和批判能力是卓著的，突顯了他對於現存秩序的敏銳度，但是作為一個制度創新者，他立意過高。儘管如此，評論認為書中的理念和主張對制度的設計有所助益，甚至認為《政治典範》延續了、並在許多方面取代了19世紀功利主義思想的權威著作。[20]在各方的讚譽下，《政治典範》也立即成為各大專院校公認的政治學教材。倫敦大學亦以是故，於次年新設講座，擢為教授，拉斯基聲名大噪。

自由主義是《政治典範》中的主要內涵。拉斯基討論權利、自由、平等等問題，較之前面諸書尤為詳細。他認為社會組織的目標在使每個人獲得最充分的機會發展自己的個性。一個社會必須有個前提，即是每一分子有其權利。人民為社會而工作，社會提供人民工作機會；人民有適當薪資維持一定水平的生活；人民應有基本工資，貢獻較大者，其薪資較高則為合理，不勞而獲應被禁止；遺產不可繼承亦是必然。除了薪資，工作時間亦須規定；人民應有教育權；人民應有被保護的安全；工人得以參與控制和管理企業；人民有參政的機會，選舉權是基本權利。人民的權利還包括自由平等，如言論自由、居住自由、結社自由，法律之前人人平等，財產是神聖不可侵犯等。他特別強調，言論自由無論在平時或戰時均不可少。[21]

在《政治典範》中，拉斯基的社會主義內涵也有突出的表現。拉氏特別注意平等與經濟財富的關係，認為政府、法院、教育往往為富人所影響，政府應予解決。拉氏強調，某些工業必須由國家所有，高收入的人須付較高稅額，物價須受監控。對於以上這些改革，他認為有能力的政府應可做到，但需議會的配合。[22]拉氏並且表示，好的社會必須是經濟平等的社會，但是，只要存在財產制度，這是不可能實現的。他並未主張消滅私人企業，僅是訴求專斷的企業國家化以及企業應由政府靈活操控。他也相信，由於工人階級變遷的本質和受到持續的壓力，其目標可經民主程序逐漸達到。大體而言，拉氏對社會改造表現出樂觀的態度。晚近學者也將《政治典範》一書定調為溫和改革論，是漸進的社會主義改革。[23]

---

[19] A. D. Lindsay, "A Grammar of Politics. By H. J. Laski." *Philosophy*, 1 (April 1926), pp. 246-248.

[20] Harold J. Laski, "Political and Government," *The Outlook*, 4 (The Yale University Press, 1925), p. 361.

[21] 拉斯基著、張士林譯，《政治典範（二）》（上海：商務印書館，1930），頁54-59、89-160。

[22] Michael Newman, *Harold Laski: A Political Biography*, pp. 77-89.

[23] Ralph Miliband, "Harold Laski's Socialism," p. 245.

　　對於多年來所關注的國家權力問題，拉斯基在《政治典範》中也有進一步的闡述。拉斯基的理想國家組織為：屬地主義的國家（territorial state）、建立在普選基礎上之屬地主義的議會（territorial assembly）、提供政府就專門問題諮詢的諮議委員會（由各種專家－有組織的團體代表組成），以及職能分權和地方分權。[24]英國的政治多元論運動原由不同流派匯成，早期拉斯基亦曾受到諸如工團主義的影響。然而，如果工團主義者為了社會主義而推翻現有的「階級國家」，那麼，除非「改造國家」，否則怎能維持革命成果。因此，它必然導致無產階級專政。拉斯基的《政治典範》企圖用切實可行的手段來解決這一難題。他認為國家是治理和改革的必要機關，但他也力圖設計讓國家最大限度地下放和分散權力的方法，以及堅持消費和生產者團體應當在新的福利國家組織和管理之下充分合作。[25]

　　拉斯基認為民主多元主義必須被認為是任何奠定於自由與平等的社會基本特質。[26]使民眾履行公民責任與發揮才能，則是拉氏新社會秩序的重要目標之一。20世紀初，由於民主政治流弊，代議政治以其不能代表民意飽受質疑，乃有許多改革的作法及主張出現。如蘇俄創立蘇維埃制度，德國於國會外別立生計（經濟）會議；如柯爾（G. D. H. Cole, 1889-1959）力倡職業代表制以代替原有之兩院制；韋伯（Sidney J. Webb）主張調和新舊，倡設兩院，以社會院代表生產者，政治院代表消費者。拉斯基則認為：（一）領土代表有其必要；（二）普通之選舉制清楚明瞭；（三）一般問題非職業代表制可以議決；（四）職業代表制易為人操縱。此外，拉氏強調，選舉基礎應以人為本位，人之所以為人，決非隸屬於各職業之總體系；社會生活之本題，亦非柯爾職掌之說所能全然解釋。因此，他表示，欲求民意直接反映於代表，與其以職業為本位，這不如一人一權之利，輔之以政黨公開競爭之為愈。[27]

　　在《政治典範》中，拉斯基仍秉持多元主義，但思想已略有改變。在其早期著作中，國家被置於團體之中，與團體等量齊觀，而在《政治典範》裏，國家在一定範圍之內，地位凌駕一切團體之上，舉凡社會中各種

24　拉斯基著、張士林譯，《政治典範（二）》，頁59-64。

25　金斯利‧馬丁（Kingsley Martin）著、奚博銓譯、馬清槐校，《拉斯基評傳》，頁84-86。

26　Ralph Miliband, "Harold Laski's Socialism," p. 246.

27　拉斯基著、張士林譯，《政治典範「三」》，頁140-141；韋伯見《政治典範（四）》，頁51。

團體的調劑和人民公共需要的滿足，皆非國家莫屬。國家雖是各種團體之一，卻是比較重要的一個。他主張一個有能力的政府，能統合全體人民的需要，政府對人民負責，人民忠於政府。[28]拉斯基逐漸成為一個費邊主義者，有人認為這是他對多元論批評者的回應。[29]

　　然而，正由於國家擔任了改革過程中重要的主導機關，因此在《政治典範》中，拉斯基的自由主義哲學不免透露矛盾。例如，他堅持，為了防範現代國家侵犯個人自由，必須具備自由出版、較多的正式教育機會、並且在安全及機會中擁有經濟自由，國家似為對立之物。但他更關心個人成就或加強平等諸問題，因此，它的首要工作即是取消特權，權利必須被限制；但人類擁有它們，因為他們是國家的成員。拉氏認為，現代公民必須以新的方式看待國家。在他的多元主義國家觀念中，一元的國家主權也將在國際事務中逐漸消失。

　　1930年左右拉斯基思想中的自由主義的色彩仍然相當鮮明，許多思想是《政治典範》中觀點的發揚，可從1930年出版的《現代國家自由論》（*Liberty in the Modern State*）和《服從的危險》（*The Dangers of Obedience and Other Essays*）等書中獲悉。在《現代國家的自由權》一書，拉斯基認為自由包括兩個層面：一是消極自由，即是「不加束縛」；一是積極自由，係與個人幸福相關。拉斯基認為絕對的束縛做不到，全然的服從法律也不能算是自由。他的自由觀以人生幸福為前提，因此處處強調平等，尤其是經濟平等。唯在拉氏思想中，由於個人的個性、天賦和環境不同，平等並非意味相同待遇。[30]至於自由，拉氏對於言論自由與結社自由的闡述則與現代社會中個人、團體和國家自由的意義相關聯。在他看來，依據社會的需要，最重要的自由，是知識的自由和理性的尊重。自由和平等，則是互補的。[31]在《服從的危險》一書中，拉斯基則指出當前最大危險，乃

---

[28] 盧錫榮，《拉斯基政治思想》，頁94-96。拉斯基著、張士林譯，《政治典範（三）》，頁142。

[29] 見R. G. Gettell, *History of Political Thought* (New York: The Century Co. 1924)；傅文楷譯，〈主權的多元論〉，《法學季刊》，3：3（上海，1927），頁151-168。此外，張允起簡單介紹了美國政治學界對政治多元論的看法。見張允起，《憲政、理性與歷史：蕭公權的學術思想》（北京：北京大學出版社，2005），頁8-11。

[30] 張維楨，〈讀拉斯基的現代國家中的自由問題〉，《國立武漢大學社會科學季刊》，2：3（武昌，1930.9），頁613。

[31] Arthur A. Erick, Jr., "Harold J. Laski：The Liberal Manqué or Lost Libertarian？" p. 143.

是一般人民缺乏反抗權威之道德勇氣，對於政府律令，只知盲目服從。而
習慣服從之代價，就長期言，必使一般人民喪失其公民之責任感。[32]拉氏
再三強調，反抗不義之道德勇氣，才是獲得自由之秘訣。

　　1931年以後，拉斯基開始以激進思想聞名於世。拉氏在1920年代初
即已開始研究馬克思主義與共產革命問題，此一時期拉氏贊同社會主義，
但更傾向自由主義，認為馬克思主義與民主思想不能相容。[33]然而，由於
1929年的經濟大蕭條，1931年英國聯合政府組閣的憲政危機，加上此後法
西斯主義在西班牙的崛起、希特勒在德國的勝利，以及民主制度的普徧衰
落等種種變化，拉氏認為在當時的政黨政治中，國家政策已為資本家所控
制，他開始對工黨能夠實行社會改革感到懷疑。[34]他也開始相信，沒有平
等作基礎，民主制無非是個騙局，而他在《政治典範》中高度重視的個人
和群體之自由權利，在社會主義社會誕生以前全是空洞的保證。拉氏開始
要求一個有權力的政府以應付迅速變遷中的社會問題。有人認為他要實行
共產主義，實則不然，拉斯基乃是希望藉修憲以及議會制度的方式實現改
革。[35]

　　1931年英國聯合政府組閣後，拉斯基不斷闡述憲政危機的問題。1933
年出版的《民主在危機中》（*Democracy in Crisis*）對此論述最為深刻。
拉氏表示英國民主制度的過去貢獻，實是特殊經濟條件下的產物，現在這
些條件已經消失，其他國家也都陷入困境，世界不是走向革命，便走向極
權。儘管如此，他仍然堅定支持自由主義的議會制度。1935年，拉氏《國
家的理論與實際》（*The State in Theory and Practice*）一書出版，探討現代
資本主義國家的本質，公開採取馬克思主義立場。[36]拉氏清楚表示，現代
主權國家與理想的世界經濟秩序不能相容，國家乃是階級關係的保護者，
國家剝奪了人類本可具有的更加豐富的文明。該書可以說是唯物史觀之下

---

[32] 羅隆基，〈服從的危險〉，《新月》，3：5-6（上海，1930.6），頁55-71；杭立武、陳少廷
著，《拉斯基政治多元論》（臺北：臺灣商務印書館，1987），頁56-57。

[33] 如1922年由費邊社出版之《馬克思》（*Karl Marx*）、1925年的《社會主義與自由》（*Socialism
and Freedom*）皆是，1927年出版之《共產主義的批評》（*Communism*）一書更引起廣泛的注意。

[34] 金斯利‧馬丁（Kingsley Martin）著、奚博銓譯、馬清槐校，《拉斯基評傳》，頁86。

[35] Michael Newman, *Harold Laski: A Political Biography*, pp. 133-151.

[36] Issac Kramnick & Barry Sheerman, *Harold Laski: A Life on the Left* (New York: Penguin Press, 1993),
pp. 360-361.此處轉引自拉斯基著、華世平編、林岡、鄭忠義譯，歐陽景根校，《歐洲自由主義
的興起》（北京：中國人民出版社，2012），John L. Stanley著「新序」，頁24。

的國家性質論，拉氏反覆陳述一個有貧富區分的國家之存在是不符合社會正義的。同時，拉氏也不斷闡釋歷史已經進入一個「新轉折點」，擺在面前只有二條道路，一是統治階級肯作歷史上前所未有的一些政治讓步，一是那些認為現有社會制度基礎不合理的人起而推翻這個社會制度。拉氏認為當時所處之境地已是馬克思所指資本主義最後矛盾之階段，和平合法手段是否能達到社會改造目的，誠為疑問。[37]但他還是認為，在各方面實行和平妥協辦法是有可能的。此時拉氏相信，在現代資本主義之階級社會中，唯有廢除階級制度，方能期望實現聯治式的社會組織。在無產階級社會中，國家權力始能在形式上及實質上表現為多元性。[38]

　　1936年拉斯基再出版《歐洲自由主義的興起》（*The Rise of European Liberalism*）一書。在這本書中，拉氏試圖在理論層面闡述社會主義和自由主義傳統之間的關係，重申自由主義乃是為適應中世紀末世界各種新要求所產生之意識型態。[39]1937年，在《現代國家的自由權》塘鵝文庫版中，拉氏作了相當於1930年初版篇幅四分之一的「引言」，表示「自從本書首次出版到現在的七年中，在大部分的文明世界，自由權的情況顯然惡化了。」「兩條道路很明顯地展現在我們面前，必須選擇其一：或者許維持一種經濟制度，它一天近一天把戰爭和法西斯帶給我們，那是它的不可避免的代價；或者必須設法改變這種制度。現在，我們的毛病，除了極複雜地將我們的經濟資源作有計劃的生產以供社會消費外，沒有其他的治療辦法。這就是說—讓我們面對事實—私人的生產資料所有必須廢除。」[40]而在1938年新版《政治典範》之「新〈序〉」中，拉斯基說，多元論是馬克思主義的折衷辦法，根據他本人的痛苦經驗，馬克思主義才是對現代國家的精闢分析。相較於1925年《政治典範》中鮮明的自由表述以及對改革的樂觀態度，此時拉氏已有全然不同的視野。

---

[37] 蕭公權，〈Laski, The State in the Theory and Practice; Cole, A Guide to Modern Politics; Catlin, A *preface to Action*〉，《社會科學（北平）》，1：1-4（北平，1935. 10），頁261-262。

[38] 蕭公權，〈Laski, The State in the Theory and Practice; Cole, A Guide to Modern Politics; Catlin, A preface to Action〉，頁262。

[39] 拉斯基著、華世平編、林岡、鄭忠義譯、歐陽景根校，《歐洲自由主義的興起》，John L. Stanley著「新序」，頁3。

[40] 拉斯基著、何子恆譯，《現代國家自由論》（上海：商務印書館，1932），「塘鵝文庫版引言」，頁24-25。

三、張君勱與《政治典範》之譯介

在《政治典範》（*A Grammar of Politics*）譯介至中國前，中國知識界對拉斯基並非全然陌生。在一些富於革新意涵的報刊上，已有介紹政治多元論而提及拉斯基者。

1919年，時在北京大學任教的張奚若在《政治學報》上發表〈主權論沿革〉一文，介紹了西方主權論由一元論到多元論的發展趨勢，其中提及拉斯基和狄驥（L. Duguit, 1859-1928）是此一新趨勢的代表人物。張奚若在美國哥倫比亞大學就學期間，拉斯基即以政治多元論享譽知識界，他躬逢其盛，親聆其教。作為政治學者，他回國後與友人創辦《政治學報》，投身「新革命運動」。[41]他在〈主權論沿革〉一文中表示：「近年來中國政治革新，學者多研究西洋政治學理，惟於政治學上最關重要而且最饒興味之主權論，則問之者殊寡」，因此特作是篇，介紹了西方政治學中的「新趨勢」。[42]

1920年以後，拉斯基的主權觀點逐漸為中國知識界所注意。如1921年陸鼎揆在《改造》週刊上譯介了拉斯基〈人民主權論〉（Theory of People Sovereignty）一文。《改造》原名《解放與改造》，是倡導政治多元論流派之一──基爾特社會主義（Guild Socialism）的主要刊物。[43]該刊主編梁啟超、張東蓀等人曾以講學社名義邀請英國哲學家、社會主義學者羅素（Bertrand Arthur William Russell, 1872-1970）來華講學，拉斯基亦在考慮之內。在陸鼎揆翻譯的〈人民主權〉一文中，拉斯基宣稱主權強有力的意志佔有政治上的優勢，並無道德上理性上的根據，他批判一元的國家主權。[44]

1920年代初期知識界進一步比較主權舊學說與新趨勢的差異，對於拉斯基的學說也表現了較大的興趣。1912年赴美國愛荷華大學（University of Iowa）留學，獲博士學位回國後擔任北京大學政治系教授的張慰慈，1922年9月在與胡適等人創辦之《努力周報》上發表了〈多元的主權論〉。張

---

[41] 孫宏雲，《中國現代政治學的展開─清華政學系的早期發展（1926-1937）》（北京：三聯書店，2005），頁187。

[42] 張奚若，〈主權論沿革〉，《政治學報》，1：1（上海，1919.12），頁1-41。

[43] 楊幼炯，《當代中國政治學》（南京：勝利出版公司，1947），頁59-60。

[44] 拉斯克著，陸鼎揆譯，〈人民主權論〉，《改造》，3：9（上海，1921），頁65-78。

慰慈闡釋「一元主權」和「多元主權」的意義，並對二者的起源、演變、內涵及代表性的學說作了簡要的說明。他表示，主權論新趨勢，即是主權論由一元論轉向多元論。多元論的「健將」，要推法國的狄驥和英國的拉斯基。他介紹拉斯基的「多元的社會觀」，以及他「否認一元的社會，一元的國家」，並且表示，拉氏認為國家既是治者和被治者所組織的社會，國家只能在其職權的範圍內不受外界的限制；只有在那未經人民抗議的職權以內，國家才有最高的執行權力。[45]而在比該文發表稍早的1922年5月，胡適受《申報》館之邀所作的〈五十年來之世界哲學〉一文中的最後一節「五十年的政治哲學的趨勢」中也包括了「從一元的主權論變到多元的主權論」。[46]或許受到北京大學政治系教授影響，1924年北京大學畢業的梅祖芬也在《政治評論》上發表〈主權之研究〉。在介紹各時代的主權論後，梅祖芬亦舉出狄驥和拉斯基二人，說明狄驥認為國家不過是治者與被治者的簡稱，以及拉斯基認為國家與團體處於平等地位，他們的學說代表了20世紀公法界的特別議論。[47]

　　此時政治學新知識除了來自美國，亦不乏延續清末，受到日本影響者。1922年日本同志社大學教授，也是著名拉斯基學說研究者中島重所著《多元的國家論》一書引起了中國知識界的注意。1916年自日本明治大學政法科學成回國，時在北京大學政治系任教之高一涵即在1924年的《國立北京大學社會科學季刊》上評介此書。該書共分八章，主要內容為英國戰後的新國家論，其中包括拉斯基的多元說。中島重不單是介紹、解說新說，且要使自己的主張盡量發展，和這個新學說遙相呼應。[48]1920年代初期，高一涵曾闡述政治多元論，主要是汲取拉斯基的老師巴克（Ernest Barker, 1874-1960）的學說。當時的高一涵，對巴克和柯爾（G. D. H. Cole, 1889-1959）的政治多元論表示了較大的興趣。[49]

　　除了高一涵，1925年的北京《法政學報》上，署名「易庵」者，發

[45] 慰慈，〈多元的主權論〉，《努力週報》，19（北京，1922.9），頁3。

[46] 胡適於該文最後表示此段由張慰慈代筆。胡適，〈五十年來之世界哲學〉，《申報五十年紀念週刊》（上海，申報館，1924），頁15-16。

[47] 梅祖芬，〈主權之研究（續）〉，《政治評論》，4（北京，1923.12），頁4。

[48] 高一涵，〈《多元的國家論》，日本同志社大學教授中島重著〉，《國立北京大學社會科學季刊》，2：2（北京，1924.2），頁273-275。

[49] 高一涵，〈柯爾的國家性質新論〉，《國立北京大學社會科學季刊》，1：2（北京，1923.2），頁207-208。

表〈拉斯克的多元國和柯爾的共同體：日本中島重著《多元國家論》〉一
文。此外，羅瑤也翻譯了中島重《多元的國家論》的最後一章──〈拉斯克
的多元國和柯爾的共同體〉，將中島重對拉斯基和柯爾多元論的研究介紹
到中國。中島重指出，拉斯基在1917年出版的《主權問題之研究》一書，
僅止於現實國家的說明。直至1919年出版的《現代國家的權威》一書才在
現實國家的說明外，提出計劃方案。至1921年出版之《主權的基礎》中的
「多元的國家」（The Pluralistic State）一章，更訂定一個不同於前的完美
方案，謂之「多元國」（Pluralistic State），這個國家的構成是多元的，
是由地域和職能兩要素組成的一種複雜的聯邦國，亦即所謂的「職能聯邦
國」。[50]正是政治多元論這種「職能聯邦國」的概念，吸引了不少1920年
代初期主張聯省自治的中國知識分子。[51]

　　1920年前後，張君勱對於政治多元論此一新國家學說也有所注意。
留日學習法政專業的張君勱，自清末起即已關注西方政治思想和制度變
遷，對於清末立憲運動與民初政黨政治更是積極參與，尤其心繫中國的政
制改造。1919年旅歐期間，張氏受生機哲學影響，歐洲蓬勃的國家改造風
潮更激動其改造中國的心志，他大倡創新，稱頌革命精神。[52]由於俄、德
標舉社會革命，他致力研究社會所有以及工人參與工廠管理問題；而在政
治方面，他以為革命方法及民主政治問題足為中國教訓。[53]從其發表之諸
多文章內容得知，張氏對於西方議會制度深具信心，對於社會主義，則
以其為未來趨勢。在德、俄二種國家改造模式中，張氏以為中國當學習德
國社會民主黨之腳踏實地，不是列寧之近功速效。然而，他也表示，德
國因偏於議會政略，失於社會主義而得於法律主義；俄國以偏於革命手

[50]　中島重著，羅瑤譯，〈拉斯克的多元國和柯爾的共同體─日本中島重著多元的國家論最後一
　　　章〉，《法政學報》，4：1（北京，1925.1），頁8-12。
[51]　其中較著者，如高一涵推出「聯邦建國論」，潘大道提出職能聯邦國的主張均是。見高一涵，
　　　〈聯邦建國論〉，《東方雜誌》，22：1（上海，1925.1），頁34-44；高一涵，〈希望反對聯邦
　　　者注意─最近的國家性質新論〉，《努力週報》，37（北京，1923.1），頁1-2；潘大道，〈新
　　　國家觀之一〉，《法政學報》，5：1/2（北京，1926.4），頁21-25；潘大道，〈聯邦國之新形
　　　式─職能聯邦國〉，《東方雜誌》，23：8（上海，1926.4），頁11-18等文。張東蓀討論聯邦
　　　問題，還提及了拉斯基的主權論。見張東蓀，〈聯邦論辯〉，《東方雜誌》，22：6（上海，
　　　1925.3），頁18。
[52]　張君勱，〈懸擬之社會改造同志會意見書〉，《改造》，4：3（上海，1921），頁1-2。
[53]　立齋，〈一九一九至一九二一年旅歐中之政治印象及吾人所得之教訓〉，《新路》，1：5（上
　　　海，1928.4），頁21、24。

段，得於社會主義而失於法律主義。二者之中，絕無盡善盡美之法，唯有「擇取而酌行」。[54]此外，他也曾表示欣賞英國費邊社之「浸灌工夫」（Permeation），「不獨解目前糾紛已焉，坦坦蕩蕩一條大路，於是乎在此。」[55]

　　張君勱訪歐之前，中國改造運動已是方興未艾。他認為政治非空言之事，乃實行之事。所謂「知」「行」並重，即是使知識之解放、政權之解放與生計之解放相輔，三者同時並行，改造的具體實現則是建立制度，使政治運作更為理性化，期待以自由自動之個人，組織自由獨立之國家。他將改革方針以〈懸擬之社會改造同志會意見書〉為題發表，期能作為改造運動之「階梯」，並強調此係「內審國情」、「外察世界」而來。張氏指出今後中國改造的大方向，一為民主政治，一為社會主義。其相關主張，有些部分已具體轉化在其回國後所擬定的〈中華民國憲法草案〉中。[56]代議式的民主與漸進式的社會主義改造作為張氏此後國家改造方案的基調，大致已定。

　　旅歐歸來，張君勱宣稱，由於時代變遷，舊的國家學說已不適用，「以職司二字解釋團體結合之本者，是此字之在現在已有一魔術的力量矣」。[57]張氏改造國家之心熱切，認為由於人的自由意志之奮進，制度得以變更。在創造之時代，不僅要留心政治現實，亦須注意思潮之變化。張氏企圖掌握新政治學說，追隨新政治潮流之心志清晰可見。

　　1925年拉斯基《政治典範》一書出版，在歐美學界造成轟動，也引起張君勱的關注。張君勱與拉氏政治多元論淵源甚早。拉氏於美國講學期間，當時在哥倫比亞大學就讀之張奚若、徐志摩、金岳霖曾受其教。[58]三人屢向張君勱言及拉氏之「形容與學說」，徐志摩亦曾贈予拉斯基1919年之作*Authority in the Modern State*，張氏嘗謂此書為他與拉氏「神交之

---

[54] 張君勱、東蓀，〈中國之前途：德國乎？俄國乎？〉，《解放與改造》，2：14（北京，1920.7），頁2-4；Roger B. Jeans, Jr., *Democracy and Socialism in Republican China: The Politics of Zhang Junmai (Carsun Chang), 1906-1941.* (Lanham, Md.: Rowman & Littlefield Publishers, 1997), pp. 15-18.

[55] 張君勱，〈懸擬之社會改造同志會意見書〉，《改造》，頁1、4。

[56] 薛化元，《民主憲政與民族主義的辯證發展─張君勱思想研究》（臺北：稻鄉出版社，1993），頁137-151。

[57] 張君勱，〈政治學之改造〉，《東方雜誌》，21：1（上海，1924.1），頁A1-A9。

[58] 孫宏雲，〈拉斯基與中國：關於拉斯基和他的中國學生的初步研究〉，《中山大學學報（社會科學版）》，40（總167期）（廣州，2000.9），頁87-88。

始」。[59]1926年、1927年張君勱朝夕捧讀拉斯基備受囑目之新作*A Grammar of Politics*，法制專業知識的訓練、長期關注現實政治、對外國制度的考察研究興趣以及對於西方國家改造新思潮的重視，成為張氏翻譯此書的重要基礎。

張君勱翻譯《政治典範》上卷，「每日以譯千字為常課，歷六月而後成，修改工夫亦費月餘。」據其所述，由於所辦之政治大學遭到國民黨政府封閉，因此「在滬無事可做，乃譯拉氏之《政治典範》，每月由商務印書館拿兩百元維持生活，一天世界書局主人想出版a. b. c叢書，要我做一本政治學a. b. c，我以譯書甚忙，無暇拒之，他說何妨先登廣告，書可緩寫，我以盛意難卻，應之，誰知廣告登出後，書局即得上海市黨部通告，囑其檄板，書局以為租界尚在，乃置之未覆，數月後上海特區法院吳經熊院長接黨部命令囑封閉世界書局，吳先生是我的朋友，即來訪告以經過，我說書尚未寫，如何檄板，後由書局疏通黨部，其事乃寢，事為商務印書館所聞，乃託俞頌華先生告我所譯之書不能用真名，我當時依此為生，連用姓名自由，都不敢堅持，所以改用『張士林』，於『嘉森』二字中，士取嘉字之頭，林字取森字之腳。」[60]在國民黨標舉革命的年代，此書翻譯過程，亦甚艱辛。

為了忠實介紹拉斯基的思想，張君勱翻譯《政治典範》，力求「信」、「達」、「雅」，欲在西書翻譯方面建立「典範」之用心殊為明顯。[61]對於嚴復以後諸人翻譯，喜將每段落或數段落以己意溶成一片，而後筆之於書，成為中國文字之起承轉合，他以為未能做到「信」，因此「一反嚴氏之譯法，每段每句悉仍原文之舊，每句終結處以『。』為符號。」為了求「達」，他「偶參以吾國人思想上聯類而起之字眼，而不敢與原義妄有出入。」而為使讀者對《政治典範》中拉斯基「學說之由來與對現代之主張」有更清楚的瞭解，張氏特在卷首附以〈賴氏學說概要〉一文，並對書中所引古人名字註明年月，使讀者方便比附參照，頗有今日書籍中「導論」之性質。此外，張氏以「近年來，譯書日多，故新名詞之不經見者絕少，既有一家之學說，斯有一家之名詞，與一家之涵義，如coördination一字譯為平勻酌劑，雖非嚴氏旬月躊躇者比，然亦幾經斟酌，

---

[59]　〈賴氏學說概要〉，見拉斯基著、張士林譯，《政治典範》，頁1。

[60]　張君勱，〈廿餘年來世界政潮激盪中我們的立場〉，《再生週刊》，108（上海，1946.4），頁5。

[61]　拉斯基著、張士林譯，《政治典範》，「譯者例言」，頁1。

逐處試驗之後乃敢決定。」[62]張氏對「平勻酌劑」一詞顯然甚為自得，在譯本中屢有出現。事實上，此一富含調和意味之詞不僅是張氏指謂之拉斯基思想特質，用之形容張氏自身思想，亦多有吻合。張氏以《政治典範》作為譯介西學之試金石，足見對拉氏學說以及此書翻譯之重視。程滄波認為張氏欲藉此立「千秋萬世之名」，應不為過。[63]

張君勱讚賞拉斯基之文字「生氣躍然，讀之者若感觸電力然」。細讀該書後，對拉氏更是推崇備至。張氏像拉氏一樣，認為「一時代之政象，有其一時代之學說為之後先疏附」。他標舉了各個時代的代表學說：「以陸克之《民政論》為十七世紀英國政治之代表，以邊沁之《政治拾零》與穆勒之《自由論》、《代議政治論》為十九世紀上半期英國政治之代表，則現代之政論家，可以代表英國者，舍菲濱協會之槐柏夫婦，工黨之麥克洞納氏，基爾特社會主義者之柯爾氏，與新近學者之賴司幾氏外，無可他求矣。」同時，他也表示，於現代政論家中獨好拉斯基，實因前述諸人「專為政治上一種主義鼓吹」，唯拉氏「集合各派之長，而匯成一系統，非他人所能及」。[64]張氏更以拉氏為繼承洛克、邊沁（J. Bentham, 1748-1832）、彌爾之正統者。

1928年，張君勱在《新路》發表〈英國現代政治學者賴司幾氏學說〉一文，對拉斯基思想作了系統的介紹，也可說是對《政治典範》一書的評述。這篇文章後來以〈賴氏學說概要〉置於《政治典範》譯書之前。其內容如下：（一）多元主義的國家論；（二）權利為自我發展之條件；（三）今後之新財產制度；（四）政治及生計方面之改造，均是《政治典範》中的核心問題，也是張氏一戰後考察外國政制變遷以及草擬中國法制改造藍圖的重點，他也試圖說明這些內容在政治思想史上的特殊性及其意義。此外，張氏探究了拉斯基與英國傳統學說的關係及其哲學的立場。

在「多元主義的國家論」一節。張君勱介紹政治多元論的思想源流及其發展。他開宗明義，表示：「現代之政治思潮，反對主權論之思潮也，反對國家之強制權，反對主權之表示曰法律，反對國家在國際間主權之無限，其來源起於德國學者奇爾克氏（Gierke）及英國麥德蘭氏（Maitland）。」簡單數語，道出拉斯基學說要旨及重要師承，並指出拉

---

[62] 拉斯基著、張士林譯，《政治典範》，「譯者例言」，頁1。

[63] 程滄波，〈追憶張君勱先生〉，《傳記文學》，284（1986），見「傳記文學數位全文資料庫」。

[64] 立齋，〈英國現代政治學者賴司幾氏學說〉，《新路》，1：7（上海，19285），頁35-36。

斯基是此一運動中的健將。[65]張氏指出，拉氏對於國家主權之否認，即是拉斯基多元主義存在的根據。既言多元主義，則社團地位尤為關鍵。他也強調，拉氏對社團與國家關係闡述尤多，早期極端否認國家主權之地位，至《政治典範》一書，稍變其說，承認國家之職司。張氏認為拉氏以「平勻酌劑」之地位，屬於國家，實是「以多元主義者之資格，隱示對於一元主義之讓步」。[66]

權利說是拉斯基《政治典範》之重要環節。在「權利為自我發展之條件」一節，張君勱強調，拉氏認為權利是個人自我實現的條件，亦是國家共存共榮之所繫。權利並非國家所造成，乃國家所承認，且由於在社會中，人民之思想言行乃「本於各個人經歷，此經歷惟各人自身知之最真，非他人所得而越俎，故不徒許各人以自有所經歷也，同時須賦以解其經歷之權。」因此，近世國家咸設定權利所由實現之最小限度之基礎，「使各人皆立於同一水平線享受同一權利，由彼自身尋求經歷之意義。承認個人在社會中之最高地位。」對於拉氏學說，張君勱以其與19世紀以後許多西方學者所認為國家為法律惟一泉源，將權利視為國法所賦予之力或利益之說適好相反。他認為，拉氏之國家論、法律論、權利論中實含有濃厚之道德成分，其權利說亦彰顯個人主義色彩。此外，關於平等，拉斯基強調公民有受教育之義務，使其智識充分發展，然後能盡公民之責任；關於於財產，則「與全國公福相關聯，且為公福維持之要件，則財產權固我所應享也。……各人之財產所有權，以達於各人衝動之相當饜足為上，此外非我所應享。蓋過此界限以上，其所以貢獻於社會者，不出於其人之人格，而出於彼之財產矣。」[67]張君勱認為拉氏關於智愚、貧富不等之語尤為剴切。

張君勱認為財產制度改造是《政治典範》中的另一創建。財產權之說因18世紀人權說而大昌，竟有視之為絕對、不可移讓之權者。1848年後，

---

[65] 拉斯基就讀牛津大學時期，梅特蘭（F. W. Maitland, 1850-1906）對其影響甚深。1900年梅特蘭翻譯德人奇爾克（Otto Gierke, 1841-1921）之《中古政治思想史》（*Political Theories of the Middle Ages*），使社團法人說、社團離開國家獨立之說大盛於歐。奇爾克強調社團的重要性，梅特蘭分析歷史，也注意到社會中各種社團的出現與增加，認為它們代表個人，與政府立場不同，因此應以法人視之。Ellen D. Ellis曾排列影響拉斯基政治多元論的學者，為Gierke、Maitland、Figgis、Duguit、Barker等人。見Michael Newman, *Harold Laski: A Political Biography* (England: Macmillan Press, 1993), p. 27.

[66] 立齋，〈英國現代政治學者賴司幾氏學說〉，頁36-41。

[67] 立齋，〈英國現代政治學者賴司幾氏學說〉，頁45。

形勢一變。舉凡財產掠奪說、剩餘價值說、各盡所能各取所需說，財產公有之說等各式主張甚囂塵上。俄、德革命後，德之新憲雖規定生工具為國有，遲遲未能施行；俄國變革尤猛，卻重返新經濟政策，可知解決不易。拉氏攻擊貧富不均甚烈，張君勱特別肯定其「常平心靜氣以研究其條理，事貴可行，不尚空談」。張氏也特別指出，拉氏之「不盡職務即不得享權利」一語與俄共產憲法之條文有類，然他並不認為貧富不均一事能以「革命」二字了結。對於拉氏關於財產分配之作法，張氏認為拉氏亦是本於道德原則而為溫和的改良，如在「各人之酬報方面」，拉氏以為貧富之分之由來非徒財產之受授，平日酬報之多寡，關係尤大，因此主張在生產改良方法未經試驗以前，決不輕易棄其最小限度之需求；其又提醒，酬報之制即令改良，而工廠管理仍今日之舊而不革，則猶不得為自由之社會，因而有工業組織改良之方。張君勱也表示，拉氏明白財產制度之改造，甚為艱難，因此特別謹慎小心，對財產之沒收，主張賠償；對於改造後之工業，反對隸屬於政府以及劃一方式之管理。張氏認為拉斯基的主張實已勝於前人之空泛言論與標語之號召。[68]

對於拉斯基在《政治典範》中之政治和經濟改造的制度規劃，張君勱尤表興趣，以其能趨於事實。張氏表示，二十世紀可謂為政治上生計上的浪漫時代，各懷新理想新計劃相繼出現，期去目前之舊，圖今後之日新又新，如俄憲、德憲然；至於學者之著述，如威爾斯（H. G. Wells, 1866-1946）小說中的現代烏托邦、韋伯之英社會主義共和國之憲法、柯爾之職業代表大會亦皆如此。然而，在有志擘畫中國憲政制度之張君勱看來，上述規劃，都是近於理想遠於事實，唯獨拉斯基的作法，「與槐氏（即韋伯）、柯氏之專為社會主義運動設計者，不可同日而語。」[69]

張君勱考察《政治典範》中國家政制改造的主張。在政治方面，張氏認為，拉斯基認為可設一諮詢機關，各職業可就有關利益及有關行政，作專家之陳說。張氏認為，先之以商議，後為政策之決定，可謂合於責任政府原則。[70]此外，拉氏心目中的理想政治制度是：一院制的立法機關以及如英國內閣制之行政機關。前者為全國代表，議全國公共之利害。其中，政黨之職司在明瞭選舉爭點，使國民意志集中，為立法中不可少者。至於

---

[68]　立齋，〈英國現代政治學者賴司幾氏學說〉，頁46-49。

[69]　拉斯基著，張士林譯，《政治典範》，〈賴氏學說概要〉，頁18-31。

[70]　立齋，〈英國現代政治學者賴司幾學說〉，頁50。

英之內閣制，以其政府領導政策，集中權力，可負實行之責任。張氏對拉氏政制之改造觀點表示稱許。至於在經濟方面，張氏表示，社會主義是其主要原則。拉氏自言，此項計劃，非如共產黨之澈底改造，非將資本主義一一消滅，蓋因以革命方法達到生計改造之目的，不特原有目的不能達到，為害恐更甚於前。[71]對此，張氏更表認同。

此外，張君勱既稱許拉斯基學說的哲學統系，對其學說所代表的時代意義也有所說明。他追索《政治典範》的思想淵源，認為團體人格、職業代表制、財產權之限制與國營事業之說，皆為20世紀的議題，拉氏有所貢獻；而代議政治、個人主義、零星改良精神三者則是承續英國傳統的學說，展現了英國思想史的「繼續性」。張君勱並且指出，拉氏彰顯個性之說，與彌爾相同，亦有相異之處：彌爾重在發揮少數人之特長，拉氏重在提高一般人之程度。因此，張氏稱彌爾之個人主義為「特殊之個人主義」，而拉斯基之個人主義為「民主的個人主義」。他認為，拉氏推尊個人到極致，國家行使權力乃為達到國家之目的，若有所違，國民應有革命之權利。然而，張氏又表示拉斯基並非「純粹之革命黨」，因為拉氏認為共產主義立國非短期間可以實現，因此在政策上主張積漸之試驗，可從其在學理上常引用杜威、詹姆士之語，認為一切政治之施行，應歸之於實際可以證之。[72]此外，張氏還特別指出，拉氏的思想似「兼採唯心主義」，如謂國家須立於道德性的測驗，人民服從之根據為公道或正當生活或合理公時，此皆無法自遁唯心主義之外。尤其是，在去國際聯盟理想甚遠之世，拉氏提出廢止戰爭，主張軍備擴張非一國私事，皆有書生之論之虞，更足見拉斯基唯心主義之色彩。對於此種說法，金岳霖不以為然，曾表示，張君勱為唯心主義者，何能為拉斯基思想張目，並認為張君勱所言將使《政治典範》康德化。對於金岳霖之批評，張君勱作出辯解，表示美國政治學者艾略特亦曾指出，拉斯基是具有「康德背景的個人主義」。[73]關於拉氏思想的唯心、唯實主義問題，也是日後中國學界論述拉斯基思想的關注焦點。

---

[71] 立齋，〈英國現代政治學者賴司幾學說〉，頁53-54。

[72] 立齋，〈英國現代政治學者賴司幾學說〉，頁56-61。

[73] 立齋，〈英國現代政治學者賴司幾學說〉，頁62。Elliott曾批評拉斯基，認為多元主義是國家動亂之源。另見Paul Q. Hirst edit, *The Pluralist Theory of the State: Selected Writings of G. D. H. Cole, J. N. Figgis and H. J. Laski.*

　　張君勱對《政治典範》推崇甚高，對拉氏諸多觀點也頗能認同，已如上所述。1928年張君勱在暨南大學演講〈現代政治思想及其趨勢〉，談及19、20二個不同世紀的不同思想特質，代表了新舊的差異。他指出，新思想在內容上有三種趨勢：反對主權、反對契約、注重團體，也就是政治多元論，而此三者皆可由拉斯基的思想來作說明。[74]在同年所發表的〈廿世紀革命之特色〉一文中，他指出，「今日之最大急務，莫急於打倒此耀武揚威，芻狗人民之專利式投機式之革命」。[75]他批判專政，再次讚揚英美旳民主。而在同年另文〈致友人書論今後救國方針〉中，他也是肯定民主政治的價值，認為民主憲政的實施與人民程度，或是否有法治傳統無關。至於經濟改造主張，則謂：「只要在國會同意之條件下，或討論產業公有，或討論工業自治，弟無不贊成也。」[76]對於中國革命之再起，對於國共革命策略中的階段性專政，他憂心忡忡。此外，張氏認為政治革新，應「打破與世界潮流不相容及與社會需要不相適應之法律制度，而一一與世界潮流相合及與社會需要相應之法律制度代之而已。」[77]1920年代末期，拉斯基《政治典範》中的改造思想和策略，進一步激勵了張君勱的改革熱情。

　　大體而言，截至1928年止，張君勱的〈英國現代政治學者賴司幾學說〉成為中國知識界對拉斯基政治學說或謂拉斯基之《政治典範》所作出之最系統、最精闢的介紹，是拉斯基思想在中國傳播的一大躍進。張氏介紹之餘，感慨萬千。在1930年該書出版時之「譯者序」中，他表示：「政治思想家於國家根本問題，溯其由來，窮其應用，不獨進國家政制於自然演進之中，且以一家之言倡於全國，而國民之政治自覺性，因之而增進矣。」他認為洛克「國會主權論」之於英國政制，盧梭「民約論」之於法國革命，漢密爾敦（Alexander Hamilton, 1755-1804）年「聯邦論」之於美國憲法，均是近三百年歐洲極好的例子，而為中國所無。張氏指出，立國於今世，不能以傳習外國已成學說為滿足，而是應將政治學上之根本，一一思索，一一體驗，斟酌國情，本自己體會有得者，一一傳達於國人，「道德也，法律也，目的也，手段也，個人也，社會也，自由也，秩序也，主權也，

[74] 張君勱先生演講、梁沃深筆記，〈現代政治思想及其趨勢〉，《暨南週刊》，4：4（上海，1928.11），頁13-15。

[75] 立齋，〈廿世紀革命之特色〉，《新路》，1：10（上海，1928.12），頁10。

[76] 立齋，〈（一）致友人書論今後救國方針〉，《新路》，1：10（上海，1928.12），頁22。

[77] 張君勱先生講演，〈內的政治與外的政治〉，《浙江公立法政專門學校季刊》，8（杭州，1928.3），頁6。

人民權利也，單一也，聯邦也，國家也，國際也，以他人之問題，求自己之答案，然後吾國家亦有吾之政治哲學，如陸克之於英，黑格爾之於德，布丁盧梭之於法」。[78]張氏翻譯《政治典範》，傳播拉斯基政治思想於中國，他在傾慕拉氏思想之餘，也期能在該書所涉諸多政治範疇建立中國自己的思考，自己的政治哲學，進而影響中國的政治現實。[79]1930年代初期張氏論述自己的政治思想─「國家社會主義」，並嘗試提出中國的制度改造方案；1938年抗戰期間，更寫下《立國之道》一書，抒發救國建國理想。張氏嘗自謂《立國之道》於戰火中寫成，「自然不如拉斯基《政治典範》為思想之結晶。」然而對於自己將「國家本位與世界革命」、「民主政治與獨裁政治」、「資本主義與社會主義」六種主義、三類矛盾調和折衷，仍難掩自得。[80]張氏本有改造國家之志，他在《政治典範》找到了共鳴。

四、《政治典範》的出版及評述

隨著《政治典範》在西方的出版，拉斯基的學術聲望如日中天，中國知識界對拉斯基的興趣也更甚於前。1930年代的中國，大致已屬於張君勱所謂中國知識界對於歐洲學術態度之第三時期，亦即分科研究時期。[81]知識界對《政治典範》的討論與拉氏政治思想的相關譯介研究也清楚反映此一趨勢。

1930年代拉斯基政治多元論在中國的學術熱潮在1930年即已開始。如1930年1月，赴美留學歸國的北京大學政治學教授胡道維在《清華週刊》發表〈多元主權論〉一文。胡氏對多元論讚譽有加，以其「窺之於事實與理論，俱稱穩健。其偏重於社會上之小的組織，於人類之創造天性，自由理想，尤多有裨助。」對於批評多元論為無政府主義的說法，他認為「似

---

[78] 拉斯基著、張士林譯，《政治典範（一）》，頁1-2。

[79] 有拉研究指出，張士林通過《政治典範》的翻譯，不僅有學理上的思考和建樹，也有直接投身於政治運作的嘗試與實踐。如王尤清、申曉雲，〈國家‧社團‧個人─《政治典範》之譯介與張君勱的秩序選擇〉，《江蘇社會科學》，2012年第2期（南京，2012.4），頁201-208。

[80] 張君勱，〈廿餘年世界政潮激盪中我們的立場〉，《再生週刊》，108，頁5-7。

[81] 1937年張君勱考察中國知識界對於歐洲學術之態度，將之分為三個時期：（一）門外漢翻譯時期，指的是船堅礮利時期曾國藩李鴻章設江南製造局後，翻譯各種西洋書籍言之；（二）一肩承擔時期，此時代略當戊戌政變、庚子以後，當推嚴復、梁啟超二人；（三）分科研究時期，東西洋留學生漸漸加多，此時期中分科研究趨勢，已漸明顯。立齋，〈三十年來中國學術思想之演變及其出路〉，《再生》，4：3（北平，1937.4），頁17-22。

全出於悞會」，因為多元論者承認政治國家有存在之必要，也認為國家有仲裁糾紛，維持平等關係之義務。關於這點，他以「立論較為激進」之拉斯基的說法為證。對於拉氏所言—「方今時勢已非，一元之宗主權論，實不復能解釋國家一切生活之狀態與變遷」，胡氏表示欽佩，以其識見卓絕。[82]此外，在1930年的北京大學政治系開列之參考書目中，亦有「多元主權論」一項，包括二階段閱讀書單。在進階書單6種著作中，拉斯基的著作即占其中4種，包括了 *A Grammar of Politics*。[83]

　　事實上，在拉斯基政治多論在中國的傳播過程中，新創未久的大學政治系充當了重要媒介。其中北京大學、清華大學尤為突出，可說是拉氏政治多元論在中國的主要舞台。[84]唯從校內學術期刊的內容看，1930年南方的中央大學法政學科也已積極與拉斯基的政治多元論接軌。[85]1928年5月甫經改名後之中央大學成立了法學院，著名學者濟濟一堂。1929年杭立武自英國倫敦政治經濟學院學成歸國後執教中央大學，見當時國內政治學界頗震驚於其業師拉斯基的著作《政治典範》，乃擬邀請拉斯基至華講學，中大校長朱家驊允籌川資招待各費。拉斯基決定於1931年11月訪華，報刊爭相報導。惜因九一八事變爆發，拉氏亦以校務纏身，函請展期。[86]拉斯基雖未能訪華，其來華講學的消息確實鼓舞了知識界對拉斯基政治思想的興趣。嗣後在杭立武倡議下，1932年9月1日於中央大學召開中國政治學會成立大會，具名發起人有45人，幾乎網羅了當時政治學界的精英。[87]

　　然而，1930年對拉斯基政治思想在中國傳播意義最大者，莫過於張君勱所翻譯的《政治典範》之出版。此一譯本的出版，掀起1930年代初期的

---

[82] 胡道維，〈多元政治論〉，《清華週刊》，32：13-14（北平，1930.1），頁2、4。

[83] 包括 *The Problem of Sovereignty*、*Authority in the Modern State*、*Foundation of Sovereignty*、*A Grammar of Politics* 等書。見《北京大學日刊》（北京），1930年5月29日，第3版。

[84] 自孫宏雲，《中國現代政治學的開展：清華政治系的早期發展（1926-1937）》，頁119。

[85] 如1930年3月《國立中央大學法學院季刊》創刊，創刊號上有雷嘯岑〈多元的主權論之研究〉一文；另有楊悅禮，〈近世政治多元主義〉，發表在《國立中央大學半月刊》1卷6-7期上。

[86] 杭立武，〈政治典範要義〉（上海：商務印書館，1937年勝利後第一版），〈序〉（1932），頁1；〈拉斯基與莫銳〉，《大公報》（天津），1931年6月30日，2版；〈拉斯基教授來華確訊〉，《大公報》（天津），1931年10月29日，12版。

[87] 王萍訪問、官曼莉記錄，《杭立武先生訪問記錄》（臺北，中央研究院近代史研究所，1990）；又，1987年杭立武與陳少廷合著之《拉斯基政治多元論》一書亦有作為杭氏發起之中國政治學會55週年賀禮之意。見杭立武、陳少廷，《拉斯基政治多元論》（臺北，臺灣商務印書館，1987），「序」，頁1。

拉斯基熱，不僅表現在翻譯拉斯基作品的日增，也表現在對拉斯基思想討論的熱烈，其發表的園地亦不僅限於學術型刊物，拉斯基相關活動的報導也經常出現在報刊中。

　　作為一本享譽國際的著作，*A Grammar of Politics*特別吸引了中國的法政學者。[88]《政治典範》譯書甫一出版，也立即獲得回響。其中給予最積極、最具深度的回響者，自非蕭公權莫屬。1920年蕭公權自清華學校畢業後，進入美國密蘇里大學新聞學系肄業，後來改讀哲學。1922年進入研究院。1923年寫成〈多元國家的理論〉（*The Pluralistic Theory of the State*）一文，獲得碩士學位。嗣後進入康乃爾大學攻讀博士，於1926年完成〈政治多元論〉（*Political Pluralism：A Study in Contemporary Political Theory*）之博士論文，並由康大英籍教授凱特林（George E. G. Catlin, 1896- 1979）介紹出版，於1927年在倫敦、紐約同時發行。蕭氏《政治多元論》一書出版後，頗獲好評，被列為「國際哲學叢書」（The International Library of Psychology Philosophy and Scientific Method）之一，各大學多有採為教本者。 拉斯基更稱讚這本書之功力與吸收力非常雄厚，是政治學界五年來唯一佳著。倫敦《泰晤士報》文學副刊更讚美此書雖是中國學者之著作，但文筆優美，等於西人。在當代中國的政治多元論研究中，蕭公權的成就無出其右。[89]

　　蕭公權對於政治多元論，有批評，也有肯定。他認為，多元論者在否定和破壞一元論方面，言過其實，且自相矛盾；但在另一方面，政治多元論的優點，亦即它的價值所在，實有如下幾項：（一）強調個人自由；（二）把團體引入政治思想，並指出一條比迄今普遍應用的社會組織方法更為具體的道路；（三）提出有關政治過程之一種包羅萬象的觀點—包括政府與法律，以及作為多重面向之道德存在之人的所有社會關係；（四）對政治關係的家長主義和絕對主義的有益反抗，以及對任何局部性制度之主權的警告。他說：「所有這一切都具有重要的意義，任何無偏見的學者都不會不注意到這一點。」[90]然而蕭氏同時指出，多元論者並未能像他們

---

[88] 如陶希聖，由於對拉斯基的新著頗為期待，1930年底至1931年上半年在中央大學任教時，時任政治系主任之杭立武贈送此書，陶希聖「很快的把它讀完了」。見陶希聖，〈中大一學期〉，《傳記文學》，5（臺北，1962），見「傳記文學數位全文資料庫」。

[89] 關於蕭公權撰寫《政治多元論》一書的背景及過程，張朋園教授有深入的分析。見張朋園，〈政治學家蕭公權：背景、思想、以及對國民黨憲政的期望〉，《國立臺灣師範大學歷史學報》，39（臺北，2008.6），頁76-79。

[90] 蕭公權，《政治多元論》，頁192。

所說，將主權的觀念自政治理論中一筆勾銷。甚至，多元論所提出對傳統主權論的真正批判，竟是它還不夠一元主義。[91]該書廣徵博引，書後附有「書目舉要」，可謂向讀者展示了一幅當代政治多元論的知識圖景，也包括了幾乎所有拉斯基的重要著作，*A Grammar of Politics*即為其中之一。

蕭公權的*Political Pluralism*已列國際學術之林，國人卻不甚熟悉。直至1930年2月楊宗翰在《天津益世報》的副刊介紹了這本書。[92]楊宗翰總評該書，以其「自成新意，非剽竊成者，抑勝舉事實以成篇者所能望其項背，固傑出之作也。」[93]至於該書內容，不僅能「見今日一元制之短而傾向多元制，然亦能見多元制之短。」且其「所云政治一元論，經濟一元論，合於倫理思想之政治一元論等說，均可謂為詳聞前人之所未詳。」然而，作者對於蕭氏所謂「政治多元制即合於倫理思想之政治一元制」以及「赫格兒（Hegel）之說實與近日多元之說相合」等語不表認同。對於政治多元論，楊宗翰認為「今日多元論之不可得而廢，正如中世紀二元論之不可得而廢」。[94]

蕭公權撰寫《政治多元論》時，《政治典範》已經出版。該書除狄驥、克拉伯、韋伯夫婦與柯爾之學說，對拉斯基觀點的討論亦復不少。張君勱在《政治典範》書前的〈賴氏學說概要〉中，對蕭書有所言及。《政治典範》譯著出版後，蕭公權作出回應。此篇書評，與其說是評論張君勱譯著，不如說是蕭公權將其對拉斯基政治多元論的見解以中文正式宣示於中國知識界。

蕭公權對張君勱譯作《政治典範》的評論大致分為二部分，一是翻譯問題，一是理論說明。在翻譯方面，蕭氏詳細考訂張譯中的諸多問題，頗有提醒知識界在移植西方學術，特別是翻譯方面所該注意者。如前所述，張君勱翻譯此書，極其講究，唯卷帙繁多，疏漏難免。蕭氏指其翻譯之問題，大致有三種：（一）譯文之尚須斟酌者九；（二）人名地名譯音不一

---

[91] 蕭公權，《政治多元論》，頁106、111-112。

[92] 楊宗翰，1920年清華學校畢業後留美，在哈佛大學攻讀政治學，1924年畢業回國，在北京大學任教，1930年轉往清華大學任教。楊氏在美留學以及任教北大、清大階段，政治多元論討論甚酣。

[93] 楊宗翰，〈蕭公權著政治多元論（*Political Pluralism: A Study in Contemporary Political Theory*, Ph.D. London, K. Paul, Trench, Trubner and Co, Ltd. 1927）〉，《益世報（副刊）》（天津），1930年2月12日，1版。

[94] 楊宗翰，〈蕭公權著政治多元論（*Political Pluralism: A Study in Contemporary Political Theory*, Ph. D. London, K. Paul, Trench, Trubner and Co, Ltd. 1927）〉，2版。

者有六；（三）譯本中訛字數見者七。蕭氏治學之嚴謹於此可見。

在理論方面，蕭公權大致上發表自身對《政治典範》之見解，亦有回應楊宗翰說法之意。蕭氏表示，拉斯基的政治論是一種理想政治論，與唯心論者之黑格爾派相遠，而與康德派相近。因為唯心論者大抵以理想之國家為政治之基礎，而拉斯基係以理想之個人為政治之基礎。拉斯基為個人而有社會團體之組織，為個人而限制國家之威權，亦為個人而使社會受國家「平勻酌劑」。蕭氏強調，政治家之中心問題，非如何解釋人民服從國家之義務，而為如何改善社會中之一切制度，使其阻障或危害個人發展之有效工具減至最低限度，同時又使其成為襄助個人發展之有效工具。為了實現倫理的目的，個人非但須具批評國家之智，抑且須有反抗政府之勇，勉強隱忍，危害國家之禍尤大。拉氏身處民治制度發達之英國，仍反覆申言自由之保障，進而為奮發激越之論，蕭氏心生感慨，表示若拉氏身處中國，其感想不知如何？[95]

拉斯基駁斥唯心論者如鮑桑葵（Bernard Bosanquet, 1848-1923）等人之說，認為若以國家能表現「真意志」，無異使個人自由葬送於國家之口。[96]國民可教之導之，使其對於國事發生興趣，輔之以事理之判斷，自能熟習民主政治下之處事方法。針對於此，蕭氏指出，唯心論者所談之「真意志」，原亦一種理想，其內容為真善，就全體言之，此善為社會幸福之邁進；就個人言之，此善又為個人人格之發展。個人與社會之善不可分，真意志之表現於國家及個人亦同為一物。為使政府與人民合於真意志之標準，唯心論者欲以教育增進個人政治能力，以憲法指導政府之強力，使二者皆能日趨理想。拉斯基既否認真意志之存在，自然不得不以個人之意志為政治之標準。如此一來，國家重任將加諸一假設之個人意志身上，其學說又何嘗建設於唯實之基礎呢？[97]蕭氏認為，拉斯基理論實有矛盾者在。

儘管蕭公權認為拉斯基在理論上尚有矛盾，但肯定其在政治思想史上的重要意義。蕭氏指出，拉氏之個人主義與洛克及十八世紀英國之個人主義極為不同。英國傳統之個人主義，其眼光在個人自由與國家威權之對峙，拉氏則認為個人權利與社會幸福相聯屬。彌爾以個人人格之發展為自

---

[95]　蕭公權，〈評張士林譯賴氏「政治典範」〉，《益世報（政治副刊）》（天津），1930年5月27日。

[96]　蕭公權，〈評張士林譯賴斯基「政治典範」〉，1930年5月27日。

[97]　蕭公權，〈評張士林譯賴斯基「政治典範」〉，1930年5月27日。

由之真詮，權利所以保障自由，亦即所以保障個性之發展。拉氏則謂個人有權利，乃是因為個人生活之中，處處與社會有相互關係。如此詮釋，蕭氏表示滿意，並認為拉氏之職司權利論，不啻對英國正宗個人主義之宣言，且是對現代政治思想之重要貢獻。[98]他認為，拉斯基之思想既非舊式個人主義，亦非極端社會主義，實是一種折衷之新論。

　　除了蕭公權，拉斯基門徒杭立武對《政治典範》也有積極回應。為迎接拉氏來華，杭立武寫成〈拉斯基思想概要〉一稿，預為國人介紹。拉氏訪華生變後，杭氏將此稿擴充，同時約請蕭公權、盧錫榮、吳頌皋、張奚若等人合撰《拉斯基之政治思想》一書，於1931年12月完稿。此外，鑑於《政治典範》「卷帙浩繁，非初學者易覽」，杭立武另撰〈政治典範要義〉一文，作為該書最後一篇。全書共9萬言，由王雲五推介商務印書館印行。唯在排版之際，一二八事變爆發，商務印書館毀於炮火。是年秋天，商務印書館復業，杭立武於印刷所舊址瓦礫中尋得數十頁，然字跡模糊，至全稿已不可得，可整理者，僅〈政治典範要義〉一篇。嗣後，吳頌皋請刊單行本，杭氏乃再從蕭公權處索得〈拉氏思想哲學背景〉底稿，復另撰〈讀拉氏思想哲學背景書後〉一文，集為一冊，名為《政治典範要義》，由黎明書局於1933年出版，孫寒冰將其列入所編「現代政治思想小叢書」之冠。[99]

　　作為引介拉斯基學說至中國的積極者，杭立武對於拉氏其人其事介紹甚詳。在《政治典範要義》一書所附之〈拉氏小史〉中，除了介紹拉斯基的個人背景，對拉氏與學界人士之交往及諸人士對拉氏學術之影響更有清楚的說明。[100]杭氏之介紹，不僅突顯拉斯基之學術才華，當代眾多學術巨擘身影亦躍然紙上。對於《政治典範》一書，杭氏更是讚譽備至。他表示，拉斯基的政治多元論，至《政治典範》出版，可謂煥然大備，「實開近代政治思想之新紀元」，並謂該書最可稱道處有二：（一）集拉氏個人

---

[98] 蕭公權，〈評張士林譯賴斯基「政治典範」〉，1930年5月27日。

[99] 杭立武，〈政治典範要義原序〉（1932），收入杭立武、陳少廷著，《拉斯基政治多元論》。

[100] 〈拉氏小史〉內容大抵與1932年1月發表於《國立中央大學法學院季刊》2卷1期之〈拉斯基氏略史〉一文相同。在對拉斯基之介紹中，杭氏指出與拉斯基有學術關係者，包括了巴克、林賽、菲希爾（H. A. L. Fisher）、龐德（R. Pound）、荷姆斯（O. W. Holmes Jr.）、李普門（W. Lippmann）、霍布哈士（L. T. Hobhouse）、華洛士（G. Wallas）、韋伯（S. Webb）、唐尼（R. H. Tawney）、蕭伯納（G. B. Shaw）等當代著名學者。見杭立武，《政治典範要義》（上海，黎明書局，1933）、〈拉氏小史〉，頁1-3。

思想之大成，且使近代批評政治一元主義之論述得一系統；（二）過去之
政治著作，言思想者罕及實際，言實際者罕及思想，《政治典範》則不
然。針對《政治典範》書中內容，杭氏依序述說其要，肯定了該書於政治
思想史上的意義以及其在研究方法上的貢獻。

　　《政治典範要義》一書附有蕭公權所撰之〈拉斯基政治思想之背景〉
一文。蕭氏在文中表示，「自《政治典範》一書問世後，拉氏之學說殆已
粲然大備，成一家之言。」他認為，拉斯基至少曾受三派思想之重大影響
─邊沁、顧林（T. H. Green, 1836- 1882）、詹姆士，在承續前人論點上，有同
有異；且其自身思想為多種思想之融合，其中實見矛盾，唯其理論上之衝
突雖未必影響拉氏全部思想之真價值。[101]以上可視為蕭氏對《政治典範》
一書之總評。

　　蕭公權釐清拉斯基與前述三家之關係。就邊沁思想來說。拉斯基詳論
社會組織之目的，自謂其所持之論，實係修改邊沁學說而成之一種新功利
主義。蕭氏認為，邊沁認為人我之利相殊，拉氏以為群己之利為一，二者
實不相容。拉斯基雖得功利主義之面目而棄其精神。其反覆申言之保障個
人自由，「致意之殷，正不減於穆勒」，而其重視自由之理由，「大致亦
與穆勒相同」，帶有濃厚個人主義色彩。因此：「與其謂拉氏學說為邊沁
功利主義之新解，毋寧謂其為穆勒自由論之嗣響，似尤較為近是也。」[102]
蕭氏又強調，拉氏之個人主義與英國傳統之個人主義亦不相同，洛克派注
意個人自由與政府威權對立，故注意政府職權之限制與個人權利，拉氏則
高唱職司之權利說，以個人權利和社會相聯屬，「拉氏此論固足以突破傳
統個人主義之範圍，與現代思想之潮流相合；然謂其毫未受往昔學者之啟
示，則又未必盡確。」他同意Elliott所謂拉氏政治哲學中有康德派倫理個
人主義背景之說法。

　　再以顧林權利說為例。蕭氏認為，拉氏受顧林權利說之政治義務原
則影響甚為明顯。唯顧林重視個人自由，拉斯基則又有「國家者，不過在
某一時間執掌（社會中）實際權力之一群人耳」，國家可用此權力以滿足
社會中人眾之合理需求，亦可濫用此權力以壓迫或侵害人眾之福利，故人
們必隨時依據社會福利之眼光以批評及監督國家之行動。蕭氏認為此說又

---

[101] 蕭公權，〈拉斯基政治思想之背景〉，《清華學報》，7：2（北京，1932.6），頁1、17-18。
[102] 蕭公權，〈拉斯基政治思想之背景〉，頁3、4。

似棄顧林之倫理國家觀而與洛克派之個人主義相同。此外，顧林承認「公意」（General Will）之存在。拉斯基則認為同一環境中，多數個人意志固可取同一之目的作一致表示，而此多數之意志仍各有其自身之分殊存在。除了排拒「公意」之說，也否認「真意志」（Real Will）之說，認為個人之意志並無真偽之分，自由之真諦，在乎個人之自決。[103]

在蕭公權看來，拉斯基雖反對唯心論之說，實未脫唯心論之窠臼；一方面接受顧林之倫理個人主義，另一方面又拒絕據此成立之公意說，乃陷於矛盾之地。他認為此與拉氏重視實驗之政治哲學有關，其宇宙觀與方法論實奉洛克派之經驗論、詹姆士多元論為圭臬。既服膺徹底之經驗論，乃處處注意防止國家背離個人之經驗而轉入絕對權威之途。既承認詹姆士「多元宇宙」之觀念，則宇宙中物事萬殊，彼此之間僅有發生關係，而無絕對統一之可能，人類社會亦然，因此必需合作。然而，蕭公權認為拉氏應用實驗論成功，應用多元論則是失敗。因為，拉斯基認為社會中除個人人格之自由發展外更無較高之目的，既言國家基此目存在，則社會中豈容許國家以外第二威權與之競爭？[104]

蕭公權對於拉斯基學說，於稱頌之餘，本治學精神亦予批評，尤其是蕭氏所指拉氏思想矛盾之處。杭立武閱後，不表認同，亦標榜「研究之精神」為拉氏辯解。首先，他認為拉氏自言承續邊沁衣缽，亦詳其異同，自謂為功利主義之新適應；其次，拉氏主張個人人格充分發展，以達到合乎道德生活之最高標的，因此雖否認「真意」存在，亦無妨倫理生活主張；至於第三點，杭氏認為拉斯基主張權威即聯治性，其目標中之國家自非一元論者之國家。即以多元論言，拉氏認為國家與社團性質根本無異，自無「絕對權威不容有二」問題。[105]如同一元論與多元論之爭議未已，蕭氏與杭氏亦是各執己見，杭氏維護其師立場甚明。

前述張君勱、蕭公權和杭立武各展長才，為《政治典範》的「理論」部分作出深度的分析，誠為拉斯基政治多元論在中國傳播的另一種「典範」。拉氏思想淵博，涉獵尤多，分析其思想背景往往牽動西方政治哲學諸多派別議題，激發中國學界對西方政治思想史及相關議題的興趣。1930年代初年，此類相關著作陸續出現，《政治典範》應是不無關係。在以上

---

[103] 蕭公權，〈拉斯基政治思想之背景〉，頁5-11。

[104] 蕭公權，〈拉斯基政治思想之背景〉，頁17-18。

[105] 杭立武，〈附錄二：讀〈拉氏政治思想之背景〉〉，《政治典範要義》，頁71-75。

論述中，蕭公權以精湛的政治哲學素養，推論拉斯基思想與各家關係，分析其間異同，立論精闢，誠如杭立武所言，「即西方學者亦所難能。」經由這場學術交鋒，作為新政治學說表徵之《政治典範》，其思想背景及脈絡更為知識界所知悉，中國知識界對西方政治思想，特別是自由主義應該也有新的認識。蕭公權任教清華大學政治系，其對拉斯基政治思想的理解，表現於課堂，多少激勵了清大政治系的學生。[106]此後清大留學者，多有前往倫敦政治經濟學院追隨拉斯基者。

在杭立武的計劃中，尚有盧錫榮所撰之〈拉氏主權論〉。計劃改變後，盧氏在1934年9月出版了《拉斯基政治思想》一書。該書發行後，頗受注意。《申報》中的評論表示，「在我國政治未上軌道之今日，允宜人手一冊，藉資參鏡。」[107]

1914年留學美國哥倫比亞大學學習法學專業，嗣後獲得博士學位的盧錫榮，1930年代初期在中央大學法學院任教。對盧錫榮而言，拉斯基不僅只是一個著名的學者，而是一位挑戰政治學聖殿中諸神的英雄，是中國青年從事政治思想改造者的最佳典範。

盧錫榮呼籲法政知識救國，此在1930年3月他以法學院院長為《國立中央大學法學院季刊》創刊號所作的〈序〉中也有清楚的表述。[108]在1934年《拉斯基政治思想》一書的〈序〉中，他又指出，「政治思想為一國文化最要緊的原素，同時也為世界文化最要緊的元素。」要談文化革命，「第一步應該從政治思想革命做起。」他接著說：「拉氏是現代歐洲政治思想界的怪傑，一個前不見古人，後不見來者的怪傑。他批評盧騷，批評布丹，批評個人主義，批評共產主義，簡言之，他批評一切的一切。」[109]盧氏期待中國的除舊佈新，認為拉斯基的個性富於革命性和獨立性，他的政治多元論，是為了把近代國家民治化，改造舊的國家，以適應新社會。正是這樣的個性與思想，吸引了盧錫榮。

盧錫榮的《拉斯基政治思想》係從拉氏三本關於主權論的代表性著作系統地檢視拉氏對一元主權論的批判及其有關政制改造的諸多觀點。他將

---

[106] 〈教授印象記〉，《清華暑期週刊》，9：8（北平，1934.9），頁459。

[107] 〈評盧錫榮《拉斯基政治思想》〉，《申報》，1935年3月23日，第13版。

[108] 相關論述，可見盧錫榮，〈新政治學〉，《國立中央大學半月刊》，1：1（南京，1929.10），頁152-54；以及盧錫榮，〈序〉，《國立中央大學法學院季刊》，1：1創刊號（南京，1930.3），頁1-2。

[109] 盧錫榮，《拉斯基政治思想》，頁1-3。

拉氏的主權思想分為二大時期，一為批評時期，以《主權問題的研究》和
《主權的基礎及其他論文》二書為代表；一為建設或創造時期，以《政治
典範》為代表。

　　盧錫榮指出，拉斯基雖然不是最先批評一元主權說的人，卻是第一
個批評一元主權說最有力的人。在《拉斯基政治思想》第一章，盧氏從拉
氏個人的生活、個性以及他所處的經濟、政治、宗教和學術大環境說明拉
氏的思想背景；第二章討論《主權問題的研究》一書，盧氏表示已可從該
書看出許多建設思想或創造思想的暗示，亦即聯治思想的萌芽；第三章介
紹《主權的基礎及其他論文》一書，盧氏指出該書是拉氏新國家思想由醞
釀到成熟時期—由批評到建設、由模糊的聯治思想到多元國家論的過渡時
期。他也表示，拉斯基是近代的新聯治主義者，多元的國家論者，社會化
的個人主義論者，以及新人權論者；第四章即是介紹《政治典範》。盧氏
指出，拉氏此時期的思想是漸由批評轉變為建設的或創造的，由否定變為
肯定，由未成熟或半成熟到完全成熟的思想，從歷史、法律和政治對一元
主權論發動總攻擊，而從團體、國家和世界發展其建設的思想。盧氏認為
拉斯基的思想一方面深切而警闢，一方面精密而有系統。盧氏《拉斯基政
治思想》一書，呈現了拉斯基政治多元主義的發展脈絡。

　　1932年12月，蔣廷黻在《獨立評論》中曾如此描繪當時中國大學政
治思想課程的概況：「學政治思想的，那一定是上自柏拉圖，下至拉斯
基，都聽過一遍；好一點的，還對於某派某家下過專門的研究。」[110]1933
年，在復旦大學政治系執教之費鞏則表示，攻習政治者，應及之門類至
少三種，即政治學理、政治思想與政治制度，並謂須按步學習，而融會
貫通，始足以論政。他開列「政治必讀之書」，認為專取英美人之著作，
即已不少。其所選之書，又以英人著作為多。在政治學理方面，所列10
本書中，有拉斯基著作《政治學引導》（*Introduction to Politics*）和《政
治典範》二書。關於前者，費鞏表示，其雖寥寥數十頁，而字字珠璣；
至於《政治典範》，費鞏讚其為政治學術放一異彩，「名人名著，宜人
手一編」。他介紹《政治典範》，謂其分為二卷，卷上所論，皆「極關
重要而極饒興味之政治與社會問題」。卷下所論，更是「不落俗套，處
處獨到，恂恂學子，宜三折肱之，讀百十遍可也。」費鞏同時介紹了張

[110] 見蔣廷黻，〈中國社會科學的前途〉，《獨立評論》，29（北平，1932.12），頁8-12。

君勱的譯本，推崇其可當「信雅達」之稱；而在政治思想方面。費氏指出當時各校政治系莫不有政治思想史課程，大體自柏拉圖、亞里斯多德講起，直至孟德斯鳩、盧梭。如再推廣之，則可至19世紀之功利主義派為止。20世紀英人之政治思想，可以「近代思潮」為名，另成一門。因此，其所列參考書目，亦以此為界，分為二段落。在第一段落，費鞏認為讀完提綱挈領、包羅萬象之美人丹寧（W. A. Dunning, 1857-1922）的《政治思想史》（Political Thought）此一入門書後，可讀限於某一時代專述三數政治思想家之書三本，其中拉斯基1920年出版之《政治思想史：從洛克到邊沁》（Political Thought from Locke to Bentham）一書在內。至於第二段落為「近人之政治學說」，最合用之入門書為Lewis Rockow的《當代英國政治思想》（Contemporary Political Thought in England）。至於各家之代表作，則有五書，中有拉斯基《主權之問題》（The Problem of Sovereignty）一書。由費鞏所列書目看來，無論是政治學理，或是政治思想，拉斯基的著作均在其中。作為英國留學生，費鞏所選之書，以英人著作為多。他比較英美著作，認為「英人之作，深刻透澈，殊覺開卷有益。美人之作，深刻弗如，而或完密過之，以作啟蒙之課本，則固甚相宜也。」[111] 1931年方自英國牛津大學學習政治經濟學歸國，抱持自由主義信仰的費鞏傳遞了西方政治學的新訊息，其中拉斯基的政治多元主義思想更是獲得他的青睞。由上可知，至少在1930年代初，拉斯基政治思想已成為中國著名大學政治學系的主要課程內容，《政治典範》實為其中經典。

五、結論

作為一個政治多元論者，從1920年代前夕至1950年，拉斯基致力建構人類的完美社會。此一社會係透過社會中個人的自由發展得以實現，個人的需求在參與社會各種團體中得到滿足。拉斯基認為世界是多元的，國家也應該是多元的。國家不過是社會內各種組織之一，國家只能藉由它的成就，並通過與社會中其他團體的競爭來證明自己和獲得人民對自己的忠誠。國家的目的在使國家中各個人為善的技能得以充分發展，因此自由平等絕不可少。從現實的政治安排言，多元的國家就是聯治的國家，分權的

---

[111] 見費鞏，〈政治必讀之書〉，《復旦大學政治季刊》，2（上海，1933.6），頁126。

國家。一元主權說在法律和道德上都缺乏依據，且由於時代變遷，一元主權的國家已無法有效履行它的功能。1925年出版的《政治典範》即是拉斯基對國家改造問題思考的十年結晶。他在書中闡述各種理論，描繪他理想中的政治和經濟制度。個人自由是拉斯基思想的核心，然而和早期著作不同，在《政治典範》中，國家不再和其他團體平行，而是在一定範圍之內，地位凌駕一切團體之上，其思想逐漸帶有費邊主義色彩。直至1930年代，拉斯基許多新著仍繼續發揮《政治典範》中的觀點。

在《政治典範》譯介至中國前，中國知識界對拉斯基並非全然陌生。1920年前後，在新文化運動期間一些富於革新意涵的報刊上，已有介紹政治多元論的主權新趨勢而提及拉斯基者。此時，對政治多元論此一國家新說，張君勱也有覺察。法政專業的知識背景，以及對於中國政制改造的長期關懷，加上歐洲戰後的國家改造風潮，激勵他改造中國的意志，他大倡創新，認為知識解放、政權解放與生計解放，三者應同時並行。張氏宣稱，在創造的時代，不僅要留心政治現實，亦須注意思潮之變化。拉斯基《政治典範》出版後，在歐美學界造成轟動，也引起他的關注。

張君勱翻譯《政治典範》，力求「信」、「達」、「雅」，欲在西書翻譯方面建立「典範」之用心殊為明顯。張氏細讀該書，對拉斯基推崇備至。《政治典範》諸多核心議題，也正是張君勱思考中國法制改造的重點。除了對《政治典範》中拉斯基的自由權利平等諸說表示認同，張氏對書中的制度規劃尤表興趣。他詳加考察《政治典範》要旨，認為拉氏在團體人格、職業代表、財產權之限制與國營事業等新時代的議題上，有所貢獻；而代議政治、個人主義、零星改良精神三者則是承續英國傳統學說，展現了英國思想史的「繼續性」。此時拉斯基已是張君勱眼中新思想的重要表徵。1920年代晚期張氏的諸多文章顯示了對於民主憲政的渴望以及一黨專政的厭惡。他也像拉斯基一樣，期待漸進的改革。《政治典範》對其1930年代構建改造中國的理論和研擬政治、經濟新制不無影響。

隨著《政治典範》在西方的出版，拉斯基的學術聲望如日中天。比起1920年代，1930年代的中國知識界對拉斯基思想有著更大的興趣。新創未久的大學政治系、留學英美歸國的知識分子以及蓬勃發展的各式報刊，充當了傳播拉氏思想的重要媒介。拉斯基應允來華講學的消息以及1930年張君勱翻譯之《政治典範》的出版，更加掀起知識界的拉斯基熱潮，譯介、研究以及拉斯基各類活動的報導不絕如縷。《政治典範》更是吸引了中國

的法政學者，如對國家改造憚精竭慮的張君勱、國際知名政治多元論專家的蕭公權、以拉斯基學生身份位居學術界要津的杭立武、鼓吹法政知識救國的盧錫榮等人，他們對於《政治典範》中的思想傳承與創新皆有極精闢的解說，對拉斯基思想在中國的傳播實有推波助瀾之功。雖然到了1930年代上半期，拉斯基思想已經逐漸激進化，中國知識界對政治多元論依然興趣不減。而在1930年代初的中國著名大學政治學系，拉斯基政治思想已成主要課程內容，《政治典範》則是學生重要的參考經典。《政治典範》在中國的傳播不僅記錄了20世紀初期中國知識界的思想脈動，也具體顯示出20世紀初期跨地域的知識流轉圖像。

從華語流行歌詞看香港人身分的想像、建構與認同

吳有能[*]

一、導言：流散與想像

　　基斯・巴克（Chris Barker）的《文化研究》，可說是近二十年流傳廣泛，影響深遠的文化研究入門經典。在這本書中巴克提到「在政治鬥爭與哲學、語言學思辨的推波助瀾之下，『身分／認同』一躍而成為一九九零年代文化研究的中心主題。」[1] 2010年Roger Coate 及 Markus Thiel編了《全球化時代中的身分政治》（*Identity Politics in the Age of Globalization*）一書，開宗明義就說「當代政治世界中最主要的困難之一就是在全球化過程中所支援下的不同身分政治的再興。」[2] 誠然，最近二十年世界學壇中有關身分／認同的討論，可謂汗牛充棟。現實上身分政治相關的衝突，也強化這些研究的現實性。別的不說，九一一雙子星大廈慘案猶在目前，而在2013年10月28日東突竟然對天安門樓發動恐怖襲擊，殺害無辜民眾，造成五死三十八傷，這些事件很重要的一部分就源於身分衝突。而華人身分與認同的議題，在台灣解嚴後，也開始成為社會的重大爭議[3]；至於在後九七的香港，也是最為敏感的議題之一，特別是最近兩年，中港社會矛盾，

---

[*]　多倫多大學比較宗教哲學博士、香港浸會大學宗教及哲學系副教授。

[1]　Chris Barker，羅世宏等譯，《文化研究：理論與實踐》（*Cultural Studies: Theory and Practice*）（台北：五南圖書公司，2004），頁199。

[2]　Markus Thiel and Roger Coate, "Identity Politics and Political Identities: Local Expressions in a Globalizing World," in Roger Coate and Markus Thiel ed., *Identity Politics in the Age of Globalization* (Colorado: First Forum Press, 2010), pp. 1-29.

[3]　譬如台灣當代社會上曾出現所謂「中國結」與「台灣情」的對立，也有台灣人、新台灣人的提法等，參黃康顯主編，《近代台灣的社會發展與民族意識》（香港：香港大學校外課程部出版，1987）。

更為嚴峻。這不必旁徵博引，高馬可的《香港簡史：從殖民地至特別行政區》的中文版2013年面世，在中文版序言第一段提供一點發人深省的總結：「在2012年1月，超過一千名怒氣沖沖的香港人到意大利時裝店Dolce & Gabbana位於尖沙嘴的旗艦店抗議，因為該店保安員之前阻止本地人在店外拍照，但卻容許內地遊客這樣做。同月，一向口沒遮攔的北京大學中文系教授孔慶東，在評論香港地鐵內港人和內地乘客爭吵的事件時，批評香港人歧視內地人，又不自認是中國人。孔慶東稱香港人為王八蛋和英國殖民者的走狗，憤怒的香港人的回應是發動反蝗蟲運動，把來自中國大陸的旅客和新移民比喻為大舉入侵掠奪的蝗蟲。」[4] 舉一反三，僅從這一段敘事，頗能呈現近年嚴重的中港衝突問題之一，就是身分認同問題。[5]

　　所謂身分認同是建立在對身分的認知與評價上，是關乎對特定身分的理解與情感所產生的取向；而因此取向又產生種種涉及歸屬與拒斥的認知、情緒與行為。人們常用這身分想像去認識、分辨與界定成員，這就進而在認知之外，涉及評價及歸屬的行為，於是又產生接受性的身分認同，以及拒斥性的汙名化問題。霍爾（Stuart Hall）認為身分認同可分為兩大類形——本質論[6]與建構論[7]。近年建構論已經取得上風，成為現今學界基本

---

[4] 高馬可，林立偉譯，《香港簡史：從殖民地到特區政府》（香港：中華書局，2013），頁i。

[5] 最反諷的是連高馬可的這本書的中文翻譯本，也被偷偷刪改，結果中華書局鬧出「河蟹版」（和諧版）的笑話，參考：http://thehousenews.com/politics/%E4%BF%A1%E5%A0%B1%E6%8F%AD%E7%99%BC-%E6%B8%AF%E5%A4%A7%E6%95%99%E6%8E%88-%E9%A6%99%E6%B8%AF%E7%B0%A1%E5%8F%B2-%E8%AD%AF%E6%9C%AC%E9%81%AD%E6%B2%B3%E8%9F%B9/。

[6] 本質論認為人擁有某一些本有共同性質，這些特質構成身分認同的基礎。譬如身分認同是建立在語文、血統、祖先、膚色甚至生理結構等基礎之上，因此常民論述中，會強調同胞是血濃於水的、中國人是龍的傳人等，這些論述就是肯定社團或群體中不同個體共同分享相同的本有內在性質，以致他們擁有某種身分認同。推廣而言，不同群體之所以有不同的身份認同，因為他們擁有不同的內在性質。這就是本質論的主要論點。所以從前台灣僑委會宣傳品會強調「四海都是中國人」，就算當事人已經歸化取得美國國籍，仍然將這個國籍上明顯是美國人的華人視為中國人。而部分學者如杜正勝院士就主張過去台灣的歷史教育是以國家主義、民族主義作為歷史教學主軸的。因此過去50年台灣的歷史教育便充滿著大中國主義，甚至狹窄化為大漢沙文主義。參考杜正勝，〈作為國家史的台灣史〉，見於：http://www.taiwantt.org.tw/tw/index.php?option=com_content&task=view&id=4986&Itemid=57。當然也有部分學者持反對意見；參考宋光宇，〈台灣史觀：各家爭鳴〉，收入氏著，《台灣史》（北京：人民出版社，2007），頁437-452。

[7] 建構論認為身分認同是由社會建構出來的，身份認同並不建基於某些固有的品質之上，而是在歷史流變及社會互動中形成的，所以它是一個社會實踐過程的產物，而不是由於不同個體所有的內在本質而構成的。關於本質論與建構論的討論，參考張靜主編，《身分認同研究：觀念、態度與理據》（上海：人民出版社，2005），特別是頁45-48。

的論調，但在傳統華人的國家論述中，人們還是相信本質論的居多，而這兩種觀點都反映在香港華語流行歌曲中。[8]

香港華語歌詞中的身分認同，主要涉及對中國及香港的身分認定及取態；而正如同許多由多民族所組成的大國一樣，中國或中華民族在歷史上都是一個變動不定的概念，要建立一個穩定的中國人身分認同，其實要依賴族群想像。族群想像並非全然虛構，而是常以某些事實為基礎，並輔之以虛構的成份，所以族群想像也並非全然為族群的實際經驗，而是在族群經驗的基礎中，運用「集體記憶」（Collective memory）與結構性遺忘（Structural amnesia）的選擇下，所形成的集體身分構想。[9]族群想像需要依賴不斷的支持，才能持續存在。正如Maurice Halbwachs所強調，集體記憶並非是存在於特定個人的身體與腦袋的記憶，而是通過框架來形成的社會建構；[10]人們運用不同媒介以維持、傳遞及強化某些集體回憶，提出敘事，而歌曲就是建構及維繫族群想像的重要工具。

本論文目的在通過現代香港漢語流行歌的歌詞，研究這些敘事的國族想像與身分認同，並試圖彰顯其與歷史背景的關係；同時，流行歌詞也反映了歷史上不同政權的官方話語權的衝突，隨著公民社會的形成，民間話語除了直接表達外，也通過戲仿的方式，衝擊官方的論述，形成多部共唱眾聲喧嘩的歷史局面。

二、八十年代華語流行曲的中國身分認同：貫通左右的本質論

（一）國語流行歌在香港的普及

香港在通俗文化方面，一直受到多種區域文化所影響；而因為地緣關係，當地的通俗文化自然受到粵省的直接影響。[11]二戰後，國語歌曲對香

---

8 香港的華語流行歌，主流是香港及台灣的粵語及國語歌，中國內地的普通話流行歌不是沒有，但仍未有到達真的非常流行的地步，所以本文不討論產自中國的歌曲。

9 譬如不少政府認定的歷史教科書就有強化民族史上的輝煌成就，又選擇的迴避歷史上的過錯與屈辱等。

10 Maurice Halbwachs, *The Collective Memory* (first published posthumously in 1950, written prior to 1940; English: New York: Harper & Row, 1980). Therein: "Individual Memory and Collective Memory," pp. 22-49, and "Historical Memory and Collective Memory," pp. 50-87.

11 香港早年流行的歌曲大部分來自粵曲，這是廣東傳統戲劇藝術中的歌唱部分。現代粵語流行曲

港的流行歌的影響加劇，本來國語歌一直都有影響香港音樂文化，譬如，當地小學音樂教育呈現中西「混生」的特色，並深受二十世紀上半頁民國時代的國語歌曲影響，如《大阪城的姑娘》、《康定情歌》等等都是小學的教材；[12] 後來，戒嚴時期的台灣雖然在政治上高壓，但旺盛的創作生命力轉而表現為藝術的創造，音樂人通過挪用、模仿日本與歐美歌曲，創作了許多國語時代流行曲，而這些流行曲在七、八十年代非常普及，也成為影響香港的重要文化資源。[13]

　　更加重要的是新媒體的應用，隨著國語電影的普及，更擴大了國語流行歌的影響力。電影成為消閑時尚，邵氏、國泰與中影都傾力製作國語電影，這些電影風行一時，連帶電影主題曲與插曲，也受到當時年輕人的喜愛。其時，粵語流行歌並未在香港取得認同，香港社會中上層民眾傾向英文歌，而中下層民眾則以國語為好尚，當時就算最重要的粵語歌舞片，也用國語流行歌的旋律，配上粵語歌詞。[14] 所以若要看香港華語流行歌的身分認同，就得同時研究當時流行的國語歌。其中兩首──《龍的傳人》

其實是相對新的概念，大約興起於上世紀的七十年代，這些歌曲受到歐美影響，部分甚至就是直接配上粵語歌詞，而並無獨立作曲。當時創作並不特別成熟，社會上也沒有認真看待，也無太高的社會地位。至於潮語及閩語的歌曲，由於受眾太少，所以也在廣東族群為主的香港社會中，並無太大的發展。有關香港粵語流行曲的發展史，參考劉靖之，《香港音樂史論》（香港：商務印書館，2013），頁2-85。

[12] 周琴，〈香港中小學音樂課程與教材特色〉，《課程‧教材‧教法》，2006年，第6期（北京，2006），頁89-92。

[13] 當年如青山、藝霞歌舞團、鄧麗君、羅大佑、費玉清、蔡琴等等都是紅遍港台的，自然也帶動國語流行曲在香港的普及。有關當時歌手的簡介，可參考「重返61號公路」著，《遙遠的鄉愁：台灣民歌三十年》（北京：新星出版社，2007），特別是頁137-281。

[14] 黃霑就曾指出粵語歌當年並無太高的社會地位。譬如當時編舞者陳寶珠所編製，並由同名的演員陳寶珠、蕭芳芳及胡楓所主演的《我愛阿哥哥》等歌舞片，也是採用台灣的國語歌的曲子，而配以廣東歌詞。高志森導演則直指這種拿來直用的做法，忽視它所發揮的是台灣的文化，而間接看到粵語片的輓歌。參考蔡志森主持，《與星光同行：陳寶珠細說陳寶珠、蕭芳芳與胡楓拍歌舞片的花絮》，2013/6/16. Available: http://hk.video.search.yahoo.com/video/play?p=youtube+%E9%AB%98%E5%BF%97%E6%A3%AE+%E6%AD%8C%E8%88%9E%E7%89%87&vid=8b19c7bd30b6255b657c4dd322b0d4c6&l=12%3A02&turl=http%3A%2F%2Fts3.mm.bing.net%2Fth%3Fid%3DV.4864610029798626%26pid%3D15.1&rurl=http%3A%2F%2Fwww.youtube.com%2Fwatch%3Fv%3D9Ml3B49hPHM&tit=%E9%99%B3%E5%AF%B6%E7%8F%A0%28%E6%AD%8C%E8%88%9E%E7%89%87%E7%B7%A8%E8%88%9E%E8%80%85%29%E7%B4%B0%E8%AA%AA%E8%88%87%E9%99%B3%E5%AF%B6%E7%8F%A0%E3%80%81%E8%95%AD%E8%8A%B3%E8%8A%B3%E5%8F%8A%E8%83%A1%E6%A5%93%E6%8B%8D%E6%AD%8C%E8%88%9E%E7%89%87%E7%9A%84%E8%8A%B1%E7%B5%AE+%28pt+1%29+2013.6.16&c=1&sigr=11a46ddo6&sigt=13ae0mj7l&ct=p&age=0&&tt=b

與《我的中國心》，可說是很有代表性，而且都跟當代歷史上兩件大事有關，它們分別是中美建交與中英香港談判。

（二）龍的傳人

　　1978年侯德健創作了《龍的傳人》[15]。這首歌後來經香港歌手張明敏以及關正傑分別演繹，傳遍中國大陸；對不少人來說，龍的傳人不但變成中國人的代詞，而這首歌也成為代表祖國情懷的歌曲，[16] 不少官方場合都會表演這首歌。

　　分析這首歌的歌詞，可知作者運用歷史與地理的符碼去象徵中國，地理符碼包含長江、黃河等，而古老東方傳承下成長的炎黃子孫就是歷史的符碼。此外，歌詞也從生理特徵來側寫身分象徵：「黑眼睛黑頭髮黃皮膚／永永遠遠是龍的傳人」。從黑髮與黃膚來象徵龍的傳人，其實也就是從本質性的生物遺傳指標去建構中國身分，這種概括地運用先天條件（如血統、膚色）來進行身分認同的作法，顯然屬於本質論。其實，「龍」是中華民族的文化圖騰，常用於象徵中華文化。所以歌詞講龍的傳人，也就顯示從文化圖騰傳達文化身分認同的思路；這種本質論的取向，讓從未到過中國，未曾看過中國山川的海外華人，也永永遠遠是中國人；所以從歌詞中顯示的是結合土地傳承、血脈傳承與文化傳承，以共同呈現中國身分論述的本質性認同敘事。

　　由於《龍的傳人》這首歌傳遍中港台以及所有華人聚居的地方，而「龍的傳人」也成為現代中華民族的別稱，於是龍的傳人的符號，也就成為傳遞華族身分的載體。這首歌後來在大陸很紅，在2009年就更被中宣部推薦，成了與《東方紅》、《延安頌》、《歌唱祖國》比肩的紅歌，[17] 彷

---

[15]　流行版的《龍的傳人》歌詞是：「遙遠的東方有一條江，它的名字就叫長江，遙遠的東方有一條河，它的名字就叫黃河。雖不曾看見長江美，夢裏常神遊長江水，雖不曾見黃河壯，澎湃洶湧在夢裏。古老的東方有一條龍，它的名字就叫中國，古老的東方有一群人，他們全都是龍的傳人。巨龍腳底下我成長，長成以後是龍的傳人。黑眼睛黑頭髮黃皮膚，永永遠遠是龍的傳人。百年前寧靜的一個夜，巨變前夕的深夜裏，槍炮聲敲碎了寧靜夜，四面楚歌是姑息的劍。多少年炮聲仍隆隆，多少年又是多少年，巨龍巨龍你擦亮眼永永遠遠地擦亮眼，巨龍腳底下我成長，長成以後是龍的傳人，黑眼睛黑頭髮黃皮膚，永永遠遠是龍的傳人。」其中歌詞中的「四面楚歌是姑息的劍」四字，原為「四面楚歌是洋人的劍」。

[16]　龍的傳人後來收入多種愛國歌集，譬如舒廣袖主編，《祖國情：建國50年歌曲選集》，收入人民音樂出版社編輯部編，《祖國萬歲歌曲選集》，第一集（北京：人民音樂出版社，1999），頁98。

[17]　老榕樹，〈侯德健與龍的傳人〉，《文匯報》，網址：http://blog.wenweipo.com/?36460/

彿就是中國歌一般。

　　《龍的傳人》當然並非中國大陸的歌曲，但對於當下的年輕人來說，這首歌的台灣背景或者相當陌生。其實這首歌的歌手李建復跟作曲侯德建兩人，都是在台灣成長的華人，而創作的地方就在台北，所以這一首歌其實百分百是台灣產品。

　　更值得注意的是這首歌的歷史背景，這首歌是因美台斷交的刺激而創作的。1978年12月6日凌晨二時，美國駐華大使安克志（Leonard Unger）告知美國政府決定自翌年一月一日起承認中共政權，並斷絕與中華民國的外交關係。[18] 從退出聯合國、中美建交開始，台灣在國際上漸見孤立。過往美國一直是國府依附的「長期盟友」，所以美台斷交強烈刺激台灣民眾的情緒；而經過1976年「淡江事件」後[19]，台灣年輕樂人已經興起「唱自己的歌」的民歌風潮，善於將自己所思所感寄託在歌曲之中；侯德健也就因而奮筆創作《龍的傳人》[20]，侯德健表示歌詞靈感背景是1900年的八國聯軍，這一列強侵凌，呼喚救亡的背景，正好跟美台斷交風雨飄搖的情境相近。當時蔣經國致力穩定民心，12月31日呼籲「逆境堅定力，風雨生信心」；而這首龍的傳人因其主題明顯，正符合國府的方向，台灣官方也就刻意宣傳，有記載提到當時的新聞局局長宋楚瑜先生到訓練新兵的基地成功嶺上主禮，就使用「龍的傳人」為題致詞。[21] 這首歌於是變得家

---

viewspace-32769。

[18] 現存史料中，有紀錄蔣經國當天給宋美齡報告此事，並請夫人考慮回國的電報。對於此事的時間點，應無爭議。當天的情形，簡明的可以參考資中筠、何迪編，《美台關係四十年1949-1989》（北京：人民出版社，1991），頁344。又關於美國與中華人民共和國建交，參考陶文釗，《中美關係史（1972-2000），下卷》（上海：人民出版社，2004），頁1-28。

[19] 1976年淡江大學舉辦了一場民歌演唱會，當時李雙澤在台上拋掉可樂瓶，大聲問觀眾：「我從菲律賓到台灣到美國到西班牙，全世界年輕人喝的都是可口可樂，唱的都是英文歌，請問我們自己的歌在哪裡？」接著開始演唱《補破網》、《國父紀念歌》等國台語民謠。隔天燃起台灣藝文界對「中國現代民歌」的論戰，稱為「淡江事件」。引起「唱自己的歌」的風潮，而在全國校園裏捲起了一片民歌運動。但無論是李雙澤的《少年中國》及羅大佑等的創作，在香港都能引起風潮。張釗維，《誰在那邊唱自己的歌：台灣現代民歌運動史》（台北：滾石文化，2003再版），頁121-163。

[20] 侯德健，〈和龍的傳人有關的人和事〉，《羊城晚報》，網址：http://m2.21cn.com/news/china/2009/08/06/6705430.shtml。

[21] 參考侯德健，〈和龍的傳人有關的人和事〉，《羊城晚報》，網址：http://m2.21cn.com/news/china/2009/08/06/6705430.shtml。當時有陸軍官校官九期生，後任高雄市救國團鼓山區副會長的記載其當兵時的生活，就特別提到李建復龍的傳人的故事。網址：http://tw.myblog.yahoo.com/jw!dOP8b0WRGB6Utlsi81LeVGI-/profile。這兩份資料都提到宋楚瑜致詞這件事。

傳戶曉。據載光是在《民生報》舉辦的暢銷歌曲排行榜，它就佔了16週冠軍。[22] 足見這首歌在台灣受歡迎的程度。《龍的傳人》隔海紅到香港，李建復到香港大學演唱，引起校園鬧動。而當時另一首同樣反映本質論身分認同的愛國歌曲則是《我的中國心》。

（三）我的中國心

跟《龍的傳人》一樣，另一首在香港史上應該注意的愛國歌曲是《我的中國心》，這首歌是由香港詞人黃霑填詞，黃福齡作曲。歌詞如下：

> 河山只在我夢縈／祖國已多年未親近／
> 可是不管怎樣也改變不了我的中國心／
> 洋裝雖然穿在身／我心依然是中國心／
> 我的祖先早已把我的一切烙上中國印。
>
> 長江、長城、黃山、黃河在我心中重千斤／
> 不論何時／不論何地／心中一樣親。
>
> 流在心裡的血／澎湃著中華的聲音／
> 就算生在他鄉也改變不了我的中國心。[23]

這首歌詞通過一位海外華人的身分，細說離散的華人對其祖國的赤子之心。主題詞「中國心」，也就是心中永遠裝著祖國，永遠念著祖國。它寄託著身在異國他鄉，身穿洋裝的海外華人對母國的深情。歌詞平實，但感情真摯，表現強烈的中國身分認同。

而這首歌所反映的身分認同，其實也是訴諸於本質論。在文化地理上，長江、黃河、黃山與長城仍然被運用為代表中國的符號，同時離開多年，只在夢中才相見的中國，對於離散的華人來說，仍然是「心中重千斤／不論何時／不論何地／／心中一樣親。」因為華人的中國認同，就是祖先傳承下來的本質性的表性。

---

[22] 參考網址：http://tw.myblog.yahoo.com/jw!dOP8b0WRGB6Utlsi81LeVGI-/profile。

[23] 黃湛森（霑），〈粵語流行曲的發展與興衰：香港流行音樂研究（1949-1997）〉（香港：香港大學哲學博士論文，2003），頁73。

但最關鍵一句是：「洋裝雖然穿在身／我心依然是中國心」；換言之，雖然香港市民受西方殖民文化薰陶，但西化並未影響港人對「中國」的身分認同。因為「我的祖先早已把我的一切／烙下中國印」祖先是中國人，我們也是中國人，這是不能變更的。這一思路表達的是無論去國離鄉多少年，無論殖民西化有多深，都絕不失去我的中國心。這樣的歌詞，其實，並不符合當時香港青年主流的想法，但因一個特殊的歷史事件，卻使得國家權力介入，而讓這首歌紅遍神州大地；下面讓我們先從這首歌的演唱者張明敏說起。

國家介入我的中國心

張明敏的正職原是電子錶工廠工人，雖曾取得歌唱比賽的冠軍，但多數翻唱台灣國語歌，算不上大歌星，基本上甚至可說是無名小輩。作詞人黃霑當時已經成名，知道他喜愛國民歌，就問他說：「你有沒有中國心？」然後就將這首歌交給他了。張明敏既無名氣，也不計較，於是接手演唱起來；不過，由於資金有限，就在深圳弄出卡式磁帶，而且也沒有好好的包裝宣傳；卡帶投入市場後，幾乎沒有什麼反響。這首歌能起死回生，就跟現代香港史中最重要的一章有關。

因為這歌表達了香港華人對祖國的堅決嚮往，正好符合中英談判時中國的宣傳需要。先是1982年起中英開始就香港回歸問題展開談判，1984年1月，時任英國首相戴卓爾夫人來華訪問，雙方發表了《中英聯合聲明》，宣布中國政府將於九七年收回香港主權。

就在這談判之時，香港民心已經不穩，很多港人對文革的記憶猶新，可謂餘悸猶存，所以非常擔心北京接手後的香港前途。北京中宣部希望找到合適的香港歌手，以便在春晚做香港回歸的宣傳，起碼要製造出港人思歸的假象，否則很難用民族大義去支撐談判；此事由導演袁德旺負責，但袁導無法找到合適的歌曲，於是特別南下深圳，但初時仍無結果；偶然在深圳吉普車上，聽到《我的中國心》卡帶，認為非常合適。於是原唱張明敏就獲邀參加春晚演出。張明敏成了第一個參加中國中央電視臺春節聯歡晚會的香港歌手，並且是第一個在央視春節聯歡晚會上一連唱了兩首歌的人。而張明敏在內地一夜之間也就成為了紅歌星。[24]

---

[24] 這是根據袁德旺導演的採訪回憶，但筆者尚無法找到採訪原文，不過袁導演所述的回憶，卻同

在香港回歸談判之時，中國最關心主權，並以民族大義為號召。但在談判之初，香港已經開始人心不穩，有人已經辦理移民，用行動否定回歸。而為了抵拒中共的統治，80年代香港也有人主張中華邦聯，希望以聯邦自治的方式維持中台港澳的相對獨立性[25]；也有部分港人退而求其次，主張以主權換治權，如沈弼、鍾士元與李鵬飛等，試圖保存治理香港的機會。其實，當時多數港人不願接受中共的統治，是明顯不過的事實。就算到了2007年，那一位九七前任基本法諮詢委員會秘書長，後任香港特別行政區行政長官（特首）的梁振英，仍寫下〈人心尚未回歸，國人仍須努力〉的文章，可見香港民心的向背。[26]梁振英的分析尚算中肯：「我看一是國家積弱百年，香港人對國民身分的光榮感不易樹立，反而作為香港人的相對優越感就強烈得多；二是相當大比例的香港人、本人或家人親戚，在大陸受過一波又一波政治運動的衝擊或迫害，驚弓之鳥，猶有餘悸；三是大陸開放改革之後，相當一部分的香港人，在大陸被吞資侵權，或者耳聞目睹官場貪污瀆職，民間風氣敗壞，因此對國家和國家觀念疏而遠之；四是中國政府和執政黨在近代歷史上的重大失誤，令不少香港人抗拒認同中國政府和執政黨，因此出現情緒和身分上的矛盾。五是英國政府的分而治之，軟硬兼施和籠絡的手段。」[27]梁振英為上一任香港特首，當年也是支持回歸的重要代表，甚至盛傳他就是地下共產黨員，他自然不會惡意製造跟中央對抗的消息。而回歸多年後，梁氏仍稱見到「民心不歸」，據此，我們若推想當年港人實存在不想回歸的情況，也應非誇大不實。難怪當年中共政權急於宣傳香港同胞熱愛祖國，盼望回歸的想像，這才造就了《我的中國心》的大紅。最後這首歌竟然變為紅歌，在2009年成為中宣部、中央文明辦推薦為100首愛國歌之一。[28]經過中宣部大吹大擂的《我

時見於幾個報道及詞條。譬如百科互動百科：http://www.baike.com/wiki/《我的中國心》；又見於中國網：http://big5.china.com.cn/info/2009-08/20/content_18371400.htm。

25　勞思光，《解咒與立法》（台北：三民書局，1985）。

26　梁振英，〈人心尚未回歸，國人仍需努力〉，收入氏著，《家是香港》（香港：明報出版社，2007第二版），頁64-69。

27　梁振英，頁64-69。

28　新華網是屬於中國中央政府的官方傳媒網站，它於2009年公佈了100首由中宣部推薦的愛國歌，而《我的中國心》列在名單之內。檢索日期：2013-7-11。取自：http://news.xinhuanet.com/politics/2009-05/25/content_11434058.htm。這首歌收入多種愛國歌集，譬如舒廣袖主編，《祖國情：建國50年歌曲選集》，收入人民音樂出版社編輯部編，《祖國萬歲歌曲選集》，第一集，頁97。

的中國心》，雖然傳遍中國，但因為國內並無知識財產的概念，所以翻版卡帶遍地；同時，內地歌手又到處自行免費翻唱，參與創作的人士也就沒有版稅收入；歌跟人都紅了，但張氏在港仍然並無知名度，於是又回去當電子鐘錶工人。這首歌歌詞上所反映了熱愛祖國的敘事，其實並未為香港人所接納，所以也被香港市場淘汰。

（四）大俠霍元甲

大約在同時期的充滿愛國意味的歌曲，尚有著名填詞人盧國沾為麗的電視台創作的《大俠霍元甲》主題曲歌詞，其中也有明顯的中國人身分的認同：

> 萬里長城永不倒／千里黃河水滔滔／
> 江山秀麗疊彩峰嶺／問我國家那像染病
> ／衝開血路／揮手上吧／要致力國家中興

這首歌以清末民初的霍元甲為創作背景，但因為其明顯符合愛國主義，而在中國變得紅火。作者以萬里長城、黃河以及江山借代為中國，但作者質疑何以山河大地仍在，而「問我國家」又怎會得病呢？這明顯地承認自己的國家是中國，也就是承認中國人的身分。這種敘事是運用文化地理符號，以及歷史符號去凸顯中國意象，存在明顯的本質論的色彩。而歌詞中出現要致力國家中興的呼籲，自然符合中國的國情，所以這首歌同樣也紅遍省港，但因為是粵語歌，所以不如上述兩首能普及全國而已。

（五）小結

回顧上述幾首八十年代華語流行曲，可以清楚看到本質論的身分敘事。在這一敘事中，所謂中國身分是從血緣、地理、歷史文化等傳承下來不變的本質，就算不曾去見過黃河、長江，但這滿腔鮮血，一身文化，都是改不變，扔不掉的本質，所以才讓華人永永遠遠是龍的傳人。反諷的是政治上國共雖有左右之分，但是兩地政府卻同樣接受這本質論的身分敘事，所以上述兩首國語歌，都能在兩地流行起來，也先後得到兩地對立的政府支持，這恐怕是因為無論國共，當年都堅持一個中國的立場吧。而本質論的中國身分認同，自然是能支持統一，而拒斥分裂獨立的主張的。

　　當然以華族這一多民族、多族群的國族概念，勉強使用單一的本質化身分認同，其實非常困難。但因為統一國家主張的取向，使得當年兩岸政府都不約而同的主張本質性身分，但正如傅柯（Michel Foucault）所言，那裡有權力，那裡就有對抗權力，就在國族主流敘事下，民間也漸漸產生對抗性的本地身分認同。

三、粵語流行曲的本地身分認同

　　但在中國本質性身分認同之外，香港也漸漸興起本地意識，[29]而這反映在粵語流行歌之中。[30]

　　當年文革的風潮吹到香港，在1967年引起香港暴動。當時，解放香港之說，甚囂塵上，土共甚至沿街放置炸彈，禍及無辜百姓。但最終因中國政策性考慮，決定暫時保留港澳兩塊殖民地，於是共黨所謂「反英抗暴」的暴動就得以息止。事後，香港政府除採取了一系列改善民生的政策外，也調和各種社會矛盾，淡化本地的國共爭鬥、廣東與外江（指珠江以外的外省人）人的疏離，並吸收本地菁英，加入管治香港的隊伍，殖民政府強調放下矛盾，合作奮鬥的精神，以凝聚社會力量，建設香港。而這種精神很大程度反映在《獅子山下》這首電視主題曲上。《獅子山下》是香港電台製作的電視連續劇，[31]它多數是用處境故事，表達一般基層市民的生活，重點反映草根階層的生活與理念，可說呈現了香港民眾歷史的重要一面。

　　其主題曲所呈現的人生拼搏精神，被塑造成為香港人的精神特色，並因而形成所謂香港人的意識。這首歌的歌詞是：

---

[29]　吳俊雄，〈尋找香港本土意識〉，收入吳俊雄與張志偉編，《閱讀香港普及文化：1970-2000》（香港：牛津出版社，2002），頁86-95。

[30]　學者普遍認為，電視的普及化，加速了現代香港粵語流行曲的興起；一九七四年香港電視廣播有限公司（無線電視）播放改編自張恨水小說的《啼笑因緣》電視劇，電視劇的主題曲《啼笑因緣》成為香港歷史上最早的粵語電視劇流行曲。這首歌大力提升粵語流行曲的地位，社會更為明顯的接受粵語歌，而不再認為是低俗的作品。反映七十年代新的港人意識也是一首粵語電視主題曲。

[31]　該電視劇集的第一系列由1972至1979年，其後又有1984至1988年、1990年、1992至1995年以及2006年間所製作的後續系列，該劇包含許多香港影視界重量級人才，包括梁立人、甘國亮與陳冠中等，也培育了日後許多知名導演，如徐克、許鞍華、劉國昌等，是香港電視史上重要的電視劇集。國立台北大學歷史系陳俊強教授在會議時提醒筆者注意《獅子山下》在七十年代已經開始創作，筆者非常感謝。

人生中有歡喜／難免亦常有淚／

我地大家在獅子山下相遇上／總算是歡笑多於唏噓／

人生不免崎嶇／難以絕無掛慮／

既是同舟在獅子山下且共濟／拋棄區分求共對

放開彼此心中矛盾／理想一起去追

／同舟人／誓相隨／無畏更無懼

同處海角天邊／攜手踏平崎嶇／

我地大家用艱辛努力寫下那／不朽香江名句

　　歌手羅文（1945-2002）演繹精彩，而劇集又受歡迎，早已成為香港民眾的集體回憶。歌詞呼籲來自不同地方的人，都得放開彼此心中矛盾，要做同舟共濟的人，一起去追尋理想；這個要求放下出身，共同努力的說法，正說明了香港人口的移民特色，大家來自不同地方，但卻同處這一海角天邊，不應對立，反而應該攜手踏平前路。這一方面，道出大家所面對的艱難，另一方面也巧妙的化解大家不同的分歧，譬如引起1967年暴動的國共對立，勞資對立，階級對立等，當然也隱隱包含放下跟英國人的矛盾，因為大家同在香港，必須用同舟共濟的精神去面對困難。[32] 這種敘事到今日還是香港社會大眾所認同的，因而《獅子山下》也就成為港人身分的象徵。到九七後的中學課本，已經普遍用這首歌來說明香港人的身分認同。

　　其實，一九七零年代是港府大力建設香港的時代，他們啟動香港地鐵工程，創設廉政公署，施行九年免費教育，強化公共房屋建設，譬如十年建屋計劃及「居者有其屋」計劃，不但為香港的「經濟奇蹟」奠定穩固基礎，而且也贏得民心，民眾開始從南來過客的心態，漸漸轉而以香港為家，特別是在香港出生的新一代，更沒有多少大陸鄉土之思，反而直接以香港為家鄉了，這種港人意識隨著香港經濟起飛，社會發展，而得以強化。

　　當時新一代的香港人開始用自己的母語去寄託其對本地的身分認同。1972年節目《雙星報喜》中的《鐵塔凌雲》[33] 更是寄託遊子情懷到香港情懷的代表作。

---

[32]　當時香港的總督是麥理浩，他是職業外交家出身，跟老殖民官不同，他特別善於建立形象，特別是在打擊香港政府貪腐方面，成立廉政公署，其肅貪倡廉的政策，深得民心。加上經濟好，他又肯改善民生，為民眾大建廉租屋等，史稱麥理浩的黃金十年。

[33]　《鐵塔凌雲》由許冠傑作曲，許冠文填詞。

　　這首歌，原來是講遊遍世界，廣覽各地名勝如「鐵塔」和「富士山」，也不及他們這代人所共同努力建設的香港一般美好，他感受不到身邊遊人的歡樂，也意味外國的景物也不能使他快樂，所以夏威夷的粼光「豈能及漁燈在彼邦？」，從歌詞中充分體現許氏兄弟的本土意識，對身為香港人的驕傲。填詞人許冠文在多年後的演唱會，解釋當時的創作目的。[34] 其實，為了更凸顯香港的情感，後來這歌詞更由「豈能及漁燈在彼邦」，直接改為「豈能及漁燈在香港」，從歌詞中充分體現在許先生的香港的本土意識。

　　但是港人對本地的認同，很快就遭遇到另一歷史事件所挑戰。香港曾是英國的殖民地，1842年清廷簽《南京條約》，正式割讓香港島。1860年，清廷簽《北京條約》，再割九龍半島。1898年，清廷又簽《展拓香港界址專條》，將新界地區租給英國99年，依租約，新界應在九七年歸還中國。所以自1982年開始，中英就香港前途問題展開談判，香港人對於前途問題也開始關注[35]，開始時部分人的態度是頗樂觀的。如許冠傑的《洋紫荊》（1983），歌詞的前半部分描寫了香港式的生活，詞人希望中英雙方能「共謀方法」，使「洋紫荊永遠盛放」。習慣商業手法的港人，甚至認為主權回歸，也無妨給香港充分的管治權，所以也有人提出中國拿回主權，而由港英管理，如同公司老闆是中國，再聘請英國人與香港人為經理，代為管理公司。不過，這類幼稚的共謀方法，根本不能動搖鄧小平的統一意志。於是在一國兩制的安排下，中英簽訂《中英聯合聲明》，英國首相稱讚一國兩制是天才的構想，而鄧小平則說「那要歸功於馬克思主義的辯證唯物主義和歷史唯物主義。」[36]在雙方共許下，宣稱所謂香港資本主義生活方式五十年不變的保證。

　　但中英談判的爭議不斷，以及九七臨近，又讓香港漸漸發展出末世意識，港人將九七視為大限將至，而且一切變得毫無把握，唯有試圖掌握當下片刻的幸福，社會上一片今宵有酒今宵醉的紙醉金迷氣氛。1987年，徐克與程小東導演《倩女幽魂》一片，非常賣座，由張國榮與王祖賢飾演

---

[34] 在紅館的表現節目中，許冠文細說當時對香港的情感，與當時的移民者一樣，他看待香港只是一個中途站，但想不到成為了生根的地方，並把香港當作自己的故鄉，世界各地的名勝也不及香港一般美麗。檢索日期：2013-6-7。取自：http://www.youtube.com/watch?v=yJkYB6KSBTE。

[35] 馮應謙編，《歌潮・汐韻》（香港：次文化有限公司，2009），頁13。

[36] 高馬可，《香港簡史》，頁230-231。

男女主角，他們倆人因人鬼殊途，陰陽有別，所以只能把握當下片刻的幸福。在這首主題曲中，女鬼無奈的懇求「黎明請你不要來」，她主觀上「不許紅日教人分開」，但是東方紅日又必然升起，所以唯有「但願今晚與你共在」。徐克導演的《倩女幽魂系列》，全都體現出中英談判後，港人的恐懼與憂傷：[37] 將自己視為等待末日，等待救贖的無奈女鬼，也將被迫移民下的離散，轉為呼籲東方紅（黎明）的不要來。歌詞中種種呼應著當日港人大限將至的身分認識及處境。當六四發生後，香港政治心態雖有轉變，但反思的結果在流行曲反映得很少。相反港人變得沉醉眼前消費。正如黃霑所說香港人在「滿足了個人消費慾之後，就呼朋喚友唱一夜豪情卡拉OK，或者看周星馳的無厘頭喜劇。」[38] 人們不是紙醉金迷，就躲在個人的小情小愛小幸福中，拚搏奮鬥雖然有，但賺來的就盡情歡樂掉。

　　如果《黎明不要來》這首歌只是憂傷與無奈，那麼八九年的「六四事件」就帶來了恐慌與憤怒，Kevin Rafferty說：「（六四）令整個殖民地為之哀慟」，高馬可教授是如此描寫：

> 香港人感到震撼、厭惡和驚恐。他們也擔心類似情況1997年後會在香港發生，香港發生此地歷史上最大規模的民眾示威，近一百萬人上街示威，許多人身穿中國傳統喪服的黑色和白色衣服，或者戴上黑色臂章，他們遊行支持倒下的示威者，又譴責中國領導人。⋯⋯天安門事件令許多香港人對中國政府信心蕩然，也對香港前途完全盡失信心。[39]

　　在六四前北京的學生運動訊息，已經傳到香港，當時很多人被學生絕食抗議所感動，五月二十七日晚在香港跑馬地馬場，舉行了史無前例的十二小時馬拉松演唱會《民主歌聲獻中華》，有超過二百名演藝界人仕參加，共有二十萬名市民入場觀看。這次演唱會共酬得一千三百多萬元，全數支持北京民運。而六四後，不少人的悲憤無處宣洩，也就舉辦更大型的

37　吳有能，〈光影中的聶小倩─接受視野下的互文性、身份認同與社會向度〉，「中國戲劇與宗教學術研討會」，香港：香港浸會大學中文系與宗教及哲學系，2007年9月12日-13日。

38　黃霑，〈粵語流行曲的發展與興衰：香港流行音樂研究（1949-1997）〉，第五章：「滔滔兩岸潮的時代：1984-1997」，香港大學哲學博士論文。網站：http://www.lesliecheung.com.cn/archive/hkpop/the-rise-and-decline-of-cantopop-5.html。

39　高馬可，《香港簡史》，頁242-243。

遊行晚會以表不滿。這裡有一首歌值得一提是黃霑填詞的《男兒當自強》：

> 傲氣傲笑萬重浪／熱血熱勝紅日光
>
> 膽似鐵打／骨似精鋼
>
> 胸襟百千丈／眼光萬里長
>
> 誓奮發自強／做好漢
>
> 做個好漢子／每天要自強
>
> 熱血男子／熱勝紅日光
>
> *讓海天為我聚能量／去開天闢地
>
> 為我理想去闖／看碧波高壯
>
> 又看碧空廣闊浩氣揚／既是男兒當自強
>
> #昂步挺胸大家作棟樑／做好漢
>
> 用我百點熱／耀出千分光
>
> 做個好漢子／熱血熱腸熱／熱勝紅日光

　　有記載提及黃霑將他自己對天安門民運青年的支持，寄託在這首雄壯磅薄的廣東古曲之中，並親自唱出這首歌。[40]黃霑歌詞對「做個好漢子」深有寄託，期盼他們「要自強」的熱血「男兒」，但是現實上好漢子的「熱」情還是不能戰「勝」，手握刀兵的「紅日光」，反而在子彈與坦克之下，熱情隨屍身冷卻，結果熱血卻染出一番風采；一首《血染的風采》，唱遍了香港。而這首《男兒當自強》就轉成徐克導演的黃飛鴻電影插曲，後來人們反而遺忘了這首歌原來的政治背景。但是另一填詞人盧國沾後來用這首將軍令的原曲，配上新的歌詞，寫成《祭好漢》，弔念六四死難的同胞，而這首跟《男兒當自強》同曲而異詞的《祭好漢》，就成為現在香港每年舉辦六四燭光晚會都會撥放的歌曲了。[41]

　　這時期所選出的幾首歌，似乎顯示出港人身分認同之變化。中英談判開始，就有明顯兩種不同取向，有些人延續對中共的負面想法，所以現

---

[40]　參考：〈男兒當自強與民運〉，見於：http://www.chainsawriot.com/archives/119；後來這首歌被挪用到黃飛鴻電影中，但這首歌並未全然脫離它跟六四的關係，因為香港人將詞改編為〈弔英烈〉，以弔念六四死難學生。

[41]　這首歌收入香港市民支援愛國民主運動聯合會編，《民主路：中國心民運歌集1994》（香港：香港市民支援愛國民主運動聯合會，1994），頁4-5；香港市民支援愛國民主運動聯合會編，《民主路：中國心民運歌集1995》（香港：香港市民支援愛國民主運動聯合會，1995），頁6-7。

實上出現移民潮；而歌曲上，也出現對回歸的擔心與無奈，唯有寄望「黎
明請你不要來」；當時並無港獨的想法，也從未放棄中國文化的認同，而
多數只是想保持香港的現狀，以及港人的身分。所以雖有回歸焦慮，但只
能發出無奈期盼。這是延續了四九年中共建政後，逃難或移居香港的老一
代的觀點，延續這種觀點的人對中共沒有信心，甚至還相當對抗。然而國
共內戰結束後在港成長，甚至後來才出生的一輩，對新中國相對陌生，而
對改革開放，還抱有參差不一的信心，他們不必然懷疑文革的負面印象，
但卻對改革開放懷抱一定熱情，甚至認為「國家問題雖多，但形勢一片大
好」；所以中英談判時，就有《洋紫荊》等歌曲反映他們期待共謀善策的
想法；至八九民運時，黃霑還會大力鼓動民運風潮。鼓勵學生們要「做個
好漢子」。但是隨六四事件的發生，港人基本上對中國政府完全失望，相
應的，又遇上香港持續的經濟發展景氣，於是原來萌芽對香港精神及香港
認同的意識，也就得以發展。上世紀八、九十香港殖民政府的廉潔、警員
素質高、公務員能幹、落實法治等，讓更多香港人為身為港人而自豪，於
是代表香港認同的《獅子山下》，一躍而超越《龍的傳人》與《我的中國
心》，而成為港人在身分認同方面最有代表性的歌曲。

四、九七後的粵語流行曲的特色與身分認同之問題

（一）特區政府主導的身分認同工程：主權回歸與收拾民心

　　九七回歸非但不是在順利中進行，反而引起重重衝突；港英政府在
回歸前漸漸擴大民選基礎的立法局，最後還是被中國政府全然揚棄；北京
要「另起爐灶」，另行設計有利建制派操控的議會。由中共主導下，香港
的立法局不但權力有限，而且在功能組別等設計下，更讓許多親建制的參
選人，自動當選。泛民主派議員席次有限，根本無法主導議會；更為人垢
病的是只有八百人有選票的小圈子特首選舉制度，讓香港民主制度蕩然無
存；通過這種機制所產生的香港政府，自然缺乏足夠的民意基礎，所以特
區政府在主權回歸後，馬上要收拾民心。就在這一政治脈絡下，特區政府
推出《前一步》。這首歌的歌詞如下：

　　前一步／另有一番天空海闊前景／

在這刻張開眼睛／驟雨中都可見到／一串晨星／

同一夢／共你一起牽手走過留影／

就算高低起跌中／但每一位都有他／無限的憧憬

風在流著／讓我會知冷暖／

星在移動／讓你尋覓美夢／

不用懷緬／別了記憶遠去／

今日和你／同提步下世紀

跟香港長大共你好比一家人／

我寄盼這裡你天天都愉快／

天多高天多大／亦會想身邊的關懷／

同在香港這個家最愉快

同一夢／在每一位心中早已流經

　　特區政府這首《前一步》，除舊佈新的書寫尤為明顯，期待香港人向「前一步／另有一番天空海闊前景」，又「不用懷緬／別了記憶遠去」；換言之，這歌呼籲作別作為殖民地的日子，而邁步回歸後的生活。所以才講「今日和你／同提步下世紀」，希望港人接受「同在香港這個家最愉快」。雖然歌詞所塑造的國民身分意識尚未明顯，但主要應是要安撫港人不安情緒，所以宣揚的「香港人」此一身分認同，強調大家香港人是一家人，而香港也是大家最快樂的家。這一「家」的意識，全然蓋過「國」的意識，似乎也反映出特區政府認定，當時穩定香港民心的工作，比要求港人認同中共來得更加急切。[42]

　　但到了《熱愛基本法》（2006）[43]、《始終有你》（2007）[44]、北京奧運主題曲《We are ready》（2008）[45]、《難忘時刻》（2012）[46]等，就產生明顯變化，譬如在《熱愛基本法》：「大眾擁戴《基本法》／以它管和治／令到香港緊靠祖國／營造新的機遇……國家每日強盛／角色早肯定」歌詞認為香港人要按照《基本法》的原則背靠祖國，祖國的意思是我們祖

---

[42]　後來，《這城市有愛》（1999），也是沿用類似的基調。作曲：周華健，編曲：李正帆，作詞：詹德茂。

[43]　作曲：陳輝陽，作詞：鄭國江。

[44]　作曲：金培達，作詞：陳少琪。

[45]　作曲：金培達，作詞：陳少琪。

[46]　作曲：Mr.，作詞：Mr.／劉卓輝。

先的國家，從本質論而言，我們是源自中國，因而肯定了我們是「中國人」的身分。同時，又以中國的強盛與國際地位加強「中國人」身分之價值。

2007年的《始終有你》，有一句：「獅子山觸得到長城／血脈裡感應」，獅子山代表香港，長城代表中國，填詞人以血脈聯繫表現兩地關係，加深了香港人也是中國人的身分；自從2012年本土論述的興起以及市民在七‧一遊行中展示了香港旗，令港人的本土凝聚力；本來中國對港人治港的信任就非常脆弱，而本土意識的發展，更讓政府懷疑港人仍眷戀英殖民地時代，甚至會發展為港獨。在《難忘時刻》中：「回歸／舊時／讓笑淚／像往事如煙／我愛我家仍然／在那天在這天／未變」，往事如煙的指香港英統治時代，即使日子有笑有淚，但到了今天，一切仍是美好，香港仍是安居樂業的好地方。歌詞目的一方面說明特區政府施政有效，另一方面以今天繁榮的成就淡化對英國的懷緬，讓市民重投中國的身分之中。

獅子山下的變調

但自九七以後，香港實質上經歷種種風雨，如金融風暴[47]與沙士[48]等，使香港人對本土生活空間失去信心，但仍有填詞人肯定香港價值，以歌曲凝聚港人力量，為港人打氣。如《同步過冬》（2001）[49]、《零四祝福你》（2004）[50]、《香港地》（2004）[51]、《獅子山下》（1979／2002／2006）[52]以及《同舟之情》（2013）[53]等。

最值得關注的，無疑是《獅子山下》的衍生版歌曲。原作代表了七十至九十年代香港人精神，象徵香港人「同舟共濟」和「拼搏」的取向，歌詞內容大致指出來自五湖四海的中國人逃難至香港，撇下地方主義，以和衷共濟的精神，排除困難、努力地建設香港，使香港成為國際化大都市。但回歸後種種錯失，讓港府民望重挫，特別是二十三條立法，導致五

---

[47] 關於金融海嘯的衝擊，參考司徒永富、陶濤主編，《金融海嘯對中港兩地的影響》（香港：匯智出版社，2009）。

[48] 沙士是英文簡稱SARS的譯音，全名為Severe Acute Respiratory Syndrome，中文解釋為嚴重急性呼吸系統綜合症，由於病患者症狀與一般肺炎不同，又稱「非典型肺炎」。非典型肺炎曾於二零零三年在香港爆發，令香港的民生經濟受到沉重的打擊。

[49] 收錄於環球專輯《同步過冬》，作曲：方樹樑，作詞：甄健強。

[50] 收錄於專輯《歌神與你繼續微笑》，作曲：許冠傑，作詞：許冠傑。

[51] 收錄於專輯《Please Steal This Album》，作曲：陳奐仁，作詞：MC仁／陳少琪／陳奐仁。

[52] 《獅子山下》，主唱：羅文，作曲：顧嘉輝，作詞：黃霑。

[53] 《同舟之情》，收編自《獅子山下》，作曲：顧家輝／郭偉亮，作詞：黃霑／陳詠謙。

十萬人示威[54]，於是港府又重新拿出《獅子山下》來做宣傳，試圖再次用當年和衷共濟的宣傳，去淡化日趨嚴重的社會政治矛盾與對立。2006年港台推出新版《獅子山下》，內容卻配合新移民、沙士爆發以及失業率等新問題，以重塑「獅子山精神」。這些新元素，已經是舊版「獅子山精神」的變體。直至2013年，政務司司長林鄭月娥（即官方）又主導的「家是香港」運動，目標是就文娛、青年發展、關愛弱細社群以及環保四個方面去改善香港社會。為了配合運動，政府推出了主題曲《同舟之情》，其中一個特色是節選原版《獅子山下》的畫面以及旋律，加入新曲而重新編制，希望就著此曲再次推廣「人生／不免崎嶇／難以／絕無掛慮」的人生觀，亦希望港人繼續能同舟共濟，使香港成為能安居樂業的家。但我們知道，獅子山精神的立足點在香港當年確實在經濟發展之外，還努力讓市民分享到經濟發展的成果，所以基層民眾享受到住屋、教育等都成果。而香港機遇處處，在肅貪倡廉的廉政下，更讓人人平等的享受這些機遇，所以獅子山精神的拚搏精神以及香港人的同舟共濟的取向，都顯得有其現實的實現根據。但香港回歸十五年來，大地產商與大資本家壟斷經濟，自由市場早被破壞，以致對民眾來說，經濟發展只是數字遊戲，實際上民眾未分享到成果，反而，更因樓價失控，讓基層民眾仍徘徊在「崎嶇」生活中。加上政制民主發展停滯不前，普選一再拖延，而專制控制加劇，讓民怨沸騰。商人特首董建華託詞足疾下台，中共只好另行任命曾蔭權為特首，但曾只是港英時代的官僚，根本缺乏政治使命與遠見，所以因循保守，只圖「做好這份工」，除了討好老闆，北面稱臣，並與大資本家合作外，對基層民生，可謂毫不關心。於是放任樓價飛漲，終於在租金樓價飛漲之下，導致百物騰貴，貧富懸殊，在發展光環下，基層民眾竟然得生活在籠屋與劏房，實可謂民不聊生。而在這樣的情況下，港府再三引用港英殖民時代的《獅子山下》，訴諸情感想像，試圖掩蓋香港發展的失衡，以及特區政府施政失當以及政制發展停滯的事實，但重新包裝殖民地時期的《獅子山下》，反而更勾起港人回歸前後的對比，造成更大的認同危機。

54　《中華人民共和國香港特別行政區基本法》第二十三條是一條就香港境內有關國家安全，即叛國罪、分裂國家行為、煽動顛覆國家政權罪、顛覆國家罪及竊取國家機密等多項條文作出立法指引的憲法條文。2002年至2003年期間，二十三條文的立法過程引發香港各界反彈，50萬人參與七一遊行反對立法。

（二）九七後的民間聲音

在九七之後，情歌仍是粵語流行曲的主流。[55] 但香港的歌曲仍然有其政治關懷，但其中部分歌曲關心特區政府的施政是否妥當，而以討論社會民生議題較多；這些歌不少，而比較值得關注的有：講述環保的《花落誰家》（2007）[56]、民生問題的如：《天水圍城》（2006）[57]、《雙囍臨門》（2012）[58]和《李老闆》（2013）[59]；保育的《囍帖街》（2008）[60]、援交少女的《二十四城記》（2010）[61]以及隨著中港交往頻繁，互為影響，也出現暗諷中國內地社會問題的《六月飛霜》（2011）[62]，但這些歌曲多數集中在描述特定的議題，而缺乏宏觀的敘事。或許是這一原因，在當時的社會運動中，仍然播放十多年前Beyond的《海闊天空》[63]和《長城》[64]，而鮮有新的創作。

不過，2012年成為顯著的分水嶺；隨著梁振英接替曾蔭權政府，特區政府更向北京傾斜；香港「中國化」的走向似乎已經明火執杖的進行了。

---

[55] 馮應謙編，《歌潮・汐韻》，頁17。

[56] 作曲：Eric Kwok；作詞：林若寧。

[57] 回歸後，中央以及香港提倡中港一家，中港往來暫趨頻繁，而2006年的《天水圍城》，有試圖探討新移民的身分問題，自97回歸後，持續地有內地新移民來港居住，但因為香港的土地資源有限，便把新移民安置到新界西北的天水圍，但天水圍的城市規劃發展未能滿足當地居民需要，以「圍住了的國度」來形容，是與香港整體社會隔絕的，被當時政府民政事務局秘書長林鄭月娥看待成「悲情城市」；而且新移民礙於資源有限：「沒電腦可思想／氣候太涼像殘酷得天生等天養」，對於學習香港文化、語言與習慣顯得有限，使他們難以找到工作，最後釀成一系列的家庭暴力等慘劇：「越來越惡」、「怨恨暴燥壓抑唯有記住」，歌曲內容反映出他們的苦況，同時隱含了新移民與香港人的差異。

[58] 作曲：C君，作詞：農夫。

[59] 作曲：何鈞源，作詞：KZ。

[60] 作曲：Eric Kwok，作詞：黃偉文。

[61] 作曲：楊淦，作詞：林若寧。

[62] 《六月飛霜》是則直接批評內地一連串的社會問題，包括血汗工廠以及毒食品事件：「欲求未滿／剩下砒霜／當菜汁分享」，意思是由於不法商人無窮的貪念，想到以有毒物質加工，製成了有毒食品以及假食物，以謀取暴利。「一輩子／血汗注入拍賣場／誰被誰越抬越上？」，這裡直指內地的血汗工廠，工人一輩子奉獻血汗，而商人一方面只支付微薄的工資，同時把貨品價格在自由市場中推高，以期謀取暴利，所以，商人的財富地位是由工人的血汗推砌而成的。其中有毒食品最受港人關注，大量的食品如農產品均由內地輸入本港。有毒食品之出現，均影響港人對中國之印象。

[63] 作曲：黃家駒，作詞：黃家駒。

[64] 作曲：黃家駒，作詞：劉卓輝。

特區政府於全港中、小學推行國民教育，這事件在社會引起巨大的回響，激發起原來幾乎鮮少參與政治的中學生；學生們組織「學民思潮」自主地發動一連串的抗議行動，並在香港新政府總部召集了多達十萬支持者，共同推翻「德育及國民教育科」為包裝的洗腦教育，當時運動的主題曲是《年少無知》[65]，該曲原是電影劇集的主題曲，歌曲暗喻下一代中小學學生，不自覺地被國教科洗腦，盲目地接收共產黨是美好的，建構不當的身分認同。歌詞說「如果／活著能坦白／舊日所相信價值／不必接受時代的糟蹋」，學民成員將歌詞理解成若我們坦誠地面對中國的社會、政治以及法治問題，下一代學生堅持往昔一直以來所相信的自由民主價值，就不會被時下政權所糟蹋。這首歌可算是自Beyond之後，挪用作社會運動的最重要歌曲之一。而拒絕洗腦，其實在很大程度上就是要拒絕「中國化」，拒絕「中國身分」。

（三）二次創作所反映的對抗性身分與對中國的賤斥

而民間本土意識的伏流，呼應著保衛香港身分的要求，於是產生更明顯的對抗性身分認同。香港市民不甘於單方接受官方的身分建構，於是利用了戲謔的方式改寫官方歌曲《始終有你》為《福佳始終有你》[66]以及《香港人的難忘時刻》[67]。這兩首曲的原作是為紀念香港回歸十以及十五周年而作，卻被網民改寫，歌詞變成針對政府施政、政改以及民生問題，對特區政府大加諷刺。

而這種二次創作，其中一首值得關注的就是由香港高登討論區網民合力改編紅遍世界的韓文歌《江南Style》而成的《核突支那Style》，這歌在網絡的點擊率有200多萬，成為「戲謔歌曲」之冠！[68]所謂的「支那Style」，就是China Style。而在廣東話的常民論述中，「核突」的意思是有掉臉、醜陋與噁心的意味。網民認為內地人的文化，與香港人並不相同，甚至有不文明的意味，例如是隨地便溺「喺港鐵入面急起上嚟／就地

---

[65] 作曲：黃貫中，作詞：林若寧。

[66] 這首歌曲被廣泛流傳，由林忌改詞，點擊率多達939,191次。檢索日期：2013-6-26。取自：http://www.youtube.com/watch?v=2j3vh55SSVw。

[67] 這首歌曲點擊率有128,339次，由山卡啦改詞。檢索日期：2013-6-26。取自：http://www.youtube.com/watch?v=lsIZfU-ihoo。

[68] 這首歌曲點擊率有2,296,894次，由高登討論區網民，以集思廣益的形式改詞。檢索日期：2013-6-26。取自：http://www.youtube.com/watch?v=a-bzN7sG5Ro。

／屙篤茄」、司法不公「大陸夠勁／揸賓士果個／我老豆（唏！）叫李剛喝」[69]以及打壓廣東話活動「熱烈慶賀／香港狗跟我／唱國歌……講廣東話／即刻打靶」等事件，這種歌詞反映著部分香港市民對「中國人」的身分有排斥感，以免被他人認為自己也是不文明的，這明顯是對「中國人」身分的一種「賤斥」（abjection）。

但這種戲謔的對抗性身分，在2012年年底，更有明顯劇化的趨勢。港人甚至以「蝗蟲」稱內地人，這不只是對「中國人」身分的一種否定，甚至有拒絕承認「中國人」是人的意思。香港經歷國教、毒食品、D&G事件、雙非孕婦以及奶粉短缺問題，加上北大教授孔慶東「香港人是狗」的言論，加深了港人與內地人的矛盾，不但對內地人有所排斥，甚至基於文化政治的差異，對中國人的身分感到反感，民間將歌手陳奕迅主唱的《富士山下》改編成《蝗蟲天下》[70]，以蝗蟲反諷內地人。歌名的蝗蟲指內地人，蝗蟲是侵食農作物的害蟲，以蝗蟲比喻內地人是因為不少內地人有計劃地侵害香港的民生與社會福利，影響到香港居民的利益，例如雙非孕婦問題「來香港闖我邊境……蝗蟲大肚像異型／懷孕入境卻未停／無人能阻止它搶獲身分證／蟲卵在醫院孵化侵占病床後再走數」、食品供應問題「蝗蟲就搶盡食油」以及物價通漲問題「窮人在閉目淚流／蝗蟲就趕極亦唔走／炒地都不夠／炒車炒水貨炒樓／佔盡我所有」加上文化衛生問題，內地人「蘇蝦將金滿地灑」以及「打尖放飛劍」，內地人以上的行徑使香港深感不滿，加上內地國情「其實見這個國家／偷呃拐騙到家……蟲國化名叫支那／一早醜遍東亞」，令到香港人對中國人的身分十分抗拒「高呼一句中國人誰人亦怕」。

此外，高登網民近日以著名日本動畫《進擊之巨人》的主題曲《紅蓮の弓矢》，加入中文歌詞變成《進擊的蝗蟲》[71]，內容比《蝗蟲天下》更進一步，更顯對求香港獨立的追求。

---

[69] 詳見《蘋果日報》：河北青年李啟銘駕車令兩名女生1死1傷，因為父親是保定市公安局副局長的關係，卻輕判六年。檢索日期：2013-6-26。取自：http://www.youtube.com/watch?v=ghliM7OFGZY。

[70] 陳奕迅作品《富士山下》由Christopher Chak作曲，林夕填詞，後被高登討論區眾網友以集思廣益的形式改詞。

[71] 這首歌於2013年6月24日被上載於Youtube，首兩天的點擊率已經多達155,238次，由高登討論區網民合力改詞。檢索日期：2013-6-26。取自：http://www.youtube.com/watch?v=l6yAD59_Lu8。

（四）粵語流行曲與政治運動的本土化

　　八九民運後，令一般填詞人發現，中國經濟發展有增長，並不代表政治發展在共同進步，這讓香港人對回歸中國的信心大減。當時詞人對中國的文化想像幻滅，轉向關注其政治現實問題，但是詞人對中國的事務仍然關注。例如黃霑、黎彼得以及林夕合力創作了「香港X'mas」串燒歌，對中國領導人鄧小平大加諷刺，並以及抒發對回歸的焦慮：

> 喂／又到聖誕／哪／又到聖誕／下個聖誕有沒今年咁歎／鄧小平is coming to town

　　這段意味著未來的聖誕未必能維持現有的舒適生活，因為中國的極權統治會因回歸而漫延至香港；不過，他們仍不減關注中國的情感：「一想起中國／我發奮做人／長懷熱誠民主與自由嘅心」仍然希望利用民主自由思想改造中國；同時，又鑑於中國的政局，一方加深了本地人對香港價值的肯定[72]，另一方面，詞人仍表示：

> 我愛香港／熱誠絕不變／點都不會別離……我愛／
> Hong Kong We Love Hong Kong／愛國愛民愛護你

　　可見，當時流行曲的政治論述一方面批評中國政局，另一方面也並不放棄民主救中國的理想，可謂愛之深，責之切。這其中也看到一般人已經將中國與中共政權分開；從香港大學歷年的統計看，香港可說基本沒人走港獨路線，而且一般說，他們並未反對，至少鮮少敵視中國身分；同時，多數人並不敵視中國的文化身分，也不反對中國的身分認同。

　　不過，回看《福佳始終有你》、《香港人的難忘時刻》、反國教運動的《年少無知》以及最近「非人化」論述的二次創作流行曲，又皆反映出港人的政治關心，已經將民主救中國的成份抹去，而變得本土化，集中關注香港的政改發展以及維護港人的利益。

---

[72]　馮應謙編，《歌潮・汐韻》，頁16。

五、結語

　　本文回顧自七十年代開始，華語流行曲在香港的發展，從中選取有代表性的歌曲，以展示其在身分認同上的取向及意義。使用歌詞來呈現身分，基本上是一種再現政治（representation），也就是跟權力有關。本文彰顯了這些歌詞中所隱含身分意識。身分意識自然跟權力有關，所以本文扣緊權力的政治面，以展示曲詞在身分問題上跟權力的特別關係。

　　本文提出在七十年代香港，無論左右，都用本質論的取向，展現身分敘事。基本上，雙方都直接從大陸或台灣進口兩地國族意識，所以歌詞，展示了文化習得的中國想像，而跨越文字疆界的想像，卻跨入現實世界而創制了實在的身分認同。其實依照安德生（Benedict Anderson）的看法，國族就是連結到包含流行歌在內的媒介而建構出來，它運用疆域等的符號進行建構想像的共同體（imagined Community）。[73]

　　但香港經歷一九六七年暴動後，港府將國共雙方滋事份子，驅逐出境；而為了收拾殘局，港府帶領一系列改革，成功的將局勢穩定下來，人民得以安居，加上經濟發展，於是也就為香港的本土身分意識的形成提供了客觀的條件。當然，港府也得建構新的族群身分認同，以便收拾暴動後的民心，於是強調放下差異，同舟共濟的獅子山精神就隨之出現。

　　另一方面，當社會進入動盪時期，身分的想像方式也連帶產生變化，人們在脫序之中，漸從本質性國族中心主義中釋放出來。在中英香港回歸談判的過程中，產生極大的爭論，港人對中國政府的信心不斷流失；特別在六四後，基本上港人對中國身分的認同不但深深動搖，不少人甚至寧願離鄉背井，移民外國。

　　九七回歸之後，政府與民間都有新發展，特區政府努力收拾民心，製作出一系列深有認同意義的歌；但是政府不得人心，而香港又遭逢一連串的內憂外患，施政持續低迷，民怨日深；而網上的匿名性及方便性又提供非常有特殊的社會參與空間，現在不僅有多重公眾（Multiple Publics），也有多種公共空間（Multiple Public Sphere），民眾運用網路進而二次創

---

[73] Benedict Anderson, *Imagined Community: Reflections on the Origins and Spread of Nationalism* (London: Versp, 1983).

作，不但顛覆政府對港人身分的建構，強調香港身分；並且也用網路批評時政，甚至「賤斥」所謂「支那風格」。這種仇視的態度，自然非常不當，但是卻流行於不少青少年心中，於是在多重公眾及多重公共空間的形勢下，民間的對抗性身分跟官方互別苗頭，形成官民對抗的聲音，而民間也有彼此不同的交鋒，於是形成多音和唱，眾聲喧嘩的境地，而香港身分意識也隨之而呈現多元及多重的特色。

縌譯考試與清朝旗人的入仕選擇[*]

葉高樹[**]

一、前言

　　清朝以八旗為立國「根本」,[1]「八旗以騎射為本,右武左文」,披甲當差、效力疆場乃旗人的天職;然「八旗子弟多英才,可備循良之選」,[2]以考試入仕、文職起家者,亦大有人在。就文官的出身而言,可分為:進士、舉人、貢生、廕生、監生、生員、官學生、吏;無出身者,滿洲、蒙古、漢軍曰閒散,漢曰俊秀,而以科甲及恩、拔、副、歲、優貢生,恩、優監生和廕生為「正途」,「其餘經保舉者,亦同正途出身。旗人並免保舉,皆得同正途出身」,[3]是以國家對旗人的任官資格限制甚為寬鬆。

　　雖然旗、民的入仕途徑大致相同,但是旗人享有制度上的優勢。《清史稿‧選舉志》曰:「滿人入官,或以科目,或以任子,或以捐納、議敘,亦同漢人。其獨異者,惟筆帖式(*bithesi*)。⋯⋯其出身有任子、捐納、議敘、考試」。[4]在「同」的方面,任子、捐納、議敘的規定滿(旗)、漢固然一致,惟科目一項,國家非但准許旗人參加文科舉,與漢人同場競爭,自雍正元年(1723)起,更仿文科舉之制,為旗人增設縌譯科

---

[*]　已刊登於《臺灣師大歷史學報》第52期(臺北:臺灣師範大學歷史系,2014.12),頁95-132。

[**]　國立臺灣師範大學歷史學系教授。

[1]　清‧鄂爾泰等奉敕修,《清實錄‧世宗憲皇帝實錄(一)》(北京:中華書局,1985年),卷41,頁614下,雍正四年二月辛卯條。

[2]　趙爾巽等撰,《清史稿》(北京:中華書局,1998年),卷108,〈選舉三‧文科〉,頁3147。

[3]　清‧崑岡等修,《欽定大清會典(光緒朝)》,收入《續修四庫全書》(上海:上海古籍出版社,1997年),冊794,卷7,〈吏部‧文選清吏司〉,頁80下。其中,進士、舉人、生員分文進士、舉人、生員和滿洲、蒙古縌譯進士、舉人、生員,以及漢軍武生;官學生則指八旗官學生、義學生、覺羅學生、算學生。

[4]　趙爾巽等撰,《清史稿》,卷110,〈選舉志五‧推選〉,頁3213。

考，[5]以廣其進身之階。在「異」的方面，內、外官缺有宗室缺、滿洲缺、蒙古缺、漢軍缺、內務府包衣缺、漢缺之分，確定「滿洲、蒙古無微員，宗室無外任」的原則，[6]保障旗人的任職機會。部院衙門七品以下各官，筆帖式專任旗人，不僅任子、捐納、議敘等項漢人無由與選，即便考試，則以繙譯清文作為甄錄標準，更非漢人所能應付，而中書、庫使、外郎、教習、繙譯、謄錄等官，也有類似的規定。[7]

　　無論是授予生員、舉人、進士功名的繙譯科考，或是部院衙門晉用旗人員缺的考試，都以清、漢文繙譯為主，八旗蒙古另可選考清、蒙文繙譯，[8]可統稱為繙譯考試。國家選才試以繙譯，其難易如何，據乾隆朝（1736-1795）漢族大學士張廷玉（1672-1755）的看法，「繙譯較之時藝，似屬稍易」，[9]然八旗官員的觀點卻大為不同。例如：乾隆朝協理河南道監察御史赫慶認為：「繙譯一道，理法兼備，似粗而實精，似易而實難，非研究有素，心領神會者，不能勝甄拔之任」；[10]道光朝（1821-1850）陝西道監察御史高枚則曰：「繙譯之學，別同異於抄（超）忽之間，屬神理於文字之內，覺漢文尚堪傳會，而繙譯斷難支飾」，[11]若非潛心學習，不易有成。另一方面，「滿洲以騎射為本，學習騎射，原不妨礙讀書」，[12]康熙皇帝

5　關於繙譯科考的創設及其發展，參見葉高樹，〈清朝的繙譯科考制度〉，《師大歷史學報》，49（臺北，2013.6），頁48-105。

6　清・崑岡等修，《欽定大清會典（光緒朝）》，卷7，〈吏部・文選清吏司〉，頁81上-81下。

7　清・托津等奉敕撰，《欽定大清會典（嘉慶朝）》，收入《近代中國史料叢刊・三編》（臺北：文海出版社，1991年），第64輯，冊639，卷68，〈八旗都統〉，頁3058-3060。

8　繙譯科考的生員考試以《四書》為範圍，限漢字三百字為題，令繙清字一篇；繙譯鄉、會試的繙譯題，自《性理精義》、《古文淵鑑》諸書內出題一道，亦以漢字三百字為限，另加考清字文、論各一，則自經書中擷取章句，用清字出題。選考蒙古繙譯科者，其命題用清字，令繙寫蒙古文。部院衙門筆帖式等職缺的考試，只考清字繙譯一篇，題目字數和命題範圍則無明確的規定。參見葉高樹，〈清朝的繙譯科考制度〉，頁106-126。

9　清・鐵保等奉敕撰，《欽定八旗通志》，收入《景印文淵閣四庫全書》（臺北：臺灣商務印書館，1983年），冊665，卷103，〈選舉志・八旗科第二・八旗繙譯武科緣起〉，頁5。張廷玉係康熙三十九年（1700）庚辰科進士，被指派為滿書庶吉士；四十二年（1703），考試滿文及格，照甲第授為編修檢討。見清・馬齊等奉敕修，《清實錄・聖祖仁皇帝實錄（三）》（北京：中華書局，1985年），卷212，頁149下，康熙四十二年四月乙未條。

10　《內閣大庫檔案資料庫》（臺北：中央研究院歷史語言研究所藏），登錄號：024512-001，〈協理河南道事監察御史赫慶・奏請嚴繙譯同考之選〉，乾隆三年三月二十八日。

11　《內閣大庫檔案資料庫》，登錄號：129268-001，〈禮部・移會稽察房掌陝西道監察御史高枚奏繙譯考試人數過少請添設繙譯教習一摺奉上諭一道著該部議奏〉，道光十八年九月日。

12　清・馬齊等奉敕修，《清實錄・聖祖仁皇帝實錄（二）》，卷140，頁533下，康熙二十八年三月丁亥條。

（1654-1722，1662-1722在位）在開放旗人應文科舉的同時，又規定應試者須先驗看馬、步射，能者方准入場。[13]此一辦法於雍正元年議定繙譯科考之時，即援例辦理；[14]自雍正十二年（1734）起，部院衙門考試亦較其馬、步射藝。[15]因此，欲投身繙譯考試的旗人，不僅要擁有清、漢（蒙）兼優的語文能力，還須具備良好的騎射技能，始能脫穎而出。

繙譯考試的制度化奠基於雍正朝（1723-1735），並沿用至清末，[16]是國家甄選繙譯人才的主要管道，同時也是維繫清語、騎射民族特質的重要手段。惟論者大多認為，旗人出現清語荒疏、騎射懈弛的情形約始於雍、乾時期，且漸至不堪聞問的境地，[17]如此一來，不免令人質疑以繙譯取士、用人辦法的施行，存在著成效不彰或徒具形式的缺憾。然而，清朝官僚系統始終編制有若干專責繙譯的職缺，文書繙譯的工作也能持續進行，是以問題的關鍵未必是人才短絀或濫竽充數，而在於制度的設計是否能對旗人產生誘因，以及旗人任職的動機和意願。故而本文擬以繙譯考試為例，從國家、家庭、個人三方面，略論清語、騎射能力的保持與旗人出路選擇之間的關係。

二、國家對繙譯人力的需求

清朝以滿洲語文為「國語」，在其多民族帝國體系中，又以蒙古族、漢族、藏族、維吾爾族的語文為官方語文，國家日常公文行政呈現多元文

13　清入關後，朝廷對於旗人應文科舉的政策幾經調整，時舉時停，直到康熙二十六年（1687）才全面開放。至於應試旗人須驗看射箭的規定，則始於康熙二十八年（1689），此係採納兵科給事中能泰之議。分見清・允祿等監修，《大清會典（雍正朝）》，收入《近代中國史料叢刊・三編》（臺北：文海出版社，1995年），第78輯，冊772，卷73，〈禮部・貢舉二・鄉試通例〉，頁4543；清・馬齊等奉敕修，《清實錄・聖祖仁皇帝實錄（二）》，卷140，頁533下，康熙二十八年三月丁亥條。

14　清・允祿等奉敕編，《世宗憲皇帝上諭旗務議覆》，收入《景印文淵閣四庫全書》（臺北：臺灣商務印書館，1983），冊413，卷1，頁4-6，奏入於雍正元年四月初十日，奉旨，依議。

15　清・允裪等奉敕撰，《欽定大清會典則例（乾隆朝）》，收入《景印文淵閣四庫全書》（臺北：臺灣商務印書館，1983年），冊620，卷4，〈吏部・文選清吏司・月選一・考試繙譯筆帖式〉，頁37。

16　部院衙門為旗人舉辦的繙譯考試，其規定大體未變，繙譯科考則頗有更易，並隨著光緒三十一年（1905）朝廷宣布停止所有歲科考試、鄉試、會試而告終止。參見葉高樹，〈清朝的繙譯科考制度〉，頁54-105。

17　參見滕紹箴，《清代八旗子弟》（北京：中國華僑出版社，1989年），頁187-203、頁225-232。

字並行的特色，是以文書繙譯工作的順利進行，係確保國政正常運作的重要環節。對皇帝的統治而言，維持帝國轄下為數眾多的漢族和戰力強大的蒙古族的順服，是施政的首要之務，身為「國家根本」的八旗群體，正可提供兼通清、漢文或蒙古文的人力，有助於政務的推展。

在雍正七年（1729）軍機處成立之前，[18]內閣是政府的中樞，設大學士以「贊理機務」，其下有學士、侍讀學士、侍讀各職，綜理文書業務。[19]侍讀以下辦理本章的僚屬，[20]大約在雍、乾之際定為中書滿洲七十人、蒙古十六人、漢軍八人、漢人三十人，貼寫中書滿洲四十人、蒙古六人，並分為滿本房、漢本房、蒙古本房、滿票籤處、漢票籤處等五所。[21]在一百七十個中書、貼寫中書的職缺中，必須具備兼通清、漢文或蒙古文者，即多達一百四十人。軍機處設置後，「絲綸出納，職居密勿」，其職權也從「秉廟謨、商戎略」，擴大而為「軍國大計，罔不總攬」的機構，是以「威命所寄，不於內閣而於軍機處」，[22]但內閣之下經辦文書各單位的規模仍繼續維持。

關於貼寫中書的遴選，乾隆五年（1740）議准，滿本房二十四人，每旗定為三人，漢本房十六人，每旗定為二人，遇缺即自各部院繕本筆帖式及文舉人、繙譯舉人、貢、監、生員、官學生、義學生等，由吏部、內閣會同考試選取補授。[23]滿洲貼寫中書考試繙譯，皇帝欽命繙譯題一道；「其專習清文人員，試題閱卷大臣量出，擇其嫻曉繙譯，能書大、小清字者」。[24]

---

[18] 軍機處設立的時間，有雍正四年（1726）、七年（1729）、八年（1730）、十年（1732）等不同的說法，從檔案的記載來看，當為雍正七年。參見莊吉發，〈清世宗與辦理軍機處的設立〉，《食貨月刊》，6：12（臺北，1977.3），頁666-671。

[19] 清・允祹等奉敕撰，《欽定大清會典（乾隆朝）》，收入《景印文淵閣四庫全書》（臺北：臺灣商務印書館，1983年），冊619，卷2，〈內閣〉，頁2。

[20] 最初設滿中書舍人七十五員、蒙古中書舍人十九員、漢軍中書舍人十三員、漢中書舍人三十六員；康熙三十八年（1699），人員縮減為：滿三十六員、蒙古十六員、漢軍八員、漢三十二員。見清・伊桑阿等纂修，《大清會典（康熙朝）》，收入《近代中國史料叢刊・三編》（臺北：文海出版社，1993年）第72輯，冊711，卷3，〈吏部・官制〉，頁61-62。參見清・允祿等監修，《大清會典（雍正朝）》，收入《近代中國史料叢刊・三編》，第77輯，冊761，卷3，〈吏部・官制〉，頁88。

[21] 清・允祹等奉敕撰，《欽定大清會典則例（乾隆朝）》，卷2，〈內閣〉，頁3-4。

[22] 趙爾巽等撰，《清史稿》，卷176，〈軍機大臣年表・序〉，頁6229。

[23] 清・允祹等奉敕撰，《欽定大清會典則例（乾隆朝）》，卷4，〈吏部・文選清吏司・月選・遴選貼寫中書〉，頁63。

[24] 清・允祹等奉敕撰，《欽定大清會典則例（乾隆朝）》，卷2，〈內閣・滿貼寫中書員闕、蒙古貼寫中書員闕〉，頁40。

由於應考滿洲貼寫中書的人數眾多，自乾隆八年（1743）起，將取中員額定為每旗取清字六名、繙譯四名；迨道光二十一年（1841），覆准「按旗酌量錄取，於補足懸缺之外，清字中書，每旗以八名為率；繙譯中書，每旗以六名為率」。[25]蒙古貼寫中書有六缺，則從「能以竹筆書蒙古字，曾在書館效力之各部院額外筆帖式內考選。如無此項人員，照滿洲貼寫中書例選補」，[26]「取中十餘名註冊，選有缺出，不論旗分，按名次頂補」。[27]又乾隆三十四年（1769），內閣調整補授資格，除通過考試移送學習者之外，增列議敘一項，效力議敘與學習行走人員相間輪用，漸成定例。[28]至於中書的選補，滿洲中書以本旗貼寫中書補用五人外，由各部院筆帖式及文舉人、繙譯舉人出身筆帖式，與本旗貼寫中書一同考試補用；蒙古中書以現任蒙古筆帖式，並蒙古文舉人、繙譯舉人出身筆帖式，及閒散文舉人、繙譯舉人內考試補用，其中四名員缺另歸唐古特學出身筆帖式選補；漢軍中書則以各部院筆帖式、繙譯舉人出身筆帖式、閒散繙譯舉人一同考試補用。[29]

　　其次，中央部院衙門、內務府、盛京、八旗都統等機關，分別編有七、八、九品不等的筆帖式職缺，辦理文書、繙譯業務，名額照旗平均分配，依工作性質，有繙譯筆帖式、繕本筆帖式、貼寫筆帖式；按品級分，則有有品筆帖式、無品筆帖式，無品筆帖式另有效力、無品、無頂帶等名稱。[30]據歷朝《會典》記載，筆帖式的額員約在一千七百六十七人至二千零一十五人之間，滿洲缺佔極高的比例。（參見「附表一　歷朝《會典》所載筆帖式員額表」）筆帖式為「八旗出身之路」，[31]雖然有任子、捐納、議敘等管道，仍以考試為主。在繙譯科考創制之前，部院衙門七品

25　清・崑岡等修，《欽定大清會典事例（光緒朝）》，收入《續修四庫全書》（上海：上海古籍出版社，1997年），冊798，卷42，〈吏部・滿洲銓選・遴選貼寫中書〉，頁636上、頁637下。

26　清・允祹等奉敕撰，《欽定大清會典則例（乾隆朝）》，卷2，〈內閣・滿貼寫中書員闕、蒙古貼寫中書員闕〉，頁40。

27　清・崑岡等修，《欽定大清會典事例（光緒朝）》，卷42，〈吏部・滿洲銓選・遴選貼寫中書〉，頁636上。

28　參見清・崑岡等修，《欽定大清會典事例（光緒朝）》，卷42，〈吏部・滿洲銓選・遴選貼寫中書〉，頁636下-637下。蒙古貼寫中書兩者間用的規定，則始於嘉慶十二年（1807）。

29　清・允祹等奉敕撰，《欽定大清會典則例（乾隆朝）》，卷2，〈內閣・滿中書員闕、蒙古中書員闕、漢軍中書員闕〉，頁38-39。

30　參見陳文石，〈清代的筆帖式〉，收入陳文石，《明清政治社會史論》（臺北：臺灣學生書局，1991年），下冊，頁605-607。

31　清・清高宗敕撰，《皇朝文獻通考》，收入《景印文淵閣四庫全書》（臺北：臺灣商務印書館，1983年），冊633，卷55，〈選舉考九・舉官〉，頁58。

以下處理文書的職缺，最初例由八旗廕生、監生、筆帖式、庫使、撥什庫（bošokū，領催）、官學生補用。[32]雍正元年，議准：滿洲、蒙古、漢軍文舉人、繙譯舉人、貢生、監生、文生員、繙譯生員、官學生、義學生等，均屬應用筆帖式之人，每遇考試之期，由吏部行文各旗查送造冊，入場考試。[33]

關於筆帖式的考試方式，原則上「凡識滿、漢字者，由繙譯考試；止識滿字者，由繕寫考試」。[34]一般所謂的筆帖式及其考試，是指繙譯筆帖式而言，繙譯筆帖試考試繙譯，其命題形式，乾隆元年（1736）議准：「將新到通本（題本）內，酌定一道考試」，[35]惟日後似經調整。《翻譯考試題》收錄〈翻譯考試筆帖式題〉七種，都是以《四書》為範圍，將不同篇章的經義重新組合，題型實與繙譯生員考試相同。[36]又乾隆四年（1739），進一步區分繙譯筆帖式與繕本筆帖式、候補筆帖式的選用資格，規定：「八旗官學肄業期滿拔貢，及考試清字取中，未經考試繙譯，並咸安宮官學生世家子弟，奉旨以筆帖式補用者，如不能繙譯，准其考試清字」，取中者以繕本筆帖式或貼寫筆帖式補用；[37]候補筆帖式則指「凡考試清字取中，未經考試繙譯，及咸安宮學生世家子弟，奉旨以筆帖式補用等項人

---

[32] 清‧伊桑阿等纂修，《大清會典（康熙朝）》，卷7，〈吏部‧滿缺陞補除授〉，頁230。八旗蒙古選授之例，與滿洲略同；漢軍稍有不同，其識滿字者，考試繙譯，文義優通，以八品筆帖式用，如只識漢字者，與漢人一體擬用。分見同書，卷7，〈吏部‧蒙古缺陞補除授〉，頁253；同書，卷7，〈吏部‧漢軍缺陞補除授〉，頁267。

[33] 清‧允祹等奉敕撰，《欽定大清會典則例（乾隆朝）》，卷4，〈吏部‧文選清吏司‧月選‧考試繙譯筆帖式〉，頁36。

[34] 清‧清高宗敕撰，《皇朝文獻通考》，卷55，〈選舉考九‧舉官〉，頁58。

[35] 清‧允祹等奉敕撰，《欽定大清會典則例（乾隆朝）》，卷4，〈吏部‧文選清吏司‧月選‧考試繙譯筆帖式〉，頁37。八旗蒙古除考試滿、漢繙譯取中者，以各部院衙門蒙古筆帖式補用外，其能繙譯滿洲、蒙古字語者，由吏部會同理藩院考試。見同書，卷4，〈吏部‧文選清吏司‧月選‧考試滿洲蒙古繙譯〉，頁38。

[36] 參見《翻譯考試題》，清刻本（東京：東洋文庫藏），〈翻譯考試筆帖式題〉，頁1上-7下；《ubaliyambume simnehe timu bithe》，〈ubaliyambure bithesi be simnehe timu〉，頁1上-14下。此書一函三冊，未註明編印者、刊刻時間，亦無目次，一冊為漢文，封面無標題；二冊為滿文，第一本封面題有滿文，轉寫為羅馬拼音作：「ubaliyambume simnehe timu bithe（繙譯考試題目書）」，滿、漢文相互對應。書中「繙譯」一詞漢文皆寫作「『翻』譯」，而非官方習用的「繙」字，可以推知此書的性質大約是晚清坊間販售的「繙譯考試考古題大全」之類的應考用書。關於繙譯考試題型的比較，參見葉高樹，〈清朝的繙譯科考制度〉，頁108-112、頁121-122。

[37] 清‧崑岡等修，《欽定大清會典事例（光緒朝）》，卷39，〈吏部‧滿洲銓選‧考試繕本筆帖式並八旗司貼寫筆帖式〉，頁602下-603上。官書只載繕本筆帖式和貼寫筆帖式的應考資格相同，並未特別說明貼寫筆帖式的考試形式。

員，均令其考試繙譯，註冊補用」，[38]亦即具備繕本筆帖式、貼寫筆帖式資格而加考繙譯者，得以候補的名義挨次輪補繙譯筆帖式。至於繕本筆帖式、貼寫筆帖式，則須任職三年期滿，始得補用各衙門筆帖式。[39]由此可知，繙譯筆帖式在制度上的位階較高，對國家文書業務的運作而言，繕寫本章、抄錄文書也不及繙譯重要。

　　再次，部院衙門的庫使、八旗都統下的外郎，即便皆是從九品的微員，仍須通過繙譯考試，始得任職。庫使官書亦寫作「烏林人（*ulin niyalma*，*ulin*，財帛；*niyalma*，人）」，意即「掌理財帛之人」，戶部、刑部、工部、理藩院、太常寺、內務府等機構均設是職，總數約為一百六十人左右，（參見「附表二　歷朝《會典》所載庫使員額表」）然因歷朝《會典》對庫使員缺的記載頗為簡略，無法確知實際編制。[40]庫使自覺羅官學生、咸安宮官學生、八旗官學生中考選，[41]試以繙譯題一道，就現存的試題來看，其內容、難度略與繙譯生員考試相當；[42]惟自道光十八年（1838）起，內務府庫使只考試清、漢字，而無繙譯。[43]外郎之設，係隨八旗印房官的成立而來，乾隆六年（1741），奏准置八旗印房參領、協理事務官、印房筆帖式、印房外郎等職，其中外郎，滿洲每旗一人、蒙古每旗二人、漢軍每旗一人，共三十二人，各旗於年久漢軍官學生內揀選，考試繙譯補用，[44]為漢軍專缺；嘉慶七年（1802），奏准：八旗外郎缺出，停止

---

[38] 清・崑岡等修，《欽定大清會典事例（光緒朝）》，卷39，〈吏部・滿洲銓選・考試候補筆帖式〉，頁603上-603下。

[39] 清・崑岡等修，《欽定大清會典事例（光緒朝）》，卷40，〈吏部・滿洲銓選・補用筆帖式〉，頁610下。又嘉慶十九年（1814），定：「各衙門繕本筆帖式、戶部八旗司貼寫筆帖式、各部寺庫使，如辦事勤慎，繙譯通順，行走在半年以後，經該堂官奏留者，仍俟扣限三年期滿，始准以本衙門筆帖式補用」，見同書，卷40，〈吏部・滿洲銓選・補用筆帖式〉，頁613上。

[40] 嘉慶朝、光緒朝《會典》有關盛京五部和盛京內務府庫使的記載甚為簡略，另據《清史稿》，盛京五部庫使編制有戶部八人、禮部八人、刑部二人、工部八人，共計二十六人，盛京內務府庫使則有十六人。見趙爾巽等撰，《清史稿》，卷114，〈職官志一・盛京五部〉，頁3295-3296；同書，卷118，〈職官志五・盛京內務府〉，頁3438。

[41] 清・托津等奉敕撰，《欽定大清會典（嘉慶朝）》，卷68，〈八旗都統〉，頁3059。

[42] 參見葉高樹，〈清朝的繙譯科考制度〉，頁124-126。試題及其滿文譯文，見《繙譯考試題》，〈考錢糧〉，頁26上-26下；《*ubaliyambume simnehe timu bithe*》，〈*ciyanliyang ni jalin simnehe timu*〉，頁50上-51下。

[43] 清・崑岡等修，《欽定大清會典事例（光緒朝）》，卷39，〈吏部・滿洲銓選・考試內務府各項候補筆帖式庫使〉，頁606上。

[44] 清・崑岡等修，《欽定大清會典事例（光緒朝）》，收入《續修四庫全書》，冊813，卷1133，〈八旗都統・授官・補授隨印協理事務等官〉，頁605上。

揀選，令各該旗漢軍生員、監生、官學生等，一體考試錄用。[45]盛京五部
亦各設外郎缺，包括：戶部九人（漢軍六缺）、禮部二人、兵部四人（漢軍
二缺）、刑部二人、工部九人（漢軍四缺），[46]共二十六人（漢軍十二缺），其
選補方式不詳。若按嘉慶朝（1795-1829）《會典》所記，外郎為八旗考選之
官，「各試以繙譯而甄錄焉」，[47]並未區分八旗印房或盛京五部。

　　又自順治朝（1644-1661）以降，國家為培養「兼通滿、漢，足充任用」
的人才，[48]陸續興辦各種八旗學校，舉凡「國學，順天、奉天二府學，分
派八旗生、監外，又有八旗兩翼咸安宮、景山諸官學，宗人府宗學、覺
羅學，並盛京、黑龍江兩翼義學」等，令八旗子弟入學學習滿文、蒙文
或漢文、繙譯、騎射等科目，歷經康、雍、乾三朝的發展，從北京到盛
京、自京營至駐防，「規模次第加詳」。[49]八旗學校名目繁多，各學有教
習若干，其員缺、資格各自不同，且幾經調整，茲以設學最早（順治元年，
1644）、規模最備的國子監八旗官學為例：教職分掌理學務的助教和擔任
教學的教習，[50]每學（旗）額設滿洲助教二員、滿洲教習一人，漢教習四
人，掌教滿洲、漢軍學生；蒙古助教一員、蒙古教習一人，掌教蒙古學
生；弓箭教習一人，掌教合學學生騎射。[51]在選任資格方面，蒙古助教、
教習自八旗蒙古中挑取「通曉經籍，明白繙譯，熟練國語、蒙古語者」，
由國子監會同理藩院辦理。滿洲助教和滿、漢教習則自八旗舉人及恩、
拔、副、歲、貢生等，以及具有上述出身的現任筆帖式中考試，八旗文
進士、繙譯進士得與考取教習之人分缺間補，惟捐納者不准考充八旗教
習。[52]至於考試，滿洲助教考繙譯題一道、漢文論題一道，「如果清、漢

---

[45] 清・曹振鏞等奉敕撰，《清實錄・仁宗睿皇帝實錄（二）》（北京：中華書局，1986年），卷
104，頁401下，嘉慶七年十月乙丑條。

[46] 趙爾巽等撰，《清史稿》，卷114，〈職官志一・盛京五部〉，頁3295-3296。

[47] 清・托津等奉敕撰，《欽定大清會典（嘉慶朝）》，卷68，〈八旗都統〉，頁3059。

[48] 清・鄂爾泰等奉敕修，《清實錄・世祖章皇帝實錄》（北京：中華書局，1985年），卷90，頁
707下，順治十二年三月丙申條。

[49] 清・鄂爾泰等修《八旗通志・初集》（長春：東北師範大學出版社，1986年），卷46，〈學校
志・序〉，頁895。關於各種八旗學校的設置經過及其學生來源，參見葉高樹，〈清朝的旗學與
旗人的繙譯教育〉，《臺灣師大歷史學報》，48（臺北，2012.12），頁74-103。

[50] 參見郗鵬，〈清代八旗官學教師述評〉，《東北史地》，2006：5（長春，2006.10），頁59-63。

[51] 清・鐵保等奉敕撰，《欽定八旗通志》，卷96，〈學校志・八旗官學下・附國子監現行則
例〉，頁12。

[52] 八旗助教、教習選任資格的規定，自設學以來頗有更易，至乾隆年間始成定制。參見清・鐵保
等奉敕撰，《欽定八旗通志》，卷96，〈學校志・八旗官學下〉，頁1-12。

兼優，方准錄取」，滿洲教習則考繙譯題一道；[53]其繙譯題的形式，與繙譯科考相同。[54]

　　此外，官方開館修書的活動極為頻繁，常投入大量的人力，編纂諸書遇有兼用滿、漢文，乃至蒙文者，必須進用若干滿、蒙文的繙譯、謄錄人員。繙譯官、謄錄官最初係由各館自行挑補，[55]自乾隆元年起，在八旗舉人、副榜、貢生、生員、監生、官學生、義學生內，「照考試筆帖式之例，考試繙譯清字好者，多取數十人註冊，遇有員闕，知照到（吏）部，按考定名次咨送補用」；乾隆十四年（1749），又將應考資格擴大為前鋒、護軍、領催、驍騎，並規定凡經取中補用，其原職即行開缺，[56]有利於加速披甲當差職缺的流動。值得注意的，是修書各館屬任務編組，人員多自部院衙門現職官員調集，書籍告藏當即歸建，[57]考試繙譯取中的繙譯官、謄錄官則須改赴他館任職，甚至有工作無著的可能。惟乾隆三十年（1765）重開國史館，並成為常設之後，館內繙譯、謄錄有期滿五年得奏請議敘，以及「如遇別項應試之處，按照原資，准其考試」之例，是以乾隆三十七年（1772）奏准：各館修書繙譯、謄錄人員行走滿五年者，「令該館分別等第，奏請議敘一次」；嘉慶五年（1800）另奏准：「遇考試筆帖式時，其未邀議敘以前者，查照原資，一體與考」。[58]如此一來，繙譯、謄錄的職缺性質，便由臨時轉為固定，同時也有晉升的途徑。

　　有清一代，在部院衙門從事文書繙譯工作，且專任旗人的中書、筆帖式、庫使、外郎等職缺，大約在二千一百至二千四百個之間，若連同必須具備繙譯能力的各種八旗學校的助教、教習，以及修書各館的繙譯、謄

---

[53] 清・鐵保等奉敕撰，《欽定八旗通志》，卷96，〈學校志・八旗官學下〉，頁10、頁12。

[54] 據《繙譯考試題》收錄的考題，其中〈繙譯考試助教題〉三種，依序分別選自元許衡（1209-1281）〈小學大義〉、《四書》章句，以及宋朱熹（1130-1200）〈靜江府學記〉；〈繙譯考試教習題〉七種，前六種為《四書》章句，第七種為晉虞溥〈獎訓諸生誥〉。《四書》章句的題型，與繙譯生員考試同；選自古文的題型，則與繙譯鄉、會試同。參見葉高樹，〈清朝的繙譯科考制度〉，頁121。

[55] 清・慶桂等奉敕修，《清實錄・高宗純皇帝實錄（四）》（北京：中華書局，1985年），卷195，頁509上，乾隆八年六月戊寅條。

[56] 清・允祹等奉敕撰，《欽定大清會典則例（乾隆朝）》，卷4，〈吏部・文選清吏司・月選・考取各館繙譯謄錄〉，頁45。

[57] 參見喬治忠，《清朝官方史學研究》（臺北：文津出版社，1994年），頁3-5。

[58] 清・崑岡等修，《欽定大清會典事例（光緒朝）》，卷39，〈吏部・滿洲銓選・考取各館繙譯謄錄〉，頁608上-608下。國史館初設於康熙二十九年（1690），其後一度停開，至乾隆三十年（1765）始為常設，該館繙譯、謄錄人員奏准應別項考試事，時在乾隆四十年（1775）。

錄，為數更加可觀。旗人欲獲得上述職位，必須清、漢文或蒙文兼優，
並能通過騎射的考驗，至於是否擁有文科舉或繙譯科考功名，卻非必要條
件。但是各個職缺開列的應試資格，常包括文舉人、文生員和繙譯舉人、
繙譯生員，則說明清語、騎射是讀書旗人應擁有的基本能力。

三、旗人家庭對子弟的期待

　　八旗制度創設之初，具有政治、軍事、社會、經濟等多方面的功能，
以及身分世襲、兵民合一等特徵。滿洲入關後，雖然統治者允許八旗各自
圈地、占房，使旗人保持關外時期的生活型態，但是為緩和旗、民間的族
群對立，迨政權穩定便陸續將圈占的地畝歸還，八旗兵丁遂對國家發放的
俸餉依賴日深。[59]另一方面，自順治八年（1651）禮部研議「八旗科舉例」
以來，[60]旗人凡「考取生童，鄉、會兩試，即得陞用」，各部院衙門考取
他赤哈哈番（taciha hafan，博士官）、筆帖式哈番（bithesi hafan，筆帖
式官），即「由白身優擢六、七品官，得邀俸祿」，升遷既速，且「得免
從軍之役」。[61]是以旗人家庭「專尚讀書，有子弟幾人，俱令讀書，不肯
習武」，甚至視披甲為畏途，故而朝廷於順治十三年（1656）宣布：「額外
私自讀書者，部院不准選用考試」；[62]次年，又下令停止旗人應文科舉，
初任筆帖試者，「停其俸祿，照披甲例，給以錢糧」，任滿三年通過考
核，始給予官品、俸祿。[63]因此，讀書、考試既無優待，限制又多，披甲
食糧便成為旗人的主要出路。惟不論挑補步兵、馬甲，國家都有既定的編
制，[64]當旗人戶口滋盛，其世襲的當差職位無法隨之增加，勢必產生大量

---

[59]　參見定宜庄，《清代八旗駐防研究》（瀋陽：遼寧民族出版社，2003年），頁193-199。

[60]　其規定如下：內院同禮部考取滿洲生員一百二十名，蒙古生員六十名，順天府學政考取漢軍生
　　　員一百二十名；鄉試取中滿洲五十名、蒙古二十名、漢軍五十名；會試取中滿洲二十五名、蒙
　　　古十名、漢軍二十五名。另定鄉試滿洲、蒙古識漢字者，繙漢字文一篇，不識漢字者，作清字
　　　文一篇，漢軍文章篇數如漢人例；會試滿洲、蒙古識漢字者，繙漢字文一篇、作文一篇，不識
　　　漢字者，作清字文二篇，漢軍篇數如漢人例。見清・鄂爾泰等奉敕修，《清實錄・世祖章皇帝
　　　實錄》，卷57，頁457下，順治八年六月壬申條。

[61]　清・鄂爾泰等奉敕修，《清實錄・世祖章皇帝實錄》，卷106，頁831下，順治十四年正月甲子條。

[62]　清・鄂爾泰等修，《八旗通志・初集》，卷47，〈學校志・國子監八旗官學〉，頁914。

[63]　清・鄂爾泰等奉敕修，《清實錄・世祖章皇帝實錄》，卷106，頁832上，順治十四年正月甲子條。

[64]　關外時期規定：滿洲、蒙古壯丁每二名披甲一副，漢軍壯丁每五名披甲一副；順治年間題准：
　　　滿洲、蒙古每佐領下披甲三十四副，漢軍壯丁每四名披甲一副；康熙十年（1671）議定，漢軍

閒散餘丁。

　　雍正元年，和碩怡親王允祥（1686-1730）奉旨調查自盛京入北京以來八旗男丁人數，查得順治五年（1648）八旗丁冊載，滿洲、蒙古、漢軍、臺尼堪（tai nikan，tai，台；nikan，漢人，即漢人臺丁）、滿洲蒙古包衣（booi，家人）阿哈（aha，奴僕）尼堪共三十四萬六千九百三十一，至康熙六十年（1721），則有六十九萬六千六百八十一，共增三十四萬九千七百五十，七十餘年之間丁數成長一倍，其中以漢軍、臺尼堪增加一十九萬又六百六十一為最多。[65]在此期間，八旗兵額總數則僅從原本不足十萬人，增至二十餘萬人。[66]是以工部侍郎尹泰（?-1738）奏稱，「因披甲缺少，丁多，雖壯丁亦不能得食錢糧。迫於生計，四處耕作，以為糊口」，「既不會弓馬騎射，亦不知道德體統」；[67]內閣侍讀學士布展亦指出，「閒散幼丁至二、三十歲，而未得披甲」。[68]為此，雍正皇帝於雍正二年（1724）提出設置養育兵的對策，每年由國家增撥八旗錢糧十七萬二千八百兩，挑取「實係貧乏，射箭好，可以學習之另戶餘丁」為養育兵，共五千一百二十名，[69]用以緩解京旗的餘丁問題。

佐領下壯丁多者，仍令五名披甲一副，少者照現在數披甲，每佐領下不得過四十副；至康熙二十一年（1682）復題准，漢軍每佐領下，仍四名披甲一副，滿洲、蒙古每佐領，亦不得過四十副，約為定制。見清・鄂爾泰等修《八旗通志・初集》，卷26，〈兵制志・八旗甲兵一〉，頁491-492。

[65] 根據調查，滿洲由五萬五千三百三十增為十五萬四千一百一十七，蒙古由二萬八千七百八十五增為六萬一千五百六十，漢軍、台尼堪由四萬五千八百四十九增為二十三萬九千五百一十，包衣人等由二十一萬六千九百六十七增為二十四萬一千四百九十四。見中國第一歷史檔案館，〈清初編審八旗男丁滿文檔案選譯〉，《歷史檔案》，1988：4（北京，1988.11），頁11，「總理戶部事務允祥等為報順康年間編審八旗男丁事奏本・雍正元年五月初四日」。又雍正二年（1724），允祥另就各旗人數增減現況，提出更詳細的報告，見見中國第一歷史檔案館，〈清初編審八旗男丁滿文檔案選譯〉，頁11-13，「總理戶部事務允祥等為編審八旗男丁數目事奏本・雍正二年十一月初七日」。

[66] 參見劉小萌，《清代北京旗人社會》（北京：中國社會科學出版社，2008年），頁722。

[67] 中國第一歷史檔案館譯編，《雍正朝滿文硃批奏摺全譯》（合肥：黃山書社，1998年），頁290，〈工部侍郎尹泰奏請增加披甲數額以使幼丁得生路摺〉，雍正元年八月十五日。

[68] 中國第一歷史檔案館譯編，《雍正朝滿文硃批奏摺全譯》，頁346，〈內閣侍讀學士布展奏陳八旗閒散幼丁生計艱難摺〉，雍正元年九月十六日。

[69] 雍正皇帝指示，八旗共挑四千八百人為教養兵，每人每月給錢糧三兩，每旗分配六百名，包括：滿洲四百六十名、蒙古六十名、漢軍八十名；其中漢軍令為步兵，食二兩錢糧，可多得四十名兵丁，著挑取一百二十名，故每旗實得六百四十名，八旗共計五千一百二十名。見允祿等奉敕編，《世宗憲皇帝上諭旗務議覆》，收入《景印文淵閣四庫全書》（臺北：臺灣商務印書館，1983年），冊413，卷2，頁1，上諭。關於挑取資格、操練方式、選補實缺等規定，見同書，卷1，頁

　　事實上，駐防八旗的人口壓力更為嚴重，尤其漢軍家庭一戶少者三、四口至七、八口，多者達一、二十口，常賴一份錢糧養贍，以致陷入生計困難的窘境。[70]即便國家嘗試在駐防額設兵丁之外添加若干，究屬杯水車薪，亦有其難行之處，[71]遂有乾隆朝「出旗為民」之舉。[72]嘉慶十七年（1812），戶部八旗丁數調查顯示，在京並各省駐防丁口計五十二萬三千零五十二，[73]總數為康熙六十年的四分之三，可見「出旗」政策頗具成效，但兵額與丁口之間仍無法達到平衡。迨清末，居住北京一帶的旗人約有六十萬，[74]而八旗官兵整體職卻缺大幅縮減，「實存名數，職官約六千六百有奇，兵丁十二萬三百有奇」。[75]因此，自康熙朝（1662-1722）中期以降，八旗兵丁家庭冀望子弟能多爭取到一份披甲當差的工作，通常是不切實際的想法，督促子弟讀書再度成為選項。

　　關於讀書，雍正皇帝曾指示：外任旗員子弟年滿十八歲以上，「悉令歸旗，或讀書肄業，或披甲食糧，使之各有成就」；[76]駐防弁兵「原令

3-5，八旗都統、護軍都統、副都統等議覆，奏入於雍正二年二月初九日，奉旨依議。另參見安雙成，〈清代養育兵的初建〉，《歷史檔案》，1991：4（北京，1991.11），頁87-89。

[70] 關於各駐防八旗餘丁過剩問題，參見定宜庄，《清代八旗駐防研究》，頁223-227。

[71] 例如：西安駐防原額設兵丁八千名，雍正九年（1731）時，因戶口繁滋，將及四萬，經西安將軍秦布奏請，朝廷乃准其在滿洲餘丁內挑選一千名，每月給餉銀一兩、米三斗，令其當差，但言明此係暫時措施，日後將陸續裁汰。見清・鄂爾泰等奉敕修，《清實錄・世宗憲皇帝實錄》，卷108，頁424上-424下，雍正九年七月癸亥條。又雍正皇帝亦曾下令研議增設兵丁員額，以解決各省駐防餘丁問題，但未見有具體辦法。見同書，卷108，頁437上，雍正九年七月癸未條。

[72] 參見定宜庄，《清代八旗駐防研究》，頁229-238。值得注意的，是在實施「出旗」政策的同時，滿、蒙養育兵增至二萬三百餘人，見趙爾巽等撰，《清史稿》，卷130，〈兵志一・八旗・兵衛〉，頁3862。

[73] 此時距乾隆十九年（1754）首次推行大規模「出旗」政策約六十年，其中滿洲二十二萬二千九百六十八，蒙古七萬四千七百零九，漢軍十四萬三千五百五十四，而滿洲、蒙古內不含包衣人等；由於「出旗」政策施行對象以漢軍為主，故漢軍人數非但未見增加，反而明顯減少。見清・托津等奉敕撰，《欽定大清會典（嘉慶朝）》，收入《近代中國史料叢刊三編》，第64輯，冊632，卷12，〈戶部・南檔房〉，頁643-644。另據光緒十三年（1887）的調查，在京、駐防八旗丁口總數為五十萬零九千三百四十八，其中滿洲二十二萬九千零十一，蒙古七萬五千二百四十九，漢軍十四萬三千三百二十二，而滿洲、蒙古內不含包衣人等，整體略微下降。見清・崑岡等修，《欽定大清會典（光緒朝）》，卷19，〈戶部・南檔房〉，頁186。

[74] 參見劉小萌，《清代北京旗人社會》，頁722。

[75] 趙爾巽等撰，《清史稿》，卷130，〈兵志一・八旗・八旗官兵額數〉，頁3879。

[76] 清・允祿等奉敕編，《世宗憲皇帝上諭八旗》，收入《景印文淵閣四庫全書》（臺北：臺灣商務印書館，1983年），冊413，卷10，頁38，雍正十年十二月二十四日，管理正紅旗漢軍都統事務和碩莊親王允祿將該旗太原府知府劉崇元涇陽縣縣丞羅思哈不送子姪來京私留任所之處參

其持戈荷戟，備干城之選，非令其攻習文墨，與文人、學士爭名於場屋也」，其子弟若有「能讀書向學、通曉文義者」，則「聽其來京應試，以廣伊等進取之途」。[77]可知此時皇帝也同意讀書、應試為旗人的出路之一，惟官員與兵丁、京旗與駐防的家庭各自享有的教育資源頗有差別。

漢人社會常透過家族或宗族的力量，支持子弟讀書應舉，旗人除部分家庭有能力延師教導子弟之外，大多進入官辦的學校讀書。達官顯宦之家子弟就學的最大優勢，在於可以「先送國子監讀書，後授官職」；[78]而最早專為旗人設立的國子監八旗官學，亦以官員子弟為對象。[79]國子監官學生依例得支領錢糧，滿洲、蒙古官學生每名月給銀一兩五錢，漢軍官學生每名月給銀一兩，[80]約與京旗步軍相當。[81]高官子弟在學期間，生活獲得基本保障；學成之後，出路交由國家安排，縱使不能飛黃騰達，在官場中安身立命並非難事。尤其讀書相較於披甲，既無操練之勞，亦無征戰之危，官員家庭期待子弟讀書入仕遠勝於披甲食糧，當是顯而易見的。

國家另為在京旗人子弟開辦各種「官學」，例如：教養內務府子弟的景山官學（康熙二十五年設，1686）、咸安宮官學（雍正七年設，1729）、圓明

奏，奉上諭。此一規定始於雍正六年（1728），見清・允祿等奉敕編，《世宗憲皇帝上諭旗務議覆》，卷6，頁8-12，管理旗務王大臣等會同會同兵部議覆，奏入於雍正六年二月二十八日，奉旨依議。

77　清・允祿等奉敕編，《世宗憲皇帝上諭八旗》，卷10，頁19，雍正十年七月初一日，奉上諭。

78　順治十八年（1661），恩詔：「滿、漢官員，文官在京四品以上，在外三品以上；武官在京、在外二品以上，各送一子入監。護軍統領、副都統、阿思哈尼哈番（ashan i hafan，男爵）、侍郎、學士以上之子，俱為廕生。其餘各官之子，俱為監生」；自康熙四年（1665）起，入國子監讀書後得授官；其後，又將入監資格擴及至包衣、宗室子弟。見清・鄂爾泰等修，《八旗通志・初集》，卷46，〈學校志・國子監八旗監生・八旗子弟入監緣由〉，頁895-896。

79　清・鄂爾泰等修，《八旗通志・初集》，卷47，〈學校志・國子監八旗官學・八旗子弟取入官學緣由〉，頁913-914-896。

80　清・國子監纂輯，《欽定國子監則例》，收入《近代中國史料叢刊・三編》（臺北：文海出版社，1989年），第49輯，冊490，卷36，〈八旗官學・學務・支領錢糧〉，頁387。附帶一提，皇族成員宗室、覺羅（遠支宗室）讀書的待遇更為優渥，宗學（順治九年設，康熙二十四年[1685]停開，雍正二年[1724]復開）學生月給銀三兩、米三斗，並按月給紙、筆、墨，另有冬炭、夏冰等項；覺羅學（雍正七年設）學生月給銀二兩，其餘各項俱照宗學之例。見清・鄂爾泰等修《八旗通志・初集》，卷94，〈學校志・宗學〉，頁946；同書，卷94，〈學校志・覺羅學〉，頁948。

81　乾隆年間八旗兵丁支領餉銀略為：京師八旗前鋒、親軍、護軍、領催、弓匠長月支餉銀四兩，驍騎、弓匠、銅匠三兩，步軍領催二兩，步軍一兩五錢，鐵匠一兩至四兩，教養兵一兩五錢；直省駐防八旗餉，月支銀二兩，礮手月餉二兩，弓匠、鐵匠一兩，水手、修船匠一兩至二兩。見清・允祹等奉敕撰，《欽定大清會典（乾隆朝）》，卷18，〈戶部・俸餉・兵餉〉，頁5。

園學（雍正十年設，1732）、東陵八旗官學（乾隆年間）；招收軍營子弟的八旗教場官學（雍正元年設，1723）、健銳營學（乾隆四十年設，1775）、外火器營學（嘉慶二十一年設，1816）等。未能進入「官學」者，有義學（康熙三十年設，1691）可供選擇；[82]家貧而欲投身舉業者，則有禮部義學（雍正二年設，1724）；[83]自雍正七年起，又開八旗清文學，凡佐領下十二歲以上未曾讀書的餘丁俱令入學。[84]各學的教學內容，一如八旗國子監官學，以清書、漢書、騎射為主，並兼習繙譯，[85]但只提供就學機會，不給予津貼，子弟必須通過各種考試，才能取得任官的資格。對於政、經地位居於劣勢的在京八旗兵丁而言，只能期待子弟讀書有成，或獵取功名，或進入部院衙門，以改善家庭經濟狀況，進而尋求家庭地位上升。

　　駐防旗人家庭食指浩繁，培養子弟讀書，是極為沉重的負擔。八旗駐防體系自入關以來不斷在變動、調整之中，大體上到乾隆四○年代（1776-1785）始趨於穩定。[86]所謂「弁兵駐防之地，不過出差之所，京師乃其鄉土」，[87]兵丁及其家屬終究要回到北京，是以在乾隆朝以前，駐防地鮮少

---

[82] 清・馬齊等奉敕修，《清實錄・聖祖仁皇帝實錄（二）》，卷150，頁667下，康熙三十年三月乙未條，曰：「十歲以上者，各佐領於本佐領內，選優長者一人，滿洲旗分幼童，教習滿、滿語；蒙古旗分幼童，教習滿洲、蒙古書，滿洲、蒙古語；漢軍幼童，教習滿書、滿語，並教習馬步箭」。

[83] 清・允祿等監修，《大清會典（雍正朝）》，卷76，〈禮部・學校・官學〉，頁4797；清・崑岡等修，《欽定大清會典事例（光緒朝）》，卷394，〈禮部・學校・禮部義學〉，頁296下。

[84] 參見清・鄂爾泰等修，《八旗通志・初集》，卷49，〈學校志・八旗義學〉，頁955-958。京營八旗清文學成立後，盛京也比照辦理，但僅招收漢軍子弟，稱為清文義學。見清・崑岡等修，《欽定大清會典事例（光緒朝）》，收入《續修四庫全書》，冊813，卷1135，〈八旗都統・教養・盛京義學〉，頁633下。又清朝官書對義學、禮部義學、八旗清文學三者的關係並未清楚說明，大體上義學和禮部義學同時存在一段時間，到雍正六年（1728），義學為禮部義學所取代；當八旗清文學成立後，禮部義學仍繼續運作，至乾隆二十三年（1758），以禮部義學功能不彰，下令停止辦理，八旗清文學則仍行存留。參見葉高樹，〈清朝的旗學與旗人的繙譯教育〉，頁94-97。

[85] 參見清・崑岡等修，《欽定大清會典事例（光緒朝）》，收入《續修四庫全書》，冊804，卷393，〈禮部・學校・咸安宮官學、景山學〉，頁280上-283下；同書，卷394，〈禮部・學校・八旗官學、東陵官學、健銳營學、外火器營學、圓明園學〉，頁284上-295下。各學教學重點略有不同，隨著時間也有調整，舉其要者，例如：國子監八旗官學的蒙古學生習蒙文、滿蒙文繙譯；世職官學、教場官學只讀清書；圓明園學設立之初專讀漢書，乾隆二十一年（1756）奉旨改讀清書。

[86] 參見定宜庄，《清代八旗駐防研究》，頁102-109、頁114-115。書中以乾隆四十一年（1776）設成都將軍、四十五年（1780）置密雲副都統，作為體系穩定的指標。

[87] 清・鄂爾泰等奉敕修，《清實錄・世宗憲皇帝實錄（二）》，卷121，頁593上，雍正十年七月乙酉條。

設學，[88]絕大多數駐防兵丁子弟欠缺就學管道，而不論是驅策子弟回京讀書，或在當地集資延聘塾師，都將成為家庭的額外開支。迨「出旗」政策實施之後，駐防官兵獲准在外置產、立塋，[89]國家為使駐防八旗能繼續保持清語、騎射的民族技能，其相應措施便是在各駐防地成立八旗學校，[90]駐防子弟的讀書機會始與京旗接近。

　　駐防旗人家庭尚須面對另一個難題，即支應子弟赴考的開銷。先是，順治八年，吏部議准：「滿洲、蒙古、漢軍各旗子弟，有通文義者，提學御史考試，取入順天府學」，[91]嗣後除盛京旗下子弟得與當地民童一體考試生員外，無論在京、駐防旗人應文生員、文舉人，皆歸順天府管轄；[92]緡譯科考創制後，緡譯生員、緡譯舉人考試亦交由順天府辦理，[93]京旗士子不覺如何，駐防子弟則面臨體力、時間以及經濟上的考驗。雍正朝在內閣學士列行走徐元夢（1655-1741）即具摺指出其中艱苦，曰：「有應試童子，皆來京師，往來跋涉，為途頗長；自報名考箭，以至學院之試，歷時頗久。其人率多兵丁子弟，資斧豈能無艱？京中倘無親戚、戶族，旅食更多不易。」[94]其次，根據乾隆二年至十二年（1737-1747）八旗歷科考試的人

---

[88] 自康熙三十年（1691）起，京畿之外始陸續設有八旗學校，其地區有二：一、盛京，因「係發祥重地，教育人材，宜與京師一體」，故有盛京八旗官學之設，其後又有清文義學（雍正七年設，1729）、宗學覺羅學（乾隆二年設，1737）。二、吉林、黑龍江，為招撫當地「新滿洲（ice manju）」，使其接受官方的軍事訓練，並改變其生產方式和生活習俗。以上分見清・馬齊等奉敕修，《清實錄・聖祖仁皇帝實錄（二）》，卷150，頁667下，康熙三十年三月乙未條；劉小萌，〈關於清代「新滿洲」的幾個問題〉，《滿族研究》，1987：3（瀋陽，1987.7），頁30-31；張杰，〈清初招撫新滿洲述略〉，《清史研究》，1994：1（北京，1994.2），頁23-29。

[89] 乾隆十九年（1754）議定「出旗」政策之後，二十一年（1756）即宣布：「嗣後駐防兵丁，著加恩准其在外置立產業，病故後，即著在各該處所埋葬」；「各省由駐防兵陞用官員，亦照駐防兵，准在彼置產安葬，妻子家口，不必回京。若由京補放之員，在任告休、革退並物故，其骨殖家口，願在外置產立塋者聽，願歸旗者仍來京」。以上分見中國第一歷史檔案館編，《乾隆朝上諭檔》（北京：檔案出版社，1991年），冊2，頁827下，乾隆二十一年二月初二四，內閣奉上諭；清・慶桂等奉敕修，《清實錄・高宗純皇帝實錄（七）》，卷511，頁465上，乾隆二十一年四月丁卯條。

[90] 參見葉高樹，〈清朝的旗學與旗人的緡譯教育〉，頁98-103。

[91] 清・鄂爾泰等奉敕修，《清實錄・世祖章皇帝實錄》，卷55，頁441上-441下，順治八年三月丙午條。

[92] 清・鄂爾泰等修《八旗通志・初集》，卷48，〈學校志・奉天府學八旗生員〉，頁939。盛京八旗生員參加鄉試、會試，仍編入在京滿洲、蒙古、漢軍數內，一併考試。

[93] 清・允祿等奉敕編，《世宗憲皇帝上諭旗務議覆》，卷1，頁4-6，奏入於雍正元年四月初十日，奉旨，依議。

[94] 國立故宮博物院編，《宮中檔雍正朝奏摺》（臺北：國立故宮博物院，1980年），第26輯，頁

數調查，應繙譯生員考試少者八、九百人，多者一千二、三百人，應文生員率為八、九百人；應繙譯舉人、文舉人，則各有五、六百人，[95]而文闈和繙譯科考同時舉行，每屆考期將有大量民人舉子湧入京師，勢必造成百物騰貴。[96]是以駐防旗人應舉必須付出更多的代價，直到嘉（1796-1820）、道（1821-1850）年間，國家漸次開放旗人就近應童試、鄉試，[97]才獲得和在京旗人相當的待遇。

　　鼓勵子弟讀書、應試，是康、雍以後旗人家庭因應餘丁過剩、解決生計困難的途徑之一，雖然官員家庭佔有絕對的優勢，在京旗人享有較多的資源，駐防旗人在處境相對艱困之下，仍視之為家庭脫離貧窮的契機。其後，由於「出旗」政策的施行，駐防旗人就學、應試的條件也逐步改善，家庭為子弟教育的支出亦隨之降低。不過，駐防旗人欲報考部院衙門的繙譯職缺，仍須前往北京。

826，〈在內閣學士列行走徐元夢‧奏陳請定就近考試之例以鼓舞旗下之人才摺〉，無年月日。

[95] 參見清‧鐵保等奉敕撰，《欽定八旗通志》，卷103，〈選舉志‧八旗科第二‧八旗繙譯科武科緣起〉，頁16-18。

[96] 世居北京的旗人震鈞（1857-1920）記晚清京師逢科考之年的物價變動，曰：「每春、秋二試之年，……家家出賃考寓，謂之狀元吉寓，每房三、五金或十金，……。東單牌樓左近，百貨麝集，其直（值）則昂於平日十之三，負戴（載）往來者，至夜不息。當此時，人數驟增至數萬，市儈行商欣欣喜色，或有終年冷落，藉此數日補苴者」。見清‧震鈞，《天咫偶聞》，收入《近代中國史料叢刊》（臺北：文海出版社，1968年），第22輯，冊219，卷3，頁163-164。雖然震鈞是指會試的情形，且晚清應考的人數較前期更多，但是每屆童試、鄉試考期，考生連同隨行照料生活之人，在各縣、各省之內常造成千餘人乃至近萬人的流動，仍會影響物價，故可作為參考。關於應試與人口的水平流動，參見張杰，《清代科舉家族》（北京：社會科學文獻出版社，2003年），頁219-221。

[97] 先是，嘉慶四年（1799），經湖南布政使通恩（1738-?）呈請，禮部議准八旗文童得在駐防地應歲、科兩試；嘉慶十八年（1813），為因應辦理八旗滿洲、蒙古武科，宣布駐防子弟在各該省一體應文、武鄉試，惟繙譯生員、舉人考試仍須赴順天府應考。道光二十三年（1843），皇帝以駐防子弟轉應文科舉者眾，下令嗣後各處駐防俱改應繙譯考試；直到咸豐十一年（1861），依致仕大學士祁寯藻（1793-1866）之議，於駐防繙譯科甲之外，仍復駐防考取文舉人、文生員之例。以上分見清‧曹振鏞等奉敕撰，《清實錄‧仁宗睿皇帝實錄（一）》，卷49，頁608下，嘉慶四年七月己卯條；中國第一歷史檔案館編，《嘉慶道光兩朝上諭檔》（桂林：廣西師範大學出版社，2000年），冊18，頁208下，嘉慶十八年六月二十八日，內閣奉上諭；中國第一歷史檔案館編，《嘉慶道光兩朝上諭檔》，冊48，頁391下，道光二十三年閏七月十四日，內閣奉上諭；中國第一歷史檔案館編，《咸豐同治兩朝上諭檔》（桂林：廣西師範大學出版社，1998年），冊11，頁530下，咸豐十一年十一月二十七日，內閣奉上諭。

四、旗人對個人前途的考量

　　道光年間，宗室奕賡以「鶴侶」之名，就個人在道光十一年至十六年（1831-1836）擔任侍衛的經歷和感受，寫成幾篇「子弟書」，將旗人矯飾浮誇、奢靡放蕩的生活習性，以及自怨自艾、自暴自棄的心理狀態描寫得淋漓盡致。[98]身為旗人，理應文、武兼優，充滿著自信與驕傲，正所謂「自是旗人自不同，天生儀表有威風。學問深淵通繙譯，膂力能開六力弓」。[99]能進入侍衛之列者，率皆「靠祖父的餘德蔭及自身」，「雖然難比翰林爵位，要知道比上步軍是人上人」，[100]無奈物換星移、人浮於事，遂至日漸沉淪。享有父祖餘蔭的官員子弟未及挑補侍衛者，可以選擇入學讀書，惟乾隆皇帝曾斥責他們，曰：「八旗讀書人，假藉詞林授。然以染漢習，率多忘世舊。問以弓馬事，曰我讀書秀。及至問文章，曰我旗人胄。兩岐失進退，故鮮大成就」，[101]反映出旗人社會瀰漫著自欺欺人、苟且逃避的一面。即便如此，官高貲雄家庭的子弟，仍可不經由考試，而透過任子、捐納的方式，取得筆帖式的職位。

　　然而，一般旗人家庭的子弟則多在為謀取差事而努力。以福祝隆阿（1756-1800）的生命簡史為例：[102]福祝隆阿生於乾隆二十一年，家中除父（保存，?-1781）、母之外，尚有祖父（色爾福，?-1787）、祖母（羅特氏，?-1762）和曾祖母（?-1771）。乾隆四十一年（1776），二十一歲，娶同齡的納喇氏（1756-?）為妻，是時兩人都已過適婚年齡，可能與家庭經濟拮据有關。[103]乾隆四十三年（1778），二十三歲，考中繙譯生員，子穆精額（1778-

---

98　參見故宮博物院編，《子弟書》，收入《故宮珍本叢刊》（海口：海南出版社，2001年），冊699，頁237-240，〈鶴侶・老侍衛嘆〉；同書，頁241-244，〈鶴侶・少侍衛嘆〉；同書，頁244-247，〈鶴侶・女侍衛嘆〉；同書，頁247-250，〈鶴侶・侍衛論〉。

99　故宮博物院編，《子弟書》，頁241，〈鶴侶・少侍衛嘆〉。

100　故宮博物院編，《子弟書》，頁248，〈鶴侶・侍衛論〉。

101　清・清高宗御製，《清高宗（乾隆）御製詩文全集・御製詩四集》（北京：中國人民大學出版社，1993年），卷59，〈五督臣五首・故大學士前兩江總督尹繼善〉，頁15。

102　參見清・穆精額輯，《翻譯生員翻譯官教習福祝隆阿年譜》，收入北京圖書館編，《北京圖書館藏珍本年譜叢刊》（北京：北京圖書館出版社，1999年），冊120，頁187-188。

103　清朝漢人社會的婚齡是女十四歲，男十六歲，而實際婚齡常稍大一些。另據定宜庄的研究，皇室選秀女，凡年屆十三至十九歲者，皆在與選之列；宗室之女十五歲已達出嫁年齡，十六到十八歲尚未許人者，則已過出嫁的最佳年齡，而衍期的主要原因是經濟拮据。參見馮爾康、常建

?）亦於是年出生。福祝隆阿考取生員的年紀，大約是普遍的情形，[104]至於是否曾參加繙譯舉人考試，則不得而知；其後，在某八旗學校擔任教習，每月約可支領二兩錢糧，相當於步軍領催或駐防八旗兵的待遇。[105]嘉慶二年（1797），考中繙譯官，旋補實錄館，於教習本俸之外，每月兼支桌飯銀四兩五錢，[106]收入堪稱豐厚，直到嘉慶五年（1800）去世為止。這段平凡無奇的經歷，或可視為讀書旗人職業生涯的寫照。

　　部院衙門以考試繙譯選才的各種職缺中，除中書、助教、教習的資格門檻較高之外，其餘各項凡八旗官學生、義學生以上皆得應考。八旗官學、義學率皆教導子弟清、漢書和繙譯，教材則為漢文經、史的滿文譯本，雖然是以滿文為主體，旗人學習的實質內容卻與漢族傳統教育無異，[107]是以在繙譯科考創設之前，讀書旗人或參加部院衙門為旗人設置的專缺的考試，或循文科舉的管道進入仕途，而文生員、文舉人亦能報考繙譯職缺。同樣的，其後繙譯生員出身者，也有能力考取文進士。[108]道光二十三年（1843），由於駐防旗人應文科舉者眾，以至繙譯科乏人問津，道

華，《清人社會生活》（天津：天津人民出版社，1990年），頁222-223；定宜庄，《滿族的婦女生活與婚姻制度研究》（北京：北京大學出版社，1999年），頁225-231、頁250-255。由於缺乏正身旗人的婚齡資料，雖然福祝隆阿夫妻並非皇族，但是就當時的婚俗來看，約可認定已過適婚年齡。

104　目前未見有取中繙譯生員的名錄，暫就已公布而取中人數較多《繙譯鄉試錄》作為參考。嘉慶二十一年（1816）丙子科，取中繙譯舉人三十八名，其中二十歲以下五人，二十一至二十五歲八人，二十六至三十歲九人，三十一至三十五歲七人，三十六至四十歲六人，四十一歲以上三人，平均年齡約二十九歲，年紀最小的鑲黃旗蒙古三陽泰十五歲，最長的正黃旗包衣漢軍和倫五十六歲。嘉慶二十三年（1818）戊寅恩科，取中繙譯舉人三十二名，其中二十歲以下三人，二十一至二十五歲十人，二十六至三十歲十一人，三十一至三十五歲三人，四十一歲以上三人，平均年齡約二十七歲，年紀最小的鑲白旗宗室文彩十七歲，最長的正黃旗漢軍張紹昌五十八歲。參見中國第一歷史檔案館攝製，《清代譜牒檔案（B字號）‧縮影資料‧內閣繙譯鄉試題名錄》（北京：中國第一歷史檔案館技術部，1983年），《嘉慶二十一年丙子科繙譯鄉試錄》、《嘉慶二十三年戊寅恩科繙譯鄉試錄》第30卷。

105　福祝隆阿的《年譜》未載明在何種八旗學校擔任教習，一般八旗學校教習的待遇為月支銀二兩，國子監八旗官學教習和宗學教習則月支銀三兩，另可按月領米若干。參見清‧鐵保等奉敕撰，《欽定八旗通志》，卷95-98，〈學校志〉。關於八旗兵丁月支餉銀額數，參見「註81」。

106　清‧崑岡等修，《欽定大清會典事例（光緒朝）》，收入《續修四庫全書》，冊802，卷251，〈戶部‧俸餉‧京官月費〉，頁47上。

107　參見葉高樹，〈清朝的旗學與旗人的繙譯教育〉，頁106-115。

108　例如：乾隆十三年（1748）戊辰科進士三甲第十四名正黃旗洲武納翰，即是繙譯生員出身。見中國第一歷史檔案館攝製，《清代譜牒檔案（B字號）‧縮影資料‧內閣會試題名錄》（北京；中國第一歷史檔案館技術部，1983年），《乾隆十三年戊辰科會試錄》。

光皇帝（1782-1850，1821-1850在位）基於「非熟習清文，不能倖邀拔擢」，諭令各處駐防「俱著改應繙譯考試」；[109]迨同治元年（1862），朝廷為因應重新開放駐防考試文科舉，竟須特別規定：「各省駐防取進繙譯生員，應令專應繙譯，不必兼應文試。文生員專應文鄉試，如有願應繙譯者，准其呈改，既改之後，不得再應文闈。中式後，文舉人專應文會試，繙譯舉人專應繙譯會試」，[110]足以說明考生只要將準備方向稍加調整，便能應付。

　　既然讀書旗人能兼通清、漢文，當他決定投身舉業時，選擇文科舉或繙譯科，除涉及個人知識能力與興趣，或許也有試題難易和取中率等諸多考量，更重要的是仕途發展的前景。雍正朝繙譯設科之初，應生員試者不過數十人，[111]累計二年（1724）甲辰科、四年（1726）丙午科、七年（1729）己酉科三科鄉試，取中繙譯舉人僅有二十三名，[112]因始終不及六十人之數，[113]以致在雍正年間繙譯會試遲遲無法舉行。惟據國子監祭酒覺羅吳拜的觀察，取中繙譯舉人的小京官、筆帖式在三、五年內，即能陸續陞至部郎、主事等官，未仕之繙譯舉人，又准其分班補用，[114]顯然是值得考慮的入仕管道。至於是否有必要繼續應會試，對繙譯舉人而言，只要能順利任職並能迅速晉升至一定的職級，繙譯進士的功名實可有可無。[115]

---

[109] 中國第一歷史檔案館編，《嘉慶道光兩朝上諭檔》，冊48，頁391下，道光二十三年閏七月十四日，內閣奉上諭。

[110] 清・寶鋆等奉敕修，《清實錄・穆宗毅皇帝實錄（一）》（北京：中華書局，1986年），卷38，頁1025下-1026上，同治元年八月甲戌條。

[111] 國立故宮博物院編，《宮中檔雍正朝奏摺》，第5輯，頁310，〈翰林院侍講刑部郎中春臺・奏為雍正元年考取繙譯秀才額數奏請聖裁（滿漢合璧）〉，雍正三年十一月初三日。雍正元年（1723）、三年（1725）四次繙譯生員應試者，分別為三十六人、四十七人、六十三人、七十五人，皆取中八名。

[112] 清・鄂爾泰等修，《八旗通志・初集》，卷127，〈選舉表・繙譯舉人〉，頁3485-3487，三科取中繙譯舉人人數分別為九人、十一人、十三人。

[113] 雍正二年（1724），禮部以原定明年舉行繙譯會試，因報考者不及五十名請旨，雍正皇帝指示：「及六十之數，再行考試進士（*ninju ton de isinaha manggi jai jin ši simnebu*）」。見國立故宮博物院編，《宮中檔雍正朝奏摺》，第3輯，頁638，〈署理禮部吏部尚書兼理藩院事提督舅舅隆科多等・奏請處理十一月鄉試取中繙譯舉人（滿漢合璧）〉，雍正二年十二月二十日，奉滿文硃批。

[114] 國立故宮博物院編，《宮中檔雍正朝奏摺》，第20輯，頁690，〈國子監祭酒覺羅吳拜・奏陳管見請皇恩於丙辰科將繙譯舉人與文舉人出身之主事等官令其會試一次〉，雍正十年十月二十四日。

[115] 此處所言，是指雍正朝的情形，然終雍正之世未曾舉行過繙譯會試。乾隆四年（1739），首次辦理繙譯會試，至十七年（1752），共舉行五科，其後便因成效不佳而停止繙譯科考，只保留繙譯生員考試；迨乾隆四十三年（1778），始漸次恢復繙譯鄉、會試。直到嘉慶八年（1803），繙譯會試才定期舉行。繙譯進士一如文進士，可以直接授職，是旗人的重要出路，

　　國家為提高旗人選考繙譯科的意願，以及推動筆帖式考用的制度化，雍正四年（1726）題准：內、外各衙門補用筆帖式時，將考取人員除未滿十八歲者停其補用外，餘各按旗分，照考取名次擬補，舉人、貢生授為七品，監生、生員授為八品，官學生、義學生、驍騎、閒散、親軍、領催、庫使人等均授為九品，如有續中舉人者，准改給應得品級、食俸。[116]科舉功名本非應考筆帖式的必要條件，當八旗人口壓力造成就業競爭激烈，而制度又規定擁有科舉功名可以獲得較高品秩時，自然會促使旗人產生先應舉再應部院衙門考試的想法。文生員、文舉人和繙譯生員、繙譯舉人在新辦法中的待遇相同，說明國家對兩種科舉系統及其功名價值，是持等量齊觀的態度，藉以吸引旗人投入新設的科目，其效果反映在乾隆初年，應繙譯生員、舉人的人數迅速成長，已和應文科舉的旗人相當。[117]

　　然而，就旗人應舉的長期趨勢而言，選擇文科舉者似乎盛於繙譯科，尤其在嘉、道年間准許駐防旗人就地應童試、鄉試時，更是如此。究其原因，雍正皇帝認為，「我滿洲人等，因居漢地，不得已與本習日已相遠」，[118]或與旗人和漢族文士接觸後，對漢文化產生傾慕之心有關；道光皇帝則斥之為係「騖於虛名，浮華相尚」所致。[119]近人論及此一現象，另舉出若干受皇帝倚重的八旗大臣皆科甲出身，且進士多能快速升遷，進而提出皇帝任用八旗官員越來越重視科舉出身的看法。[120]當旗人應文科舉人

　　惟八旗蒙古人口增加速度較為緩慢，職缺相對較多，是以蒙古繙譯舉人「或由別途授職，或因挑取別項差使」，以致應會試的意願極其低落。見《內閣大庫檔案資料庫》，登錄號：110661-001，〈禮部尚書兼管樂部太常寺鴻臚寺事務・提報本年甲戌科舉行繙譯會試除蒙古主考毋庸題請欽點外謹將各部院衙門送到滿洲大臣銜名繕寫清單恭請欽點滿洲正考官一員副考官一員（滿漢合璧）〉，嘉慶十九年四月八日。

[116] 清・允祹等奉敕撰，《欽定大清會典則例（乾隆朝）》，卷4，〈吏部・文選清吏司・月選・補用筆帖式〉，頁46。

[117] 參見清・鐵保等奉敕撰，《欽定八旗通志》，卷103，〈選舉志・八旗科第二・八旗繙譯科武科緣起〉，頁16-18。

[118] 清・允祿等奉敕編，《世宗憲皇帝上諭八旗》，卷2，頁25，雍正二年七月二十三日，辦理船廠事務給事中趙殿最請於船廠地方建造文廟設立學校令滿漢子弟讀書考試等語具奏，奉上諭。

[119] 中國第一歷史檔案館編，《嘉慶道光兩朝上諭檔》，冊48，頁391下，道光二十三年閏七月十四日，內閣奉上諭。

[120] 張杰舉出雍正朝鄂爾泰（1677-1745）、乾隆朝阿桂（1717-1797）都是舉人出身而為大學士、軍機大臣，嘉慶朝那彥成（1764-1833）、道光朝英和（1771-1840）、穆彰阿（?-1856）皆是進士出身任軍機大臣；進士出身的鄂容安（?-1755）以七年的時間官居三品，尹繼善（1694-1771）以八年的時間即署兩江總督，作為皇帝重用科舉出身的八旗官員的例證。參見張杰，《清代科舉家族》，頁248-251。

數日增，擁有功名而能躋身高位者自然漸多，擁有功名與否也成為選補官員時的考量，[121]惟是否與皇帝重視功名有必然關係，且所論究竟是個案抑或是通則，都有待釐清。

事實上，旗人出身不受正途、異途之限，大可不必汲汲於功名，[122]欲經由考試繙譯入仕者，必須認真考慮的是選擇一個有利的初仕職位。根據經驗法則，「筆帖式為文臣儲材之地，是以將相大僚，多由此途歷階」，[123]故有不少旗人願意投入筆帖式的考試。[124]清人稱大學士為「宰相」，父子先後為相者，「指不勝屈」，能「三代持衡，為昇平良佐」者，惟溫達（?-1715，費莫氏，鑲紅旗滿洲）、尹泰（?-1738，章佳氏，滿洲鑲黃旗）兩家，[125]為眾所艷羨。溫達家族四代三人皆由筆帖式起家而居相位，溫達於康熙十七年（1678）由筆帖式授都察院都事，至康熙四十六年（1707）授文華殿大學士，已超過三十年；其孫溫福（?-1773），雍正六年（1728）補兵部筆帖式，十三年（1735）乙卯科繙譯舉人，至乾隆三十六（1771）年授武英殿大學士，歷時四十四年；曾孫勒保（1740-1819），乾隆二十一年（1756）由監生充清字經館謄錄，自二十四年（1759）議敘為筆帖式，至嘉慶十四年（1809）擢武英殿大學士，更長達五十一年。[126]除去極少數才學俱優又得邀

---

[121] 例如：清初，翰林院官員不專任科甲出身者，筆帖式、中書可轉編修，部郎可升翰林學士。清中葉以降，「不由科目而歷翰林者，未之得聞，不識改自何始。咸豐元年（1851），尚書穆蔭（?-1872）由軍機候補五品京堂，詔授國子祭酒，一時舉朝譁然，以為曠典。蓋當事者老成凋謝，不知事溯成憲，非行創格」。見清・福格，《聽雨叢談》（北京：中華書局，1997年），卷1，〈滿洲翰林不必科目〉，頁27-28。

[122] 韓曉潔統計一百位滿洲內閣大學士、協辦大學士的出身，共可分為十八種，其中以科舉二十五人、筆帖式二十一人、世爵世職十四人、繙譯科六人、侍衛六人、參軍入伍五人較多，可知旗人出身極為多元，而擔任相同職位的漢族官員幾乎都是進士。參見韓曉潔，〈清代滿人入仕及遷轉途徑考〉，《滿族研究》，2009：4（瀋陽，2009.11），頁61-66。

[123] 清・福格，《聽雨叢談》，卷1，〈筆帖式〉，頁22。另陳文石整理清人傳記資料，入關後始入仕而任文職的八旗滿洲，共得三百零五人，初仕即為筆帖式者六十八人，由他官升遷為筆帖式者三人。三百零五人之中，官至一品者共一百九十二人，其中初仕為筆帖式者有三十九人，佔百分之二十強，比例甚高。參見陳文石，〈清代的筆帖式〉，頁611-614。

[124] 例如：乾隆三十三年（1768），考試繙譯筆帖式應考人數即有九百七十八人。見《內閣大庫檔案資料庫》，登錄號：084147-001，〈大學士管理兵部事務尹繼善・題報八旗滿洲蒙古漢軍應考繙譯筆帖式人員九百七十八名臣等依例謹將領侍衛內大臣職名開列具題恭候皇上欽點二員監試馬步箭（滿漢合璧）〉，乾隆三十三年六月十八日。

[125] 清・昭槤，《嘯亭雜錄》（北京：中華書局，1997年），卷2，〈本朝父子祖孫宰相〉，頁31-32。

[126] 分見王鍾翰點校，《清史列傳》（北京：中華書局，1987年），卷11，〈大臣畫一傳檔正編八・溫達〉，頁770-771；同書，卷24，〈大臣畫一傳檔正編二十一・溫福〉，頁1785-1789；同書，卷29，〈大臣傳次編四・勒保〉，頁2197-2214。又關於尹泰、尹繼善、慶桂（1737-1816）

皇帝寵用者之外，大多在仕途奮鬥動輒三、四十年，才有機會側身顯職，其中艱辛恐非旁人所能想像。雖然筆帖式「為滿洲進身之一途，今各衙門皆有額設」，惟降及晚清，「候補者又盈千累萬，視為不足重輕矣」。[127]

　　另一方面，旗人為求取較高的初仕職級，繙譯舉人、進士的功名便成為必要，於是科舉考試常見的頂冒、倩代、懷挾、傳遞諸弊，也在繙譯科考中層出不窮。[128]嘉慶年間（1596-1820），更發現繙譯鄉、會試「應試之人，往往倩人槍替，而通曉繙譯者，因此牟利，轉終身不願中式」，而有取中之人「竟有不能清語，實屬冒濫」的情形。[129]滿文日記《閑窗錄夢》的作者穆齊賢（1801-?），便有代考的經驗。穆齊賢係鑲藍旗滿洲另檔包衣，道光二年至九年（1822-1829）間任職於和碩惇親王綿愷（1795-1838）王府，其後一度離開王府，在京城歷代帝王廟賃屋開設兼收旗、民的學堂。[130]道光九年七月，順天府繙譯童試在即，穆齊賢接受友人奎文農請託，為伊弟恒安槍替入貢院應試；考試期間，不僅為同場的奎文農、恒老四、慶熙臣、德惟一、老春等答卷，見旁人繙譯有錯，亦代為改正。八月初放榜，學堂學生裕祥「親自來告，伊已考取繙譯生員，並將伊譯稿給余閱看」；有趣的是，穆齊賢代考、代答諸人皆未考中。[131]道光十年（1830）

祖孫三人，尹泰初由翰林院筆帖式補起居注主事，康熙十九年（1680）遷內閣侍讀，雍正七年（1729）加恩授額外大學士，尋授東閣大學士，已超過五十年；子尹繼善，雍正元年（1723）文進士充庶吉士，雖然號稱「八年至總督，異數誰能遘」，仍遲至乾隆二十九年（1764）始晉文華殿大學士，前後四十二年；孫慶桂，乾隆二十年（1755）以廕生授戶部員外郎，至嘉慶四年（1799）授文淵閣大學士，則歷時四十五年。分見清・國史館編，《滿洲名臣傳》（哈爾濱：黑龍江人民出版社，1991年），卷35，〈尹泰列傳〉，頁1028-1030；王鍾翰點校，《清史列傳》，卷18，〈大臣畫一傳檔正編十五・尹繼善〉，頁1356-1368；王鍾翰點校，《清史列傳》，卷27，〈大臣傳次編二・慶桂〉，頁2091-2095。雖然尹泰家族仕途徑多元，但是自初仕至居大學士位所需的時間，與溫達家族大致相當。

[127] 清・陳康祺，《郎潛紀聞・初筆》（北京：中華書局，1997年），卷5，〈筆帖式〉，頁98。

[128] 《內閣大庫檔案資料庫》，登錄號：159230-001，〈吏部・吏部為繼善條陳請嚴繙譯考試事〉，嘉慶六年二月九日。

[129] 清・曹振鏞等奉敕撰，《清實錄・仁宗睿皇帝實錄（五）》，卷357，頁717上-717下，嘉慶二十四年閏四月己未條。

[130] 《閑窗錄夢》序文的落款為「松筠」，一般多認為是嘉、道名臣松筠（1754-1835），關康查對日記內容，其生卒年、事蹟均不符合，並考證出作者應為「穆齊賢」。參見關康，〈《閑窗錄夢》作者考〉，《滿語研究》，2010：1（哈爾濱，2010.6），頁72-76。

[131] 參見清・松筠（穆齊賢）記，趙令志、關康譯，《閑窗錄夢譯編》（北京：中央民族大學出版社，2011年），頁131，道光九年七月十七日；同書，頁134，道光九年七月二十八日；同書，頁136，道光九年八月初三日；同書，頁136，道光九年八月初四日。其中，德惟一曾應道光九年（1829）己丑科繙譯會試，可知已有舉人功名，此次參加童試應是為人代考。又穆齊賢閱看

二月，穆齊賢應忠順之請，為其子巴哈泰代考繙譯生員；入場後，也為學堂學生恒山、葉布肯繙譯打稿。[132]

　　讀書旗人在取得職位之前，可憑藉知識開館授徒以補貼家用，亦有不惜違規槍替以謀取利益者。穆齊賢的個案較為特殊，由於「另記檔案」的身分，被剝奪應試為官的資格；[133]他為人代考或許有經濟上的考量，卻未必可以逕視為「終身不願中式」。隨著人口增長，仕途因壅塞而益形狹隘，繙譯考試對旗人仕進更為重要，故有「凡我旗僕，未有不以考取功名為進身之階」之說。[134]反映在國家對可按月支領錢糧的國子監八旗官學學生肄業規定的變化：乾隆三十一年（1766），諭令官學生十八歲以下者，肄業以十年為率，「如學漢文者不進學，習繙譯及清話者不能考取中書、筆帖式、庫使，概令咨回本旗，另挑差使」，[135]說明國家不願將資源耗費在學習成就欠佳的學生身上。道光三年（1823），雖然宣布嗣後官學生留學亦以十年為斷，但是「其有考取文生員、繙譯生員者，以考中之日為始，留學十年。如再考中副榜、拔貢、優貢等項，復以中式之日為始，扣滿十年，俾得底於有成。如中式舉人，則已有銓選之路，不得再行留學」，[136]則是設法延後官學生的就業時間，以疏解因進取之途壅滯造成的壓力。

德惟一的文章，稱其策論、繙譯皆善；當貢院出題後，有隆保者，因不能繙譯，求請德惟一代繙，結果此人竟然考中，德惟一卻落榜。參見同書，頁108，道光九年四月十七日；同書，頁109，道光九年四月二十日。

[132] 參見清・松筠（穆齊賢）記，趙令志、關康譯，《閑窗錄夢譯編》，頁234，道光十年二月十七日；同書，頁237，道光十年二月二十八日。穆齊賢不但為學生代考，日記中亦記有學生引介為他人代考筆帖式之例，曰：「在學堂時，伊隆阿告以，伊所認識之官二爺挑捕筆貼式，本月十七日考試翻譯，因不能翻譯，求余同去，為伊打稿等語」。見同書，頁156，道光九年十月十五日。根據穆齊賢代考事例反映出繙譯考試種種舞弊情形的討論，參見關康，〈《閑窗錄夢》研究〉（北京：中央民族大學歷史文化學院碩士論文，2011年），頁95-102。

[133] 參見劉小萌，〈八旗戶籍中的旗下人諸名稱考釋〉，收入劉小萌，《滿族的社會與生活》（北京：北京圖書館出版社，1998年），頁156-158。

[134] 《內閣大庫檔案資料庫》，登錄號：162765-001，〈兵部・兵部為考試清文事〉，道光三十年四月二十四日。

[135] 清・鐵保等奉敕撰，《欽定八旗通志》，卷95，〈學校志・八旗官學上〉，頁12。

[136] 清・崑岡等修，《欽定大清會典事例（光緒朝）》，卷394，〈禮部・學校・八旗官學〉，頁288下-289上。

五、結論

　　清朝係由滿洲民族共同體為中心擴大而成的多民族帝國，既以滿洲語文為「國語」，又將帝國轄下各大族群的語文納入官方語文，皇帝的諭旨、官員的章奏常兼用清、漢文或蒙文，官方編纂各類書籍亦見多種語文並行。因此，繙譯成為確保政務運作、知識傳播不可或缺的工作。由於八旗為立國「根本」，國家妥善照應旗人，保障其披甲當差的權利；而「清語為旗人根本」，[137]他們不僅肩負以武力鞏固政權的重責，同時也被賦予文書繙譯的任務。

　　政府部門與繙譯業務相關或必須具備繙譯能力的職缺，至少有兩千一百個以上，包括：內閣中書、貼寫中書，部院衙門筆帖式、庫使、外郎，八旗學校助教、教習，以及修書各館繙譯、謄錄等。這些七品以下的小京官，專任旗人，高官之家可以任子，富貴財者或以捐納，現職人員得以議敘，更多是通過考試取得任職的機會。遇考試之期，考生須先驗看騎射，通過者始能入場筆試；其形式為用漢字出題一道，考生繙成清字，選考蒙古文繙譯則以清字命題。自清初以來，國家即設國子監八旗官學，教導子弟讀清書、漢書或蒙古書、繙譯、騎射，其後陸續成立的各式八旗學校亦比照辦理，入學讀書的旗人只要認真學習，非但能夠應付部院衙門的繙譯考試，亦有能力參加文科舉與漢人競爭。迨雍正元年，仿文科舉的形式而試以繙譯的繙譯科考創設，舉凡文舉人、繙譯舉人以至官學生、義學生等，皆屬應考繙譯職缺之列，於是旗人教育自成一套「教─考─用」的系統。

　　讀書、考試原非旗人本務，惟自康熙朝中期以降，旗人社會人口壓力的問題逐漸浮現，當披甲當差的機會大幅限縮，其收入亦不足以支應家庭開銷時，家長鼓勵子弟求學、應試以爭取任職，遂成為改善家庭經濟環境的途徑。然而，國家在制度設計上，優遇高官而疏忽基層；同為兵丁，京旗又勝於駐防。高官子弟就學有錢糧可領，並得免試入仕，一般旗人家庭見披甲無望，只能期待子弟讀書有成，多爭取一份差事以貼補家計。惟康、雍以來開辦的八旗官學、義學多在京畿，旗人應試又屬順天府管轄，

---

137 中國第一歷史檔案館編，《乾隆朝上諭檔》（北京：檔案出版社，1991年），冊4，頁657上，乾隆三十年五月初三日，奉旨。

京旗家庭享有較充裕的教育資源。駐防家庭家戶人口更多，經濟負擔更為沉重，子弟讀書既乏官辦學校，考試又須遠赴京城，為謀職付出的代價更高。直到乾隆朝「出旗」政策普遍施行以後，駐防奉令相繼設學，旗人獲准就地應試，始拉近與京旗的差距。

選擇考試入仕的讀書旗人，有文科舉、繕譯科考、部院衙門繕譯考試等項。科舉功名對旗人並非必要，然自乾隆朝以降，入仕管道日益壅塞，除文進士、繕譯進士仍能直接授職之外，舉人、生員都要再應部院衙門的繕譯考試，才能取得職位；若捨棄功名而直接參加職缺考試，則須面對從最低品級起家，以及日後升遷可能受阻的處境。對一位有仕進企圖心的旗人而言，先考中舉人，再取得七品筆帖式職位，大約是最佳的路徑。至於是否獵取進士功名，以便增加晉升的競爭力，全憑個人的判斷；能否位極人臣，另涉及能力和際遇的變數，則非個人所能決定。事實上，大多數已經站在七品筆帖式有利位置的旗人，即使只是推進至六品或五品，也往往要耗去一、二十年的光陰。

在國家政策保護之下，旗人享有種種特權，惟隨著時空環境的變遷，不可諱言的確有部分旗人昧於現實，依舊沉溺在昔日榮景，故而清語荒疏、騎射廢懈，顯露出頹廢、墮落的一面。但是，有更多的旗人正視家庭陷入生計困難的問題，並積極尋求解決之道，亦即保持良好的清語、騎射能力，通過繕譯考試進入仕途。縱使發生冒濫、舞弊的情形，證諸國家文書繕譯工作仍能持續進行，實不宜視之為普遍現象。因此，當八旗人口迅速成長，無法人人披甲當差，繕譯考試便成為旗人社會向上流動的選擇。

附表一　歷朝《會典》所載筆帖式員額表

職缺＼機構	康熙朝				雍正朝				乾隆朝				嘉慶朝				光緒朝			
	滿洲	蒙古	漢軍	不分	滿洲	蒙古	漢軍	不分	滿洲	蒙古	漢軍	不分	滿洲	蒙古	漢軍	不分	滿洲	蒙古	漢軍	不分
宗人府	26	0	0	0	26	0	0	0	24	0	0	0	48	0	0	8	56	0	0	0
內閣	16	0	0	0	16	0	0	0	10	0	0	0	0	0	0	22	0	0	0	22
吏部	65	2	16	0	65	2	12	0	57	4	12	0	57	4	12	12	57	4	12	12
戶部	139	0	32	0	139	0	32	0	118	4	16	0	121	4	16	20	119	4	16	26
禮部	39	0	4	0	39	0	4	0	34	2	2	0	34	2	4	0	35	2	4	0
兵部	101	8	27	0	67	8	11	0	62	8	8	0	62	8	8	15	62	8	8	15
刑部	96	0	19	0	104	0	23	0	105	4	15	0	105	4	15	40	105	4	15	40
工部	95	0	15	0	95	0	15	0	83	2	10	0	85	2	10	0	85	2	10	0
理藩院	11	41	2	0	19	41	6	0	38	59	6	0	38	55	6	0	34	55	6	0
都察院	158	0	7	0	142	0	5	0	115	2	5	0	0	0	0	122	0	0	0	122
通政使司	11	0	3	0	9	0	4	0	7	0	3	0	7	0	3	0	7	0	3	0
大理寺	6	0	2	0	6	0	2	0	4	0	2	0	4	0	2	0	4	0	2	0
翰林院	62	0	12	0	56	0	6	0	54	0	6	0	54	0	6	0	54	0	6	0
詹事府	10	0	0	0	6	0	0	0	6	0	0	0	6	0	0	0	6	0	0	0
太常寺	18	0	2	0	9	0	1	0	9	0	1	0	9	0	1	0	9	0	1	0
光祿寺	21	0	2	0	21	0	2	0	18	0	0	0	18	0	0	0	18	0	0	0
太僕寺	11	0	2	0	11	0	2	0	8	8	0	0	16	0	0	0	0	0	0	16
鴻臚寺	10	0	2	0	10	0	2	0	4	0	0	0	4	0	0	0	4	0	0	0

職缺／機構	康熙朝				雍正朝				乾隆朝				嘉慶朝				光緒朝			
	滿洲	蒙古	漢軍	不分	滿洲	蒙古	漢軍	不分	滿洲	蒙古	漢軍	不分	滿洲	蒙古	漢軍	不分	滿洲	蒙古	漢軍	不分
國子監	5	0	4	0	5	0	2	0	4	2	2	0	4	2	2	0	4	2	2	0
欽天監	12	2	6	0	12	2	6	0	11	4	2	0	11	4	2	0	11	4	2	0
小計	912	53	157	0	857	53	135	0	771	99	90	0	683	85	87	239	670	85	87	253
合計	1122				1045				960				1094				1095			
百分比	81.3	4.7	14.0	0.0	82.0	5.1	12.9	0.0	80.3	10.3	9.4	0.0	62.4	7.8	8.0	21.8	61.2	7.8	7.9	23.1
內務府	0	0	0	198	0	0	0	346	0	0	0	410	2	2	0	446	2	2	0	433
內禁門	0	0	0	84	0	0	0	30	0	0	0	30	0	0	0	30	—	—	—	30
鑾儀衛	7	0	3	0	7	0	3	0	7	0	3	0	7	0	3	0	7	0	3	0
領侍衛府	0	0	0	12	0	0	0	12	0	0	0	12	0	0	0	27	0	0	0	29
陵寢	42	0	0	0	0	0	0	51	0	0	0	67	0	0	0	32	0	0	0	32
小計	49	0	3	294	7	0	3	439	7	0	3	519	9	2	3	535	9	2	3	524
合計	346				449				529				549				538			
百分比	14.2	0.0	0.8	85.0	1.6	0.0	0.6	97.8	1.3	0.0	0.6	98.1	1.6	0.4	0.5	97.5	1.7	0.4	0.5	97.4
盛京戶部	15	0	0	0	23	0	0	0	21	0	2	0	21	0	2	0	21	0	2	0
盛京禮部	12	0	0	0	12	0	0	0	10	0	0	0	10	0	0	0	10	0	0	0
盛京兵部	—	—	—	—	12	0	0	0	0	0	0	12	12	0	0	0	12	0	0	0

職缺 機構	康熙朝				雍正朝				乾隆朝				嘉慶朝				光緒朝			
	滿洲	蒙古	漢軍	不分	滿洲	蒙古	漢軍	不分	滿洲	蒙古	漢軍	不分	滿洲	蒙古	漢軍	不分	滿洲	蒙古	漢軍	不分
盛京刑部	13	0	2	0	29	0	0	0	24	2	5	0	23	2	5	0	23	2	5	0
盛京工部	16	0	0	0	12	0	4	0	16	0	1	0	16	0	1	0	16	0	1	0
盛京內務府	—	—	—	—	—	—	—	—	0	0	0	16	0	0	0	15	0	0	0	15
小計	56	0	2	0	88	0	4	0	71	2	8	28	82	2	8	15	82	2	8	15
合計	58				92				109				107				107			
百分比	96.6	0.0	3.4	0.0	95.7	0.0	4.3	0.0	65.1	1.8	7.3	25.8	76.6	1.9	7.5	14.0	76.6	1.9	7.5	14.0
八旗都統	112	16	32	0	0	0	0	64	—	—	—	—	0	0	0	144	0	0	0	144
東北駐防	32	3	0	30	42	4	0	20	0	0	0	48	—	—	—	—	—	—	—	—
各省駐防	59	0	0	104	59	0	0	4	0	0	0	87	—	—	—	—	—	—	—	—
前鋒統領	0	0	0	2	0	0	0	4	0	0	0	2	0	0	0	4	0	0	0	4
護軍統領	0	0	0	8	0	0	0	16	0	0	0	16	0	0	0	16	—	—	—	—
步軍統領	4	0	0	0	8	0	0	0	12	0	0	0	0	0	0	12	0	0	0	18
各營處	—	—	—	—	—	—	—	—	0	0	0	4	0	0	0	89	0	0	0	85
小計	207	19	32	144	109	4	0	108	12	0	0	157	0	0	0	265	0	0	0	251
合計	402				221				169				265				251			

職缺\機構	康熙朝				雍正朝				乾隆朝				嘉慶朝				光緒朝			
	滿洲	蒙古	漢軍	不分	滿洲	蒙古	漢軍	不分	滿洲	蒙古	漢軍	不分	滿洲	蒙古	漢軍	不分	滿洲	蒙古	漢軍	不分
百分比	51.5	4.7	8.0	35.8	49.3	1.8	0.0	48.9	7.1	0.0	0.0	92.9	0.0	0.0	0.0	100	0.0	0.0	0.0	100
總計	1928				1807				1767				2015				1991			

說明：1. 宗人府筆帖式乾隆朝《會典》分宗室缺十二名、旗員缺十二名；光緒朝《會典》分宗室缺四十八名、旗員缺八名。

2. 關於內閣筆帖式，康熙、雍正兩朝《會典》各有十六名，乾隆朝《會典》有十名，皆隸屬中書科；嘉慶、光緒朝《會典》各有二十二名中，其中十名為中書科、十二名為上諭處。

3. 乾隆朝《會典》理藩院蒙古筆帖式五十九名中，有四名為唐古特學筆帖式。

4. 光緒朝《會典》太僕寺計有三十六名筆帖式，其中有二十名為左、右兩翼種馬廠員缺，係由兵丁委署，故未予列入。

5. 領侍衛府筆帖式，康熙、雍正兩朝《會典》稱為上三旗侍衛筆帖式。

6. 康熙朝《會典》各省駐防筆帖式編制中，各省漢軍、漢人總督下筆帖式各二員，直省滿巡撫下筆帖式各四員。由於滿、漢官員屢有變動，為方便計算，此處以康熙二十九年（1690年）《會典》編成之前設有六總督、十八巡撫，總督以漢人計，巡撫以滿人計，其下筆帖式分別為十員（川陝總督下筆帖式六員《會典》已另計）、七十二員。

7. 雍正朝《會典》盛京五部筆帖式編制未註明各缺的分配情形，由於盛京以滿缺為主，故此處皆計入滿缺。

8. 雍正朝《會典》各省駐防筆帖式編制中，直省督、撫下筆帖式無定員，聽督撫題請隨代，俱滿缺。雍正十年（1732年）《會典》編成之前設有七總督、十七巡撫，惟筆帖式無定員，故未予計入。

9. 各營處包括乾隆朝《會典》健銳營，嘉慶朝《會典》火器營、圓明園護軍營、健銳營、虎槍營、養鷹鷂處、養狗處、善撲營等。

資料來源：清・伊桑阿等纂修，《大清會典（康熙朝）》，收入《近代中國史料叢刊・三編》，第72-73輯，第711-730冊，臺北：文海出版社，1993年。

清・允祿等監修，《大清會典（雍正朝）》，收入《近代中國史料叢刊・三編》，第77-79輯，第761-790冊，臺北：文海出版社，1995年。

清・允祹等奉敕撰，《欽定大清會典（乾隆朝）》，收入景印文淵閣《四庫全書》，第619冊，臺北：臺灣商務印書館，1983年。

清・托津等奉敕撰，《欽定大清會典（嘉慶朝）》，收入《近代中國史料叢刊・三編》，第64輯，第631-640冊，臺北：文海出版社，1991年。

清・崑岡等修，《欽定大清會典（光緒朝）》，收入《續修四庫全書》，第794冊，上海：上海古籍出版社，1997年。

附表二　歷朝《會典》所載庫使員額表

職缺＼機構	康熙朝				雍正朝				乾隆朝				嘉慶朝				光緒朝			
	滿洲	蒙古	漢軍	不分	滿洲	蒙古	漢軍	不分	滿洲	蒙古	漢軍	不分	滿洲	蒙古	漢軍	不分	滿洲	蒙古	漢軍	不分
戶部	32	0	0	0	0	0	0	53	0	0	0	26	26	0	0	0	26	0	0	0
刑部	—	—	—	—	—	—	—	—	2	0	0	0	2	0	0	0	2	0	0	0
工部	—	—	—	—	—	—	—	—	0	0	0	33	0	0	0	34	34	0	0	0
理藩院	—	—	—	—	—	—	—	—	2	0	0	0	2	0	0	0	2	0	0	0
太常寺	—	—	—	—	—	—	—	—	2	0	0	0	2	0	0	0	2	0	0	0
內務府	—	—	—	—	0	0	0	126	0	0	0	28	0	0	0	96	0	0	0	91
盛京五部	0	0	0	16	—	—	—	—	0	0	0	26	—	—	—	—	4	0	0	0
盛京內務府	—	—	—	—	—	—	—	—	0	0	0	16	—	—	—	—	—	—	—	—
小計	32	0	0	16	0	0	0	179	6	0	0	129	32	0	0	130	70	0	0	91
合計	48				179				135				162				161			

資料來源：清‧伊桑阿等纂修，《大清會典（康熙朝）》，收入《近代中國史料叢刊‧三編》，第72-73輯，第711-730冊，臺北：文海出版社，1993年。
清‧允祿等監修，《大清會典（雍正朝）》，收入《近代中國史料叢刊‧三編》，第77-79輯，第761-790冊，臺北：文海出版社，1995年。
清‧允祹等奉敕撰，《欽定大清會典（乾隆朝）》，收入景印文淵閣《四庫全書》，第619冊，臺北：臺灣商務印書館，1983年。
清‧托津等奉敕撰，《欽定大清會典（嘉慶朝）》，收入《近代中國史料叢刊‧三編》，第64輯，第631-640冊，臺北：文海出版社，1991年。
清‧崑岡等修，《欽定大清會典（光緒朝）》，收入《續修四庫全書》，第794冊，上海：上海古籍出版社，1997年。

寂寞的皇叔——慎郡王允禧（1711-1758）[*]

陳國棟[**]

前言

　　康熙諸子命名序齒者一共有二十四名。其在十四子之前者，除了排行第四的雍正皇帝胤禛以及排行第十三的允祥之外，其他諸子若非原本早故，則大多被捲入康熙末年皇儲之爭。一方面下場可憐，另一方面倒也較為人知曉。至於胤禛與允祥兩人，知之者多，[1]毋庸多做著墨。唯一的特例是履親王允裪。

　　允裪原名胤裪（1685-1763），康熙皇帝第十二子，為康熙年長諸子而未在胤禛（雍正皇帝）繼承皇位的過程中捲入過深的一名皇子，他的老師是完顏氏阿什坦的兒子、赫世亨的弟弟和素。[2]胤裪於康熙四十八年（1709）封固山貝子，就傅的時間當在該年以前。乾隆十三年（1748），允裪委請鄭虎文為和素作了一篇墓誌銘。當時去和素之卒已經三十一年。[3]允裪等了相當長一段時間才請人幫老師撰寫墓誌銘，想來或許有不得已的苦衷。

　　胤裪比胤祥大了一歲。胤裪在康熙末年時曾任鑲黃旗滿洲都統。雍正帝即位之初，封改名為允祥的胤祥為怡親王，同時也封改名為允裪的胤

---

[*] 本文原為2013年國立臺灣師範大學「跨越想像的邊界：族群・禮法・社會——中國史國際學術研討會」而作。原刊於國立故宮博物院《故宮學術季刊》，33：1期（臺北，2015.秋），頁367-398。經徵得同意後收入本論文集。

[**] 中央研究院歷史語言研究所研究員。

[1] 關於允祥，請參見陳國棟，〈怡親王允祥與內務府造辦處〉，收入於余佩瑾主編，《金成旭映：清雍正琺瑯彩瓷》（臺北：國立故宮博物院，2013），頁264-279。

[2] 參見陳國棟，〈武英殿總監造赫世亨——活躍於「禮儀之爭」事件中的一位內務府人物〉，《故宮學術季刊》，30：1（臺北，2012.秋），頁87-134。

[3] 鄭虎文所撰的〈代履親王作內閣侍讀學士完顏公和墓誌銘〉，收入於錢儀吉，《碑傳集》（北京：中華書局，1993），頁1508-1509。

祹為履郡王。但不久之後，就降了他的封爵，而且一降再降，最後變成了比固山貝子還低一等的鎮國公。究竟為了什麼？原因似乎不清楚。直到乾隆皇帝即位，才將允祹晉封為履親王。他活到乾隆二十八年，享年七十九歲，是康熙諸子當中最為長壽的一位。[4]可是他在雍正一朝完全沒有施展才能的機會，在乾隆時期也少有事蹟足資稱道。

吳秀良指出了允祹在雍正年間失寵的根由。允祹的生母為定妃（萬琉哈氏），定妃的哥哥是托合齊；托合齊從1705年起擔任步軍統領，是廢太子胤礽的心腹。[5]因此，允祹的失寵其實還是與皇位繼承之爭有所關聯，雖然允祹本人並未身涉其中。[6]

至於康熙較為晚生的一些皇子們，十五子胤禑無甚可談，十六子允祿、十七子允禮兩人在雍正、乾隆兩朝稍受重用，略有表現。十八、十九、二十三名皇子，得年不永，也乏事蹟可陳，從而少為人知。

比較特別的是二十一子胤禧（允禧，1711-1758）。他與乾隆皇帝出生於同一年，但隨著彼此身分的變動，在允禧身上發生了一些頗為微妙的變化。他即本文所擬加以探討的主要人物。

胤祜（1712-1744）為康熙皇帝的第二十二子。生前被封為貝勒。乾隆八年十二月廿九日卒，得年僅33歲。在世年短，沒有可稱述的事跡。

胤祁（1714-1785）是康熙皇帝的第二十三子。生時被封為貝勒，並在乾隆四十九年（1784）獲得郡王銜。在世時間，從乾隆九年（1744），奉命總理三陵事務，一直到他去世為止，總共負責看守東陵達四十年之久。大陸陵寢堪考專家徐廣源說：「這在清朝是沒有第二例的。他死後，能夠葬在皇陵附近，這也是皇帝對他的格外恩典。」他卒於乾隆五十年七月廿七日，為康熙諸子最後辭世的一位，享年73歲，只比他的十二兄允祹（1685-1763）的歲數少了六歲。[7]

康熙皇帝第二十四子為允祕（1716-1773），在雍正十一年時就已經封為

---

[4] 閻崇年，《清宮疑案正解》（北京：中華書局，2007），頁98。

[5] 參考陳秋速，〈京師守衛者——清代九門提督考實〉，《紫禁城》，2012年第12期，頁30-37。

[6] 閻崇年，《清宮疑案正解》，頁98。關於敏妃與胤祹，參見吳秀良著，張震久、吳伯婭譯，《康熙朝儲位鬥爭記實》（北京：中國社會科學出版社，1988），頁103、136。

[7] 徐廣源，〈考察誠貝勒允祁園寢〉，《紫禁城》，2011：11（北京，2011），頁54-55；王海燕，〈對「滿人漢化」的思考——以清東陵漢學、漢教習的設立及裁撤個案為例〉，《東嶽論叢》，2011：6（濟南，2011），頁52-59；參考閻崇年，《清宮疑案正解》，頁98。

誠親王，與弘曆同時受封，而且早於允禧。[8]他卒於乾隆三十八年十月二十日，得年五十八歲。生平似無重要事蹟可述。他的嫡福晉烏雅氏係內大臣兼尚書海芳之女。海芳通常寫作海望，是雍正、乾隆兩朝的名臣。[9]允祕最為人所知的是他的第二個兒子弘旿（1743-1811）頗為成材，亦稱詩、書、畫三絕，足堪與允禧互別苗頭。弘旿字卓亭，號恕齋、一號醉迂，別號瑤華道人，又號一如居士。[10]

允禧的三個弟弟當中，允祁與他往來較多。允祜與允祕兩人在他的詩集裡都只有驚鴻一瞥。

允禧十二歲時，康熙皇帝過世。因此，他和三位弟弟的身分立刻由皇子變成皇弟。十三年後，乾隆皇帝即位，他們又升級當皇叔。不過，他們的主要身分其實是臣子，寵辱端看當朝皇帝的臉色。有關允祜與允祁、允祕的紀錄與撰述並不多。有之，亦僅及於一、兩個側面。允禧的情況稍好，他個人留下三、四部詩集，而與他往來的詩人墨客也常常留下涉及於他的隻字片語。同時，他與乾隆皇帝同年出生，曾經一道共學，有所相互唱和。要言之，他的個人資料相對較為豐富。筆者基於好奇之故，擬以允禧為例，管窺一位天潢貴胄短暫一生的故事。

一、允禧與弘曆

允禧為郡王，清朝國史當然有傳。此外，還有不少人給允禧寫過傳記。此處先舉兩、三個較具代表性者。其一為沈德潛所編的《國朝詩別裁集》。該書原刊於清乾隆二十四年（1759）及乾隆二十五年（1760），將錢謙益列於卷首。久之，乾隆皇帝認為像錢謙益這樣的人「在明已登仕途，又復身任本朝」，對其節操深表不滿，因此在四十三年（1778），將此書列

8　覺羅勒德洪等奉敕修，《大清世宗憲（雍正）皇帝實錄》（臺北：華聯出版社，1964），卷127，頁7a、b，雍正十一年正月辛卯條，頁1876；卷128，頁3a，雍正十一年二月己未條，頁1882。

9　本文提到的人物甚多，其居官至一定位階以上者，傳記資料相對豐富，可以參考中央研究院歷史語言研究所內閣大庫檔案人名權威檔（基本資料）。為節省篇幅，除細部引用或另有補充外，凡參考該資料庫者，不逐一註出，請讀者諒察。本文之主人翁允禧即在該資料庫有專條。海望亦然。此外，海望尚有一滿漢文合璧之豐碑，拓本見北京圖書館金石組編，《北京圖書館藏中國歷代石刻拓本匯編》，第71冊（河南鄭州：中州古籍出版，1990），頁72。

10　參考楊丹霞，〈弘旿的書畫交游與創作〉，《紫禁城》，2005：6（北京，2005），頁184-195；楊丹霞，〈華冠畫弘旿行樂圖軸〉，《收藏家》，2005：6（北京，2005），頁37-40。

入禁毀書目，並下令重新刊版印行，改列慎郡王允禧居首位。重刊版為允禧作了如下的介紹：

> 慎郡王，紫瓊主人，著有《花間堂詩鈔》。王勤政之暇，禮賢下士。畫宗元人，詩宗唐人。品近河間、東平；而多能游藝，又間、平所未聞也。[11]

其二為嘉慶九年（1804）鐵保編輯的《熙朝雅頌集》：

> 王名允禧，號紫瓊道人。聖祖仁皇帝第二十一子。有《花間堂詩鈔》、《紫瓊巖詩鈔》、《紫瓊巖詩續鈔》。[12]

其三為鄧之誠（1887-1960），《清詩紀事初編》：

> 胤禧，聖祖第二十一子，封慎郡王。高宗列其詩《國朝詩別裁（集）》之首，以代錢謙益者。號紫瓊道人，又號春浮居士。卒於乾隆二十三年，年四十八。著有《花間堂詩鈔》一卷、《紫瓊巖詩鈔》三卷、《續鈔》一卷。外家江南陳氏，故喜從南士游。工書畫，作字神似鄭燮。居朱邸而有江湖之思，人情之相反也。[13]

鄧之誠所撰的資料特別提到允禧的母親來自「江南陳氏」，不禁令人聯想到：說不定乾隆皇帝出自江南海寧陳家的民間傳說，正可能脫胎於胤禧的家世！可惜我們沒有任何資料與證據，因此也不擬就此點立說。以下主要係依據紮實可靠的史料，重建一位皇室成員的生命史，藉以設法增進學術界同好對允禧這一類型皇子王孫的認識。

　　允禧（1711-1758）為康熙皇帝的第二十一子。出生後一直到十二歲時，叫作胤禧。其後才被稱作允禧。他字謙齋，號紫瓊，亦寫作紫璚，號紫瓊

---

[11] 沈德潛，《清詩別裁集》（臺北：廣文書局，1970），卷1，1a，頁19。所謂「河間、東平」係指賢王。王士禎撰、湛之點校，《香祖筆記》（上海：上海古籍出版社，1982），卷4，頁69：「古稱宗室藩王之賢者曰『間平』，謂漢河間獻王、東平憲王也；又古稱『原嘗』，謂趙平原君、齊孟嘗君，皆舉第二字言之。」

[12] 鐵保輯，《熙朝雅頌集》（瀋陽：遼寧大學出版社，1992），頁36。

[13] 鄧之誠，《清詩紀事初編》（上海：上海古籍出版社，2012），頁639。

道人，又號垢菴，自署春浮居士。著有《花間堂詩鈔》、《紫瓊巖詩鈔》與《紫瓊巖詩續鈔》……等詩文集。[14]他於雍正八年（1730）間封貝子，旋晉封貝勒；乾隆元年（1736）晉封慎郡王。乾隆二十三年（1758年）戊寅五月二十一日卒，享年48歲，諡曰靖。

允禧生於康熙五十年正月。近八個月之後，雍親王的四子弘曆出生。弘曆也就是後來的乾隆皇帝。王先謙，《東華續錄》卷首描述弘曆與他的祖父的初見說：「康熙壬寅，年十二，謁聖祖於園明圓之鏤月開雲，即驚愛，命宮中養育，撫視周摯。」又云：「命學射於貝勒胤禧，學火器於莊親王胤祿。肄輒精能。」[15]也就是說，雖然允禧只比弘曆大個七、八個月而已，但是他的射箭本事相當好，好到康熙皇帝要讓弘曆去跟他學射。

乾隆皇帝說清朝制度，皇子、皇孫「無不六歲就外傅讀書者」。[16]一開始應該是識字、讀書之類。不過，據楊丹霞，〈慎郡王允禧及其繪畫〉一文，胤禧於九歲之前就已開始學習騎射，並且有不錯的成績。[17]他是皇子，養在宮中，騎射學得早，功夫也了得。弘曆生於雍親王府，雖然已經從師讀書，但是騎射方面大概遠遠不及允禧。因此康熙六十一年三月弘曆入宮之後，皇帝便要他向年長八個月的叔叔學射。同齡切磋，收功更大。入宮後不久，弘曆便隨同康熙皇帝行圍熱河。弘曆回憶說：

> 一日，虞者告有虎，皇祖命二十一叔父後封慎郡王者往，予跽奏願去。皇祖曰：「汝不可去，俟朕往之日攜汝去耳。」[18]

圍場人員發現老虎，皇帝讓胤禧去，去不讓弘曆去。這表示在康熙老皇帝的心目中，胤禧不只射藝高超，顯然也認為胤禧已有獨當一面的能力，而小他幾個月的弘曆還需努力。乾隆三十八年，皇帝寫〈避暑山莊紀恩堂記〉時，把這件事當成重要的回憶，並且藉機感謝祖父康熙皇帝的體貼。

---

[14] 參考鐵保輯，《熙朝雅頌集》，頁36。

[15] 王先謙編，《乾隆朝東華續錄》（臺北：文海，2006），卷1，頁1a。

[16] 乾隆自稱清朝「皇子、皇孫，無不六歲就外傅讀書者。」見其〈懷舊詩二十三首〉之〈龍翰福先生〉，見于敏中等編，《清高宗御製詩文全集》，第8冊（臺北：國立故宮博物院，1976），卷58，頁9a。

[17] 楊丹霞，〈慎郡王允禧及其繪畫〉，《紫禁城》，2005：4（北京，2005），頁189。

[18] 弘曆，〈避暑山莊紀恩堂記〉（乾隆三十八年），《御製文二集》（乾隆五十一年原刊），收入於《清高宗御製詩文全集》（臺北：國立故宮博物院，1976），卷12，5a-7b。

　　不過，康熙六十一年十一月十三日，老皇帝就已溘然長逝。皇四子雍親王繼位為新皇帝；胤禧被改名為允禧，也從皇子變成了皇帝的弟弟；至於弘曆則由皇孫變成了皇子，後來更在雍正十一年（1733）受封為寶親王。據弘曆所撰〈四餘室記〉一文所稱，當康熙皇帝初故，雍親王剛剛嗣位之時，因為允禧年紀尚不算大，所以還是被留在宮中，仍然與他一起讀書、學習。〈四餘室記〉云：

> 　　康熙壬寅（1722）三月，皇祖聖祖仁皇帝特命予隨侍宮中。承歡侍顏之暇，每得追陪諸叔父，諸叔父推皇祖愛育之勤，咸善視予，而二十一叔父尤肫然有加也。
>
> 　　及我父踐祚，謂諸叔父年尚少，養之宮中，擇師以授之業。二十一叔克遵聖訓，勵志向學，每返諸身，以達於事。皇父嘉之，用是於雍正八年三月封為貝子，未數月又晉封貝勒。[19]

允禧封爵的時間為雍正八年（1730），比弘曆早了三年，封爵後應該外出居府，因此允禧與弘曆見面的機會應該變得相當少了。至於雍正年間，作為皇弟的允禧為他自己的書齋取名為「四餘室」，說法如何呢？弘曆替他解釋說：

> 　　叔父曰：天子友于篤愛之心，有加無已，顧自慚譾劣，特受褒異。中夜以思，惕然而懼，乃以「四餘」名其室，而屬予記之。
>
> 　　且曰：「吾所謂四餘者，除惡樹德以餘慶，捨巧用拙以餘智，知足安分以餘樂，存理過遇以餘壽也。……」。[20]

又云：

> 　　叔父以此四餘名其室，優而游之以求於心；饜而飫之以得於己，慶無疆而智靡窮，樂日生而壽歲增。於以養德修身，對揚一人之寵

19　弘曆，《樂善堂全集》（乾隆二年內府刻本，上海：上海古籍出版社，2010），卷8，21a-24a，頁162-164。

20　《樂善堂全集》，卷8，21a-24a，頁162-164。

命，雖書史所載，若河間、東平何多讓焉。是為記。[21]

大體而言，從康熙六十一年三月，到雍正十三年八月二十三日（雍正去世）之間的十三年半，允禧（胤禧）與弘曆兩人，一個是皇弟、一個是皇子，一體為臣。在家族之內，允禧為弘曆之叔父，而弘曆也謹守姪子之禮。雖然允禧被「養之宮中，擇師以授之業。」[22]但與弘曆應該不同師傅，兩人一起學習的機會實際上並不多；等到允禧出宮之後，更罕有機會覿面了。不過偶爾還是有詩、畫往來，從而在兩人的詩集中留下一些紀錄。

雍正年間，允禧與弘曆往來的詩，存留下來的其實也不多。就弘曆而言，初刊本《樂善堂全集》收錄詩四組，《樂善堂全集定本》仍加以保留。其中有一組二十首的詩，乃起因於允禧用「禪聯體」，以「松風雪月天，花竹鶴雲煙；詩酒春池雨，山僧道柳泉。」二十字為韻腳，作了二十首詩，弘曆也作了二十首答和，還謙稱「予愧非所習，勉強奉和。觀者毋以效顰笑耶！」[23]顯見交情。此外，弘曆還有幾首短篇，都可以見到彼此的情誼。

弘曆，〈奉和二十一叔父癸丑元日早朝原韻〉：

> 昭蘇萬物樂春臺，初日天門曉景催。雉尾風搖雲影動，龍鱗色煥曙光開。蓼蕭禮異周詩咏，湛露恩從漢殿來。深喜圭璋成特達，髫年書史共追陪。[24]

癸丑年即雍正十一年（1733）。允禧與弘曆兩人都已達二十三歲，而允禧已自有居所，平日並不常見。弘曆想到年輕時的事，於是說「髫年書史共追陪」，頗有往事只堪回味的意味。寫過這首詩一個多月後（二月初七日），弘曆受封為和碩寶親王，身分高過了同齡叔父允禧的貝勒。[25]不過，在弘曆即位以前，叔姪兩人還是有一些詩畫往來。例如雍正十二年

---

[21] 《樂善堂全集》，卷8，21a-24a，頁162-164；《樂善堂全集定本》，卷8，8a-10b。

[22] 前引〈四餘室記〉。

[23] 《樂善堂全集》，卷24，〈奉和二十一叔父用禪聯體〉，1a-5b，頁441-443。

[24] 弘曆，《樂善堂全集》，卷34，〈奉和二十一叔父癸丑元日早朝原韻〉，9ab，頁445。癸丑為雍正十一年。

[25] 覺羅勒德洪等奉敕修，《大清世宗憲（雍正）皇帝實錄》（臺北：華聯出版社，1964），卷127，頁7a、b，雍正十一年正月辛卯條，頁1876；卷128，頁3a，雍正十一年二月己未條，頁1882。

（1734），弘曆就寫過這樣的詩──〈題二十一叔父山靜日長小景〉：

> 吾叔乃詩翁，裁句清而好。近復參畫禪，頗得畫中道。高齋長日
> 暇，為我濡毫掃。即景繪為圖，筆法特高老。一峯插天青，波面池
> 亭小。峰腰瀑布飛，亭畔清流繞。更無別糚點，寫意殊了了。我聞
> 詩兼畫，妙品古來少。摩詰真蹟無，元鎮清風渺。吾叔乃升堂，況
> 值青年早。從知天授奇，不憑人力巧。嗟我學畫法，年來曾探討。
> 高山但景仰，興洽林春杳。[26]

弘曆，〈夏日寄二十一叔父索詩畫〉云：

> 庭院清涼竹栢新，懸知詩畫倍通神。胸中早貯千年史，筆下能
> 生萬彙春。
> 臨几興來鋪越練，當窗茶罷試龍賓。瓊瑤乞幷繅細惠，景仰還
> 期步後塵。[27]

弘曆，〈前寄詩索二十一叔父近製承惠尺幅兼辱和章仍用原韻志謝〉云：

> 露潤霜毫句倍新，松筠瀟洒鶴精神。一天爽氣高懷邈，尺幅霞
> 牋錦字春。幸作開筒吟句客，猶慙據案論書賓。生綃惠我王維筆，
> 三遠由來不染塵。
> 為愛園林秋景新，敢從芳藻睹丰神。寒潭月影空中畫，落葉風
> 情幻裏春。響奏階前蛩促織，書排天外鴈來賓。阿戎近日尤無似，
> 杜老空勞灑玉塵。
> 南華秋水一泓新，撫景悠然覺爽神。已媿微詩裁下里，還叨步
> 韻咏陽春。心情近似天邊月，花竹聊充榻上賓。桂露滿瓶薰手讀，
> 恐教仙藻污凡塵。[28]

---

[26] 《樂善堂全集》，卷25，16b-17a，〈題二十一叔父山靜日長小景〉，甲寅（1734）元日作，頁
350-351。參考林莉娜，〈清‧允禧‧山靜日長圖〉，收入馮明珠主編，《雍正──清世宗文物
大展》（臺北：國立故宮博物院，2009），頁304。畫上的題詩由弘曆作，梁詩正書。

[27] 弘曆，《樂善堂全集》，卷37，20a、b，〈夏日寄二十一叔父索詩畫〉，頁483。按應是甲寅年
（1734）夏日所作。

[28] 弘曆，《樂善堂全集》，卷38，4b-5b，〈前寄詩索二十一叔父近製承惠尺幅兼辱和章仍用原韻

不過，很奇怪的是，在允禧的詩集中，看不到受封為慎郡王以前與弘曆往來的詩作。允禧的三部詩集《花間堂詩鈔》、《紫瓊巖詩鈔》與《紫瓊巖詩續鈔》都在弘曆即位之後才被編輯、出版。基於審慎的理由，刪除與還是皇子時期的弘曆贈答的詩作，或許正是慎郡王的「慎」啊！

二、乾隆年間的允禧

允禧在雍正八年時受封為貝子，晉封為貝勒。等到雍正十三年八月二十三日，弘曆繼承皇位之後，雍正十三年（1735）十月，被新皇帝授予宗人府左宗正之職，並負責管理正黃旗漢軍都統事務。[29]同年十一月，允禧晉封為慎郡王。乾隆三年（1738）七月，以他為議政大臣。看來他似乎有機會參與政事。其實不然。

乾隆四年（1739），發生所謂的「弘皙案」。弘皙（康熙十四子胤禩，也就是允禵，之子）有謀取帝位之企圖，事情敗露，牽涉一大堆包括莊親王允祿在內的皇親國戚。[30]雖然允禧未有涉入，但是乾隆皇帝不免因此而放棄重用近親皇族的念頭。[31]受此影響，在一般政事上，允禧的實際參與可能有限，結果也就沒有事蹟可堪稱述。就連他年少時受到康熙皇帝重視的騎射諸藝，在乾隆一朝也都不曾再被提起。[32]

乾隆元年，允禧虛歲二十六歲。實際上，從前一年年底弘曆即位起，一直到他本人過世為止，他留給後人的紀錄，幾乎就以詩、書、畫為僅有的內容了。至於他的詩、書、畫成就如何？或許見仁見智。不過，鄭燮曾經有以下的意見。他說：

> 主人有三絕：曰畫、曰詩、曰字。世人皆謂詩高於畫，燮獨謂畫高於詩，詩高於字。蓋詩、字之妙，如不雲之月、帶露之花。百歲老

志謝〉，頁486-487。按應是甲寅年（1734）秋日所作。

[29] 允禧隨即以「正黃旗漢軍都統多羅貝勒臣允禧」銜名於該月二十日上奏，為旗務「敬陳管見，懇請聖裁」，但無重大立論。見國立故宮博物院藏，宮中檔雍正朝奏摺，第402005525號。

[30] 覺羅勒德洪等奉敕修，《大清高宗純（乾隆）皇帝實錄》（臺北：華聯出版社，1964），卷130，頁1b-6a，乾隆四年十月己丑條，頁1591-1593。參考楊珍，《清朝皇位繼承制度》（北京：學苑出版社，2009），頁381-396。

[31] 參考高王凌，《乾隆十三年》（北京：經濟科學出版社，2012），頁121-122。

[32] 楊丹霞，〈慎郡王允禧及其繪畫〉，《紫禁城》，2005：4（北京，2005），頁188。

人，三尺童子，無不愛玩。至其畫，則荒河亂石，盲風怪雨，驚雷掣電，吾不知之，主人亦不自知也。世人讀其詩，更讀其畫，則不知足之蹈之，手之舞之。[33]

鄭燮的意見且供讀者參考。我們進一步來檢視一下允禧在詩書畫三方面的表現：

（一）詩

　　無論如何，允禧已經變成了乾隆皇帝弘曆的臣子。兩人的關係與互動免不了有所變更。皇帝雖然還是稱允禧為叔父，允禧卻必須時時記住自己是臣子的身分。乾隆皇帝有一陣子寵信沈德潛，叫他去編輯《國朝詩別裁集》。沈德潛自認為「是選以詩存人，不以人存詩」，將錢謙益列為首位，招致乾隆皇帝的不滿。皇帝乾脆發佈上諭，直接改列允禧為首位。但是，嚴格說來，這並不是乾隆皇帝真的認為允禧的詩好到那個地步，這只是皇帝的政治手腕，用來羞辱沈德潛罷了。

　　弘曆即位之後，也還是有詩給允禧。但是君臣之義大過於叔姪親情，不再帶有誠摯的感情了。至於允禧，面對皇帝姪子，其實也只能應制作詩，當成公事來辦了。倒是皇帝偶爾還為允禧的畫作題款，而這些畫往往就是他命允禧作的畫。為這樣的作品題詩，例見於《田盤山色圖》。[34]

　　不過，詩作仍是允禧留給後世最主要的遺產。現經重印面世的作品共三部：一是《花間堂詩鈔》一卷，「清乾隆刊本」。[35]一是《紫瓊巖詩鈔》三卷，「清乾隆二十三年永珹刻本」。[36]最後一部是《紫瓊巖詩鈔續刻》一卷，「清乾隆四十八年永瑢刻本」。[37]

　　實際上，允禧生前，至少還有一部詩集在此三部詩集之前出版，為鄭燮在乾隆七年（1742）所刊，上海圖書館藏有一部，筆者未見。鄭燮為這

---

[33]　鄭燮，《鄭板橋集》（北京：中華書局，1983），補遺，頁175。

[34]　允禧，《紫瓊巖詩鈔續刻》（北京：北京出版社，1997），頁156-158。乾隆乙丑二月十三日，乾隆皇帝駐蹕盤山，「命慎郡王允禧寫田盤山色」，並且「口占詩以贈」：「吾叔詩才素所知，於今學畫畫尤奇；同來勝地寧無意，為寫山容更詠之。」參考楊丹霞，〈清代皇族的書畫（中）〉，《中國美術》，2010：2（北京，2010），頁101。

[35]　允禧，《花間堂詩鈔》（北京：北京出版社，1997）。

[36]　允禧，《紫瓊巖詩鈔》（北京：北京出版社，1997）。

[37]　允禧，《紫瓊巖詩鈔續刻》。

部詩集寫了一個跋，他說「此題後也。若作敘，則非燮之所敢當矣。」。
鄭燮的跋題作〈《隨獵詩草》、《花間堂詩草》跋〉，意味著乾隆七年
（1742）所刊的這部詩集至少包括《隨獵詩草》與《花間堂詩草》兩個部
份。[38]《花間堂詩草》也許與現刊《花間堂詩鈔》相同或相似，但是《隨
獵詩草》到底有些什麼內容，不得而知。從「隨獵」兩個字來看，應該
是皇帝出獵，允禧（胤禧）隨行所作的詩吧。哪一位皇帝呢？康熙皇帝過
世時，胤禧不過十二歲，那以前能有些什麼值得刊出的詩作嗎？雍正皇帝
不行獵，自言：「予之不往避暑山莊及木蘭行圍者，蓋因日不暇給，而性
好逸，惡殺生。是予之過。後世子孫當遵皇考所行，習武木蘭，毋忘家
法。」[39]所以弘曆即位之後，經常行圍木蘭。但目前所看到的允禧詩作，
完全看不出「隨獵」的痕跡。

　　允禧卒於乾隆二十三年五月二十日。永瑢等人隨即編印《紫瓊巖詩
鈔》。果親王弘曕在該年六月、永瑢在七月分別為此書撰序。永瑢（1739-
1777）乃乾隆皇帝的第四子，生母為淑嘉皇貴妃金佳氏（金簡之妹），乾
隆二十八年奉旨出繼和碩履親王（允祹）為後。永瑢在允禧卒時才虛歲二
十。他的序云：

> 余少未嘗學問，然竊慕之。幸一再晤，稍及唱和，遂荷（紫瓊）主
> 人之知，降尊取友，與經畬主人（弘曕）共結西園之契。[40]

說明了允禧、弘曕與永瑢有個西園雅集的詩社。弘曕的序也提到他們的結
合經過如下：

> 憶從庚午（1750）歲蒙聖恩出就藩邸，與道人居址相接，初僅通問而
> 已。既偶見余詩，即色喜，謂客曰：「宗室中不乏人也。」自是書
> 冊畫卷常屬余題，且必得余手書為快。去夏，以公事與皇四子三人
> 各僦居北郭外，暇輒過從嘔吟，遂有芝蘭唱和諸什。[41]

---

[38] 鄭燮，《鄭板橋集》（北京：中華書局，1983），補遺，頁175。

[39] 弘曆，《御製文二集》（乾隆五十一年原刊），〈御製避暑山莊後序〉（乾隆四十七年），收
　　在《清高宗御製詩文全集》（臺北：國立故宮博物院，1976），卷17，頁10a、b。

[40] 允禧，《紫瓊巖詩鈔》，頁118。

[41] 允禧，《紫瓊巖詩鈔》，頁115。

這個詩社在1757年（去夏）才成立，維持不到一整年，允禧就過世了。

《紫瓊巖詩鈔續刻》在允禧過世後二十五年才編輯出版，刊刻之人是乾隆皇帝的第六個兒子永瑢，當時的爵位是質郡王，他同時也是乾隆皇帝指定的允禧繼承人。[42]在跋文中，永瑢云：「王祖詩已刻者二種，曰《花間堂詩鈔》；王祖所自訂曰《紫瓊巖詩鈔》，則果王叔父與先四兄同輯。」完全沒有提到到乾隆七年刊過的《隨獵詩草》與《花間堂詩草》，耐人尋味。永瑢還說明續刻的原因是因為前兩集所收，「凡奉勅應制及他篇什，多未備。」[43]但經此續刻，顯然還是頗有遺珠。

（二）畫

允禧的確能畫，臺北國立故宮博物院便有多件收藏。此外見諸介紹者亦頗不少。《田盤山色圖》十六幅與〈山靜日長圖〉畫軸可為代表。十九世紀末葉初所著的《繪境軒讀畫記》云：「所作山水花卉能合石谷、南田為一手，本朝宗藩第一。」[44]限定在宗藩範圍之內，大抵還算近實。

（三）書

允禧當然也擅長書法。前引鄧之誠為允禧寫的小傳說他「作字神似鄭燮」，這倒見仁見智了。他的墨跡行書〈喜鄭板橋書自濰縣寄到〉已有《文物天地》的介紹。[45]中央研究院傅斯年圖書館藏有北京琉璃廠翰茂齋李月庭拓本，沈德潛撰、允禧正書、董邦達篆額，〈重修妙緣觀碑記〉，碑文即由允禧正書。[46]

總體而言，詩、書、畫方面的成就，恐怕並不是允禧所追求的人生目標。若從藝術史的觀點著眼，允禧也沒有重要到非談不可。筆者認為，作為一位處境尷尬的皇子、皇弟或郡王，詩、書、畫也不過是允禧排遣時光

---

[42] 雖然皇四子永　顯然與允禧感情不錯，不過，在允禧過世一年多以後，乾隆二十四年年底，皇帝卻指定皇六子出繼允禧。依輩份關係，永瑢稱呼允禧為王祖。

[43] 允禧，《紫瓊巖詩鈔續刻》，頁150。

[44] 葉初，《繪境軒讀畫記》。參考戢范，〈明清宮廷繪畫與宮廷畫家──天津博物館明清宮廷繪畫展〉，《收藏家》，2009：7（北京，2009），頁9。

[45] 徐石橋、黃俶成，〈鄭板橋與康熙二十一子〉，《文物天地》，1984：2（北京，1984），頁28-29。

[46] 也收入北京圖書館金石組所編，《北京圖書館藏中國歷代石刻拓本匯編》，第71冊（鄭州：中州古籍出版社，1989），頁74。

的手段而已。只是他也不是天縱英明，生來就會這些。他也是透過向老師學習，與朋友切磋以求精進。而這些師友，也是他消磨時光的伙伴。前面提到他在雍正即位之初，皇帝仍然讓他留在宮中讀書、學習。不過，他的老師們是誰，資料上尚看不出來。因此，以下談他的交遊。

三、允禧的交遊

　　從允禧的三部詩集加以爬梳，可以將與他往來、唱和的人物大致分成幾個類別：（一）皇族宗室、（二）詩人與畫家、（三）方外人士。

（一）皇族宗室

　　這包括了同輩的莊親王允祿、第一代果親王允禮、康熙第二十二子允祜、二十三子允祁（寶裔主人、桂峰、東山氏）。此外，下一輩往來的則有允禮的繼承人弘瞻（經畬主人）[47]、怡親王弘曉（明善堂冰玉主人）、寧郡王弘晈（字鏡齋，號東園，自號秋明主人、鏡齋主人，室名春暉堂。）[48]。

　　宗室當中，則以塞爾赫往來最多。塞爾赫（1677-1747），字僳菴（按、若干文獻作僿庵或仙庵），號曉亭，又自號北阡季子。生於康熙十七年，卒於乾隆十二年。多洛肯、劉美霞云：「塞爾赫流傳至今的作品有詩集《塞侍郎曉亭詩鈔》，全書四卷，一卷一集，分別為《春雪集》、《三餘集》、《懷音集》、《秋塞集》，約一千餘首。……卷首宗室允祁（東山氏）、長洲馬樸授（疇甫）序，後附清宗室伊都禮（立齋）《鶴鳴集》一卷。」[49]

---

[47] 經畬主人題郎世寧《八駿圖》詩，款署「奉宸苑卿郎世寧為紫瓊叔畫《八駿圖》，謹題請正，經畬主人書。」經畬主人為雍正第六子弘瞻，乾隆三年嗣果親王允禮後，襲爵，乾隆二十八年降為貝勒。參考江瀅河，〈乾隆御製詩中的西畫觀〉，《故宮博物院院刊》，2001：6（北京，2001），頁55-60，特別是頁60註20。劉品三，〈畫馬和郎世寧的《八駿圖》〉，收入於《故宮博物院院刊》，1988：2（北京，1988），頁88-90。郎世寧曾為允禧畫的《八駿圖》，現藏江西省博物館，弘瞻為之題詩，劉品三文章有整首詩的釋文。

[48] 弘晈為怡親王胤祥第四子，雍正以第五子弘曉繼允祥為怡親王，另封弘晈為多羅寧郡王。

[49] 李鍇，〈少司馬宗室塞公家傳〉，《李鐵君文鈔》（臺北：新文豐出版社，1989），頁36；多洛肯、劉美霞，〈清代滿族宗室文人塞爾赫生平及詩歌研究述評〉，《瀋陽師範大學學報（社會科學版）》，2012：4（瀋陽，2012），頁13-16。李鍇是塞爾赫的表妹婿。

（二）詩人與畫家

　　允禧在自己的詩作或詩題中提到的人物當中，為友人或門客之流亞者，約有一、二十數位，由於其中多數並未留下夠多的相關文獻，而詩中常用字號或其他別號，因此有幾位可能有重複被提到的情況，又有少數幾位則有名而無姓。現在整理出一份名單如下：方可村、唐公侃、唐靜嵒、沈生、曹生、韓欽甫（韓佐唐）、王蘭谷、楊竹軒、余洋、芥舟先生、傅雯、馬大鉢山人、馬相如、馬龍文、陶毅齋（鳳岡）、德保、保祿、周山怡、孫履安、孫玉峰、彭廷梅（彭湘南）、謝香祖、吳將軍、李穀齋太常、青雷、任松泠、李鍇……等等。

　　這些人與允禧往來的熱絡情況當然不可能無分軒輊，有一些人他特別懷念。允禧，〈十詠詩〉提到了以下十位：鹽大使島庵易宗瀛、大鉢山人馬清癡長海、豸青山人李眉山鍇、彌勒院主量周海公、舊河內令湘南彭廷梅、傳經寺介庵湛公、新范邑宰板橋鄭燮、上湘主簿淑南易祖栻、滿州（洲）筆帖式雨村保祿、閭陽布衣凱亭傅雯。[50]

　　在乾隆甲戌（十九年，1754）允禧還寫了一首〈憶昔行〉。在詩序的部份說：「念故友也。二十年所接數君者，皆海內名輩，奇文妙墨，輝映一時，今皆下世。長日，悶甚且病足，數偃臥。題罷，不知涕霰落。時乾隆甲戌四月也。」如果把「二十年」當成實數，那麼他所懷念的就是在乾隆即位以後，陸續離開他的一些門客或朋友。他在該詩的夾註中說：

> 馬相如酒酣耳熱，譚鋒無敵。長白保祿號雨村，倚醉白眼望天，有所問難微言輒中。眉山善詩、古文，隱盤山，歲時一至。易君嘯溪氣豪邁，詩文字畫、座上揮毫，烟雲滿紙。馬匯川善賞識，於人多所獎借。[51]

提到了馬相如、保祿、李鍇、易祖栻、馬匯川[52]幾個人。

50　允禧，〈十詠詩〉，《花間堂詩鈔》，頁70-71。該詩也收在允禧，《紫瓊巖詩鈔》，卷下，頁6b-8a，頁143-144。

51　允禧，〈憶昔行〉，《紫瓊巖詩鈔》，頁130。

52　「長海，氏那蘭，字匯川，清癡其號也，先世為烏拉部長。」卒於乾隆九年三月，享年六十七。見李鍇，〈馬山人傳〉，《李鐵君文鈔》（臺北：新文豐出版社，1989），頁33。

（三）方外人士

允禧詩集中提到的方外人士頗為不少，這包括以下諸人：藏山上
人、[53]蓮舟、量周上人（量周海公）、靈岩和尚（靈巖上人）、百超上
人、二憨上人、旅亭上人、雪〇上人（雪亭上人）、晴波上人、晴崖上
人、介庵湛公、調梅上人、婁真人……等等。其中多位都是盤山寺廟的出
家人，是允禧到盤山時才得相見的，看不出來有出入王府門庭的跡象。

四、交遊者的代表

以上三組當中最主要的一群當人是允禧的門客，也就是幾位詩人、畫
家。我們從當中選擇特別重要的幾位稍稍深入探討。他們分別是鄭燮、易
宗瀛、易祖栻、傅雯、李鍇、朱文震與顧元揆。

不過，在討論其他人之前，且先提一下那位有名的人物——鄭燮（鄭
板橋，1693-1766）。《紫瓊巖詩鈔》收錄了允禧的一首〈喜鄭板橋書自濰縣
寄到〉詩：「二十年前晤鄭公，談諧親見古人風。東郭繫馬春蕪綠，西墅
彈棋夜炬紅。浮世相看真落落，長途別去太匆匆。忽看堂上登雙鯉，烟
水桃花錦浪通。」[54]原詩的墨迹曾刊於《文物天地》，而其末兩句作「忽
傳雙鯉垂佳貺，烟水桃花萬里通」。可能是收入集子時稍稍改動了幾個
字吧。集中本詩所在置位為庚午年（1750）。《文物天地》的考訂則定在
1746-1753，也就是鄭燮擔任濰縣令的期間。[55]「二十年前」當在1730年前
後，最早可以是1726年。

雍正三年（1725）時，鄭燮初至北京，有〈《花品》跋〉之作，自稱「江
南逋客、塞北羈人」，押署「雍正三年十月十九日，板橋鄭燮書於燕京之
憶花軒」。[56]1725與1726相差僅一年，有人主張兩人初識或許就在此時。[57]

[53] 藏山上人即法天禪師，名雲恆，漁陽平谷人，九歲出家，常居盤山。他是允禧的友人，也是李
鍇的知交。參考李鍇，〈法天禪師生塔名〉，《李鐵君文鈔》，頁32-33；〈贈藏山上人序〉，
頁19。
[54] 允禧，〈喜鄭板橋書自濰縣寄到〉，收入於《紫瓊巖詩鈔》，卷中，14b，頁138。
[55] 徐石橋、黃俶成，〈鄭板橋與康熙二十一子〉，《文物天地》1984：2（北京，1984），頁28-29。
[56] 鄭燮，〈將之范縣拜辭紫瓊崖主人〉，《鄭板橋集》（北京：中華書局，1983），補遺，頁
172，據上海王鳳琦藏墨迹排印。
[57] 金實秋，〈鄭板橋所交期門子弟叢考〉，《東南文化》，2001：3（南京，2001），頁68。金實

　　這件事記錄在鄭燮自己寫的〈板橋自序〉，當中提到：「紫瓊崖主人極愛惜板橋，嘗折簡相招，自作駢體五百字以通意，使易十六祖式（栻）、傅雯凱亭持以來。至則袒而割肉以相奉。且曰：昔太白御手調羹，今板橋親王割肉，後先之際，何多讓焉？」[58]

　　〈板橋自序〉落款題記：「乾隆庚辰，鄭燮克柔甫自敘于汪氏之文園。」庚辰為乾隆二十五年（1760），距離他與允禧初見，已經是很久以後的事了。但是他提到來找他的人之一為易祖栻。假定易祖栻與其父易宗瀛一同入邸，則父子兩入邸都在1735年前夕，並且不得早於1729。因此1725年的說法實難成立，從而比較可能是在1736年，鄭板橋入京會試之時，允禧才與他初會。[59]

　　另一位奉允禧之命去找鄭燮的人是畫家傅雯。傅雯的確曾受命邀見鄭燮。[60]他為該事作了一首詩，題為〈尋鄭板橋〉，詩云：「設醴賢王為見招，我來不惜馬蹄遙。城南城北城東路，到處逢僧問板橋。」[61]

　　傅雯的詩比較不可能是回憶之作，應該就作於1736年。1736年時，允禧已經二十六歲（實歲二十五），剛剛封王不久，已經有易祖栻（及其父易宗瀛）、傅雯……等門客，而大他十八歲的鄭燮也赴其邀約。由於允禧已經是郡王的身分，因此不論是傅雯的當時紀錄還是鄭燮後來的回憶，都稱他為「親王」（虛稱）或「賢王」。這也才恰當。

　　允禧有〈題板橋詩後〉一詩，云：

　　　高人妙義不求解，充腸朽腐同魚蟹。

　　　此情今古誰復知，疏鑿混沌驚真宰。

　　秋自稱依據的是《國朝耆獻類徵‧初編》卷232，鄭燮的小傳，並且說當時允禧已成郡王。這是錯誤的認知。允禧要等到弘曆繼位之後，雍正十三年（1735）年底才被封為郡王，因此比1725年晚了10年。

[58]　鄭燮，《鄭板橋集》，補遺，頁186-187。此一〈板橋自序〉為據徐平羽所藏墨迹排印。《鄭板橋集》一書卷首也複製了它的圖像。該文寫於乾隆庚辰（1760）。

[59]　鄭燮，《鄭板橋集》，附錄，頁250即主此說。

[60]　鄭燮的確與傅雯有交往，但顯然往來不深。鄭燮集子中僅有一首與傅雯有關的詩。翻印鄭燮自書原刻本的《真跡鄭板橋全集》（臺北：漢聲出版社，1973），列為〈絕句二十三首〉之一（頁111-112）；實際上，該詩組只有二十一首。見鄭燮，《鄭板橋集》，頁83。

[61]　傅雯，〈尋鄭板橋〉，收入鐵保纂集，《白山詩詞》（一名《白山詩介》。吉林：吉林文史出版社，1991），頁467。以上參考金實秋，〈鄭板橋所交期門子弟叢考〉，《東南文化》，2001：3（南京，2001），頁62-68。

振枯伐萌陳厥粗，浸淫漁畋無不無。

按拍遙傳月殿曲，走盤亂瀉鮫宮珠。

十載相知皆道路，夜深把卷吟秋屋。

明眸不識鳥雌雄，固與盲人辨烏鵠。[62]

鄭燮的詩集初刊於乾隆七年（1742）到范縣就職之後，他把允禧的「題後」
拿來當作序，改稱〈紫瓊崖道人慎郡王題詞〉。拿「十載相知皆道路」倒
推，距1736不到十年，算是約略性的提法。至於有人主張允禧與鄭燮在乾
隆六年（1741）才開始結交，[63]那就完全無法與其他的文獻相契合了。在允
禧與鄭燮結交於1736年的前提之下，鄭燮的事情稍後在為詳談，先來看一
看允禧的幾位知交朋友：

（一）易宗瀛與易祖栻

從允禧詩集所見，踏入其門下的詩人、畫家應該以易宗瀛、易祖栻這
家人以及畫家傅雯為最早。

易祖栻的一家人有多位出現在允禧的詩集當中。最主要的是易宗瀛、
易祖栻兩父子。此外見於允禧詩集的還有幾位易家的成員：易天有、易公
蘇、易寶庵、易泗，尚待進一步考訂。[64]

易家為湖南湘鄉縣人，出現在縣志上的易家人物頗多。易宗瀛的傳
記云：

> 易宗瀛，字公仙，號島民。幼工詩文，有神童之譽。年十二，受知
> 於姚學使，旋食餼，屢躓棘圍。著述甚富。年五十，以優行貢成
> 均。文大司成薦於慎郡王，甚見禮遇。舉博學鴻詞，選浙江曹娥場
> 大使，調東江場，卒於官。性孝己。母病，嚙指瀝血為文，籲以身
> 代，遂愈。愛弟尤篤。弟與子率皆邑名士。[65]

---

[62] 允禧，〈題板橋詩後〉，《花間堂詩鈔》，頁22b-23a。

[63] 見王錫榮，《鄭板橋集詳注》（吉林：吉林文史出版社，1986），頁5。

[64] 李鍇，《含中集》（遼海叢書本）（收在新文豐叢書集成續編175），卷5，6b，頁100，〈紫騮馬
送別易十八寶亭歸湘南〉提到的易寶亭應是易祖栻（易十六）的弟弟。同書同卷，7b，頁101，
〈易公仙公申兄弟暨王蘭谷宿盤山天城寺三日歷盤西劍臺諸勝而歸未及追陪悵然於懷賦此卻寄〉
一詩提到的易公申是易宗瀛（易公仙）的弟弟。此一現象說明了易氏一家有多人旅食京師。

[65] 張天如修、謝天錦纂，《（乾隆）湘鄉縣志》（海口：海南出版社，2000），頁424。

說到他的弟弟與諸子都是湘鄉名士。同書又云：

> 易宗瀛，雍正七年優貢。歷任浙江錢清、東江、曹娥等場鹽大使，
> 有傳。著有《翠濤書屋全集》。[66]

易宗瀛生於1677年。至於他的卒年，幾乎所有的文獻，包括在他身後不久
刊成的《（乾隆）湘鄉縣志》都曾未明言。幸得中央研究院歷史語言研究
所藏有一件乾隆八年十二月十七日、浙江巡撫兼管兩浙鹽政常安的題本，
題報「管理東江場鹽務歲貢易宗瀛病故」，以他人接署的事情。[67]
　　易宗瀛於雍正七年（1729）以貢生的身分入學國子監。得到國子監祭酒
文某的介紹，而成為允禧的座上客。不過，他也不是一入國子監就很快地
跨進允禧的家門。李鍇〈紫瓊巖引（有序）〉云：

> 　　湘南易宗瀛宿邯鄲，夢得三字曰「紫瓊巖」。既入都，應慎
> 郡王辟，一日，從容述其夢。[68]王指牓，示之曰：「此予書齋名
> 也。」顧先兆若夢，異哉！爰命鍇識之。作〈瓊巖引〉
> 　　秋風蕭蕭柳葉黃，邯鄲舊夢今蒼茫。一鞭落日者何子，衣銜雲
> 水來瀟湘。
> 　　茅店無聲霜月起，又入千秋殘夢底。仙人示以紫瓊巖，五色能
> 令雙目咪。
> 　　吞爻吐鳳神往事，中心丹碧鐫三字。長安索米凡幾春，逢人不
> 敢宣靈祕。
> 　　楚館賓筵引申白，揭劍乘車為上客。雲龍傅翼拔地飛，倏忽真
> 落神仙宅。
> 　　晶簾十二裁清冰，銀虬漏戞琉璃屏。瓊巖主人儼然在，再拜稽
> 首稱宗瀛。
> 　　幻情真境忽交會，夢壘擊邯鄲碎。相逢天外笑無言，蒙頭枕藉

---

[66] 張天如修、謝天錦纂，《（乾隆）湘鄉縣志》，頁400。
[67] 中央研究院歷史語言研究所藏內閣大庫檔案，第062563號。
[68] 允禧本人也提過此事。允禧，〈題島庵隨筆集一百韻〉，《花間堂詩鈔》，頁5a，自註云：
「紫瓊巖，予書齋名，易君北上時，先夢見之。」

乾坤睡。[69]

據此，易宗瀛到京謀食，其實過了好幾年（故云：「長安索米凡幾
春」），才有機會進到允禧的府邸。乾隆丙辰（1736），已經受封為慎郡王
的允禧推舉他應博學鴻詞科之試，因病不果。[70]偃蹇數年，最終選擇出任
浙江鹽大使，允禧有贈答的詩作。[71]

　　易祖栻，生卒年俱不詳。字張有，一字淑南，別號嘯溪。湖南湘鄉
人，依據允禧的詩題，他也稱為「墨君」。易祖栻是易宗瀛之子，能詩
能畫。《（乾隆）湘鄉縣志》有數語描述易祖栻，說他是康熙五十四年
（1715）湘鄉地方的例監。後來到京師，在實錄館服務，得到議敘，授職江
南（江蘇省）青浦縣的主簿一職。著有淑南賦、詩兩稿。該志書還特別加
上一句「今上有題易祖栻墨竹詩，載《樂善堂集》。」[72]乾隆皇帝頗看重
他的書畫，還為他的竹畫題詩，係在藩邸之時，這也說明他與允禧往來的
時間，應該是在雍正末年。而易祖栻也將弘曆的詩刻為印章以自炫。他在
某個時間離開慎郡王府，先官江南青浦主簿，繼遷柳州府經歷，署岑溪縣
事。他所著的《嘯溪詩稿》，已佚。[73]

　　弘曆的〈題易祖栻墨竹詩〉內容如下：

　　　翠掃琳瑯繞曲池，東坡妙筆寫幽姿。一聲清籟露華濕，萬箇寒梢月
　　　影披。想像笙簧吹颯沓，依微烟靄辨參差。香篝銀燭消長夜，恍似

---

[69]　李鍇，《含中集》（遼海叢書本）（收在新文豐叢書集成續編175），卷5，11a、b，〈紫瓊巖
　　　引〉。

[70]　允禧，〈題島庵隨筆集一百韻〉，《花間堂詩鈔》，頁6a，自註云：「丙辰歲，予舉易君應博
　　　學鴻詞科，以病未曾試。」允禧以宗人府左宗正的身分，為乾隆元年這一回的宏詞科推舉了
　　　三個人應試，分別是易宗瀛、李鍇與長住。李鍇見後。關於長住，目前所知無多。此回也受薦
　　　的杭世駿說他是「景陵八品茶上人」、「正白旗包衣漢軍人」；福格說他是「內務府正白旗漢
　　　軍人，八品茶上人」。參考杭世駿，《詞科掌錄》（北京：北京出版社據乾隆道古堂刻本影
　　　印，1997）卷首〈舉目〉，頁456；福格，《聽雨叢談》（北京：中華書局，1984），頁94。景
　　　陵為清聖祖康熙皇帝的陵寢。

[71]　如〈書寄送易公仙之越赴舊任〉、〈早春送易天有為越中尉兼寄島庵〉、〈潭臺八景詩為易公
　　　僊作〉、〈十詠詩——鹽大使島庵易宗瀛〉、〈夏夕得易島庵浙江書〉、〈書寄島庵〉、〈席
　　　上分賦得秋柳送別島庵〉……等，分別見《花間堂詩鈔》，頁9ab、17a、36b-37b、38a、40b、
　　　53b、53b-54a。

[72]　張天如修、謝天錦纂，《（乾隆）湘鄉縣志》，頁400。

[73]　何力，〈清前、中期政治與湖南畫壇〉，《雲夢學刊》，27：3（湖南，2006.5），頁107-108。

瀟湘晤對時。[74]

易祖栻頗工畫，與李鍇亦相熟，曾為後者的家園繪圖，而允禧為之題畫，詩稱〈題易張有為隱士李眉山畫蘿村圖歌〉。[75]此外，允禧寫給易祖栻或者提到他的詩還不算少。[76]

（二）傅雯

傅雯的生卒年也不清楚。他字紫來，一字凱亭，號香嶙，別號凱頭陀，今遼寧北鎮人。金實秋引佚名，《讀畫輯略》云：傅雯，

> 善指頭畫，得高且園之傳，尤長於盈丈佛像。乾隆甲子，供奉內廷，尋以旗員補用武職。通世故，善談諧。詩畫皆敏捷，俄頃間，可得數十幅。題識不作尋常詩。尤好從僧游，故其得意之作，僧寮中多有之。

除了佛像之外，傅雯也以，畫鷹知名。[77]

《讀畫輯略》說傅雯在乾隆甲子（九年，1744）供奉內廷，事實上要更早些。他進內廷，其實也就是到內務府造辦處畫畫。因為他與前輩高其珮（號且園，1660-1734）一樣，以指畫聞名。造辦處留有《內務府造辦處各作成做活計清檔》（以下簡稱《活計檔》），從乾隆八年到十年都找得到有關傅雯的紀錄。[78]例如《活計檔》，〈如意館〉，乾隆九年：

---

[74] 弘曆，《樂善堂全集》，卷36，15b-16a，頁470。《樂善堂全集定本》，卷28，頁7a。

[75] 允禧，〈題易張有為隱士李眉山畫蘿村圖歌〉，《花間堂詩鈔》，頁34a、b。

[76] 例如〈和易天有早春出郭原韻〉、〈和易張有聞雁〉、〈題易墨君畫竹二首〉、〈畫竹歌贈墨君易張有〉、〈題畫贈易祖栻〉、〈題易張有為隱士李眉山畫蘿春圖歌〉、〈十詠詩──上湘主簿淑南易祖栻〉、〈秋日送易張有之官江南〉……等等，見《花間堂詩鈔》，頁7a、7b、11b、14ab、31a、34ab、39b、47ab。

[77] 金實秋，〈鄭板橋所交期門子弟叢考〉，《東南文化》，2001：3（南京，2001），頁62-68。傅雯在頁63-64。傅雯任驍騎尉（驍騎校？）。崇正，〈清傅雯指畫勝果妙音圖流傳考〉，《收藏家》，1998：4（北京，1998），頁49-51；數年後，聶崇正重新修訂發表〈傅雯指畫《勝果妙音圖》流傳考〉，《故宮博物院院刊》，2004：1（北京，2004），頁6-11。此外，楊澤華，〈佛畫《勝果妙音圖》的指畫藝術與修復〉，《文物天地》，2000：1（北京，2000），亦應參考。

[78] 張榮選編，《養心殿造辦處史料輯覽‧乾隆朝》，第二輯（北京：故宮出版社，2012），頁233、285、285。

（三月）十五日司庫郎正培、催總花善來說，司庫郎正培等奉旨
「賞畫畫人傅雯近視眼眼鏡一副。欽此。于本年本月十六日，催總
花善將賞用活計內近視眼眼鏡一副，同畫畫人傅雯挑得子時辰持去
訖。[79]

從「活計檔」可以看到傅雯在乾隆八年到十一年間（1743-1746）在造辦處
甚受重視。他在1736年以前已經在允禧邸中出入，此時必定已有一定的年
歲，所以皇帝賞給他「近視眼眼鏡一副」。允禧的〈十詠詩〉有「閶陽布
衣凱亭傅雯」，至晚到乾隆七年時，兩人還有往來。那以後傅雯就進造辦
處服務，往來就少了。

（三）鄭燮

　　再回來看鄭燮。鄭板橋在1736年時就受召到允禧邸中相見。兩人有一
定的往來，但詳情如何呢？

　　二十年後允禧寄給鄭板橋的一首詩裏，回憶到兩人初見時的情形：

> 二十年前晤鄭公，談諧親見古人風。
> 東郭繫馬春蕪綠，西墅彈碁夜炬紅。
> 浮世相看真落落，長途別去太匆匆。
> 忽看堂上登雙鯉，烟水桃花錦浪通。[80]

鄭燮於乾隆七年（1742年）出任山東范縣縣令。乾隆十一年（1746年）調任濰縣
縣令。允禧，〈送鄭板橋令范縣〉：

> 萬丈才華繡不如，銅章新拜五雲書。
> 朝廷今得鳴琴令，江漢應閑問字車。
> 四郭桃李春雨後，一缸竹葉夜涼初。

---

[79] 張榮選編，《養心殿造辦處史料輯覽·乾隆朝》，第三輯，頁158。參考金實秋，〈鄭板橋所交
期門子弟叢考〉，《東南文化》，2001：3（南京：2001），頁64。

[80] 允禧，〈喜鄭板橋書自濰縣寄到〉，收在允禧，《紫瓊巖詩鈔》，卷中，頁14b。墨迹本末兩
句作「傳雙鯉垂佳貺，烟水桃花萬里通」，見徐石橋、黃俶成，〈鄭板橋與康熙二十一子〉，
《文物天地》1984：2（北京，1984），頁28-29。《紫瓊巖詩鈔》書中本詩所在置位為庚午年
（1750）。果爾，他們應相識在1731之前。不過，因為是作詩嘛，也大可不必那麼嚴謹。

屋梁落月吟瓊樹，驛遞詩筒莫遣疏。

鄭板橋曾為允禧的詩集《隨獵詩草》作跋語一篇，文章開頭便說：

紫瓊主人者，聖祖仁皇帝之子，世宗憲皇帝之弟，今上之叔父也。
其胸中無一點富貴氣，專與山林隱逸、破屋寒儒爭一篇一句一字之
短長，是其虛心善下處，即是其辣手不肯讓人處。[81]

又提到其治學精神：「瓊崖主人讀書好問。一問不得不妨再三問，問一人
不得不妨問數十人，要使疑竇釋然，精理迸露。故其落筆晶明洞徹，如觀
火觀水也。」最後又對允禧的藝術作出了總的評論；[82]而允禧對鄭燮也有
不差的評價，如〈題板橋詩後〉。[83]允禧的〈十詠詩——「新范邑宰板橋
鄭燮〉，當寫於1742年或稍後，也仍舊將鄭燮列為十個懷念的朋友之一。

（四）李鍇

　　李鍇（1686-1755），漢軍正黃旗人[84]，他一方面是康熙名臣索額圖的女
婿，同時也是塞爾赫（1677-1747）的親戚（表妹婿）[85]。他的家族出自朝鮮，
後來遷居遼東襄平（今遼寧遼陽）。始祖李英，李鍇為第九代。祖上頗有
事功。[86]他成婚後不久，康熙四十二年（1703），岳父索額圖即被處死。他
出於生四川，往來過許多地方，到康熙五十九（1720）年才定居盤山。何時
開始與允禧結交，不易確定。但從兩人往來詩文看來，盤山實是關鍵。
　　李鍇在其文集《含中集》的卷首寫了一篇〈焦明子傳〉。其實就是他
的夫子自道。其文云：

---

[81]　鄭燮，《鄭板橋集》，補遺，頁173，〈《隨獵詩草》、《花間堂詩草》跋〉。出版者加註說明
　　　據上海圖書館藏刊本排版。該跋押的日期是乾隆七年六月二十五日。

[82]　鄭燮，《鄭板橋集》，補遺，頁175。

[83]　允禧，〈題板橋詩後〉，《花間堂詩鈔》，頁22b-23a。

[84]　一說卒於1753-1754間。參考朱則傑、陳凱玲，〈「遼東三老」考辨〉，《社會科學戰線》，
　　　2009：3（吉林，2009），頁168。

[85]　多洛肯、劉美霞，〈清代滿族宗室文人賽爾赫生平及詩歌研究述評〉，《瀋陽師範大學學報
　　　（社會科學版）》，2012：4（瀋陽，2012），頁13-16。

[86]　關於他的家世，見李鍇，〈資政大夫輕車都尉參領衛唐李公三世墓表〉，《李鐵君文鈔》（遼海
　　　叢書本）（收在新文豐叢書集成續編191），頁30-32；李鍇，〈李處士傳〉，《李鐵君文鈔》，
　　　頁35。參考孫曉玲，〈李鍇家族考〉，《文化學刊》，2007：3（北京，2007），頁135-141。

焦明子者，東海人。其先人客蜀而生焦明子，故焦明子生而即為客。及長，十九，走天下。中歲至盤山，好之，遂家盤陰以終焉，而後焦明子不為客。焦明子有靜癖，喜行無人徑。嘗犯雨雪、歷谿谷中獨遊以為樂。蛇虎迹縱橫，不顧也。苦嗜茗。為鐵鐺瓦缶，使奚所至負從之。每茶煙起水石邊，樵采者咸知其為焦明子也。然性褊狹，又鈍拙，見事遲，以故深畏與人接，而人顧乃好近之，使不得遂其性。異哉！嘗為焦明賦以見意，人遂號之曰焦明子。嗟夫！焦明者巢於蚊睫而蚊不驚，細之細者也。夫以天地視盤山，豈僅一、二蚊睫比？而棲遲其陰者，又烏足視夫焦明也哉？[87]

李鍇在本文中自稱十九歲時開始「走天下」。其實，應該更早。他在另一篇文章中說：「鍇年十三，循大江而東，見山川人物之奇雖少，頗歆動于中。久之，下齊、魯，走吳、越。所至輒留連不自已。」[88]康熙末年，準噶爾與清朝發生衝突。稍早，李鍇曾經奉命出使。他自己說：

兵事之先，鍇奉使至蘇勒圖河，其降王阿剌不坦駐圖衣河，所部得往還無禁。[89]

方苞替他講得稍微清楚一點：

鷹青非山人也。其家世勳舊。方聖祖仁皇帝西征澤旺，嘗自請赴絕塞開墾，以給屯軍。在軍中踰年，莫有知者。遂歸，絕人事，閉關於盤山。[90]

澤旺即策旺，其君主為阿剌布坦（阿剌不坦）。有些文獻說李鍇有筆帖式職銜，其實也與這件事情有關。方苞云：

康熙四十一年，父少司寇范陽公卒。時西事方起，議絕漢屯極邊。

[87] 李鍇，《含中集》（遼海叢書本）（收在新文豐叢書集成續編175），頁64。
[88] 李鍇，〈是亦樓記〉，《李鐵君文鈔》，頁12。
[89] 李鍇，〈題友人邊事後〉，《李鐵君文鈔》，頁20。
[90] 方苞，〈鷹青山人詩序〉，《方望溪（苞）先生全集》（臺北：文海，1970），頁237-240。

> 山人既練，自請興屯黑河，踰年歸。母卒，再使南河，賜七品冠
> 帶。乃盡以先世產業屬二昆，移家潞河，潛心經史。[91]

筆帖式的最高品級即為七品。大概在這事以後不久，到康熙五十九年
（1720）時，李鍇就到盤山養疾；次年（1721），他買了盤山北邊蘿村的住
宅，從此定居盤山。不過，他自己記錄自己的事，在時間點上不免有所誤
記，需要稍作考訂如下：

李鍇，〈《尚史》序傳〉：

> 鍇生于蜀，年三十有六，歸休乎盤陰。[92]

李鍇生於1686年，三十六歲時為1721年。所謂「歸休乎盤陰」指的是購宅
定居的年分。可是李鍇，〈氿泉記〉：

> 康熙庚子春，正月六日，李子卜居乎蘿邨，權輿於盤陰也。[93]

「權輿」為啟始之意。本段引文的意思說明了他真正到盤山蘿邨定居的時
間是康熙五十九年正月初六日。時間上記錯了一年。

李鍇，〈贈藏山上人序〉云：「康熙庚子秋八月，眉山養疾乎盤
山。」又云：「明年春正月，藏山為眉山購蘿邨，定居麑山北。」[94]
康熙庚子即康熙五十九年，西元1720年。這年秋天才到盤山養病。那
時候結識了藏山上人。藏山為他在盤山北方的蘿村買了房子，1721年年初
他才搬過去定居。如果不說李鍇與允禧到這以後才結識，大概也要到這以
後才較有機會往來。允禧的〈十詠詩〉寫於1742年或稍後。當中有「豸青
山人李眉山鍇」一項，也將比鍇列為十個懷念的朋友之一，意味著他們也
不是經常有機會見面。因為既然李鍇卜居盤山之北的蘿村，那麼，必須是
允禧到盤山，而且行程寬裕，才有機會見面吧。兩人的詩集分別留下一些
贈答或唱和、懷念的詩作。例如，李鍇〈上慎郡王二十四韻〉中有句云：

---

91 方苞，〈二山人傳〉，《方望溪（苞）先生全集》，頁460-463。
92 李鍇，〈《尚史》序傳〉，《李鐵君文鈔》，頁13。
93 李鍇，〈氿泉記〉，《李鐵君文鈔》，頁27。
94 李鍇，〈贈藏山上人序〉，《李鐵君文鈔》，頁19。

「王秩重价藩，統茲戎寄」、「天秩班群后，懿親特總戎」。[95]允禧不曾統兵，但在乾隆三年被授為正黃旗漢軍都統、乾隆五年管理正白旗滿洲都統。[96]李鍇詩中所云「統茲戎寄」、「天秩班群后，懿親特總戎。」最可能是指乾隆三年初授正黃旗漢軍都統這件事吧！（李鍇身屬正黃旗漢軍）

不過，李鍇不只與慎郡王往來，也交結其他王公，當中一位為寧郡王弘晈。弘晈愛菊，李鍇有〈東園菊讌序〉：

> 乾隆十年歲次乙丑十月三日，東園之菊既花，主人開廣筵速賓讌。嚴氣未交，秋陽煦仁。……
>
> 主人為誰？寧王敬齋殿下也。賓為誰？介闇上人塞曉亭、其子厚菴，暨石星源、龍擔游、趙半舫、蔣耦漁、查承齋、李眉山也。[97]

後來李鍇還為弘晈的《菊譜》一書寫序。李鍇，〈秋明主人《菊譜》序〉（作於乾隆甲子年，1744）：

> 生物之因於天者，雨生萍，空室生苔……。[98]

他與淳郡王弘暻（1711-1777，康熙帝七子允祐之子）也有所往來。他有一首詩〈上淳郡王〉講到兩個人結識的經過。[99]弘暻生年與允禧相同，而其結識李鍇的時間是乾隆二年，時年二十六歲。李鍇對於王侯的美意，難以拒人於千里之外，見過之後還寫詩來表達對方知己的感激，其後也繼續保持來往。[100]至於宗室塞爾赫則根本是他的親戚，自然有所互動。

（五）朱文震

朱文震，濟南歷城人。字青雷，號去羨，又號平陵外史、去羨道人。少孤貧，後曾出仕。朱文震善篆刻，而且能詩、能畫。他在詩作〈畫中十

95　李鍇，《含中集》，卷5，1a、b，〈上慎郡王二十四韻〉，頁98。

96　參考中央研究院歷史語言研究所明清檔案工作室，人名權威檔，允禧。

97　李鍇，〈東園菊讌序〉，《李鐵君文鈔》，頁28。

98　李鍇，〈秋明主《菊譜》序〉，《李鐵君文鈔》，頁18。

99　李鍇，《含中集》，卷5，10a、b，〈上淳郡王〉，頁102。

100　參考李鍇，《含中集》，卷5，17a，〈題天城寺慎淳二王渤石書〉，頁106。

哲歌〉中道及允禧。相關的三句是：「紫璃三絕名素彰，天機敏妙腕力強，尺幅動欲浮千觴。（紫璃慎清郡王）」，已稱允禧的諡號（但誤誤作「清」，應改作「靖」），當然是寫在1758年以後。全詩末尾有自註云：「右余庚申年斅梅村先生所作〈畫中十哲歌〉也，或締交已久，或私淑諸人，意之所屬，率爾成篇。」[101]1758年以後的庚申年為西元1800年，已在允禧去世後四十餘年，允禧恐怕只是朱文震的「私淑諸人」之一。有些人主張朱文震與易祖栻在慎郡王府作客最久。易祖栻誠是，朱文震恐怕不然。何洪源一方面說朱文震活躍於乾、嘉畫壇，又說他卒年六十，卻認為朱文震遊歷京師時被慎郡王賞識，故有「客其邸最久」的記載。[102]何洪源所據史源顯然有誤，或許是疏忽了朱文震模仿吳偉業寫〈畫中十哲歌〉，但所述十人並非皆有交往。不過，朱文震與允禧的繼承人質郡王永瑢的確有所互動，從而衍生誤會吧。再者，他亦受知於成親王永瑆，「成邸詒晉齋印章多出其手」。[103]無論如何，他所往來的對象的確不是允禧。

（六）顧元揆

顧元揆，字端卿，元和人。乾隆九年舉人，官古州知州。書法學顏真卿，畫亦入妙。他為允禧的《紫瓊巖詩鈔》寫了如下的一段跋語，敘述其成為允禧門下的緣由：

> 歲丁丑（1757）初春，揆教習宗人期滿，病，未及引見也。客中不能自存，有以揆善書言於紫瓊巖主人者，得實之門下。已而知揆頗解韻語，時對酒論文，數稱良友，盡出所著詩稿，命揆嚴去取而手錄之。嗚呼！詩之雄深雅麗，無俟鄙言矣。獨念二十年來遊邸中者，皆海內知名之士。……戊寅夏五月廿一日，紫瓊岩主人以疾

---

[101] 小橫香室主人編，《清朝野史大觀》（臺北：新興書局，《筆記小說大觀》第33輯第8冊，1959），卷10，〈畫中十哲歌〉，頁49。

[102] 何洪源，〈朱文震隸書三經摭談〉，《收藏家》，2007：4（北京，2007），75-78。參考張獻哲，〈朱文震《山水冊》鑒賞〉，《文物世界》，2006：1（北京，2006），頁57-60。張文其實錯誤不少，如將允禧當成是「康熙十二子」……之類。由於相關學術研究不多，因此仍將此文暫列以供參考。又，毛承霖纂修，（民國）《續修歷城縣志》（臺北：成文出版社，1968），卷41，12b，頁2488，有朱文震的傳記。朱文震之得識永瑢係曾在四庫全書館工作，而永瑢適為四庫全書館總裁。

[103] （民國）《續修歷城縣志》，卷41，12b，頁2488。

　　薨。……[104]

透露出允禧的愛才與對失路文人的慷慨。

　　其實，允禧留下來的三部詩集，雖然內容頗重複，但是還是可以整理出更多頗有往來的門課與交遊朋友。不過，限於工夫與篇幅，暫時不擬一一探討。

結語

　　文人畫家到北京覓食相當平常。[105]顧元揆就是，而易宗瀛、易祖栻一家與鄭燮也不例外。還有其他人亦復如此。允禧有〈題吳門曹生畫百花圖〉一詩，中云：

> 曹生自號群玉主，家在芙蓉江上居。
> 胡為售技來上都？食指屢空羞青蚨。
> 我欲與爾奏吳歈，花前日日傾百壺。
> 吟成短章一擊盆，汲泉又課長鬚奴。[106]

曹生來上都售技，投到了允禧的王府。其實，據鄭燮所言，傅雯在進內務府造辦處之前，也奔走於好幾個王府，而且不只是到允禧一家。鄭燮的詩（有序）云：

> 傅雯，字凱亭，閭陽布衣，工指頭畫，祖且園先生。
> 長作諸王座上賓，依然委巷一窮民。
> 年年賣畫春風冷，凍手胭脂染不勻。[107]

王府養客，法所不禁，在允禧生存的康熙、雍正、乾隆三朝亦屬常見。而

---

[104] 允禧，《紫瓊巖詩鈔》，頁147-148。

[105] 余輝，〈十八世紀服務於京城王府宦邸的人物畫家〉，《故宮博物院院刊》，2002：6（北京，2002），頁63-70。

[106] 允禧，〈題板橋詩後〉，《花間堂詩鈔》，頁42ab。

[107] 鄭燮，〈絕句廿一首‧傅雯〉，見王錫榮，《鄭板橋集詳注》，頁167。

北京的王府還真不少，足夠讓文人奔走。[108]與他往來的人雖多，偶爾也顯
得熱絡，但極少膩在一起，除了幾位熱中者（如鄭燮）外，彼此之間（如
李鱓）基本上隱藏有一種淡如水的味道。

平郡王福彭（1708-1748）在雍正年間曾被授為定邊大將軍，乾隆初年的
慎郡王允禧卻始終沒有類似的機會。乾隆皇帝一直把慎郡王允禧當成是個
文人清客。既然允禧不可能建功立業，也就只能在詩、書、畫這等雅事上
消磨歲月了。

允禧留下來的文字作品，都經過他自己或近親檢查與編輯，可以安全
地公諸於世。至於他是否有任何不可公開的心底事，其實也無從猜測。他
曾作〈春日園居襍咏八首〉：

> 寂寂三條徑，閒閒十畝園。竹聲風到枕，花影月當門。事幻知
> 人貴，心安識道尊。半生何所得，俯仰荷乾坤。
>
> 縛草新為屋，環花築舊亭。苔深墻染綠，山霽闥排青。俗跡無
> 相淆，幽人或見經。聖恩容懶慢，朝罷醉兼醒。
>
> 種樹乘時令，栽培亦不難。欲成喬木蔭，先作密林看。果待經
> 秋熟，根從此日盤。一枝棲自穩，小鳥有巢安。
>
> 一勺猶名沼，開渠日引泉。恰能深似蠡，已覺淨涵天。輕縠交
> 風細，虛規抱月圓。朗吟支一榻，高興渤溟前。
>
> 小臺頗清逈，寧勞高築為。靜思雲共憩，閒與月相期。城廓長
> 開畫，風烟各寫咨。登臨無次第，尊酒日能持。
>
> 牆隅數步地，脩竹已成叢。當馬風兒輩，為笻許老翁。盛年吾
> 自得，佳境此相同。剪伐還須慎，青青保歲終。
>
> 長畫多餘暇，風光潑眼濃。草翻晴日蝶，花亂午時蜂。至理無
> 深解，元談有定宗。滔滔者皆是，好要任吾從。
>
> 得歡已為樂，此歡寧復窮。天光在酒盞，春色滿詩筒。滴盡柳
> 梢雨，稍來花下風。昭蘇皆品物，慶愜集微躬。[109]

---

[108] 參考鄭永華，〈清代宗室世子考〉，《清史研究》，2013：1（北京，2013），頁150-153；
張元，〈曹雪芹與北京的王府〉，《北京教育學院學報》，1999：2（北京，1999），頁30-
34；愛新覺羅恒順，〈清代北京宗室王公府第全面考述〉，《滿族研究》，1998：1（瀋陽，
1998），頁46-63。
[109] 允禧，〈春日園居襍咏八首〉，《花間堂詩鈔》，頁51a-52b。

在這些平淡無奇的詩中或許透露出一些寂寞的感覺。鄭燮就這樣形容允禧：

> 主人深居獨坐，寂若無人，輒于此中領會微妙。無論聲色子女不得
> 近前，即談詩論文之士亦不得入室。蓋譚詩論文，有粗鄙熟爛者，
> 有旁門外道者，有泥古至死不悟者，最足損人神智，反不如獨居寂
> 坐之謂領會也。[110]

在短短不到四十八年的歲月當中，歷經了康熙、雍正與乾隆三位盛清明主，允禧與他們的關係也由皇子遞變為皇帝之弟與皇叔，但不變的是他都是臣子。從康熙末年到乾隆初政，清廷政局變化多端，允禧當然點滴在心頭。他終生在詩、書、畫上消磨歲月，當然是明哲保身之計。他的交遊，也只是在豐富這樣的生活。然而這些交遊萍聚萍散，其實在身邊的時日並不多。作為一個皇帝的近親，他無所用事，想來不勝寂寞。

---

[110] 鄭燮，《鄭板橋集》，補遺，頁174。

16世紀中國東南沿海倭寇的
走私貿易活動研究

李和承[*]

一、緒論

　　明初，太祖即位之後便開始關注山東沿海一帶盜賊的活動。太祖為了預防方國珍、張士誠等敵對勢力與海盜的相互勾結以及防止倭寇的入侵，於1372年宣布了海禁。[1]此後，除永樂帝派遣鄭和下西洋之外，明朝對外開展的海上活動比以往任何一個王朝都要消極，還因而被某些學者稱為「內性主義王朝」。百姓的海上活動也包含在私自貿易之內，私人貿易被禁，被官方允許的貿易只在有限的範圍裡進行。

　　當時，唐宋時期海上貿易較為活躍的路線遭到了封鎖。這對長期依靠大海維持生計的浙江、福建和廣東沿海的居民而言，無疑是一個沉重的打擊。為了生存，他們的選擇不外乎以下幾種：（一）衝破森嚴的戒備加入走私貿易的行列；（二）前往陌生的東南亞定居；（三）成為漂泊在海上的寇盜，且與家鄉保持著一定的聯繫。在明朝中期海禁政策發生變化之前，沿海居民大體選擇上述三種方式進行貿易活動。

　　伴隨內陸經濟的發展，走私貿易的規模也逐漸擴大。海禁越嚴，走私貿易的收益就越豐厚。因此，越來越多的人冒著違背禁令的風險加入了走私行列。儘管有人提出了開放港口確保稅收的務實主張，但歷代君王沿襲的海禁政策卻是一道無法逾越的屏障。大約在1540年前後，在沿海地區富

---

[*]　韓國Seoul Digital University（首爾數位大學）中國學系教授。

[1]　「禁瀕海民不得私出海」，《明太祖實錄》（中央研究院歷史語言研究所校印，中文出版社，1984），卷70，洪武4年十二月庚辰朔丙戌條；「申禁人民不得擅自出海與外國互市」，《明太祖實錄》，卷252，洪武30年四月癸未朔乙酉條。

豪的參與和官吏的默許之下，走私貿易的規模愈加龐大。

　　起初，這種由富豪出資、當地居民出力的走私貿易進行得較為順利，但後來卻逐漸出現一些意想不到的問題。例如，走私貿易進展不順時，走私者不償還預借錢財，或者欺詐行騙。無力償還借款而逃走他鄉，或為了賺取更多的錢財而投身海上貿易的人越來越多，他們被稱為奸民、海賊、海盜、海寇或倭寇，歷經不同於昔日走私的生活。在當時的東南沿海一帶，這些所謂的海賊或倭寇不僅有中國人、日本人和朝鮮人，還包括覬覦中國市場的葡萄牙人和西班牙人，他們混雜在這片遼闊的海域之中。

　　隆慶初年，上述倭寇的活動發相當大的變化。嘉靖年間活動頻繁的那些倭寇逐漸減少，以中國人為主的海寇集團掌握了海上活動的舞台之後，倭寇的生計反而受到了威脅。中國海上貿易主導權的操控集團在不同時期各有不同組合，如萬曆時期是潮州和瓊州等地的廣東人，天啟、崇禎時期是漳州和泉州等地的福建人。這些集團的組織成分相當混雜，有農民、對社會不滿的人、逃犯和商人等。他們搖擺於商人和盜賊之間，身分相當模糊。福建出身的周之夔在東南沿海任職多年，對於海寇的身分認同，他指出，儘管活動在海上，但他們的靈魂片刻都不曾脫離陸地；儘管靈魂附著著陸地，但他們的據點卻從未離開過大海。[2]

　　倭寇是明代三大外患之一，對當時社會產生了深遠的影響。本文試圖從多種視角來分析東南沿海海上活動成員的背景，從而對中國國門正式開放之前的海上世界進行考察。

二、本論

（一）倭寇多國身分的相關分析

　　由於海上與內陸的環境不同，其公權力的界限並不明確，基本上是一個開放的空間。歷代王朝也只是對進出港口的船舶進行集中管理，一旦船舶離開港口，公權力的行使則大為受限。

　　14至16世紀的東亞地區經歷了政治上的激變，中國由元朝進入明朝，朝鮮半島從高麗轉變成朝鮮，日本則由南北朝時代過渡到了室町幕府。同

---

[2]　《明太祖實錄》，卷68，永樂5年六月癸未朔條。

時，伴隨大航海時代的到來，東亞的國際關係也逐步形成新的格局。此種變化最為突出的地區便是中國東南沿海，來自不同地方的人在這裡共同建構著一個有別於公權力的、獨特的的海上社會。

在中國東南沿海活動的成員中，爭議最大的當屬倭寇。倭寇最早出現在5世紀高句麗的歷史上。[3]進入13世紀後，倭寇開始表現出暴力傾向，[4]1350年以後，朝鮮和中國東南沿海一帶屢受倭寇侵擾，受害規模也逐漸擴大。[5]

日本為了爭奪九州，南北朝之間展開了激烈的戰爭，部分武士退守海上，成了倭寇的主力。他們以臨近的朝鮮半島為中心，擴張著自己的勢力。為了謀求經濟利益，倭寇還把活動範圍逐步擴大到了中國東南沿海。[6]這些倭寇在朝鮮被稱為倭人，隨著他們與周邊居民的摩擦增多，朝鮮的警戒也逐漸強化，他們的性格也變得粗暴起來，因此被稱為倭賊和倭寇，且活動形態也日益多樣化。

1368到1391年間，倭寇在朝鮮半島周邊出沒的次數達到了238次，而在中國沿海出沒的次數則是41次，只佔朝鮮半島出沒次數的15%。[7]然而進入16世紀後，倭寇在這兩個地方活動的次數發生了逆轉。

伴隨倭寇侵襲的加劇，其造成的損失也日益嚴重。1367年，高麗朝廷向日本派遣使臣，要求足利義滿抑制倭寇的活動。兩年後，一百餘艘高麗兵船突襲倭寇的巢穴——對馬島，解救出了一百多名被劫持的高麗人。從1377年正月到該年年末，受到倭寇滋擾的地區遍佈高麗全境；1379年，三千餘名倭寇襲擊了慶尚道晉州，展開了大規模的掠奪，受害程度達到了空前地步。[8]據說某士大夫家的婦女抱著孩子躲到了山中，母親和幼兒慘遭毒手，年紀稍大的兩個孩子被擄走，只有第三個孩子艱辛地存活了下來。[9]

---

[3]　《高句麗廣開土王碑文》，第二段，「倭寇潰敗，斬殺無數」（404）。

[4]　《高麗史》，卷22，高宗10年五月甲子條（1223），「倭寇金州」；《高麗史》，卷28，忠烈王戊寅4年（1278），忠烈王與忽必烈對話「王曰，小邦亦請依上國法點戶又請留合浦鎮戍軍以備倭寇」。

[5]　《高麗史》，卷37，忠定王庚寅2年（1350），「倭寇固城，竹林，巨濟，何浦。千戶崔禪，都領梁琯等戰破之，斬獲三百餘艘」。

[6]　登丸福壽・茂木秀一郎，《倭寇研究》（東京：中央公論社，1943）。

[7]　田中健夫，《中世海外交渉史的研究》（東京：東大出版社，1959）。

[8]　《高麗史》，卷33。

[9]　《異稱日本傳》，下卷3，〈三鋼行寶圖〉；村井章介著，李領譯，《中世倭人傳》（首爾：小花出版社，2003），頁32。

這一傳聞在民間散開之後，整個社會對倭寇的恐懼和憎惡之情達到了極點。從與日本較近的南海岸地區到距離遙遠的餘美縣（現在的忠南）、信州（現在的黃海道）、安州和三和（現在的平南）等地，倭寇殺人放火，姦淫掠奪，朝鮮半島陷入了水深火熱的苦楚。[10]倭寇的惡行導致首都開京戒嚴，不堪驚嚇的禑王甚至還計劃往內陸鐵原遷都。在南部地區，倭寇所經之地要麼「蕭然一空」，要麼郡縣的官廳轉移到其他地方，從而出現了「人物皆亡」、「人物四散」等文字敘述。

1380年代前後，高麗軍開始大規模反擊，崔瑩、李成桂、羅世、朴葳等武將給予了倭寇沉重的打擊。羅世在鎮浦（忠南西山）擊退了五百餘艘倭船；鄭地在南海觀音浦擊潰倭寇；1389年，朴葳攻擊對馬島，銷毀了三百餘艘倭船。在高麗武將的大力反擊下，倭寇也暫時退縮。

1392年，朝鮮王朝登上了歷史舞台。對它而言，在與明朝和日本之間構建安定的國際關係是最為首要的問題。當時發送給日本的國書中就指出了「海寇尚未平復，兩國間還存在糾紛」，由此可見，倭寇問題的確是刻不容緩的處理事項。[11]

朝鮮政府於1403年與明朝確立了事大冊封關係，在1404年與日本建立了交隣關係。為了維持安定的外交關係，朝鮮政府也作了不懈的努力。然而，1392年到1450年期間，倭寇的入侵次數達185次，通交次數達1388次，於是朝鮮政府對倭寇實行了禁壓政策。[12]就朝鮮政府的立場而言，儘管建立了重大邦交關係，但與明朝間的一元性關係不同，與日本之間的關係是多元的，因此通交體制的確立需要更長的時間。[13]如此一來，倭寇以朝鮮為中心，並以多種形態往返於中國和日本之間。因此，出現了「被擄朝鮮人」、「被擄中國人」、「受職倭人」、「恆居倭人」、「使送倭人」等名詞。「被擄朝鮮人」和「被擄中國人」指的是被倭寇劫持後逃脫出來的朝鮮和中國良民；「受職倭人」、「恆居倭人」和「使送倭人」則是在朝鮮政府的懷柔政策下被授予在朝鮮居住權利的倭人。

1402到1419年期間，以倭寇的身分在中國沿海活動且被抓遣返的被擄

[10] 《高麗史》，卷133。

[11] 瑞溪周鳳，《善隣國寶記》，明德3年壬申12月27日；村井章介，《中世倭人傳》，頁23。

[12] 韓文鐘，〈朝鮮前期對日外交政策研究〉（全北大學校博士論文），頁14。

[13] 孫承喆，《朝鮮時代韓日關係史研究》（首爾：知性之泉，1994），頁51。

朝鮮人達到了21名。[14]據《明太祖實錄》記載：

> 宥朝鮮國海寇罪。先是有寇百餘人，入金州新市屯劫掠，獲其一人
> 張萬買者，迺朝鮮國海州民，詐為倭國人服，遼東都司遣人，械至
> 京。上命宥之，遣還其國。[15]

在1392年到1461年期間，「被擄中國人」經朝鮮遣送回中國的次數有
48次，人數達到了372名。從「遣人潛奪解送中國者，專以事大之誠也」
這一紀錄中可以看出，朝鮮政府對遣返一事極為慎重。[16]

在朝鮮和日本之間，「被擄朝鮮人」為數不少。倭寇在朝鮮往來、居
住期間，利用法律的漏洞，輕而易舉地劫持和買賣朝鮮良民，並將其帶到
了對馬島等地。因此，「被擄朝鮮人」的數量逐年增加。1392年到1443年期
間，「被擄朝鮮人」達到了2,309名，朝鮮政府通過外交途徑同幕府和西日
本的各領主進行交涉，從而獲得了遣返。儘管遣返一方表示這是人道主義
的舉動，也試圖由此增進雙方的關係，卻總是要求給予充分的經濟補償。

與被擄良民的遣返不同，居住在朝鮮的倭人則是另一個問題。太祖對
投降的倭寇頭目施行懷柔政策，授予其官職、田地、住宅和奴婢，令其居
住在漢陽且幫助處理宮中的事務。此種倭寇被稱為「受職倭人」。同時，
從世宗到中宗的60多年期間，還實施了讓倭人居住在三浦（內而浦、釜山
浦、鹽浦）的制度，而居住在此地的倭人則被稱為「恆居倭人」。

「使送倭人」是指以使臣的身分來朝鮮的倭人，又稱之為「客倭」。
另有純為交易而來的倭人被稱為「興利倭人」。朝鮮政府限制「興利倭
人」的來往之後，有部分「興利倭人」偽裝成「使送倭人」在朝鮮進行交
易。他們動用各種合法和非法的手段留在朝鮮，惹出了各式各樣的事端。

1407年，朝鮮政府在漢陽南山北部的山腳下搭建了宿所，並令倭人在
此居住。該宿所被稱為東平館或倭館。然而，東平館的倭人卻與居住在太
平館和北平館的明朝使臣以及女真族使臣私下交易禁輸品。倭人不僅私下
交易，行為舉止也蠻橫霸道，官吏在治理上費了相當大的功夫。1409年，
司諫院上書強調倭人問題的嚴重性，「倭奴品性兇殘，心性惡劣，世代行

---

[14]　《朝鮮太宗實錄》，卷3。

[15]　《明太祖實錄》，卷230，洪武26年（1393）十月丙戌，頁3361。

[16]　《朝鮮世宗實錄》，二月十二日壬寅。

盜，乃良民百姓之敵……如今卻與我朝百姓生活在一起，甚至有倭奴享有官職，以宿衛的身分出入宮闕，實屬不當。……若生內亂，惟恐這幫人會成為外患。」[17]

隨著各種問題的出現，朝鮮政府於1434年發布了「倭館禁防條件」，制止倭人的商業活動，並在倭館周邊修築高牆，禁止其與外部人士之間的往來。[18]

1418年，慶尚道水軍節度使上書說，倭賊在巨濟和南海兩道往來頻繁，居住在當地的倭人數量也逐漸增加，[19]朝鮮政府隨即在倭人經常出沒的釜山周邊也設置了倭館。每逢倭人挑起事端，倭館便遭到關閉。此時，倭館逐漸成了「倭人居住處」的固有名詞。[20]

在懷柔政策之下，朝鮮政府默許倭人在一定範圍內活動，但隨著朝鮮良民與倭人間的境界變得模糊，問題便愈加嚴重了。[21]

> 臣聞，前期之季，倭寇興行，民不聊生，然其間倭人不過一二，而本國之民，假著倭服，成黨作亂。[22]

由此可見，境界的不分明導致倭寇的性質更加複雜，其違法活動也更加多樣化。《朝鮮世宗實錄》提及，（燕山君九年七月）倭寇逐漸擴張活動領域，他們侵略中國，還把搶來的物品帶回來進行互市。[23]

倭人而羅三甫羅和沙伊文仇羅分別於1430年和1441年抵達鹽浦，他們表示，自己的父母本是朝鮮人，卻不幸被倭寇擄去，請求朝鮮政府允許自己留在朝鮮（世宗十二年閏十二月月辛亥，二十三年六月乙丑）。

另有學者指出，往來於松浦、薩摩、琉球等地的海商金源珍是倭人

---

[17] 《朝鮮太宗實錄》，太宗9年十一月月壬午。

[18] 《韓國民族文化百科大事典7》，頁343。

[19] 《朝鮮世宗實錄》，世宗即位年八月丙申（1418）。

[20] 1418年，鹽浦也設置了倭館，收容了恆居倭人、興利倭人和非法滯留者，但第二年便被廢除了（《朝鮮太宗實錄》，太宗十八年三月一日）。1423年又在內而浦和釜山浦增設了客舍和會庫；客倭來時，很難一一提供食物。由此可見，客館已是常設空間（《朝鮮世宗實錄》，世宗五年十月二十五日）。1426年，鹽浦再次增設倭館，從而有了「三浦倭館」這一稱謂。

[21] 《朝鮮太宗實錄》，太宗十一年七月甲戌，「沿海地區土地肥沃，人口眾多，倭人的商船往來頻繁，百姓也習以為常，毫無警戒之心。」

[22] 《朝鮮世宗實錄》，世宗二十八年十月壬戌條（1446）。

[23] 《朝鮮世宗實錄》，世宗即位年十月乙卯條（1418）。

（世宗五年十二月乙卯）或朝鮮人（世宗三月乙酉）。

1443年癸亥條約簽訂後，以對馬島為媒介的通交體制得以建立，被擄人也逐漸消失，但卻出現了其他形態的倭人。成宗年間（1469-1494）的記錄如下：

> 漂泊在濟州一帶的百姓滯留在晉州和沙川……他們出沒於海上，學習倭人的語言，穿倭人的衣服，打撈海產。（成宗十三年閏八月戊寅）
>
> 這群人穿倭服、說倭語，假扮倭人行盜……應當把他們送回原籍，以絕後患。（成宗十六年閏四月辛卯）

因此，出現了「日本倭人」這一奇特的表述。針對這一現象，有觀點指出，就對馬島一帶的海盜而言，倭服和倭語是共同的服飾和語言；也有學者認為，當時倭寇的主要勢力是日本人和朝鮮人的聯合集團，甚至是朝鮮人。[24]

癸亥條約之後，出現了「漂流人」這一新興族群，他們結群在中國、朝鮮、日本沿海一帶遊蕩或漂流。這些人全部在對馬島主宗室的許可下獲得了遣返。[25] 就對馬島主的立場而言，通過遣返「漂流人」，不僅可以表明自己的友好立場，還可以得到正常的交易許可，從而獲取經濟利益。因此，對馬島主的態度相當積極。1436到1497年期間，386名倭人由日本遣返。這些倭人表示，他們在海上捕魚或在去中國交易的途中遭遇了惡劣天氣，之後便在海上漂流。

隨著相互間接觸的實現，出現了一群有著特殊背景的中國人。1467年，日本肥前州地方武士上松浦賴永的使者楊吉在漂流過程中被發現，他對朝鮮官吏說，自己本是浙江省杭州寧波府人士，42歲那年出海捕魚碰上了倭寇，便被擄到了對馬島，並在那裡生活了十年，如今雖想回歸故里，卻不知家人的生死，因此懇請留在大國（朝鮮）安身。（世祖十二年三月己巳）

---

[24] 田中健夫，〈倭寇與東南沿海通交圈〉；網野善炎他編，〈列島內外的交通與國家〉，《日本的社會史》，卷1（東京都：岩波書店，1987）。

[25] 荒野泰典，〈近世日本的漂流人倭送還體制與東南沿海〉，《近世日本與東南沿海》（東京：東大出版部，1983），頁121。

中國人潛巖也是十歲那年被倭寇平茂續擄去做了奴隸，後來在朝鮮人的庇護下生存了下來。（成宗十七年十月甲申）

這些中國人或對家人已無記憶，或無法確認家人的生死，他們只懂倭語，與倭人完全無異。朝鮮政府認為，這一問題若是處理不當，與日本通交之事傳到明朝，朝鮮會陷入困境。在將這些具中國人身分的倭人送返中國和遣返對馬島的爭論之下，朝鮮政府最終決定給楊吉住宅和農田，讓他在京畿道楊州生活五年；至於潛巖，則將其送還對馬島。

壹岐島海商早田藤七聲稱，「我雖生於日本，但父親卻是朝鮮人。」（世宗十年二月甲寅）上文提到了劫持潛巖的武士平茂續，他是海商早田六郎次郎的兒子，其母出生於慶尚道高靈縣，高麗末期被擄到了對馬島。（世祖十一年三月乙卯）

1523年，八名身穿倭服的中國人在忠清道海域被抓，他們自稱是浙江省寧波府定海縣人士，原本靠製鹽謀生，後來被倭寇劫持而去。（中宗十八年七月甲午）

事實上，在對馬島、北九州、山陰和薩摩等地居住著大量的中國人，形成了大規模的唐人村落。1419年，朝鮮軍討伐對馬島之時，把出身遼東、浙江和廣東的142名中國人送還到了遼東。（世宗元年八月乙卯）同時，在來朝鮮的倭人當中，一百多名中國人和他們帶來的女性生活在博多州東門外，還有一部分與倭人女性結婚。（明宗八年六月壬寅）

結果，朝鮮政府因國內日益增加的倭人而深感棘手。1436年，朝鮮政府要求對馬島主刷還，只允許644名倭人中的206名在朝鮮居住。然而到了1475年，倭人居民達到了430戶，人數為2209名。隨著中宗對倭人管制的強化，倭人於1510年掀起了暴動，史稱「三浦倭亂」。朝鮮官吏把前去捕魚的4名倭人誤認為海賊並將其斬殺，這便是此次事件的發端。平時和地方官關係不好的倭人紛紛拿起了武器，對馬島主宗盛順的援兵也加入其中。他們襲擊官廳，洗劫附近的村落，聲勢極其浩蕩。三浦倭亂之後，朝鮮政府驅趕非法滯留的倭人，並把倭人的居住區域壓縮到了薺浦，而倭館則只用作使臣的宿所。

此後，對馬島主宗盛順不斷要求開放倭館，於是朝鮮政府在1521年重開了釜山浦倭館。然而1544年再次發生暴動，致使薺浦倭館被關閉，僅

留下了釜山浦倭館。[26]儘管倭館的數量減少了，但它猶如「肚中的惡性囊腫」一樣繼續存在於朝鮮社會。倭人在朝鮮的生活變得日益艱難，因而不得不尋找新的生路。

居住在朝鮮倭館的倭人有兩個明確的商業目的。第一個是進口木棉。15世紀後期，倭人不斷地大量購買木棉，並將其運回日本。1493年，朝鮮商人以高於布料兩倍的價錢出售木棉，倭人卻爭相購買。1551年，倭人用帶來的丹木、胡椒和銀換走了大批木棉。結果，朝鮮國庫的胡椒和丹木夠用上百年，而木棉卻見了底。（明宗六年十月戊寅）日本之所以大量購買木棉，是為了確保戰爭之時的保暖需求，因為木棉具有良好的保溫性能。[27]

第二個目的是學習銀的制煉方法。1526年，博多商人神谷壽禎發現了石見銀礦，便把宗丹、桂壽這兩名朝鮮工匠帶到了日本，還開發出灰吹法這一新的制煉方法，大大提高了銀的產量。1539年，俞緒宗元因把銀的制煉方法傳授給倭人而受到了處罰。（中宗三十四年八月甲戌）朝鮮政府視其為「奸細之徒」，頒布法令禁止私下交易銀，且對違法者處以死刑。（中宗三十四年十月戊子）然而，發端於石見銀礦的技術革新逐漸擴散到了生野、佐渡、院內等銀礦地區，這使得17世紀日本的銀輸出量取得了劃時代的增長，一年達到了20萬公斤。據研究顯示，這一數額約是當時全世界銀生產量的三分之一。隨著朝鮮嚴格禁止進口倭銀，日本便把目標轉向了中國東南沿海。[28]這是因為銀是該地區最受歡迎的商品。

這一時期，明朝政府依舊嚴格執行海禁政策，但在抑制倭人的活動上卻表現得力不從心。1533年（嘉靖十二年）的記錄如下：

> 海禁海禁突嚴，濱海民驟失重利，黠狡者遂冒禁下海，私自興販，日船以不能取得勘合，進行合法通市，遂亦秘密偷運…其人利互市，留海濱不去，內地諸奸利其交易，多為之，終不能絕。[29]

銀從日本流向中國，這一動向的變化如同銀從中國流向歐洲。然而，

---

[26] 1592年壬辰倭亂之後，釜山浦倭館被納入到了日本軍築造的都城之內，而漢陽的倭館則因戰亂而毀損。

[27] 水原慶二，《新木棉以前のこと——苧麻から木棉へ》（東京都：中央公論社，1990）。

[28] 村井章介，《中世倭人傳》，頁177。

[29] 《明史》，卷322，〈日本傳〉。

中國東南海與朝鮮有著明顯的差別。不僅語言、風俗和交易習慣不同，且交易的前提是嚴厲的海禁政策，因此存在相當大的風險。中國東南沿海沒有倭人居住地，使臣也只能在有限的範圍內活動，而且情形還會因通事狀況而隨時發生變化。因此，東南沿海的倭人遂有可能轉向具暴力性的倭寇。嘉靖前後，倭寇所呈現出的樣貌則正是上述背景的結果。

在倭寇向東南沿海擴張勢力範圍之時，已有一批人正小心翼翼地敲著中國的大門。

（二）東南沿海的歐洲人

關於16世紀歐洲人在中國東南沿海的活動情況，佩雷拉（Galeote Pereira）、克魯斯（Gaspar da Cruz）和拉達（Mardin de Rada）修士的記錄提供了豐富的資料。[30]

1498年，葡萄牙人開闢了由好望角到印度的航路，從而加入了運輸香料（胡椒）的行列。因為他們在馬拉加附近的據點碰到了來自福建和廣東的商人，獲取了把胡椒帶到中國能賺大錢的信息。[31]

1517年，安德烈（Fernao Peres de Andrade）率領的商船隨同使臣Tome Pires到了廣州珠江。廣東官吏把Tome Pires送到了北京，並與安德烈建立了友好關係。安德烈派Jorge Mascarenhas去琉球，但他卻沒能走出福建，於是在漳州（可能是廈門灣）附近展開了交易。起初，中葡之間的交易顯得平穩且安定。然而1521年，安德烈的弟弟Simao de Andrade無視中國的慣例，在正德皇帝喪禮期間進行交易，於是明朝政府下令追究此事，把Tome Pires送回廣州，並將其關進了監牢。同行中有一部分被宣告死刑，Tome

---

[30] 佩雷拉的記錄由Richard Willis翻譯成英文刊載在History of Trauayle in the West and East Indies and other countreyslying eyther way towards the fruitfull and ryche Moluccas（London, 1577, pp.237-251）。克魯斯的《中國志（Tractado）》被Samuel Purchas英譯成A treatise of China and adjoining regions（Purchas his Pilgrimes London, 1625, pp.166-198）。拉達的Relacion刊載在Revista AgustinianaⅧ-Ⅸ。這三件記錄經英國的C.R.Boxer整理之後，以South China in the Sixteenth Century（Hakluyt Society, London, 1953）一名出版。何高濟將此書翻譯成中文，書名是《十六世紀中國南部行記》（《中外關係史名著譯叢》，北京：中華書局，1990）。本文參考的是中文譯本。C.R.Boxer在序文中指出，當時的記錄中出現了不少地名混用的部分，尤其是在英譯的過程中，福建方言導致人名、地名等出現了一些錯誤，但這並不影響對整體情況的理解。

[31] 引自Andra Corsali於1515年1月6日給Giuliano de Medici的書函。引自D. Ferguson的Portuguese captives in Canton。Duarte Barbosa說，把胡椒從馬拉加運到中國能賺3倍的錢。Longworth Dames 'Duarte Barbosa' vol.Ⅱ, pp215（Hakluyt Society, London, 1953）。

Pires遭到了嚴刑拷問，交易也被迫中止。在受到牽連的葡萄牙人中，有兩人把記載目前處境的記錄偷偷傳到了外部。1521年到1522年期間，葡萄牙商人為重新開展中葡間的貿易作了不懈的努力，卻被驅逐出了廣東海岸之外。明朝政府再次下令禁止與「番鬼」的一切交易。然而就葡萄牙的立場而言，與中國的交易充滿了無限的吸引力。因此，在此後的三十年間，葡萄牙商人偶爾在官方的默許之下，偶爾無視官方的禁令持續進行著交易。廣東官吏嚴格執行禁令之後，葡萄牙商人被迫北上，他們在福建和浙江沿海一帶尋找躲避官吏監視以及避風的場所，並在那裡渡過嚴冬。寧波附近的雙嶼、廈門南邊的浯嶼和月港等是最佳的選擇。葡萄牙商人在海岸的沙灘上搭建帳篷作為臨時住所，待離開的時候便放火燒掉它們。之後，他們在香山澳或壕鏡進行交易，並在此築造正式的房屋和建築。[32]

中國文獻也對這一時期與葡萄牙商人在中國沿海展開的貿易作了相關記載，從記錄中可知，各個階層都對雙方的貿易給予了較大的期待和支持。這是因為葡萄牙商人用低廉的價格出售胡椒、蘇木、象牙、麝香油、沉香、檀木和香料，還用兩倍的高價向沿海居民購買大量的大米、麵、豬肉、雞肉等生活必需品，為當地百姓的生活提供了較大的幫助。[33]

地方官吏和富豪也通過各種途徑直接或間接地參與了這筆利潤豐厚的交易。外國船舶進來與百姓交易，官吏也不加以制止。他們認為，中央政府遠在天邊，且外國商人送來的禮酬又比較可觀，因此對外商船舶的停泊和往來予以了默許。外國商人還僱傭當地的地痞無賴，毫無顧忌地進行交易。[34]

地方富豪還出資積極參與這場交易。[35] 由此一來，葡萄牙商人依據當地官吏、地方富豪和商人預先告知的信息及其引導下，在適當的時期選擇港口，安全地展開了交易。

1542年，葡萄牙商人開闢了日本路線，交易規模也逐漸擴大。儘管歐洲史學家沒有提及，但隨著葡日間交易的擴大，其與中國方面在中國東南沿海的合作夥伴關係也更加緊密。[36]

---

[32]　《明史》，卷325，頁8432-8433。

[33]　《林次崖先生文集》，卷5，頁30-34。張維華，《明史歐洲四國傳註釋》（上海：上海古籍出版社，1982）。

[34]　《明世宗實錄》，卷363，頁6470-6471。

[35]　《漳州府志》，卷31，頁7。

[36]　《福建通志》，卷267，頁14。

　　倭寇與葡萄牙商人的增加致使東南沿海的活動愈加頻繁。為此，明朝政府也實施了應對之策。1547年，明政府任命朱紈為浙江巡撫，令其擔任浙、閩地區的海防軍務。朱紈上任後，嚴格施行了革渡船、嚴保甲和搜捕奸民的措施。走私貿易隨即遭到了打壓。因此，自身利益受到牽連的地方富豪（勢家）出面聲明被關押的人都是良民，譴責朱紈擾亂地域民心，紛紛向其施壓。對此，朱紈遞交了上疏，內容如下：

> 去外國盜易，去中國盜難。去中國瀕海之盜猶易，去中衣冠之盜尤難。[37]

　　1548年6月，朱紈的參謀——福建都司都指揮僉事盧鏜趁深夜大霧突襲雙嶼，擊斃了55到100餘名海盜，但沒有提及葡萄牙人的死傷。[38]盧鏜追擊葡萄牙人到了廈門灣附近的浯嶼，與之展開了激鬥，但這一過程中，葡萄牙人買通了明朝的下級官員，在深夜進行了交易。「中國港口的官兵全副武裝，正在攻擊葡萄牙人」的消息經馬拉加傳到了印度。[39]1549年，冒險精神極強的Galeote Pereire率領商船到廣東和福建海岸進行交易，並把兩艘裝滿貨物的船舶停在了汕頭和廈門之間的走馬溪。盧鏜襲擊了這兩艘船，生擒了海賊首領李光頭等96人，並將他們押送至福州，或處以了死刑，或打入了監牢。[40]在朱紈的強勁打壓下，既存的秩序土崩瓦解，士大夫等地方勢力對此極為不滿。[41]結果，平日與朱紈交惡的御史陳九德彈劾朱紈，說他沒有皇帝的應允，濫用職權處決了俘虜。於是皇帝派兵科都給事中杜汝禎徹查此事。

　　欽差大臣到福州府展開調查之後，在浙江地區口碑不佳的葡萄牙人深感不安。調查顯示葡萄牙人的罪名大部分不成立，他們被流放到了廣西。只有4名葡萄牙人因殺死中國官兵而被處以了死刑和長期囚禁。朱紈及其參謀被扣上了亂殺葡萄牙人、侵吞財貨以及隱瞞事實的罪名。朱紈對此不服，選擇了自行了斷；盧鏜和海道副使柯喬等因協助朱紈的罪名被判處了

---

[37]　《明史》，卷205，頁5404-5405。

[38]　《籌海圖編》，卷4，頁12；卷5，頁19；卷8，頁22。

[39]　引自沙勿略（St Francois Xavier）於1549年1月25日發送給耶穌教會的Simao Rodrigues神父的信件。

[40]　《明史》，卷205，頁5405。

[41]　《明史》，卷325，頁8432。

死刑。[42]

　　儘管生存下來的葡萄牙人在中國遭受了艱辛苦難，但從記錄中可以看出，他們仍對中國心存好感。Galeote Pereira表示，若在歐洲以同樣的罪名被起訴，恐怕不會得到如此公正的判決，他甚至還出言讚美中國的司法制度。事實上，該事件是明朝廷內部一場意圖除掉朱紈的權力鬥爭，葡萄牙人不過是從中獲得僥倖。朱紈被除掉後沒多久，他的參謀盧鏜和柯喬等人便得到了赦免。

　　在權力鬥爭中，朱紈選擇了死亡，他通過遺書表明了自身的處境。他表示：

> 吾負且病，又負氣，不任對簿。縱天子不欲死我，閩、浙人必殺我。吾死，自決之，不須人也。[43]

　　朱紈死後，明朝政府沒有再派巡撫到東南沿海地區，這裡的官吏也無人嚴格執行海禁政策，交易也因此順利進行。於是，滿懷自信的葡萄牙人開始在澳門築建家園安頓下來。官吏甚至把澳門視為一個特別的行政區域。據《明史》記載：

> 自紈死，海禁復弛，佛郎機遂縱橫海上無顧忌。而其市香山澳、壕鏡者，至築室建城，雄踞海畔，若一國然。將吏不肖者反視為外府也。[44]

　　1580年，西班牙吞併了葡萄牙，並通過「權利轉讓」的方式把「果阿－馬拉加－澳門－日本」航路完全轉讓給商人經營，由此大大提升了收益。該航路上來往著兩艘重達1200到1600噸的貨船，在澳門和日本之間出口絲綢和黃金以及進口銀。[45]

---

[42]　《明世宗實錄》，卷363，頁6470-6471。

[43]　《明史》，卷205，頁5405。

[44]　《明史》，卷325，頁8432-8433。香山澳是澳門的舊稱。隸屬於香山縣，澳意味著港口，由此得名香山澳。澳門海猶如鏡子一般清澈明亮，又盛產蚝，因此得名壕鏡。《澳門紀略》。

[45]　朱京哲，《大航海時代》（首爾：首爾大學校出版部，2008），頁62。

（三）中國人

明朝初期，強勁的海禁政策致使出海捕魚也遭到了禁止，[46]若是被發現私下進行貿易，其代價則相當慘重。《殊域周資錄》云：

> 通番下海買賣劫掠有正犯處死，全家邊衛充軍之條。[47]

即便如此，沿海的交易也並沒有減少。於是，處罰的範圍日益擴大，相關史料記載如下：

> 豪富之家，儘管沒有親自出海，但坐分其利者，亦發邊衛充軍，貨盡沒官；凡歇客之家窩藏出口貨物，裝運下海者，以竊主問罪，枷號三個月，鄰里知情不舉枷號一個月發落。[48]
>
> 私通外夷，貿易番貨，泄漏軍情及引海賊劫掠邊地者，正犯極刑，家人戍邊，知情故縱者同罪。[49]

禁令繼續擴大。到了嘉靖年間，禁令擴及到「一切違禁大船，盡數毀之」的程度，[50]還對交易物品以及船舶的規格作了具體的限制。儘管法令森嚴，違禁活動卻肆意盛行。海上活動的實態在日益嚴格的制度條文中也得到了體現。相關史料記載如下：

> 絹絲棉、緞匹、銅錢、鐵貨為違禁貨物，凡私運下海者，杖一百，貨物及船只一併沒官，船造二以上違式大船，將違禁貨物運往國外販賣者，正犯處以極刑，全家發邊衛充軍。[51]
>
> 凡謀叛但共謀者，部分首從蓋斬，妻妾子女給付功臣之家為奴，財產並父母、祖孫、兄弟，不限籍之同異，皆流二千里安置。

---

[46]　《明太祖實錄》，卷159，洪武17年正月壬戌條「禁民入海捕魚」。

[47]　嚴從簡，《殊域周資錄》，卷8，頁284。

[48]　陳仁錫，《皇明世法錄》（四庫禁毀書叢刊史部16冊，北京，北京出版社，1998），卷75，〈海防私出外境及違禁下海〉，頁238-239。

[49]　《英宗實錄》，卷179。

[50]　《世宗實錄》，卷154，嘉靖12年九月辛亥。

[51]　《明經世文編》，卷205，頁2160。

知情故縱隱藏者絞，知而不首者杖一百，流三千里。若謀而未行，為首者絞，為從者皆杖一百，流三千里。知而不首者杖一百，徒三年。又一款，若將人口、軍器出境，及下海者絞，因走泄事情者斬。通同故縱者，與犯人同罪。[52]

當時，無論以何種理由出海的人都被看作是奸民、海寇、倭寇或海盜。16世紀50年代，閩縣知縣仇俊卿曾論述倭寇情形：

有冤抑難理，因憤而流於寇者；有憑藉門戶，因勢而利於寇者；有貨殖失計，因困而營於寇者；有功名淪落，因傲而效於寇者；有搶掠人口，因壯而投於寇者；有貸貰作息，因貧而食於寇者；有知識風水，因能而誘於寇者；有親屬被拘，因愛而牽於寇者。注入此類，中間不無可矜。雖在寇盜之日，未必皆無求生之心，樂於犯法，以甘必死者，豈人情之通號哉！招徠撥難轉移，亦易吾將為攻心伐交之計。[53]

儘管淪為寇盜的背景各有不同，但他們都是因為經濟問題而出海，這一點是不爭的事實。他們迫於生活不得不出海，而政府卻嚴格禁止出海，在這糾結的現實面前，他們只能走上當倭寇、海盜、海賊的謀生之路。正如當時負責海禁的趙文華所言，「海上居民，近來禁海太嚴，漁樵不通，生理日蹙，轉而為盜。」[54]當時，也有不少知識分子批判海禁政策脫離現實，如謝傑云：

寇與商同是人，市通則寇轉為商，商禁則商轉為寇，始之禁禁商，後之禁禁寇。禁之愈嚴而寇愈盛。片板不許下海，艨艟巨艦反蔽江以來，寸貨不許入番，子女玉帛恆滿載以去……於是海濱人人為賊，有誅之不可勝誅者。[55]

52　朱紈，《甓餘雜集》（萬曆間刊本），卷2，〈議處夷賊以明典刑以消禍患事〉，嘉靖二十七年五月二十六日（1548）。

53　鄭若曾，《籌海編圖》，《四庫全書》卷12，〈經略〉2〈禦海洋〉。

54　趙雯華，《嘉靖平倭》，〈役記略〉，卷5。

55　謝傑，《虔台倭纂》（鄭振鐸輯，《玄覽堂叢書續集》17冊，國立中央圖書館影印本，民國36年），上卷，〈倭原二〉。

　　沿海居民為克服政策與現實間的差距做了不懈的努力。成化、弘治年間，閩粵地方居民已經徹底摒棄了明初被動消極的態度，他們不再顧慮貢舶貿易和海禁，而是積極參與海上貿易活動，且大大擴張了活動領域。嘉靖時期，對外貿易活動從過去的「夷人入市中國」轉變成了「中國而商於夷」，同時也從由官方組織的政治行為轉變成了民間自發的經濟行為。[56]

　　也就是說，儘管海禁政策不斷強化，但從某種角度來看，這也是海上勢力發展壯大的時期。官方與海上勢力間的摩擦連續不斷，如朱九德提及：

> 我師大潰，覆千餘人。由是賊勢益振……次日，嘉興兵與賊戰，止獲四賊，而喪師三千，歿官十二員。賊得勝，復返拓林。[57]

　　當地官軍在抗倭中腐敗無能，所以明政府從全國各地抽調精銳官軍前往助戰，從外地調至東南沿海的官軍為「客兵」，來自四面八方，數量達到了20萬。[58]

　　這些中國兵漫無紀律，都有作客心態，只知道索要軍餉，打起仗來毫無戰鬥力，遇敵就跑，但搶劫老百姓卻是明火打劫。他們「所過之地，雞犬為虛，所止之處，門戶為碎」，從廣西調來的所謂「狼兵」真的像狼一樣危害百姓，「其貪如狼……所過殘憂，村市為空」，「摟婦女，貪財貨，而肆其搶掠」。[59]由此一來，沿海居民不得不投奔大海，從而在陸地與大海之間形成了緊密的聯繫。

> 今領海之患，曰山寇、海寇、倭寇。山寇剽急為禍速，倭寇慘烈為禍顯，海寇則纏綿固護，浸淫乎郡國，為禍隱而毒也。是三者勢相倚而禍相因，彼倭寇之從海上來也，實海寇為之嚮導，其屯聚而野掠也。山寇為之爪牙……倭寇非果盡屬日本，大抵多漳挾殘倭以為酋首，遂因其名，號而鼓舞，徒眾所至，破鄉寨，盡收其少壯者而髡之，久之與倭無異。[60]

---

[56]　王日根，《明清海疆政策與中國社會發展》（福州：福建人民出版社，2006），頁273，。

[57]　朱九德，《倭變事略》（1555）。

[58]　朱九德，《倭變事略》。

[59]　《籌海圖編》11。

[60]　《潮州府志》（乾隆27年刊），卷38，〈征撫〉。

正如周之夔所說，「儘管活動在海上，但他們的靈魂一刻都沒有脫離陸地；儘管靈魂附著著陸地，但他們的據點卻從未離開過水。」[61] 而在此種關係之中，看待他們的角度也發生了顯著的變化，如王文祿提及：

> 前者我民被石墩寇擄下船，沿海候風行月餘，至大高橋。橋上人言皆閩音。自言漳州過此橋五十餘里，蘆葦沙涂，至一村約有萬家，寇回家皆云作客回，鄰居者皆來相賀。又聚數千，其冬復至拓林，今春滿載乃回漳州去矣。[62]

由此可知，閩海商依然違背禁令不斷經營著海外貿易。從「作客回」可以看出，當地人並不把為寇視為可恥行為。[63]寧波、九龍江口海灣和詔安灣地區甚至已經由農業經濟向海洋經濟轉型，具備了海洋社會的特徵。在這些地區，航海貿易不是可恥下賤而是光明正大的，海商、海盜已經成為人們崇拜的英雄。[64]

三、結論

隆慶元年（1567），月港開放。一百餘年後的康熙年間，廣州等四處的港口開放，中國也逐步與世界經濟接軌。而在此之前，從明朝初期到嘉靖末年的這兩百餘年期間，東南沿海在風雲突起的變化中，當地居民生存日艱。中央的政策和地方的現實無法調和，地方百姓不得不投身大海尋找出路。雖然官吏們也了解現實狀況，但卻無力逾越祖宗成法的屏障。

近來，韓中日三國的學者重新關注起16世紀東南沿海的海上貿易，但彼此間存在著微妙的視線差異。尤其是圍繞倭寇產生了多種爭論。在韓中兩國，學術界從「海賊」的觀點出發強調其暴力性；在日本，學者則試圖從文化的觀點出發給予新的評價。因此，必須從三國共同活動的「環中國海地域」的角度著手開展研究。因此，倭寇這一集團中包含了日本人、朝鮮人和中國人，其成員身穿倭服，使用倭語；他們離開了自己所屬的

---

[61] 《明太祖實錄》，卷68，永樂5年六月癸未朔條《福建通志》。

[62] 王文祿，《策樞》。

[63] 王日根，前文章，頁258。

[64] 楊國禎〈中國船上社群與海外華人社群〉。

國家或民族集團，過著「自由人」一般的生活。這樣一來，倭寇的國籍歸屬問題變得毫無意義，從本質上來看，他們被視為超越國籍和民族的境界人，[65]且用「倭寇為無法下定義的存在」這一模糊的表述來強調其複雜性。[66]相反，對倭寇在海上世界這一特殊地域中具備暴力性的合理性予以了承認。在中國，學術界也認為倭寇是沿海百姓迫於生計的無奈之舉，還有學者視其為超越地域和國籍的新的商業集團。[67]甚至還有觀點表示，從福建方言的特性上來看，倭寇為我寇的錯誤。[68]對此，韓國學術界則從歷史意識和領土問題方面做出了敏感的反應，目前正處於深層分析史料，且在朝鮮所處的政治外交局限下，盡力和平處理該問題的過程中。[69]

　　上述視線差異之所以存在，是因為各國依舊想透過16世紀的版圖構想新的海上世界。為此，從三國史料中尋找共同點的工作更是刻不容緩的研究課題。

---

[65] 村井章介，《中世倭人傳》，頁51和頁64。

[66] 《日本的社會史》（東京都：岩波書店，1987）。

[67] 楊國楨，前文章。

[68] 林仁川，前文章。

[69] 李領，前文章。

奔嫁殆盡——明代採選秀女的社會恐慌

邱仲麟[*]

緒論

歷代以來，在宮庭服役者有二，即男性的內侍與女性的宮人，明代亦不例外。然而，相對於明代男子自宮求用之熱烈，甚至因未獲選用而發生暴動，[1]社會上對採選宮女卻有著不安，每每引發騷動。究其實，此事早在明代以前已有之，如晉武帝（236-290）泰始九年（273），「博選良家以充後宮，先下書禁天下嫁娶，使宦者乘使車，給騶騎，馳傳州郡」，當時「司、冀、兗、豫四州，二千石將吏家補良人以下，名家盛族子女，多敗衣瘁貌以避之」。泰始十年（274）春，「又取小將吏女數十人，母子號哭於宮中，聲聞于外，行人悲酸」。[2]五代時，後蜀後主孟昶（919-965）於廣政六年（943）下令選女子有殊色者以充後宮，限年齡十五以上、二十以下，「民間懼其搜選，皆立求媒伐而嫁之，謂之『驚婚』。」[3]至元十九年（1282），因為元世祖（1215-1294）降旨「擇童女實掖庭」，也造成社會不安，上都留守賀仁傑（1234-1307）為此奏言：「宮妾不足于使令，宜妙擇高門德望之家端嚴明淑者當之，豈可檗行以駭天下聽聞，使深山窮谷擁腫麤惡之子，不待其年而急相偶，非昭代盛德舉也。」[4]當時，西京總管兼大同

---

[*]　中央研究院歷史語言研究所研究員。

[1]　清水泰次，〈自宮宦官の研究〉，《史學雜誌》，43:1（東京，1932），頁83-128。邱仲麟，〈明代自宮求用現象再論〉，《淡江史學》，6（臺北，1994），頁125-146。

[2]　〔唐〕房玄齡等撰，吳則虞點校，《晉書》（北京：中華書局，1974），卷28，〈五行中〉，頁838；卷31，〈后妃傳上・武元楊皇后〉，頁953。

[3]　〔宋〕佚名，《五國故事》（臺北：臺灣商務印書館，1983），卷上，頁213。〔宋〕張唐英，《蜀檮杌》（臺北：臺灣商務印書館，1983），卷下，頁239。

[4]　〔元〕姚燧著，查洪德編輯點校，《姚燧集》（北京：人民文學出版社，2011），卷17，〈光祿大夫平章政事商議陝西等處行中書省事贈恭勤竭力功臣儀同三司太保封雍國公謚忠貞賀公神

府尹趙椿齡（1218-1290）亦上疏：「山西回遠京師，且無大家，民女貧陋，無有可充椒房下陳」，採選引起百姓恐慌，「育女嫁姻，年不及，幣徵不納，惟幸有男為託。殺禮戾古，夭生紊俗，甚非聖世之盛舉」。[5]

　　惟以上諸事乃官方實際舉措所引發，至於百姓無端訛傳，則如唐開元二年（714）七月，民間訛言唐玄宗（685-762）欲採擇女子以充掖庭；玄宗得知此事，八月初即命人在崇明門準備牛車，「自選後宮無用者，載還其家」。[6]另外，北宋太宗（939-997）太平興國二年（977）五月，兩浙路常州「訛言官取良人女充後宮，民間相驚，不俟媒妁而嫁者甚眾。詔捕作訛言者，得徐銓等數人，悉抵法」。[7]蒙元亦有訛傳選取幼女導致社會騷動之事，如元太宗窩闊臺（1186-1241）九年（1237）六月，鐵木哥斡赤斤（1168-1246）所領左翼部訛言括取民女，窩闊臺大怒，「因括之以賜將士，自七歲以上未嫁之女，得四千餘人」。[8]元世祖至元二十六年（1289），江浙行省杭州路一帶，又有「民間訛傳官選童男女」之事。[9]元成宗（1265-1307）大德六年（1302）九月，江西行省龍興路百姓，訛言括採童男、童女，甚至有殺其子者，「命誅其為首者三人」。[10]元順帝（1320-1370）至元三年（1337）的謠言，其影響更是空前。據《農田餘話》記載：「後至元丁丑，軍民間訛言官起發童男女，自是髫齔以上者婚娶，男女年長久無匹配者，雖貧陋婚娶無遺，幾一月方止，亦可怪也。」[11]陶宗儀（1316-1403）《南村輟耕錄》的描述更為詳細：

道碑〉，頁270。

5　〔元〕姚燧，《姚燧集》，卷28，〈中奉大夫荊湖北道宣慰使趙公墓誌銘〉，頁431。

6　〔宋〕司馬光撰，顧頡剛等點校，《資治通鑑》（北京：古籍出版社，1956），卷211，〈唐紀二十七‧玄宗至道大聖大明孝皇帝上之中〉，頁6703-6704。

7　〔宋〕李燾撰，上海師大古籍所、華東師大古籍所點校，《續資治通鑑長編》（北京：中華書局，2004），卷18，〈太宗太平興國二年〉，頁406。

8　〔明〕宋濂等撰，翁獨健等點校，《元史》（北京：中華書局，1976），卷2，〈太宗本紀〉，頁35。柯劭忞撰，姚景安等整理，《新元史》（海口：海南國際出版中心，1996），卷4，〈太宗本紀〉，頁15。

9　〔明〕徐嘉泰，《天目山志》（臺南：莊嚴文化事業公司，1996），卷2，〈仙釋‧釋〉，頁372。

10　〔明〕宋濂等，《元史》，卷20，〈成宗本紀三〉，頁442。

11　〔明〕長谷真逸，《農田餘話》（臺南：莊嚴文化事業公司，1995），卷上，頁317。並見〔明〕宋濂等，《元史》，卷39，〈順帝本紀二〉，頁840；卷51，〈五行志二‧金不從革〉，頁1107。

後至元丁丑夏六月，民間謠言朝廷將采童男女，以授韃靼為奴婢，
且俾父母護送，抵直北交割。故自中原至于江之南，府縣村落，凡
品官庶人家，但有男女年十二三以上，便為婚嫁，六禮既無，片言
即合。至於巨室，有不待車輿親迎，輒徒步以往者，蓋惴惴焉惟恐
使命庚止，不可逃也。雖守土官吏，與夫韃靼、色目之人，亦如
之，竟莫能曉。經十餘日纔息。自後有貴賤、貧富、長幼、妍醜匹
配之不齊者，各生悔怨，或夫棄其妻，或妻憎其夫，或訟于官，或
死于夭，此天下之大變，從古未之聞也。[12]

此一謠言亦涉及童男童女，據傳是要將其發配給蒙古人為奴婢，最後竟連
蒙古人、色目人也惶惶不安，充份顯示出謠言的變異性。此次謠言的傳播
範圍，雖從華北到長江以南，但現存記載不多。這一年，河南江北行省揚
州路「鄉城競相嫁娶，貧富長幼多不得其宜」。[13]在江浙行省平江路方面，
蘇州僧人柏子庭曾口占絕句云：「一封丹詔未為真，三杯淡酒便成親。夜
來明月樓頭望，惟有姮娥不嫁人。」平江人蘇達卿，當時在上海為吏，有
女年紀十二，入贅里人浦仲明之子為婿，次年生下一子。[14]松江府上海縣龍
華鎮楊氏之女十三歲，也因這年「天下童男女訛惑，皆成配」，家長招贅
張都水之子張裕為夫，十五歲時生一女。[15]楊維楨（1296-1370）的〈盧孤女〉
詩亦記載杭州路錢塘縣因「官家新條括童年」，導致「東家聘，西家求，
明珠火貝爭委投」。[16]而在謠言過後，江南據說十年無嫁娶。[17]另外，江西
行省南安路亦因「民訛言刷童女，闔郡不聘而嫁，後多仇怨」。[18]

　　元人徐元瑞所編《吏學指南》曾經為訛言下了這樣的定義：「訛言，
事傳而差，謂之訛言，謂流言惑眾者。」[19]這一段話指涉兩個層面，其一

12　〔明〕陶宗儀，《南村輟耕錄》（北京：中華書局，1959），卷9，〈謠言〉，頁112-113。

13　〔清〕陸師纂修，〔康熙〕《儀真志》（臺北：中央研究院歷史語言研究所傅斯年圖書館藏刻
　　本），卷18，〈祥祲志・金・訛言〉，頁16b。

14　〔明〕陶宗儀，《南村輟耕錄》，卷9，〈謠言〉，頁113；卷24，〈十二生子〉，頁297。

15　〔清〕郭廷弼、周建鼎等修纂，〔康熙〕《松江府志》（臺北：中央研究院歷史語言研究所傅
　　斯年圖書館藏刊本），卷48，〈列女〉，頁4b。

16　〔明〕楊維楨，《鐵崖古樂府》（上海：商務印書館，1929），卷6，〈盧孤女〉，頁4a。

17　〔清〕吳履震，《五茸志逸》（上海：上海市文物保管委員會，1963），卷3，頁167。

18　〔明〕商文昭、盧洪夏纂修，〔萬曆〕《南安府志》（北京：書目文獻出版社，1990），卷8，
　　〈天文・口舌之痾〉，頁424。

19　〔明〕佚名輯，《居家必用事類全集》（北京：書目文獻出版社，1988），辛集，《吏學指

指出訛言在傳播時與事實有所偏差，另外它是一種流言，能迷惑人心。中國歷史上所指的訛言，即今日所謂的謠言。而正如社會學家所言，謠言是一種複雜的社會心理現象，與具有正式傳播途徑的新聞不同：（1）它來自非正式的傳播途徑。（2）它是非組織性的。（3）它是無定性者，要傳向何方、何人，非事先所能預測。謠言在性質上可以分為兩類，一為煽動性謠言（demagogy），一為傳聞性謠言（rumour）。這兩者的區別，在於前者是為達成某種特定目的而有計劃故意傳播，後者則純粹是一種傳聞（hearsay），非具有意圖性。值得注意的是，普通人對於謠言，大都不求甚解，貿然接受，而且不加思索，貿然傳佈，所謂「人云亦云」，「以訛傳訛」是也。甚至在傳播時，有意無意地加以增補改造或聯想附會，於是愈傳愈失其真相，愈傳愈離奇。若初聽謠言者與傳播者不止一人，其傳佈的速率，真可超越幾何級數。大概謠言一經發生，便在無形中輾轉相傳，於是謠言的傳遞，成為一種精神上的傳染，使人失去理性的判斷，而接受謠言為事實。凡平時的自信力與判斷力，到此時似都失去作用。謠言流傳範圍的大小、影響力量之強弱，與謠言的重要性及曖昧性恰成正比。所謂的重要性，是指與公眾的安全（生命或財產）關係愈密切的謠言流行愈迅速、愈廣泛。曖昧性則指謠言的真實程度無法確認或難以確認時，其曖昧性就高。在平時，一般人不易輕信謠言，但在週圍相信謠言的人越來越多時，信心會開始動搖，俗語說「寧可信其有，不可信其無」，對於與自己安危相關的事，在半信半疑之時，往往會傾向於相信謠言。[20]也就是這樣的氛圍，謠言常引發一些社會恐慌，本文所要分析的現象就是如此。

　　早在上世紀前半葉，社會學家孫本文（1891-1979）在分析謠言時，就已經注意到元末採選童男童女的訛言。[21]而在元末這次訛言之後，明代持續出現類似的社會恐慌，迄至盛清猶有其事。對於明清此一現象，最早為文討論者應屬王春瑜，其篇幅雖不甚長，卻點出元末至盛清的幾次重大訛傳事件。[22]其後，郭松義從日本《華夷變態》所載康熙年間閩粵、江南一帶

南》，〈詐妄〉，頁329。

[20] 高覺敷，《群眾心理學》（上海：中華書局，1934），頁87。陳雪屏，《謠言的心理》（長沙：藝文叢書編輯部，1939），頁1。孫本文，《社會心理學》（上海：商務印書館，1946），頁246-272。宋明順，《現代社會與社會心理》（臺北：正中書局，1974），頁121-122、126-127。

[21] 孫本文，《社會心理學》，頁255、265。

[22] 王春瑜，〈明代文化史雜識〉，《阜陽師範學院學報》，1985年第1期（阜陽，1985），頁60-

訛傳選秀女之事談起，析論明清兩代詔選淑女所引發的動亂，並認為順治年間這類情事最盛，達六、七次之多。[23]另外，丘良任、朱子彥、胡凡與王偉等人討論明代採選宮女，也涉及這類的謠言與恐慌。[24]王鴻泰探討明清江南城市的訊息網絡，亦指出至元年間的謠言後，經歷二百多年未再出現類似謠言，而自隆慶（1567-1572）初年起，至清康熙（1662-1722）中葉，謠言又不斷發生。[25]除此之外，定宜莊、董建中、闕紅柳等人亦論及清代這一特殊現象。[26]日本學者合山究則指出明清戲曲小說中的一個特色，即常常以採選秀女做為主題。[27]

上世紀末，筆者查閱各地方志，注意到明代的各類謠言，其中最多者為妖眚，[28]其次為選宮人，另外如訛傳兵賊至、訛傳倭寇到來等，也有若干記載。基於明代採選秀女的訛言甚多，為弄清楚何者為實際採選所致、何者為空穴來風，隨即分別撰文探討明代遴選后妃與採選宮人的歷史。依照明代慣例，皇帝選皇后、妃嬪，與選太子妃，典禮較為隆重，採選區域亦較大；其次，為皇子等選妃，早期範圍較大，嘉靖以後以北直隸或北京為主；至於為皇弟選妃，通常在北京內外。[29]而在採選宮人方面，洪武、永樂及天順年間，曾經在南北各地採選，嘉靖以後則以北直隸或北京

62；〈選秀考〉，原載《中央日報》1991年11月30日《長河》版，收入氏著，《一碗粥裝得下半部歷史》（北京：金城出版社，2011），頁97-101。

[23] 郭松義，〈明清兩代詔選「淑女」引起的動亂——由日本史籍記載談起〉，《故宮博物院院刊》，51（北京，1991），頁3-10。

[24] 丘良任，〈明代的選秀女〉，《紫禁城》，74（北京，1993），頁19。朱子彥，《後宮制度研究》（上海：華東師範大學出版社，1998），頁133-137、140-141；〈明代的採選制度與宮人命運〉，《史林》，2003年第3期（上海，2003），頁87-88。胡凡、王偉，〈論明代的選秀女之制〉，《西南師範大學學報》，25：6（重慶，1999），頁114-115。

[25] 王鴻泰，〈社會的想像與想像的社會：明清的信息傳播與「公眾社會」〉，收於陳平原、王德威、商偉編，《晚明與晚清：歷史傳承與文化創新》（武漢：湖北教育出版社，2002），頁134-135。

[26] 定宜莊，《滿族的婦女與婚姻制度研究》（北京：北京大學出版社，1999），頁324-329。董建中，〈清代的「拉郎配」〉，《尋根》，2006年第1期（鄭州，2006），頁88-91。闕紅柳，〈清初社會傳聞與皇權干預〉，《清史研究》，2011年第3期（北京，2011），頁151-152。

[27] 合山究，〈「選秀女」と明清の戲曲小說〉，《日本中國學會報》，51（東京，1999），頁137-151。

[28] 邱仲麟，〈黑夜与妖眚——明代的物怪恐慌〉，《明代研究》，10（臺北，2007），頁17-69。

[29] 邱仲麟，〈明代遴選后妃及其規制〉，《明代研究》，11（臺北，2008），頁1-58。遴選后妃，大致可以分為四個層次：（A）為皇帝選皇后及妃嬪，（B）為太子選妃，（C）為諸皇子、皇孫等選妃，（D）為皇弟選妃。其採選地域，參見下表：

為主。明代宮女選入的方式頗為多元，其一為皇帝下詔直接採選。[30]另一方面，依照明代制度，「掖庭服役諸宮人，例於上大婚日選若干入侍，嗣後有訓不得再選。」[31]採選后妃時，進入決選的女子，若未能晉級，也有可能被留任為宮人。[32]還有一大部份的宮女，是被送進宮的，如宣德年間大量採入的幼女，年紀僅三到八歲。[33]其中，宦官應該是主要的買進者之

類型	採選年份	主事者	採選對象	地域範圍
C	洪武22年	太祖	皇孫、諸世子妃	河南、北平、山東、山西、陝西。
C	洪武28年	太祖	諸王及世子妃	河南、北平、山東、山西、陝西。
C	建文4年	太宗	諸王及世子妃	河南、北平、山東、山西。
C	永樂元年	太宗	王妃	南京。
C	永樂12年	太宗	皇孫、諸王孫妃	北京、山東、河南、山西、陝西。
D	宣德年間	宣宗	諸皇弟妃	北京。
A	正統6年	英宗	后妃	北京、北直隸、南京、鳳陽、淮安、徐州、河南、山東、山西、陝西。
D	正統10年	英宗	皇弟郕王妃	北京
B	天順6年	英宗	皇太子妃	北京、北直隸、南京、鳳陽、淮安、徐州、河南、山東。
B	天順7年	英宗	皇太子妃（再）	北京、北直隸、南京、淮安、揚州、山東。
D	成化年間	憲宗	諸皇弟妃	北京。
B	成化22年	憲宗	皇太子妃	北京、北直隸、南京、鳳陽、淮安、徐州、河南、山東。
D	弘治年間	孝宗	諸皇弟妃	北京。
B	弘治18年	孝宗	皇太子妃	北京、北直隸、南京、鳳陽、淮安、徐州、河南、山東。
A	嘉靖元年	世宗	后妃	北京、北直隸、南京、鳳陽、淮安、徐州、河南、山東。
A	嘉靖9年	世宗	九嬪	北京、北直隸、南京、鳳陽、河南、山東。
A	嘉靖13年	世宗	九嬪	北京、北直隸、南直隸、南京、河南、山東。
C	嘉靖31年	世宗	裕王、景王妃	北京。
C	嘉靖37年	世宗	裕王繼妃	北京。
A	萬曆5年	神宗	后妃	北京、南京、河南、北直隸、山東。
A	萬曆9年	神宗	九嬪	北京、北直隸、河南、山東。
D	萬曆10年	神宗	皇弟潞王妃	北京。
B	萬曆26年	神宗	皇長子妃	北京、北直隸。
C	萬曆30年	神宗	福王妃	北京。
C	萬曆37年	神宗	瑞王妃	北京。
C	萬曆44年	神宗	惠王、桂王妃	北京。
A	天啟元年	熹宗	后妃	北京、北直隸、南京、鳳陽、淮安、徐州、河南。
D	天啟5年	熹宗	皇弟信王妃	北京。
A	崇禎15年	思宗	九嬪（未果）	北京。
A	崇禎17年	福王	后妃	南京、蘇州、浙江嘉興、杭州。

[30] 邱仲麟，〈陰氣鬱積——明代宮人的採選與放出〉，《臺大歷史學報》，50（臺北，2012），頁56-59。

[31] 〔清〕宋起鳳，《稗說》（南京：江蘇人民出版社，1982），卷4，〈金獅子門〉，頁110。

[32] 〔明〕丁元薦，《西山日記》（臺南：莊嚴文化事業公司，1995），卷下，頁745。

[33] 邱仲麟，〈陰氣鬱積——明代宮人的採選與放出〉，頁50-51。

一。[34]此外，大臣私下送進宮女，也是一個管道；而女官私下抱進幼女，亦見於文獻記載。[35]

在前此考察明代採選后妃與宮人的基礎上，本文擬借用社會心理學的分析，討論明代與採選淑女相關的訛言及其所造成的社會恐慌。這方面的記錄雖遺漏甚多，但筆者希望藉由拼貼零星史料，得出歷次採選秀女恐慌的大致面貌。此外，地方藩王採選王妃亦曾引發恐慌，文中將順便提及。雖然謠言的產生有其基本的模式，但明代這類社會恐慌的存在仍有其個別性，導致恐慌的政治環境與社會氛圍亦各不相同，為免整體氛圍與事件之間的聯繫性有所斷裂，本文不擬採取──（1）實有其事所導致，（2）子虛烏有所造成──這種分開討論的方式。質言之，主題側重的是社會恐慌與每次恐慌的時空背景，敘述則採取「事件史」的角度，以編年的方式分別探討，這樣或許較能探察謠言與恐慌的來龍去脈，得知其「前因」與「後果」之間的關係。

一、從建文到正德

洪武年間，明太祖（1328-1398）累次採選秀女，但現存資料未見記載其造成社會恐慌。至洪武三十一年（1398）閏五月，建文帝（1377-?）即位，十一月間，御史尹昌隆（?-1417）奏言：「側聞內官遠至建寧選取侍女，使萬姓為之驚疑，眾心為之惶惑」。[36]由此看來，採選宮女曾造成福建之騷動。至於其他地方是否亦有此事，相關記載缺乏，情況不可知。

其後，再度出現類似記載，已在天順年間。天順三年（1459）八月，明英宗（1427-1464）勅命鎮守浙江太監盧永、江西太監葉達、福建少監馮讓選取「良家子女十五以上，及無夫婦人四十以下，能讀書寫字并諳曉算數者四、五十人」有關。當時，明英宗在勅文上還說：「體訪之際，不可委用非人，因而詐騙財物，驚擾下人。爾其慎之！」[37]雖然明英宗要太監們謹

---

[34]　〔清〕傅維鱗，《明書》（臺南：莊嚴文化事業公司，1996），卷21，〈宮闈紀二・宮闈女官附〉，頁199。

[35]　邱仲麟，〈陰氣鬱積──明代宮人的採選與放出〉，頁66-68。

[36]　〔明〕尹昌隆，《尹訥菴先生遺稿》（臺南：莊嚴文化事業公司，1997），卷1，〈脩後宮疏〉，頁461。

[37]　〔明〕陳文等撰，《明英宗實錄》（臺北：中央研究院歷史語言研究所，1966），卷306，天順三年八月己未，頁6447。

慎從事，但結果還是引起地方上的不安。據方志記載，天順四年（1460），浙江寧波府南境之象山縣，「民間訛傳取采女，婚嫁者眾」。[38]其他地方是否有此事，未能獲悉。

又過四十年，謠言再度出現於記載之中。弘治十三年（1500），浙江紹興府「訛言越中詔選女子」，[39]府治所在的會稽縣與所轄的諸暨縣，均出現「奔娶殆盡」的場面。[40]有趣的是，明孝宗（1470-1505）在位時並未採選宮女，紹興百姓卻庸人自擾。明代社會無來由地出現採選的訛言，這是第一次。

正德年間，是採選秀女社會恐慌的擴張階段，此後這類情事屢見不鮮。正德初年，姜龍在禮部任職時，寧王宸濠（?-1521）以三事上疏奏請：「一曰益護衛之兵，二曰撫按等官不得行出使禮，三曰乞於江浙遴選宮嬪。」姜龍認為寧王陰畜異志，「因條析疏稿以寢其議」。[41]實際上，寧王奏請在江浙採選妃子，已經引發地方上的恐慌，如南直隸徽州府歙縣程禧義之女程關貞（?-1525），幼時許配給王鶚之子王廷用；正德七年（1512），「流言宸濠選嬪，禧義倉卒以女歸」，當時廷用隨祖父文義經商在外，故未成婚。次年，廷用與文義皆被強盜所殺，父母可憐女兒，勸其改嫁，關貞堅持不肯。[42]

正德十年（1515）正月，謠言出現於北京城內外，民間訛傳將採選宮女，造成百姓驚慌，兵科給事中毛憲（1649-1535）為此上奏：「京城內外，眾心驚駭，喧傳萬口，騰說百端，有難以聞者。大率私謂朝廷欲選幼女，以為他用。」謠言一傳開，「軍民騷動，晝夜奔趨，以女求男，匹配幾盡」，毫不考慮「年之長幼，分之尊卑，人之貴賤」，經過數日而猶惶惶不安，故他建請下令各衙門「曉示禁止，不許訛言扇誘，自相驚駭，違者

---

38 〔明〕毛德京等修纂，〔嘉靖〕《象山縣志》（上海：上海書店，1990），卷13，〈雜志紀下‧災祥〉，頁308。

39 〔明〕蕭良榦、張元忭等修纂，〔萬曆〕《紹興府志》（臺北：成文出版社，1983），卷13，〈災祥志〉，頁1051。

40 〔明〕張元忭撰，〔萬曆〕《會稽縣志》（臺北：成文出版社，1983），卷8，〈戶書‧災異〉，頁335。〔清〕枕椿齡、樓卜瀍等修纂，〔乾隆〕《諸暨縣志》（臺北：成文出版社，1983），卷7，〈祥異〉，頁351。

41 〔明〕周士佐、張寅等修纂，〔嘉靖〕《太倉州志》（上海：上海書店，1990），卷7，〈人物‧宦蹟〉，頁537。

42 〔明〕汪尚寧等纂修，〔嘉靖〕《徽州府志》（臺北：成文出版社，1985），卷20，〈列女傳〉，頁1593。

有罰」。[43]監察御史張翰亦奏請禮部出榜示禁：

> 旬日以來，民間相傳謂朝廷欲選用女子，凡有女之家未許者，不擇
> 婿為配，及笄者不備禮而成，甚至藏於姻黨之家，致有帷薄之議。
> 京師如此，傳之天下，驚疑益甚。上虧聖化，下敗彝倫。乞敕禮部
> 出榜曉諭，庶昭聖德之明，解愚民之惑。[44]

奏章上了之後，明武宗（1491-1521）並未理會。後來，京城內出現數名無
賴，伙同兩名老婦做媒人，夜間突然闖入李氏家中，強拉其女而去。次
夜，又強拉祁氏之女，祁家不從，兩相拉扯詬罵，為巡邏者所獲，打問之
後，知其為蔡名、馮玉、吳綱、安亨。錦衣衛上奏，詔命將其全數下獄，
並令都察院出榜禁約，人心始安。[45]據大學士楊廷和（1459-1529）說，此一
社會恐慌之所以能止息，乃緣於轎夫向他報告，引起他的重視，於是上章
請旨嚴禁，並命錦衣衛緝捕為非者：

> 京城訛言有旨選民間幼女，內之禁中，遠近惶懼，將未出幼女一概
> 婚配，奸人至有持一帕入人家，徑欲迎去者。與夫為予言之，驗問
> 果然。因請旨禁約，仍令緝事官校，根究造言之人，其事頓止。[46]

當時楊廷和為內閣首輔，擁有票擬之權，其所言應屬可信。而此事之所以
喧騰兩個多月之久，實與明武宗的處理態度有關。當謠言出現十天左右，
御史張翰奏請命禮部出榜曉示，以安定人心，但明武宗卻不批發。直至有
歹徒利用此一謠言強押民女，經錦衣衛緝獲，方才命都察院出榜禁止，已
是兩個多月後的事了。

---

43 〔明〕毛憲，《諫垣奏草》（北京：北京出版社，2005），卷2，〈陳言安人心〉，頁468-469。

44 〔明〕費宏等撰，《明武宗實錄》（臺北：中央研究院歷史語言研究所，1966），卷120，正德
十年正月丁亥，頁2426-2427。

45 〔明〕費宏等撰，《明武宗實錄》，卷122，正德十年三月甲子，頁2447。

46 〔明〕楊廷和，《楊文忠三錄》（臺北：臺灣商務印書館，1983），卷3，〈視草餘錄〉，頁804。

二、明武宗隨處搜括民女

　　若說正德十年之訛傳係百姓無端自擾，此後的社會不安則是事出有因。正德十二年（1517）九月，宣府鎮蔚州衛都指揮僉事江彬（?-1521），誘引明武宗駐蹕宣府，明武宗至宣府後，遂營建鎮國府第，樂不思歸，且經常夜出，「見高門大戶即馳入，或索其婦女」，於是富民皆以重金賄賂江彬以求豁免。[47]至正德十三年（1518）二月，慈聖康壽太皇太后崩逝，明武宗才由宣府返回北京，迄三月間猶未發喪；四月初一，趁赴六陵祭告之機會，隨即前往黃花鎮、密雲等地遊幸，「民間傳言欲括女子、斂財物以充進奉，多驚疑避匿，哭泣相聞」。[48]當時，由於「閹人矯旨作孽，假選婦女」，冀東的永平府「闔郡驚逃」。[49]知府毛思義（?-1541）曾撰寫告示曉諭百姓：

> 近來有等無知奸詐之徒，妄傳聖駕東幸，搜括民間婦女，科斂百姓財物，驚疑人心，騷擾地方。老幼婦女，哭泣之聲，達乎四境。逃匿之跡，徧乎山澤。郡邑一空，軍民俱敝。甚有將選到幼女，群居公署，大肆淫污。間有貞節自持，乃遂威逼致死，如灤州之民之所告者。[50]

由於毛思義在告示中意有所指地說：「大喪未舉，車駕必不遠遊，此皆奸徒矯詐，煽惑人心，百姓其各安業，非有府部、撫按官文書，敢稱駕至擾民者，即捕治之。」明武宗知道後極為生氣，降旨將其執送錦衣衛獄，命三法司從重擬罪，法司判處贖杖還職，得旨：「降三級，為雲南安寧知縣。」[51]五月間，明武宗返至河西務，巡按御史劉士元聞聖駕將至，「令

---

[47]　〔明〕費宏等撰，《明武宗實錄》，卷153，正德十二年九月甲戌，頁2953。

[48]　〔明〕費宏等撰，《明武宗實錄》，卷161，正德十三年四月甲申，頁3107。並參校勘記。

[49]　〔清〕周虔森、張璥修纂，〔康熙〕《陽信縣志》（北京：線裝書局，2001），卷9，〈人物‧宦蹟‧明〉，頁465。

[50]　〔明〕毛思義，〈永平曉諭軍民告示〉，見〔康熙〕《陽信縣志》，卷10，〈文藝‧示諭〉，頁734。

[51]　〔明〕費宏等撰，《明武宗實錄》，卷161，正德十三年四月甲申，頁3107。此事並見〔明〕李廷相，〈都察院右副都御史海隅毛公神道碑銘〉：「其在永平，會武皇帝東幸，有一、二閹

民間盡嫁其女，藏匿婦人」，明武宗大怒，「遂命裸縛，面訊之」。由於出行在外，無杖可用，乃取柳木杖打四十，士元幾被打死，接著押上囚車，馳送入京。明武宗並下令逮知縣曹俊等十餘人下錦衣衛獄。[52]

　　正德十三年七月，明武宗又出巡宣府，八月至大同、偏頭關，十月渡黃河至陝西榆林，十一月抵綏德州，十二月渡黃河至山西石州，再往太原。正德十四年（1519）正月，由太原往宣府，二月由宣府返回北京。在偏頭關時，曾下令於太原搜括女樂。其中，晉府樂工楊騰之妻劉良女擅長歌唱，頗為明武宗所喜愛；及至聖駕由榆林回到太原，再度召幸，載以同歸。自是大見寵幸，明武宗飲食起居，必與其相偕。江彬等佞倖甚至以母相呼，稱之為「劉娘」。而在綏德州時，明武宗曾造訪總兵官戴欽家，既而收納其女。[53]當時，皇帝車駕所至之處，「貴近多先掠良家女子，以充幸御，至數十車在道，日有死者，左右不敢聞，猶載以隨」。除了掠奪良家女子之外，並諭令各州縣「別具女衣、首飾為賞賚費」，遂造成遠近騷動，百姓多逃匿。由於各地「以幼女適人，不待禮聘」，工科都給事中竇明等於九月曾奏請降旨令各地巡撫禁止「非時婚嫁」，明武宗不理。[54]甚至在晉南的潞州，百姓也惶惶不安。據方志記載：正德年間，張萱以進士知潞州，當時「武皇狩雲中，江彬諷郡縣選嫠婦送行在所」，民間「譌言欲刷婦女，人皆洶洶，將竄匿山谷」。張萱對於命令不加回應，判官楊慶自認為有才幹，欲代為辦理此事，張萱說：「嫠，節婦也。吾，婦翁也。奈何以婦翁而奪子婦之節？」楊慶說：「慮有不測！」張萱大怒，摔杯子在地，說道：「首可斷，節不可奪。所為者，有如此杯。」潞州採選之事，因而停止。[55]

宦，憑藉寵靈，熒惑聖心，倡言欲刷民間婦女，於是闔郡人心驚惶，婦女逃竄山谷，所在為空。公憂之，且自從其所移文曉之，至再至三，大略謂：『紀綱法度，祖宗創立以貽謀，朝廷把持以馭世，天下臣民所當遵守，以共成化理者也。況今上方在諒陰之中，豈肯自壞紀綱法度，輕萬乘之重，而邇此不令之色乎？大抵皆左右鼓惑扇動，以為媒利之階耳。』於是閹宦皆切齒於公，錄公移文以中傷之，乃竟下之詔獄。」見朱蘭、勞泓宣修纂，〔民國〕《陽信縣志》（臺北：成文出版社，1968），卷8，〈藝文志〉，頁412。

[52] 〔明〕費宏等撰，《明武宗實錄》，卷162，正德十三年五月丁巳，頁3119。並參校勘記。

[53] 〔明〕費宏等撰，《明武宗實錄》，卷164，正德十三年七月丁未，頁3172；卷168，正德十三年十一月壬子，頁3254；卷169，正德十三年十二月戊子，頁3271。

[54] 〔明〕費宏等撰，《明武宗實錄》，卷166，正德十三年九月戊申，頁3210。

[55] 〔明〕周一梧修，〔萬曆〕《潞安府志》（臺北：中央研究院歷史語言研究所傅斯年圖書館藏萬曆四十年刊本微捲），卷4，〈建置三・郡縣〉，頁10b-11a。〔明〕顏洪範、張之象修纂，

佞倖採選女子承奉，甚至及於陝西南部的關中。韓邦靖（1488-1523）的〈長安宮女行〉，就述及陝西鎮守太監廖鑾為逢迎明武宗，也到處搜括民女。西安府咸寧縣一民家女，與同時被採中的許多少女，由西安送到太原、再到大同，後來車載跟著聖駕回到北京，從此深宮似海，孤苦面對無望的將來。[56]韓邦靖係西安府朝邑縣人，〈長安宮女行〉的內容，應該得

〔萬曆〕《上海縣志》（臺北：中央研究院歷史語言研究所傅斯年圖書館藏刻本），卷9，〈人物志‧賢達‧國朝〉，頁11a。

[56] 其詩內容頗為細緻，茲全引如下：「長安城頭夜二鼓，道士敲門稱太府。為道君王巡幸勞，選取嬌娥看歌舞。應酬未得話從容，階除早已人三五。倉皇便欲將我行，那肯相留到天曙。平昔嬌癡在母傍，黃昏不敢出前房。如今卻向何處去，似墮淵海身茫茫。四更未絕五更連，父母相隨太府前。頃刻回頭同伴至，亦有爺娘各慘然。雖同閭里不曾親，那得相逢及此辰。清淚俱含未粧面，愁魂不附欲傾身。天明卻轉雙輪疾，送我城東坐官室。生來雖在咸寧城，目中誰識京兆尹。已看閭閣隔重天，乍度昏朝似千日。中有數人不甚愁，問之乃是勾欄流。平生諳浪輕去住，卻說能觀五鳳樓。望承恩寵心雖別，思到家鄉淚亦流。纔言欲去去何忙，翠幕油車已道傍。少小生離遠死別，傍人見我空徬徨。嬌憐姊妹不得訣，父母送我達水陽。相看痛哭各捨去，此時欲斷那有腸。城裏家家錦繡簾，我輩姿容豈獨妍。東家有女如花萼，且入黃金名已落。西家有女如玉瑩，夜剪烏雲晨不行。我輩無錢兄弟劣，坐使芳年成訣別。渡河渡渭還渡汾，千山歷盡雪紛紛。江流山館猿常哭，葉落郵亭雁屢聞。自從墮地誰窺戶，此際無家卻望雲。迢迢千里還歲窮，大同才得到行宮。常言親見何曾見，深院蕭蕭盡日封。當今天子說神武，時向三邊乘六龍。來臨瀚海神偏爽，思滅襜胡志獨雄。近時雙蹕駐榆塞，不知何日來雲中。消息常傳不是真，寂寥看已到初春。冰霜豈似心中事，雲物空驚塞外新。轉眼還成正月末，忽然大駕還沙漠。見說天壇禮未脩，還兼太廟春當礿。京師暫欲駐鸞旂，屬車還載蛾眉歸。卻向豹房三四月，欲近龍顏真是稀。宮中景色誰曾見，宮外楊花徒撲面。有眼但識鴛鴦瓦，有身那到麒麟殿。鳳舟時泛西海渚，採蓮不喚如花女。鸞駕常操內教場，何曾湯火試紅粧。有時鬪虎獸圈臨，當熊徒抱昔人心。茶飯每排新寺裏，不用明眸兼皓齒。空有娼家色藝高，隨人望幸亦徒勞。宮花枉自羞粧面，御柳何人鬪舞腰。君王不御人雖賤，盡日誰來問深院。日給行糧米半升，大官空有珍羞饌。有時饑餓難出戶，君王豈愛細腰舞。還將顏色博貧難，萬折誰知心內苦。豈能種竹邀羊駕，何得栽花教蝶聚。金屋年來是浪庿，花錢月給誰曾睹。旁人見我入天閣，謂我將承帝王恩。豈知流落還愁恨，榮寵何曾但淚痕。妾家雖貧未甚貧，絲麻布帛亦遮身。有時亦綉鴛鴦枕，翠線金針度一春。一春鸞鏡不停粧，機杼言忙苦不忙。寒食清明邀等伴，銀釵羅髻亦風光。父母如同掌上珠，兄弟看成亦不殊。少小媒來未輕與，去年才許城東夫。乘龍跨鳳雖未必，竝宿雙棲亦不孤。百年光景誰曾見，一旦榮華土不如。榮華光景猶閑可，兄弟爺娘怎奈渠。當時同輩聞我說，珠淚人人落翠頰。亦有因緣與恩愛，誰無父母同家業。可憐拋卻入君門，九夏三秋那可言。風雨苑深同白晝，星河樓淺共黃昏。我曹豈是無傾國，聞道君王還遠色。宮禁幽深誰不知，踪跡民間頗堪測。漢家多欲稱武皇，玄宗好色聞李唐。衛氏門前誇榷客，楊釗海內無三郎。主上今來十四年，劉瑾朱寧聞擅權。往時勢焰東廠盛，近日威名遊擊偏。丘張谷馬紛紛出，那有皇親得向前。又聞親受于永戒，大璫不御思長年。更寵番僧取活佛，似欲清淨超西天。君王賤色分明是，那用當時詔旨傳。當時陝西有廖大，此事恐是茲人專。滔天罪惡思固寵，逢迎卻乃進嬋娟。去年甋帳云欽取，狗馬年來俱奉旨。何曾竟有君王詔，此輩播弄常如此。國家近日重錢財，金門紫闥非難開。黃金此輩如山積，縱橫豈顧傍人猜。當時黃紙誰曾見，昏宵況復如雷電。勢成威劫非

自親身聽聞或他人所給資訊，故描寫特別具有真實感。也就因為佞倖到處搜括民女，正德十四年仲春回京時，動用了牛車數十輛。當時朝鮮左議政南袞（1471-1527）正巧出使在北京，見到「採陝西之女四十餘車而來，一車所載之數，何能勝計！」他想買《宋鑑》，向書舖詢問有否，賣冊者說：「皇帝今採陝西之女，處于冊庫，故不得印出也。」北京米麵昂貴，「一日饋女，并兩口，米一升，多有飢死者。」南袞又言：「皇帝所採諸女，待以非理，與先世採女之事異矣。」所指即明武宗「博採四方之女，不以充後宮，而其有善戲而孝之者，輒與選女，而使淫之，以為玩賞資。」[57] 事情是否真的如朝鮮使臣所說的那樣——任由佞倖姦淫，現在已不可知，但可以看出明武宗的行徑荒唐至極。

正德十四年八月，因明武宗御駕南征，又導致沿途紛擾。首先是行至真定府定州，忽然下旨命御史方鳳精選寡婦四十人，娼婦四十人，「以供旦夕之弄」。[58] 而在明武宗抵達前，太監吳經先到揚州，矯詔採選處女及寡婦，導致「民間洶洶，有女者一夕皆適人，乘夜爭門逃匿，不可禁」。知府蔣瑤（1469-1557）懇請停止此事，吳經不僅不予採納，反而將其訓斥一番。吳經見婦女皆藏匿起來，乃派人偵探寡婦及娼者之家，且在夜半時派遣數名騎兵，開城門傳呼聖駕到，命令大街皆燃炬，於是光明如白晝，吳經乃遍入各家，將這些婦女捽拉出來，其有藏匿者，即使破垣毀屋，亦必得之而後罷。因此，這些婦女一個也沒能逃脫，哭泣之聲震動遠近。吳經於是將其分送至各尼寺寄住，以待明武宗抵達。有二女憤恨不食而死，蔣瑤為備棺木殮葬。自此以後，「諸婦家以金贖乃得歸，貧者悉收入總督府」。[59] 比較幸運的是，吳經、江彬等人原本欲選繡女，最後未能得逞。

一朝，可憐為國多招怨。自從陝西有斯人，災禍年來何太頻。閭里已教徒赤壁，閨闈還遣閉青春。青春淪落不須論，別有淒涼難具陳。同來女伴元不少，一半已為泉下塵。妾身雖在那常在，溝渠會見骨如銀。愁心化石定不朽，怨魂入地應無垠。我聞貴人皆英賢，左諫右輔何翩翩。近時叩闕諫南巡，何不上書放宮女。上書雖是履危機，萬一妾身得生歸。」參見〔明〕韓邦靖，《韓五泉詩》（臺南：莊嚴文化事業公司，1997），卷1，〈長安宮女行〉，頁146-148。〔明〕韓邦靖，《韓五泉詩》（臺北：國立故宮博物院藏嘉靖刊本），卷1，〈長安宮女行〉，頁8a-12b。仲麟按：前一版本，不少詩句渙漫難辨，故以國立故宮博物院藏本互校。

[57] 吳晗輯，《朝鮮李朝實錄中的中國史料》（北京：中華書局，1980），上編，卷15，〈中宗大王實錄三·十六年〉，頁936、937。

[58] 〔明〕方鳳，《改亭奏草》（臺南：莊嚴文化事業公司，1996），〈為自劾不職速賜罷黜事〉，頁9。

[59] 〔明〕費宏等撰，《明武宗實錄》，卷181，正德十四年十二月辛酉，頁3505。

當時，蔣瑤「密令民室女將及笄者，三日內盡畢嫁娶」，接著才回覆太監說：「民間無女，不可刷，惟瑤有女，遠不可必至耳。」[60]另據記載，江彬傳旨：「朝廷要選繡女。」蔣瑤說：「揚州止有三箇繡女。」江彬問：「今在何處？」蔣瑤說：「民間並無，知府有親女三人。朝廷必欲選時，可以備數。」江彬為之語塞，其事遂不了了之。[61]約略同時，鳳陽守備太監丘得也「奪取民間女子，雜以倡優，號為進奉」。[62]十二月初一，明武宗抵達揚州，旋即下令閱選所拘留的妓女，並命將所選的半數送進龍舟中。[63]

接著，明武宗繼續往南京進發。在聖駕將至南京前，內臣亦先選寡婦、尼姑待命，於是造成寡婦、尼姑紛紛出嫁。十二月廿六日，明武宗抵達南京。正德十五年（1520）正月，明武宗在南京迎春，有人撰〈迎春謠〉記其事：「倡家卻逐浮屠行，猪胞拋打還携手。黃冠亦共師尼遊，假情相謔為配偶。」[64]太監又預選女樂千餘人，安置於空倉中，以備明武宗召用，數日間死一、二十人。應天府丞寇天敍（1480-1533）向太監說：「此女子候朝廷幸，而菜色如此，恐反取罪。」太監問如何處理？天敍說：「莫若令其親人或食店、酒肆領出，置立簿籍記其姓名，臨期召用，亦未為晚。」太監同意，女子得以放出，一言而救千餘人。[65]不過，另一記載則說：內臣預選教坊司倡婦千人，聚集於上元縣東某太監空宅內，次年春夏之間，「蒸為疫癘，死者幾盡」，[66]所言或許有些誇張。

據皇甫錄（1470-1540）《皇明紀略》記載，明武宗原本欲前往蘇杭一遊，幸賴劉娘娘「百計止之」，蘇杭得以逃過直接騷擾。[67]然而，聖駕雖

60　〔明〕楊洵、陸君弼等纂修，〔萬曆〕《揚州府志》（北京：書目文獻出版社，1988），卷10，〈秩官志下‧國朝秩官列傳‧知府〉，頁175。

61　〔明〕何良俊，《四友齋叢說》（北京：中華書局，1959），卷6，頁55。〔明〕慎蒙，〈工部尚書贈太子太保諡恭靖蔣公瑤神道碑〉的記載稍有不同：「中貴言欲選宮女數百人以備行在，撫臣欲選之民間，公曰：『必欲稱旨，止臣一女以進。』上知其不可動，即詔罷之。」見〔明〕焦竑輯，《國朝獻徵錄》（臺南：莊嚴文化事業公司，1996），卷50，頁599。

62　〔明〕張居正等撰，《明世宗實錄》（臺北：中央研究院歷史語言研究所，1966），卷3，正德十六年六月戊戌，頁140。

63　〔明〕費宏等撰，《明武宗實錄》，卷181，正德十四年十二月戊寅、癸未，頁3513、3516。

64　〔明〕茅元儀，《暇老齋雜記》（北京：北京出版社，2000），卷29，頁623。

65　〔明〕呂柟撰，趙瑞民點校，《涇野子內篇》（北京：中華書局，1992），卷22，〈太常布所語〉，頁223。另見《涇野先生文集》（臺南：莊嚴文化事業公司，1997），卷27，〈兵部右侍郎涂水寇公墓誌銘〉，頁333。

66　〔明〕茅元儀，《暇老齋雜記》，卷29，頁623。

67　〔明〕李栻輯，《歷代小史》（上海：商務印書館，1940），卷85，《皇明紀略》，頁10a。

未成行，但江南已是惶惶不可終日，據俞弁《山樵暇語》記載：

> 正德庚辰春三月，民間訛言朝廷將巡狩蘇、杭，且采民間女子為臨
> 幸之備。由是江南品官、庶人之家，不問男女，年十四、五者，即
> 為婚嫁，惴惴焉惟恐使命忽至，不可逃也。數日始息，人皆以為不
> 祥。明年，武宗賓天。[68]

當時，謠言應該經由南京傳往鎮江府、常州府、蘇州府、松江府、嘉興府
與杭州府，但現存方志多半未記載，筆者僅查到正德十五年六月，浙江嘉
興府嘉善縣，「民間忽訛言朝廷將選宮人，遠近驚駭，幼童稚女，數日嫁
娶殆盡」。[69]又由於明武宗駐蹕南京多時，謠言也向西傳播，經過太平府傳
至池州府。六月間，皖南的池州府青陽縣，「訛言興，民間嫁娶，一時殆
盡」。[70]總之，由於明武宗這趟南下，造成了揚州、南京、蘇州、嘉興、池
州等地婚姻大亂。究其實，事端之起多因於明武宗身旁的佞臣，而不幸被
擇入後宮的女子，後來的處境堪憐。（正德年間的恐慌，參見下圖）

　　正德十五年十二月初一，明武宗回到順天府通州，降旨命太監金義、
陳浩分別擔任正使、副使，前往朝鮮冊封世子。[71]令人意想不到的是，這
個命令竟導致正德十六年（1521）正月朝鮮國內「訛言傳播，閭閻爭婚，
以致擾亂」。而事情之緣起，則是朝鮮人姜壽千向明武宗言及本國女多男
少和女子漂亮。明武宗本性荒淫，聽了之後，便命令陳浩等順便選秀女。
當時，朝鮮出使明朝的奏請使申鏛等在通州停留，太監陳浩曾派人找朝鮮
通事去，告知明武宗令其查考宣德年間事例。通事警覺恐有採女之事，於
是先寫信回朝鮮通知家裏，「族親鄰里轉相聞」，於是造成王京與各地騷
動。朝鮮國王為此召集群臣會議，領議政金詮（1458-1523）首先建言：「婚
姻失時，專由奢侈成風，雖甚貧窮者，其為備禮欲齊富者故也。今雖騷
擾，亦不愈于失時乎？」領中樞鄭光弼（1462-1538）啟奏：「臣族親中亦
有為婚嫁者，此則年當嫁者也。然臣禁之，而或有止者，或有不聽者」；

---

68 〔明〕俞弁，《山樵暇語》（臺南：莊嚴文化事業公司，1995），卷9，頁66。
69 〔明〕章士雅修，〔萬曆〕《重修嘉善縣志》（上海：上海圖書館藏刻本），卷12，〈雜志・
　　遮遺〉，頁18b。
70 〔明〕蔡立身纂修，〔萬曆〕《青陽縣志》（臺北：國立故宮博物院藏刻本），卷3，〈原財
　　篇・附祥異〉，頁25a。
71 〔明〕費宏等撰，《明武宗實錄》，卷194，正德十五年十二月己亥，頁3628。

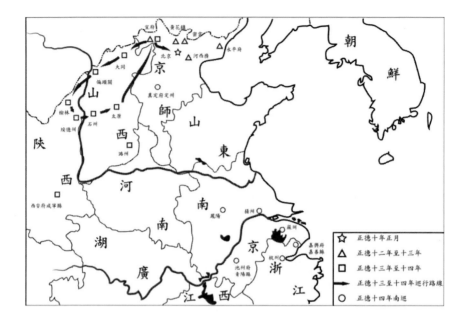

上朝途中所見，皆是婚嫁之人，「人馬塞路，不得通行矣。當使法司速為
禁斷。」金詮又奏：「男年十五，女年十四，方許婚嫁，大典之法。違
者治罪為當。」鄭光弼則言：「有識之士爭先為之，故人皆信惑而騷動
矣。且昨經筵，臣等會而戲言曰：『我國之俗，論財之風已成。今者如此
為之，可革此風，亦為好也。』」既而，朝鮮國王依群臣所議，頒布告示
於各道。在金義、陳浩出使期間，明武宗在三月十六日病死於豹房，兩人
在遼東途中亦接到哀書，但仍然依照前旨繼續前進，於四月二十九日抵達
漢城，勅書三道，除一道冊封世子，一道賜國王及王妃玉帶等物之外，第
三道內云：「義等事竣而回，王於本國小火者中，并有能理辦膳事女子及
幼女，揀選資質清秀、易於使令者各數十名口，付義等帶來。」明世宗
（1507-1567）即位後，朝臣對此事多表反對，禮部尚書毛澄（1460-1523）於
五月十日奏請命二人事畢即回，並罷去原勅索取女子之事，次日奉聖旨：
「金義等事畢，都著上緊回京，不許在彼處延住，亦不許妄言需索。前勅
內欲取人口，都不必用。」隨即傳勅至朝鮮。七月十五日，朝鮮收到明世
宗的勅令。八月初四，金義、陳浩出發返回。明武宗採選朝鮮幼女之事，
至此才告一段落。[72]

---

[72] 吳晗輯，《朝鮮李朝實錄中的中國史料》，上編，卷15，〈中宗大王實錄三・十六年〉，頁

三、採煉紅鉛與嘉靖年間的恐慌

　　明世宗在位期間（1521-1566），採選秀女極為頻繁，[73]不少地方亦因之騷動。就目前資料所見，有關採選宮女的社會恐慌，主要發生於嘉靖後期。其首次出現，在嘉靖二十三年（1544）。這一年，湖廣長沙府瀏陽縣，「訛言宮選，邑騷動」。[74]但這一年朝廷並未下詔採選，訛言的起因成謎。

　　嘉靖二十六年（1547）二月，明世宗以「宮中應役數少，雖有宮女近千，中宮妃御所用不足，又多老疾」，故命加選宮人以備應用。其採選的範圍在京城內外及北直隸順天等八府，選取名額為三百人，限年齡十一歲以上、十四以下。至五月，選定宮女三百人，明世宗依照慣例，詔命所選宮女三百家，俱收充女戶食糧，各賞銀五兩、緞一疋。[75]然而奇怪的是，距離北直隸及北京甚遠的浙江卻出現恐慌，如台州府黃巖縣在夏間「訛言采童女，民間一時嫁娶殆盡」。[76]

　　嘉靖三十一年（1552）十二月，明世宗又命在京城內外及順天等八府，選取女子八歲至十四歲者三百人入宮。次年二月，選得八十名。[77]有趣的是，採選範圍雖僅及於北直隸，但山西在嘉靖三十二年（1553）卻謠言紛紛，如太原府境內訛言「朝廷命選女子，且夕內臣入省」，數日之內，「民間養女子之家，十三、四以上，遍送有男之家婚配」。[78]謠言甚至傳

935-971。〔明〕張居正等撰，《明世宗實錄》，卷2，正德十六年五月癸亥，頁93。並參見姜舜源，〈明清宮廷朝鮮「採女」研究〉，《故宮博物院院刊》，78（北京，1997），頁82-83。

[73]　邱仲麟，〈明代遴選后妃及其規制〉，頁15-19；〈陰氣鬱積——明代宮人的採選與放出〉，頁56-59。

[74]　〔清〕謝希閔、王顯文等修纂，〔嘉慶〕《瀏陽縣志》（北京：中國國家圖書館藏原刻本），卷34，〈祥異・訛言附〉，頁11a。

[75]　〔明〕張居正等撰，《明世宗實錄》，卷320，嘉靖二十六年二月辛丑，頁5946。〔明〕俞汝楫輯，《禮部志稿》（臺北：臺灣商務印書館，1983），卷61，〈宮闈備考・選宮人・選取宮女條款〉，頁36-37。〔明〕張居正等撰，《明世宗實錄》，卷323，嘉靖二十六年五月甲子，頁5993。

[76]　〔明〕袁應祺、牟汝忠等修纂，〔萬曆〕《黃巖縣志》（上海：上海書店，1963），卷7，〈外志・紀變〉，頁21b。

[77]　〔明〕張居正等撰，《明世宗實錄》，卷392，嘉靖三十一年十二月己酉，頁6877；卷394，嘉靖三十二年二月壬戌，頁6932。

[78]　〔明〕李維楨修，〔萬曆〕《山西通志》（北京：中國書店，1992），卷26，〈雜志・災祥〉，頁520。相同記載，亦見〔清〕戴夢熊、李方蓁等修纂，〔康熙〕《陽曲縣志》（臺北：中央研究院歷史語言研究所傅斯年圖書館藏刻本），卷1，〈天文志・祥異〉，頁16b。

到山西南部的潞安府，壺關縣就因此「遠近譁然」。[79]

　　嘉靖三十四年（1555）九月，明世宗再度諭命禮部選取民間女子十歲以下者一百六十人入宮。[80]此次採選的範圍，《實錄》未見記載，但可能與上次相同。而山西在這年冬天再度興起謠言：十二月間，平陽府「流言刷取綉女，未越月，男女給配殆盡」。[81]平陽府轄下之臨晉縣，訛言取童男童女，民間嫁娶殆盡，方志編纂者認為這是「天地一奇變」。[82]另外，山西東南部的澤州高平縣也「民亂嫁娶」。[83]除了平陽府、澤州之外，沁州亦有騷動；[84]沁州所屬的沁源縣[85]、武鄉縣[86]同樣訛傳此事。

　　嘉靖三十四年十一月，明世宗又命選湖廣承天府民間女子二十餘人，納進宮中。[87]湖廣德安府孝感縣就因此而「訛言宮選，邑騷動」。[88]湖廣其他州縣可能亦有訛言與恐慌，只是未留下記載。

　　眾所周知，明世宗迷信道教之術，而嘉靖後期採選宮女，所以引發社會恐慌，其原因據《萬曆野獲編》記載，乃因陶仲文（1479-1560）等人為了製造紅鉛，「取童女初行月事，煉之如辰砂以進」。而明世宗因服用此丹藥有效，故於三十一年冬，命京師內外選女八歲至十四歲者三百人入宮；三十四年九月，又選十歲以下者一百六十人，「蓋從陶仲文言，供煉藥用」。[89]而王世貞（1526-1590）〈西城宮詞〉所詠：「兩角鴉青雙筋紅，靈

79　〔清〕楊宸等纂修、秦之柄續訂，〔乾隆〕《壺關縣志》（臺北：中央研究院歷史語言研究所傅斯年圖書館藏刻本），卷12，〈祥異〉，頁11b。

80　〔明〕張居正等撰，《明世宗實錄》，卷426，嘉靖三十四年九月戊戌，頁7366。

81　〔明〕李維楨修，〔萬曆〕《山西通志》，卷26，〈雜志・災祥〉，頁525。

82　〔清〕齊以治、王恭先修纂，〔康熙〕《臨晉縣志》（北京：中國書店，1992），卷6，〈災祥〉，頁1055。

83　〔清〕范繩祖、龐太樸修纂，〔順治〕《高平縣志》（北京：線裝書局，2001），卷9，〈叢譚志・祥異〉，頁455。

84　〔明〕李維楨修，〔萬曆〕《山西通志》，卷26，〈雜志・災祥〉，頁532。按：此條原繫於嘉靖三十五年，應為三十四年事。

85　〔明〕李守貞纂修，〔萬曆〕《沁源縣志》（北京：北京圖書館出版社，2003），卷下，〈雜述・災祥〉，頁747。

86　〔清〕白鶴、史傳遠等修纂，〔乾隆〕《武鄉縣志》（臺北：成文出版社，1968），卷2，〈災祥〉，頁177。按：此條原繫於嘉靖三十五年冬，應是三十四年冬之誤。

87　〔明〕張居正等撰，《明世宗實錄》，卷428，嘉靖三十四年十一月辛亥，頁7403。

88　〔清〕梁鳳翔、李湘等修纂，〔康熙〕《孝感縣志》（海口：海南出版社，2001），卷14，〈祥異〉，頁216。按：此條原繫於嘉靖三十三年，應為三十四年事。

89　〔明〕沈德符，《萬曆野獲編》（北京：中華書局，1959），卷21，〈佞倖・進藥〉，頁547；《萬曆野獲編・補遺》，卷1，〈宮闈・宮詞〉，頁803-804。

犀一點未曾通。只緣身作延年藥，憔悴春風雨露中。」[90]即指入宮室女被抽取月水入藥之事。故山西民間所以恐慌，實係事出有因。萬曆《沁源縣志》記載嘉靖三十四年的選宮女恐慌，就提到「是年終，民間訛傳刷選室女取紅鉛，一時婚嫁殆盡」。[91]順治《高平縣志》記同年的恐慌，也說是因為陶真人受明世宗寵幸，「採女童以為仙藥」，謠言傳至縣境，「凡民有女者，懼為採取，日夜驚惶。已字人者，速其于歸。未受聘者，至不由媒妁，往送男家。民間婚媾，日無暇刻，皷樂徹夜不絕」。[92]

四、書吏、內監與隆慶初年的謠言

就現存資料所示，建文至嘉靖年間，關於選秀女的恐慌，謠言所及或一縣、或一府，最多至四、五府，影響的地域範圍不算大。但在明穆宗（1537-1572）隆慶元年至二年（1567-1568），則有連綿數省的騷動。

關於這次訛言的起源地，歷來學者並未深究。而查考地方志的記載，隆慶初年這一社會騷動係始自江西。隆慶元年八月，位處都陽湖兩側的南康府，轄下的安義縣與建昌縣，突然訛言選宮女。[93]十月，謠言出現在南康府北邊的九江府，所屬的彭澤縣、湖口縣和瑞昌縣，均出現倉促成婚的場面。[94]按照地理方位，位於南康府西方的南昌府寧州，「訛言採選宮嬪」，[95]時間應該也在此前後。而位於南康府東邊的饒州府鄱陽縣，出現類似的謠言，[96]或有可能也在十月。至於南昌府以南的撫州府東鄉縣，則

90　〔明〕王世貞，《弇州山人四部稿》（臺北：偉文圖書出版社，1976），卷47，〈西城宮詞十二首之七〉，頁2407。

91　〔明〕李守貞纂修，〔萬曆〕《沁源縣志》，卷下，〈雜述・災祥〉，頁747。

92　〔清〕范繩祖、龐太樸修纂，〔順治〕《高平縣志》，卷9，〈叢譚志・祥異〉，頁455。

93　〔清〕陳潯、周曰泗纂修，〔康熙〕《安義縣志》（北京：線裝書局，2001），卷10，〈雜志・災祥〉，頁755。〔清〕李道泰、袁懋芹等纂修，〔康熙〕《建昌縣志》（臺北：成文出版社，1989），卷9，〈雜志〉，頁667。

94　〔明〕葉朝榮、戴震亨修纂，〔萬曆〕《彭澤縣志》（臺北：成文出版社，1989），卷7，〈外志・災異〉，頁200。〔清〕范之煥、陳啟禧等修纂，〔康熙〕《湖口縣志》（臺北：成文出版社，1989），卷8，〈祥異〉，頁729。〔清〕郝之芳、章國錄等修纂，〔雍正〕《瑞昌縣志》（北京：中國書店，1992），卷1，〈星野・祥異附〉，頁293。

95　〔清〕張耀曾修，〔乾隆〕《寧州志》（上海：上海圖書館藏百尺樓刻本），卷2，〈輿地志・祥異〉，頁38b。

96　〔清〕王克生、黃國瑞等纂修，〔康熙〕《鄱陽縣志》（臺北：成文出版社，1989），卷15，〈雜志・災祥〉，頁1215。

在冬天「訛言選宮詔且至，男女未冠笄，一時婚嫁殆盡」。[97]同年冬天，謠言也出現在江西中部的吉安府永寧縣、永新縣。[98]而吉安府吉水縣醪橋鎮人周穎錫之女周坤（1551-1602），先前已經許聘給同縣的羅大紘，因穆宗皇帝即位，「江西有選宮之訛」，周翁為此感到緊張，於是將女兒送至羅家。[99]江西東南的建昌府南豐縣、南城縣，這一年亦出現謠言，男女競相婚配。[100]據萬曆《建昌府誌》記載，謠言起因於有人欲節省嫁妝：

> 穆廟初，民間訛拘刷童女，不擇門第，競相婚配，一時嫁娶殆盡。
> 其初起，一橡京歸，女長，無以成禮，欲省妝資，因訛言採選，以
> 惑鄉鄰耳。[101]

甚至在江西南部的贛州府信豐縣亦然：「隆慶初，訛言詔選良家女實宮掖，民間嫁娶殆盡」，信豐縣人吳唐之長女，「亦倉卒笄而結褵，蓋纔十五耳」。[102]贛州府西南方的南安府，也訛言採選宮女，百姓倉促嫁娶。[103]

　　在江西盛傳朝廷欲採選宮女之後，謠言沿著長江往東北方向傳播，由江西進入南直隸的池州府。[104]隆慶元年十二月，位於皖南的池州府青陽縣，「訛傳選民間室女補宮，凡五日，嫁娶殆盡」。[105]池州府銅陵縣亦

97　〔清〕沈士秀、梁奇等修纂，〔康熙〕《東鄉縣志》（臺北：成文出版社，1989），卷4，〈雜志‧附災祥〉，頁367。

98　〔清〕王運禎等纂修，〔康熙〕《永新縣志》（臺北：成文出版社，1989），卷8，〈雜志‧災變〉引萬曆縣志，頁434。〔清〕賴能發等纂修，〔乾隆〕《永寧縣志》（臺北：成文出版社，1989），卷1，〈災祥〉，頁71。

99　〔明〕羅大紘，《紫原文集》（北京：北京出版社，2000），卷10，〈先妻周氏孺人行狀〉，頁107。

100　〔清〕鄭釴、劉凝等修纂，〔康熙〕《南豐縣志》（臺北：成文出版社，1989），卷1，〈分野‧災祥〉，頁135。〔清〕李人鏡、梅體萱等修纂，〔同治〕《南城縣志》（臺北：成文出版社，1989），卷10，〈雜志‧祥異‧異〉引前志，頁4293。

101　〔明〕鄖鳴雷、趙元吉、陸鍵全纂，〔萬曆〕《建昌府志》（臺北：成文出版社，1989），卷14，〈雜記〉，頁841。

102　〔明〕許弘綱，《群玉山房文集》（北京：北京出版社，1997），卷4，〈誥封恭人都察院右僉都御史甘公元配吳夫人墓誌銘〉，頁87。

103　〔明〕商文昭、盧洪夏纂修，〔萬曆〕《南安府志》（北京：書目文獻出版社，1990），卷8，〈天文‧口舌之痾〉，頁424。

104　〔明〕李思恭、丁紹軾等修纂，〔萬曆〕《池州府志》（臺北：成文出版社，1985），卷7，〈通考〉，頁936。

105　〔明〕蔡立身纂修，〔萬曆〕《青陽縣志》，卷3，〈原財篇‧附祥異〉，頁25b。

「傳選民間室女入宮，數日嫁娶殆盡」。[106]池州府東北方的太平府同樣有此事，蕪湖縣名醫王綖孫的女兒，當年才十三歲，就因「民間訛言取良家子供掖庭」，而嫁給童生夏敬承。[107]這年冬天，池州府東邊的寧國府太平縣也「訛言采宮女，嫁娶霎盡」。[108]

隆慶二年（1568）春天，謠言傳入徽州府境內，歙縣汪前峯之女，時年十六歲，因「民間皆先時而婚」，遂于歸於歙縣人潘之屏。[109]當時徽州府民間「以訛言趣婚嫁」，休寧人閔克禮（1554-1568）才十五歲，其父閔文徵命其娶婦，克禮推辭道：「兒始成童，惡得有室？」[110]吳子玉（1547-1626）《休寧茗洲吳氏家記》亦談到：隆慶二年，「謠言選宮女，鄉邑驚擾，男女未年及而皆婚娶」。[111]又據駱問禮（1527-1608）〈休寧由溪程氏重修祠堂記〉記載：程氏為休寧舊族，凡有嫁娶之類喜事，必定要會聚族人。隆慶初年，「民間訛言，嫁娶紛紛」，當時「嫁娶既眾，而事出倉卒，不暇舉會，則入值於祠，得百餘金，遂付族之賢者共掌而事事焉」；至萬曆十年（1582），「贏至千有餘金，遂修祠」。[112]

在謠言往皖南傳播的同時，長江對岸的安慶府亦出現類似情況，如安慶府望江縣「謠傳有選妃之詔，民間女子一時嫁盡」。[113]安慶府桐城縣人張綷，倉促之間將女兒許配給余某，「事定而悔，謀改適，女堅不從。綷怒，女恐不免，遂縊」。[114]安慶府東北邊的廬州府巢縣，在隆慶二年正月也

[106] 〔明〕熊藎臣、何自謙纂修，〔萬曆〕《銅陵縣志》（臺北：國立故宮博物院藏刻本），卷10，〈雜志・祥異〉，頁3a-b。

[107] 〔清〕馬汝驥、葛天策等等修纂，〔康熙〕《蕪湖縣志》（北京：國家圖書館出版社，2011），卷11，〈節烈・節婦・明〉，頁313。

[108] 〔清〕彭居仁、魏子嵩等修纂，〔乾隆〕《太平縣志》（臺北：成文出版社，1985），卷8，〈災祥〉，頁930。

[109] 〔明〕顧起元，《嬾真草堂集》（臺北：文海出版社，1970），卷27，〈汪碩人傳〉，頁3785。

[110] 〔明〕汪道昆，《太函集》（上海：上海古籍出版社，1995），卷47，〈閔長孺壙志銘〉，頁341。

[111] 〔明〕吳子玉，《休寧茗洲吳氏家記》（臺北：國立故宮博物院藏抄本），卷10，〈社會記〉，隆慶二年條，頁22a。按：原抄本無頁碼，頁碼係自行算出。

[112] 〔明〕駱問禮，《萬一樓集》（北京：北京出版社，2000），卷30，〈休寧由溪程氏重修祠堂記〉，頁403。

[113] 〔明〕羅希益、龍子甲等修纂，〔萬曆〕《望江縣志》（臺北：成文出版社，1985），卷8，〈雜志類・災祥〉，頁399。按：此條原作嘉靖四十五年，應係隆慶元年之誤。

[114] 〔清〕廖大聞、金鼎壽等撰，〔道光〕《桐城續修縣志》（臺北：成文出版社，1975），卷20，〈人物志・補採貞女〉，頁940。另有記載言其為安慶府懷寧縣人，見〔清〕何治基等撰，〔光緒〕《重修安徽通志》（臺北：華文書局，1967），卷280，〈人物志・列女・貞烈一・安

訛言採選民間女子，「數日婚嫁殆盡」。[115]接著，謠言沿著長江北岸，經由和州往東傳入揚州府境內。隆慶二年，揚州府泰州「民間訛傳選宮女，里中未字、未笄者，一時婚嫁殆盡」。[116]二月間，接近山東的徐州沛縣，同樣訛傳此事；[117]徐州豐縣也「訛言括民女入宮，一時嫁娶殆盡」。[118]

在太平府出現社會恐慌後，謠言應該由太平府往東，先抵達應天府，再傳至鎮江府境內，但關於這一過程，筆者未查到記載。不久，鎮江府以東的常州府也出現騷動，如隆慶元年冬天，常州府江陰縣「譌傳朝廷選繡女，民間嫁娶，一時都盡」；[119]常州府宜興縣也是一樣。[120]謠言又從常州府往南，經蘇州府傳至松江府，故同年冬天，松江府上海縣，「民間男女，無論長幼，婚娶無虛日，至有配非其偶者」，縣人張所敬有詩詠道：「馬上郎君尚乳臭，魚軒新婦猶呱呱。」[121]而松江府華亭縣，這年冬天也是「民間男女數歲者皆婚」。[122]華亭縣人韓宗義之妻聶氏，原為戚應貞之女，幼時養於聶家，因此姓聶。隆慶元年冬，訛傳選宮女，她未及笄而于歸於韓家，當時宗義有疾，令其獨處，半年之後，宗義去世，聶氏年才十七歲，守節至近七十而逝。[123]

隆慶二年開春，這一謠言仍在江南各地持續擴散。據葉權（1522-1578）記載：隆慶元年十二月，江南一帶訛言選宮人，女子十二、三以上，婚嫁殆盡，即使官宦之家亦為之動搖，「途中轎相接，貧不能賃轎，則徒步投

慶府〉，頁3167。

[115]〔清〕陸龍騰、于覺世等修纂，居巢區地方志辦公室整理，〔康熙〕《巢縣志》（合肥：黃山書社，2007），卷4，〈祥異志‧編年合紀〉，頁39。

[116]〔明〕李自滋、劉萬春纂修，〔崇禎〕《泰州志》（臺南：莊嚴文化事業公司，1996），卷7，〈方外志‧災祥〉，頁142。

[117]〔明〕李汝讓增修，〔萬曆〕《沛志》（北京：中國書店，1992），卷1，〈邑紀〉，頁306。

[118]〔清〕姚鴻杰、李運昌修纂，〔光緒〕《豐縣志》（臺北：成文出版社，1974），卷16，〈紀事類‧叢紀〉，頁1089。

[119]〔明〕徐遵湯、馮士仁等修纂，〔崇禎〕《江陰縣志》（北京：商務印書館，2003），卷2，〈災祥〉，頁124。〔清〕蔡澍纂修，〔乾隆〕《江陰縣志》（上海：上海圖書館藏刻本），卷24，〈禨祥〉，頁7a。按：〔崇禎〕《江陰縣志》文字有脫漏，據乾隆《江陰縣志》補。

[120]〔明〕陳遴瑋、王升修纂，〔萬曆〕《宜興縣志》（臺北：國立故宮博物院藏刻本），卷10，〈災祥〉，頁48b。

[121]〔明〕顏洪範、張之象等修纂，〔萬曆〕《上海縣志》，卷10，〈雜志‧祥異〉，頁18a。

[122]〔清〕馮鼎高、王顯曾等修纂，〔乾隆〕《華亭縣志》（臺北：成文出版社，1983），卷16，〈祥異志〉，頁689。

[123]〔明〕方岳貢、陳繼儒修纂，〔崇禎〕《松江府志》（北京：書目文獻出版社，1990），卷43，〈賢媛〉，頁1142。

婿，未聘者無暇採擇」；甚至謠傳每一宮人，令一寡婦陪伴。直至次年二月，謠言始息。[124]另外，徐樞《嘉隆識小類編》的記載稍有不同：隆慶二年元旦，「江南訛言選宮女，每三十領以一寡婦，民間室女、嫠婦，不問老少各昏配，千里鼎沸，士大夫亦為之。」[125]

隆慶二年江南有此訛言的例子，如常州府靖江縣，「凡邑民有女，自四、五歲以上，盡許婚配過門，謂之『霍親』。」[126]另據常州府江陰縣人李詡（1505-1593）云：正月十二日，當地鬨傳朝廷採選秀女，民間女子十三歲以上者無不婚配，「霎時惟求得婿，不暇擇人」，甚且「有覘於門首，見總角經行者，擁之而入，遂以女配焉」。謠言經過數日乃止，竟不知從何而起。[127]常州府武進縣人蔣一葵則云：因訛言同時選寡婦伴送入京，於是孀居之婦不分老少皆改嫁，甚至有守寡數十年，不得已亦再嫁者。[128]

常州府南邊的蘇州府，同樣訛傳其事。隆慶二年元旦，常熟縣突起大風，飛沙走石，白晝如晦，正月間訛傳選宮女，十歲以上女子，婚嫁殆盡，「各務苟合，無復人道」，官方知而不禁。[129]吳縣也在正月初一起大風，既而謠傳朝廷選吳中女子入宮，民間爭相婚配，「多至失倫」。[130]吳縣西南的吳江縣情況相同，邑人趙重道〈朔風行〉詩序云：「戊辰元日，大風拔木，未幾流言震布，有詔選宮人之訛，民間嫁娶殆盡，老稚非偶，多致失所者。」[131]吳縣東邊的崑山縣亦然，據崑山縣人俞允文（1511-1579）

---

[124] 〔明〕葉權撰，凌毅點校，《賢博編》（北京：中華書局，1987），頁10-11。

[125] 〔明〕徐樞，《嘉隆識小類編》（臺北：中央研究院歷史語言研究所傅斯年圖書館藏明鈔本），卷9，〈天變考‧隆慶〉，頁31b-32a。並見〔明〕涂山輯，《明政統宗》（臺北：成文出版社，1969），卷29，隆慶二年正月朔條附錄，頁2821-2822。〔明〕王圻，《續文獻通考》（臺北：文海出版社，1979），卷224，〈物異考五‧訛言‧皇明〉，頁13275。按：《明政統宗》誤將「江南」記為「江西」。

[126] 〔明〕朱家楫修，〔萬曆〕《重修靖江縣志》（臺北：中央研究院歷史語言研究所傅斯年圖書館藏微捲），卷7，〈祥異志〉，頁37b。

[127] 〔明〕李詡撰，魏連科點校，《戒庵老人漫筆》（北京：中華書局，1982），卷5，〈訛言選繡女〉，頁179。

[128] 〔明〕蔣一葵輯，《堯山堂外紀》（臺南：莊嚴文化事業公司，1995），卷76，〈柏子庭〉，頁282。

[129] 〔明〕管一德編次，〔萬曆〕《皇明常熟文獻志》（北京：北京圖書館出版社，2007），卷18，〈附刻災異志〉，頁527。〔明〕龔立本修，〔崇禎〕《常熟縣志》（臺北：中央研究院歷史語言研究所傅斯年圖書館藏微捲），卷4，〈敘災〉，頁21b-22a。

[130] 〔明〕牛若麟、王煥如修纂，〔崇禎〕《吳縣志》（上海：上海書店，1990），卷11，〈祥異〉，頁72。

[131] 其詩云：「春正月朔朔風急，裂樹飜濤怒雲黑。迴旋颯颯奔沙埃，隔手無復辨顏色。……頃刻

在〈薄妾命〉詩序說：「隆慶二年春，有訛言採江南女子充奉掖庭，一時民間聞之，惶怖若狂。雖紳冕之族，往往不待媒妁，造次結褵，莫能禁制。遂使年齒失倫，門素非偶，薰蕕淪雜，追悔無由。」[132]在崑山縣東方的太倉州，也是一樣恐慌。[133]太倉州南邊的嘉定縣，同樣有此騷動。[134]當時，嘉定縣方泰里中有良家女，年正及笄，倉促間不及細查，竟許配給某氏之僕，謠言過後反悔，以致雙方訴訟。[135]

蘇州府南邊的松江府同樣訛傳此事。[136]據華亭縣人范濂所撰《雲間據目鈔》記載：隆慶二年，「訛傳欲拘刷童男女赴京，沒入官，於是男女年十歲以上者，悉苟合成婚」；松江當地風俗，婚禮最重視花髻，店家不足以供應，「有一髻而移借三、四家者」，其他如菓、菜、衣飾等物，亦因此價格大漲。[137]清初華亭縣人吳履震在《五茸志逸》曾追述此事：

> 隆慶二年戊辰春正月，民間訛傳京師差內臣按屬索江南女子入宮，自淮以南，縉紳士庶之家無不驚駭，雖稱老成持重者，竟不能安其室。媒婆禮贊，日逐追迫。男女婚定者，自九歲以上忙促嫁娶。未婚定者，出其子女于通衢，任當婚者掠娶，貧賤不計焉。或道路說合，姻婚雖成而兩家姓名不通。或女髮未燥，竟得鬚鬢斑白之老夫。境內鼓樂之聲，晝夜不輟；花燭之會，貧富同懽；而飲食物價，頓增十倍。一月以後，訛言竟寢，民皆撫掌成笑林，然白璧已委之匪類多矣。[138]

訛言來四方，遠邇響應真風狂。男未束髮女未櫛，晨婚夕娶胡忽忙。兔絲蓬麻相引蔓，梯楊玉樹交摧傷。城西有女太嫩小，城東有鰥半垂老。含涕強為結褵襻，鏡裏新花傍秋草。」參見〔明〕趙重道，《文南趙先生三餘館集》（臺北：國家圖書館藏刻本），卷2，〈朔風行〉，頁23a-23b。

[132] 〔明〕俞允文，《仲蔚先生集》（上海：上海古籍出版社，1995），卷4，〈薄妾命〉，頁406。

[133] 〔明〕錢肅樂、張采修纂，〔崇禎〕《太倉州志》（臺北：國立故宮博物院藏刻本），卷15，〈瑣綴志・災祥〉，頁34a。

[134] 〔明〕韓浚等修，〔萬曆〕《嘉定縣志》（臺北：臺灣學生書局，1987），卷17，〈雜記〉，頁1077。

[135] 〔清〕王初桐纂輯，吳宣德、楊艷娟標點，〔嘉慶〕《方泰志》（上海：上海社會科學出版社，2004），卷3，〈雜綴〉，頁78-79。

[136] 〔明〕方岳貢、陳繼儒修纂，〔崇禎〕《松江府志》，卷47，〈災異〉，頁1239。

[137] 〔明〕范濂，《雲間據目鈔》（臺北：新興書局，1978），卷3，〈記祥異〉，頁2651。

[138] 〔清〕吳履震，《五茸志逸》（上海：上海市文物保管委員會，1963），卷3，頁167。

松江府青浦縣亦「訛言京師遣中官搜選宮娥」，女子十歲以上者，五、六日內盡皆婚配，官方莫能禁止；其婚配不相合者，後來雙方往往訐訟，一年後糾紛才漸少。[139]《雲間雜誌》也述及當時「有垂髫即笄者，有乳臭為夫者，嫠婦亦皆再醮」；而「禮人樂工，晝夜不息」，餚果之價大貴，一個多月乃平息。後因「婚嫁不倫，往往成訟」，但已經來不及。[140]

浙江方面，隆慶元年年底，嘉興府最北之嘉善縣，因「南京督馬快船中官張進朝假稱採良家子充內宮，流聲至浙，人情洶洶，遞相婚配，有不待媒妁而送女入男家者」。[141]至隆慶二年正月，謠言在整個嘉興府傳播，「男女婚嫁畢盡」。[142]據嘉興府海鹽縣人崔嘉祥《崔鳴吾紀事》記載：

> 隆慶戊辰春正月，民間相傳上遣內官某，選浙、直美女入御，無問官吏軍民之家，敢有隱匿不赴選者罪，鄰里知而不舉首者同罪。於是有女者急於求售，年資長幼，家世貴賤，皆所不論。自京口至蘇、松、嘉、湖諸郡，旬日間，無分妍媸，婚配殆盡，卒亦莫知流言之所自云。是舉也，受聘之女，不及成禮而婚，在貧者亦稱便；至未嘗許聘者，往往配匪其倫，終身怨懟，悔靡及焉。[143]

由此記載可知，從鎮江府的京口，持續往南傳播，最後到達浙西的嘉興、湖州等地。天啟《海鹽縣圖經》的記載是：「相傳朝廷欲括童女充後宮，邑中競相嫁娶，倉卒成言，貧富、長幼多不得其宜者」。[144]正月時，嘉興府秀水縣與平湖縣同樣「訛言選宮人，男女未及笄冠，婚娶略盡，老稚非偶」。[145]嘉興府崇德縣，正月亦「輪風大揚，時民間突然訛傳欽選宮女，

---

[139] 〔明〕卓鈿、王圻修纂，〔萬曆〕《青浦縣志》（北京：中國書店，1992），卷6，〈祥異〉，頁1113-1114。

[140] 〔明〕佚名，《雲間雜誌》（臺南：莊嚴文化事業公司，1995），卷中，頁492。

[141] 〔明〕章士雅修，〔萬曆〕《重修嘉善縣志》，卷12，〈雜志・遮遺〉，頁18b。

[142] 〔明〕劉應鈳、沈堯中等修纂，〔萬曆〕《嘉興府志》（臺北：成文出版社，1983），卷24，〈叢記〉，頁1539。

[143] 〔明〕崔嘉祥，《崔鳴吾紀事》（上海：商務印書館，1936），頁22-23。

[144] 〔明〕樊維城、胡震亨等纂修，〔天啟〕《海鹽縣圖經》（臺北：成文出版社，1983），卷16，〈雜識篇〉，頁1315。

[145] 〔明〕李培、黃洪憲等修纂，〔萬曆〕《秀水縣志》（臺北：成文出版社，1970），卷10，〈叢談〉，頁641。〔明〕程楷、楊儁卿等修纂，〔天啟〕《平湖縣志》（上海：上海書店，1990），卷18，〈外志・災祥〉，頁1032-1033。

一時爭相嫁娶殆盡」。[146]嘉興縣人史叔成《歸閒漫記》中對此有所評論：

> 隆慶戊辰正月，民間訛傳朝廷欲于江東選宮女，甚而假捏詔書數
> 語，旬日之間，嫁娶殆盡。其已字、已聘者，草草不成禮。若未
> 字、未聘之家，往往立談間諧偶，或男女非正者有之，或門戶不敵
> 者有之。始以一念惶惑，遂抱終身之恨。又傳欲取孀婦入浣衣局，
> 有志守節者，多改適去。不知起自何因，構此一大變。[147]

又據嘉興縣人錢五卿記載：「隆慶戊辰春正月十五，訛傳朝廷命內臣選
宮女于南北各省。民間嫁娶，為之一空，妍媸老幼，不得其配，甚有無
復人道，徒務苟合者。有司知而不禁。余弟通道，亦以是日贅赤岸李氏
去」。[148]

隆慶元年年底，太湖南岸的湖州府已經出現謠言。當時，「大江以南
流言選取宮人，民間女年八歲以上者俱嫁出，良賤為婚，不可勝記」，湖
州府烏程縣南潯鎮亦然。[149]烏程縣烏青鎮也因為「訛言朝廷選宮人於三吳
間，旬日內民間婚嫁殆盡」。青鎮人韓某素有怪僻，不准兩個女兒出嫁，
「值有司報選秀女，恐被選，陽贅二壻入門，不行合巹禮，明旦各有饋，
遣歸別娶」。[150]至隆慶二年春，烏程縣雙林鎮還在謠傳此事，「旬日間，
士族軍民人等，不論良賤、貧富，嫁娶殆盡。並訛傳選寡婦伴送入都，於
是孀居之老少皆再醮，有守志數十年，不得已而更嫁者」。[151]

不久，謠言由湖州傳入杭州府境內。隆慶二年正月，錢塘江以北的
杭州府海寧縣，亦「訛言採宮人，童男女嫁娶殆盡」。[152]緊接著，杭州城

---

146 〔明〕靳一派修，〔萬曆〕《崇德縣志》（上海：上海圖書館藏刻本），卷11，〈紀事‧災
　　祥〉，頁4a-b。

147 轉引自〔明〕羅炌、黃承昊修纂，〔崇禎〕《嘉興縣志》（北京：書目文獻出版社，1990），
　　卷17，〈叢談志‧雜記〉，頁707。

148 〔明〕錢五卿，《鹿苑閑談》（北京：書目文獻出版社，1988），〈訛選宮女〉，頁851。

149 〔明〕李樂，《見聞雜記》（上海：上海古籍出版社，1986），卷3，頁301-302。

150 〔明〕李樂，〔萬曆〕《烏青鎮志》（上海：上海書店，1992），卷2，〈祥異志〉，頁156；
　　卷3，〈節烈志〉，頁166。

151 〔清〕蔡蒙續纂，〔同治〕《雙林鎮志》（上海：上海書店，1992），卷32，〈紀略‧雜
　　記〉，頁714。

152 〔清〕談遷，〔順治〕《海昌外志》（臺北：成文出版社，1983），〈叢談志‧祥異〉，頁
　　680。此條原作元年正月，應為二年正月。

也傳出謠言，萬曆《杭州府志》記載其來龍去脈云：正月元旦，德勝壩大火，沿燒民居一千餘家，座船四十餘隻。正月中旬之初，府城競傳「有旨採良家子充內宮者，人情洶洶，議先期婚嫁」，至十六日夜間，把總梅魁自北關抵達府城，守城者放砲啟門，人們聽見砲聲，未經細查，都說是採選內官已經抵達，於是遞相婚嫁，甚至有不待媒妁之言而送女兒入男方家中者，有不及乘轎而步行嫁人者，有怕被查獲而變裝著男子衣冠出行者。風聲所及，杭州府轄下的九個縣（錢塘、仁和、海寧、富陽、餘杭、臨安、於潛、新城、昌化）皆然，「鄉市百物，一時騰踴。其卓然不惑者，十不一二」。而其緣由乃是「南京督馬快船中官假此多索，所過夫廩，流聲至浙，遂紛擾云」。[153]另據田藝蘅記載，謠言出現的時間稍有不同：

> 隆慶二年戊辰正月元旦，大風走石飛沙，天地昏黑。錢塘湖市新馬頭官船火起，沿燒民居二千餘家，官民船舫焚者三四百隻，死者四十餘人。至初八、九日，民間訛言朝廷點選繡女，自湖州而來，人家女子七、八歲已上，二十歲已下，無不婚嫁。不及擇配，東送西迎，街市接踵，勢如抄奪。甚則畏官府禁之，黑夜潛行，惟恐失曉。歌笑哭泣之聲，喧嚷達旦，千里鼎沸，無間大小、長幼、美惡、貧富，以出門得偶，即為大幸。雖山谷村落之僻，士夫詩禮之家，亦皆不免。時遇一大將官抵北關，放砲三聲，民間愈慌，驚走曰：「朝使太監至矣！」倉忙激變，幾至于亂。至十三日，上司出榜嚴禁，猶不能止，真人間之大變也。[154]

---

[153] 〔明〕陳善、劉伯縉等修，〔萬曆〕《杭州府志》（上海：上海圖書館藏刻本），卷7，〈國朝紀事下〉，頁22b。

[154] 田藝蘅還列舉了若干可笑的案例：一戶有錢人家雇一錫工，在家中製造鐵器。至半夜，因女兒未曾許配，又不敢出門找人，於是叫錫工：「急起，急起！可成親也。」錫工睡夢中茫然無知，起牀後搓揉兩眼，但見堂前灯燭輝煌，主人之女已豔粧待聘，大出意外。另有媒婆約人於夜間送女兒前往夫家，屆時而夫家巷門鎖住未開，情況甚為窘迫，巷門內碰巧有位賣豆腐的清晨起來磨豆，得知他還沒有妻室，於是強拉他成親。女方父親一怕天亮，又見他人年少，嘆道：「亦得，亦得。」於是將女兒許配。還有一人約好送女兒至夫家，但送女兒抵達，則別家已搶先入門，正在拜堂完婚。後至者據理力爭，眾人皆說：「奈何，奈何！」女兒之父因情況緊急，趕緊說：「吾女亦當送君為副室也！」於是三人一起拜堂，男子遂一舉而得二妻。當時又訛言所選繡女須寡婦伴送入京，於是老少孀居婦人，亦多嫁人。有民家母女二人，嫁給一家父子，闔家歡喜。又有一婦人守寡二十年，年紀已四十五、六，有女二十歲未嫁，至此不得已，母東女西，各找對象出嫁，彼此哭別而去。當時有童謠云：「正月朔起亂頭風，大小女兒嫁老公。」又有人作詩說：「大男小女不須愁，富貴貧窮錯對頭。堪笑一班貞節婦，也隨飛

另外，錢塘人虞淳熙（1553-1621）在撰寫妻嫂婁氏（1549-1613）的墓誌銘時提到：「隆慶戊辰元旦風霾，訛中使選宮嬪，至民間女蓬跣走匿，匿處即名夫家」，其妻楊氏（1556-1573）年僅十三歲，因此于歸淳熙。由於她二嫂婁氏以嫁妝相贈，並為楊氏插戴打扮，故嫁來之時，頭飾、嫁衣都是齊備的。[155]

在嘉興府、湖州府、杭州府謠言紛紛之際，紹興府境內亦為之騷動。正月時，紹興府百姓訛言詔選女子，婚嫁猶如弘治年間。[156]府治會稽縣在元旦當天也是白晝起大風，「屋瓦為震，縣櫺折一巨柏，城中數災」。不久，「訛言詔選女子，數夕亦奔娶略盡」。[157]另外，山陰縣「髫髻之女，一時奔娶殆盡」；[158]上虞縣、蕭山縣、諸暨縣亦皆有類似訛言。[159]

隨後，謠言傳至紹興府南邊的金華府境內，東陽縣就是一例。據東陽縣人許弘綱（1554-1637）自述：「弘綱之獲媾于丁也，其事頗異。穆廟登極初，訛言選宮女于江南，旬日而嫁娶殆盡。童女之未聘者，且四出召壻，惟恐失之。」他妻子當時十一歲，躲藏在其伯祖南陽公家中，已經請人前往官橋鎮陳家說親，後來竟因緣湊巧而許配給他。[160]而在金華府南邊的處州府亦有此事，據順治《松陽縣志》記載：隆慶二年三月，「訛傳有選繡女事，郡縣女子自五歲之二十之下，父母俱各登門，願相匹配，六月止。」[161]

詔去風流。」參見〔明〕田藝蘅譔，朱碧蓮點校，《留青日札》（上海：上海古籍出版社，1992），卷9，〈風變〉，頁167-168。

[155] 〔明〕虞淳熙，《虞德園先生文集》（北京：北京出版社，2000），卷10，〈明楊仲芳室妻孝媛墓誌銘〉，頁320；卷11，〈明楊何二孝婦墓誌銘〉，頁327。

[156] 〔明〕蕭良榦、張元忭等修纂，〔萬曆〕《紹興府志》，卷13，〈災祥志〉，頁1052。

[157] 〔明〕張元忭撰，〔萬曆〕《會稽縣志》，卷8，〈災異〉，頁336。

[158] 〔明〕許東望、張天復等修纂，〔嘉靖〕《山陰縣志》（北京：北京圖書館出版社，2003），卷12，〈雜志下‧災祥〉，頁113。按：此書並非嘉靖原刊本，書中〈皇朝選舉表〉斷至萬曆二年，故應為萬曆初年補刻本。又按：此條前缺一葉，其事之確切年代不明，但筆者研判發生在隆慶元年。

[159] 〔明〕徐待聘等修，〔萬曆〕《上虞縣志》（臺北：中央研究院歷史語言研究所傅斯年圖書館藏微捲），卷20，〈雜紀志‧災祥〉，頁43b。〔清〕鄒勳、聶世棠等修纂，〔康熙〕《蕭山縣志》（臺北：成文出版社，1983），卷9，〈災祥志〉，頁224。〔清〕枕椿齡、樓卜瀍等修纂，〔乾隆〕《諸暨縣志》，卷7，〈祥異〉，頁352。

[160] 〔明〕許弘綱，《群玉山房文集》，卷4，〈明故王府典儀華南丁公偕配許安人合葬墓誌銘〉，頁103。

[161] 〔清〕佟慶年、胡世定修纂，〔順治〕《松陽縣志》（上海：上海書店，1996），卷10，〈雜志‧禨祥〉，頁162。按：此條原作隆慶三年三月，應係隆慶二年三月之誤。

　　隆慶元年至二年的謠言，影響範圍之大，可謂空前。謠言甚至傳入淮水上游的河南汝寧府境內，如順治《固始縣志》記載：隆慶二年二月，「民間訛言有詔選宮女，各邑處子一時嫁娶殆盡，多有倉卒失配者」。[162]汝寧府府城汝陽縣，據順治《汝陽縣志》記載：隆慶二年，「訛言檄選宮女，闔郡嫁娶殆盡」。[163]依此記載，汝寧府轄下不僅只有這兩個縣有此事。

　　綜合以上所述，可知此次謠言遍及江西、南直隸、浙江大部分府州縣，田藝蘅甚至說：「此風直播于江西、閩、廣，極于邊海而止，又何其遠也！」[164]不過，筆者尚未見到福建、廣東相關的記載，或許地方志記載有遺漏。（隆慶初年訛言的地點，參見下圖）

　　這次的選秀女謠言，似乎有兩個系統，其一為江西的系統，其二是南京的內使張進朝事件。而即使在江西省內，謠言的起源已經莫衷一是，八月時出現在南康府，第二波則十月爆發在九江府等地，與冬末發生在建昌府，彼此之間到底存在何種關連，或是沒有關連，已經不清楚。八月出現的謠言，無從得知誰是製造者；至於十月再次出現，僅能確定建昌府的謠言來自書吏，其他地方則難以追查，更不用說這名書吏可能僅是「人云亦云」的傳播者，而非謠言的原創者。

　　在謠言傳播的過程中，還存在另一位謠言製造者或傳播者，即張進朝。但對於張進朝，各方的記載頗多參差，如《禪寄筆談》記載：「戊辰之歲，有私閹火者名張朝，從大江以南浙、直一路，假傳奉旨選宮女，城市外軍民人家，不問良賤富貧，一語成婚，聞數日夜，輿人、廚人無從顧覓，亦如前至元故事」。[165]《明穆宗實錄》則說南京織造局監工內使張進朝「以差回」，詐稱奉勅往湖廣、南直隸選取秀女，以至「遠近訛傳，婚嫁失所」。事發之後，朝廷於隆慶二年十月，降旨命南京三法司鞫問，最後定擬張進朝斬罪，同黨俱判處充軍。[166]而前面引述的《嘉善縣志》與《杭州府志》則說是南京督馬快船中官，《西園聞見錄》的記載亦然：

[162]　〔清〕包賚纂修，〔順治〕《固始縣志》（北京：書目文獻出版社，1990），卷9，〈紀述〉，頁171。

[163]　〔清〕紀國珍、羊璘修纂，〔順治〕《汝陽縣志》（北京：中國書店，1992），卷10，〈禨祥〉，頁416。

[164]　〔明〕田藝蘅，《留青日札》，卷9，〈風變〉，頁167。

[165]　〔明〕陳師，《禪寄筆談》（臺南：莊嚴文化事業公司，1995），卷6，〈事考〉，頁687。

[166]　〔明〕張居正等撰，《明穆宗實錄》（臺北：中央研究院歷史語言研究所，1966），卷25，隆慶二年十月己亥，頁687。

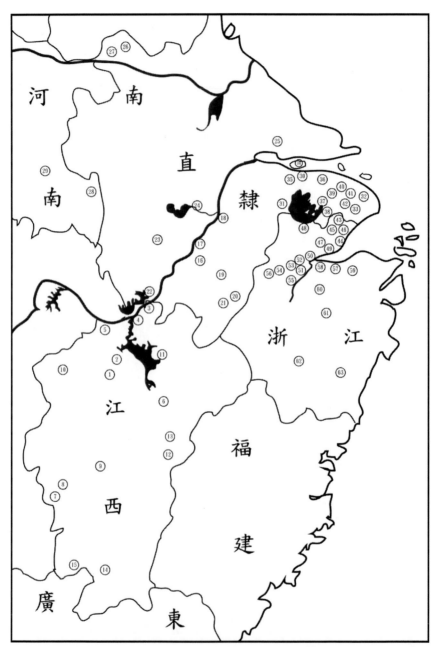

說明：1.江西南康府義縣。2.江西南康府建昌縣。3.江西九江府彭澤縣。4.江西九江府湖口
縣。5.江西九江府瑞昌縣。6.江西撫州府東鄉縣。7.江西吉安府永寧縣。8.江西吉安府
永新縣。9.江西吉安府吉水縣。10.江西南昌府寧州。11.江西饒州府鄱陽縣。12.江西
建昌府南豐縣。13.江西建昌府南城縣。14.江西贛州府信豐縣。15.江西南安府。16.南
直隸池州府青陽縣。17.南直隸池州府銅陵縣。18.南直隸太平府蕪湖縣。19.南直隸寧

國府太平縣。20.南直隸徽州府歙縣。21.南直隸徽州府休寧縣。22.南直隸安慶府望江縣。23.南直隸安慶府桐城縣。24.南直隸盧州府巢縣。25.南直隸揚州府泰州。26.南直隸徐州沛縣。27.南直隸徐州豐縣。28.河南汝寧府固始縣。29.河南汝寧府汝陽縣。30.南直隸常州府江陰縣。31.南直隸常州府宜興縣。32.南直隸松江府上海縣。33.南直隸松江府華亭縣。34.南直隸常州府靖江縣。35.南直隸常州府武進縣。36.南直隸蘇州府常熟縣。37.南直隸蘇州府吳縣。38.南直隸蘇州府吳江縣。39.南直隸蘇州府崑山縣。40.　　　南直隸蘇州府太倉州。41.南直隸蘇州府嘉定縣。42.南直隸松江府青浦縣。43.浙江嘉興府嘉善縣。44.浙江嘉興府海鹽縣。45.浙江嘉興府秀水縣、嘉興縣。46.浙江嘉興府平湖縣。47.浙江嘉興府崇德縣。48.浙江湖州府烏程縣南潯鎮、烏青鎮、雙林鎮。49.浙江杭州府海寧縣。50.浙江杭州府杭州府城、錢塘縣、仁和縣。51.浙江杭州府富陽縣。52.浙江杭州府餘杭縣。53.浙江杭州府臨安縣。54.浙江杭州府於潛縣。55.浙江杭州府新城縣。56.浙江杭州府昌化縣。57.浙江紹興府會稽縣。58.浙江紹興府蕭山縣。59.浙江紹興府上虞縣。60.浙江紹興府諸暨縣。61.浙江金華府東陽縣。62.浙江處州府松陽縣。63.浙江處州府青田縣。

「隆慶二年，中官督馬快船張進朝，詐稱採良家子女入宮，流聲浙、直，民間婚不以禮。南刑部尚書孫植奏誅之。」[167]

　　比較以上的記載，《禪寄筆談》將張進朝記為張朝，身分是不具身分低下的私閹火者，與《明穆宗實錄》所記南京織造局監工內使，及《嘉善縣志》、《杭州府志》所言的督馬快船中官有所不同。至於謠言的起點與方向，《明穆宗實錄》所謂的「以差回」，可能是指赴北京辦差南返。另據徐顯卿（1537-1602）記載：「巨璫某進奉，道淮揚，偽稱選良家子充後宮，江南騷動，子女流離」。[168]李維楨（1547-1626）的記載：「大璫詐旨選江北女充後庭，迫脅民財」。[169]這兩則記載讓人覺得謠言似乎是由南京北行途中製造的。從前面的考察可知，江西謠言起於元年八月，南京訛傳事在十二月前後，淮北的徐州謠傳此事已是二年二月，張進朝製造謠言的時間，可能是在南京前往江北途中。

五、神宗杖責宮女與民間之規避

　　萬曆年間，明神宗（1563-1620）選皇后、選九嬪、為皇子選妃及選宮

---

167 〔明〕張萱輯，《西園聞見錄》（北平：哈佛燕京學社，1940），卷11，〈內編‧剛方後‧往行後〉，頁50a。

168 〔明〕徐顯卿，《天遠樓集》（濟南：齊魯書社，2001），卷13，〈明故福建按察司副使存方蔣君墓碑〉，頁185。

169 〔明〕李維楨，《大泌山房集》（臺南：莊嚴文化事業公司，1997），卷103，〈福建按察司副使蔣公墓表〉，頁89。

女，合起來的採選次數亦不少，[170]其中有數次引發社會恐慌。

　　萬曆五年（1577），兩宮皇太后諭命禮部為明神宗選婚。[171]這年夏月，趙重道在〈宮詞十首〉詩序說：「今天子當陽大婚洽禮，而嬪御之選宜尤效順，然聞風驚怛，望塵竄奔，挈嬌幼而委禽於非偶，罄室家而潛跡於草菅，所司徵迫如逐逋逃」。[172]當時，百姓「爭嫁娶，雖城司禁之不止」，鄭貴妃（1565-1630）原本許配給鄰家子為婦，但鄰家無錢下聘，鄭家不令迎娶，而鄰家欲強行，兩家相爭且互鬨。剛好有宦官經過，見鄭貴妃貌美，即登記其姓名等資料而去。後被選入宮，冊封為貴妃。及至生皇三子，又晉封為皇貴妃。[173]

　　萬曆八年（1580）九月，明神宗傳諭禮部：「宮中六尚缺人，其選民間淑女二百人入內」，既而又作罷。[174]實際上，百姓對於採選多所規避，當時太僕寺丞徐琰以彗星示警上疏言：「慧孛告警，天意不虛。臣惟下民之最苦，而以得免為幸者，莫如選取宮人。昔嘉靖間嘗有是舉，民間爭出女子應詔。乃今事同而趨避異者，陛下天威所擊，無不摧折，積畏深恐，亦既有日，一旦聞詔選取，不啻驅犬羊而之屠肆，乖氣致異，上干天象，非偶然也。」奏疏上了之後，明神宗雖未批示，但採選之事賴以停止。[175]值得注意的是，明神宗「摧折」宮人的傳言，徐琰在奏疏中已經提到。

　　萬曆十一年（1583）二月，明神宗命禮部選十一歲以上、十五歲以下的民間女子三百人入宮。[176]至五月十一日，選中宮女四十四名；十四日，又選中五十三名。[177]明神宗因所選仍然不足，復令禮部再次採選。萬曆十一年五月，禮科左給事中牛惟炳奏言：「近見禮部接出揭帖，諸王館選，五

---

[170] 邱仲麟，〈明代遴選后妃及其規制〉，頁19-24；〈陰氣鬱積——明代宮人的採選與放出〉，頁59-62。

[171] 〔明〕顧秉謙等撰，《明神宗實錄》（臺北：中央研究院歷史語言研究所，1966），卷58，萬曆五年正月庚子，頁1330-1331。

[172] 〔明〕趙重道，《文南趙先生三餘館集》，卷5，〈宮詞十首〉，頁18a。

[173] 〔清〕毛奇齡，《勝朝彤史拾遺記》（臺南：莊嚴文化事業公司，1996），卷5，頁394。案：書中將神宗選婚之年誤為萬曆六年。

[174] 〔明〕顧秉謙等撰，《明神宗實錄》，卷104，萬曆八年九月辛未，頁2028。

[175] 〔清〕宋如林、孫星衍等修纂，〔嘉慶〕《松江府志》（臺北：成文出版社，1970），卷54，〈古今人物傳六〉，頁1212。原文姓名作徐炎，誤。

[176] 〔明〕顧秉謙等撰，《明神宗實錄》，卷133，萬曆十一年二月壬辰，頁2478。

[177] 〔明〕孟一脈，〈急救時弊以崇聖德以圖萬世治安疏〉，收入〔明〕吳亮輯，《萬曆疏鈔》（上海：上海古籍出版社，1997），卷1，〈聖治類〉，頁49。〔明〕顧秉謙等撰，《明神宗實錄》，卷143，萬曆十一年十一月丁酉，頁2672。

城續報女子未足，欽定三百之數，命禮部再行選報」；然而「兩次選中，已將百人，若必取盈，恐媒妁紛紜」。[178]後來，採選似乎就此不了了之。

京城內外百姓之所以逃避採選，乃是明神宗嚴厲的懲罰行為早已流傳在外。除了前舉萬曆八年徐琰的奏疏之外，萬曆十七年（1589）十二月，大理寺左評事雒于仁在奏疏中亦談到此事：「以皇上不怒而威，宜思有忿速懲也。夫何今日杖宮女矣，明日杖宦官矣。彼誠有罪，置以法律，責之、逐之可也，不必杖之累百，而不計其數，竟使斃於杖下。」[179]萬曆十八年（1590）正月初一，明神宗以元旦佳節，於毓德宮賜輔臣申時行（1535-1614）、許國（1527-1596）、王錫爵（1534-1610）、王家屏（1538-1603）御膳珍饌，對雒于仁在奏疏中指其酒色財氣耿耿於懷。明神宗在談話中說：「先生每也有僮僕、家人，難道更不責治？如今內侍、宮人等，或有觸犯及失悞差使的，也曾杖責。然亦有疾疫死者。如何說都是杖死？先生每將這本去票擬重處。」經過申時行等勸解，最後的解決方案是：由內閣傳話給大理寺卿，勒令雒于仁去職。[180]

奇怪的是，萬曆十八年並未採選宮人，但華北卻有謠言出現，如北直隸真定府深州「譌言朝廷欲取民間童女造長生藥，凡有女之家，不暇擇配，悉嫁之」。[181]真定府冀州武邑縣亦「爭相嫁送」。[182]真定府晉州武強縣，「民間訛傳朝廷命內官選宮女，於是競求婚配以免，間有七、八歲幼女服笄隨夫者。千里鼎沸，江南亦然」。[183]這年夏天，山東也爆發恐慌，如濟南府濟陽縣「民間訛言選刷繡女，一時嫁娶殆盡」。[184]濟南府平原縣亦有謠言採選童男、童女，百姓皆著急嫁娶。[185]然而，雖然《武強縣新

[178] 〔明〕顧秉謙等撰，《明神宗實錄》，卷137，萬曆十一年五月辛丑，頁2559。

[179] 〔明〕雒于仁，〈恭進四箴疏〉，收入〔明〕吳亮輯，《萬曆疏鈔》，卷2，〈聖德類〉，頁173。〔明〕顧秉謙等撰，《明神宗實錄》，卷218，萬曆十七年十二月甲午，頁4086-4087。

[180] 〔明〕申時行，《召對錄》（臺南：莊嚴文化事業公司，1996），萬曆十八年正月甲辰，頁543。〔明〕顧秉謙等撰，《明神宗實錄》，卷219，萬曆十八年正月甲辰，頁4097-4099。

[181] 〔清〕徐綬纂修，〔雍正〕《直隸深州志》（海口：海南出版社，2001），卷7，〈事紀〉，頁321。

[182] 〔清〕許維梃、束圖南修纂，〔康熙〕《武邑縣志》（海口：海南出版社，2001），卷1，〈天文志‧祥異〉，頁148。

[183] 〔清〕冼國幹、張星法修纂，〔康熙〕《正定府晉州武強縣新志》（海口：海南出版社，2001），卷7，〈通紀志‧災祥〉，頁97。按：此條原繫於萬曆十七年，應為十八年之事。

[184] 〔明〕侯加乘修，〔萬曆〕《濟陽縣志》（上海：上海圖書館藏抄本），卷10，〈雜志‧災祥〉，頁4b。

[185] 〔明〕劉思誠、高知止修纂，〔萬曆〕《平原縣志》（臺北：國立故宮博物院藏刻本），卷

志》說「江南亦然」，但相關記載闕如。

　　萬曆十八年的謠言，或許是空穴來風，而萬曆十九年北京的騷動，乃緣於朝廷有旨。萬曆十九年（1591）春正月，明神宗諭命選宮人，禮部接出聖旨：「朕宮中六尚局，兼皇長子冊立屆期，及長公主今已長成，著禮部照先年例，選民間女子十歲以上、十五歲以下三百人，進內預教應用。」[186]由於明神宗對待宮女甚嚴，動不動就杖責，因此家長無不希望逃過採選。右春坊右諭德兼翰林院侍讀陸可教（1547-1598）在〈高皇帝盛德頌〉談到此事：

> 邇年來，道路無識之徒，嘖嘖流言，謂比歲掖廷之間，多所躁怒，左右侍御，隕命相踵。臣實不信，……或有一人一事，偶失聖意，致有譴責，而用事者箠楚不戒，偶至傷生，轉相傳聞，遂至斯謗耳。乃近日採選宮人之旨一下，民間邉駭，夤夜嫁娶，名字一入，母子悲號，閭巷之間，聲不忍聽，以致名數不敷，再屬選擇。不然，人誰不樂以其子致身宮掖，希非望之恩乎？臣因默然心傷，謂市井之言，或亦有因而致也。嗟嗟！彼方自謂身近至尊，百生之幸，若承恩而入，畢命而出，念及於此，能不惻然？[187]

國子監丞岳元聲（1557-1628）在奏章提到：採選造成民間恐慌，「巧者嫁，貧者逃，有力者潛藏，媒妁未須，遣嫁已畢。丁男一日而數娶，處子十室而九空」。正月二十八日，岳元聲途經諸王館，聽人說：「今日宮女之選，有斷髮者，有剗面者，有毀傷肌膚者，有逐臭自塗者，有牽衣把臂而泣于道者」；「五城地方良家女，自報者數千，拔百得一，留則相悲于道，退則相慶于家」。岳元聲還說：「自萬曆十一年之選，計于今不數年間，聞多有斃杖下者，正恐今日三百之選，不足當陛下數年之鞭撻，則異日更有老疾不堪之詔，陛下又何以示中外乎？臣願陛下少停鞭撻，令見在宮人須臾無死，而以生事陛下也。」[188]國子監博士龍膺（1560-1622）的奏疏

　　下，〈雜志・災祥〉，頁37a。

[186]　〔明〕佚名，《萬曆邸鈔》（臺北：古亭書屋，1968），萬曆十九年辛卯春正月，頁545。

[187]　〔明〕陸可教，《陸學士先生遺稿》（北京：北京出版社，2000），卷9，〈高皇帝盛德頌・恤刑頌第十〉，頁380。

[188]　〔明〕岳元聲，《潛初子文集》（臺北：中央研究院歷史語言研究所藏崇禎刻本紙燒本），卷1，〈止停宮侍請停銅具疏〉，頁1a-7a。

說得更為細緻：

> 邇者伏睹聖諭，禮部選民間女子三百，進內預教應用。已，部臣疏
> 請止，上不許，於是下五城兵馬選焉。……士庶靡不皇皇。父母之
> 情，疇不鍾愛？三尺之豎，靡不樂生？以故旬月之內，聞有逃者，
> 有匿之親者，有裁髮者，有爪其面者，有塗以汙穢者，有飾為瘕痍
> 者，有增年者，有竊嫁者，有縊者。巧為規避，罔所不至。豪家巨
> 室，復以賄免。以是五城共得九百餘人，進之諸王館，而選而中者
> 纔三十餘人耳。已，復奉旨選補如數。夫士庶之家，女子十歲以上
> 輒多聘納，父母夫婦孰忍離之？而況微寒者眾，無甘旨以滋色澤，
> 無廣居以障風日，故冶容綽態十無二三。選至九百，業已經數千
> 家，多中人以上者，而今置之不用，另加選補，則未免盡京城內外
> 家稽而戶索矣。刁詭藏計脫，當有甚於前者。[189]

龍膺在奏疏中又說：「今議論煩生，群情疑畏，視入宮闈如赴鼎鑊然。幸
免者相慶於塗，與選者悲啼於市。今日之氣和耶？乖耶？臣竊憂之。此豈
太平之世所宜有也？」[190]而禮部員外郎于孔兼（1538-1615）的奏章則說：

> 臣部初奉明旨，選擇宮人三百名口，民間始而巧避者多方，繼而子
> 母相縊者接踵。奉旨再選，又欲將先次選退者一併選進，此陛下之
> 意必在取盈欽定之數也。夫此三百人，豈無承恩冀寵之心哉？乃今
> 未入宮闈，先攖陰司。三百人父母之家，亦豈無希圖富貴之心哉？
> 乃今纔作生離，便成死別。以民家十數年保抱之弱息，充陛下一朝
> 鞭撻之霆威。以今日惶惶殘喘之餘生，僉為明日奄奄待盡之冤鬼。
> 言之真可痛哭流涕矣。[191]

于孔兼在奏疏中所提到的「以民家十數年保抱之弱息，充陛下一朝鞭撻之
霆威。以今日惶惶殘喘之餘生，僉為明日奄奄待盡之冤鬼」，與雒于仁

---

[189] 〔明〕龍膺撰，梁頌成、劉夢初校點，《龍膺集》（長沙：嶽麓書社，2011），卷1，〈選宮女疏〉，頁23-24。

[190] 〔明〕龍膺，《龍膺集》，卷1，〈選宮女疏〉，頁25。

[191] 〔明〕佚名，《萬曆邸鈔》，萬曆十九年辛卯春正月，頁545-546。

〈恭進四箴疏〉所言差不多，都是指明神宗隨意杖責宮女、內侍，宮中多有冤魂。唐伯元（1540-1597）時任禮部儀制清吏司主事，奉命經手選婚事宜，在事後所上的奏章上說：「京都無知小民，妄傳此日宮掖之內法令嚴肅，與往時事體大不相同，趨蹌稍錯，動虞咎譴」；而各家子女生長民間，豈能盡皆諳曉皇家法度，因此家家危疑，人人逃避。即使傳諭京城內外居民，不得輕信謠言，妄生疑畏；還強調所選淑女，乃為了皇太子即將冊立。但因訛言未息，人心疑懼，及至送進諸王館時，「往往汙穢頭面，殘毀其肢體，以求苟免於一時」；即使不是如此者，也多半「觳觫驚怖，神魂辟易，顏容摧損，頓換面貌，委不堪觀」。[192]

　　大約是在這一年，沈一貫（1531-1615）任職吏部左侍郎兼翰林院侍讀學士，有〈觀選淑女〉詩描述民間對採選的態度：

> 長安女兒巧伺人，手執紈扇窺芳塵。姊妹相私擇佳儷，無過願得金吾婿。如何天閶覓好逑，翻成凌亂奔榛丘。吏符登門如索仇，斧柱破壁怒不休。父母長跪兄嬬哭，願奉千金從吏贖。紛紛寶馬與香車，道旁灑淚成長渠。不念他時共筐席，但傷此日離襟裾。人間天上隔星漢，天上豈是神仙居。吁嗟！天上豈是神仙居？[193]

實際上，每逢朝廷下旨採選宮女，順天府百姓常是嫁娶紛紛。萬曆三十二年（1604）修纂的《懷柔縣志》記載婚禮就說：「民間用星士合婚以後，納幣加笄舖粧，親迎略用古禮。其反馬日對月，其待年月童養，士大夫擇婚，不用星術，第高髻大袖，皆遵京樣。獨奉旨刷選宮女，民間多倉卒嫁娶，不顧吉蠲。」[194]

　　基於明神宗在宮內的處罰嚴厲，外面謠傳的內容是越來越離譜。萬曆二十年（1592），有襄陽人自北京南歸，訛言「後宮有密旨，遣貴璫旦夕至襄、鄧，括女子千百其用。入宮時，裸體加鞭簡，令竄過火牀上，俾氣血貫聚心肝，剖以合藥，服食長生。」愚民吠聲吠影，一時之間，「女子不

---

[192] 〔明〕唐伯元著，朱鴻林點校，《醉經樓集》（臺北：中央研究院歷史語言研究所，2010），附刻，〈宮人疏〉，頁247-248。

[193] 〔明〕沈一貫，《喙鳴詩集》（上海：上海古籍出版社，1995），卷7，〈觀選淑女〉，頁580。

[194] 〔明〕史國典、周仲士修纂，〔萬曆〕《懷柔縣志》（臺北：國立故宮博物院藏刻本），卷1，〈地理‧風俗〉，頁23b。

必聘媾，不計齒貌，遽成婚合」。次年（1593），王同軌至襄陽，住在樊城姜嫗家中，老婦人告訴他：女兒與媳婦皆因此嫁娶，但都還是小女孩。據說訛言緣於有人欲嫁女兒而吝惜錢財，於是故意製造此一謠言，使其女兒容易出嫁。[195]

然而，明神宗並未改變既有作風，宮人與內侍還是常被杖打。萬曆二十四年（1596）六月，司禮監太監田義就曾奏請「寬宮人、內官刑罰」，明神宗不報。[196]萬曆二十五年（1597）四月，刑部左侍郎呂坤（1536-1618）也談到：

> 列聖在御之時，亦有宦官、宮妾，然死於垂楚者未之多聞。……陛下數年以來，疑深怒重，殿庭之內，血肉淋漓；宮禁之中，啼號悲慘。冤魂夜泣，結為愁雲；冤鬼宵吟，積為厲氣。……民間千恩萬愛，長女育男，不足供頃刻之一怒。故上殿者愁死不如無生，入宮者責生即作責死。望陛下發慈悲心，動惻隱念，視如觳觫之牛、湯火之雞可乎？[197]

根據記載，明神宗管理內監及宮人甚嚴，「取楠木之堅者而稜之，長五尺，廣二寸半，不數十掠，輒斃。」萬曆二十六年（1547），丁此召考上進士，授職工部屯田司主事，得知此事，於是交代諸工匠，「以夏楚之脆者易之，廣長各殺其一，且刓其稜」，從此以後，「掠雖數十百，不死矣」。執法的太監極不滿意，將工匠之首當庭杖罰，並向明神宗報告。神宗大怒，原想逮丁此召治罪，但念這事不可傳到外廷，「乃手書其姓名于屏，自是銓序至六十上，皆不報，竟以郎署終」。[198]丁此召雖然因此無法升遷，但也許積了不少陰德。

另據劉若愚《酌中志》記載：「中宮孝端王娘娘，其管家婆、老宮人

---

195 〔明〕王同軌，《耳談類增》（上海：上海古籍出版社，1997），卷10，〈訛訔篇・襄陽訛言〉，頁73。

196 〔明〕顧秉謙等撰，《明神宗實錄》，卷298，萬曆二十四年六月丁未，頁5581。

197 〔明〕呂坤撰，王國軒、王秀梅整理，《呂坤全集》（北京：中華書局，2008），卷1，〈為冒死竭誠直陳天下安危聖躬禍福以保萬年永祚以綿萬壽無疆事〉，頁16-17。〔明〕顧秉謙等撰，《明神宗實錄》，卷309，萬曆二十五年四月辛酉，頁5781。

198 〔清〕楊周憲、趙日冕等修纂，〔康熙〕《新建縣志》（臺北：成文出版社，1989），卷25，〈傳四・經濟〉，頁1278。

及小宮人多罹捶楚，死者不下百餘人。」相較之下，神宗寵愛的鄭貴妃名下的宮女，則少被責打。[199]顯然明神宗心有所偏，不得寵的后妃，其轄下宮女連帶受害。

　　萬曆三十年（1602）三月，明神宗以福王（1586-1641）年長宜婚，諭內閣傳示禮部舉行。[200]此次選婚，又引發湖廣一帶訛語紛起，承天府就是一例：「萬曆三十年六月十九日，民間訛言皇上為福王選婚于郡邑，自縉紳以及小民，無不為子女嫁娶者，雖三、四歲之女俱出閣，每夜動以千計，至二十五日方止。」[201]同年，承天府東邊的德安府孝感縣亦「訛言宮選，邑騷動」。[202]洞庭湖邊的岳州府華容縣，「訛言奉詔刷取童女充內庭，又言每十人以一老寡婦監之」；境內的謠言係由襄陽、承天一帶傳來，不到十天，鄉村、城市之中，凡有女兒年在十歲以上者，皆遣嫁殆盡；甚至有老婦寡居十年因而改嫁者，經過數月始平靜，方志編纂者認為即「所謂天婚也」。[203]而位於洞庭湖以南的長沙府瀏陽縣，也「訛言宮選」。[204]

　　萬曆四十八年（1620）七月，明神宗彌留之際，直隸巡按易應昌巡視漕運回到京城，奏言經過保定府雄縣時，「有奸徒飛語朝廷括民家室女、寡婦實遼左，數日內四處狂走，縣官牌諭乃安」。[205]當時，遼東軍情嚴峻，社會氛圍驚擾，以致以訛傳訛，其實並無此事。

六、天啟元年遴選后妃的騷動

　　明熹宗（1605-1627）即位，降旨遴選皇后，又引發地方騷動。泰昌元年（1620）十二月，明熹宗命司禮監太監盧受、王安、御用監太監王之元於北京、順天府等處，司禮監太監李實、內官監太監馬鑑於南京、鳳陽、淮安、

199　〔明〕劉若愚撰，馮寶琳點校，《酌中志》（北京：北京古籍出版社，1994），卷22，〈見聞瑣事雜記〉，頁203。

200　〔明〕顧秉謙等撰，《明神宗實錄》，卷370，萬曆三十年三月辛巳，頁6938。

201　〔明〕孫文龍纂輯，〔萬曆〕《承天府志》（北京：書目文獻出版社，1990），卷20，〈雜志〉，頁386。

202　〔清〕梁鳳翔、李湘等纂纂，〔康熙〕《孝感縣志》，卷14，〈祥異〉，頁217。

203　〔明〕孫羽侯修，黃劍萍、黃光澤點注，〔萬曆〕《華容縣志》（長沙：湖南人民出版社，1988），卷8，〈志餘〉，頁247。

204　〔清〕謝希閔、王顯文等修纂，〔嘉慶〕《瀏陽縣志》，卷34，〈祥異‧訛言附〉，頁11a。

205　〔明〕易應昌，〈題為目擊時事敬陳天下無一可恃之形仰懇聖明俯賜賢覽省急挽人心以回國勢事〉，收入〔明〕程開祜輯，《籌遼碩畫》（臺北：新文豐出版公司，1989），卷46，頁734。

徐州、河南等處，採選淑女。當時，司禮監太監李實等奏請隨帶欽天監官，並請賜給勘合，禮科都給事中李若珪（1569-1637）為此參奏：「選婚之法，必由粗而後精，先擇淑女之儀容，以及本家之籍貫，由州縣選之府，由府選之司道，司道選送撫按，而後推算八字。即欲於地方隨選隨算，姑用各地方之陰陽生為便。審擇既當，彙選進京，然後用欽天監推算，舊制也。」若珪在奏疏中又言：「兩勘合並行，沿途騷擾，虎狼縱橫，貽害匪細。」既而李實等上奏辯稱：「大禮至重，隨帶欽天監官推算景命，原係舊制。且臣等尚未登途，何至騷擾縱橫如科臣言？」明熹宗聽後大怒：「大婚吉典，遵照祖宗成法，遣司禮監恭選，尚未起程，如何便沿途騷擾？」並指斥若珪不諳典制，擅自妄言，責令回話。後來，被罰俸半年。[206]

　　對於這次的採選，南北百姓的態度不同。據蔣之翹（1596-1659）《天啟宮詞》云：「元年春，選婚民間，京輔之地，以皇上年少，希邀寵澤，有女者多樂從之。」而在另一方面，「選婚之令，聞于江浙民間，婚嫁紛紛，多有錯配者。」[207]就資料記載考查，恐慌傳播的方向係由北而南，先見於江北，渡長江而南，沿著大運河兩岸向南，直抵浙東的寧波；同時並由揚州向西，沿長江傳入江西。

　　天啟元年（1621）春，河南汝寧府光州固始縣出現奔嫁殆盡的騷動。[208]同年，南直隸北界的徐州豐縣，「訛言選宮女，民間嫁娶，無復垂髫者」。[209]接著，經過淮安府傳至揚州府境內，也「偽言選妃，民間婚嫁，盡夜不絕月餘」。[210]揚州府泰州，「民間訛傳選后妃，婦女就婚嫁者無數」。[211]至於長江以南，南京的情況亦相仿。據沈長卿《沈氏日旦》記載：

　　天啟元年，金陵嫁女，不擇期、不擇配，舉城若狂，愈禁愈譁，蓋訛傳選宮女耳。民謠云：「龍飛當歲首，女兒賤似狗。大姓人攙

---

[206]　〔明〕高汝栻輯，《皇明續紀三朝法傳全錄》（上海：上海古籍出版社，1997），卷9，〈光宗貞皇帝紀〉，頁771、772。〔明〕溫體仁等撰，《明熹宗實錄》（臺北：中央研究院歷史語言研究所，1966），卷4，泰昌元年十二月癸亥，頁202。

[207]　〔明〕蔣之翹，《天啟宮詞》，收入雷夢水輯，《明宮詞》（北京：北京古籍出版社，1987），頁63。

[208]　〔清〕包爚纂修，〔順治〕《固始縣志》，卷9，〈紀述〉，頁171。

[209]　〔清〕姚鴻杰、李運昌修纂，〔光緒〕《豐縣志》，卷16，〈紀事類‧災祥〉，頁1118。

[210]　〔清〕雷應元纂修，〔康熙〕《揚州府志》（北京：中國書店，1992），卷22，〈歷代志〉，頁468。

[211]　〔明〕李自滋、劉萬春纂修，〔崇禎〕《泰州志》，卷7，〈方外志‧災祥〉，頁142。

人，小戶手攜手。富室筵席開，貧家豆腐酒。衣衫借親鄰，蓬頭不嫌醜。」將彌月而人心始定，人情始安。[212]

周暉《金陵瑣事剩錄》亦述及這年正月初大雪，禮部張掛選妃告示，五城居民，急急遑遑，私嫁女兒者數千人，一時物價為之驟貴，如鵝一隻，錢五百餘文；鴨一隻，錢二百餘文。豬肉一斤，錢四十餘文；羊肉一斤，錢四十餘文；牛肉一斤，錢二十餘文；驢肉一斤，錢二十餘文。紅布一尺，錢十五文；綠布一尺，錢十五文。女子圍桶（俗稱子孫桶）一個，錢五百餘文。[213]

　　而在南京訛言喧嚷之前，採選的傳聞由揚州往南傳至鎮江府境內（參見下文〈淑女紀〉的記載），再由鎮江府傳至常州府。同年正月，常州府靖江縣亦然，「即六、七歲亦不免，舉國若狂，官府不能禁」。[214]靖江縣人范恭遂，由於「民間訛傳大婚，洶洶許嫁」，將女兒玉貞過門給朱斂璧為媳婦，年紀才十二歲。訛言止息後，又回到父家。不久，朱氏子痘殤，恭遂為女兒另擇對象，玉貞獲知後，「不櫛不沐，時曝烈日中，或立大雨下，推鋪弗食，徹夜危坐，毀容截髮，有若癲癇」。父母知其志不可奪，遂將聘禮歸還，玉貞得以獨身而終。[215]常州府江陰縣，同樣「譌傳選□官，民間嫁娶，多不備禮、不擇對者」。[216]而在此之前，常州府無錫縣生員呂鳴廷，父親病重，命其娶妻，他哭求暫緩，不久父親去世，剛好在天啟元年初。當時，「江南譁言選室女，一時嫁遣殆遍」，母親迎娶媳婦入室，鳴廷痛哭說：「父疾而命之娶，猶弗忍。父今且歿，乃以燕爾易吾罔極耶？」守喪之後，又經過數月，才告廟成禮。[217]二月間，謠言傳至蘇州府境內，吳縣「老幼良賤，爭先婚娶，莫知所自起」。[218]另據吳江葉紹袁（1589-1648）談到：「二月間，蘇州訛傳點選淑女，凡民家處女，十歲以上

212　〔明〕沈長卿，《沈氏日旦初集》（上海：上海古籍出版社，1997），卷5，頁434。

213　轉引自謝國楨選編，牛建強、王學春、汪維真校勘，《明代社會經濟史料選編》（福州：福建人民出版社，2004），下冊，頁98。

214　〔清〕鄭重、袁元等修纂，〔康熙〕《靖江縣志》（北京：中國書店，1992），卷5，〈禔祥〉，頁43。

215　〔清〕鄭重、袁元等修纂，〔康熙〕《靖江縣志》，卷14，〈節烈〉，頁134。

216　〔明〕徐遵湯、馮士仁等修纂，〔崇禎〕《江陰縣志》，卷2，〈災祥〉，頁125。

217　〔清〕王鎬、華芋園等修纂，〔乾隆〕《無錫縣志》（臺北：中央研究院歷史語言研究所藏刻本紙燒本），卷32，〈孝友〉，頁20a。

218　〔明〕牛若麟、王煥如修纂，〔崇禎〕《吳縣志》，卷11，〈祥異〉，頁91。

者，爭先擇配。晝方草草行聘，晚間即便迎娶。婚嫁者接踵於路，鼓吹聲自夜達旦。逾半月方止，舉國若狂，殊可駭可笑。後以所配多非其人，有致訟死者。」[219]常熟人徐復祚（1560-1630?）則指出：事發之前，有民謠說：「萬曆四十九年，女子賤如狗。」神宗於四十八年賓天，光宗在位未滿月而駕崩，熹宗即位後改元天啟，恰恰是四十九年。[220]

　　天啟元年春，浙江嘉興府亦有此事。正月間，平湖縣「民間訛傳有中使至，選良家女充宮嬪，仍取嫠婦伴送入京，由是倉卒嫁娶，不論門閥年歲，老孀稚女，爭相結褵，窮村僻壤，鼓樂喧接。」[221]秀水縣人李日華（1565-1635）亦記載：

> 今上改元，大婚有期，民間忽訛傳點綉女。育女者晝夜悼惶，唯求速嫁。有一家頗從容，呼衣匠為女縫衣。匠因途遠，宿於旁舍。已而訛言聲息益緊，前所約婿又它就，舉家無措。即呼匠者與結花燭，聞者無不絕倒。[222]

而據嘉興縣人錢五卿記載：二月初旬，「無論大小戶，不擇日而嫁娶，魚肉、果品之類，一時騰貴，十倍于平日。又不惟妍媸老幼不得其配，甚有一面不識，擔柴斗粟即便成親者」。[223]海鹽縣亦「訛言選宮人，鄉民多有童女相配合者」。[224]類似的情況，同樣出現在嘉興府桐鄉縣。[225]天啟元年二月，謠言亦傳至杭州府境內。[226]杭州府海寧縣「訛言選宮人，嫁娶如隆慶時」。[227]何偉然所撰之〈淑女紀〉，述及這年杭州謠傳選宮女之事頗詳，茲全文照引如下：

219 〔清〕葉紹袁，《啟禎記聞錄》（上海：商務印書館，1913），卷1，頁1a。

220 〔明〕徐復祚，《花當閣叢談》（臺北：廣文書局，1969），卷5，〈選宮女〉，頁2a。

221 〔明〕程楷、楊儁卿等修纂，〔天啟〕《平湖縣志》，卷7，〈禮樂志・禮儀〉，頁456-457；卷18，〈外志・災祥〉，頁1035。

222 〔明〕李日華撰，薛維源點校，《紫桃軒雜綴》（南京：鳳凰出版社，2010），卷4，頁325。

223 〔明〕錢五卿，《鹿苑閑談》，〈訛選宮女〉，頁851。

224 〔明〕樊維城、胡震亨等纂修，〔天啟〕《海鹽縣圖經》，卷16，〈雜識篇〉，頁1321。

225 〔清〕張履祥著，陳祖武點校，《楊園先生全集》（北京：中華書局，2002），卷17，〈桐鄉災異記〉，頁516。按：原作天啟元年冬，應係元年春之誤。

226 〔清〕馬如龍修，〔康熙〕《杭州府志》（上海：上海圖書館藏刻本），卷1，〈祥異〉，頁36b。

227 〔清〕談遷，〔順治〕《海昌外志》，〈叢談志・祥異〉，頁680。

天啟皇帝登極，下詔選人間淑女充椒掖，詔止鳳陽。自我朝選點，曾未及於江南。風聞所遞，訛言輒布。三吳有女之家，咸慄如霜色。市井亡賴，乘機搖鼓，為作因地。俄而曰：「某家皇封封矣」、「某家聞之郡邑矣」。自閏州而金昌、而苕霅，無不思所以畢婚嫁者。吾杭為甚，纔聞井里，忽徹鄉曲。父母之命，媒妁之言，一時僉舉。不特時及破瓜，作緣成偶，即髮未覆額，口尚乳氣者，亦指童子為盟，或議歸、或議贅。冰人竭蹶，應千門之命，市上盡作定婚店矣。朝議暮舉，不待決擇，惟恐無當人意。無知者固明珠暗投，即知者亦以乘機可省妝貲，因人唯諾。至嬻若無鹽者，假為遷就，猶可免其皮相者耳，是以寒素之家多受焉。吉不必星期照之日，采軒不必魚飾巾之絳裙。筐篚填街，香奩委路。僕夫翻地，燈火燭雲。金鼓聲喧，飛鳥為亂。一畢所事，如釋重負，如排大難，相為委託，而後即安，正不顧青鳥翡翠之婉孌也。婚牘紅牋，錦昂五百。和合神馬，價勒三銖。物情騰踴，販夫驕色。雞不得談於牕，鵝不得陣於水，魚不得樂於國，豕不得化為石，牛羊不待日夕下山。橘柚楂梨，貴於交梨火棗。蔥韭薤蒜，珍於江芷杜蘅。花燭燕喜，十家而九。庖人儼然上客，禮屈之不至，至亦青鳥之即返也。有恐人知者，暗為迎送，復恐人不知，且揚言曰：「吾女亦有夫矣」。縱有司嚴為告戒，且曰：「是寬我，故留以答天使者也。」假合錯配，何異流離。命富者，得佳人，并得金珠、璧馬無算。命貧者，徒多一醜婦人累耳。馬醫騶導之子，全徹龍翔鳳翥之靈。蘭皋蕙畹之香，半落傭保駔儈之手。不顧牛驥同皁，何有冰玉齊稱。王謝家風、朱陳鳳好俱無論，又安所稱雜佩贈之、寶瑟友之耶？匝月之間，繫鴛鴦之足者，不知費仙人幾許赤繩也。夫以一言之訛，令人間忽鬧一夫婦世界，童男姹女，破性裂道，可勝道哉！吾聞之，不願生男願生女，戚畹之寵，昔人所希，即修儀、貴嬪、婕妤之輩，無甚大不可為之事，何以甘委珠玉於草莽？若曰不足當典選，則存之便，而況陶嬰宿瘤，猶得見幸乎？感而記此。[228]

[228]〔明〕何偉然，〈淑女紀〉，收入〔明〕鄭元勛輯，《媚幽閣文娛初集》（北京：北京出版社，2000），頁203-204。

這段內容提到：市井無賴藉機鼓惑，百姓惶恐不安。謠言由北而南，經過鎮江（閏州）傳至蘇州（金昌）、再傳至湖州（苕雪），遂抵達杭州府境內。與婚禮有關的相關物品隨之漲價，執事人役身價亦高，路上嫁娶紛紛，雖官方嚴禁，亦無效果。末尾三行，最為實發人省思，但百姓的思維還是難以理解。實際上，謠言又由杭州府往東，經過紹興府，傳至寧波府境內，寧波府鄞縣就為之騷動，「流言中使四出徵選淑女，且徵媼婦護送，一時民家徬徨避免，草率婚配。本以寄其女，忽轉為人婦。本許為人妻，忽轉為人妾。或許甲而移乙，或字幼而改長。甚至媼居數十年之婦，一旦再醮。肩輿僱盡，繼以椅代。諸物騰價，歷久不能平。」[229]

　　除了江北、江南及浙江之外，謠言可能自南京經由太平府，傳入皖南的寧國府境內。天啟元年二月，「訛傳將采民家女充掖庭，江以南盡譁。女有容儀者，輒昏以避選。其不及年者，則送之壻家。」寧國縣生員鮑汝士之女，就因此而被送至梅家，與梅瑮祚完婚，年紀才十四歲。[230]同一年，徽州人朱醫，「遇大婚訛傳官選處女」，亦帶著女兒避往寧國府宣城縣城外之東溪橋村。[231]接著，謠言傳到江西，如靠近寧國府的饒州府，「謠言刷童女，民間一時婚嫁殆盡」；[232]轄下的鄱陽縣與樂平縣亦有類似記載。[233]（天啟元年的恐慌地點，參見下圖）

　　有趣的是，在明熹宗駕崩前夕，即天啟七年（1627）六月，桂王（1597-1662）就藩抵達湖廣之衡州，而寶慶府境內卻「訛傳有旨開選」，「民大驚，一時大小男女嫁娶殆盡」。[234]寶慶府轄下之邵陽縣、武岡州，民間皆有其事。[235]另據記載：「桂藩建府於衡郡，奉令取幼女充後宮」，郴州轄

[229]〔清〕汪源澤、聞性道修纂，〔康熙〕《鄞縣志》（上海：上海書店出版社，1993），卷24，〈雜紀攷二・祥祲〉，頁854。

[230]〔清〕梅文鼎，《績學堂文鈔》（臺南：莊嚴文化事業公司，1997），卷6，〈梅節母行略〉，頁427。

[231]〔明〕黃尊素，《黃忠端公集》（北京：北京出版社，2000），卷2，〈書宛上事〉，頁42。

[232]〔清〕黃家遴、佟准年等纂修，〔康熙〕《饒州府志》（臺北：成文出版社，1989），卷36，〈雜誌志一・祥異〉，頁2773。

[233]〔清〕王克生、黃國瑞等纂修，〔康熙〕《鄱陽縣志》，卷15，〈雜志・災祥〉，頁1215。〔清〕董萼榮、汪元祥等修纂，〔同治〕《樂平縣志》（臺北：成文出版社，1989），卷10，〈雜類・祥異〉，頁2438。

[234]〔清〕梁碧海、劉應祁纂修，〔康熙〕《寶慶府志》（北京：書目文獻出版社，1988），卷1，〈郡建置紀〉，頁76；卷22，〈五行志・異〉，頁547。

[235]〔清〕張起鵾、劉應祁修纂，〔康熙〕《邵陽縣志》（北京：中國書店，1992），卷6，〈祥異〉，頁1014。〔清〕黃維瓚、鄧繹等修纂，〔同治〕《武岡州志》（南京：江蘇古籍出版

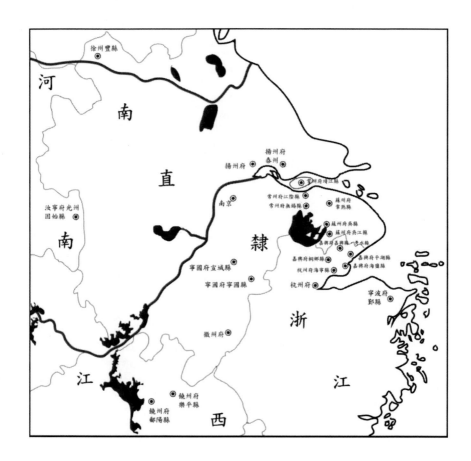

下之永興縣人曾紹芳向三院極力陳情，「郴、永之人因得免」。[236]

七、從崇禎到弘光

　　天啟七年八月，明思宗（1611-1644）即位，至崇禎元年（1628）二月，傳諭於諸王館選兩宮，四月冊封禮妃田氏（?-1642）、淑妃袁氏。[237]依照明代遴選皇后或嬪妃之制，於諸王館遴選已是最後決選階段，[238]故在二月之

　　社，2002），卷32，〈五行志‧金〉，頁129。

[236] 〔明〕譚汝偉，〈曾蘭若先生生祠記〉，收入〔清〕沈維基、楚大德修纂，〔乾隆〕《永興縣志》（南京：江蘇古籍出版社，2002），卷11，〈藝文二〉，頁226。

[237] 〔清〕佚名，《崇禎長編》（臺北：中央研究院歷史語言研究所，1967），卷6，崇禎元年二月乙未，頁262；卷8，崇禎元年四月甲寅，頁438。

[238] 邱仲麟，〈明代遴選后妃及其規制〉，頁40-41。

前，應該已經派人至各地採選，因此有記載提到地方騷動。如天啟七年，于爾直派任山西汾州府平遙知縣，到任不久，「會選宮女之典，闔境騷然」，于爾直「擇其陋者以進，均以不中選得歸，民皆感之」。[239]

崇禎年間，百姓聽聞採選宮人，亦多有逃避之舉。如北直隸永平府盧龍縣太僕寺卿王庭次女王靜瑛（又作靜英），原許字灤州兵部尚書高第之孫高士鳳。崇禎三年（1630），靜瑛十四歲，適女真入犯，鄉紳白某之妻羅氏，久聞其美慧獨絕，欲為姪兒娶之，乃騙王夫人說：「今聞朝廷選民間秀女，盍遣瑛暫避吾家，可乎？」其母於是命靜瑛同往。至白家後，羅氏謊稱高家已闔門被殺，強迫與之議婚。靜瑛大哭，夜間在牆上題了三首詩，簪上高氏聘釵，以領巾結吭，上吊而死。[240]

另外，陝西西安府人林森，原為明朝宗室，李自成（1606-1645）攻陷西安後，改姓林氏，徙居興平。既而其父喪亡，又逢採選宮人訛言，林森原已聘妻，女家遂將其女送來，森以守喪之故，痛哭不納，而其母強令留下。[241]按李自成攻陷西安，在崇禎十六年（1643）十月。而據《烈皇小識》記載：「甲申春，已有旨採擇淑女，以備六宮，候冬間舉行，未幾遇變。」[242]則林森因採選謠言而娶妻，或許是在崇禎十七年（1644）春。

崇禎十七年三月，李自成攻陷北京，據馮夢龍（1574-1646）《燕都日記》指出：「賊初入城，先拏娼妓、小唱，漸次良家女、良子弟臉稍白者，輒為拏去。婦女淫污死者，井洿梁屋皆滿。安福衚衕一夜婦女死者三百七十餘人，降官妻妾俱不能免，悉怨悔欲逃。惟殉難諸臣家眷，賊兵悉不敢犯。」[243]錢邦芑（1600-1673）《崇禎甲申燕都紀變實錄》則記載：三月二十日，李自成攻陷北京，進入紫禁城之後，「集諸宮女美者，每賊首分得三十人」。起初，部眾入城者不甚屠戮，後漸奸淫擄掠，無所不

239 王陵基、于宗潼等修纂，〔民國〕《福山縣志稿》（臺北：成文出版社，1968），卷7，〈人物志‧宦蹟〉，頁1068。按：《福山縣志稿》未繫其上任年份，而查清代各版《平遙縣志》，于爾直任知縣在天啟七年。

240 〔清〕宋琬纂修，張朝琮續修，〔康熙〕《永平府志》（臺南：莊嚴文化事業公司，1996），卷21，〈列女‧盧龍〉，頁554。〔清〕吳士鴻、孫學恒等修纂，〔嘉慶〕《灤州志》（臺北：中央研究院歷史語言研究所傅斯年圖書館藏刻本），卷7下，〈人物‧貞烈〉，頁24a。

241 〔清〕胡蛟齡纂修，〔乾隆〕《興平縣志》（蘭州：蘭州古籍書店，1990），卷21，〈僑人傳〉，頁534。

242 〔清〕文秉，《烈皇小識》（臺北：臺灣銀行經濟研究室，1969），卷7，頁186。

243 〔明〕馮夢龍撰，〔清〕莫釐山人增補，《燕都日記》（成都：巴蜀書社，2000），崇禎十七年三月二十五日，頁581。

為，「淫婦女甚虐，安福胡同一夜婦女死者三百七十餘人」；而在華北各地，「凡受偽府縣官，遇賊兵過，每先搜民間婦女供應；稍或不足，即以刀背亂打本官，苦不可言。美者攜去，惡者棄下，仍命本官留以待後來者。」[244]基於這一背景，各地多有社會恐慌，如滕一飛《淮城紀事》記載：四月二十九日，「民間喧傳李賊一路要占閨女，不要婦人。見有高監紀出示，使閨女速速出嫁，無貽後悔。于是內外大小人家，競先婚嫁，一舉價至二金。如是一月乃定，撫按出示不能禁。」[245]

除了李自成部眾所引發的恐慌之外，福王（1607-1646）在江南選妃也曾帶來不安。崇禎十七年（1644）五月，福王即位於南京後，馬士英（1591-1646）於五月十九日奏言大計四事，其四為「皇子未生，宜勒慎選淑女」。[246]至七月，降旨命選秀女入宮。據武英殿大學士王鐸（1592-1652）〈謹揭為選擇淑女速當嚴禁不可太濫事〉談到：

> 本月初六日，奉旨選淑女，原以備宮闈，將巾櫛，古之禮也。太監屈尚忠等欺上不知，都城內凡有女之家，不問年紀若何，竟封其門，受金然後釋放，又顧別室，鄰里哭號，唯利是圖。夫以大禮之行，臣意必須命禮部官，同江寧、上元縣令、五城御史，自十六歲以上，無麻面、無痼疾，然後納以聘金七十兩。豈可如尚忠所為，橫索金錢，罔上害人，所至如蝗聚，竟焚燬逃竄，震駭怨懟並作，風聲由是遠播，物議日以沸騰。為今之計，皇上宜嚴禁尚忠等，注其罪，令慎行勿濫。[247]

另據御史朱國昌奏言：「有北城士民呈稱：歷選宮嬪，必巡司州縣限明定年，地方開報。今未見官示，忽有棍徒哨兇，擅入人家，不拘長幼，概云擡去，但云大者選侍宮幃，小者教習戲曲。街坊緘口，不敢一詰。」[248]兵科給事中陳子龍（1608-1647）亦上疏：「昨忽聞有收選宮人之舉，中使四

---

[244]〔清〕錢邦苎，《崇禎甲申燕都紀變實錄》（上海：商務印書館，1913），頁2a。

[245]〔明〕馮夢龍輯，《甲申紀事》（北京：北京出版社，2000），卷6，《淮城紀事》，頁462。

[246]〔清〕計六奇撰，任道斌、魏得良點校，《明季南略》（北京：中華書局，1984），卷1，〈五月甲乙紀〉，頁39。

[247]〔明〕王鐸，《擬山園選集》（北京：北京出版社，2000），卷12，〈謹揭為選擇淑女速當嚴禁不可太濫事〉，頁259-260。

[248]〔清〕計六奇，《明季南略》，卷2，〈詔選淑女〉，頁92。

出，搜門索巷，凡有女之家，不問願否，黃紙帖額，即捯之而去，以致閭井騷然，人情惶駭」。後宮需要有人使令、灑掃，但必須透過正常途徑，「或在禮部，或在五城，懸價收買」，而今「未見明旨，未經有司，而中使私自搜採，不論名家下戶、有夫無夫，昇以微價，挾持登輿，宜小民之洶洶也。」因此，建議福王下旨立刻停止。[249]

實際上，不僅南京內外騷動，消息亦經由鎮江府，傳至江北的揚州與淮安兩府。推官顧景星（1621-1687）在奏疏中就談到：「陛下自五月登極，七月即勅禮部選在京內外良家子，送掖廷親選。民間訛傳中貴且出都城，暨淮、揚不問門第少壯，爭相嫁娶」。[250]當時，蘇州府常熟縣虞山人劉賡虞，因應聘做幕客前往山東，途中經過揚州，見到這一景象，趕緊寫信給在家的二弟劉肇周，信上說：

> 至維揚，見婚嫁者絡繹道路。詢其故，緣訛傳朝廷遣中使至江浙採民間女。此信至吳中，我虞邑亦必擾擾。然訛言耳，萬無此事，萬不可信。阿妹終身事，慎勿因此輕率許人！[251]

幾經官員奏言，福王才在八月二十日降旨：「選用宮女，恐擾小民，今用價平買，何得有此訛傳？在城棍徒媒婦，屢旨嚴戒，不許借端詐騙，違者法司重處！」[252]由於採選宮女不順利，乃先徵用教坊司女妓六十四人司燈，「擇其妍少」。既而「南教坊不足充下陳，私徵之遠境」，阮大鋮（1587-1646）、楊文驄（1594-1646）、馮可宗等各購進女子。[253]而據葉紹袁《啟禎記聞錄》記載：這年九月，「部科請收選宮女，有旨恐其擾民，但令用價平□。先是，民間已有訛傳，後卒無擾。」[254]

同年八月二十六日，皇太后傳諭遴選皇后。九月初九日，選得淑女

---

[249] 〔明〕陳子龍著，王英志輯校，《陳子龍全集》（北京：人民文學出版社，2011），《兵垣奏議》，〈論選宮人疏〉，頁1541-1542。

[250] 〔清〕顧景星，《白茅堂集》（臺南：莊嚴文化事業公司，1997），卷27，〈敬呈四事疏〉，頁163。

[251] 〔清〕墅西逸叟，《過墟志感》（常熟：丁氏初園校印，1917），卷上，頁5a。

[252] 〔明〕陳子龍，《陳子龍全集・兵垣奏議》，〈論選宮人疏〉，頁1542。

[253] 〔清〕談遷著，羅仲輝、胡明校點校，《棗林雜俎》（北京：中華書局，2005），仁集，〈從龍內臣〉、〈女伎〉，頁110、125-126。

[254] 〔清〕葉紹袁，《啟禎記聞錄》，卷3，頁10a。

黃氏、郭氏、戴氏送入宮內，傳旨命再選。九月二十四日，工科給事中李維樾（?-1654）奏言：「日來道途鼎沸，不擇配而過門，皆云王、田兩中貴強取民女，以備宮幃。有方士營楊寡婦家，少女自刎，母亦投井，亦大不成舉動矣。」九月二十五日，太監韓贊周再進淑女六名。[255]據李清（1602-1683）指出：「京師選淑女，人疑為宮嬪，競規避，後知備后選，方競出，五城每城不下百人，命監臣彙選。」[256]至十月初八日，韓贊周奏言淑女已齊集。但十二日，韓贊周又奏請於杭州選淑女。十月十四日，福王又諭禮部侍郎管紹寧（?-1645）：「京城有才家，豈無淑女，著博訪細選。」並傳諭內官田成、李國輔，分路速去採選淑女。十月十七日，傳諭韓贊周：「挨門嚴訪淑女，富室官家隱匿者，鄰人連坐。」[257]另據《茨村咏史新樂府》指出：「初選淑女，僅在留都，及旨下，校尉人役，突入民家搜索，女子有投水自盡者，巡城御史以聞。選入又不稱旨，乃大怒，命各城挨戶舉首，隱匿者罪及地方鄰佑，並重處各官。」其後，「或言天下美女及妝飾精巧，無過蘇杭，于是訪求之使四出。」[258]

　　實際上，在太監前往杭州之前，當地已經是謠言四起。據康熙《仁和縣志》記載：太監「至杭選取后妃以及宮女，民間嫁娶殆盡，晝夜不休，貨物騰湧，至於十倍。相禮、庖人、輿人、廝□之屬，日應數十家。有朝成言而夕即成婚者，舉國若狂。」[259]九月十九日，葉紹袁（1589-1648）由吳江抵達杭州，蘇州人張奕也同一天到，當晚一起在錢塘縣署中吃飯。夜間，沈知縣安排葉紹袁住在面湖的一棟小樓，而張奕則居於錦麗的畫舫中。碰巧遇上謠傳選秀女，百姓嫁娶紛紛，舟人有一女兒，年已破瓜，長相甚美，舟人懼其被選去，情願獻給張奕，張奕於是獲得美姝陪伴返回蘇州。[260]與這椿佳話相比，杭州府仁和縣民女闞玉的境遇則是悲劇收場。[261]

255　〔清〕計六奇，《明季南略》，卷2，〈詔選淑女〉，頁92。

256　〔清〕李清撰，顧思點校，《三垣筆記》（北京：中華書局，1982），卷下，〈弘光〉，頁110。

257　〔清〕計六奇，《明季南略》，卷2，〈詔選淑女〉，頁92。

258　〔清〕胡介祉，《茨村咏史新樂府》（北京：北京出版社，1997），卷下，〈選淑女〉，頁381。

259　〔清〕趙世安、顧豹文等修纂，〔康熙〕《仁和縣志》（上海：上海書店出版社，1993），卷27，〈紀事〉，頁533。

260　〔清〕葉紹袁原編，冀勤輯校，《午夢堂集》（北京：中華書局，1998），附錄，《天寥年譜別記》，頁903。

261　闞玉原為杭州府仁和縣舊族之女，崇禎十七年，年紀十三歲，容貌端麗，且甚聰慧。當時其父已亡，與母親、兄嫂同居。冬天適逢朝廷徵選淑女，闞母欲藏匿女兒，但找不到處所。闞氏家住東郭，有位鄉下菜傭每日送菜來，菜傭有兒子以擔糞為活，也天天來闞家倒糞。闞母見菜傭

清朝初年，桐鄉張履祥（1611-1673）曾說：「甲申始亂，五月稍定。明年春，選妃，江南童男女無不婚嫁者。」[262]所指即弘光元年（1645）二月初一，福王再降旨於嘉興、紹興二府選淑女。[263]這年二月十五日，葉紹袁前往杭州，適遇採選淑女之舉，內璫橫行浙中。[264]他在杭州時，聽說嘉興境內採選秀女，以致嫁娶紛紛，有線舖楊氏之女甚美，年紀十六，已上轎將前往夫婿家，被內璫強拉而去。[265]紹興方面，據祁彪佳（1602-1645）二月十二日的日記記載：「因奉旨選婚，越中嫁娶如狂，晝夜不絕。奕遠姪長媳已聘倪宅，以彼家促之至再，乃亦從俗迎娶。」十五日，姪兒道瞻來訪，才知徐知縣以選婚之事，將抵村上閱視道瞻之次女。十六日，知府于穎長來信，詢及選婚之事。三月二十四日，收到姪兒道瞻來信，知其兩女俱被選中。[266]祁彪佳為紹興山陰人，其次女亦因此提早出嫁。二月十九日日記提到：「朱弦菴親翁以選婚，欲娶予次女。予以婿尚幼，且為嗣子，正在服中，乃至內宅託八弟婦堅辭之。」但至三月初一日，接受次女催親之聘。二日，命家人掃除，「以待朱宅娶親之使」。三日巳刻，女兒出嫁。[267]

弘光元年二月二十三日，福王再命禮部於南京廣選淑女。其後某日，馬士英上奏：「選妃內臣田成有本來報，杭州選淑女程氏。」福王見僅有一人，心中大為不悅，旋即批旨：「選婚大典，地方官漫不經心，且以醜惡充數，殊為有罪。責成撫按道官，于嘉興府加意遴選，務要端淑。如仍前玩忽，一併治罪。」阮大鋮奏言：「定額三名不可少。」浙江巡撫張秉貞（?-1655）、內官田成得旨後，責令嘉興府照辦，於是百姓「晝夜嫁娶，貧富、良賤、妍醜、老少俱錯，合城若狂，行路擠塞。」蘇州府百姓得知

來，問外廂選淑女情況。菜傭狡獪，揣摩得知闕母之意，於是說：「人情匈匈甚急，而聞　有小姑，里中且擬開名報官，計必匿之，或可免。」闕母於是將女兒送到菜傭家中藏匿，竟因此被強迫成為其兒媳婦，每日煮飯、餵豬，有空則要其幫忙鋤泥種菜灌溉，闕玉憂鬱成疾，直至病死前才被送回。見〔清〕毛先舒，《小匡文鈔》（臺南：莊嚴文化事業公司，1997），卷3，〈闕玉事議〉，頁61-63。

[262] 〔清〕張履祥，《楊園先生全集》，卷17，〈桐鄉災異記〉，頁517。

[263] 〔清〕計六奇，《明季南略》，卷3，〈二月甲乙史〉，頁162。

[264] 〔清〕葉紹袁，《午夢堂集》，附錄，《年譜續纂》，頁871。

[265] 〔清〕葉紹袁，《午夢堂集》，附錄，《天寥年譜別記》，頁903。

[266] 〔明〕祁彪佳，《祁忠敏公日記》（杭州：紹興修志會，1937），《乙酉日曆》，二月十二日、二月十五日、二月十六日、三月二十四日，頁5a、5b、9a。

[267] 〔明〕祁彪佳，《祁忠敏公日記·乙酉日曆》，二月十九日、三月初一、初二、初三日，頁6a、7a-7b。

後亦然，「錯配不可勝紀，民間編為笑歌」。[268]據《嘉禾徵獻錄》記載：「甲申，南臺建，下有司采選淑女。巨室富家皆匿避，中官至無以應詔，乃錄貧家女有姿者上之。」嘉興府秀水縣東瓜堰民女王阿秀，年紀十七，就被登記在簿籍中，地方官以其名不雅，改名叫可秀。後被送至省城杭州，等待前往京師複選，「將行而國破，乃罷歸」。[269]

當時，寧波府定海縣士人謝泰宗（1598-1666）有〈天婚謠〉二首，其一為：「燕歌趙舞美如花，陋矣東南三邨家。民家借此諧姻睦，不藉相攸通媒卜。多少貧兒寡男女，忽然車牽旅輼輻。」其二為：「三實標梅詞已哀，猶須老奴玉鏡臺。忽聞昭陽掄天倪，不待俟著雁親奠。非偶即因片言從，漫說女為悅己容。」[270]由此看來，寧波府境內亦擾攘不安。而這種採選秀女的恐慌，甚至一直蔓延到浙江的南部，如衢州府常山縣城內朝京坊葉日行之妻張氏，因逃避弘光採選，「過門未婚」。[271]

八、綜論：採選秀女恐慌症候群（代結語）

洪武年間，明太祖曾試圖建立慣例，讓女官或宮人在服役一段時間後離職返家：女子入宮五、六年即可遣歸，寡婦年事已高，亦准許放還。洪武二十二年（1389）年底，明太祖授予六尚局宮官誥敕就談到：「其外有家者，女子服勞既多，或五載、六載，歸其父母，從與婚嫁。婦人受命年高者，許歸以終天命。願留者聽。」[272]雖然其後代子孫未能貫徹這一規定，但在中國的後宮史上，有這樣的思維已屬難得。不過，明代中葉出現一個慣例，即逢新君即位，有集體放出前朝宮人之舉。此例始於明英宗，其後明憲宗、明孝宗、明武宗、明世宗、明穆宗、明神宗、明熹宗均有之。另自明英宗以後，官員亦常在災異發生時，以天人感應之說，奏請皇帝放出宮人。其論述的重點，往往是怨女幽閉，宮中陰陽不協，以致出現災異，或干礙和氣，恐將有不祥之事發生。明代放宮人的事例，見於宣德十年

---

[268] 〔清〕計六奇，《明季南略》，卷3，〈聲色〉，頁156。

[269] 〔清〕盛楓，《嘉禾徵獻錄》（臺南：莊嚴文化事業公司，1996），卷52，頁637。

[270] 〔清〕謝泰宗，《天愚先生詩集》（上海：上海古籍出版社，2010），卷1，〈天婚謠二首〉，頁157。

[271] 〔清〕陳珄、徐始搏修纂，〔道光〕《常山縣志》（北京：中國國家圖書館藏刻本），卷9，〈列女‧烈女‧明〉，頁29b。

[272] 〔明〕李景隆等撰，《明太祖實錄》，卷198，洪武二十二年十二月己酉條，頁2973-2974。

（1435）、正統初年、天順八年（1464）、成化十五年（1479）、成化二十三年（1487）、弘治十八年（1505）、正德十六年、嘉靖四年（1524）、嘉靖八年（1529）、隆慶元年、萬曆元年（1573）、泰昌元年。就現存記載而言，放出人數最多者為隆慶元年，數字達到千餘人，其他則有千人、五百人、三百人、百人。[273]明思宗（1611-1644）即位，亦按照慣例放出宮人，據史料記載：「天啟七年，信國繼大統，例番宮人出」，有年紀已大、無家可歸、願為尼者，送往西山保明寺落髮。[274]

　　但由於何時放出難以預計，父母對於女兒被採選入宮還是有著疑慮，正如清人蔡衍鋗（1661-?）〈選宮議〉所言：「自秦漢來，凡遇選宮令下，雖綠窗貧女，亦託故求免，如不得免，則母女相持而泣，無亦以永離膝下，空懸明月為憂歟？」[275]實際上，民間之所以為朝廷採選而紛擾，基本的原因在於父母不希望從此與女兒分別。明末凌濛初（1580-1644）編寫的〈韓秀才乘亂聘嬌妻·吳太守憐才主姻簿〉，故事情節描述嘉靖皇帝即位，浙江一帶訛傳朝廷要在浙江各處點秀女，以至民間嫁娶紛紛。台州府天台縣秀才韓子文恰巧自外地回來，閒步出門看熱鬧，開當舖的徽州金朝奉將其拉住，為的是要把女兒嫁給他。韓子文以一貧如洗推辭，金朝奉皺著眉頭說道：

> 如今事體急了，官人如何說此懈話？若略遲些，恐防就點了去。我
> 們夫妻兩口兒，只生這個小女，若遠遠地到北京去了，再無相會之
> 期，如何割捨得下！官人若肯俯從，便是救人一命。[276]

這段話道出了當時民間的社會心理，可以想見百姓對於女兒被選入宮中，是有著極大的不捨。因此，官方採選秀女之旨一下，多半引起民間騷動，為免其女兒被選入宮，通常趕緊將其婚配，甚至不顧媒妁之言。而在這類謠言發生時，百姓也是不假思索地接受其為事實。

　　其實，並非所有人都排斥將女兒送進宮中，若干百姓為了避免繁重的

273　邱仲麟，〈陰氣鬱積──明代宮人的採選與放出〉，頁75-86。

274　〔清〕毛奇齡，《西河集》（臺北：臺灣商務印書館，1983），卷110，〈少林傳正衣優婆夷香林涅禪師塔誌銘〉，頁217。

275　〔清〕蔡衍鋗，《操齋集文部》（北京：北京出版社，1997），卷6，〈選宮議〉，頁253。

276　〔明〕凌濛初編，石昌渝校點，《拍案驚奇》（南京：江蘇古籍出版社，1990），卷10，〈韓秀才乘亂聘嬌妻·吳太守憐才主姻簿〉，頁164。

徭役，犧牲女兒的終身幸福，將其送進宮中，是「工具性」的選擇之一。永樂年間，南京就有這類情事：「京師富民往往賂權要，進處子求為女戶，期躐征役，而役悉歸於貧乏。」[277]明代後期，送女兒入宮以逃避徭役的現象猶然。如萬曆年間，北直隸保定府淶水縣風俗，「民多避徭，則為閹人、為將軍、為勇士、為宮女之家。」[278]而且，女子被選入宮，並非從此即無法與父母見面，據清初《宮庭睹記》記載：「其宮女私親，仍可相見，以字致之，得至宮門首立談。」[279]而相見談話的地方，可能就在金獅子門。[280]明代後期，採選女官主要在北京城附近，宮女主要也來自北京與北直隸一帶，似乎彌補了空間上遙遠隔絕的缺憾。但整體而言，父母要見女兒總是不太自由，這是採選秀女恐慌的根源所在。

在中國歷史上，採選秀女的謠言與恐慌之多，明代可謂空前絕後。而以上的諸多謠言與恐慌，恍若一齣齣的鬧劇，在二百多年的時空中不斷上演。就次數而言，自洪武三十一以後，至南明福王弘光元年止，大大小小總共三十次（正德十四至十五年、隆慶元年至二年，各僅計算一次），即約八年多就發生一次。而其高峰期在十六世紀上半，正德年間的恐慌最為密集，境內有六起，境外有一起，約兩年即有一次。嘉靖後期則有五起，間隔亦不算長。就規模而言，正德末年，由於明武宗及其佞倖在北直隸、山西、陝西、南直隸等地隨便刷取婦女，其影響範圍已逐漸擴大。而隆慶元年至二年的謠言，擴及江西、南直隸、浙江、福建、廣東及河南等省；天啟元年的謠言規模，與隆慶元年相當，南直隸、浙江、江西等省均受到波及。若以州縣做為統計單位，則採選恐慌的記載，以南直隸（江蘇與安徽）、浙江最多，北直隸、江西、湖廣（湖北與湖南）與山西分居其次，長江下游的恐慌事件似乎較高。（參見下表）

明代資料顯示這類恐慌在江南各地迭起不休，除了記載的文本較多這一因素之外，實與採選秀女的地域範圍相牽涉。明初以降，曾在華北、華中地區選擇淑女，而崇禎《嘉興縣志》的修纂者就認為，江南採選恐慌之所以持續存在，乃因於朝廷曾在此地選妃：「我國家定鼎于燕，與江南遼

---

[277]　〔明〕陳循，《芳洲文集》（臺南：莊嚴文化事業公司，1997），卷7，〈贈少保兼兵部尚書酈公墓誌銘〉，頁227。

[278]　〔明〕王政熙續纂，〔萬曆〕《保定府志》（北京：書目文獻出版社，1990），卷16，〈風俗〉，頁398。

[279]　〔清〕憨融上人，《宮庭睹記》（北京：聖澤園，1934），〈宮女私親〉，頁4a。

[280]　〔清〕宋起鳳，《稗說》，卷4，〈金獅子門〉，頁110。

年份	省區	直隸	山東	山西	河南	陝西	江蘇	安徽	浙江	江西	湖北	湖南	福建	合計
洪武31年	1398												1	1
天順4年	1460								1					1
弘治13年	1500								1					1
正德7年	1512							1						1
正德10年	1515	1												1
正德13年a	1518	3												3
正德13年b	1518			3		2								5
正德14年	1519	1					2	1						4
正德15年	1520						1	1	2					4
嘉靖23年	1544											1		1
嘉靖26年	1547								1					1
嘉靖32年	1553			2										2
嘉靖34年a	1555			3										3
嘉靖34年b	1555										1			1
隆慶元年	1567				1		4	6	2	9				22
隆慶2年	1568						3		6					9
萬曆5年	1577	1												1
萬曆8年	1580	1												1
萬曆11年	1583	1												1
萬曆18年	1590	1	1											2
萬曆19年	1591	1												1
萬曆20年	1592										1			1
萬曆30年	1602										2	2		4
萬曆48年	1620	1												1
天啓元年	1621				1		6	2	4	1				14
天啓7年a	1627											2		2
天啓7年b	1627			1										1
崇禎3年	1630	1												1
崇禎17年a	1644					1								1
崇禎17年b	1644						1							1
崇禎17年c	1644						4	1						5
弘光元年	1645						1		5					6
合計		12	1	9	2	3	22	11	23	10	4	5	1	103

隔，而妃選特及之，此古今罕見事也。後民間屢訛傳選宮女于江南，一時婚娶鼎沸，蓋亦此選為口實云。」[281]足見制度性的因素，在採選的謠言與恐慌中扮演一定的角色。

另外，某些皇帝的舉措也與此脫不了干係。如果與皇室有關的謠言與恐慌，是檢驗民間對國家公信力的一個指標，那在正德以後，無疑漸漸走入「狐疑不定」的階段。明武宗做為這類社會恐慌的始作俑者，其在華北與江浙等地所造成的「陰影」，致使往後的社會一遇採選便陷入「歇斯底里」，實該為這個「歷史記憶」承擔深重的罪孽。緊接著的明世宗，則因為其特殊的生命欲求，導致山西民眾避之唯恐不及。明神宗對於宮女的嚴屬管教態度，竟也成為恐慌的另一根源。正因為明武宗的荒唐，與明世宗的迷信，與明神宗的暴戾，使採選秀女的社會恐慌如影隨行。

明代的許多謠言與恐慌，除了與朝廷下令在特定區域採選秀女有關之外，屬於無來由的訛言與騷動，計有弘治十三年、正德十年、嘉靖二十三年、隆慶元年至二年、萬曆十八年、萬曆二十年、萬曆四十八年。其中，隆慶元年自江西開始的謠言，據說與返鄉的京吏與出差的太監有關；其餘幾次，原因多半難以悉曉。而由於明中葉以後，皇帝即位通常會採選秀女，民眾對此產生的預期心理，可能也在訛言的過程中具有發酵的作用，隆慶元年就是最明顯的例證。但民眾不曉得明穆宗即位前已有妃子，即位時不需要再選，故當有人造謠時，順理成章地以為是真的。

按照正常情況，明代朝廷下詔採選秀女，會有榜文或邸報揭示其事，但民間不管官方有沒有採選，似乎陷入一個「自我迷惑」的恐慌之中。社會心理學家陳雪屏曾說：「平素極有涵養的人，處於謠諑繁興的境地，便失卻主宰，受大眾傳染，同樣驚恐，同樣張皇失措。所謂『庸人自擾』，不但庸人如此，智者也不能免。」[282]有趣的是，在明代這類事件中，即使是士大夫，其理智與判斷，亦多受到謠言的影響而動搖，俞允文〈薄妾命〉詩序就提到：「雖紳冕之族，往往不待媒妁，造次結褵，莫能禁制」；而吳履震亦云：「自淮以南，縉紳士庶之家無不驚駭，雖稱老成持重者，竟不能安其室」。少數的記載提到有些人不為謠言所惑，如焦玄鑑（寧國府太平縣人）之妻王安人就是一例：

---

281 〔明〕羅炫、黃承昊修纂，〔崇禎〕《嘉興縣志》，卷13，〈人物志・妃御〉，頁513。
282 陳雪屏，《謠言的心理》，頁58-59。

戊辰春，訛言詔選良家女實宮掖，士民奔走，不暇擇而婚。安人獨
曰：「國朝選女，無及宣、歙者，此詐也。」止女弟婚不行。頃
之，事果定，其卓識類如此。[283]

蘇州府崑山縣人李同芳（1540-1620）也碰到同樣的事：隆慶二年春，民間
訛言點選淑女，「一時婚嫁紛起，邑中如狂」。他父親由於女兒未嫁，日
夜憂慮，「有勸且從俗，不必擇配者」，幾乎已成定局。同芳說：「若
選也，兒當從之京師。不然，奈何棄之非偶？」反覆剖析，父親才打消念
頭。不久訛言停止，其妹至隆慶六年（1572）才嫁給朱氏。[284]另外，湖州府
烏程縣南潯鎮人陸君相，有女年二十，眾人勸其權宜出嫁。君相說：「萬
萬無是事也。皇家選宮女，須用北人，南人必不與選。萬一吾女與選，何
福勝戴，吾當親送入宮耳！」其女竟以禮如期于歸。[285]但能冷靜思考與保
持鎮定者，似乎是鳳毛麟角。

　　謠言就像變形蟲，隨著時間發展不斷變化。以隆慶初年為例，江西一
開始的謠言，僅是訛傳朝廷要選宮女。傳至皖中的安慶府時，出現選妃的
版本，但主要的版本還是選宮女。隔年正月，江南的謠言又增加了內容，
即謠傳每一宮女令一寡婦伴送，或每三十人以一寡婦帶領。傳到浙江，內
容變得更加細緻：「民間相傳上遣內官某，選浙、直美女入御，無問官吏
軍民之家，敢有隱匿不赴選者罪，鄰里知而不舉首者同罪」；「甚而假捏
詔書數語」。內容不斷疊加，正是謠言傳播的特性之一，[286]而這些內容卻
完全是虛構的。究其實，明代採選秀女恐慌的原形，或許是元順帝至元三
年的謠言，其中所捏造出來的「寡婦送童女」情節，在往後的謠言中不定
時浮現。值得注意的是，即使同一年出現謠言，相鄰縣份的謠言內容亦不
盡相同，有些謠傳選妃，有些謠傳選童女兼寡婦，

　　還有一個因素值得注意，即婚姻花費的問題。正德十六年，朝鮮因明
武宗授命出使太監順便採選女子，曾經引發漢城等地百姓爭相嫁娶，大臣
在討論時曾提到該國有財婚的惡習，藉此降低這樣的做風也是好事。實際

---

[283] 〔明〕焦竑撰，李劍雄點校，《澹園集》（北京：中華書局，1999），卷32，〈兵部職方司主
事焦君元配安人王氏墓志銘〉，頁511-512。

[284] 〔明〕李同芳，《視履類編》（臺北：中央研究院歷史語言研究所傅斯年圖書館藏康熙刊
本），卷上，〈惇倫〉，頁3b-4a。

[285] 〔明〕李樂，《見聞雜記》，卷3，頁301-302。

[286] 瞿海源，《社會心理學新論》（臺北：巨流圖書公司，1989），頁231-232。

上，明清長江流域等地亦盛行財婚，[287]而此可能與這類訛言一再出現有某程度的關係。由於婚嫁論財，貧寒家庭難以完婚，甚至製造這樣的謠言，以便一切從簡，如前面提到的隆慶元年江西建昌府，訛言的起因是「一椽京歸，女長，無以成禮，欲省妝資，因訛言採選，以惑鄉鄰」；而萬曆二十年襄陽府境內的謠言，則是有人「家有女欲嫁而慳財，故為是欺弄，令女易嫁」。這樣的做法或許有些過份，但可以獲知嫁妝是一筆不小的花費，故有人出此下策。而對有類似情況的人而言，亦是一個解套的辦法，故當訛言一波波湧至時，許多民眾藉機故意聽信，以便節省婚姻的大小開支，似乎是社會自我調節的機制。天啟元年，何偉然〈淑女紀〉所言「無知者固明珠暗投，即知者亦以乘機可省妝貲」，即為這種心理的反映。

　　謠言有時是商機的製造者，但在這一事件中誰真正得利？傳統婚姻市場涉及的行業甚多，如媒婆、贊禮、陰陽生、轎夫、吹鼓手、盒子店、紙紮行、糕餅店、糖果行、首飾店、酒漿行、桌席行、廚師、肉舖、花肆等。在這類謠言發生時，百姓為免其女兒被選入宮，通常趕緊將其婚配，即使是士紳之家，除少數比較清醒者外，多半也被謠言所迷惑。由於婚配甚急，地方上與婚姻有關的行業，如媒婆、輿轎、鼓樂、布莊、食舖等，無不價格大漲，「那些賣雜貨的店家、吹打的樂人、服侍的喜娘、抬轎的腳夫、讚禮的儐相」，也都連帶得利。[288]或許有人會認為：在採選秀女的恐慌下，這些行業可以「混水摸魚」大發利市，以上的記載似乎也應證了這一點。但實際上，這時婚姻市場雖然「爆量」，但「出清」將屆婚齡的女兒，卻幾近是在「拋售」，禮儀等排場往往來不及講究，人平均花費額數亦相對下降，婚姻商品的總交易金額並沒有提高太多，因此與婚姻相關的行業未必真正受惠，更不用說在事件過後將出現「空窗期」，以致婚姻市場緊縮而導致數年蕭條。就此而言，謠言最大的獲利者，無疑是下層的百姓。在士大夫看來，藉由採選謠言破除財婚的惡習，也是一件可以接受

---

[287] 明清江南財婚的研究，參見宋立中，〈婚嫁論財與婚娶離軌——以清代江南為中心〉，《社會科學戰線》，2003年第6期（長春，2003），頁133-137；〈論明清江南婚嫁論財風尚及其成因〉，《江海學刊》，2005年第2期（南京，2005），頁140-146；〈婚姻論財與婚姻禮俗變遷——以明中葉至清代的江南為中心〉，收入范金民主編，《江南社會經濟研究·明清卷》（北京：中國農業出版社，2006），頁1148-1195；《閒雅與浮華：明清江南日常生活與消費文化》（北京：中國社會科學出版社，2010），頁37-79。

[288] 〔明〕凌濛初編，《拍案驚奇》，卷10，〈韓秀才乘亂聘嬌妻·吳太守憐才主姻簿〉，頁163。

的事，清初就有若干士大夫採取這樣的立場。[289]

　　但不論如何，謠言依然是可憎的搗蛋鬼，破壞了既有的婚姻秩序，除了「六禮皆備」與「門當戶對」的原則只好簡化與妥協之外，事後還衍生了許多悲劇。如嘉定縣生員殷儒之女，因這一謠言而嫁給婁塘里徐某。實際上，徐某「少猾不良」，但為訛言所迫，匆忙中不查，竟將女兒許配。不到一個月，殷氏夫婦即將女兒接回。回家後，殷母探察女兒意思，殷女說已同過房。其母大怒，罵女兒說這種人竟也當意。殷女飲泣，不敢再言。後來，徐某數度到殷家，殷母預先訓誡女兒，不准與其見面。徐某又派人來接妻子，亦加以拒絕。經過二年，徐某病發而死，殷女為此哭暈數次。沒多久，殷母亦病死。殷女更加悲哀，遂絕食而發病。將死之時，其父問：「以爾歸徐郎所，何如？」殷女強起據床叩謝，旋即過世。[290]如果沒有謠言，或許殷女的命運會好些。女性的婚姻大事，遂在這樣的事件中被操弄。

　　謠言的傳播途徑，常透過社會中既存的人際關係網絡，其傳播不是單一方向，而是四面八方。當一個人在傳佈謠言時，往往觸及的是身處在其中的好幾個關係網絡，是網狀式的輻射開來，而不是單線的鏈狀傳遞。[291]但謠言的傳播，除了透過人際關係的網絡之外，亦與交通網的密度存在極深的關係，特別是江南如蛛網般的水道，成為傳播謠言的最佳孔道，其速度可能較陸路更快。這點可能與江南的採選訛言傳播極為迅速有關。另外，南來北往、東通西達的驛路，也是訛言交叉傳播的途徑之一。隆慶元年，江西的謠言傳至接近山東的徐州，以及河南的汝寧府，憑藉的就是這一陸路交通網。而正如王鴻泰所指出：當時社會在平時已存在跨地域的訊息網絡，可以穿透個別的城市及農村，而且已經超越政治權力的掌控，故在謠言擴散過程中，官府雖下令遏止，卻徒勞無功。[292]

　　明代時期數十次的謠言與恐慌，在發展的過程中，雖大半屬於傳聞

[289] 參見：〔清〕葉夢珠撰，來新夏點校，《閱世編》（上海：上海古籍出版社，1981），卷2，〈禮樂〉，頁40。〔清〕陸文衡，《嗇菴隨筆》（臺北：廣文書局，1969），卷3，頁3b。〔清〕戈鳴岐等纂修，〔雍正〕《嘉善縣志》（臺北：成文出版社，1983），卷12，〈雜志‧遮遷〉，頁729。
[290] 〔明〕徐允祿，《思勉齋文集》（北京：北京出版社，2000），卷9，〈殷節婦傳〉，頁297。按：文中原做「嘉靖季年」，應係隆慶初年之誤。
[291] 瞿海源，《社會心理學新論》，頁231。
[292] 王鴻泰，〈社會的想像與想像的社會：明清的信息傳播與「公眾社會」〉，頁135。

性謠言，但其中卻混雜著煽動性謠言的內涵，造謠者與鼓惑者常藉機混水摸魚，如《賢博編》記載隆慶元年江南的訛言：「奸民緣以誘惑，官愈禁愈以為實」。[293]萬曆二十年，湖廣襄陽府訛言發生時，知府屬禁而不止，百姓都說是知府「恐無女應朝命，為自全計耳」。[294]萬曆三十六年六月，湖廣承天府出現訛言，同知李培根於萬曆《承天府志》上說：「余雖多方禁遏，而民間愈洶洶，後以漸至各州縣俱不免云。」[295]天啟元年正月，嘉興府平湖縣訛言選宮嬪，官府發出告示禁止，百姓也認為：「是詒我而掩取我女耳」，反而「行之愈急」。[296]嘉興府秀水縣人李日華亦提到此事：「天啟改元春二月，民間忽傳選繡女入宮，遠近誼動，少女老鰥，一時覓配，官府諭之不止，亦異事也。」[297]

　　實際上，要禁止已經擴散的謠言相當難。若要使謠言中止，則必須適時提出「否證」，對訛傳的說法加以闢謠。但闢謠的時間點相當重要，最好是在人們還不完全相信時提出否證，否則拖延一久，闢謠效果就差了。社會心理學的實驗早就證實，一個不可靠的消息久了，也可能使人信以為真，也會影響人的態度，這種現象叫做「睡眠效應」（sleep effect）。而當謠言已經發生效果，闢謠的作法反而增強人們的記憶，謠言的威力又復活似地增強。闢謠者在此情況下，將碰到「此地無銀三百兩」的困境。由於否證可能加強被禁訊息的價值，官方闢謠也會引起反彈效果，謠言反而愈傳愈盛。[298]上面提到的若干個案，就面對這樣的窘局。有些地方官乾脆不加禁止，如常熟人徐復祚（1560-1630?）指出：天啟元年，民間爭相婚配，「各務苟合，不問良賤，唯以得夫為幸」，地方官知而不禁，歷經兩月始定。[299]但不禁又會遭來批評，如嘉興士人史叔成就說：「天啟辛酉二月，復有此變，雖出示曉諭，亦不能止，皆由寬縱之故。若使擒獲一兩家，重治枷號，坐以捏造聖旨、妖言惑眾之律，當自貼然。」[300]馮夢龍

---

[293] 〔明〕葉權，《賢博編》，頁10-11。

[294] 〔明〕王同軌，《耳談類增》，卷10，〈訛譽篇‧襄陽訛言〉，頁73。

[295] 〔明〕孫文龍纂輯，〔萬曆〕《承天府志》，卷20，〈雜志〉，頁386。

[296] 〔明〕程楷、楊儁卿等修纂，〔天啟〕《平湖縣志》，卷7，〈禮樂志‧禮儀〉，頁456-457。

[297] 〔明〕李日華撰，趙杏根整理，《恬致堂集》（上海：上海古籍出版社，2012），卷6，〈天啟改元春二月民間忽傳選繡女入宮遠近誼動少女老鰥一時覓配官府諭之不止亦異事也戲書一律以志感〉，頁286。

[298] 瞿海源，《社會心理學新論》，頁234。

[299] 〔明〕徐復祚，《花當閣叢談》，卷5，〈選宮女〉，頁2a。

[300] 〔明〕羅炫、黃承昊修纂，〔崇禎〕《嘉興縣志》，卷17，〈叢談志‧雜記〉，頁707。

（1574-1646）亦有類似看法：「天啟初，吳中訛言中官來采繡女，民間若狂，一時婚嫁殆盡，此皆惡少無妻者之所為，有司不加禁緝，男女之失所者多矣。」[301]實際上，馮夢龍的意思，應該是要對造謠的「惡少無妻者」加以懲治。

在謠言發生過程中，動機可能相當複雜，尤其困難的是，很難正本清源地弄清楚究竟是何人最先製造謠言。在法律上，即使有法條可以加以懲處，但要追查謠言來源十分困難。因此，要靠法律來處置謠言的問題，顯然並不是有效的途逕。[302]明代現存因採選的謠言而被處置者甚少，張進朝即其一例。在這個案子上，南京刑部尚書孫植（1510-1586）的立場極為堅定，據吳時來（1527-1590）所撰墓誌銘說：「神宮太監王采盜伐孝陵樹，內官監奄邢保侵尅工匠銀數千；有詐傳詔旨選宮嬪者，民間訛言騷動，婚不以禮，竟莫知起於奄人張進朝。三事皆關貂璫，人所縮朒，而公皆據法論抵其罪。」[303]但張進朝案遷延甚久，隆慶四年（1570）三月，孫植以國子監助教鄭如瑾案被勒令回籍聽勘，當時案子尚未定讞。據徐顯卿記載：涉案巨璫富有錢財，並以馮保（?-1583）相威脅，蔣以忠（1533-1589）時任南京刑部廣西司主事，「奮不顧，竟置之辟」。[304]另據李維楨記載：此案久不決，直到蔣以忠轉任南京刑部郎中才定讞，即使「璫有勢力，請託多貴人，卒不能奪」。[305]蔣以忠係隆慶二年進士，授福建福州府長樂知縣，三年任滿，遷官南京刑部，則此案之定讞，應在隆慶五年以後。

就中國文學史而言，採選秀女做為戲曲小說的題材，以元代馬致遠（1250-1321）《破幽夢孤鴈漢宮秋雜劇》為最早。但其達到空前絕後的境地，則是在晚明以迄盛清。[306]而如此多的戲曲小說描述選秀女的情節與社

---

301 〔明〕馮夢龍輯，《智囊補》（臺南：莊嚴文化事業公司，1995），卷7，〈明智部・剖疑・大水〉，頁441。

302 瞿海源，《社會心理學新論》，頁226、240-41。

303 〔明〕吳時來，〈資德大夫正治上卿南京刑部尚書屜川孫公墓誌銘〉，收入〔明〕羅炌、黃承昊修纂，〔崇禎〕《嘉興縣志》，卷4，〈丘墓〉，頁159。

304 〔明〕徐顯卿，《天遠樓集》，卷13，〈明故福建按察司副使存方蔣君墓碑〉，頁185。另見〔明〕趙用賢，《松石齋文集》（北京：北京出版社，2000），卷19，〈福建按察司副使貞菴蔣公墓志銘〉，頁290。

305 〔明〕李維楨，《大泌山房集》，卷103，〈福建按察司副使蔣公墓表〉，頁89。

306 據學者指出，明代戲曲如《四喜記》、《錦箋記》、《贈書記》，明代小說如《拍案驚奇》、《隋煬帝艷史》、《大唐志傳》。清代戲曲如《艷雲亭》、《雙和合》、《兒孫福》、《倒鴛鴦》、《意中人》、《雙忠廟》、《蟾宮操》、《萬花臺》、《芙蓉樓》、《萬年希》、《天

會百態，特別是其所帶來的社會恐慌，無疑是「歷史記憶」的不斷複製與再現。

　　有趣的是，民眾逃避選婚的舉動，竟也入了籤詩占驗，如《關聖帝君靈籤占驗輯略》第九十二籤云：「明時一人賣首飾、妝奩之物，因欲改行，占得籤云：『今年禾穀不如前，物價喧騰倍百年。災數流行多疫癘，一陽復後始安全。』遂守舊。一陽後忽遇大婚，民間嫁娶殆盡，物價喧騰，倍獲厚利，第二句大驗。」[307]

　　但在明代之後，採選秀女的訛言依然未能止息，清朝自順治二年（1645）至乾隆十八年（1753），一百零三年間就發生了十八起採選秀女的訛言，雖然次數較明代為少，但時間上卻更為密集，亦即約六年就有一次，頻率高於明代的八年多發生一次。特別是順治年間，幾乎每二年即訛傳一次，是訛言的高峰期。乾隆十八年以後，漢人社會終於夢醒，此後未再出現這類的訛言。[308]

1996年11月初稿　2017年3月定稿

　　降福》、《玉劍緣》、《芝龕記》、《櫻桃宴》、《鳳奇緣》、《四美圖》、《十全福》、《月中桂》；清代小說如《生綃剪》、《載花船》、《定情人》、《巧聯珠》、《鐵花仙史》、《白圭志》、《紅雲淚》、《八洞天》、《隨唐演義》及《紅樓夢》。參見合山究，〈「選秀女」と明清の戲曲小說〉，頁143-150。實際上，清代戲曲《秣陵春傳奇》及小說《樵史通俗演義》、《一片情》、《隔簾花影》、《萬花樓演義》也都有相關內容。

[307]　〔清〕佚名，《關聖帝君靈籤占驗輯略》（收入《關帝文獻匯編》〔北京：國際文化出版公司，1995〕第9冊），卷下，第92籤，頁1012。

[308]　參見邱仲麟，〈庸人自擾——清代採選秀女的訛言與社會恐慌〉，《清華學報》，新44：3（新竹，2014），頁419-457。

和戰與道德
——北宋元祐年間棄地論的分析[*]

方震華[**]

一、前言

　　在北宋哲宗（1077-1100，1085-1100在位）元祐年間，宋與西夏的關係產生重大的轉變，執政官員提議歸還神宗朝攻取的西夏土地以換取雙方和平關係，開啟宋廷內部對西夏政策的激辯。從結果來看，棄地的作法並未能達成預期目標，曾主持其議的鄜延路經略使范純粹（1046-1117），在元祐六年（1091）就承認此種以「禮義為本，恩信為先」的政策反而造成「邊患滋甚」，致使朝廷必須另尋對策。[1]對於這個歷時短暫且以失敗告終的政策，現代學者多視之為哲宗即位後，一系列罷廢「新政」措施的一環，而未深入探究棄地論形成的背景與所代表的歷史意義。[2]但是，如果不考慮實際的結果，而改從文化的角度重新審視棄地政策，則可能發現重要的歷史意義。主張棄地的言論往往充滿道德詞彙，認為展現仁德與善意可以順服西夏人心，化解雙方的舊怨，重建和平關係。深受儒家學說影響的北宋文

---

[*]　原稿標題為〈和戰、道德與夷夏—北宋棄地求和論的分析〉，後修訂刊登於《漢學研究》33卷1期（2015年3月）頁67-91，改作今題。

[**]　國立臺灣大學歷史學系教授。

[1]　宋・李燾，《續資治通鑑長編》（北京：中華書局，2004點校本。以下簡稱《長編》），卷465，元祐六年九月，頁11135-11136。

[2]　像是鄧廣銘，《北宋政治改革家王安石》（石家莊：河北教育出版社，2000），頁307-311；宋衍申，《司馬光傳》（北京：北京出版社，1990），頁320-322，可以作為代表。至於曾瑞龍，〈從妥協退讓到領土擴張：論宋哲宗朝對西夏外交政策的轉變與軍事戰略的兼容性〉一文，是少數專論哲宗朝對西夏政策的作品，但全文討論的重心放在棄地政策失敗後，宋廷如何調整對夏的作戰策略。見曾瑞龍，《拓邊西北——北宋中後期對夏戰爭研究》（香港：中華書局，2006），頁125-164。

官，對於禮義的政治功能具有高度的信心，也許不令人意外。但是，在北宋的文獻中，西夏等外夷一向被形容為缺乏道德，不知禮義。為何北宋官員在面對不守信義的對手時，仍致力遵循道德的原則？由此看來，棄地論者堅持以禮義處理宋夏關係所反映的道德觀與夷夏理念，實有探究的必要。

　　此外，宋廷的主和官員藉棄地向西夏釋出善意，為何無法達成預期的成果？相對於宋與遼之間長期而穩定的和平，宋、夏關係在多數時間處於和、戰交錯的不穩定狀態，究竟雙方建立和平關係的障礙為何？正可藉由透過分析棄地政策加以觀察。綜而言之，本文透過對元祐時期棄地論的形成背景與政策內容進行分析，不僅觀察影響宋夏關係演變的各種因素，也涉及時人對於夷夏區分與禮義道德觀念的看法，希望能夠有助於進一步瞭解宋代的政治思想與對外關係。

二、戰爭與正名

　　國與國之間的政治互動是唯武力是視，還是要講究禮義與正名，是中國歷代政府經常要面對的問題。北宋立國之初，太祖君臣在與其他獨立王國的互動中，就面臨到對方刻意講究正名的狀況，其中又以南唐最為明顯。面對北宋強大的武力，南唐每每指派博學的文臣出使宋廷，以期透過外交辭令來化解可能的軍事進犯。[3]開寶八年（975），宋軍大舉南侵，南唐後主（937-978，961-975在位）仍不放棄希望，派遣素負文名的徐鉉（917-992）至汴京，在北宋太祖（927-976，960-976在位）面前強調，南唐未曾有得罪宋朝之處，宋軍的行動實屬師出無名，理應停止進兵。面對徐鉉的慷慨陳辭，太祖回答：「不須多言，江南亦有何罪，但天下一家，臥榻之側，豈容他人鼾睡乎！」以直率的言詞，強調統一中國的決心，即使在道理上南唐政府未曾犯錯，仍執意進伐，乃令徐鉉知難而退。[4]顯然，當時的北宋政府擁有優勢的兵力，在面對其他敵對政權時，並不想在正名或道德問題上多所著墨，全憑武力即可達成預期的目標。

　　但是，在太宗（939-997，976-997在位）統一中國之後，對契丹、党項用兵一再遭受挫敗。宋廷在軍力上既不再擁有優勢，以外交手段解決與外族

---

[3]　參見黃庭碩，〈唐宋之際的東南士人與政治──以楊吳、南唐為中心〉（臺北：國立臺灣大學歷史學系碩士論文，2013.7），頁187-189。

[4]　李燾，《長編》，卷16，開寶八年十一月，頁350。

政權的爭議成為另一種的選擇。此外，隨著受儒學教育的文官在決策上的影響力日增，倡議弭兵息戰，強調「修文德」以取代武力征討的意見在太宗與真宗（968-1022，997-1022在位）時期逐漸蔚為風潮。內、外情勢的發展，終於使北宋對外政策轉向以和議為主，景德元年（1004）與契丹簽訂澶淵之盟，可視為北宋對外政策的分水嶺。從此，處理對外問題不再以戰爭為首要手段。[5]

　　既然與外夷簽約締和，對外的政策就必須講求道德上的正當性，不能再像宋初那樣忽視與「正名」相關的議題。多數北宋中期文臣深受儒家道德思想的影響，對這一點更是堅持。在對外交涉時，為了珍惜「名器」，一字一句都不肯輕易放過。慶曆二年（1042），富弼（1004-1083）與遼方談判增加歲幣的數額時，因堅持在「誓書」中不可出現「獻」字或「納」字，與契丹君臣爭論不休，就是一個例子。[6]當時的文臣既以「正名」作為處理涉外事務的思考主軸，也就從這個角度來理解或詮釋外夷的舉措，認為對方選擇策略時，也會考慮正當性與否的問題。例如：田況（1005-1063）對於西夏元昊（1003-1048，1038-1048在位）在仁宗（1010-1063，1022-1063在位）寶元元年（1038）稱帝後的行動，就有以下的描述：

> 寶元初，拓跋元昊初叛命，遣人詣闕，表言諸蕃推奉，求朝廷真冊。議者雜然，莫知所從。時張士遜、章得象當相柄，陳執中、張觀輩筦樞極，皆謂小羌不足憂，遂拒絕之。乃命夏竦帥涇原、秦鳳，治回中；范雍帥鄜延、環慶，駐高奴，並擁節鉞。雖城隍未完，兵力尚寡，然元昊戒其下，未嘗小有侵軼，蓋不欲曲之在己也。竦諜知其情，堅守不動，元昊亦踰年不敢輕侵其疆。雍守延既久，以謂羌真小而怯也，屢遣裨校率兵縱掠。元昊既忿，且以為

5　參見陳芳明，〈宋初弭兵論的檢討（960-1004）〉，《國立編譯館館刊》，4：2（臺北，1975.12），頁47-64；王明蓀，〈宋初的反戰論〉，收於淡江大學中文系主編，《戰爭與中國社會之變動》（臺北：臺灣學生書局，1991），頁37-52；李華瑞，《宋夏關係史》（石家莊：河北人民出版社，1998），頁29-39；Cheng-Hua Fang, *Power Structures and Cultural Identities in Imperial China: Civil and Military Power from Late Tang to Early Song Dynasties (A.D. 875-1063)* (VDM Verlag Dr. Müller, 2009), pp. 127-138.

6　李燾，《長編》，卷137，慶曆二年九月，頁3292-3293。但日後宋廷並未接受富弼的意見，仍允許遼方在誓書中加上「納」字，相關的討論見陶晉生，《宋遼關係史研究》（臺北：聯經出版社，1984），頁75-79。

> 辭，遂併集醜類，入寇延安，乘虛直逼城下。人心震搖，懼必不
> 守。[7]

認為元昊在稱帝後並未立即入侵宋境，是因為缺乏用兵的正當性，不願落
人口實。後來，陝西守臣范雍（979-1046）幾度出兵挑釁，才給予元昊進犯
的理由。這種從道理曲直與否來解釋元昊行動的說法，顯然是田況依據自
身價值觀進行的推測，否則他也不會使用具有推測語氣的「蓋」字。可
見，北宋文臣因為重視正當性的問題，也就以相同的標準來認定元昊會因
為缺乏適當的理由，不願主動引發戰端。

　　由於北宋官員重視「正名」，當慶曆三年（1043）初西夏停止用兵，
改與北宋進行和談時，阻礙雙方達成協議的關鍵元昊稱號問題。由於元昊
堅拒稱臣，在國書中自稱「兀卒」，引發范仲淹（989-1052）、韓琦（1008-
1075）、歐陽修（1007-1072）、蔡襄（1012-1067）等人群起反對，認為不能接
受如此的和談條件。[8]日後神宗回顧這一段交涉的歷史，對慶曆諸臣的外交
作為頗不以為然：

> 上曰：「朝廷作事，但取實利，不當徇虛名。如慶曆中，輔臣欲禁
> 元昊稱兀卒，費歲賜二十萬，此乃爭虛名而失實利。富弼與契丹再
> 議盟好，自矜國書中入『南朝白溝所管』六字，亦增歲賜二十萬，
> 其後白溝亦不盡屬我也。昔周世宗不矜功名，惟以實志取天下，故
> 十餘年間並無詔誥，使天假之年，其功業可比漢高祖。如李璟欲稱
> 帝，世宗許之，蓋已盡取其淮南地，不繫其稱帝與否也。」[9]

神宗認為仁宗朝在與遼、夏的談判時都太過重視名稱的問題，反而造成
實際的損失。在他看來，帝王統治天下，要重視現實，不應只注意「虛
名」。若能取得「實利」，敵對政權要求何種名義或稱號，根本不值得計
較，後周世宗（921-959，954-959在位）對南唐的處置，就是最好的例子。基
於此一原則，神宗有意扭轉仁宗朝以來的作法，重回宋初的傳統，重視現

---

[7]　宋‧田況，《儒林公議》（《全宋筆記》第一編第五本，鄭州：大象出版社，2003），頁88-89。

[8]　李燾，《長編》，卷139，慶曆三年正月，頁3343-3344、3349-3352；卷142，慶曆三年七月，頁
3409-3411。

[9]　李燾，《長編》，卷331，元豐四年十月，頁7656。

實，而非名分。他在熙寧五年（1072）論及宋與契丹的關係時說：

> 上曰：「呼契丹為叔，契丹鄰敵乃呼為皇帝，豈是不畏彼？歲賜與
> 金帛數千萬已六、七十年，六、七十年畏契丹，非但今日。」彥
> 博曰：「吾何畏彼？但交兵須有名。如太祖取河東亦須有蠟書之
> 事。」上曰：「患無力，豈患無名！」因言太祖答江南使人事。[10]

神宗口中的「太祖答江南使人事」，即是前述宋太祖以「臥榻之側，豈容
他人鼾睡乎」來駁斥南唐徐鉉說辭的故事。對這位致力拓境的君主而言，
實力才是解決問題的核心，要改變長期以來對契丹的畏懼，在於擁有足夠
的兵力，而非「名分」。

　　神宗忽視「正名」重要性，與多數文臣的立場有所矛盾，雙方曾為了
出兵征伐是否需要有正當的名義，展開論辯：

> 上曰：「兵須有名，如何？」僉以為無名則不可用兵。上曰：「恐
> 但顧力如何，不計有名無名。」〔王〕安石曰：「苟可以用兵，不
> 患無名。兵非兼弱攻昧，則取亂侮亡。欲加兵於弱昧亂亡之國，豈
> 患無名？但患德與力不足爾！」或以為不尚力。安石曰：「武王稱
> 同力度德，同德度義，力同然後度德，德同然後度義。苟力不足，
> 雖有德如文王，尚不免事昆夷。但有德者，終能強大勝夷狄，文王
> 是也。先王於夷狄，力不足則事之，力同則交之，力有餘則制之。
> 同力、同德我交之，而彼拒我，則我義而彼不義，則我勝矣。」[11]

神宗力排眾議，認為在用兵時只需考慮實力，不必在意出兵的理由。王安石
（1021-1086）則巧妙的從對手狀況切入，來合理化神宗的主張。安石認為出兵
征討的對象一定是在國政治理上存有嚴重問題，對於這樣的政權用兵，自
然能夠找到適當的理由。所以，問題重心應放在自身的道德與實力是否足
夠，並且強調兩者同等重要，不能只看重德而忽視了力。王安石採取此種
立場，是因為他與神宗一樣，認為應付外夷不須重視「名分」的問題。

---

[10]　李燾，《長編》，卷238，熙寧五年九月，頁5791。

[11]　李燾，《長編》，卷220，熙寧四年三月，頁5378。

　　王安石對於「名分」的態度，可由他對行政流程中繁文縟節的批判看出。王安石認為每次任命官員都要撰寫制詞，是在浪費相關人員的時間與精力。他希望以格套化的制詞來取代，以便詞臣們節省撰寫制文的心力而得以「專思慮於實事」，因而與其他執政官員有所論辯。[12]由此可見，王安石認為施政應在實際的事務上下工夫，而非注意文辭。在對外政策上，也持相同的立場，他在熙寧四年（1071）對神宗說：「且勝夷狄，只在閒暇時修吾政刑，使將吏稱職，財穀富、兵彊而已。虛辭偽事，不足為也。」[13]在批判「虛文」的立場上可說與神宗一致。熙寧五年，北宋雄州守臣張利一與遼方官員產生爭執，起因是宋方將禮物送至白溝驛時，遼方在公文書中以「送納」一詞來稱呼此一例行性的物品接收工作；但在過去的文書中，遼方一直是使用「交割」一詞。張利一為此行文遼方抗議，引起雙方的爭議。此事上報朝廷後，王安石認為不須為此與遼方計較，而與文彥博（1006-1097）展開論辯：

　　　　文彥博曰：「北人稱將禮物來白溝驛送納，元書內云交割，今輒云送納，邊臣自當理會。」安石曰：「當時但為爭獻納字，今送納與交割亦何校？」王珪曰：「元書有納字。」安石曰：「既有納字，今送字又是平語，何理會之有？」彥博曰：「如此不理會，則必來移口鋪矣。」安石曰：「待彼移口鋪，別理會。」彥博曰：「當先事理會。」彥博等退，安石又曰：「交割與送納無所校，陛下不須令邊臣爭此，臣保契丹無它。若出上策，即契丹移口鋪，陛不亦不須問。若出中策，即待移口鋪，然後與計校未晚。若縱邊臣生事，臣恐以爭桑之小釁，成交戰之大患。」[14]

王安石認為仁宗朝是為了「獻納」一詞與遼方有所爭議，與遼方現在使用的「送納」並不相同。王珪（1019-1085）亦指出仁宗朝已同意使用「納」字，安石乃進一步主張不須為文字進行爭論。文彥博則認為在名分問題上容忍，契丹必將得寸進尺，進而移動邊境的關卡。王安石則認為邊境的關卡亦是小事，不應為這類事件引發真正的武裝衝突。

---

[12] 李燾，《長編》，卷220，熙寧四年二月，頁5341。

[13] 李燾，《長編》，卷220，熙寧四年二月，頁5351。

[14] 李燾，《長編》，卷237，熙寧五年八月，頁5761。

　　由神宗與王安石的言論可以看出，他們企圖改變的不僅是與外族的關係，同時也要修正太過注重文詞與名分，而流於「重虛文」的政治風氣。但是這種企圖在付諸實踐時卻遇到很大的阻力。這不僅是因為多數文臣已習慣於重視文辭的政治傳統，更是由於當時宋與外夷的互動關係已難以返回宋初的狀態。

三、夷狄與禮義

　　從宋代的文獻看來，主張處理對外關係不須特別注意「名分」，並非是神宗與王安石獨有的創見。受到華夷有別的傳統觀念影響，部分北宋文臣對於統治中國與應付外夷，主張採取不同的作法。在真宗時期，張齊賢（943-1014）請求策封吐蕃首領潘羅支（?-1004）為王，使其出兵牽制党項對靈州的圍攻，並以中國與夷狄不同為由，反駁給予潘羅支王爵會造成封賞太濫的說法：

> 臣謂濫賞之失輕矣，苟若蹙地而稔豺狼之勢，則蹙地之恥大矣。今議者不過曰名器不可假人，刑賞不可濫及，此乃聖人治中國之道，非議於夷狄者也。[15]

在齊賢看來，由於華夏與夷狄不同，統治方式也就有所差異。治理中國必須重視「名器」，不論賞或罰都要講求合宜，但對夷狄則不必，而須重視現實的利益。只要能避免疆土的喪失，即便封賞太濫亦無妨。

　　對於北宋文人而言，夷、夏之別主要在於禮義，仁宗時期石介（1005-1045）的著作可作為這種觀念的代表。他指出：「夫中國，道德之所治也，禮樂之所施也，五常之所被也。」[16]以儒家的道德規範作為中國有別於外夷的特色。相對的，他所描述的契丹是：「此北戎，遠中國禮義，其地不毛，其俗無知。」[17]以禮義為標準，將中國與外夷劃分成截然不同的世界，中國的地位明顯高於外夷。由於北宋無法藉武力壓制外夷，有違漢、唐以來的傳統典範，如何重建對中國的自信成為重要的課題。弭兵論

[15] 李燾，《長編》，卷49，咸平四年十月，頁1076-1077。

[16] 宋・石介，〈怪說上〉，《徂徠石先生文集》（北京：中華書局，1984），卷5，頁60。

[17] 石介，〈鄭元傳〉，《徂徠石先生文集》，卷6，頁73。

者以「愛惜民命」、「屈己安民」為號召，呼籲主政者停止用兵，並無助於建立中國優於外夷的地位。因此，自恃儒家的道德信念，以禮義作為中國之優勢，成為常見的訴求。

　　對於遼與西夏這兩大外敵，北宋官員特別輕視西夏，經常斥之為「賊」、「盜」。[18]也有官員稱「嗜利」為夏人的天性，活躍於哲、徽兩朝政壇的張舜民，對於元豐五年（1082）永樂城之戰僥倖突圍將士的描述是一個例子：

> 逃歸者數千人，千人身皆被槍。虜視利，見有衣甲者，窮鬭不置，殺之奪其物而後已，故能脫者，大抵皆裸袒被髮。[19]

指稱因西夏人嗜利，拼命奪取宋軍的衣甲，所以能逃離戰場的士兵多半沒有衣甲、頭盔。事實上，戰場上的逃兵為求迅速脫離戰場、保全性命，拋棄武器和盔甲實屬常態。張舜民從西夏士兵「嗜利」的角度來解釋此一現象，反映的是他個人對於夏人的既定印象。

　　既然認定中國的地位高於西夏，就推衍出中國不應於戰場上與之爭勝負的說法。范純仁（1027-1101）曾擔心弟弟純粹因任職於陝西而有意於邊功，特別致書告誡：

> 大輅與柴車爭逐，明珠與瓦礫相觸，君子與小人鬥力，中國與外邦校勝負，非唯不可勝，兼亦不足勝，不唯不足勝，雖勝亦非也。[20]

認為中國與西夏有絕對的高下之別，中國如同有尊嚴與地位的君子，西夏則是低賤的小人。對外夷用兵如同以珍貴的珠寶碰擊無價值的瓦礫，不只是難以取勝，更是不值得取勝；即便能夠獲勝，在道理上也是錯誤的。充分顯示了范純仁反戰立場背後以中國為尊的心態。

　　但是，考慮到北宋中葉以來的現實狀況，堅持中國地位高於夷狄的觀

---

[18]　參見陶晉生，《宋遼關係史研究》，頁118-119；李華瑞，《宋夏關係史》，頁344-360。

[19]　宋‧張舜民（浮休居士），〈永洛城事記〉，收入佚名編，《新刊國朝二百家名賢文粹》（北京：線裝書局，2004年宋集珍本叢刊影印宋慶元三年書隱齋刊本），卷115，頁7。

[20]　元‧脫脫編，《宋史》（北京：中華書局，1977點校本），卷314，〈范純仁傳〉，頁10293。

念，未免有不切實際之處，部分北宋文官對這一點有所反省。[21]富弼早在慶曆四年（1044）就指出遼與西夏在國家治理上已大規模採行中國的傳統：

> 自契丹侵取燕、薊以北，拓跋自得靈、夏以西，其間所生豪英，皆為其用。得中國土地，役中國人力，稱中國位號，仿中國官屬，任中國賢才，讀中國書籍，用中國車服，行中國法令，是二敵所為，皆與中國等。而又勁兵驍將長於中國，中國所有，彼盡得之，彼之所長，中國不及。當以中國勁敵待之，庶幾可禦，豈可以上古之夷狄待二敵也？[22]

契丹與西夏統治者透過閱讀中國的書籍與任用讀書人，建立了與中國相似的政治體制，許多原屬中國所有的特長皆為其所吸納，中國相對地有所不足，如果仍視之為傳統的夷狄，以過去的辦法來加以應付，勢難以取勝。事實上，正因遼與西夏的領導者都得到熟知儒學的漢人為其政權服務，他們也開始利用「名分」或「禮義」來抗衡北宋。像是遼方在坐享鉅額的歲幣之餘，仍要求將「獻納」一詞寫入誓書，或稱宋方送交禮物的行動為「送納」，都是想藉「正名」之舉，展現己方高於宋朝的優越地位。北宋君臣或視禮義為己方所獨有，或以「徇虛名」來看待外交關係中的「名分」之爭，恐怕都未能真正掌握他們所面對的新情勢。

以西夏而言，由於原為名義上臣屬於宋的政權，當元昊自立為帝時，就相當重視合理化自己的作為。[23]等到慶曆年間遼方正式介入宋與西夏的軍事衝突後，宋、遼、夏之間更形成了複雜的三角外交關係。[24]元豐四年（1081），神宗準備對西夏用兵之時，對遼方可能的干涉十分顧忌，一方面嚴禁參與其事者向河北地區的官員洩漏情報，以避免遼人探知；一方面親自預擬應付遼方干預的說辭，以「夏國內亂，囚制國主」作為出兵的理由。[25]表面上，北宋的進兵是為了恢復西夏國主秉常（1061-1086，1068-1086在位）的統治權，但對西夏是否真正爆發政變，導致秉常遭到囚禁，宋方

---

[21] 陶晉生分析北宋文獻中對於契丹的描述，指出傳統的優越感與務實的考量同時並存，見氏著，《宋遼關係史研究》，頁97-130。

[22] 李燾，《長編》，卷150，慶曆四年六月，頁3640-3641。

[23] 參見李華瑞，《宋夏關係史》，頁40-47。

[24] 參見陶晉生，《宋遼關係研究》，頁75-89。

[25] 李燾，《長編》，卷315，元豐四年八月，頁7625-7626；卷316，元豐四年九月，頁7637。

根本沒有無確實的掌握，只是據此傳聞，作為進兵的藉口，真正的目標是一舉滅亡夏國。[26]由此可見，儘管神宗在理念上對於出兵是否有正當的名義並無興趣，但在當時的國際現勢中，講求「名正言順」仍有一定的必要性。神宗想要像宋太祖那樣只憑武力，不講求正當性，在實務上根本是力有未逮。

宋軍在元豐四年和五年發動的攻勢固然佔領了部分西夏疆土，但未能取得決定性的戰果。[27]西夏隨後發動軍事反擊，並透過外交行動指責宋方的不當。元豐五年十月，西夏將領致送牒文給涇原路經略使盧秉（?-1092），牒文一開始就指責宋方的兩次進擊行動的不合情理：

> 昨於兵役之際，提戈相軋，今以書問贄信，非變化曲折之不同，蓋各忠於所事，不得不如此耳。夫中國者，禮義之所存，出入動止，猷為不失其正。苟聽誣受間，肆詐窮兵，侵人之土疆，殘人之黎庶，事乖中國之體，豈不為外夷之羞哉？[28]

以中國所自豪的禮義道德來質疑北宋的軍事行動，指神宗聽信不實傳言，侵略他國疆土，是有違中國傳統的可恥之舉。這樣的說辭對於講求實力原則的神宗恐怕沒什麼效果。元豐六年十月，西夏遣使請求歸還被奪的疆土，恢復藩臣的關係，為神宗斷然回絕。[29]西夏隨後出動大軍圍攻蘭州，神宗則持續籌備對靈州再次出擊，直至臨死前仍與邊臣討論可能的行動。[30]不過，反戰派的官員既不能認同神宗唯武力是問的政策，仍從名分與道德的角度來思考與西夏的關係。等到元豐八年（1085）三月神宗逝世，司馬光（1019-1086）、呂公著（1018-1089）等反戰官員取得主政的機會，[31]便

---

[26] 知慶州俞充在建議神宗出兵的奏書中就承認，對於秉常是否被囚禁一事雖然多次派人打探，仍「尚未得實」。但是，他仍然主張此事可作為進兵的藉口。見李燾，《長編》，卷313，元豐四年六月，頁7584-7585。

[27] 參見李華瑞，《宋夏關係史》，頁180-189。

[28] 李燾，《長編》，卷331，元豐五年十一月，頁7979-7980

[29] 李燾，《長編》，卷340，元豐六年十月，頁8177。

[30] 參見梁庚堯，〈北宋元豐伐夏戰爭的軍糧問題〉，收入氏著，《宋代社會經濟史論集》（臺北：允晨文化，1997），頁90-91；李華瑞，《宋夏關係史》，頁190-193。

[31] 司馬光在元豐八年四月上書全面批判神宗朝各項「新政」的不當，要求停止執行。其中亦提及對於用兵西夏導致的慘重損失，可見對西夏罷兵是全面反對神宗政策中的一環。呂公著於元豐八年六月上書，提出十項建議，其中「愛民」一事，即是要求不再對外用兵。參見李燾，《長

重提禮義原則，希望在合乎道德與名分的基礎上，恢復雙方的和平，棄地
論就在此種背景下被提出。

四、和談與棄地

　　棄地主張的重點是藉由放棄神宗朝攻佔的西夏疆土，換取西夏的感
恩來建立雙方長期的和平。西夏在神宗死後，隨即派遣使者至宋廷致哀，
又獻馬協助神宗喪禮的舉行，使反戰的北宋朝臣對重建和平關係更有信
心。[32]元豐八年十月，西夏使者至宋廷呈報秉常之母梁氏（？-1085）的死
訊，資政殿學士韓維（1017-1098）因而提出棄地求和的主張。在奏書中，韓
維指出「兵之不可不息者有三，地之不可不棄者有五」，將宋、夏和平與
交還侵地兩件事連繫起來。從現實的角度，韓維認為北宋幼主即位，且民
力凋敝，已無繼續用兵的能力。在此前提下，新得疆土位處偏遠，缺乏經
濟與軍事價值，卻要耗費大量資源來維持其防務，必須放棄。[33]更重要的
是，韓維認為當初神宗出兵進討，是為了秉常為其母所囚禁，如今梁氏已
死，秉常自然恢復權位，繼續佔領這些土地已失去合理性。由此可見，當
初神宗為了合理化拓邊之舉，避免遼方的干預，以西夏國主被囚作為出兵
進討的理由，在他身故之後反而成為主和官員改變拓邊政策的主要依據。
韓維強調「古人修德行仁，不計一時利害」，主張決策的首要考量是道德
原則而非目前現實上的得失，而這一點正是中國有異於外夷之處：

> 中國之所以為可貴者，為有禮義恩信也。彼俗之可賤者，貪婪暴虐
> 也。今操所貴，以臨所賤，則中國尊；與其所欲，以成吾所不欲，
> 則敵人服。

也就是說，正因西夏不守信義，中國更要展現禮義，才能顯現中國的尊
貴。若能放棄自我的慾望，來滿足敵人，則可使之臣服。因此，放棄神宗

　　編》，卷355，元豐八年四月，頁8489-8502；卷357，元豐八年六月，頁8538-8540。

[32] 李燾，《長編》，卷357，元豐八年六月，頁8547；卷358，元豐八年七月，頁8566；卷360，元
　　　豐八年十月，頁8605。

[33] 指稱新得之地缺乏實際價值是主張棄地官員的共同意見，他們所提出的各項理由，可參見曾瑞
　　　龍，〈從妥協退讓到領土擴張：論宋哲宗朝對西夏外交政策的轉變與軍事戰略的兼容性〉，收
　　　入氏著，《拓邊西北——北宋中後期對夏戰爭研究》，頁128。

朝所得的西夏土地為名正言順之舉，即使西夏並未提出要求，哲宗仍可以直接宣布還地。為此，韓維草擬了一份宣布歸還「向者王師所得土地」的詔書，上呈哲宗參考[34]。

　　韓維的論點成為日後棄地論的基礎，但主張還地的官員不一定認同韓維立即無條件還地的訴求。宰相司馬光在元祐元年（1086）正月，致書樞密院的同僚，提及新任陝西轉運副使呂大忠所規劃的策略：

> 呂大忠言：「夏虜乍恭乍驁，由私市公行故也。其延、慶侵疆，有害無用，終當與之。然今日未可與也，俟大忠到官，審察事勢，先奏乞嚴禁私市。不過年歲間，彼必屈服，遣人來祈請，然後朝廷下詔，曠然歸以侵疆，赦其罪戾，貢賜往來，一切如故。」此策大善，請明公更召見、詢訪其詳。[35]

可見，呂大忠雖認為神宗朝所得之地有害無益，勢必歸還，卻又設定條件，要西夏明白表示臣服於宋，遣使祈求，方能歸還，顯然是想藉還地之舉確立北宋作為宗主國的地位。諫官蘇轍（1039-1112）在元祐元年閏二月也指這些新得的之地，「存之則耗蠹中國，為禍日深；棄之則戎人不請，無緣強與。」[36]也就是說在西夏尚未提出要求的情況下歸還侵地，形同強迫夏人接受，並不合理。由此可見，「名分」既是主張還地的重要理由，部分官員即使認同還地的必要性，仍不免為此舉的正當性表達不同意見。

　　基於上述正反兩種意見，司馬光於元祐元年二月，向垂簾聽政的高太皇太后（1032-1093）提出兩種應付西夏的政策建議，一是歸還侵地，一是禁止私市。司馬光明顯傾向選擇還地，一方面他認為宋並沒有佔領這些土地的正當理由；一方面認為乘西夏尚未提出要求，主動歸還侵地，更能使夏人感恩懷德：「西人忽被德音，出於意外，雖禽獸木石，亦將感動，況其人類，豈得不鼓舞忭蹈，世世臣服者乎！」[37]用誇張的筆調，表達出極為

---

[34] 韓維奏書的篇幅很長，收錄於李燾，《長編》，卷360，元豐八年十月，頁8623-8627。《劍橋中國史》根據《宋史‧夏國傳》的說法，指西夏遣使以歸還侵地作為雙方和談的前提，並不正確。參見Denis Twitchett and Paul Jakov Smith eds., *The Cambridge History of China. vol. 5: The Sung Dynasty and its Precursors, 907-1279* (Cambridge: Cambridge University Press, 2009), p.506.

[35] 李燾，《長編》，卷364，元祐元年正月，頁8734-8735。

[36] 李燾，《長編》，卷368，元祐元年閏二月，頁8868。

[37] 司馬光的奏書見李燾，《長編》，卷365，元祐元年二月，頁8749-8754。

樂觀的期待，也反映了在他心中，宋是高高在上的「恩德」施予者，外夷一旦得到意外的賞賜，自然會感恩懷德，長期臣服。

　　不過，高太皇太后並未被樂觀的言論打動，仍對採取何種政策至感猶豫，她特別派使者持手詔向曾負責陝西邊務的呂大防（1027-1097）與范純仁詢問意見。在手詔中提及決策上面臨的兩難：

> 勘會夏國自神宗皇帝升遐後，來遣使弔慰祭奠，繼以告國母喪，進遺物，今者又復遣使入朝謝。使人此來外示恭順，稍可見矣；然戎情狡獪，未測其誠心何如耳。如向者所得邊地，雖建立城寨，亦慮孤僻，不易應援。棄之則弱國威，守之則終恐戎人在念。[38]

可見，高太皇太后對夏人求和的誠意感到懷疑，新得之地固然防守不易，但主動放棄似乎是示弱於人，繼續駐守又可能成為對方武力奪取的目標。這反映高太皇太后在決策上考量的是現實層面，與司馬光等人從合理性的角度立論，頗不相同；而范、呂兩人在奉詔之後的回覆，也顯示當時文臣對於西夏政策存有極大的分歧。范純仁推測西夏在經歷神宗朝的用兵之後，舉國皆有求和之意。但不敢提出還地的請求，是唯恐被宋拒絕，反而失去議和的機會。因此，他主張透過接待夏國使臣的機會，向對方表達宋廷願意以被俘的軍民，交換新得之地的意願。一旦雙方達成協議，西夏卻另有圖謀，則宋站在符合禮義的一方，西夏的奸謀必引發「人神共怒」，導致其滅亡。因此，宋廷可以毫無顧忌的推動還地之議。[39]顯然，范純仁為了化解在夏方未曾請求之下，逕自宣布還地的尷尬，建議透過暗示西夏使臣提出還地請求，藉以維護宋的尊嚴，並提出交換被俘軍民作為條件，以強化棄地的合理性。

　　相反地，呂大防提出了反對棄地的意見。在他看來，「戎人之情，自古無信，西夏自繼遷以來，專事譎詐。」根據北宋與西夏過去互動的經驗，認為不應輕率的假定夏人已有臣服之意。至於主動棄地，是示弱於敵，更可能成為「取侮於四夷之端」。在大防看來，宋方佔有這些新得之地，也不像司馬光等人描述的那樣缺少合理性：

---

[38]　李燾，《長編》，卷366，元祐元年二月，頁8792。

[39]　李燾，《長編》，卷366，元祐元年二月，頁8795-8797。

> 況蘭州，西羌之地，本非夏國封境，又其君長嘗受朝廷祿秩，元昊
> 以來，方盜據其地。延、慶城寨則接近漢界，一旦舉而棄之，未見
> 其可。

蘭州並非西夏舊境，靠近漢界的城寨有其軍事價值，全部放棄，在道理與
現實上都有可議之處。[40]呂大防的意見顯示棄地論在理論與實務層面上都
面臨挑戰。在道德上認定西夏是貪婪嗜利，同時又強調中國必須遵守禮義
來處理對西夏的關係，形成一種不對等的立場，看來說服力有限。如果蠻
夷只重現實利益，如何能期待他們在未來會堅守和議？毫無條件的還地，
終究使人有為示弱於敵的疑慮。在實務上，這些新闢的疆土是否如棄地論
者所主張不具價值，也大可商榷。顯然，放棄領土可能造成負面影響，終
究不是訴諸抽象的道德原則就能使人釋懷。

　　從元祐元年二月到七月，棄地問題引發官員激烈的爭辯。顯示宋廷
中儘管已不再有主戰的聲浪，但對停止用兵後如何應付西夏，內部歧見仍
大。參與論辯者在道德義理與現實利害兩個層面，各自提出主張；對於
棄地可能產生的實際影響，雙方立場更是南轅北轍，但棄地論逐漸佔有
上風。除了宰相司馬光和平章軍國重事文彥博極力堅持外，蘇轍、劉摯
（1030-1097）和王巖叟（1043-1093）等臺諫官也支持此一政策，持反對立場
的殿中侍御史林旦因而去職。[41]除了一再強調新得之地難以防守，棄地論
者力主神宗的拓地之舉不合義理，應恢復以「信義」為本的政策。右司諫
蘇轍就說，神宗以秉常被廢為名出兵進討，結果是久佔其土地，顯然是在
爭奪實利而非為了正義。道理上的「彼直我曲」，將直接影響未來戰爭的
勝負，故宋方並不具備採行強硬路線的條件。王巖叟主張神宗朝以前的對
外政策「惟以信義為重，故蠻夷之心不敢輕慢，故邊患少。」相反的，神
宗的拓邊使天下深受其害，必須放棄蘭州等新得之地，以「修復信義」。
他也樂觀的認為西夏雖是外夷，但仍知感恩，得到失地後不會再提出其他
要求。[42]這些論調看來義正辭嚴，但並非全無弱點。反對棄地官員的一個

---

[40] 宋‧呂大防，〈上哲宗答詔論西事〉，宋‧趙汝愚，《宋朝諸臣奏議》（上海：上海古籍出版
社，1999點校本），卷138，頁1557-1558。

[41] 清‧徐松輯，《宋會要輯稿》（北京：中華書局，1957據國立北平圖書館印行本影印），〈方
域〉，19之13，頁7618a。林旦的上書見李燾，《長編》，卷382，元祐元年七月，頁9319-9320。

[42] 李燾，《長編》，卷380，元祐元年六月，頁9221-9222；卷382，元祐元年七月，頁9304-9309。

有力訴求是，神宗朝所得的西夏領土，原屬漢、唐時期的舊疆，作為承繼漢、唐的正統政權，神宗是在恢復故土，而非奪夏人之地。同知樞密院事安燾在朝議時即以此為由，堅決反對放棄熙河路：

> 或欲舉熙河一路棄之，〔安〕燾執不可。主議者至謂如竊人之財，既為所執，猶不與之，可乎？燾怫然曰：「自靈武以東，皆中國故地，先帝興問罪之師而復之，何乃借諭如是！」其後定議，但許歸其四寨云。[43]

這些疆土在過去既為中國所有，就不能將神宗的拓邊之舉比喻為奪人之物。擔任右僕射的呂公著也認為「先朝所取，皆中國舊境」，並且強調「夏戎無厭，與之適足以啟其侵侮之心」，反對歸還蘭州。[44]事實上，「復漢唐舊疆」本是神宗朝拓邊論者的核心訴求，當時的反戰論者始終難以批駁其合理性。[45]哲宗朝堅持棄地的官員顯然也面臨類似的困境，只能與反對派妥協，使棄地的範圍縮減到四寨之地。元祐元年七月，宋廷正式下詔西夏國主：

> 汝儻能盡以見存漢人送歸中國，復修貢職，事上益恭，仍戢邊酋，無犯疆塞，則朕必釋然，於尺寸之地，復何顧惜。當議特降指揮，據用兵以來所得地土，除元係中國舊寨及順漢西蕃境土外，餘委邊臣商量，隨宜分畫給賜。[46]

可見當時宋廷雖已決定歸還四寨之地，在詔書中仍未具體提及還地的範圍，反而是對西夏提出三個明確的條件：歸還被俘的漢人，按時朝貢且不再進犯邊境。宋方強調在遵守這三個前提之下，才會考慮交還神宗朝所得之地，但已明確告知像蘭州這樣原屬於西蕃的疆域，並不在歸還之列。

　　在宋廷對棄地一事作出決策之時，西夏國主秉常去世，其子乾順

---

[43] 李燾，《長編》，卷382，元祐元年七月，頁9312。

[44] 李燾，《長編》，卷382，元祐元年七月，頁9312-9313。

[45] 參見方震華，〈從和戎到拓邊——北宋中期對外政策的轉折〉，《新史學》，24：2（臺北，2013.6），頁35-69。

[46] 李燾，《長編》，卷382，元祐元年七月，頁9313。

（1083-1139，1186-1139在位）繼位，宋廷於元祐元年九月得知此事，西夏告哀的使者則於十月抵達汴京。[47]宋廷依慣例，於元祐二年（1087）正月派遣劉奉世（1041-1113）為冊禮使，封乾順為夏國主。[48]到了三月，乾順遣使感謝哲宗對秉常的弔唁，進獻馬、駝，[49]並開始交送還被俘的宋人：

> 是月，宥州牒送陷蕃人三百一十八口。詔鄜延經略司：候到，其葭蘆、米脂、浮屠、安疆四城寨，並特行給賜；其餘不係可還城寨地土，各委官畫定界至，開立壕堠。[50]

顯然，宋廷決定歸還的四寨是葭蘆、米脂、浮屠和安疆，準備等到被俘的宋人重回漢境，即交割四寨，並進行重新劃定地界的工作。由詔書看來，宋廷顯然相信棄地的政策已得到西夏方面的認同，可在此基礎上建立雙方的新關係。

但是，宋的內部卻出現了新的質疑意見。監察御史張舜民進言，指西夏內部權力鬥爭嚴重，乾順受制於權臣，宋不應遣使冊封，反要向西夏問罪。他同時聲稱，文彥博是為了讓與自己關係密切的劉奉世藉此次冊封，得到優厚的待遇，才會決策冊封乾順。此種說法立即引發執政官員的不滿，指責張舜民對文彥博的攻訐並無實據，高太皇太后隨即將張舜民調離現職。御史中丞傅堯俞（1024-1091）、諫議大夫梁燾（1034-1097）因而協同其他的御史和諫官共同上書反對罷免舜民，使局勢演變成諫官與主政官員間激烈的爭議。由於高太皇太后認定張舜民主張向西夏問罪是「為國生事」，堅持將其罷去言職，整個事件最終導致傅堯俞、梁燾等多位臺、諫官去職。[51]這一場執政與臺諫的鬥爭源自於張舜民批判朝廷的西夏政策。值得注意的是，張舜民原為著名的反戰派，曾因批評靈州之役而遭神宗貶官南方；後來撰寫《永樂客話》（又名〈永洛城事記〉）描述元豐五年永樂城之役宋軍兵敗的慘狀，直到司馬光主政後才重返朝廷。[52]此時突然提

---

47 李燾，《長編》，卷387，元祐元年九月，頁9419；卷389，元祐元年十月壬辰，頁9463。

48 李燾，《長編》，卷394，元祐二年正月，頁9591。

49 李燾，《長編》，卷396，元祐二年三月，頁9653。

50 李燾，《長編》，卷397，元祐二年三月，頁9671。

51 宋‧楊仲良，《續資治通鑑長編紀事本末》（北京：北京圖書館，2003），卷104，〈張舜民罷言職〉，頁3335-3346。

52 關於張舜民的仕宦生涯與政治主張，參見方震華，〈戰爭與政爭的糾葛——北宋永樂城之役的

議反對冊封乾順，主張向西夏問罪，恐怕還是為了攻擊文彥博。由這個事件可以看出，北宋官員的政策立場很容易受到人事與權力之爭的干擾。

　　儘管宋廷主和的立場並未因張舜民事件而改變，西夏在接受宋的冊封之後，態度卻開始改變。受到吐蕃首領鬼章提議聯手侵宋的影響，西夏企圖以武力攻取不在還地範圍內的熙河路，宋夏關係乃直轉急下。從元祐二年四月開始，宋的西部邊境陸續遭受吐蕃與西夏的攻擊。宋軍雖在七月間擊潰吐蕃部隊，俘獲鬼章，但西夏仍不放棄攻勢，也不再遣使入貢。對於西夏在收受冊封與賞賜後突然拒絕臣服，北宋官員顯得群情激憤，原先堅持棄地的文彥博轉而提出強硬主張：

> 文彥博奏：「中外臣僚上言，夏國受朝廷封冊，恩禮極優，錫賚尤厚，而敢忘恩背德，輒行公牒傳送疆吏，自絕於天，不修貢奉，天地所不容，神人所共怒，乞行天討，以正其罪。欲乞降詔邊帥，即出敕牓，以諭中外。若朝廷姑務息民，推天地之大德，曲示含容，抑群情之忿怒，不與醜羌計較，即乞明諭邊臣，嚴加守備，靜以待之，必取全勝。」[53]

由於認為宋廷已給予西夏極大的賞賜與恩惠，文彥博將西夏拒絕臣服的作為解釋成「忘恩背德」，原本主和的立場很快轉變為軍事對抗。至八月間，執政大臣在廷議時更將雙方關係的破裂，歸咎於西夏權臣梁乙逋（？-1094）從中作梗，主張「若不即加誅，無以威示邊境」，但高太皇太后拒絕用兵。[54]中書舍人蘇轍則認為西夏的行動是因洞悉宋廷無動武之意，企圖以武力脅迫宋方交出「蘭會諸城，鄜延五寨」。由此看來，雙方的爭議點在於交還土地的範圍，宋方提出的四寨無法令西夏感到滿意。蘇轍認為「若欲應敵，必先正名」，主張在沿邊各處張貼榜文，說明哲宗自即位以來給予西夏的各種賞賜，西夏卻「不以臣禮報朕」的各種逆行。認為只要沿邊的軍民了解「彼曲我直」，自然勇於為國效命，而西夏的主政者也將

紀事〉，《漢學研究》，29：3（臺北，2011.9），頁142-144。

[53] 李燾，《長編》，卷403，元祐二年七月，頁9825。

[54] 李燾，《長編》，卷404，元祐二年八月，頁9837。根據出土的西夏陵墓碑刻，宋代文獻中的梁乙逋應為梁乞逋之誤。參見李范文編釋，《西夏陵墓出土殘碑粹編》（北京：文物出版社，1984），頁1、76。

因缺乏合理性感到「愧畏」，無法再號令其下屬。[55]這仍是棄地論者的一貫假設，在雙方爭議中據有道德的正當性是戰場勝負的基礎，宋方只要宣揚自己的合理性，就不怕面對戰爭。

　　不過，西夏方面顯然不認為自己理虧，持續武力入侵達兩年之久。只是一連串的攻勢，都沒有得到具體的戰果，才在元祐四年（1089）六月遣使與宋和談，希望歸還的疆土由葭蘆等四寨改為塞門寨與蘭州。[56]關於塞門寨在軍事上的重要性，環慶路經略使范純粹在元祐元年已明確指出。他主張神宗朝所得諸寨皆可歸還西夏，唯有塞門一寨是例外：

> 惟是鄜延路塞門一寨，係當中路之衝，平川廣闊，去帥府地里甚近，別無地里控扼之險，自得塞門，增遠四十餘里，可為中路屏蔽，粗為邊防之利。兼此塞門一寨，舊是漢城，棄陷以來，年歲未遠，似與其餘城寨利害有殊，朝廷若議存守，則理或有名，更繫朝廷裁決。[57]

可見塞門寨對於鄜延路首府延州的防禦具有關鍵地位，勢難放棄。因此，宋廷堅持西夏必須接受元祐元年所提之條件：

> 元祐四年六月八日，樞密院言：「擬答夏國詔，交割永樂陷沒人口，計口支與賞絹，仍將葭蘆、米脂、浮圖、安疆四寨給賜夏國。」從之。[58]

雙方最終在當年十一月進行米脂等四寨與被俘軍民的交割，宋方同時給予每年二十五萬銀絹的歲賜。宋廷也因和議達成，於十二月下令減少陝西諸路的戍兵。[59]但是，雙方隨後又為了新疆界的畫定產生爭執，顯示夏方仍不以得到四寨而滿足。

55　李燾，《長編》，卷404，元祐二年八月，頁9852-9856。
56　李燾，《長編》，卷429，元祐四年六月，頁10367、10370，亦可參見蘇轍在元祐五年的奏書，見李燾，《長編》，卷446，元祐五年八月，頁10735。
57　李燾，《長編》，卷372，元祐元年三月，頁9010。
58　徐松，《宋會要輯稿》，〈方域〉，19之11，頁7617a。
59　徐松，《宋會要輯稿》，〈方域〉，19之11-19之12，頁7617；李燾，《長編》，卷436，元祐四年十二月，頁10501。

　　西夏持續要求更多的疆土，引發北宋官員反感。元祐五年（1090）六月，殿中侍御史上官均上奏反對在疆域上對西夏有所讓步，奏書一開始就說：

> 臣竊聞春秋傳曰：「德以柔中國，刑以威四夷。」是知先王之治天下，其待中國與四夷，其道固異。何則？夷狄天性桀驁，恃遠負險，中國弱則先叛，強則後服，專以恩養則倔強難制，其勢使然也。臣竊觀自陛下臨御以來，懲前日邊臣拓地邀賞之弊，而大臣采宋璟不賞邊功之說，務以息兵養民為事，德意可謂至渥矣。然自朝廷納西夏貢使，齎冊報幣，復與歲賜，恩禮不為不厚，而戎人驕恣，傲然無懷柔服之意，遣使請地，邀求無已。乃知非恩之不至，待之不重，其弊在於姑息之太過耳。[60]

認為恩德不足以使夷狄屈服是其天性使然，控制四夷必須藉助強大的武力；宋廷給予過多恩賜，反而造成西夏態度強硬，不斷要索。由此可見，棄地政策未達預期效果，使得夷狄不知感恩懷德，必須以武力壓制的看法再度興起。至於原本主張棄地的范純粹，也在同年六月上書，認為朝廷急於謀和，造成處置失當，在畫界協議未確定達成前，倉促交還四寨，徒留爭議。現在西夏要求塞門、金城兩寨，又揚言與西蕃聯盟。宋廷如果應允，「乃欲安目前之小休，棄形勢之要地」，將造成日後嚴重的問題。[61]

　　從元祐五年至元祐六年，主張繼續對西夏讓步的官員，只剩下主持河東防務的范純仁、負責鄜延路的趙卨、尚書右丞蘇轍和同知樞密院事韓忠彥（1038-1109）等人。[62]他們仍強調朝廷的決策必須根基於道德上的正當性，而非現實的利益。其中，蘇轍自元祐五年起多次請求罷免主持畫界事宜的范育、种誼等官員，認為朝廷已棄四寨，范育等人卻執意於爭取邊境上的些許土地。他同時指責朝廷大臣，身為儒者卻背棄所學，只知貪圖小利而失信於夏人。[63]但是，認為西夏「貪求無厭」已成主流意見。不僅高太皇太后在元祐六年五月廷議時直接以「夷狄無厭」來回應大臣的提議，

60　李燾，《長編》，卷443，元祐五年六月，頁10656。

61　李燾，《長編》，卷445，元祐五年七月，頁10724-10725。

62　李燾，《長編》，卷454，元祐六年正月，頁10882；卷455元祐六年二月，頁10913；卷458元祐六年五月，頁10952。

63　李燾，《長編》，卷446，元祐五年八月，頁10734-13737、10758-10760；卷452，元祐五年十二月，頁10847-10850。

過去贊同棄地的范純粹、呂大忠和王巖叟都因為西夏一再入侵而改採強硬立場。[64]擔任簽書樞密院事的王巖叟在哲宗面前質疑范純仁的說法，指純仁一再主張給予西夏歲賜後雙方可達成和議，但現在每年給予二十五萬銀絹的歲賜，西夏仍不斷進犯，如何保證割讓蘭州的質孤、勝如兩堡之後，夏人會感到滿足？[65]范純仁則幾度上書，指自己過去與司馬光力主棄地，雖遭遇諸多反對，但終究得到落實。宋、夏雙方本已達成和議，現在卻因兩堡的爭議而瀕臨破裂，希望朝廷能堅守主和的立場，以免過去的努力功虧一簣，但朝廷始終未予以正面的回應。純仁乃於元祐六年閏八月請辭邊職，得到朝廷批准。范純仁的去職，象徵棄地求和政策已成為過去。[66]

　　不過，主張棄地的北宋官員雖迫於現實，改採強硬政策，對於「名分」依舊相當堅持。元祐六年九月，范純粹上奏主張對西夏進行宣傳戰：

> 鄜延路經略使范純粹奏：……今朝廷既議貶絕，宜作邊帥草檄，以淺近易曉之言，具道〔梁〕乙逋無厭犯順之詳，朝廷用兵出于不得已之意。令諸路多作印本，以漢書、蕃書兩兩相副，散遣輕騎，馳棄于賊疆百里之外，以一傳十，以十傳百，則乙逋姦謀，眾當共知。不惟可以伐狙眾歸怨之謀，又足以激怒其眾，使知禍自梁氏始，庶有眾怨親叛之理，則為中國之利也。[67]

認為雙方關係決裂責任並不在宋，在道理上，彼曲而我直，以此為宣傳的理由。計畫同時以漢文與西夏文字印製傳單，在敵境內散發，以求在西夏內部製造反對梁乙逋的勢力。這顯示多數的北宋文臣即使不再傾向對西夏讓步，重視禮義的態度始終未變，仍然相信己方擁有的道德合理性能夠在現實上產生正面的影響。由此可以看出，儒家道德主義對北宋對外政策的深遠影響。

---

[64]　李燾，《長編》，卷458，元祐六年五月，頁10952；卷466，元祐六年九月，頁11129-11130；卷466，元祐六年九月，頁11135-11138。

[65]　李燾，《長編》，卷458，元祐六年五月，頁10952-10953。

[66]　李燾，《長編》，卷465，元祐六年閏八月，頁11115-11117。

[67]　李燾，《長編》，卷466，元祐六年九月，頁11135-11137。

五、結論

　　宋神宗以宋太祖為典範而形成的拓邊政策，著重軍事實力，對於名義與道德上是否合宜較不在意。這個野心勃勃的策略，卻不符合現實的狀況。就北宋內部而言，多數文官深受儒家道德主義的影響，既不認同神宗唯武力是視的立場，也反對拓邊政策。就國際情勢而言，宋、遼、西夏形成複雜的三角關係，宋軍不具有壓倒性的武力優勢，也沒有任意行動的空間。神宗最終仍須以西夏內亂、國主被囚，作為進兵的理由，以避免遼方的干預。神宗死後，反戰派官員隨即掌控政權，不僅要恢復宋夏和平，也要重新以禮義作為處理對外關係的原則，以求徹底改變神宗的作法。歸還新得疆土的主張在此背景下被提出，棄地論者在道德上質疑神宗拓邊的動機，指其作為是追求利益而非為了正義；主張西夏國主重新掌權後，先前出兵的理由消失，繼續佔領其土地並無正當性。歸還這些土地給西夏，既可節省軍費，也可作為重建雙方和平關係的前提。

　　棄地論在宋廷內部爭議和、戰的環境中被提出，其實是北宋文臣自己設想出來的議題。在西夏使者並未提出要求的情況下，即主觀認定神宗朝所得之地為影響雙方未來關係的核心。完全從己方的立場來思考兩國關係，樂觀的認為只要歸還侵地，西夏即會心悅誠服。這種想法淵源於尊崇中國、鄙視夷狄的傳統觀念，認為高高在上的中國施予恩信，即可令夷狄感恩懷德。這種棄地求和主張，在宋廷內部引發質疑。反對者一方面以「中國故地」來合理化宋對於新得疆土的佔有，一方面懷疑西夏遵守協議的誠意，終使還地的範圍大幅縮減，顯示北宋統治階層內部理想主義者對務實路線的妥協。

　　由此可知，棄地政策從提議到付諸執行都僅在北宋內部討論，並未與西夏進行任何實質談判，最後以四寨交換被俘軍民的決定是透過「下詔」的方式告知夏方。西夏對此未有善意的回應，轉而以武力奪取熙河路，其實不令人意外。正因棄地論者雖主張在領土上對西夏讓步，但在心態上仍以宗主國自居，期待夏人感恩懷德；一旦夏人對還地的範圍有不同的意見，即視之為「夷狄無厭」，而改採強硬路線。由此看來，主張棄地的官員固然反對神宗的拓境政策，但並非無條件的和平主義者，又自認採行的政策擁有道德的正當性；當西夏不接受宋所提的條件，重回武力對抗的老

路就成為必然的結果。綜而言之，棄地論者自詡禮義為中國所特有，堅持正當性的原則，忽略了國際關係中許多因素是操之於人，僅以自己的價值觀來看待對手，實難形成有效的外交政策；堅持中國的優越地位，也成為北宋與西夏建立和平關係的長期障礙。

宋代詔葬之研究*

沈宗憲**

一、前言

　　歷來儒者對禮的解釋，多少帶有神聖化的色彩，但王朝禮制不單是聖人心血結晶或儒者的學理主張。至唐宋時代，傳統國家禮制分為吉禮、賓禮、軍禮、嘉禮、凶禮五大類，透過相應產生的儀式，禮儀已具體實踐在政治和生活等層面。近來學界十分重視國家禮制中的祭祀，研究祀典祭儀與國家權力互動之風，方興未艾。

　　宋代開國之後，朝廷採取右文政策，發展教育，培養大批知識分子，透過制度化的科舉，建立文人政府。大量士人進入官僚體系，形成新的士大夫社群。朝廷優禮士大夫，對官員有一定的保障，尤其重要官員亡故，帝王會賜予相當的照顧，肯定為國付出，而詔葬便是其中一項措施。近年來，學界陸續發表有關宋代喪葬研究，但詔葬制度的研究還不多，較早有吳麗娛的〈唐宋時代的詔葬與敕葬〉，[1]2013年初，吳麗娛出版《終極之典：中古喪葬制度研究》兩冊，內設專章討論唐宋詔葬。[2]吳氏立論乃以唐代史實為主，兼及宋代的變化，對研究宋代詔葬問題，仍有參考性。

　　探討宋代詔葬前，先看兩宋關於喪葬的法令制定過程。太祖建隆四年（963）修訂的《宋刑統》，係限制官員、民眾辦理喪葬的法規，部分條文對違犯者，訂有不同刑度的處罰。太宗太平興國七年（982），詔「翰林學

---

*　本文已先行收入於許倬雲、張廣達主編，《唐宋時期的名分秩序》（臺北：政大出版社、政大人文中心，2015.07）。

**　國立臺灣師範大學僑生先修部副教授。

1　吳麗娛，〈唐宋時代的詔葬與敕葬〉，《中國社會科學院院報》（北京），2006年11月28日，003版。

2　吳麗娛，《終極之典：中古喪葬制度研究》（上、下）（北京：中華書局，2013年）。

士承旨李昉等詳定士庶車服喪葬制度，付有司頒行，違者論其罪。」[3]此詔令的目的，主要是規範民間禮俗，[4]實際上，朝廷「望令御史台、街司頒行，限百日率從新制；限滿違者，以違禁之物給巡司為賞。」[5]而宋代首次針對詔葬制度的立法，則在真宗時代。景德三年（1006），因為群臣詔葬的花費於公於私，都沒有相應的規範，朝廷命晁迥、朱巽、劉承規及戚綸，根據官員品秩等級，訂定制度來施行詔葬。[6]景德四年九月，制定詔葬賻贈體例。[7]

仁宗天聖五年（1027），劉筠整理孫奭《五服制度》，又「節取《假寧令》附《五服敕》後，以便有司。」[8]天聖七年，「詔以新令及附令頒天下。始，命官刪定編敕，議者以唐令有與本朝事異者，亦命官修定，成三十卷，有司又取咸平儀制令及制度約束之。在敕，其罪名輕者五百餘條，悉附令後，號曰附令敕。」[9]此即《天聖編敕》及包含喪葬的《天聖令文》。[10]

至神宗朝，據《宋會要輯稿》記載，熙寧七年（1074）「命官參酌舊例，著為新式，付之有司。舊例所載不備，今并其數俱存之新式。」[11]《宋會要輯稿》又載熙寧七年九月二日，張敦、宋靖國與孫純同編修《宗室臣寮勅葬條》。[12]十二月，詔頒新式，係參考舊制而訂的新式。[13]十年四

---

[3]　宋‧李燾，《續資治通鑑長編》（北京：中華書局，2004），卷23，太宗太平興國七年春正月壬寅條，頁512。

[4]　宋‧宋敏求編，《宋大詔令集》（北京：中華書局，1962），卷148，〈政事一‧禮樂上‧詳定士庶車服喪葬詔〉（太平興國七年正月壬寅）：「朕以士庶之間，車服之制至乎喪制，咸有等威，年以來，頗成逾僭。用伸懲革，式著典彝。宜令有司，更加詳定。」，頁545。

[5]　元‧脫脫，《宋史》（北京：中華書局，1977），卷125，〈禮二十八‧凶禮四‧士庶人喪禮服紀〉，頁2917-8。

[6]　宋‧李燾，《續資治通鑑長編》，卷62，真宗景德三年三月丙寅條，頁1393。《宋史》，卷306，〈列傳第六十五‧戚綸傳〉云：「（判鴻臚寺）先是，群臣詔葬，公私所費無定式。綸言其事，詔同晁迥、朱巽、劉承規校品秩之差，定為制度，遂遵行之。」，頁10105。

[7]　清‧徐松纂輯，《宋會要輯稿》（北京：中華書局，1957），真宗景德四年九月條，職官二五之一。

[8]　宋‧李燾，《續資治通鑑長編》，卷105，仁宗天聖五年十月乙酉條，頁2453。

[9]　宋‧李燾，《續資治通鑑長編》，卷108，仁宗天聖七年五月乙巳條，頁2512。

[10]　元‧脫脫，《宋史》，卷204，〈藝文三〉，頁5143。

[11]　清‧徐松纂輯，《宋會要輯稿》，「賻贈」，禮四四之一，頁1432。

[12]　清‧徐松纂輯，《宋會要輯稿》，神宗熙寧七年九月二日條，刑法一之九，頁6466。

[13]　元‧脫脫，《宋史》，卷124，〈禮二十七‧凶禮三‧諸臣喪葬等儀‧詔葬〉，頁2902、2908、2911。

月二日進上，詔以《熙寧葬式》為目。[14]元豐元年（1080）三月，詔詳定宗室、外臣葬式。後完成百六十三卷的《喪葬》，其中包含《葬式》、《宗室外臣葬敕令格式》、《孝贈式》等，[15]該書增減幅度較前代為多，但已不傳世。南宋續編修法令，如《紹興喪葬格》[16]，而《慶元條法事類》一書列出喪葬專章，內容更為詳盡，應可視為北宋以來，朝廷喪葬法令規章演變的結果。

二、詔葬及其對象

歷代王朝對故亡大臣之喪葬，為示慎重，給予特別的安排。如西漢霍光薨卒，

> 上及皇太后親臨光喪。太中大夫任宣與侍御史五人持節護喪事。中二千石治莫府冢上。賜金錢、繒絮、繡被百領。衣五十篋，璧珠璣玉衣，梓宮、便房、黃腸題湊各一具，樅木外臧椁十五具。東園溫明，皆如乘輿制度。載光尸柩以轀輬車，黃屋左纛，發材官輕車北軍五校士軍陳至茂陵，以送其葬。諡曰宣成侯。發三河卒穿復土，起冢祠堂，置園邑三百家，長丞奉守如舊法。[17]

派高官持節護喪，贈殮葬器物，並舉行隆重喪禮，顯示西漢對國家重臣的哀悼。直到唐代，始有「詔葬」之名：「凡詔葬，大臣一品則卿護其喪事，二品則少卿，三品丞一人往。皆命司儀以示禮制也。」[18]宋制承襲唐制而有損益，帝王恤念亡故大臣生前對國家的辛勞，贈與榮典，彰顯「義莫重於輟朝，仁莫榮於詔葬」之意。[19]輟朝是天子不視朝，詔葬則是大臣

---

[14] 清・徐松纂輯，《宋會要輯稿》，神宗熙寧十年四月二日條，刑法一之九，頁6466。

[15] 宋・李燾，《續資治通鑑長編》，卷288，神宗元豐元年三月丁亥條：「詔編修諸司式所重詳定宗室、外臣葬式以聞。」，頁7052。元・脫脫，《宋史》，卷98，〈禮一・吉禮一〉，共百六十三卷含「孝贈式」，頁2423；同書，卷204，〈藝文三〉則稱「《宗室及外臣葬敕令式》九十二卷（元豐間）」，頁5141。

[16] 清・徐松纂輯，《中興禮書》（清蔣氏寶彝堂抄本，收入《續修四庫全書》823冊，上海：上海古籍出版社，1995），卷300，〈凶禮六十五・服紀二〉，頁466。

[17] 漢・班固，《漢書》（北京：中華書局，1962），卷68，〈霍光金日磾傳第三十八〉，頁2948。

[18] 唐・李林甫等，《唐六典》（北京：中華書局，1992），卷18，〈鴻臚卿〉，頁505。

[19] 宋・吳泳，《鶴林集》（收入曾棗莊、劉琳主編《全宋文》，第315冊，上海：上海辭書出版

喪葬儀式的最高待遇。史書云：「勳戚大臣薨卒，多命詔葬。」[20]有不少文獻又稱為「敕葬」，所謂「大臣及近戚有疾，恩禮厚者多宣醫。及薨，例遣內侍監護葬事，謂之敕葬。」[21]宋代詔葬與敕葬意義相同，敕葬或作「勑葬」，亦指大臣薨卒，「差中貴官監護喪事」。[22]另外，僅「賜資財，令辦葬事」的「宣葬」，[23]則是不同的制度，所給喪葬金額亦多。[24]

　　依宋代規定，官員死亡，有一定的陳報手續與喪事辦理流程。[25]政策重視文人，對大臣生活、死亡都很照顧，曾布說：「竊以朝廷親睦九族，故於死喪之際，臨弔、賻恤，至於窆穸之具，皆給於縣官。又擇近臣專董其事，所以深致其哀榮而盡其送終之禮。」[26]皇帝對亡故皇親及大臣，通常以車駕臨奠、舉哀掛服、輟朝、輟樂、賻贈、詔葬、追封冊命與定諡等方式，表達痛失重臣之意。

　　宋代可得到皇帝詔葬的「勳戚大臣」究竟是指哪些人？《天聖喪葬令》言「其（在）京薨卒應敕葬者，鴻臚卿監護喪事，卿闕則以它官攝。司儀令示禮制。今以太常禮院禮直官攝。」[27]與前引《唐六典》：「凡詔葬大臣，一品則卿護其喪事，二品則少卿，三品丞一人往。皆命司儀，以示禮制也。」之官品略同。宋朝對官員之亡，依身分有不同定義：「諸百官身亡者，三品以上稱薨，五品以上稱卒，六品以下達於庶人稱死今三品者，惟尚書、節度以上則稱薨。」[28]詔葬既是朝廷對勳戚大臣的禮遇，三到五品官員層級是否屬勳戚大臣？先看《宋史》：

　　　詔葬。禮院例冊：諸一品、二品喪，敕備本品鹵簿送葬者，以少牢

社，2005），卷10，〈外制‧同知樞密安丙賜諡忠定制〉，頁269。

[20] 元‧脫脫，《宋史》，卷124，〈禮二十七‧凶禮三‧諸臣喪葬等儀‧詔葬〉，頁2909。

[21] 宋‧葉夢得，《石林燕語》（北京：中華書局，1984），卷5，頁67。

[22] 宋‧趙昇，《朝野類要》（北京：中華書局，2007），卷5，頁22。

[23] 宋‧趙昇，《朝野類要》，卷5，頁23。

[24] 元‧不著撰人，《宋史全文》，卷31，正月丙子，「湖州申齊王驚悸得疾，特賜錢三千緡，命守臣選醫診治。早薨，賜賻贈銀絹千匹兩、會子萬緡，充宣葬。」頁2134。

[25] 宋‧謝深甫，《慶元條法事類》（戴建國點校，哈爾濱：黑龍江人民出版社，2002），卷77，〈職制門十‧亡役歿‧服制令〉，頁282。

[26] 元‧脫脫，《宋史》，卷124，〈禮二十七‧凶禮三‧諸臣喪葬等儀‧詔葬〉，頁2911。

[27] 天一閣博物館、中國社會科學院歷史研究所天聖令整理課題組校證，《天一閣藏明鈔本天聖令校證》（北京：中華書局，2006），〈喪葬令卷二十九〉，宋5，頁424。

[28] 天一閣博物館、中國社會科學院歷史研究所天聖令整理課題組校證，《天一閣藏明鈔本天聖令校證》，〈喪葬令卷二十九〉，宋31，頁426。

贈祭於都城外，加璧，束帛深青三、纁二。[29]

宋代詔葬雖源自唐代，但《宋史》稱詔葬者為一、二品。對照《天聖喪葬令》類似規定：「諸一品二品喪，敕備本品鹵簿送殯者，以少牢贈祭於都城外，加璧，束帛深青三、纁二。」[30]可知宋制對於一品、二品亡故高官的詔葬，朝廷賜予高規格的鹵簿送葬、都門外贈祭等儀式。至於三至五品亡官即便蒙賜詔葬，係朝廷派禮官監護喪事，以維禮制。

　　詔葬規範適用的官品，實際情形可能因紀述詳略不一而有變化。先看皇親國戚詔葬的例子。治平元年（1064），英宗詔葬皇后乳母永嘉郡夫人賈氏。[31]哲宗朝，秦、楚國夫人敕葬。[32]高宗的憲聖慈烈皇后，其父為宣靖王，原先殯於金陵。在憲聖立為妃之後，敕葬於天竺石人嶺下。[33]理宗時，賈似道母胡氏薨，賜予敕葬。[34]大臣方面，真宗時，呂蒙正薨，喪葬隊伍有敕葬鹵簿，傳來鼓吹聲。[35]王珪對哲宗登大位有定策之功，[36]亡故後，朝廷賜宅、贈官、賜敕葬特厚，還引起政敵批評。[37]南宋張俊薨，高宗至府第臨奠，追封循王，敕葬於常州無錫縣。[38]愛國詩人辛棄疾死後，得贈光祿大夫及敕葬尊榮。[39]不過，有為殉國使臣乞勅葬，以獎勵忠義精神，皇帝交代結果，竟是「上雖下其章，當路格不行」。[40]可見官員為亡故同僚求詔葬，受限於法令與當時政治情勢，不一定如願。

　　另方面，官品低的官員應無法得到詔葬的哀榮。太祖皇帝三世孫右

---

[29] 元・脫脫，《宋史》，卷124，〈禮二十七・凶禮三・諸臣喪葬等儀・詔葬〉，頁2909-10。

[30] 天一閣博物館、中國社會科學院歷史研究所天聖令整理課題組校證，《天一閣藏明鈔本天聖令校證》，〈喪葬令卷二十九〉，宋10，頁424。

[31] 宋・江少虞編纂，《宋朝事實類苑》（上海：上海古籍出版社，1981），卷5，〈祖宗聖訓五・英宗皇帝〉，頁47-8。

[32] 元・佚名，《宋史全文》（黑龍江人民出版社，2005），卷13下，〈宋哲宗三〉，頁753。

[33] 宋・葉紹翁，《四朝聞見錄丙集》（北京：中華書局，1989），〈慈明〉，頁110。

[34] 宋・周密，《癸辛雜識前集》（北京：中華書局，1988），〈賈母飾終〉，頁48-9。

[35] 宋・王銍，《默記》（北京：中華書局，1981），卷中，頁33。

[36] 宋・李燾，《續資治通鑑長編》，卷352，神宗元豐八年三月甲午條，頁8417。

[37] 宋・李燾，《續資治通鑑長編》，卷486，哲宗紹聖四年四月丁未，頁11550。

[38] 宋・徐夢莘，《三朝北盟會編》（上海：上海古籍出版社，1987），卷219，炎興下帙一百十九，起紹興二十一年九月盡紹興二十五年十月二十一日乙未，頁1575、1577。

[39] 宋・謝枋得，《謝疊山全集校注》（上海：華東師範大學出版社，1995），卷2，〈辛稼軒先生墓記〉，頁50。

[40] 宋・周必大，《平園續稿》（收入《全宋文》，第232冊），卷25，〈敷文閣待制贈少師張公部神道碑慶元五年夏〉，頁381。

監門衛率府率趙世堅病故，「有司以品卑，不在詔葬之例」。仁宗憐惜，「特命入內供奉官梁克明往護喪事，以黃金五十兩，白金三百兩賻之。令內使詷詔，贈以右監門衛將軍。」[41]依北宋《元祐官品令》，右監門衛率府率係正四品官，[42]有司認為趙世堅官品低，不符合詔葬門檻。仁宗遂命官護葬、給金銀賻贈、贈官，並命內使撫恤家屬等。不過，即使皇帝另給皇親、寵臣恩澤，如趙世堅得到的喪葬撫恤及禮遇，與大臣詔葬規格仍有差距。宋敏求亡故，神宗贈尚書禮部侍郎（從三品），「勅府縣應接其葬事，皆特恩，非常比也。」此種「贈官、詔葬不以常比」的看法，[43]是指宋敏求死後贈官係從三品，該官品能得到「勅府縣應接其葬事」，已非尋常之詔葬。徽宗時，童貫之子師閔死，得敕葬於祥符縣。[44]徽宗對童貫的器重，竟然給予其子敕葬。受限於資料，無法知道實行程度為何。因此，分析宋代詔葬制度的對象（身分），有必要再從詔葬的儀式或相應措施來論。

　　另外，皇帝為亡故國戚官員輟朝，因官品位階近於詔葬，容易將二者混為一談。如高瓊病重，真宗原想前往問疾，王欽若以「天子問疾所以寵勳臣，今瓊無破敵之功，不可往。」為由，勸阻真宗。[45]宋制：「諸王、公主、宗室將軍以上有疾，皆乘輿臨問；如小疾在家，或幸其第，有至三四者；其宮邸在禁中，多不時而往；惟宰相、使相、駙馬都尉疾亟，幸其第，或賜勞加禮焉。」[46]高瓊在世時任忠武軍節度使，依《元祐令》，是從三品官，[47]王欽若所言，並非無理。按《禮院例冊》：「文武官一品、二品喪，輟視朝二日，於便殿舉哀掛服。」[48]原先，有司只請輟視朝一日，「終以王有舊勳，特輟二日，官給喪事」。[49]這是高瓊昔日舊功，得

---

[41] 宋‧胡宿《文恭集》（收入《全宋文》，第22冊），卷38，〈右監門衛率府率世堅墓誌銘〉，頁248。

[42] 宋‧孫逢吉，《職官分紀》（台灣：商務印書館，影印文淵閣四庫全書，第923冊，1986），卷30，〈左右監門率府率副率〉，頁584。

[43] 宋‧蘇頌，《蘇魏公集》（收入《全宋文》，第62冊），卷51，〈龍圖閣直學士修國史宋公神道碑〉，頁21、26。

[44] 元‧脫脫，《宋史》，卷452，〈列傳二百一十一‧忠義七‧郭僎〉，頁13307。

[45] 宋‧王珪，《華陽集》（收入《全宋文》，第53冊），卷49，〈推忠保節翊戴功臣忠武軍節度許州管內觀察處置等使開府儀同三司檢校太尉使持節許州諸軍行許州刺史兼御史大夫上柱國渤海郡開國公食邑八千七百戶食實封三千戶累贈太師尚書令兼中書令烈武高衛王神道碑銘〉，頁219。

[46] 元‧脫脫，《宋史》，卷124，〈禮二十七‧凶禮三‧諸臣之喪〉，頁2901。

[47] 宋‧孫逢吉，《職官分紀》，卷39，〈節度使〉，頁717。

[48] 元‧脫脫，《宋史》，卷124，〈禮二十七‧凶禮三‧輟朝之制〉，頁2903。

[49] 宋‧王珪，《華陽集》，卷49，〈推忠保節翊戴功臣忠武軍節度許州管內觀察處置等使開府儀

比照一品二品輟朝的天數。他的喪事雖是「官給喪事」，但沒得到詔葬。又如右監門衛率府副率仲甫於慶曆四年（1044）六月卒；[50]右監門衛率府率克壯卒於嘉祐四年（1059）正月卒，[51]並輟朝一日。反觀皇從姪孫供奉官從溥亡故，按皇帝五服關係，仁宗可為亡故的從姪孫輟朝一日，但因趙從溥所任供奉官，僅是從八品，[52]禮院以其秩卑，遂不申請輟朝。[53]準上可知，輟朝官品異於詔葬，學者不宜逕將輟朝等同於詔葬儀式。

三、詔葬贈費

　　傳統王朝對於官員及其家屬身亡，皇帝均給予治喪財物及喪葬費用的補助，常見對喪家的慰問是賵、賻。《春秋公羊傳》云：「賵者何？喪事有賵。賵者蓋以馬、以乘馬束帛。車馬曰賵，貨財曰賻，衣被曰襚。」[54]《周禮》：「凡邦之弔事，掌其戒令，與其幣器財用凡所共者」，鄭玄注云：「凡喪，始死，弔而含襚，葬而賵賻，其閒加恩厚，則有賻焉。」[55]亦即邦國君臣喪，弔喪包含慰問、贈入殮用的含、襚，加恩另贈財物。

　　宋代官府給葬是恩典之一，《宋會要輯稿》云：「凡文武臣僚及宗室、公主、附（駙）馬都尉與其親屬薨卒，皆賻贈，舊書格目載之已詳。」[56]又載：「國朝凡近臣及帶職事官薨卒，非詔葬者，如有喪訃及遷葬，皆賜賻贈，鴻臚寺與入內內侍省以舊例取旨。其嘗踐兩府或任近侍者，多增其數。熙寧七年，命官參酌舊例，著為新式，付之有司。舊例所載不備，今並其數俱存之新式。」[57]主管賻贈的機關是鴻臚寺與入內內侍省，與詔葬相同。喪家沒能得到詔葬殊榮，也有賻贈的機會，獲得官府財物的實質慰問。

同三司檢校太尉使持節許州諸軍行許州刺史兼御史大夫上柱國渤海郡開國公食邑八千七百戶食實封三千戶累贈太師尚書令兼中書令烈武高衛王神道碑銘〉，頁219。

[50]　清・徐松纂輯，《宋會要輯稿》，輟朝，禮四一之32，頁1393。
[51]　清・徐松纂輯，《宋會要輯稿》，輟朝，禮四一之35，頁1395。
[52]　宋・孫逢吉，《職官分紀》，卷26，「內侍省左右班都都知」，頁542。
[53]　清・徐松纂輯，《宋會要輯稿》，輟朝，禮四一之32，天禧三年六月，頁1393。
[54]　漢・公羊壽等《春秋公羊傳注疏》（北京：北京大學出版社，2000），卷1，頁23-4。
[55]　漢・鄭玄等《周禮注疏》（北京：北京大學出版社，2000），卷3，〈小宰〉，頁83。
[56]　清・徐松纂輯，《宋會要輯稿》，「賻贈雜錄」，禮四四之一八，頁1441。
[57]　清・徐松纂輯，《宋會要輯稿》，「賻贈」，禮四四之一，頁1432。

　　宋代官員薨卒後，「群臣賵物，皆鴻臚寺定例以聞」，[58]朝廷賜給賵贈數額約是：

> 絹自五百匹至五十匹，錢自五十萬至五萬，又賜羊酒有差，其優者仍給米麥香燭。自中書、樞密而下至兩省五品、三司三館職事、內職、軍校并執事禁近者亡歿，及父母、近親喪，皆有贈隆賜。宗室期、功、袒免，乳母、殤子及女出適者，各有常數。其特恩加賜者，各以輕重為殺焉。[59]

　　若干官員因皇帝寵信，恩賜葬費超過一般官員，如宋太宗對趙普之喪，「弔祭賵贈之數並給加等，以盡君臣之禮焉。」[60]景德元年（1004）五月，夏侯嶠卒，真宗詔贈其兵部尚書，賵賜外，增賜白金三百兩給葬。[61]汝南郡王薨，仁宗臨奠，「詔特屏桃茢枝祓滌，以示親厚，賻酾加等，罷朝五日，贈太尉，中書令，追封濮王，諡安懿。命龍圖閣直學士向傳式、入內副都知任守忠護葬。」[62]至於地位低或退休官員不能詔葬或賵贈者，皇帝也可能給予治喪費用。

> 景德三年八月一日，開封府浚儀縣尉房初舉賢良方正科，中書考試辭理為優，未及殿試而卒。帝憫之，特賜錢五十貫，以恤其家。四年七月十六日，江陵府言，工部侍郎致仕朱昂卒，致仕官無賵贈之例，帝以昂舊德，深軫念之時，令有司就賜賵贈。[63]

　　真宗時，曾命翰林學士晁迥等人與龍圖閣待制戚綸研商鴻臚寺賵贈標準，提出辦法：

> 應職官喪亡賜賵贈，五品以上，內侍省於學士院請詔書，差官押

58　清・徐松纂輯，《宋會要輯稿》，禮四四之二五。真宗景德四年十一月三日，頁1444。

59　元・脫脫，《宋史》，卷124，〈禮二十七・凶禮三・賵贈〉，頁2907。

60　宋・李攸，《宋朝事實》（叢書集成初編，上海：商務印書館，1935），卷3，〈御製・太宗皇帝御製太師魏國公尚書令真定王神道碑〉，頁45。

61　元・脫脫，《宋史》，卷292，〈列傳第五十一・夏侯嶠〉，頁9758。

62　宋・李燾，《續資治通鑑長編》，卷190，仁宗嘉祐四年十一月庚子條，頁4598。

63　清・徐松纂輯，《宋會要輯稿》，禮四四之三〇，真宗景德三年八月一日，頁1447。

賜；六品以下差官傳宣押賜。臣僚薨亡，如無恩旨敕葬及五服內親
喪及遷葬合有賵（賻）贈者，下鴻臚寺檢會體例，牒報內侍取旨。[64]

這是文官賻贈的規範，分兩部分：1.職官五品以上、六品以下喪亡，押賜賻
贈的程序；2.官員薨亡無得恩旨敕葬、五服內親喪、五服內親喪及遷葬，應
得賻贈者，鴻臚寺依例審定，由內侍取旨辦理。仁宗朝所修撰的《天聖喪
葬令》出現細緻的規定，凡宗室、內外皇親、文武官薨卒，及家有親屬之
喪，應賜給賻物者，「皆鴻臚寺具官名聞奏，物數多少，隨旨聽給。」[65]
賻贈多少，隨皇帝旨意而定，這彈性用以顯示皇恩。而「諸賻物兩應給
者，從多給」[66]，顯示對官員從優撫恤之意。即便是退休官員，文武職事
五品以上者，可依現任官辦理弔祭賻贈事宜，且「其於任所致仕未還而薨
卒者，仍量給手力，送還本貫。」[67]神宗朝《熙寧新式》亦訂下規矩：

官與職各該賻贈者，從多給；差遣權並同權發遣，並與正同。時暫
權者不賜。諸兩府、使相、宣徽使並前任宰臣，問疾或澆奠已賜，
不願敕葬者，並宗室不經澆奠支賜，雖不係敕葬，並支賻贈。餘但
經問疾、或澆奠支賜、或敕葬者，更不支賻贈。前兩府如澆奠只支
賻贈，仍加絹一百、布一百、羊酒米麵各一十。[68]

詔葬，則是皇帝「表一時之恩」，是一、二品重臣高官最高規格的哀榮，
除喪葬費用的補助，喪葬需要的人力也由政府提供。唐制，由官府提供官
員喪葬物料者，程序是「皆所司及本屬上於尚書省，尚書省乃下寺，寺下
司儀，司儀准品，而料上於寺。」[69]北宋初年，亦然。太宗時，將敕葬支
應錢物改由地方政府負擔：

---

[64] 清・徐松纂輯，《宋會要輯稿》，禮四四之二四-二五。真宗景德四年九月十一日，頁1444。

[65] 天一閣博物館、中國社會科學院歷史研究所天聖令整理課題組校證，《天一閣藏明鈔本天聖令
校證》，〈喪葬令卷二十九〉，宋6，頁424。

[66] 天一閣博物館、中國社會科學院歷史研究所天聖令整理課題組校證，《天一閣藏明鈔本天聖令
校證》，〈喪葬令卷二十九〉，宋7，頁424。

[67] 天一閣博物館、中國社會科學院歷史研究所天聖令整理課題組校證，《天一閣藏明鈔本天聖令
校證》，〈喪葬令卷二十九〉，宋12，頁424。

[68] 清・徐松纂輯，《宋會要輯稿》，禮四四之二五，頁1444。

[69] 唐・李林甫等，《唐六典》，卷18，「司儀署」，頁508。

舊制，賜敕葬者，皆內諸司供帳。或言其不便，戊戌，始令所在州府，以官錢賃僦。[70]

內諸司供帳，應指雜買務負責。大中祥符二年（1009）五月十一日，真宗云：「近日宮中凡所須索，並付左藏庫，雖動須變轉，且免擾民也。」八月十日，詔：「洞真宮、開寶院、韓國長公主宅、廣平公保信軍院及應敕葬所買賣物色，並聽從便，不須下雜買務。」[71]換言之，以往由雜買務負責敕葬物品，改由左藏庫承辦，以免擾民。

根據《天聖喪葬令》的規定，喪家所得的賻贈，其「諸賻物及粟，皆出所在倉庫，得旨則給。」[72]至於敕葬物品與人力供應：「諸應宗室、皇親及臣僚等敕葬者，所須及賜人徒，並從官給。」[73]賻贈、敕葬均由官府處理，可能引起民怨。仁宗時，「詔京西轉運司，每歲宗室內人上陵，及遣官朝拜，或勒葬所須什物，並官為辦置，無得擾民。從知河南府李若谷之言也。」[74]不過，官府喪葬支出龐大，造成現金周轉問題。慶曆三年（1043）八月，三司奏言左藏庫支用見錢浩大，仁宗決定除敕葬依例需用的現錢、「特旨令取見錢，即依臨時指揮」及少數恩賜用途外，其他費用多採「用絹折」的權宜措施詔：

今後敕葬支使，依例用見錢外，凡御前取索，並依臨時所降指揮。餘支賜錢，並依舊條。一應文武臣僚使臣差出外支盤纏，皇族迎嫁繫親下定諸般例物，並勾當行人錢，看經道場齋料等價錢，僧道等身死孝贈等錢，宣葬、敕葬並諸般支賜錢，皇親房臥折諸物色價錢，並繫親折銀馬價錢，官員使臣身亡孝贈、御前支賜，並內中不

[70] 宋‧李燾，《續資治通鑑長編》，卷22，太宗太平興國六年九月戊戌條，頁494。

[71] 清‧徐松纂輯，《宋會要輯稿》，雜買務，真宗大中祥符二年。從後來仁宗的話，也可看出雜買務承辦宮禁物品的弊端：「詔雜買務自今凡宮禁所市物，皆給實直，其非所缺者勿得市。初，上謂輔臣曰，國朝監唐世宮市之患，特置此務，以防擾人。近歲，物非所急者，一切收市，其擾人亦甚矣。」，食貨五五之一六，頁5756。元‧不著撰人，《宋史全文》（黑龍江人民出版社，2005），卷9上，宋仁宗五，皇祐四年三月辛未，頁441。

[72] 天一閣博物館、中國社會科學院歷史研究所天聖令整理課題組校證，《天一閣藏明鈔本天聖令校證》，〈喪葬令卷二十九〉，宋9，頁424。

[73] 天一閣博物館、中國社會科學院歷史研究所天聖令整理課題組校證，《天一閣藏明鈔本天聖令校證》，〈喪葬令卷二十九〉，宋23，頁425。

[74] 宋‧李燾，《續資治通鑑長編》，卷116，仁宗景祐二年三月丁酉，頁2725。

顯出名目取索製造諸般生活了當恩澤錢，以上並用絹折。如特旨令取見錢，即依臨時指揮。賜皇親並諸般支賜、恩澤，皇親往西京汝州南祔葬，並係支見錢。[75]

其後，仁宗希望能對敕葬賜贈費用有所限制，於慶曆四年正月詔「應敕葬者自今止量加賜予，其家有大勳勞者令取旨。」[76] 這類皇帝旨意或喪葬法令，因恩澤考慮或訂有例外條款，往往不能達到節省費用的目的。例如神宗元豐二年（1079），為遷祔濮安懿王二夫人，詔賜給鹵簿全仗，至國門外減半的送葬規格，並以翰林學士章惇為遷護使，入內東頭供奉幹當御藥院李舜舉為遷護都監，賜給主奉祠事濮國公宗暉：銀二千兩、絹二千疋、錢三千緡，以給葬具。[77]從此例，可知一品規格的詔葬，所行禮儀財物與喪家賻贈，所費不貲。

南宋的喪葬補助制度是「諸供葬之物，依所贈官品給。賻後贈官者非。」[78]官員依其贈官得到供葬物品。對於官府辦理喪葬金額，更有限制：

> 諸臣僚身亡，得旨令所屬量行應副葬事者，所須人物計功直，通不得過一千貫。曾任執政官以上者，不拘此令。[79]

這是針對一般官員喪葬，由官府應副葬事的部份。執政官喪葬費，或有旨給詔葬朝廷，金額不止一千貫，皇親更不止於此數。高宗紹興二十年（1150）六月十五日，贈故乳母故壽國柔惠淑婉和懿慈穆育聖夫人王氏，為福壽國柔惠淑婉和懿慈穆育聖夫人，賜絹二千匹、錢一萬貫，充敕葬使用。[80]孝宗乾道三年（1167）七月九日，皇太子薨，賜銀五千兩、絹五千疋、錢二萬貫，充作勅葬支費使用。[81]孝宗淳熙七年（1180）二月十日，皇子魏王愷薨，賜會

[75] 清・徐松纂輯，《宋會要輯稿》，內藏庫，食貨五一之二四，頁5686。

[76] 宋・李燾，《續資治通鑑長編》，卷146，仁宗慶曆四年正月庚辰，頁3533。

[77] 清・徐松纂輯，《宋會要輯稿》，「濮安懿王團陵」，禮四〇之一〇，頁1375。

[78] 宋・謝深甫，《慶元條法事類》，卷77，〈服制門・喪葬〉，「給賜令」，頁838。

[79] 宋・謝深甫，《慶元條法事類》，卷13，〈職制門・亡役歿勑令格〉，「服制令」，頁283。

[80] 清・徐松纂輯，《宋會要輯稿》，「乳母」，高宗紹興二十年六月十五日，后妃三之三四，頁264。

[81] 清・徐松纂輯，《中興禮書》，卷289，〈凶禮五十四・莊文太子・初薨舉哀〉，頁415。

子三萬貫、絹一萬匹、銀三千兩。[82]寧宗嘉定十三年（1220）八月八日，臣僚奏「皇太子薨，差都大主管敕葬，隨宜參酌比附，條具申請。數內官吏、諸色祗應人等合用孝贈及節次支賜，並日支食錢及應幹支費，乞依昨來敕葬莊文太子體例，於左藏庫取錢二萬貫文、銀五千兩、絹五千匹，仍免三分減一，全支本色。」[83]前引賈似道母喪敕葬，得到「內藏庫支賜賻贈銀絹四千疋兩，又令戶部特賜賻贈銀絹二千疋兩，皇太后殿又支賜賻贈銀絹四千疋兩。」朝廷支出的敕葬費用，甚為龐大。

有喪家雖然接受皇帝賜給敕葬，卻乞以自家財力支應所有喪葬開銷的案例，其中有一例值得討論。高宗紹興元年（1131）十一月十日，幹辦御藥院陳永錫奏稱，奉指揮主管康國福康惠徽夫人蕭氏葬事，所有應行事件比附第四等勅葬，「欲乞更不取索支供，詔依，止用本家錢物」。[84]這條資料是主事者請旨的結果。學者以為這資料「說明詔葬至少發展為四等，而第四等竟然是完全用本家錢物而朝廷不予供應」。[85]事實不然，此「比附第四等勅葬」，不是依勅葬等級來辦理葬事。因為有第四等敕葬，朝廷仍支給費用的事實，例如紹興十八（1148）年二月二十二目，幹辦御藥院李存約奉旨主管溫國夫人張氏葬事，「欲乞依郡（邵）謖主管嘉國懿康惠徽夫人朱氏葬事體例，今契勘依前項體例，比附等（第）四等勅葬，所有應干支用錢物，並乞從量度支使畢請實除破。」[86]類似案例還有紹興二年八月十七日嘉國懿康惠徽夫人朱氏葬事，也是「比附故康國福康惠徽夫人蕭氏葬事體例」辦理。[87]紹興十年七月二十八日，潤國莊俶惠徽柔懿夫人張氏勅葬，比附故康國福康惠徽夫人蕭氏體例；十八年七月二十一日，永國夫人李氏葬事，依溫國夫人張氏體例；十一月十五日和國蕭順夫人張氏葬事，依永國夫人李氏葬事體例等。[88]關鍵在於各主管敕葬官員請旨使用錢物的來源，而非宋代敕葬分為不同等級，其第四等敕葬需自費經辦。

所謂第四等，究竟何所指？唐制，皇親喪葬依服制而有別，《唐六典》云：

---

[82] 清・徐松纂輯，《中興禮書》，卷291，〈凶禮五十六・魏惠憲王・榮國公〉，頁428。

[83] 清・徐松纂輯，《宋會要輯稿》，禮四三之四，「攢所」，頁1427。

[84] 清・徐松纂輯，《中興禮書》，卷297，〈凶禮六十二・詔葬一〉，頁451。

[85] 吳麗娛，《終極之典：中古喪葬制度研究》（下），頁703。

[86] 清・徐松纂輯，《中興禮書》，卷297，〈凶禮六十二・舉哀掛服〉，頁457。

[87] 清・徐松纂輯，《中興禮書》，卷297，〈凶禮六十二・詔葬一〉，頁451。

[88] 清・徐松纂輯，《中興禮書》，卷297，〈凶禮六十二・舉哀掛服〉，頁457。

> 凡太皇太后、皇太后、皇后之親分五等，皆先定於司封，宗正受而
> 統焉。凡皇周親、皇后父母為第一等，準三品。皇大功親、皇小功
> 尊屬，太皇太后、皇太后、皇后周親為第二等，準四品。皇小功
> 親、皇緦麻尊屬，太皇太后、皇太后、皇后大功親，為第三等，準
> 五品。皇緦麻親，為第四等。皇袒免親，太皇太后小功卑屬，皇太
> 后、皇后緦麻親，及舅母、姨夫，為第五等，並準六品。其籍如州
> 縣之法。[89]

再看《天聖喪葬令》記載不行之唐令第一條，亦載：

> 皇家諸親喪賻物，皇帝本服朞，準一品；本服大功，準二品；本服小
> 功及皇太后本服朞，準三品；皇帝本服緦麻、皇太后本服大功、皇后
> 本服朞、皇太子妃父母，準正四品；皇帝本服袒免、皇太后本服小
> 功、皇后本服大功、皇太子妃本服朞，準從四品；皇太后本服緦麻、
> 皇后本服小功，準正五品；皇后本服緦麻，準從五品。若官爵高
> 者，從高。無服之殤，並不給。其準一品給賻物者，並依職事品。[90]

從這兩資料判斷，前引第四等敕葬是指依照皇親服制級別的敕葬。敕葬有
固定儀式與辦理項目，乃因官品而有別。皇帝賜給金額有差，出自天子恩
典，而喪家態度，決定舉行敕葬的儀式。

四、詔葬儀式

　　國家賜予薨卒大臣詔葬之恩典，准許其施用特殊喪葬儀式，不受一
般臣民喪葬法規的約束，亦即「其用音樂及欄街設祭，身無官而葬用方
相者，望嚴禁之。其詔葬設祭者，不在此限。」[91]如何繼筠，「賜寶劍、
甲胄同葬」；華陰郡王宗旦，「聽以旌節、牌印葬」等。[92]南宋時，規定

---

[89]　唐・李林甫等，《唐六典》，卷16，「宗正寺」，頁466。

[90]　天一閣博物館、中國社會科學院歷史研究所天聖令整理課題組校證，《天一閣藏明鈔本天聖令校證》，〈喪葬令卷二十九〉，唐1，頁426。

[91]　元・脫脫，《宋史》，卷125，〈禮二十八・凶禮四・士庶人喪禮〉，頁2917。

[92]　元・脫脫，《宋史》，卷124，〈禮二十七・凶禮三・諸臣喪葬等儀・詔葬〉，頁2911。

亦然，[93]這些特權正是用以凸顯詔葬者的哀榮。再看錢俶之例。端拱元年
（988），太宗遣使太中大夫、尚書工部侍郎、上柱國、汾陽郡開國侯、食
邑一千戶、賜紫金魚袋郭贄持節發，追封錢俶為秦國王。並命中使護其
喪，歸葬洛陽。[94]錢俶死後贈官，有中使護喪。元祐二年（1087），韓絳病
重，哲宗每天派內侍監國醫診治。及薨，帝遣尚書致奠，隔天賜龍腦、水
銀以歛，兩宮臨奠哀慟，賜賫賵等。天子成服於苑中，輟視朝兩日，贈太
傅，遣使告於柩前，積勳至上柱國等。[95]韓絳薨後，哲宗詔祭於都門外，
給一品鹵簿。後詔葬於潁昌府。[96]相較於其他案例，這應是北宋記載詔
葬，從殮葬物品、贈官祭告、鹵簿送葬、都門致祭等較詳盡的例子，但不
載護葬。規格有所不同，何者才是詔葬的標準禮儀？

　　論及詔葬的意義與制度內涵，現存宋代禮書，如《太常因革禮》、
《政和五禮新儀》，並未詳載詔葬的規格。清人徐松輯纂的《中興禮
書》、《宋會要輯稿》亦不載詔葬的完整儀式。近來發現整理的《天聖
令》則有若干條文。先看《宋史》的部份：

> 　　詔葬。禮院例冊：諸一品、二品喪，敕備本品鹵簿送葬者，以
> 少牢贈祭於都城外，加璧，束帛深青三、纁二。
> 　　諸重：一品柱鬲六，五品已上四，六品已下二。
> 　　諸銘旌：三品已上長九尺，五品已上八尺，六品已上，七尺，
> 皆書某官封姓之柩。
> 　　諸輀車：三品已上油幰、朱絲絡網施襈，兩廂畫龍，幰竿諸末
> 垂六旒蘇；七品已上油幰、施襈，兩廂畫雲氣，垂四旒蘇；九品已
> 上無旒蘇；庶人鱉甲車，無幰、襈、畫飾。
> 　　諸引、披、鐸、翣、挽歌；三品已上四引、四披、六鐸、六
> 翣，挽歌六行三十六人；四品二引、二披、四鐸、四翣，挽歌者四
> 行十六人；五品、六品挽歌八人；七品、八品挽歌六人；六品、九
> 品謂非升朝者。挽歌四人。

---

[93] 宋‧謝深甫，《慶元條法事類》，卷77，〈服制門‧喪葬‧服制令〉，頁837。

[94] 元‧脫脫，《宋史》，卷480，〈列傳二百三十九‧世家三‧吳越錢氏〉，頁13907。

[95] 宋‧范純仁，《范忠宣公文集》（《宋集珍本叢刊》第15冊，北京：線裝書局，2004），卷
15，〈司空康國韓公墓誌〉，頁484。

[96] 宋‧范純仁，《范忠宣公文集》，卷15，〈司空康國韓公墓誌〉，頁485。

其持引、披者，皆布幘、布深衣；挽歌，白練幘、白練褠衣，皆執鐸、綍，並韉襪。

諸四品已上用方相，七品已上用魌頭。

諸纛：五品已上，其竿長九尺；已下，五尺已上。

諸葬不得以石為棺槨及石室，其棺槨皆不得雕鏤彩畫、施方牖檻，棺內不得藏金寶珠玉。

又按會要：勳戚大臣薨卒，多命詔葬，遣中使監護，官給其費，以表一時之恩。

凡凶儀皆有買道、方相、引魂車，香、蓋、紙錢、鵝毛、影輿，錦繡虛車，大輿，銘旌；儀棺，行幕，各一；挽歌十六。

其明器、牀帳、衣輿、結綵牀皆不定數。

墳所有石羊虎、望柱各二，三品以上加石人二人。

入墳有當壙、當野、祖思、祖明、地軸、十二時神、誌石、券石、鐵券各一。

殯前一日對靈柩，及至墳所下事時，皆設敕祭，監葬官行禮。[97]

上文先說明詔葬對象，再敘述送葬隊伍及葬具、墓室，最後則引《宋會要輯稿》所載詔葬。《宋史》所載詔葬具體而微，包含又廣，是否已呈現有宋詔葬制度全貌？

參酌《天聖喪葬令》條文：「諸一品二品喪，敕備本品鹵簿送殯者，以少牢贈祭於都城外，加璧，束帛深青三、纁二。」[98]其與前引《宋史》，差別僅一「殯」字，但不載品官之送葬隊伍及葬具、墓室，而列在其他條文中。推論《宋史》詔葬條目有關三品以下的祭儀，似不符合天子追念勳戚大臣等高階官員葬禮的尊榮，不排除後人誤解，將諸臣喪葬儀式與詔葬混為一談，導致前引《宋史》詔葬條目存在一些矛盾。

根據《天聖喪葬令》與《宋史》，可將在京師的詔葬，分為「一品、二品喪」，「監護喪（葬）事」，「敕備本品鹵簿送殯（葬）」，「以少牢贈祭於都城外」等；京師以外得到詔葬者，如歸葬故里或亡於外國，儀

---

[97] 元・脫脫，《宋史》，卷124，〈禮二十七・凶禮三・諸臣喪葬等儀・詔葬〉，頁2909-10。

[98] 天一閣博物館、中國社會科學院歷史研究所天聖令整理課題組校證，《天一閣藏明鈔本天聖令校證》，〈喪葬令卷二十九〉，宋10，頁424。

式有所不同（詳下）。《宋史》引《會要》詔葬的部份，則是「中使監護」、「官給其費」、「敕祭，監葬官行禮」等。以下將分別討論宋代資料所載詔葬相關禮儀，釐清詔葬主要的儀式。

1.官員監護喪（葬）事

　　歷代皇帝派官員監護大臣之喪葬，協助家屬辦理喪事，以示隆重。宋代皇帝賜詔葬時，亦指派監護喪（葬）事的官員；但也有官員奉命監護喪（葬）事，卻不屬於詔葬之列，應從亡臣的官品來論。詔葬的監護喪事的任務除了協辦喪事，還要致祭行禮，即「殯前一日對靈柩，及至墳所下事時，皆設敕祭，監葬官行禮」[99]，任務才結束。趙普薨，太宗「廢朝五日，為出次發哀。贈尚書令，追封真定王，賜諡忠獻。上撰神道碑銘，親八分書以賜之。遣右諫議大夫范杲攝鴻臚卿，護喪事，賻絹、布各五百匹，米、麵各五百石。葬日，有司設鹵簿鼓吹如式。」[100]韓琦薨，神宗指示比照當年趙普葬禮規格來辦：

> （神宗）輟視朝三日，遣中使慰撫本家，凡典禮，悉令按趙普故事施
> 行，贈尚書令。……上又遣禮官大常丞集賢校理李清臣致祭於柩前，
> 又遣內侍詢本家所欲，凡例外，令一切條上。復命姪正彥自兩浙提
> 舉官知相州，令過闕賜對，面諭令照管諸孤。差入內都知利州觀察
> 使張茂則監護葬事、入內供奉官張懷德增修墳兆，以石為幽堂，
> 所費皆給于官。臣僚之葬於法不許以石為室，今特詔用之，自公始
> 也。再遣幹當御藥院李舜舉奠於靈几，及許幼子嘉彥將來尚主。[101]

神宗以趙普喪葬故事為韓琦舉行喪葬典禮，兩則資料均未明說是否詔葬，但兩人官位都達敕葬門檻，尤其韓琦葬禮破例甚多。司馬光薨，哲宗命官員主持護喪、歸葬，也命戶部侍郎趙瞻到陝州夏縣，臨視司馬光葬事，「候葬訖，就墳所致祭」。[102]又，真宗朝，劉承規病後，仍以公務為念，

---

[99] 元‧脫脫，《宋史》，卷124，〈禮二十七‧凶禮三‧諸臣喪葬等儀‧詔葬〉，頁2910。

[100] 元‧脫脫，《宋史》，卷256，〈列傳第十五‧趙普 弟安易〉，頁8931。

[101] 宋‧不著撰人，《忠獻韓魏王家傳》（北京：線裝書局，2004，宋集珍本叢刊，第六冊），卷10，頁6~7。

[102] 宋‧李燾，《續資治通鑑長編》，卷392，哲宗元祐元年十一月辛巳條，頁9542。

遺奏求免贈賻、詔葬。真宗十分惋惜，仍遣內臣與鴻臚典喪，並親撰祭文。[103]劉承規以節度觀察留後致仕，其為四品官，[104]此例應非詔葬。

因此，皇帝命官員、中使監護喪（葬）事，是否等於賜給詔葬？隋唐與宋代監護喪（葬）事，略有不同。如下表：

《唐六典》卷18 大理寺 鴻臚寺	《通典》卷84 禮四十四 凶六 喪制之二 小斂	《天聖喪葬令》 卷29	《宋史》卷124 輟朝之制
凡詔葬，大臣一品則卿護其喪事，二品則少卿，三品丞一人往。皆命司儀以示禮制也。	隋開皇初，太常卿牛弘奏著《喪紀令》：正一品薨則鴻臚卿監護喪事，司儀令示禮制；二品以上則鴻臚丞監護，司儀丞示禮制；五品以上薨卒及三品以上有周親以上喪並掌儀一人示禮制。[105]	其（在）京薨卒應敕葬者，鴻臚卿監護喪事，卿闕則以它官攝。司儀令示禮制。今以太常禮院禮直官攝。（宋5）諸百官身亡者，三品以上稱薨，五品以上稱卒，六品以下達於庶人稱死。今三品者，惟尚書、節度以上則稱薨。（宋31）	一品、二品喪，皆以翰林學士已下為監護喪事，以內侍都知已下為同監護喪事。[106]

《天聖喪葬令》應是延續隋朝以來的制度，而加以簡化，[107]南宋則改為六品以上稱卒。[108]就法令編修歷程來看，《天聖喪葬令》顯示北宋在京薨卒的五品以上官員若得到敕葬，應由鴻臚卿負責監護喪事，北宋仁宗時，乃以太常禮院禮直官擔任。至於《宋史》：「一品、二品喪皆以翰林學士已下為監護葬事，以內侍都知已下為同監護葬事。」應是後來的發

103　元·脫脫，《宋史》，卷466，〈列傳第二百二十五·宦者一·劉承規〉，頁13610。
104　宋·孫逢吉《職官分紀》，卷39，「都督府·節度觀察留後」，頁726。
105　唐·杜佑，《通典》（北京：中華書局，1988），卷84，〈禮四十四·凶六·小斂〉，頁2284。
106　元·脫脫，《宋史》，卷124，〈禮二十七·凶禮三·諸臣喪葬等儀·輟朝之制〉，頁2903。
107　隋代情形，參見仁井田陞著、栗勁編譯，《唐令拾遺》（長春市：長春出版社，1989），〈喪葬令第三十二·詔喪大臣〉，開元七年，頁747。《隋開皇令》：諸正一品薨，則鴻臚卿監護喪事，司儀令示禮制；二品已上則鴻臚丞監護，司儀丞示禮制；五品已上薨卒，及三品以上有期親已上喪，並掌儀一人示禮制。《隋書·禮儀志》：開皇初，高祖思定典禮……其喪紀，上自王公，下逮庶人，著《令》皆為定制，無相差越。正一品薨則鴻臚卿監護喪事，司儀令示禮制；二品已上則鴻臚丞監護（以下與本文同）。
108　宋·謝深甫，《慶元條法事類》，卷13，〈服制門·喪葬〉，「服制令」，頁282。

展。北宋鴻臚卿之官階與職責，其演變為：

> 《兩朝國史志》：鴻臚寺判寺事一人，以朝官以上充。……本寺但
> 掌祭祀、朝會前資致仕、蕃客進奉官、僧道耆壽陪位，享拜周六廟
> 三陵，公主妃主以下喪葬，差官監護，給其所用鹵簿，文武官薨
> 卒賻贈之事。府史三人，驅使官一人。元豐改制，事具載《職官
> 志》。……（真宗景德四年）九月詔定詔葬賻贈體例……《神宗正
> 史職官志》：鴻臚寺卿從四品，少卿正六品，丞正八品，主簿從八
> 品，各一人，掌賓客及凶儀之事。……凡凶儀之節，宗室以服，大
> 臣以品，率辨其喪紀，以詔奠臨葬送賻贈之制，應中都道釋祠廟及
> 籍賬除附之禁令，皆隸屬焉。[109]

北宋鴻臚寺掌管祭祀、外交、佛道與喪葬凶儀等事。起初，鴻臚寺判寺事
由朝官以上充任。所謂朝官，「蓋前代朝官自一品以下，皆曰常參官；其
未常參者，曰未常參官。宋目常參者，曰朝官；祕書郎而下未常參者，曰
京官。」[110]依《元祐官品令》，祕書郎為正八品。[111]換言之，朝官係指正
八品以上常參官，以其出任鴻臚寺判寺事，官品不固定。至神宗朝，鴻臚
寺卿訂為從四品官。

　　先看宋初具體情形。太祖乾德三年（965）六月，中書令、秦國公孟昶
薨，其母李氏不久也過世。宋太祖命鴻臚卿范禹偁監護喪事，並下詔讓
禮官商議吉凶儀仗禮例。[112]《宋史》禮志記載一品二品官員喪，應有兩名
官員監護喪葬，仁宗明道元年（1032）二月，宸妃李氏薨。帝命翰林學士
馮元攝鴻臚卿，與入內內侍省押班盧守懃、上御藥張懷德監護喪事，三
司使、尚書兵部侍郎晏殊撰寫墓銘。[113]至少三名官員監護喪葬。慶曆四年
（1044），調整官員監護喪事及相關制度，皇親大臣部分亦由鴻臚卿護葬：

> 又定中書、樞密宣徽院、節度使、殿前馬步軍都副指揮使及曾任中

---

[109] 清‧徐松纂輯，《宋會要輯稿》，鴻臚寺，職官二五之一一，頁2919。

[110] 元‧脫脫，《宋史》，卷158，〈選舉一百十一‧選舉四‧銓法上〉，頁3698。

[111] 宋‧孫逢吉，《職官分紀》，卷16，「祕書省」，頁395。

[112] 元‧脫脫，《宋史》，卷124，〈禮二十七‧凶禮三‧諸臣喪葬等儀‧詔葬〉，頁2910。

[113] 清‧徐松纂輯，《宋會要輯稿》，〈后喪二‧章懿皇后〉，仁宗明道元年二月二十六日條，禮
三二之一〇，頁1226。

書門下平章事致仕、上將軍、皇親觀察使及追封郡王親王夫人、皇后父母、駙馬都尉、公主，並差官攝鴻臚卿護葬。嘗有大功，雖官爵不該，臨時聽旨。內中大夫、宗室戚里，係有服紀，合差使臣勾當如例。官給葬家，除本墳合給外，諸喪未經，若無得官給，若雖該官給葬，而家不願者，聽。[114]

　　所謂「嘗有大功，雖官爵不該，臨時聽旨」，已經預留制度彈性空間，皇帝可依個案考慮以鴻臚卿護葬；喪家不願官府給葬者，也不勉強。

　　仁宗晚期，監護喪事官制度發生變化。至和元年（1054）春，張貴妃薨，仁宗十分哀悼，打算舉行最隆重的禮數以示寵秩，乃追諡溫成皇后，殯於皇儀殿。並命參知政事劉沆監護喪事。[115]嘉祐四年（1059）十一月，濮王薨，富弼身為首相，卻不按例辦理，竟差龍圖閣直學士向傳式監護喪事，[116]引起極大的批評。薨卒之重臣詔葬，常見有中使、內侍負責監護喪事，操辦實際事務，如「遣中使監護，官給其費，以表一時之恩。」[117]但資料記載官員監護喪事之例，並不等於得到詔葬榮典。

　　《宋史》記載許多命中使護喪（葬）之例，茲略舉如下：郭守文：「遣中使護喪，歸葬京師。」陳承昭：「中使護喪」；王顯：「遣宮苑使鄧永遷馳還護喪。」姚內斌：「遣中使護喪，歸葬洛陽，常賻外，賜其子田三十頃。」董遵誨：「遣中使護喪，贈賻加等。」張凝：「遣中使護喪還京，官給葬事，厚其家。」張進：「上遣中使護喪還京，官給葬事。」白守素傳：「常賻外別賚錢五十萬，令護喪還京師。」程之邵：「官護喪歸」。劉文裕：「命中使護喪歸葬京師」。張崇貴：「內侍護喪還京師」。楊佐：「詔護喪歸，賻以黃金，恤其家。」有時，皇帝詔其家人護喪，索湘：「詔遣其子希顏護喪，傳置歸鄉里」。呂溱：「宜優給賻禮，官庀其葬，以屬臣節。敕其婦兄護喪歸」等。[118]以上諸例，身分有出使、有

[114] 宋・李燾，《續資治通鑑長編》，卷152，仁宗慶曆四年十月庚戌條，頁3708~9。
[115] 宋・司馬光《涑水記聞》（北京：中華書局，1989），卷8，「溫成皇后殯儀」，頁154。
[116] 宋・李燾，《續資治通鑑長編》，卷190，仁宗嘉祐四年十一月庚子條，頁4598。
[117] 元・脫脫，《宋史》，卷124，〈禮二十七・凶禮三・諸臣喪葬等儀・詔葬〉，頁2909。
[118] 元・脫脫，《宋史》，卷259，〈郭守文傳〉，頁9000。卷261，〈陳承昭〉，頁9036；卷268，〈王顯傳〉，頁9233。卷273，〈姚內斌傳〉，頁9341。卷273，〈董遵誨傳〉，頁9343。卷277，〈索湘傳〉，頁9421。卷279，〈張凝傳〉，頁9481。卷279，〈張進傳〉，頁9486。卷280，〈白守素傳〉，頁9507。卷320，〈呂溱傳〉，頁10402。卷333，〈楊佐傳〉，頁10696。卷353，〈程

軍將、有外任官員，亡於邊地、途中等。朝廷命中使、內侍護喪目的，是迎身亡文武官員尸柩回京，與詔葬的監護喪（葬）事，不能一概而論。再看洪湛，其獲罪流放儋州，遇赦移惠州。卒年四十一，其子年幼，地方官上奏，「特詔賜錢二萬，官為護喪還揚州。」其後，真宗就此個案下詔：「命官配流嶺外而沒者，悉給緡錢，聽其歸葬，如親屬幼穉者，所在遣牙校部送之。」[119]洪湛的例子說明了朝廷遣官護喪出自皇恩，但與詔葬無關。

2.殮葬物品及送葬鹵簿

北宋大臣薨卒，得到朝廷賜贈殮葬物品，吳充亡故，神宗「遣使，賜龍腦香、水銀以殮，特贈司空兼侍中」。[120]司馬光薨，帝贈官太師、溫國公，並賜「一品禮服、賻銀三千兩、絹四千匹，賜龍腦、水銀以斂」。[121]

官員詔葬，得贈殮葬物品外，還有本品送葬鹵簿。如前引韓絳的例子，帝遣尚書致奠，隔天賜龍腦、水銀以斂。天子成服於苑中，輟視朝兩日，遣使告於柩前，出殯日詔祭於都門外，給一品鹵簿，詔葬於潁昌府。依唐制，「若王公百官拜命及婚葬之禮，應給鹵簿。」[122]「鹵簿」指大駕儀仗，「凡兵衛以甲楯居外為前導，桿蔽其先後，皆著之簿籍，故曰鹵簿」。[123]《宋史》指出運用王公以下鹵簿的時機與規格：

> 凡大駕六引，用本品鹵簿，奉冊、充使及詔葬皆給之。親王用一品之制，加告止幡、傳教幡、信幡各二，其葬日，用六引內儀仗。[124]
>
> 宋親王、一品、二品奉使及葬，并給革輅，制同乘輿之副，惟改龍飾為螭，六引內三品以上乘革車，赤質，制如進賢車，無案，駕四赤馬，駕士二十五人。其緋幨衣、絡帶、旗戟、綱杠繡文：司徒以瑞馬，京牧以隼，御史大夫以獬豸，兵部尚書以虎，太常卿以

之邵傳〉，頁11151。卷463，〈劉文裕傳〉，頁13547。卷466，〈張崇貴傳〉，頁13619。

[119] 元・脫脫，《宋史》，卷441，〈洪湛傳〉，頁13059。

[120] 宋・杜大珪，《名臣碑傳琬琰集》（影印文淵閣四庫全書本）中，卷27，〈吳正憲公充墓誌銘〉，頁450-407。

[121] 宋・蘇軾，《蘇軾文集》（北京：中華書局，1986），卷16，〈司馬溫公行狀〉，頁491。

[122] 唐・李林甫等，《唐六典》，卷16，「武器署」，頁464。

[123] 宋・葉夢得，《石林燕語》，卷4，頁50。

[124] 元・脫脫，《宋史》，卷147，〈儀衛五・王公以下鹵簿〉，頁3456。

鳳，駕士衣亦同。縣令乘軺車，黑質，兩壁紗窗，一轅，金銅飾，
紫幰衣、絡帶并繡雉衛瑞草，駕二馬，駕士十八人。[125]

重要典禮僅奉冊、充使及詔葬，給本品鹵簿，但《宋史》有言：「*宋制，
臣子無鹵簿名，遇升儲則草具儀注。*」[126]故宋人汪應辰認為唐代包含皇太
子妃、親王、文武職事官四品以上，散官二品以上，并長安縣令，內命婦
才人以上，外命婦四品以上者，都有鹵簿。反觀「*本朝皇太子鹵簿，遇升
儲則草具儀注。其王公以下，惟大禮奉引乘輿，及身薨敕葬則給；太子妃
以下內外命婦皆不復給。則是本朝人臣亦有給者，而比舊愈嚴矣。*」[127]可
見宋代所訂官員鹵簿規格不如唐代，實際情形為何？

　　宋初，為薨卒品官舉行詔葬儀式係仿效五代故事。乾德三年（965）六
月，中書令、秦國公孟昶薨，其母李氏不久後亦亡故，帝命鴻臚范禹偁監
護喪事。太常禮院參考後晉天福十二年葬故魏王，及後周廣順元年葬故樞
密使楊邠、侍衛使史弘肇、三司使王章等例，用一品禮之故事。禮官提出
辦理孟昶葬事，官員應準備的器物為：

> 墓方圓九十步，墳高一丈八尺，明器九十事，石作六事，音身隊二
> 十人，當壙、當野、祖明、祖思、地軸、十二時神、蚊厨帳、暖帳
> 各一，輼車一，挽歌三十六人；拂一、蠹一、翣六；輀車、魂車、
> 儀橝車、買道車、志石車各一；方相氏、鵝毛纛、銘旌、香輿、影
> 輿、蓋輿、錢輿、五穀輿、酒醢輿、衣物輿、庖牲輿各一；黃白紙
> 帳、園宅、象生什物、行幕，并志文、挽歌詞、啟攢啟奠祝文，并
> 請下有司修制。

孟昶與母親出殯當天的送葬陣仗為：

> 太僕寺革輅，兵部本品鹵簿儀仗，太常寺本品鼓吹儀仗，殿中省傘
> 一、曲蓋二、朱漆團扇四，自第導引出城，量遠近各還。贈玉一、
> 纁二，贈祭少牢禮料，亦請下光祿、太府寺、少府監諸司依禮供

[125] 元‧脫脫，《宋史》，卷150，〈輿服二‧皇太子王公以下車輿‧親王群臣車輅之制〉，頁3505~6。
[126] 元‧脫脫，《宋史》，卷147，〈儀衛五‧王公以下鹵簿〉，頁3455。
[127] 宋‧汪應辰，《石林燕語辨》（北京：中華書局，1984），卷4，頁194。

> 應。又楚王母依子官一品例，準令文，外命婦一品侍近二人、青衣
> 六人，偏扇、方扇各十六，行郭三、坐郭二，白銅飾犢車駕牛馭人
> 四，從人十六，夾車、從車六，傘一、大扇一、團扇二、戟六十。
> 伏緣久不施用，如特賜施行，即合于孟昶吉凶仗內，相參排列。[128]

孟昶是一品官，太常禮院建議由兵部提供官員本品鹵簿儀仗，由太常寺負責官員本品鼓吹儀仗原本的儀式是隊伍出城後，在城外舉行贈祭儀式，贈玉、繒，並以少牢為祭祀的犧牲，此即《宋史》禮志所云「敕備本品鹵簿送葬」，是詔葬必備的儀式之一。宋太祖同意且下詔令「排列祗應，仍俟導引至城外，分半導至西京墳下及葬，命供奉官周貽慶押奉議軍士二，指揮防護至洛陽。又賜子玄喆墳莊一區。」[129]一般詔葬，在都城外贈祭後，便結束儀式。太祖指示在城外贈祭儀式後，將送葬儀仗分半，繼續送到洛陽安葬，沿路由供奉官周貽慶與奉議軍士指揮防護。這是特殊規格的詔葬，應與孟昶身分有關。

再看其他皇親大臣之例。趙普薨，隔年下葬時，太宗「命有司備鹵簿，葬于洛陽北邙之原而合祔焉。」[130]真宗咸平二年（999），王承衍出葬日，在禁樂，禮官請鹵簿鼓吹備而不作。真宗同意。[131]畢士安於真宗景德二年（1005）亡故，「上即日至其家，臨哭之慟，贈太傅中書，令廢朝五日，制服百官奉慰，詔皇城使、愛州刺史衛紹欽監護喪事。發百日，有司具鹵簿鼓吹，大鴻臚持節護葬，諡曰文簡。」皇祐二年（1051）七月甲辰，國舅李用和病故，遺命辭謝皇帝詔葬。但仁宗感念其舅，仍命近侍及中大夫職喪事。八月，「有詔，葬日以本品鹵簿寵之」。[132]在出殯日，賜本品鹵簿，李用和官居侍中（一品），資料雖無記載城外贈祭儀式，也近乎詔葬。呂蒙正薨於西京洛陽。重陽節當天，喪葬隊伍經過偃師時，大寒微霰，傳來敕葬的鹵簿、鼓吹聲。[133]前引神宗時遷祔濮安懿王二夫人，太常禮院建議依令用一品鹵簿，依晉國大長公主故事，用鼓吹。詔賜給鹵簿

---

[128] 元‧脫脫，《宋史》，卷124，〈禮二十七‧凶禮三‧諸臣喪葬等儀‧詔葬〉，頁2909-10。

[129] 元‧脫脫，《宋史》，卷124，〈禮二十七‧凶禮三‧諸臣喪葬等儀‧詔葬〉，頁2911。

[130] 宋‧李攸，《宋朝事實》，卷3，〈御製‧太宗皇帝御製太師魏國公尚書令真定王神道碑〉，頁45。

[131] 元‧脫脫，《宋史》，卷147，〈儀衛五‧王公以下鹵簿〉，頁3456。

[132] 宋‧宋祁，《景文集》（收入《全宋文》，第25冊），卷58，〈李郡王墓誌銘〉，頁114。

[133] 宋‧王銍，《默記》（北京：中華書局，1981），卷中，頁33。

全仗，至國門外減半的送葬規格。[134]以上都載有鹵簿送葬，然品官鹵簿的實際編制多寡仍有待研究。現今所見一、二品官員較完整的鹵簿儀仗，[135]係徽宗政和年間制定的禮儀。史書已云「政和禮雖創具鹵簿，然未及行也。」[136]只能當作是北宋末年禮制發展的理想。

　　南宋禮書記載更多殮葬物品及送葬鹵簿儀典，類近於韓絳儀式。紹興二十四年（1154），秦檜薨，合行恩數。禮部、太常寺提出方案如下：

> 一合於臨安府，取次（賜）水銀，熟白龍腦以歛。
> 一合於祗候庫，取七梁額花冠，貂蟬籠巾，朝服一幅。
> 一依例，差官主管勅葬。
> 一出殯日，都門合排設贈祭。
> 一合賻贈銀絹。
> 一合差官護葬。
> 一出殯日，合用本品鹵簿、鼓吹、儀仗。

但可能因時間緊迫而不能照章行事，三天後，秦檜府恐物料準備不及，提出申請：

> 竊見大師在日，諸事務從謙損，雖昨來蒙賜到從物并圍子、衫帶等，亦不敢全用。兼今來出葬日逼，竊慮製造不及，伏乞朝廷敷奏，特賜寢免。[137]

相較於北宋資料，南宋秦檜喪葬資料載「於臨安府，取次水銀，熟白龍腦以歛」、「於祗候庫，取七梁額花冠，貂蟬籠巾，朝服一幅」，更能說明朝廷贈賜大臣入殮的器物。史書記載賈似道母薨，「詔以天子鹵簿葬之，起墳擬山陵。」[138]但周密則指賈母依一品例詔葬：

---

[134] 清・徐松纂輯，《宋會要輯稿》，「濮安懿王團陵」，禮四〇之一〇，頁1375。
[135] 參見元・脫脫，《宋史》，卷147，〈儀衛五・王公以下鹵簿〉，頁3457-8及宋・鄭居中等，《政和五禮新儀》（影印文淵閣四庫全書本），卷216，〈凶禮・品官喪儀中・葬〉，頁647-886。
[136] 元・脫脫，《宋史》，卷147，〈儀衛五・王公以下鹵簿〉，頁3455。
[137] 清・徐松纂輯，《中興禮書》，卷297，〈凶禮六十二・詔葬一〉，紹興二十四年十月二十四日條，頁458。
[138] 元・脫脫，《宋史》，卷474，〈列傳第二百三十三・姦臣四・賈似道〉，頁13785。

甲戌咸淳十年三月二十日丁酉，賈似道母秦、齊兩國賢壽夫人胡氏
薨。特輟視朝五日，賜水銀、龍腦各兩百兩，聲鐘五百杵，特贈
秦、齊國賢壽休淑莊穆夫人。擇日車駕幸臨奠，差內侍鄧惟善主管
敕葬，特賜諡柔正。……就圖葬於湖山。且令帥、漕、州、司相
視，展拓集芳園、仁壽寺基，營建治葬。於內藏庫支賜賻贈銀絹四
千疋兩，又令戶部特賜賻贈銀絹二千疋兩，皇太后殿又支賜賻贈銀
絹四千疋兩，又令帥、漕兩司應辦葬事應辦葬事。……又令有司於
出殯日，特依一品例，給鹵簿鼓吹，仍屢差都司劉黻、李珏、梅應
發致祭，併趣赴闕，於出殯日，特輟視朝一日。[139]

賈母比照一品官詔葬，共得銀絹一萬兩千疋兩，出殯當天的鹵簿排場，確
能給予喪家備極哀榮之感。若因葬地不在京城，難以鹵簿送葬。南宋孝宗
時，有司辦理陳康伯敕葬，因需歸葬外地，考察典故後，於乾道元年三月
一日提出方案：

> 一合於臨安府取賜水銀、熟白龍腦以歛。
> 一合於祗候庫，取七梁冠、貂蟬籠中（應為巾）、朝服一副。
> 一出殯日，都門合排設贈祭。
> 一依典故，賻贈銀絹。
> 一依典故，差官護葬左僕射司馬光薨，命戶部侍郎趙瞻、入內
> 內侍省押班馮宗道護其喪歸葬。

孝宗命權工部侍郎何俌護其喪歸及應副葬事。後來何俌差知衢州，詔
令護喪到信州軍。[140]

鹵簿是重要典禮中用以呈現官員身份的排場，儀仗混用於喜慶喪葬場
合，難免吉凶相參。景德二年（1005），南郊鹵簿使王欽若見到鄆王攢日
所給鹵簿，亦與南郊儀仗同，便奏言希望遵照法令規格，另外制定王公車
輅、鼓吹、儀仗也一併增設，以備拜官、朝會、婚葬用。於是「儀服悉以
畫，其葬日在塗，以革車代輅。」[141]增置鹵簿儀仗中的革車，以應葬日所

---

[139] 宋‧周密，《癸辛雜識前集》，「賈母飾終」，頁48-9。
[140] 清‧徐松纂輯，《中興禮書》，卷298，〈凶禮六十三‧詔葬二〉，頁460。
[141] 元‧脫脫，《宋史》，卷147，〈儀衛五‧王公以下鹵簿〉，頁3456。

需。如此便可使行禮的儀仗分吉凶場合使用，人力物料則須加倍支應。至於勅葬所需物品，則由儀鸞司借用支應。[142]實際舉行典禮時，鹵簿規格往往從便，至南宋時更是儉省。[143]盡管如此，討論宋代品官喪葬，仍須檢視有無以本品鹵簿送葬的榮典，方能判斷是否為詔葬。

3.都門贈祭及相關儀式

唐朝喪葬已訂有都門外舉行的儀式，情形較複雜：

> 凡京官職事三品已上、散官二品已上遭祖父母、父母喪，京官四品及都督、刺史並內外職事若散官以理去官五品已上在京薨、卒，及五品之官死王事者。將葬，皆祭以少牢，司儀率齋郎執俎豆以往；三品已上又贈以束帛，一品加乘馬。既引，又遣使贈于郭門之外，皆以束帛，一品加璧。[144]

其對象分京官尊親屬及本人喪、死王事者，儀式是將葬之日，以少牢獻祭；司儀、齋郎持俎豆禮器前往，並依官品贈束帛、乘馬等。發引出殯時，於郭門外，贈束帛、璧。「少牢」是指以羊、豕為祭祀的牲禮。《通典》記載三品以上官員葬儀：「至邦門，三品以上贈以束帛，一品加乘馬。既引，又遣使贈於郭門外，皆以束帛一品加璧，餘具開元禮。」[145]但未特別標明禮儀名稱。《天聖喪葬令》：詔葬一二品官員出殯時，須舉行「以少牢贈祭於都城外，加璧，束帛深青三、纁二」儀式，[146]以示隆重，

---

142 清・徐松纂輯，《宋會要輯稿》，「儀鸞司」：（大中祥符）八年正月，三司言：「不堪什物萬五百七十八，欲差使臣一員，專副二人，於左右掖門西廊下置庫立界，受納揀選。內有止是顏色故暗及有破損，堪任縫補者，即蹙併收管。遇勅葬並閑慢處排當，所須什物及修造處要遮圍青布等使用，並令儀鸞司於揀什物庫請借供使。」，職官二二之五，頁2862。

143 元・脫脫，《宋史》，卷147，〈儀衛五・王公以下鹵簿〉：「南渡後，雖嘗討論，然皇太子皆沖挹不受，朝謁宮廟及陪祀及常朝，皆乘馬，止以宮僚導從，有戟、扇而無圍子。用三接青羅繖一，紫羅障扇四人從，指使二人，直省官二人，客司四人，親事官二十人，輦官二十人，翰林司四人，儀鸞司四人，廚子六人，教駿四人，背印二人，步軍司宣效一十人，步司兵級七十八人，防警兵士四人。朝位在三公上，扈從在駕後方圍子內。皇太子妃，政和亦有鹵簿，南渡後亦省之。妃出入惟乘檐子，三接青羅傘一，黃紅羅障扇四人從。以皇太子府親事官充輦官，前執從物，檐子前小殿侍一人，抱塗金香球。先驅，則教駿兵士呵止。」，頁3455-6。

144 唐・李林甫等，《唐六典》，卷18，「司儀署」，頁507。

145 唐・杜佑，《通典》，卷86，〈禮四十六・凶禮八・凶制之四〉，「器行序」，頁2339。

146 天一閣博物館、中國社會科學院歷史研究所天聖令整理課題組校證，《天一閣藏明鈔本天聖令

典禮不盡相同，仍贈璧、束帛五，但不贈乘馬。南宋史料常見太常寺官員對大臣喪葬，提到「依本寺條，二品以上薨，出殯日都門合設贈祭」的記載。[147]

　　南宋文獻保留贈祭的完整記載，以下詔葬的例子，可看到贈祭儀式的器品。高宗紹興三年，朱勝非母魯國太夫人楊氏薨。有司言，楊氏係一品夫人，其詔葬應在都門舉行贈祭。除準備鹵簿儀仗外，提出物料及支援人員的調度需求：

> 　　一合差獻官奉禮郎、太祝、太官令各一員，內獻官乞依條，差本寺博士。其奉禮郎太祝太官令，並乞下臨安府差官。
> 　　一合用祝文一首，乞依例，下秘書省修撰。
> 　　一合用贈玉并匣、牀、竿各一，鑠匙全，乞下文思院製造供納。內玉係以石一代。
> 　　一合用祭器并祗應人，乞令本寺差辦。
> 　　一合用牲牢羊豕各一。黝三匹，以熟皂絹充。纁二匹，以熟緋絹充。黃絹單帕二條，各二幅，每幅長三尺，并合用濕香四兩。禮料酒齊幣帛，並乞下臨安府排辦。

此次詔葬贈祭儀式權責分工是「自從凡過都門排設則（贈）祭，內奉禮郎、太祝太官令差太常寺官，如不足報吏部，差侍監丞簿官充攝。其牲半下牛羊司，黝糾幣帛下左藏庫支供排辦，其餘合行事件並仿此。」[148]相關人員輪差，十分清楚。四月十三日，太常寺表示，魯國太夫人楊氏葬事，已選定四月十八日出餘杭門前去湖秀州攢殯，「檢準本寺條，諸宗室臣僚內人殯葬，應設鹵簿儀仗，贈祭應用人物，準格供差，各隨事報所屬。」[149]另一例，更能看到贈祭所需人力。孝宗淳熙七年（1180）二月十七日，辦理故皇子魏王勑葬，「檢準大觀太常寺條節文，贈祭一品，用舉靈日，出新城門外陳設在外舉葬。得旨排設贈祭，應用禮料，內在京闕，

校證》，〈喪葬令卷二十九〉，宋10，頁424。《宋史‧禮院例冊》記載同，卷124，〈禮二十七‧凶禮三‧諸臣喪葬等儀‧詔葬〉，頁2909。
[147] 清‧徐松纂輯，《中興禮書》，卷298，〈凶禮六十三‧詔葬二〉，頁460、462。
[148] 清‧徐松纂輯，《中興禮書》，卷297，〈凶禮六十二‧舉哀掛服〉，頁456。
[149] 清‧徐松纂輯，《中興禮書》，卷297，〈凶禮六十二‧詔葬一〉，頁451。

請者報所屬給。勘會勅葬故皇子魏王係正一品，依條例，出殯日合設贈祭。」三月十二日，魏王靈柩自紹興府能仁寺，出稽山門。太常寺於門首，排設贈祭，由太常丞胡南逢行禮，祭畢，靈柩往天依寺泊安，至十四日攢厝。除了贈祭所用羊豕、禮料、祭器、祝版、黝、纁、幣、帛、贈玉等，禮部太常寺還提出各項人力申請：

> 一檢準《大觀贈祭式》，行事獻官一員，奉禮郎、太祝太官令各一員，數內獻官一員，依條，輪差本寺博士充。在外舉葬所用獻官，準此。今來勅葬故皇子魏王，侯將來出殯，排設贈祭。其獻官一員，合於出殯前期渡江前去。依禮例，欲乞起發日免朝辭，回日朝見。所有合差奉禮郎、太祝太官令各一員，前期報紹興府，差本府官充攝。
>
> 一今來行移合印記，乞從禮部權暫關借奉使印一面行使。
>
> 一合差饌造工匠并宰殺羊豕宰手，乞下御厨牛羊司各行差撥一名，隨逐前去祗應。
>
> 一檢準太觀太常寺格，合差管押禮料職掌一名，供官五人，供祭器祝版席職掌一十人，供黝纁贈玉職掌四人，擡祭器牙床節級一名，剩員一十人，祭屋三間。并合差司儀令一員以禮直官攝，引贊行事禮直官二人，贊者五人。
>
> 今隨宜減省管押禮料祭器等職掌，并供官止乞共差四人，司儀令、禮直官今止乞共差一名，贊者今止乞差四人。所有擡祭器等軍兵，乞下臨安府，差軍兵十人、節級一名，搬運祭器禮料等前去。[150]

原來儀式規模甚大，減省後只留人力20人左右。

有一條資料需要提出討論。前引趙伯圭薨，「上震悼，輟視朝三日。賵贈加厚，賜棺含，以蟬冠、朝服斂。遣內侍押班、左武大夫、保康軍承宣使吳思忠等五人護喪。……又遣太常博士錢易直等，軷祭於都門外。」[151]命五名官員護喪實屬罕見，反映對趙伯圭這位皇親的重視，而「軷祭於都門外」，則與常見的贈祭都門不同。「軷祭」指祭道路之神，是國君出

---

[150] 清・徐松纂輯，《中興禮書》，卷291，〈凶禮五十六・魏惠憲王・榮國公〉，頁430。

[151] 宋・樓鑰，《攻媿集》（收入《全宋文》，第265冊），卷86，〈行狀・皇伯祖太師崇憲靖王行狀〉，頁153。

城門時的祭典。《隋書》：「隋制，行幸所過名山大川，則有司致祭，岳瀆以太牢，山川以少牢。親征及巡狩，則類上帝、宜社、造廟，還禮亦如之。將發軔，則軷祭，其禮有司於國門外，委土為山象，設埋坎，有司刳羊，陳俎豆。駕將至，委奠幣，薦脯醢，加羊於軷，西首，又奠酒解羊，并饌埋於坎。駕至，太僕祭兩軹及軌前，乃飲，授爵，遂轢軷上而行。」[152]唐制更強調皇帝鹵簿儀仗，「皇帝出宮，備大駕鹵簿，皆如常儀。軷於國門，祭所過山川，如親征之禮。」[153]宋太祖建隆元年四月，「太常禮院言，車駕征潞州，出宮日，請遣官告天地太廟社稷，城門外軷祭，用羝羊一。」[154]到北宋徽宗時的《政和五禮新儀》所載「都門軷祭，羊一豕一」。[155]軷祭已脫離其原始意義，而與詔葬都門外贈祭牲禮相同。宋人有云「宗室至一品殯葬，朝廷遣禮官軷祭。舊制，知太常禮院官以次行事，得絹五十疋。…自元豐官制行，太常博士專領軷祭，所得絹四。博士共之行事，十四疋餘，十二疋有數。」[156]可能是祭祀地點與祭品相同，而使時人將兩者相混。

　　上述監護喪（葬）事、殮葬物品及送葬鹵簿、都門贈祭及加壁束帛等詔葬儀式，乃在首都實施；大臣葬於外地，不必然舉行所有儀式。如張俊薨，因葬於外地，帝命延福宮使、安德軍承宣使、內侍省押班張去為護喪事。[157]又如乾道元年六月六日，王剛中薨，詔令臨安府應副葬事。太常寺表示「依本寺條，二品以上薨，出殯日，都門合設贈祭」。其子王景辰考量自臨安扶柩歸饒州安葬，提出「所有今來合設贈祭，欲乞朝廷特降指揮，依例免行排辦。」朝廷同意。[158]其請求依例免行排設贈祭，證明不是個案。

　　若高品官員使臣或將軍在外地殉亡，便在當地安葬。魏勝忠勇力戰而亡，詔贈正任承宣使，命令有司依法葬歛，並賜其家銀、絹一千匹兩。禮

[152] 唐‧長孫無忌等，《隋書》（北京：中華書局，1973），卷8，〈禮儀三‧志第三〉，頁160。

[153] 唐‧蕭嵩等，《大唐開元禮》（北京：民族出版社，2000），卷62，〈吉禮‧鑾駕出宮〉，頁321。

[154] 元‧馬端臨，《文獻通考》，卷89，〈郊社考二十二‧告祭下〉，頁816b。

[155] 宋‧鄭居中等，《政和五禮新儀》（影印文淵閣四庫全書本），卷五，〈序例‧牲牢牲體附〉，頁647-135。

[156] 宋‧孔平仲，《孔氏談苑》（叢書集成初編，上海：商務印書館，1935），卷1，頁11。

[157] 宋‧徐夢莘，《三朝北盟會編》，卷219，炎興下帙一百一十九，起紹興二十一年九月盡紹興二十五年十月二十一日乙未，頁1575、1577。

[158] 清‧徐松纂輯，《中興禮書》，卷298，〈凶禮六十三‧詔葬二〉，頁460。

部太常寺對其喪葬禮儀的看法是：

> 依條，從二品，今欲乞令本家于所在州軍擇地安葬。其葬事合用人物、車舉、挽歌、銘旌、方相、名器、墓田、石歌、墳域、立碑等，並令所在州軍照應喪葬二品條法，并遵依今降持揮如法應辦葬斂。[159]

魏勝是從二品，依法可得詔葬，由所在地方政府負責葬事，儀式不同於在京薨卒官員的詔葬。

　　若是死於外國的將軍使臣，只能舉行招魂葬禮。王倫奉命出使金國，不願降金而死。高宗賜其家金千兩、帛千匹。後來家屬希望在常州選擇墳地，辦理招魂葬，高宗詔「葬事令常州量行應副」，[160]不舉行其他詔葬禮儀。

五、詔葬衍生的問題

1.詔葬耗費高

　　宋代品官喪葬有一定禮儀，《天聖喪葬令》云：「諸喪葬不能備禮者，貴得同賤；賤雖富，不得同貴。」[161]明顯區隔官、民喪葬禮制，官員喪葬可降格，但民眾不能僭禮，這是以「令」來實踐禮的規範。同樣的，南宋規定「諸喪葬，事有著令者，不得用例。」此亦強調「令」對辦理喪葬事項的要求，但不刻意區別官民辦理喪葬儀式的貴賤區別，朝廷也同意無力配合者可以變通，即「諸喪葬有制數，而力不及者聽從便」。[162]詔葬情形又如何？

---

[159] 清・徐松纂輯，《中興禮書》，卷298，〈凶禮六十三〉，隆興二年十一月十三日，頁460。

[160] 清・徐松纂輯，《中興禮書》，卷297，〈凶禮六十二〉，（紹興）十五年正月二十七日同簽書樞密院事王倫妻安康郡夫人陳氏狀，伏為夫王倫奉使不還，日近竊聞在虜中身故事。本家欲招魂安葬，乞於常州，選擇墳地應有合用地段，營葬工匠物料等，乞令本州應辦。詔葬事令常州量行應副。頁457。

[161] 天一閣博物館、中國社會科學院歷史研究所天聖令整理課題組校證，《天一閣藏明鈔本天聖令校證》，〈喪葬令卷二十九〉，宋33，頁426。

[162] 宋・謝深甫，《慶元條法事類》，卷77，〈服制門・喪葬〉，「服制令」，頁836。

　　詔葬是朝廷對薨亡大臣的榮典，禮儀規格更高，且能得到治喪費用，喪家理應接受才是。但有大臣生前即交代子孫辭詔葬，如「馬知節遺命諸子，令辭詔葬。」真宗贈官侍中，諡正惠，賵賜加等。[163] 劉承規「自寢疾，惟以公家之務為念。遺奏求免贈賵詔葬。」帝乃「遣內臣與鴻臚典喪，親為祭文。玉清昭應宮成，加贈侍中，遣內侍鄧守恩就墓告祭。」[164] 資料顯示朝廷事前會詢問喪家意願，也出現很多乞求免詔（敕）葬或贈祭都門的案例。錢惟治卒，真宗知道他子孫甚眾，特詔給予豐厚賜賚。並問向敏中，錢家想得到詔葬否？向敏中曰：「群臣家貧者，頗憚官給喪事。」[165]於是罷詔葬。

　　仁宗時曾下詔：「臣僚應敕葬，而其家不願者，聽之。」[166]事實上，朝廷不一定同意。韓絳病重，朝廷遣使問後事，「病亂中誤諾敕葬，其後子姪辭焉。」[167]前文已述韓絳仍得到規格極高的詔葬。范純仁薨，「上遣中使密賜銀三千兩，且宣諭曰：非常典也，拊慰諸孤，索其所須無纖悉。問欲敕葬否？諸孤以治命力辭。尋敕潁昌河南府給其葬事，賜其墓碑曰世濟忠直。」[168]不過，墓誌銘提到仍得詔葬，由官給其葬事：「常賵外，賜其家銀三千兩，贈開府儀同三司。敕潁昌、河南給其葬事。賜世濟忠直四字，曰：以是書於墓隧碑首。又詔葬，為輟視朝。」[169]葉夢得指出「近年敕葬，多上章乞免，朝廷知其意，無不從者。」[170]這可能是北宋晚期以後的現象。

　　朝廷如何詢問喪家詔葬意願，可藉南宋高宗時之例探知其流程。紹興七年（1137）八月二十四日臨安府接到尚書省箚子，「奉聖旨令臨安府差官宣問趙仲湜本家，願與不願敕葬？具狀申尚書省。」臨安府便差簽書節度判官廳公事梁宏祖前去宣問，「據本家狀稱不願敕葬。」[171]但是喪家若乞免敕葬後，便無法要求官員監護葬事。紹興三年正月十一日，故慶遠軍節

[163] 宋‧李燾，《續資治通鑑長編》，卷94，真宗天禧三年八月，頁2165。

[164] 元‧脫脫，《宋史》，卷466，〈列傳二百二十五‧宦者一‧劉承規〉，頁13610。

[165] 宋‧李燾，《續資治通鑑長編》，卷83，真宗大中祥符七年七月辛卯，頁1888。

[166] 宋‧李燾，《續資治通鑑長編》，卷118，仁宗景祐三年三月丙午，頁2779。

[167] 宋‧孔平仲，《孔氏談苑》，卷1，頁10。

[168] 宋‧范純仁，《范忠宣公文集》，卷20，〈范忠宣公行狀〉。

[169] 宋‧曾肇，〈范忠宣公墓誌銘〉（收入《全宋文》，第110冊），《曲阜集》，卷4，頁112。

[170] 宋‧葉夢得，《石林燕語》，卷5，頁67。

[171] 清‧徐松纂輯，《中興禮書》，卷297，〈凶禮六十二‧舉哀掛服〉。紹興七年八月二十四日，頁456。

度使邢煥妻熊氏進狀：

> 伏蒙聖恩特降中使宣問，亡夫邢煥本家願與不願勅葬事。妾不敢上
> 貽聖慮動煩朝廷，具箚子乞免，已蒙允從。竊緣本家雖已竭力營
> 辦，深慮不前，伏望聖慈特降睿旨，差中使一員主管葬事。

高宗詔「所乞差內侍主管葬事，不行。今戶部支賜銀、絹各一千匹兩，仍
令本家一面踏逐葬地。候踏逐到，令所屬軍州量行應副葬事。」[172]喪家請
求免敕葬，獲得朝廷同意。其後因無力辦理，再度乞朝廷派中使監護喪
事，但高宗不同意派官監護喪事，只增撥喪葬補助金，[173]令其自行覓妥土
地，再由地方官府協助後續安葬事宜。可見詔葬是極為重要的典禮，朝廷
會先詢問過喪家意願，如已得到指示，不易改變。

　　朝廷給喪家賻贈、孝贈及特恩等喪葬慰問金，詔葬動員的人力與物
件，也多由官府支應。喪家為何仍辭謝詔葬或贈祭？學者指出宋代喪葬
費用過高，負擔沉重。[174]相形之下，時人傾向接受官府賜資財，自辦葬事
的「宣葬」，「蓋省費於勅葬也。」[175]所謂「勅葬喪家無所預，一聽於監
護官，不復更計費。惟其所欲，至罄家資，有不能辦者。」[176]喪家子孫乞
免詔葬，如神宗時，楊琪薨，「諸孤既辭詔葬」。[177]官員家屬大多以家貧
為由，無力籌募巨資配合皇帝敕葬恩典來辦理喪事。如畢士安「平生奉養
至自貶約，而賑贍宗族，賙恤故舊甚厚」，在他「身沒之日，所餘俸祿無
幾，比過詔葬，家遂貧。其喪未終。」[178]很難想像傾家蕩產，仍無法辦好
詔葬。彭睿卒，仁宗至其家臨奠，並「輟一日朝，贈侍中，遣官監護葬
事，法當得諡，其家避都省集官之費而固辭之」。[179]張知白卒，家裡「以

[172] 清・徐松纂輯，《中興禮書》，卷297，〈凶禮六十二・詔葬一〉，頁451。
[173] 吳麗娛認為此例屬於宣葬，見《終極之典：中古喪葬制度研究》，下冊，頁703-4。筆者認為宋代官方並未定義何為宣葬，以贈喪家金銀，令其自行辦理喪葬，認定為宣葬，無異於將賻贈視為宣葬。
[174] 程民生，〈宋代婚喪費用考察〉，《文史哲》，2008年第5期（濟南，2008.9），頁109-111。
[175] 宋・趙昇，《朝野類要》，卷5，頁23。
[176] 宋・葉夢得，《石林燕語》，卷5，頁67。
[177] 宋・宋祁，《景文集》（收入《全宋文》，第25冊），卷57，〈楊太尉神道碑〉，頁97。
[178] 宋・杜大珪，《名臣碑傳琬琰集》（影印文淵閣四庫全書本），下卷4，〈畢文簡公士安傳〉，頁695。
[179] 宋・李燾，《續資治通鑑長編》，卷106，仁宗天聖六年春正月丁酉朔，頁2461。

貧辭敕葬」，仁宗詔令由官府提供所有喪葬器具，並要王曾等人一同撫恤其家。[180]南宋隆興二年（1164）八月十八日，潘粹卿等上表請求停止亡母故秦國大長公主勅葬指揮，他說：「竊念臣粹卿等家資貧薄，眾所共知，第恐致時應辦不周，不能仰體聖恩，□被誅戮，有犯天威。」便以其亡母遺表所乞為由，希望免除敕葬，「葬事止令婺州應辦，就差本家幹辦官管幹」孝宗同意。[181]

也有喪家因為儀式複雜，請求排除詔葬的某些儀式而非辭免詔葬，前引朱勝非母得到敕葬，朱勝非看到太常寺臚列的禮儀清單，兩天後（四月十五日）上狀：「竊見太常寺所稱降賜祝文，恩禮過厚，非所敢當。及有司排辦禮物稍多，差官吏兵級人不少。方時艱難，慮有煩擾。伏乞特賜寢罷，庶使存歿俱獲安迹。」[182]贈祭之繁文縟節亦令喪家卻步，乾道四年（1168）七月四日，蔣芾母亡歿，太常寺也建議「出殯日，都門合該排設贈祭」。蔣芾奏稱「契勘今來降賜祝文，恩禮過厚，臣子之義非所敢當，并有司排辦禮物稍多，差官吏兵級人數不少，委是煩擾，存沒難安。伏乞朝廷特賜敷奏寢罷。」[183]乾道七年（1171）六月二十二日，沈雲紀為其父沈與求葬禮，請求不舉行贈祭：「準太常寺牒，勘會依條二品以上薨，出殯日合都門贈祭。今來本家更不願排設贈祭，伏乞行下所屬照會。」[184]

歸葬故鄉也是乞免詔葬的原因。敕葬儀式十分隆重，人力物力消耗甚多，還要歸葬故鄉外地，喪葬經費恐倍增。乾道三年三月二十七日，趙伯圭母秀王夫人張氏薨。伯圭打算扶靈送歸湖州先塋合葬，希望「特降睿旨，就委浙西漕臣，并湖州守臣量行應副葬事。」太上皇帝（高宗）聖旨同意請求，一方面差人賜賻贈外，並下箚子至途中各處，盡速從優辦理。四月十八日，趙伯圭又上奏：

> 伏念臣當來所以陳乞漕臣應副葬事，非敢有他。止恐私家有所不能辦者，須少假官司之力，非敢以覬漕司財用之費，已蒙聖恩，俯從所請。臣今復聞朝廷舉行勅葬禮數，臣母已蒙聖恩，錫賚賻贈之物

[180] 宋・李燾，《續資治通鑑長編》，卷106，仁宗天聖六年二月壬午，頁2465。

[181] 清・徐松纂輯，《中興禮書》，卷298，〈凶禮六十三・詔葬二〉，頁460。

[182] 清・徐松纂輯，《中興禮書》，卷297，〈凶禮六十二・舉哀掛服〉，頁456。

[183] 清・徐松纂輯，《中興禮書》，卷298，〈凶禮六十三・詔葬二〉，頁461。

[184] 清・徐松纂輯，《中興禮書》，卷297，〈凶禮六十二・舉哀掛服〉。乾道七年六月二十二日，頁456。

至優至厚。臣為人子之心，自當罄竭家資以畢襄奉。欲望聖慈，寢罷勅葬指揮，免差一行官屬，止依元降指揮施行。[185]

太上皇帝也同意所請。趙伯圭也因需將亡母歸葬湖州，擔心舉行敕葬的典禮過於隆重，隨行官員人力太多，以致上箚希望免行敕葬，以家產自費葬母。

喪葬費用暴增，也跟答謝人情有關。真宗大中祥符二年七月，詔：「內使宣賜，有送錢者，宜令本省差定其數，勿使過當。」[186]當時軍校有亡歿者，朝廷賜錢五十千，喪家以十千奉使臣。監護葬事的鴻臚，所得旣費六十縑，[187]仁宗也說：「大臣之喪，遣官監護葬事，蓋出於恩禮，而近歲喪家過有所費。況祥符詔書，自使相以下，皆有定數。今宜稍增其舊，踰者令閤門、御史臺、金吾街仗司糾之。其不願敕葬者，亦聽。」[188]但詔葬費用過高的情形依舊。

由范仲淹、歐陽修論荊王詔葬的意見，便能看出詔葬的缺失。仁宗慶曆四年，宋祁任荊王葬禮的監護喪事，官員曾為是否舉行詔葬而有爭辯。范仲淹分析當時提到主張不舉行詔葬理由有三：「其一曰，年歲不利，此陰陽之說也；其二曰，財用方困，此有司之憂也；其三曰，京西寇盜之後，不可更有騷擾，此憂民之故也。」在陰陽拘忌、財政負擔、擾民三項意見外，范仲淹又提出四個看法：

其一曰，諸侯五月而葬，自是不易之典，今年歲不利之說，非聖人之法言也。其二曰，天下財利雖困，豈不能葬一皇叔耶？陛下常以荊王是太宗愛子，真宗愛弟，雖讒慝多端，陛下仁聖，力能保全，使得令終，豈忍送葬之際，卻惜財利，而廢典禮，使不得及時而葬？恐未副太宗、真宗之意，臣為陛下惜之，豈不防天下之竊議哉？更乞檢會先朝諸王之薨，有無權厝者。其三曰，自來敕葬，多是旋生事端，呼索無算。臣請特傳聖旨，令宋祁、王守忠與三司使副並禮官聚議，合要物色，務從簡儉，畫一聞奏，與降敕命，依

---

[185] 清‧徐松纂輯，《中興禮書》，卷298，〈凶禮六十三‧詔葬二〉，頁460。

[186] 清‧徐松纂輯，《宋會要輯稿》，內侍省，職官三六之六，頁3074。

[187] 宋‧李燾，《續資治通鑑長編》，卷190，仁宗嘉祐四年十一月庚子條，頁4598。一說六千縑。

[188] 宋‧李燾，《續資治通鑑長編》，卷106，仁宗天聖六年春正月庚子條，頁2461。

> 所定事件應副，更不得於敕外旋生事節，枉費官物。仍出聖意，特
> 賜內藏庫錢帛若干備葬事，使三司易為應副。如此，則陛下孝德無
> 虧，光於史冊。其四曰，自來敕葬，枉費大半，道路供應，民不聊
> 生。荊王二子並左右五七人送葬外，其餘婦人，合存合放，便與處
> 分，更不令前去，自然道路易為供頓，大減冗費。既減得費耗，又
> 存得典禮，此國家之正體也。[189]

范仲淹先以聖人法言與皇族親情，反駁以陰陽拘忌、財困為由而延遲詔
葬，強調應舉行詔葬的理由。再就詔葬浪費、擾民的部分，提出改善之
道，亦即從簡辦理葬事，由行政官及禮官事先估算必要物品，統一上奏申
領，並由皇帝撥賜內藏庫錢帛應付葬事。至於送葬人力減少為五七人，便
能省下經費，同時完成朝廷大事。

　　歐陽修也批判陰陽拘忌之說，不足為信；但反對者提到國家財用不
足，不應該辦葬，可能使皇帝憂慮而遲疑。他認為歷來敕葬大臣，浮費枉
用之物甚多，其實不是朝廷本意。乃承辦主司方法有疏失，令人有機可
趁。歐陽修建議，「先乞令王堯臣、宋祁等，將一行合用之物列其名件，
內浮費不急者，一一減去之。若只留實用之物，數必不多。假如稍多，更
加節減，雖至儉薄，理亦無害。如此，則葬得及時，物亦不費。」[190]後
來，歐陽修又指出朝廷「欲愛民節用，而常枉費勞人」，就是一開始沒找
到問題癥結，他分析關鍵有四：「民間不科配，一也。州縣供應，物有定
數，二也。送葬之人在路，禁其呼索，三也。州縣官吏不得過外供須以邀
名譽，四也。」解決這四個現象，便無大患。方法是：

> 應是合要之物并須官給，不得民間科買。仍乞先將一行儀仗人馬并
> 送葬人等一人以上，先定人數，然後箚與京西，令依數供頓，則可
> 無廣費。自荊王以下諸喪，非至親者不必令其盡往，仍乞限定人
> 數，及每人將帶隨行人數亦乞限定。凡皇親及一行官吏，除宿頓
> 合供飲食外，不得數外呼索。州縣官吏亦不得於官供飲食外，別以

[189] 宋・范仲淹，《范文正公政府奏議》，收入《范仲淹全集》（成都：四川大學出版社，
　　 2007），中冊，頁567。

[190] 宋・歐陽修，〈論葬荊王箚子〉，《歐陽修全集》（北京：中華書局，2001），卷104，頁
　　 1585-6。

諸物獻送權要。其受獻送并呼索，并以入己贓論。仍乞御史裏行一人，隨行糾察。其數外帶人，及州縣隨順呼索獻送物等官吏，物出於己，亦從違制。若託以供應為名，於民間賤買及率掠者，皆以枉法贓論。如此防禦，方可杜絕浮費，以稱陛下厚親節用之心。[191]

歐陽修主張喪葬品由官府提供，不能向人民科買。其次，必先決定儀仗與送葬人數，以控制花費。皇族中非至親不用親自送葬，皇親、官員食宿不得額外要求。地方官吏提供飲食，不可送禮。途中由御史裏行糾察，凡送禮、收禮、低價掠買民物等，都以論刑。

　　范仲淹與歐陽修的建議，都主張先核算必要禮儀器物，由官給，不擾民，也都要求辦理喪事官吏不能趁機收禮、送禮，增加喪家負擔。但不能扭轉詔葬風氣，如陳襄監護冀沖孝王葬事。事畢，帝贈絹五百疋、錢五百貫，陳襄辭不敢受。[192]皇帝賞賜的金額應是朝廷的規定，曾布個人的例子可為證明。神宗熙寧四年十二月，曾布奉敕擔任監護贈榮王從式的葬事，發現得到詔葬之喪家私下餽贈使臣，連帶地膨脹喪葬費用。儘管「祥符中，患其無節，嘗詔有司定數。皇祐中，復著之編敕，令使臣所受無過五百，朝臣無過三百」；「近世使臣過取饋遺，私家之費或倍於公。比歲以來，不復循守，取之或十倍於令。」時間推移，官員拿到的謝禮日漸可觀。曾布自認受皇命典掌護葬事宜，雖不敢推辭喪家，「然遵行詔令，請自臣始。至於吏屬趨走給使之人，所得之物亦當有節。乞同張茂則取舊例裁定中數，以為永式。」[193]這辦法顯然無濟於事。孔平仲提到當時「勅葬之家，使、副洗手帨巾，每人白羅三疋，它物可知也。」[194]官府敕葬乃是喪葬儀式的一部份，鹵簿儀仗由官府提供，其間朝廷命官員監護喪事，治喪過程的其他費用，包括所有人員的謝禮，需喪家自理。

　　至於辦理官員喪事的其金額限制是：「諸臣僚身亡，得旨令所屬量行應副葬事者，所須人物計功直，通不得過一千貫。曾任執政官以上者，不拘此令。」[195]更嚴格訂定「官吏仍不許於式外，受本家遺送。飲食之物

[191] 宋・歐陽修，〈論葬荊王一行事箚子〉，《歐陽修全公集》，卷104，頁1587。

[192] 宋・陳襄，〈辭監護冀沖孝王葬畢宣賜狀〉，《古靈集》（收入《全宋文》，第50冊），卷14，頁12。

[193] 宋・李燾，《續資治通鑑長編》，卷228，神宗熙寧四年十二月辛未條，頁5558-9。

[194] 宋・孔平仲，《孔氏談苑》，卷1，頁10。

[195] 宋・謝深甫，《慶元條法事類》，卷13，〈職制門・亡役歿〉，頁283。

非。」、「諸毀緣勅葬而主管使臣及官司以所須之物，配擾人戶或減剋所支財物者，徒兩年；情重，鄰州編管，命官勒停。」[196]從陸游所說：「勅葬則喪家所費，至傾竭貲貨，其地又未必善也。故都下諺曰：宣醫納命，勅葬破家。」來看，[197]南宋敕葬花費問題似乎還沒完全改善。

從法律的角度來看，南宋辦理敕葬較北宋有明確的管理規範。請領敕葬錢物的程序是「諸勅葬所須之物，主管官具數報所屬，即時以所在官物充，闕或不足，給轉運司錢買，工匠闕即和雇，葬地近官山者，其合用石，聽採。應副不足，申轉運司計置其人從，並從官給。隨行人應給肉者，計價給錢。」[198]避免擾民，敕葬人員、靈車於途中的措置是：

> 諸勅葬，程頓幕次主管諸司官關到親屬及緣葬人數，差官於官地絞縛，或寺院店舍計日給賃錢。分貼位次，及安靈舉之所，不得拆移門窗牆壁，仍辦所須之物，每頓差將校、軍曹司主管，前柒日其畢備回報，餘官司關到緣葬排辦事，並准此。其靈舉高闊，預行檢視經由處，有妨者即時修整。前叁日畢。

在敕葬結束後，祭祀物品處理方式有二：「諸勅葬，供頓之物付本家。主管人候離頓交點收管，損失者，申所屬估價，關葬司，勒主管人備償，不得關禁。」、「諸勅葬畢，供頓之物所在差官點檢，損壞者申所屬修葺，席荐、瓷瓦器不堪者，除破。」[199]且訂有罰則及賞格，以取締故意毀損敕葬供頓物品者。[200]上述申辦步驟次序分明，並訂刑責，與北宋范仲淹、歐陽修主張改革敕葬的看法相去不遠，可視為兩宋敕葬管理制度沿革的結果。

2.詔葬不合禮法

宋代詔葬所衍生的問題卻不少。對喪家來說，主要是繁文縟節、費用巨大。從制度的角度來看，能否依法令辦理詔葬是很實際的問題。例如

196　宋‧謝深甫，《慶元條法事類》，卷77，〈服制門‧喪葬〉，「雜勅」，頁836。
197　宋‧陸游，《老學庵筆記》（北京：中華書局，1979），卷9，頁116-7。
198　宋‧謝深甫，《慶元條法事類》，卷77，〈服制門‧喪葬〉，「服制令」，頁835。
199　宋‧謝深甫，《慶元條法事類》，卷77，〈服制門‧喪葬〉，「服制令」，頁836。
200　宋‧謝深甫，《慶元條法事類》，卷77，〈服制門‧喪葬〉，頁834、840。

低階官員與宮中嬪妃喪葬儀式，是不能給詔葬規格的鹵簿。司馬光看到中官麥允言及充媛董氏之喪，天子都下詔給鹵簿，「皆爭之，以其非常典也。」[201]徽宗賜童貫子敕葬，童貫命縣尉郭僎拆除途中的民房，郭僎打算先拆除童姓民屋數十間。童貫立刻下令不用拆。[202]這固然是郭僎以機智打消權臣不合理的要求，但也可看到童貫兒子得到不合身分的敕葬。換言之，儘管法令對詔葬有所規範，皇帝往往因個人因素，例如與該薨卒大臣的關係，或寵信大臣的亡故家屬，賜予例外的禮遇。

南宋張俊薨，高宗曰：「張俊極宣力，與他將不同，恩數物從優厚。」[203]高宗差睿思殿祗候王晉行、黃大求主管故太傅、平樂郡王韋淵勅葬。入內內侍省奏「本省檢準勅葬臣僚格，主管官一員。今承傳宣指揮，差王晉行、黃大求二員，有礙前項格法。合具奏稟。」，高宗仍不改原意。[204]再如万俟卨之例，他於紹興二十七年薨：

> 方公以病告也，上飭中貴人挾太醫診視，親御翰墨，諭以調護之宜。尚方名劑，遣騎馳賜，相屬于道。公頓首表謝曰：臣不幸犬馬之病寖革，自度不能復任陛下之事矣，願上還印綬，乞骸骨。手詔慰諭，還其奏章。再上，除特進觀文殿大學士致仕。制甫下，而公薨聞。天子震悼，輟視朝，賜東園祕器、龍腦、水銀以殮，賻金帛六千，贈少師。
>
> 官其子孫十二人，又授二子夷中、致中直祕閣。勅內侍副都知衛茂實典護喪事，賻恤加等，勿拘令式。諸孤擇日奉公之柩歸衡州，又詔兩淛轉運使、江南東路總領司具舟護送，所在官給費。隱卒崇終，恩禮哀榮，可謂盛矣。[205]

---

[201] 宋·汪應辰，《石林燕語辨》，卷4，頁194。

[202] 元·脫脫，《宋史》，卷452，〈列傳二百一十一·忠義七·郭僎〉，頁13307。

[203] 元·脫脫，《宋史》，卷124，〈禮二十七·凶禮三·諸臣喪葬等儀·詔葬〉，頁2911。

[204] 清·徐松纂輯，《中興禮書》，卷297，〈凶禮六十二·舉哀掛服〉，紹興二十三年十二月十八日，頁458。

[205] 宋·孫覿，《鴻慶居士集》（收入《全宋文》，第161冊），卷36，〈宋故特進觀文殿大學士河南郡開國公致仕贈少師万俟公墓誌銘〉，頁43。文中「東園祕器」乃指棺，見宋·洪邁，《容齋隨筆》（北京：中華書局，2006），五筆卷九，〈東不可名園〉，頁936。

高宗差衛茂實主管萬俟卨勑葬，又命內侍于惟修於臨安府取水銀二百兩，
熟白龍腦一百兩，並充賜尚書右僕射萬俟卨薨使用，[206]高宗種種作為，看
出他感念大臣的心意。帝王個人意志，所謂「恩數物從優厚」、「賻恤加
等，勿拘令式」，都是詔葬制度出現例外的主要原因。

3.墓地糾紛

　　對地方政府來說，應付葬事，調用人力而生民怨。仁宗時代「又應奉
陵宮詔葬，凡百費率特倍餘處，民力不易，亦有詣闕列訴。」[207]其次，詔
葬會賜給喪家土地，因而衍生出糾紛。治平元年（1064），英宗詔葬皇后乳
母永嘉郡夫人賈氏。不料開封府言，因需徙掘民墓，產生很多爭議。英宗
表示：「豈宜以此擾民邪？」命勿徙。[208]洪邁任禮部郎官時，則經歷一件
敕葬墓地公案：

> 王淵以建炎三年僉書樞密院死於苗劉之難，骸骨不存。及事寧，詔令
> 招魂以葬，官給其費，而子弟懦弱，久未得集。王倫以僉書樞密，留
> 守東京，死於虜，在其後十二年，尸柩不歸，亦俾招魂葬。其子居
> 宜興，至紹興三十年，始克作墓。將以詰旦掩壙，姻戚畢會，天未
> 明，乃已有置棺於中者。驚問之，則為淵家所據矣。兩下爭鬪，幾
> 於兵刃相格。事聞於州縣，皆知曲在淵家。而其言曰，彼此俱是勑
> 葬，資於國力，用之何妨？官司莫能決，淵故部將多顯貴，為之道
> 地。遂云，淵既就窆，豈宜復徙？但命倫子別卜地，而轉運司為主
> 辦刀巳，兩人皆王氏，皆為樞密，皆不得其死，皆奉勑招魂，其家
> 皆在宜興。去淵之沒，凡三十餘年。家訟方起，殆前未之聞也。[209]

王淵死於苗劉之變，《宋史》本傳並未提及詔葬事。[210]前述王倫奉命出使
金國，不願降而死。家屬確認惡耗，希望在常州選擇墳地，辦理招魂葬。
高宗詔「葬事令常州量行應副」[211]兩位王姓官員都是因公殉難而得敕葬，

---

[206] 清‧徐松纂輯，《中興禮書》，卷297，〈凶禮六十二〉，紹興二十七年三月二十七日，頁459。

[207] 清‧徐松纂輯，《宋會要輯稿》，〈宋緣陵裁製上〉，禮三七之三二，頁1335。

[208] 宋‧江少虞編纂，《宋朝事實類苑》，卷五，〈祖宗聖訓五‧英宗皇帝〉，頁48-49。

[209] 宋‧洪邁，《夷堅志》（北京：中華書局，1981），三志辛，卷31，〈王樞密招魂〉，頁1407~8。

[210] 元‧脫脫，《宋史》，卷369，〈列傳一百二十八‧王淵傳〉，頁11487。

[211] 清‧徐松纂輯，《中興禮書》，卷297，〈凶禮六十二〉，紹興十五年正月二十七日，頁457。

然相近的任官背景、殉國遭遇、招魂葬地點等諸多巧合，引起爭訟。按《慶元條法事類》，要求「諸勑葬無地者，聽本家選無妨礙地，申所屬差官檢定，估價買充。地內有屋半林木不願賣者，聽自拆伐，仍除其稅，即官賜地而標占民田者，准此。」[212]王淵與王倫兩家均未依照敕葬的葬地規定來辦。王倫其子與王倫從兄潛入金境，找到王倫遺骨以歸，官給葬事。[213]有可能是因為王倫家人找尋其遺骨，致葬事拖延。有司處理兩造糾紛，卻因王淵家勢力大而難公平解決。好的墓地相爭不下，或許因為不好的葬地導致破家，所謂「姚麟勑葬乃絕地，故其家遂衰。」[214]反映了葬地風水的迷信，也是喪家對敕葬裹足不前的一項原因。

六、小結

本文利用禮書、法典和文集等文獻資料為基礎，分析詔葬者的官品條件，並逐項討論詔葬儀式。宋代詔葬充分且必要的禮儀，包含監護喪（葬）事、賜殮葬物品及送葬鹵簿、都門贈祭及相關儀式等，釐清《宋史》禮志有關詔葬的錯誤記載。然詔葬衍生的問題也不少，包含詔葬費用高、詔葬不合禮法、擾民等。

宋代亡故官員，朝廷視其官品給賻贈，辦理喪事；如得到詔葬恩典，慰問助葬金額更高。

亡官沒資格得到賻贈、詔葬，喪家也可能有喪葬補助金。亡官不論是否得賜詔葬，都有機會得到輟朝、賻贈、監護喪（葬）事及官給喪葬等慰問措施；一品二品亡故高官之詔葬，朝廷賜龍腦、水銀、冠服入殮，出殯日提供與亡者官品相符的鹵簿隊伍送葬，並在都門外舉行贈祭及相關祭儀。

詔葬是宋廷對亡故皇親大臣喪葬的恩典，宋代詔（敕）葬延續隋唐禮制，但隨著皇帝權力與社會環境而有轉變。再從《天聖令》中，《喪葬令》被放棄的唐令部份，也可看出唐、宋對禮制的態度不同，詔葬內涵也有調整。兩宋皇帝經常在制度外施恩，史料亦未詳錄個案，制度與實務的差距不易呈現，又如現存南宋史料詳細記載了喪葬制度，不可直接推論是兩宋通行不變的制度，方可避免前輩學者誤讀史料情形。

---

[212] 宋・謝深甫，《慶元條法事類》，卷77，〈服制門・喪葬〉，「服制令」，頁835。

[213] 元・脫脫，《宋史》，卷371，〈列傳一百三十・王倫傳〉，頁11526。

[214] 宋・陸游，《老學庵筆記》，卷9，頁116-7。

　　由於文獻用語不一，記載失察，增加判讀研究的困擾，如詔葬與輟朝的官品相近，易混淆；官員死亡多能得到朝廷賻贈，如贈賜豐厚，易與詔葬相類；都門贈祭、都門輓祭因地點相同而致前人誤記，事實上，兩者儀式內容與意義大相逕庭。如能在此基礎上，分析個案史料，並考察宋代禮學的傳承，更能清楚看出兩宋詔葬制度的演變的軌跡，與唐宋之際禮制變化的時代意義。

金代的官員遷轉路徑
——以格法為中心的觀察[*]

陳昭揚[**]

一、前言

　　約於熙宗朝之後，隨著政府架構的完整，選民為官的入仕制度、選官任職的遷轉制度、稽核官員政績的考課與監察制度等三大範疇的金朝官員管理機制也正逐漸成熟。在遷轉制度部分，金朝既對各種職務設定了各自的官員選任規範，也為不同類型的官員設定了各自的職務除授辦法。此時，各類官員的可任職務開始固定，一連串的應歷職務又將形成各類官員的基本遷轉路徑。這些路徑的內容受到了傳統慣例與典章法規的調控，而法規又是運作體系化的具體呈現。

　　遷轉之際，基本原則也漸明朗，「既仕則必循陞降之定式，雖或前後略有損益之殊，而定制則莫能渝焉」，而「陞降」又「皆循資」。[1]金朝對於循資原則的遵行當是來自唐宋之制，此一原則使得官員的遷轉過程中，資歷的地位重要，職務選授也有了標準化或制式化的面貌。[2]另一方面，「陞降定式」主要是存在於基層職務除授，而多以「格」的形式留存至今。眾所皆知，金代史料甚是貧乏，不過《金史‧選舉志》卻留有大量的

---

[*]　本文原以〈金代的入仕之途及其遷轉之道〉為題，宣讀於「跨越想像的邊界：族群‧禮法‧社會——中國史國際學術研討會」，後大幅改寫，以〈金代的官員遷轉路徑——以格法為中心的觀察〉為題，發表於《成大歷史學報》第47號。從會議宣讀到期刊發表，承蒙林煌達教授、《成大歷史學報》兩位匿名審查人與編輯委員會惠賜卓見，本文受益良多，謹申謝忱。此次刊行，又對少數敘述略有刪修，唯錯漏不免，仍懇請方家賜正。

[**]　國立臺灣師範大學歷史學系副教授。

[1]　元‧脫脫，《金史》（點校本，北京：中華書局，1975），卷52，〈選舉二〉，頁1157、1159。

[2]　唐宋循資原則的發展，詳參鄧小南，《課績、資格、考察——唐宋文官考核制度側談》（鄭州：大象出版社，1997），頁70-107。

選任格法，如能加以整理，相信可對金朝人事管理制度的研究提供莫大的助益。只是《金史》對於此類格法的記錄頗是簡省錯訛，加上罕有其他資料可供比對，利用難度甚高，這或許也是目前雖有學者利用這些格法討論特定議題，卻無整體分析的原因。[3]

本文將先分析世宗、章宗時期的職務除授格法，考證《金史‧選舉志》所記，並配合其他資料重建金朝遷轉路徑的基本架構，初步解釋相關規範的設計原則。討論中，本文暫時放棄處理三項目前制度史研究的重要課題，即制度的演變、制度與現實運作間的落差、以及制度發展或運作與當代政局的互動。這種討論範圍的取捨，主要是基於對過往制度史研究成果的觀察與寫作實務上的考量。就過往的中國政治制度史成果所見，先關注盛世定制，再追溯因革流變，終則關心形式規範與現實運用的落差，似乎是一種基本的學術演進歷程，現今議論的高度也得自學界長期努力的積累。然而，本文關注的議題卻未出現這種積累。金代政治制度的研究，過去學界較為關注政府組織，而在人員管理規範的部分，除了入仕制度外，相關論述較少，至於遷轉制度及其格法，成果更是有限。也因此雖然最終的研究目標將會確認金朝遷轉制度對當代政局的影響以及在中國官員管理制度演變中的地位，但因待論之處猶多，在到達現實運用與後續影響的分析前，當有先行梳理制度本身的必要。又因發表篇幅的考量，本文將先觀察特定時期的制度本身，希望透過格法內容的釐清與「盛世之制」的認識，掌握金代遷轉制度的「基本型」。整理之際，本文也試著設計一些有助於整體比較格法內容的表格，此處過去學界常以文字論說，理解難度較高。相關成果，期待可為後續探討的基礎。

最後，《金史‧選舉志》所記格法多適用於基層職務的除授，但這些基層職務除了官職與差使職外，也含無品吏職與宮中承應職，本文將僅針對授予官員的官職與差使職的遷轉格法。一如唐宋，金朝的政府人員也分官員與「在官庶人」兩大類，前者是正式官員，後者則是相當於唐宋時期

---

[3]　《金史‧選舉志》所存格法，目前所見學界的利用形式，多是直接以之為例敘述該格適用的官員的遷轉待遇，不過相關說明常有未能綜合分析的缺憾。另外，近來也有學者試圖精細考論格法所見用語的意涵，主要成果或有二，一是關樹東，〈金代的雜班官與元代的雜職官〉，文收中國社會科學院歷史所隋唐宋遼金元史研究室編，《隋唐遼宋金元史論叢》，第3輯（上海：上海古籍出版社，2013.4），頁262-278；二是李鳴飛，〈《金史‧選舉志》銓選用詞考釋〉，《文史集刊》，2013：3（長春：吉林大學，2013.5），頁92-97。此對本文討論與格法內容的釐清幫助極大。

的「吏」或「流外人」。[4]由於本文旨在整理「官員」遷轉格法,「在官庶人」出職前的遷轉辦法便也不在討論範圍中。[5]

二、格法的基本形式

　　隨著基層機構的建置,金朝在天會十二年(1134)創設了負責低級官員遷轉的吏部銓選制度。至熙宗(1119-1150,1135-1150在位)、海陵王(1122-1161,1149-1161在位)時期,負責中高級官員的尚書省銓選制度也逐漸成形,此後金朝將有吏部銓選(簡稱「部選」、「部擬」)與尚書省銓選(簡稱「省選」、「省除」)兩大辦法,從七品以下職務由部擬負責除授,正七品以上職以省除為之。兩法於世宗(1123-1189,1161-1189在位)時期又各有分化。大定元年(1161)後,從八品以下職務除授「不須奏聞」,此後部擬可分兩級。又於大定四年(1164)至大定十三年(1173)間的多次改革後,省除也可再分兩級,一是尚書省只能奏上職闕與人選而由君主親選,此法適用於外路四品以上職、隨朝之五品以上職與繁劇局分六品職,以及正七品的監察御史、左右補闕、左右拾遺等臺諫官;[6]一是尚書省可以自擬,此法

---

[4]　「在官庶人」,即「庶人在官者」。其人杜佑稱「謂府史之屬,官長所除,不命於天子國君者」見唐・杜佑,《通典》(王文錦等點校,北京:中華書局,1988),卷35,〈職官十七〉,頁956;馬端臨則言「成周之制,元士以上,命官也,府史胥徒,庶人之在官者也」,見元・馬端臨,《文獻通考》(萬有文庫十通本,北京:中華書局,1986),卷35,〈選舉八〉,頁331。兩氏均據《禮記・王制》所發。本文不以「吏」、「流外人」而以「在官庶人」為稱,主要是考量到金代的「在官庶人」不僅只有吏人,也含供奉內朝的宮中承應人,進而金代並無「流外人」之名,流外職也是官員與「在官庶人」皆可獲任。為免混淆,遂以此古名統稱這些並非正式官員的政府人員。金代之官員與「在官庶人」的分別,詳參陳昭揚,〈金代流外職及其人員資格〉,《國立政治大學歷史學報》,第41期(臺北:國立政治大學歷史學系,2014.5),頁1-42。

[5]　金代「在官庶人」的選任與遷轉,詳參孟繁清,〈金代的令史制度〉,《宋遼金史論叢》,第2輯(北京:中華書局,1991.12),頁339-351;關樹東,〈金朝宮中承應人初探〉,文收《民族史研究》,第1輯(北京:民族出版社,1999.12),頁169-187;陳昭揚,〈金代宮中承應人的選任制度〉,《臺灣師範大學歷史學報》,第49期(臺北:國立臺灣師範大學歷史學系,2013.6),頁1-46。

[6]　明昌六年後,君主親選的職務範圍似較大定年間又有縮減,其時章宗命「隨朝五品之要職、及外路三品官,皆具人闕進呈,以聽制授」。見元・脫脫,《金史》,卷54,〈選舉四〉,頁1200。不過此時七品臺諫官仍為君主親選,臺諫官選法詳參三上次男,〈金の御史臺とその政治社會的役割〉,《金史研究二:金代政治制度の研究》(東京:中央公論美術出版,1970),頁495-570;陳昭揚,〈金代監察御史的選任制度及其運作──以官員組成為中心的考察〉,《東吳歷史學報》,第28期(臺北,東吳大學歷史學系,2012.12),頁1-44。

適用於上述以外的所有正七品以上職。[7]

　　在四級的銓選辦法中，君主親選的等級最高，也少見格法約束。至於非為君主親選的省除與所有的部擬，授職程序大致皆有「定式」可言。非為君主親選的省除，約於熙宗、海陵王時，金朝已有用於地方職務除授的「常調制」，其制乃「正七品兩任陞六品，六品三任陞從五品，從五品兩任陞正五品，正五品三任陞刺史」。至於中央職務，則是每任任滿「陞職一等」。[8]「等」，應指職務品級的最小單位，如正七品陞從六品、從六品陞正六品等皆是「陞職一等」。[9]以上職務皆以三十月為一任。兩法皆是循資遷轉，而中央待遇明顯較優，如同為從五品陞正五品，地方需要兩任，中央則僅需一任。由於包括部擬階段的地方職務的遷轉速度過緩，大定二十九年（1189）章宗（1168-1208，1189-1208在位）即位後曾有改革，一方面消減部分遷轉的資任數量，「凡三任升者減為兩任」，並開放從第二任未滿的資歷相應官員中選任超擢；一方面則擴大實施世宗創設的舉薦制度，增加破格擢才的機會。[10]不過即便有所改革，地方與中央之間的遷轉速度落差依舊巨大，省除以下的官員選任也還是以遵照定式循資擬注為原則。

　　相對於省除，部擬格法更重資歷，大定七年（1167）甚有官員直指「吏部格法止敘年勞」。[11]同時，部擬格法也更多元複雜，其辦法將以官員身分分類設定，分類標準主要根據官員的入仕途徑，各途官員在仕宦初期將各有適用格法，遷轉路徑亦將因人而異。基本上，金朝擁有五大入仕途徑，即軍功、勞效、科舉、門廕、出職。軍功與勞效兩途主要提供軍職人員轉詮一般政府職務，但前者的轉詮憑藉主要是戰功，後者則是年勞。科舉則是以考試選任平民為官的辦法，其中科目頗多，既有選任文士的進士科、律科、經童科，也有拔擢武才的武舉。門廕則是家世授職之法，初授職務有百司承應職與院務監當差使兩大類。部分高階百司承應職的選人辦法因此設有家世門檻，加上「試補」之制，具備足夠家世並通過試補的貴族與高官子弟便可藉由擔任高階承應職而出職入仕。至於試補不過或家世

---

[7]　金朝銓選的演變與基本程序，詳見元‧脫脫，《金史》，卷52，〈選舉二〉，頁1157；同書，卷54，〈選舉四〉，頁1193、1197、1198。

[8]　元‧脫脫，《金史》，卷52，〈選舉二〉，頁1158；同書，卷54，〈選舉四〉，頁1197。

[9]　「等」、「常調」、「隨朝」等詞彙的意義，亦見李鳴飛，〈《金史‧選舉志》銓選用詞考釋〉一文的說明。

[10]　大定二十九年改革，見元‧脫脫，《金史》，卷54，〈選舉四〉，頁1206-1209。

[11]　元‧脫脫，《金史》，卷54，〈選舉四〉，頁1194。

不足者，便僅能充任低階承應職，或另以院務監當差使入仕。出職之制頗類唐代的流外出職與宋代的吏胥出職，為提供「在官庶人」入流取得官職的管道。金代的「在官庶人」有宮中承應人與吏員兩類，而吏員又分中央與地方兩類，中央吏員與宮中承應人合稱為百司承應人，所任之職即是百司承應職。[12]以上五途官員在仕宦初期將各有不同的遷轉格法，遷轉路徑亦將因人而異。

　　金朝規範官員遷轉的主要法規體例為「格」，《金史・選舉志》中常見的「某年格」即為此，另外又有「制」、「敕」補充修正。規範中，金朝將對各類官員設定「所循注之職」。金代遷轉格法的基本紀錄形式，先以大定二十三年（1183）的詞賦進士遷轉格為例簡介。其格內容如下：

> 二十三年格，進士，上甲，初錄事、防判，二下令，三中令。中甲，初中簿，二上簿，三下令。下甲，初下簿，二中簿，三下令。試中策者，上甲，初錄事、防判，二中令，三上令。中甲，初上簿，二下令，三中令。下甲，初中簿，二錄事、防判，三中令。[13]

此格首先說明適用人員的身分，即「進士」；隨後分等人員，其中先分未試中策與試中策者，再分「上甲」、「中甲」、「下甲」；最後依序敘述各等人員的所歷職務，職務前之「初」、「二」、「三」為任次。此一「任次」，格法多僅言其數，但格法外的敘述則有以「任」、「考」、「資」、「資歷」、「資考」為單位。[14]關於應歷職務，格法多是規範三任以上，正隆元年（1156）舉人遷轉格更是一直設定至初除後的第十六任。[15]但也有僅言初除職務者，如大定九年（1169）的三虞候順德軍千戶謀克勞效遷轉格便言「千戶四十年以上者與從八品，三十年千戶、四十年以上謀克從九品，二十年以上千戶、三十年以上謀克與正班」。[16]另外，又

12　百司承應之名，見元・脫脫，《金史》，卷58，〈百官四〉，頁1339-1349。

13　元・脫脫，《金史》，卷52，〈選舉二〉，頁1161-1162。

14　李鳴飛，〈《金史・選舉志》銓選用詞考釋〉，頁93-95。

15　元・脫脫，《金史》，卷52，〈選舉二〉，頁1164。

16　元・脫脫，《金史》，卷52，〈選舉二〉，頁1167。此處之「千戶」、「謀克」應非《金史・百官志》所言之從四品、從五品的猛安、謀克。據王曾瑜先生所考，金代猛安、謀克之名或有六種意涵，其中《金史・百官志》所言之猛安、謀克乃是「女真族社會組織單位的領袖」，三虞候順德軍千戶謀克勞效遷轉格之千戶與猛安則是「金軍兩級編制單位的長官」，「此類軍職

有部分格法僅述散官授予，如泰和三年（1203）武舉格便指明「上甲第一名遷忠勇校尉，第二、第三名遷忠翊校尉」、「中等遷修武校尉」、「下等遷敦武校尉」。[17]最後，許多格法會在應歷職務最後註明「回呈省」，此即格法諸職皆已遍歷後，該員銓選便可轉交省除負責，如大定三年（1163）右職省令史出職格便稱「百五十月出職者，初刺同、運判、推官等，二、三中令，四上令，回呈省」。[18]考量到現實職闕無法配合，官員有時無法遍歷，金朝也有配套措施，一般是規定官員散官到達一定等級後便可直接呈省。如對進士官員，金朝便在泰和格指出其呈省條件有二，一是「合授資任須遍歷」，二是「雖未盡歷」但「官已至中大夫」。[19]

以上為金代遷轉格法的基本形式。另外，有些高階百司承應人格法所述的應歷職務已達正七品以上，此為省除階段。或因已入省除，部分格法敘述便也比照前引常調制而未明言應歷職務的種類，僅述當授職品。如明昌元年（1190）護衛出職格便是如此：「初任不算資歷，不勒留者，初從六品，二、三皆同上，第四任陞從五。勒留者，初從五，二、三同上，第四正五品。再勒留者，初正五品，二同上，三少尹，四刺史。」[20]值得注意的是上述格法中，有部分任次僅言品秩。這些僅言任次的職務，由於可能參照了常調制，加上金代的中央與地方的職務即便同品，遷轉階序中的中央職務位階卻總是略高地方職務一品，因此如欲於格法設定中央職務，若非需要降調一品，至少也要特別註明，但是由於並無相關說明，這些職務當為地方職務。[21]進而部擬格法也有不少僅述職品的敘述，所授應當也是地方職務。

三、軍功、勞效、進士三途的格法

整體而言，金朝對於官員遷轉路徑的設定已有細密安排，整體人員的管理亦有系統規劃。金朝首先將依入仕途徑分類所有官員，而後逐類設定

官也都屬『無官者』」，見王曾瑜，《遼金軍制》（保定：河北大學出版社，2011），頁259-260、264。

[17]　元‧脫脫，《金史》，卷52，〈選舉二〉，頁1165。

[18]　元‧脫脫，《金史》，卷53，〈選舉三〉，頁1174。

[19]　元‧脫脫，《金史》，卷52，〈選舉二〉，頁1162。

[20]　元‧脫脫，《金史》，卷53，〈選舉三〉，頁1183。

[21]　金代中外職務在遷轉階序中的對位關係，詳參陳昭揚，〈金代監察御史的選任制度及其運作——以官員組成為中心的考察〉，頁21-26。

格法。但諸途又有分化，或分類或分等，各類與各等人員也有專屬格法。

　　諸途之中，軍功制度的分化較為簡單。目前所見的兩種格法，全體人員均以同類標準分等。皇統八年（1148）格中，金朝僅以所帶散官能否到達從六品最下階的昭信校尉為標準劃分兩等。[22]大定二十九年（1189）格中，分等標準則轉趨複雜，除了散官等級，也增族屬身分。[23]其法詳見下表：

【表一】大定二十九年軍功遷轉格

人員資格	初除	次任	三任	四任	五任	六任
鎮國上將軍以上	取旨升除					
宣武將軍以上	下令	中令	上令	上令	✕	✕
女真人昭信校尉以上	下簿	下令	中令	上令	上令	✕
女真人一命遷至昭信校尉，餘人昭信校尉以上	下簿	中簿	下令	中令	上令	上令

　　此格與以下諸格之「上令」、「中令」、「下令」、「上簿」、「中簿」、「下簿」，乃是上、中、下等之縣令與主簿之省稱。其中縣令皆從七品，主簿皆正九品。[24]大定二十九年時，昭信校尉為正七品下，鎮國上將軍為從三品下，宣武將軍為從五品下。因此軍功遷轉的分等，大約是帶從三品以上散官者為第一等，帶四、五品散官者為第二等，帶六、七品散官者為第三等。第三等又依族屬分成二級，女真人已帶六、七品散官者為一級，如需再命方能獲得昭信校尉的女真人則與其餘族群之已帶六、七品散官者為次一級。

　　勞效制度略較複雜，除了一不明年份但約於大定二十年（1180）後制訂的「吏格」乃是全體人員均以同一標準分等外，其餘多是針對部分人員的格法，如大定五年（1165）、大定九年（1169）、大定十七年（1177）時，金

---

[22] 皇統八年格中，昭信校尉之後有小字註「正七品」。據李鳴飛所述，此小字註或是《金史》編者自加，不宜輕信，因為大定十四年金朝曾有一次散官制度改革，其後的散官名目與品秩皆有更動，李鳴飛便考出昭信校尉可能原為從六品最下階，大定十四年後方改為正七品下。考證經過詳參氏著〈金代前期散官制度——以《三朝北盟會編》中的《攬轡錄》為線索〉，《漢學研究》，29：4（臺北：漢學研究中心，2011.12），頁133-166。本文所述散官品秩，大定十四年前將以李鳴飛考訂結果為據，大定十四年後則以元・脫脫，《金史》，卷55，〈百官一〉，頁1220-1222為準。

[23] 元・脫脫，《金史》，卷52，〈選舉二〉，頁1166-1167。

[24] 令簿分等與品秩，見元・脫脫，《金史》，卷57，〈百官三〉，頁1314-1315。本處及以下所述諸職職品均據《金史・百官志》。為免冗蕪，如無疑義，祈諒以下職品均不贅注出處。

朝便分別對河南陝西統軍司、三虞候順德軍的已任謀克以上人員，以及武衛軍的都將，個別訂定轉銓辦法。[25]至於「吏格」，其法詳下：

【表二】勞效「吏格」

人員資格	初除	次任	三任	四任	五任	六任
一命遷宣武將軍以上，當授從七品職事者	下令	中令	上令	上令	✕	✕
官不至宣武將軍，初授八品者	錄事、防判	赤劇丞	下令	中令	上令	上令
初授九品官者	下簿	中簿	上簿	下令	中令	上令

此格之「防判」為防禦判官省稱，與錄事皆正八品職。就「吏格」所見，其分等標準與軍功同而皆以散官為界，這應是金朝利用散官獎酬軍職人員功勞後的對應發展。相較於軍功，勞效第一等的待遇與軍功第二等同，但散官標準卻略低，僅需再命方得宣武將軍的資格即可。至於入仕門檻則大幅降低，勞效為已帶散官者皆可入仕，軍功則需散官已達正七品方可入仕。只是勞效之途又須考量年資，如「吏格」設定以前，金朝便於大定二十年（1180）規定勞效入仕者需為身體強健的「先曾充軍管押千戶、謀克、蒲輦二十年以上、六十五歲放罷者」，此一規範可能為稍後「吏格」沿用，但軍功便無類似規定。換言之，加上年資，勞效的門檻未必較低。

科舉制度的分類又更複雜些。金代科舉乃是多科考試階段，而且科目演變頻繁。天會元年（1123）開科後，經過多次創廢，大定二十八年（1188）後金朝可為入仕制度的科目有詞賦、經義、策論、武舉、律、經童等六科。[26]基於及第者所授資格名銜，詞賦、經義、策論等三科被合稱為進士科，律科與經童科則合稱舉人科。當各科的及第資格分別設定時，仕宦待遇也有分化，其中進士的任官授職待遇遠較舉人為佳，兩者顯為兩等。此外又有武舉，雖然及第者亦稱「武舉人」，但待遇卻約與進士同。

進士科部分，最初各科各有其法，但大定二十八年（1188）後三科已是

---

[25] 元‧脫脫，《金史》，卷52，〈選舉二〉，頁1167。

[26] 金代諸科的設廢與發展，詳參三上次男，〈金の科舉制度とその政治的側面〉，《金代政治‧社會の研究》（東京：中央公論美術出版，1973），頁268-320；趙冬暉，〈金代科舉制度研究〉，《遼金史論集》第4輯（北京：書目文獻出版社，1984），頁212-235；都興智，〈金代的科舉制度〉，文收張博泉等著，《金史論稿》第二卷（長春：吉林大學出版社，1992），頁384-430；陳昭揚，《征服王朝下的士人——金代漢族士人的政治、社會、文化論析》（新竹：國立清華大學歷史研究所博士論文，2007），頁28-45。

共用一格。[27]該格本為大定二十六年（1186）詞賦進士遷轉格，其內容如下：

> 上甲，初錄事、防判，二中令，三、四、五上令。中甲，初中簿，
> 二下令，三中令，四、五上令。策試進士，初錄事、防判，二、
> 三、四、五上令。其次，初上簿，二中令，三、四、五上令。又
> 次，初中簿，二下令，三中令，四、五上令。下甲，初下簿，二下
> 令，三中令，四、五上令。[28]

此格紀錄頗為混亂，應是將一般及第者與「試中策」者的遷轉格交錯排列
的結果。大定二十二年（1182）後，金朝另對進士及第者試時務策一道以甄
才幹，中選者初除即「升之」，此即試策之法。[29]比對前引大定二十三年
（1183）詞賦進士遷轉格，大定二十六年格法應是在中甲與下甲之間插入
了「試中策」進士的格法，而格中又將「試中策」的進士簡稱為「試策進
士」。重新排列後，大定二十六年格乃如下表：

【表三】大定二十六年詞賦進士（含試中策者）遷轉格

人員資格	初除	次任	三任	四任	五任
上甲中策	錄事、防判	上令	上令	上令	上令
上甲	錄事、防判	中令	上令	上令	上令
中甲中策	上簿	中令	上令	上令	上令
中甲	中簿	下令	中令	上令	上令
下甲中策	中簿	下令	中令	上令	上令
下甲	下簿	下令	中令	上令	上令

　　武舉，目前可見承安元年（1196）與泰和三年（1203）格。[30]另外，泰和五
年（1205）又「初定武舉格」，但內容不明。[31]承安元年格的紀錄形式類似前
述格法，也是逐任說明當歷職務，所授則皆為巡尉軍轄等有品職務，泰和三
年格則較特殊，僅說明各等及第者所授散官內容與收充親軍後的出職月數。

---

[27] 經義進士科，雖然未見大定二十八年復設後的遷轉格法，但因章宗以後的遷轉格法均以「進士」整體概括，其未言之因或與經義、詞賦實已共用一格有關。至於策論進士，大定二十八年則確定「皆依漢人格」，見元・脫脫，《金史》，卷52，〈選舉二〉，頁1163。

[28] 元・脫脫，《金史》，卷52，〈選舉二〉，頁1162。

[29] 元・脫脫，《金史》，卷52，〈選舉二〉，頁1161。

[30] 元・脫脫，《金史》，卷52，〈選舉二〉，頁1165-1166。

[31] 元・脫脫，《金史》，卷12，〈章宗四〉，頁272。

又因元光二年（1223）東京總帥紇石烈牙吾塔曾指出「武舉入仕，皆授巡尉軍轄」，[32]故知最晚於泰和三年後，武舉人可有直接除授有品職及先入親軍承應再出職入仕等兩途，但前者應是主要路徑。承安元年格，其法詳見下表：

【表四】承安元年武舉遷轉格

人員資格	初除	次任	三任	四任	五任	六任
第一名	都巡、副將	下令	中令	上令	上令	✕
第二、三名	巡、尉、部將	上簿	下令	中令	上令	上令
餘人	副巡、軍轄	中簿	下令	中令	上令	上令

格中之「巡尉部將」，《金史》標點本斷為「巡尉、部將」，但「巡尉」應是「巡」、「尉」兩職合稱，宜斷開，「尉」即縣尉，「巡」應是諸巡檢職其一之簡稱。關於「都巡」、「巡」、「副巡」之意，首先，金代巡檢諸職中有正七品都巡檢使、正八品之副都巡檢使與都巡檢、正九品之散巡檢與副都巡檢、未言品之副巡檢等六種職務。[33]再者，「都巡」因與正八品副將同任，應是正八品都巡檢之省稱。復次，「巡」與正九品之縣尉與部將同任，「巡」當為亦是正九品之散巡檢。最後，因與從九品之防禦州及刺史州之軍轄[34]同任，「副巡」或非正九品之副都巡檢，而是《金史》未言品之副巡檢，且此處又透露出副巡檢可能為從九品。由於武舉乃是專選武才，所以官職授予也異於其餘科舉及第者。職務方面，武舉人可授親民職、軍職、宮中承應職（親軍），其餘及第者則授親民職；散官方面，武舉人授武散官而屬右職官，其餘皆授文散官而屬文資官。[35]

舉人科部分，雖然經童科於天德三年（1151）至大定二十九年（1189）間一度罷廢不設，但因及第者依舊在仕，遷轉格法遂也一直留存。[36]從正

---

[32] 元‧脫脫，《金史》，卷51，〈選舉一〉，頁1152。

[33] 都巡檢使、副都巡檢使、散巡尉之職品見元‧脫脫，《金史》，卷57，〈百官三〉，頁1325。都巡檢與副都巡檢之職品見元‧脫脫，《金史》，卷58，〈百官四〉「百官俸給」，頁1343。又，「百官俸給」有兩種「諸都巡檢」，一為正七品職，一為正八品職。對照《金史》卷57所言，正七品「諸都巡檢」應是帶「使」字之都巡檢使，正八品則為都巡檢。

[34] 軍轄職品見元‧脫脫，《金史》，卷58，〈百官四〉「百官俸給」，頁1345。又「百官俸給」記「諸防次軍轄」，「次」當作「刺」。「防刺」為金制常見用語，乃防禦州與刺史州合稱。

[35] 「文資官」與「右職」之意，參見元‧脫脫，《金史》，卷52，〈選舉二〉，頁1157。不過文中雖言「凡進士則授文散官，謂之文資官。自餘皆武散官，謂之右職」，但因武舉以外舉人也授文官階，所以也是文資官。舉人授階見元‧脫脫，《金史》，卷52，〈選舉二〉，頁1164至1166。

[36] 經童科的廢立，詳參三上次男，〈金の科舉制度とその政治的側面〉，頁296-297。

隆元年（1156）首見舉人格法開始，經童與律科基本上共用一格。舉人科格法的改易次數不下於進士科，改革方向主要是提升遷轉速度。史料中最後一次的改易成果是明昌六年（1195）格。[37]其法詳見下表：

【表五】明昌六年舉人遷轉格

人員資格	初除	次任	三任	四任	五任	六任	七任	八任	九任	十任	十一	十二
全體舉人	下簿	下簿	中簿	中簿	上簿	上簿	上簿	下令	下令	中令	上令	上令

　　上表當是一般設定，不含犯選格者，而「犯選格者又歷上簿兩任」。由於舉人科只有「中選」與否而無等第分別，因此遷轉格法便是全體舉人共用一法。舉人科與進士科、武舉等及第者的待遇差別頗大，當進士或武舉人最晚於次任或第三任可得縣令時，舉人卻是第八任方得。

　　不過，舉人當歷職務不僅只有格法所記。明昌六年格在「所歷之制」之前，又有「十年內擬注差使，十年外一除一差。若歷八任、或任至三十二年注下令，則免差。須遍歷而後呈省」的說明。[38]其中，「差使」與「差」即為院務監當差使，「一除一差」則指每任格法職務皆須與一任差使職務交錯除授。因此舉人初除並非下等主簿，而是院務監當差使。「院務監當差使」是一組低階監當職務的總名，此為金朝用以負責財稅徵收、倉庫管理、官府用物營造等工作的職務。依其流品地位，監當諸職又分兩類，一是流內有品，二為流外無品。在監當官員的「食直」規範中，金朝曾以課額二萬貫為界分等衙署並設定其人員的食直數額，其中二萬貫以上衙署為「使司」級，不及者為「院務」級。[39]整體而言，「院務監當差使」應是「院務級」監當職務的總名，皆流外無品。[40]又在任職人員資格方面，院務監當差使與尚書省令史乃是金朝僅有的兩種制度性地以已仕官

---

[37] 元·脫脫，《金史》，卷52，〈選舉二〉，頁1164-1165。

[38] 此處《金史》點校本作「則免差須遍歷而後呈省」。然而「呈省」乃指呈省除授，其時機應非「歷八任」或「任至三十二年注下令」之時，而是稍後格法所示之最後一任，即第十二任上縣限令任滿之後，所以「遍歷而後呈省」應釋為「如已遍歷格法諸職，即第十二任上縣縣令任滿後，便可呈省除授」。至於「若歷八任、或任至三十二年注下令」之時，所得待遇僅是「免差」，當非即可「呈省」。因此，本句當斷作「則免差。須遍歷而後呈省」。

[39] 元·脫脫，《金史》，卷58，〈百官四〉，頁1348。

[40] 諸職品秩，詳參陳昭揚，〈金代流外職及其人員資格〉，頁6-7所考。

員就任的無品職務，此使雖然無品，但金朝卻特別指明院務監當差使的地位「同從九品」，此或用人資格已達有品職務等級所致。[41]

　　補入差使經歷後，適用於明昌六年格的舉人，及第後十年內首先均授差使職，從第十一年起則開始「一除一差」。此「一除一差」將持續到「注下令」為止，後「免差」，時間為「歷八任」或「任至三十二年注下令」時。就格法所見，「歷八任」之法應是用於未犯選格順利晉升的官員，未犯選格官員在第八任下令任滿後將可不必再任差使而直接轉任格法中的第九任下令。至於「任至三十二年注下令」則頗為難解。差使任期與一般有品職事官不同，金朝職事官「每任以三十月為滿」[42]，而差使以「周歲為滿」[43]，所以通算後未犯選格官員的「仕至三十二年」將會是第七任上簿任內，但是該任任滿後該員將已仕至三十三年半，三十二年又非滿任之時。由於資料有限，此一年月規範目前仍難解釋。「免差」後，舉人將繼續經歷格法職務，遍歷後便可呈省改換省除繼續遷轉。加入差使經歷並於八任歷滿後免差的舉人遷轉歷程，詳參下表整理：

【表六】合併差使經歷的舉人遷轉

格法任次	一		二		三		四		五	
所授職務	差使	下簿	差使	下簿	差使	中簿	差使	中簿	差使	上簿
任滿年數	10	12.5	13.5	16	17	19.5	20.5	23	24	26.5
格法任次	六		七		八	九	十	十一	十二	
所授職務	差使	上簿	差使	上簿	差使	下令	下令	中令	上令	上令
任滿年數	27.5	30	31	33.5	34.5	37	39.5	42	44.5	47

　　表中可見舉人從初除至呈省將費時四十七年。又在明昌六年格施行之時，金朝已有特別條款以供破格遷轉之用。明昌五年（1194），金朝便制舉

---

[41] 「差使」與「差」之義，又見李鳴飛，〈《金史‧選舉志》銓選用詞考釋〉，頁91-92。不過，李氏認為院務監當差使即監當官，所言略簡。因為監當諸職有流內有品與流外無品兩類，「差使」職可能僅指無品官。院務監當差使之義，參見陳昭揚，〈金代流外職及其人員資格〉，頁6-7所考。「同從九品」，見元‧脫脫，《金史》，卷52，〈選舉二〉，頁1158。

[42] 元‧脫脫，《金史》，卷52，〈選舉二〉，頁1158。

[43] 金朝曾規定「凡諸提點院務官，三十月遷一官，周歲為滿」，見元‧脫脫，《金史》，卷54，〈選舉四〉，頁1210。提點官，真實職名不明，目前僅知金朝曾於地方設立提點所負責查緝私鹽酒，則提點官或為提點所諸職總稱。提點所設置，見元‧脫脫，《金史》，卷49，〈食貨四〉，頁1100。至於院務官則應為院務級監當衙署諸職，也即是院務監當差使。

人仕至二十六年以上者，「如該廉升則注縣令」。[44]同年，或因經童出身的參知政事胥持國（?-1197）的建議，金朝也針對經童舉人制訂了參試進士科的恩例辦法，「三次終場，同進士恩榜遷轉。兩次終場，全免差使，第六任與縣令，依本格遷官。如一次終場，初入仕則一除一差」。[45]與明昌六年格對比後，廉升舉人與兩次進士科終場之經童的待遇相當，大概都可於入仕後三十年內獲除縣令。只是即便破格，舉人官員遷轉依舊相對遲緩。

四、百司承應人出職格法

　　相對於與軍功、勞效、科舉等三途，門廕與出職等兩途的規範極為複雜。金代門廕制度為承廕人所提供的入仕辦法有兩種，一是補授院務監當差使而得直接入仕，此法可使門廕制度能被視為獨立運作的入仕制度，二是先試補為百司承應人而後再以出職制度入仕，此法將使門廕制度成為出職制度的輔佐機制。至於出職制度方面，有廕的百司承應人在出職前的選任程序便須結合門廕制度，而無廕百司承應人與地方吏員的出職則又屬於相對獨立的入仕制度。就此所見，門廕制度與出職制度將透過有廕百司承應人的出職制度相連結。本節將先說明百司承應人出職制度，門廕補差使與地方吏員出職制度則在下節分析。

　　百司承應人，即擔任百司承應職之人員。百司承應職雖皆無品，但不少高階承應人卻已帶散官而有品，更有少數如尚書省進士出身令史已得有品職務資歷。由於人員與職務的流品對位關係的複雜，百司承應人的政治身分將是參差有別，也非所有人員皆須利用出職制度。在其中，已任有品職務的百司承應人已是官員，不須透過出職制度轉變身分，他們在有品職務與百司承應職之間的調任僅是一種遷轉過程。至於未有有品職務資歷者，他們便須透過出職制度方能成為正式官員。這些仍須藉由出職制度方能入仕的百司承應人，任職前的身分資格又頗多元，承廕人、武舉人、終場舉人、地方吏員、兵將等皆有，另又有部分獲任低階承應職的人員目前仍然不明選取辦法，故不詳其資格名目。因此，一方面仍有大量百司承應人的選任與門廕制度無關，一方面由於人員身分的多元性與各種百司承應

---

[44]　元‧脫脫，《金史》，卷52，〈選舉二〉，頁1165。

[45]　胥持國建議，見元‧脫脫，《金史》，卷51，〈選舉一〉，頁1150。經童的進士科恩例辦法，見元‧脫脫，《金史》，卷52，〈選舉二〉，頁1164。

職地位的高度落差，百司承應人出職制度的設計也將極為繁瑣。最終，百司承應人的出職制度多見逐職設定，各職格法也會有複雜的分別待遇。

　　金代的百司承應職可分宮中承應職與中央無品吏職兩大類。在中央無品吏職部分，依其地位與職掌大致四類，一是令史，二是譯史與通事，三是尚書省祗候郎君、親王府祗候郎君、走馬郎君等諸「郎君」職，四是上述三種以外的吏職，如書寫、書表、掌書、書史、書吏等，其中第一至第三類的地位大致相當，第四類較低。另外，諸職有者普遍設置，如令史、譯史、通事三職於尚書省、樞密院（含都元帥府）[46]、御史臺、六部、三司等皆設。有者則僅見特定官署曾設，如書寫僅見國史院設置，而書表則見「典客署書表」與「宰相書表」二職，前者轄於典客署，後者不明所屬。[47]普遍設置者，諸職地位又依其所屬衙署的地位而有別，同名職務中，轄於尚書省者最高，樞密院與御史臺次之，六部與其餘衙署則較低。[48]這些中央無品吏職，部分可知出職辦法，遷除待遇也與其地位相對應。

　　尚書省令史，金代地位最高的無品吏職，其人員選自宗室宰執子、進士官員、右職人員等三類，金朝也為之個別規劃出職辦法。其中，進士令史已屬入仕，故不多言。宗室宰執子省令史，大定二十八年（1188）將以家世分等設定其法，「宗室第二從親并宰相之子，出職與六品」，「宗室第三從親并執政之子，出職與正七品」，餘則省令史兩考任後可得正七品。[49]右職省令史，大定二十七年（1187）辦法則以所任省令史考數分等設定。[50]其法如下：

【表七】大定二十七年右職省令史出職格

人員資格	初除	次任	三任	四任	五任
三考以上	六品	正七品	六品	六品	從五品
兩考	正七品	縣令	正七品	正七品	六品
一考及不成考	從七品	縣令	縣令	縣令	正七品

---

[46] 樞密院與都元帥府，世章時期乃「樞密院每行兵則更為元帥府，罷則復為院」，故府院為同一官署之異時別名，其制詳參王曾瑜，《遼金軍制》，頁143-145。

[47] 宰相書表，《金史‧百官志》未見，僅見於《金史‧選舉志》，參元‧脫脫，《金史》，卷52，〈選舉二〉，頁1158。

[48] 中央吏職的名目與轄屬，較為全面的整理有王雷，《金代吏員研究》（長春：吉林大學博士論文，2010）。針對特定職務深入說明者，詳參前引孟繁清，〈金代的令史制度〉；趙永春、李玉君，〈金朝「郎君」新探〉，《史學彙刊》，第27期（臺北：中國文化大學史學研究所暨史學系，2011.6），頁77-93。

[49] 元‧脫脫，《金史》，卷52，〈選舉二〉，頁1170

[50] 元‧脫脫，《金史》，卷53，〈選舉三〉，頁1174。

除了宗室宰執子省令史以家世分等，尚書省女真譯史不明外，其餘的令譯史均如右職省令史而皆以任職考數為出職分等標準。[51]地位次於尚書省令史之樞密院令史，其大定二十六年（1186）出職格便是如此，其法詳參下表：

【表八】大定二十六年樞密院令史出職格

人員資格	初除	次任	三任	四任	五任	六任	七任	八任	九任	十任
三考以上	上令	中令	下令	中令	中令	上令	✕	✕	✕	✕
二考	錄事、軍防判	上簿	中簿	錄事、軍防判	下令	中令	中令	上令	上令	✕
一考	錄事、軍防判	上簿	中簿	錄事、軍防判	下令	下令	中令	中令	上令	上令

此格之「軍防判」即從八品軍事判官與正八品防禦判官的合稱。幾點補充，第一，除了尚書省外，其餘官署皆是令史、譯史共用一格，因此雖然未言，大定二十六年的樞密院令史格法當也適用於院譯史。第二，大定二十六年格的前身為大定十六年（1176）格，而《金史・選舉志》僅記大定十六年格，再以小字註說大定二十六年的修改內容，上表已有彙整。第三，在大定十六年格中，三考以上出職者的應歷職務依序本為上令、中令、下令、錄事軍防判、下令、中令、中令、上令，但大定二十六年格已經免除第四、第五任的錄事軍防判與下令。對於三考以上出職者的首三任，《金史》點校本「校勘記」認為當作「上簿」、「中簿」、「下簿」，因為大定十六年格第四任的「錄事軍防判」均為正從八品職，如首三任為從七品縣令，則三至五任間將會出現七品降八品再升七品的遷轉，或又因比照一考、二考出職者的格法，「校勘記」撰者遂認為首三任為主簿時「其敘方順」。[52]不過金代遷轉原則上雖是逐品升遷，但因有「回降」之制，正常情形降授職務的設定亦是常見，因此大定十六年格之首三任為縣令之述未必有誤。[53]再者，雖然相對於二考以下出職者而言，三考

[51] 以下其餘中央吏職出職格法，詳參元・脫脫，《金史》，卷53，〈選舉三〉，頁1174-1177。

[52] 元・脫脫，《金史》，卷53，〈選舉三〉，頁1190-1191。

[53] 金代回降之制，目前未見史文整體通說，但由章宗在大定二十九年與臣下討論選舉制度改革的說明可以略窺，其道：「舊格，隨朝苦辛驗資考陞者，任滿回日而復降之。如正七滿回降除從七品，從五品回降為六品之類。」見元・脫脫，《金史》，卷54，〈選舉四〉，頁1206。由上可知，回降是一種在官員沒有犯錯的情形下，於例行遷轉中授予低於前任職品之職務的過程。關於金代回降特殊性的評論，又見王世蓮，〈金代的考課與察廉制度〉，頁241，文收《遼

者初除即授縣令的作法略顯過優，但如相對於右職省令史，此又不過是右
職省令史一考至二考出職者之間的待遇，並無過份優禮。最後，大定二十
六年改革後，大定十六年格法的錯落現象也已消除。因此本表整理仍以
《金史》所言為據。第四，大定二十六年的修改重點是減免部分二考與三
考出職者的必歷職務，三考以上如前所言，二考者，大定十六年格本與一
考共用一法，但在大定二十六年減二考出職者一任下令資歷後，二考出職
者便可提早獲授中等縣令。此次改革將使院令譯史出職待遇的梯級結構更
為清楚。

　　至於地位更低的其餘令譯史，由於「宗正府、統軍司令譯史，遷考出
職，與臺部同」，可知大宗正府（含大睦親府）[54]、統軍司等令譯史將與
臺、部令譯史共用一法。約在大定初年，又有番部譯史、樞密院（含都
元帥府）通事等職也已共用臺部令譯史之法。[55]其餘令譯史與都元帥府通
事之出職格，較為完整者現有大定十六年（1176）六部令譯史出職格，其法
如下：

【表九】大定十六年六部令譯史出職格

人員資格	初除	次任	三任	四任	五任	六任	七任	八任	九任	十任
三考以上	錄事、軍防判	上簿	中簿	錄事、軍防判	下令	下令	下令	中令	上令	✕
一考兩考	上簿	中簿	下簿	上簿	錄事、軍防判	下令	下令	中令	中令	上令

金史論集》第4輯（北京：書目文獻出版社，1984），頁236-247。

[54] 大宗正府與大睦親府亦為同一官署的異時別名，見元‧脫脫，《金史》，卷55，〈百官一〉，頁1240-1241。

[55] 諸司吏員共用一法的時間，《金史‧選舉志》，卷55，頁1176，曾記：「大定二十一年，宗正府、六部、臺、統軍司令史，番部譯史，元帥府通事，皆三十月遷一重，百二十月出職係班，一考、兩考與九品，三考已上與八品除授。」其中年份恐有錯誤，「大定二十一年」可能是「大定二年」的誤寫，其因有三。第一，所謂「大定二十一年」之法，《金史》乃記於正隆五年與大定十四年之間，《金史》點校者便於〈校勘記〉指出：「此『二十一年』數目字有誤，亦或是敘次顛倒」。第二，大定二十一年並無都元帥府，時為樞密院，而大定年間的都元帥府僅設於大定元年至大定六年間。第三，大定二年、三年時，金朝曾有一次針對百司承應人管理辦法的改革，右職省令譯史與御史臺令譯史便於大定二年時由「百五十月出職」改制為「三十月遷一官」、「百二十月出職」，由於部令譯史於正隆五年後「遷考與省右職令史同」，估計大定二年時亦將連動改制。基於以上三項考量，大定二年可能才是「三十月遷一重」等制的真正改制時間。都元帥府與樞密院的設置時間，詳參王曾瑜，《金朝軍制》，頁143-145。

　　另外，三考以上出職者在第五任下令後，《金史·選舉志》有小字註說「後免此除」，唯不明免除時間。此格大致已將省、院以外的中央諸令譯史均包含在內，出職待遇也是明顯地再下省、院令譯史一等。基本上這些令譯史的三考吏員出職待遇，約當二考院令譯史，但不及一考的右職省令史，待遇分殊相當清楚。此外，與譯史同性質的通事，目前僅見都元帥府與尚書省的格法，都元帥府格法同六部令譯史，省通事格法則另外設定。大定二十年（1180）省通事出職格，「一考兩考與八品，三考者從七品」。此格不載初除以後職務，不易比對其待遇等級，但因錄事與軍防判皆八品職，縣令則為七品職，如單就初除所見，省通事之一考出職者待遇大致約與三考以上諸司令譯史或一、二考院令譯史相當。

　　中央無品吏職中又有太常寺檢討、國史院書寫、尚書省祗候郎君等三職留有出職辦法。[56]太常寺檢討，大定二年（1162）後出職「係正班九品」；國史院書寫，正隆二年（1157）後「遷考出職同太常檢討」。尚書省祗候郎君，此為專收宗室與高官子弟的承應職，其出職制度則以該職的內部分等為標準。大定十八年（1178）的出職辦法如下：

【表十】大定十八年省祗候郎君出職辦法

人員資格	初除	次任	三任	四任	五任	六任	七任	八任	九任
在班祗候	都軍	錄事、軍防判	都軍	下令	上令	上令	✕	✕	✕
內祗在班	錄事、軍防判	上簿	錄事、軍防判	錄事	都軍	下令	中令	上令	✕
班祗在班	上簿	中簿	上簿	錄事、軍防判	錄事	都軍	下令	中令	上令

　　此法中，「都軍」乃諸府鎮都指揮使與節鎮軍都指揮使的合稱，前為正七品而後為從七品。格中三等原作「一品官子」、「內祗」、「班祗」，此三名當是「在班祗候」、「內祗在班」、「班祗在班」的別稱或省稱，故

---

[56] 《金史·百官志》稱太常寺檢討為「明昌元年置」、「從九品」，見元·脫脫，《金史》，卷55，〈百官一〉，頁1247。不過太常寺檢討於正隆二年、大定二年已見，時有遷考出職格法，大定十二年也為宗室宰執子省令史任前的必經職務之一，見元·脫脫，《金史》，卷52，〈選舉二〉，頁1170；同書，卷53，〈選舉三〉，頁1181。似乎該職最晚於正隆二年便已設置，且因有出職之制，正隆二年至明昌元年間可能屬於無品職，至於明昌元年（1190）則是該職調升為從九品的時間。省祗候郎君、國史院書寫兩職格法，見元·脫脫，《金史》，卷53，〈選舉三〉，頁1181-1182。

改定。此外，內祗在班與班祗在班的第三任職務，辦法原作「同初」，應為「同初除」之義，表內整理亦各以其初除職務取代。三職中，省祗候郎君的出職待遇相當於六部令譯史，太常寺檢討與國史院書寫則不及。

　　最後，仍有許多較為低階的中央無品吏職未見出職格法，這些低階吏員除了轉任已有出職格法的高階吏職出職外，或許本身也有出職辦法，只是未見史載。另就現存官員仕宦履歷所見，也未見曾有官員以未見於出職格法的中央無品吏職出職的紀錄，因此討論僅能至此。

　　相較於多數中央無品吏職創設之初便有出職機制，宮中承應職在海陵以前僅有護衛、符寶郎、奉御、東宮護衛、閤門祗候、符寶典書等6種職務設有出職格法。世宗即位後，金朝開始大幅放寬宮中承應人的出職機會，大約至章宗即位時，所有被歸類為「正班局分」與「雜班局分」的職務已均擁有出職資格，此後僅剩「其他局分」職務無法出職。[57]擁有出職資格者，部分職務金朝為之逐職設定格法，部分則多職合定一法。《金史‧選舉志》中可見授職明細的逐職設定格法，其職務有護衛、符寶郎、奉御、奉職、東宮護衛、閤門祗候、筆硯承奉、妃護衛、符寶典書、尚衣承奉、知把書畫、典客署書表、東宮妃護衛、東宮入殿小底、東宮筆硯等15種。[58]另外，性質類近軍職的侍衛親軍與拱衛直，其內又有等級分化，金朝也為各等人員設定出職辦法。以上除了東宮筆硯與侍衛親軍、拱衛直等長行外，皆為錢粟俸額八貫石以上的高階正班局分職。又有隨局內藏四庫本把、左右藏庫本把、儀鸞本把、尚食本把、尚輦本把、捧案、擎執傘使、奉輦、妃奉事等9職，雖然也全是高階職務，金朝也逐職設定格法，但《金史‧選舉志》並無出職除授職務的說明。至於其餘的低階正班局分與雜班局分職務，金朝則是統一制訂出職辦法，其中僅知雜班局分職中的弩手、傘子、尚廄局小底、尚食局廚子等4職在貞元元年（1153）後能被授

---

[57] 宮中承應人出職機會的開放，詳參關樹東，〈金朝宮中承應人初探〉，頁185；孫孝偉，《金朝選官制度研究》（長春：吉林大學碩士論文，2005），頁18；陳昭揚，〈金代流外職及其人員資格〉，頁20-23。另外，也能注意到當世宗批評海陵授官之濫時，指出海陵曾允教坊、鷹坊、廚人等得「親民職任」以「典城牧民」，則當時上述諸職亦有出職機會。世宗之言，見元‧脫脫，《金史》，卷6，〈世宗上〉，頁140；同書，卷53，〈選舉二〉，頁1159。不過，世宗以後大幅開放宮中諸職出職機會應是無疑，章宗年間平章政事完顏守貞便言「其諸司局承應人舊無出身，大定後才許敘使」，見元‧脫脫，《金史》，卷73，〈完顏守貞傳〉，頁1688。完顏守貞所言之「大定後才許敘使」雖然有誤，卻也點出大定年間的關鍵發展。

[58] 以下宮中承應職格法，見元‧脫脫，《金史》，卷53，〈選舉三〉，頁1183-1189。

予府州作院都監，其餘則僅知出職所需年資，不明所授職務。整體而言，現存宮中承應職格法，有者詳述歷任諸職，有者僅述初除職務，有者則是未言；已述任職者，有者可見其內尚有分等，有者則為一職一法，有者則是多職共用一法；又有部分職務於定格後便長期不變，部分卻是改易頻繁。比起其他諸途，宮中承應職的出職辦法實難一語話盡。由於本文旨在統整金代全體入仕制度的架構，以下便不再逐職詳述，僅以綜述方式說明金朝宮中承應職出職制度的基本設定作法。

　　表十一為已知出職後任職情形的宮中承應職規範。因為部分職務格法變異頻繁，本表將以章宗即位當下之制為論，但如未見其時規範，則以前後時間最近的規定替代。首先觀察出職後的初除職務：

【表十一】宮中承應人出職後初除職務

人員原職	格法	人員資格	出職初除職務	後任職務說明
護衛	明昌元年	不勒留	從六品	有
符寶郎	大定二十一年	常人	七品	
奉御	大定二年		從七品	
奉職	明昌六年	不勒留	錄事、軍防判、正從八品丞	有
東宮護衛	大定二年		七品	
閤門祗候	泰和四年		都軍	有
筆硯承奉	吏格		都軍	有
妃護衛	大定二年		八品	
符寶典書	大定二十八年		八品	有
尚衣承奉	大定三年		九品	
知把書畫	大定二十一年	無蔭者	差使	
典客署書表	明昌五年		正九品	
東宮妃護衛	大定二十八年	無蔭人	司軍、軍轄	
東宮入殿小底	吏格		八品	有
東宮筆硯	？	無蔭人	差使	
侍衛親軍	大定二十一年	無蔭者	縣尉	有
拱衛直	？	未至指揮使	差使	
雜班局分四職	貞元元年		府州作院都監	

　　上表的職務排列乃依《金史》卷53的敘述為序。現存21種已知任職的職務（含侍衛親軍與拱衛直，以及弩手、傘子、尚廄局小底、尚食局廚子

等4種雜班局分職）中，有護衛等8職又有次任以後的任職說明，此於「後任職務說明」一欄中以「有」標示。「人員資格」一欄中，有註記者即表該職於該年格法中設有分等待遇，而本表僅先錄上待遇最差等級的授職情形，欄中所記即是該等名銜。表內資訊，又需注意僅是該年與該等的規範。如閤門祗候，其泰和四年（1204）格並未分等，但大定八年（1168）格卻以能否帶有明威將軍階分等。又如知把書畫，大定二十一年（1181）格中的無廕人僅記初除職務，但有廕人卻有次任職務的紀錄。

　　再將上表中能有次任以後的職務說明的格法稍作整理，其情如下：

【表十二】宮中承應人出職後歷任職務

人員原職	格法	人員資格	初除	次任	三任	四任	五任	六任	七任	八任
護衛	明昌元年	不勒留	從六品	從六品	從六品	從五品				
奉職	明昌六年	不勒留	錄事、軍防判、正從八品丞	上簿	中簿	正從八品	下令	中令	中令	上令
閤門祗候	泰和四年		都軍	錄事、軍防判	下令	中令	上令			
筆硯承奉	吏格		都軍	下令	下令	中令	上令			
符寶典書	大定二十八年		八品	上簿						
東宮入殿小底	吏格		八品	上簿	中簿	八品	下令	中令	?	上令
侍衛親軍	大定二十一年	無廕者	縣尉	散巡檢						

　　最後，又將上表中已有分等授職的護衛、奉職、侍衛親軍等三職的格法再作整理，其中護衛與奉職依舊使用明昌元年與明昌六年格，但侍衛親軍則以內容較為完整的大定十六年（1176）格為據。其情如下：

【表十三】護衛、奉職、侍衛親軍等三職出職格

原職	人員資格	初除	次任	三任	四任	五任	六任	七任	八任
護衛	再勒留	正五品	正五品	少尹	刺史				
	勒留	從五品	從五品	從五品	正五品				
	不勒留	從六品	從六品	從六品	從五品				

原職	人員資格	初除	次任	三任	四任	五任	六任	七任	八任
奉職	勒留二考	上令	中令	上令	上令	╳	╳	╳	╳
	勒留一考	?	?	下令	中令	中令	上令	╳	╳
	不勒留	錄事、軍防判、正從八品丞	上簿	中簿	正從八品	下令	中令	中令	上令
侍衛親軍	有廕百戶	中令	都軍正將	錄事	錄事	下令	中令	上令	╳
	無廕識字百戶	都軍正將	錄事	副將巡檢	副將巡檢	都軍正將	下令	中令	上令
	無廕不識字百戶	縣尉	主簿	?	?	?	?	?	?

　　整體而言，宮中承應人的出職待遇落差極大，出職可否已是有別，而能有出職機會者，就初除職務所見，也有從差使到五品職的落差。另外，以職務為單位觀察出職待遇時，又需注意各種職務的出職所需年資，如高階正班局分宮中承應人一般僅需120至150月便可出職，但低階正班局分與雜班局分的宮中承應人卻總需250至400月。所需年資加上授職等級，雖然入仕所憑皆是「出職制度」，但是各種宮中承應人的待遇卻有天壤之別。

　　除了諸職差異外，諸職之內又有分等。將觀察範圍擴大至所有時期的格法，其標準約有五種。一是才能體貌，如符寶郎大定二十一年（1181）出職格為「英俊者與六品除，常人止與七品除」，又如侍衛親軍大定十六年（1176）格對識字與不識字的無廕百戶分別對待。二是特定資格，此法僅見典客署書表，大定二十四年（1184）便將「終場舉人」與其餘出身之書表人分別設定出職格。三是散官高下，此法僅見閤門祗候，其大定八年（1168）格便以能否帶有明威將軍階分等。四是在任考數，此法適用於大定十八年（1178）後之護衛與明昌元年（1190）後之奉職，如護衛便以不勒留、勒留、再勒留的標準分等。上述四種標準或較特殊，比較常見的標準乃是第五種，即家世，目前可見有大定十七年（1177）至明昌元年（1190）的奉職、大定八年（1168）至泰和四年（1204）的閤門祗候、大定二十一年（1181）後之知把書畫、大定二十八年（1188）後之東宮妃護衛，以及時間不明但或長期如此的東宮筆硯與侍衛親軍等，皆採「有廕人」與「無廕人」的分別作法。一般而言，歷代的流外出職制度，入仕機會的提供主要是考量人員的年勞，但在金代的百司承應人出職制度中，由出職待遇的分等標準乃至於前端的承應人選拔機制所見，入仕機會將綜合人員的家世、

才幹、年勞等條件而考量。

五、地方吏員出職與門廕入仕的格法

設有出職制度者，除了百司承應人外，又有地方吏員。地方吏員的入仕，目前已知兩法，一是轉升中央吏員出職，一是以地方職務出職。以前法出職時，所賴乃是中央吏員出職制度，此前述已詳，也有地方吏員轉升中央吏員的仕履個案可明其狀。[59]至於純粹的地方吏員出職制度，現存資料極少，僅見泰和四年（1204）地方吏目可於「通歷三十年始得出職」。[60]由於僅見上則資料，也無仕履個案可供討論，對於地方吏員出職制度本文僅能暫述至此。

又有提供承廕人直接入仕的門廕制度，此時承廕人可藉獲授院務監當差使而入仕。目前未見直接針對有廕差使官員而設的選遷格法，但是可由一些資料探索其貌。胡祗遹（1227-1295）論及蒙元制度時，曾指出「任子一科，非取人良法，前代止以為監當官，未聞便使臨民為職官者」。[61]所言「前代」便是金朝，亦知金代未能補得百司承應職的承廕人，最初總將先獲監當職務。進而元好問（1190-1257）曾有兩段對於有廕監當官員遷轉待遇的描述，其道：

> 國初，監州縣酒稅亦以文資參之，故任子多至大官；其不達者猶得俎豆于大夫士之列。大定以後，雜用遼制，罷文資之注，酒使副者純用任子，且增內廷供奉臺傔直之目。凡歷監當久，及課最者得他遷，謂之出職，如唐人入流之比。是後榷酤日增，風俗隨壞，六七十年之閒，遂有愚賢同滯之嘆。[62]
>
> 蓋金朝任子，盡與唐宋異。衣冠盛德之後，雖有文武全才，碌碌常不調，有終身不離筦庫者。故有志之士抱利器而無所試，至以

[59] 地方吏員轉遷中央吏職而後出職的案例，詳參飯山知保〈金代地方吏員の中央昇転について〉，《金元時代の華北社会と科挙制度—もう一つの「士人層」》（東京：早稲田大学出版部，2011），頁168-182。

[60] 元・脫脫，《金史》，卷53，〈選舉三〉，頁1178。

[61] 元・胡祗遹，《紫山大全集》（四庫全書），卷22，〈時政〉，頁31a。

[62] 金・元好問著，姚奠中主編，《元好問全集》（點校本，太原，山西人民出版社，1990），卷27，〈輔國上將軍京兆府推官康公神道碑銘〉，頁645。

　　輕去遠引為高，……[63]

其中可知世宗以前，由於文資官員的大量參注，承廕人也得附霑朝廷對文
資官員的禮遇而同獲高昇機會。但世宗以後，金朝開始減少文資官員的
注授並壓縮監當官員的升遷空間，不少承廕人遂只能終身沈浮於監當體
系中。相較於試補百司承應職而後再以出職制度方能入仕的承廕人，有
廕監當官員雖可直接入仕，往後遷轉卻是不易，待遇實為先甘後苦，此
途遂也為承廕人從政的最後選項。補充兩點，第一，元好問稱「課最者得
他遷謂之出職」，事實上除了差使外，其餘監當職務皆是有品流內職，而
差使與有品職所任人員也皆是官員。[64]因此自監當官遷出者並非金朝定制
中的「出職」，元好問「出職」之語應僅是用以強調脫離監當職務體系的
困難。第二，元好問雖稱世宗後「酒使副者純用任子」，但此後仍見進士
官員獲派擔任高階酒使、麴使的個案，也多見非為承應人專用但卻以差使
為應歷職務的格法。[65]事實上在監當職務中，有品監當職務乃是所有出身
的官員皆可獲授。[66]整體而言，無品差使職務乃是承廕人、文資舉人、及
少數的低階宮中承應人皆可獲授，承廕人只是酒使副或全體監當官員的主
體，金朝並未「純用任子」。

　　在《金史》卷53處，曾經專章說明「右職官」的遷轉格法，不過這些
格法恐非所有的右職官均能適用。此處的遷轉格法，比較完整的有大定十三
年（1173）制與泰和元年（1201）後確認的「吏格」。大定十三年制如下：

---

[63]　金·元好問，《元好問全集》，卷31，〈故規措使陳君墓誌銘〉，頁724。

[64]　監當官員資格，詳參陳昭揚，〈金代流外職及其人員資格〉，頁16所述。

[65]　進士官員獲任酒務官案例的整理，見周峰，〈金代酒務官初探〉，《北方文物》，2000：2（哈
　　　爾濱：北方文物雜誌社，2000.5），頁59-64。以差使為應歷職務且非承應人專用的格法，如前
　　　引明昌六年舉人格即是。

[66]　有品職務部分，大定八年便有「酒使司課及五萬貫以上，鹽場不及五萬貫者，依舊例通注文武
　　　官，餘並右職有才能、累差不歉者為之」的辦法。又在鹽官方面，泰和三年、四年，金朝便以
　　　進士授鹽使司官，並以進士，以及「廉慎」之部令史、譯人、書史、譯史、律科、經童、諸局
　　　分等出身者為管勾。以上見元·脫脫，《金史》，卷49，〈食貨四〉，頁1103、1105。

【表十四】大定十三年右職官授職辦法

散官品秩	從五品下	從五品中	從五品上	正五品下	正五品中	正五品下
散官名銜	宣武將軍	顯武將軍	信武將軍	明威將軍	宣威將軍	廣威將軍
所授職務	免差，權注丞簿。功酬與上簿，無虧與中簿。		權注下令	下令	中令	上令

　　此法中，官至明威將軍者皆可獲下等縣令。泰和元年，金朝慮及此法難以分別一般官員與「曾虧永及犯選格」者，遂於七月「更定右選注縣令丞簿格」，並以績效與族屬身分更行分等。[67]改易後之「吏格」，其法如下：

【表十五】右職官「吏格」

散官品秩	從七品上	正七品下	正七品上	從六品下	從六品上	從五品下	從五品中	從五品上	正五品下	正五品中	正五品下
散官名銜	忠武校尉	昭信校尉	承信校尉	武略將軍	武義將軍	宣武將軍	顯武將軍	信武將軍	明威將軍	宣威將軍	廣威將軍
一等	監當差使	諸司除授，兩除一差				合注丞簿。中簿，功酬人與上簿。			下令	中令	上令
									縣令		
二等	（監當差使）	諸司除授，兩除一差							丞簿	縣令	
三等	（監當差使）		諸司除授，兩除一差						丞簿	縣令	

　　上表的製作除了以《金史》卷53的「右職官」紀錄為基礎外，也參考卷54的「部選」與「功酬虧永之制」紀錄。[68]表中「一等」、「二等」、「三等」三列為各等官員所授職務，「一等」待遇適用於一般官員，「二等」適用於女真以外諸色官員有虧犯者，「三等」則適用於女真官員有虧犯者。

　　「吏格」之表有幾點需要說明之處。首先，不在「吏格」而據其他資料增補的部分，一是一般官員帶宣武將軍以上的注授，「吏格」記「宣武以上與中簿【功酬人與上簿】」，[69]泰和元年之制則言「官至宣武、顯武、信武者合注丞簿」，本表便將兩種紀錄整合為一。二是「吏格」未言有虧犯官員在諸司除授之前的授職，但與一般官員對照後，虧犯官員應該還有監當差使任務，因此便於表中補上，但以括弧顯示。再者，「右

---

[67] 元‧脫脫，《金史》，卷11，〈章宗三〉，頁256。

[68] 元‧脫脫，《金史》，卷53，〈選舉三〉，頁1179；同書，卷54，〈選舉四〉，頁1195、1210-1211。

[69] 【 】內文字原為小字夾註。

職官」、「部選」、「功酬虧永之制」等三處紀錄間偶有矛盾，其要者有二。第一，關於適用於「二等」待遇的官員身分，多處紀錄雖然僅書「漢人」，但「吏格」則明確指為「漢人諸色人」，所以「二等」官員應是女真人以外的所有官員。第二，虧犯者注縣令的時間，「右職官」處泰和元年改制命令中記「曾虧永及犯選格，女直人展至廣威，漢人至宣武，方注縣令」，「部選」處則記「曾犯選格及虧永者，廣威注令，明威注丞簿」，「功酬虧永之制」處則記「犯選及虧永者，右職漢人至宣武將軍從五品、女直至廣威將軍正五品，方注縣令」。三段紀錄中，廣威注令並無問題，但「部選」處所言含糊，其實廣威注令僅是適用於有虧犯女真官員。至於有虧犯漢人官員，「右職官」與「功酬虧永之制」兩處紀錄皆稱官至從五品下的宣武將軍可注，此說卻有極大問題。因為所有紀錄皆言有虧犯者必須已達正五品下明威將軍方能獲注丞簿，且一般無虧犯官員至宣武將軍時也僅能獲注丞簿，欲注縣令則需達官帶明威之時。如果兩段記錄為真，有犯虧漢人官員將比一般無虧犯官員更早獲注縣令，且其遷轉將是先獲縣令再得丞簿。兩種現象如果一同出現，整體安排將會失序。此時，承泰和元年改制所定的「吏格」曾言：「曾虧永及犯選格，……。若至明威方注丞簿，女直人遷至廣威，漢人、諸色人遷至宣威者，皆兩任下令，一任中令，回呈省。」就此所見，有犯虧諸色官員可注下令時間應是已帶正五品中宣威將軍之時。因此「右職官」與「功酬虧永之制」兩處紀錄應皆有誤，「宣武」當作「宣威」，本表亦有改正。

　　梳理之後，「吏格」內容大致明白。再以之與大定十三年制對照，又見大定十三年制中未言監當差使與諸司除授職務的授任。此應非大定十三年制中將由丞簿注起，而是該制未言的監當差使與諸司除授之職的授任辦法可能續用了更早前的天德制，而天德制規定「忠武以下與差使，昭信以上兩除一差」。天德定制後，往後應是持續施用，雖然其法不見於大定十三年制，卻在泰和元年以後的「吏格」再度現形，「吏格」中監當差使與諸司除授職務的授任散官等級便與天德制相同。[70]也因此大定十三年制的辦法中，親民職之前應該還有其餘經歷。最後，由於差使乃是「忠武以下與」，所以只要是帶從九品下進義副尉到從七品上忠武校尉之間的右職

---

[70] 當然，此處僅以散官名銜為準。如就散官品秩而言，因為大定十三年之後昭信校尉已由從六品最下階降為正七品上，忠武校尉也由正七品上降為從七品上，事實上「吏格」的人員資格已比天德制有所放寬。

官，只要能藉「吏格」獲職，所任便一直是差使。

差使之後，又有與差使「兩除一差」的「諸司除授」之職。單就右職官「吏格」所見，只能先行確定「諸司除授」之職當是位於無品差使與正九品主簿之間。不過，曾見皇統八年（1148）軍功格中，「凡帶官一命昭信校尉以上者」，其初除為主簿與諸司副使，次任為主簿與諸司使；又有拱衛直出職格，其人遷至指揮使者初除為諸司都監，未至指揮使但有武義將軍以上階者初除則為差使。[71]以上格法中，將有使副與都監等諸司職務的任次順序位於差使與主簿之間，其中諸司使為正八品，副使為正九品，都監則為從九品。三職皆為有品監當職務，品秩則在正八品至從九品之間，而在此一等級區間中，另又有亦屬低階監當職務的從九品諸司同監。[72]這些職務皆屬「使司級」衙署之職，因此「諸司」或是「諸使司」省稱，而「諸司除授」之職將是「使司級」監當職務的合稱或其一的別稱。

由於「右職官」也是帶武散官人的稱銜，而金代除了進士、經童、律科等出身以外的官員全帶武散官，初看之下《金史》卷53一系列的「右職官」遷轉辦法的適用範圍似乎甚廣。不過軍功、勞效、武舉三途出身人皆有專屬格法，省除之前不須藉此遷轉。再者，相關辦法總以功酬虧永審核官員績效，初期所歷之職也皆低階監當職務，整體而言，「右職官」遷轉辦法的適用對象應該僅是需由差使任起的右職官。這類人員約有兩種，一是初除為差使的百司承應人出職者，二是直接補為差使的承廕人。進而前者為少數，章宗時大概僅有無廕的知把書畫與東宮筆硯、以及尚未任至指揮使的拱衛直等出職人需歷差使。因此，「右職官」遷轉辦法的主要適用對象便是有廕監當官員。

此時，有廕監當官員的具體處境將更清楚，也見前引元好問評論所言不虛。相對於其他所有官員的遷轉皆以年資為憑，有廕監當官員則僅能仰賴散官升等。不過最初監當官的散官升等尚可循資而遷，「凡諸提點院務官，三十月遷一官，周歲為滿，止取無虧月日用之」。此法創制時間不

---

[71] 元‧脫脫，《金史》，卷52，〈選舉二〉，頁1166；同書，卷53，〈選舉三〉，頁1189。

[72] 四職品秩，諸司使副見前引皇統八年軍功格中之小字夾註，諸司都監、同監則見元‧脫脫，《金史》，卷58，〈百官四〉「百官俸給」，頁1345。另外，「百官俸給」中又有一些同品並同帶「使」、「副」（副使簡稱）、「都監」等名的監當職務，如正八品之使尚有南京皇城使、通州倉使、節鎮諸司使、中運司柴炭場使等，正九品之副使則有京府諸司副、南京皇城副、通州倉副、節鎮諸司副、中運司柴炭場副等，從九品之都監則有諸京作院都監、諸府作院都監、諸埽物料場都監、諸節鎮作院都監等。可能諸司除授也含此些職務。

明，但大約世宗前已有。只是該法中也見遷官並未全然循資，因為如有虧永，該任便不算年資。進而大定二十九年（1189）金朝更是罷廢年遷之法，此後全以績效為憑，「比永課增及一酬遷一官，兩酬遷兩官，如虧課則削亦如之，各兩官止」。[73]由於金朝監當官的績效標準常有設定過高的弊端，官員績效「例多虧課」，[74]於是此法一出，莫言「終身不離筭庫」，終身不離同等職務亦有可能。最終，有廕監當官員的呈省時間也因此無法估算，能否升遷也全憑業績定奪。

六、遷轉路徑的基本架構

前三節主要考述格法內容，本節則針對職務安排、人員待遇等兩方面分析金朝官員遷轉路徑的整體架構。前述已言人員、任次、職務乃是金代格法三大要素，而任次與職務又是連結設定。當金朝承繼唐宋以來的循資逐級升遷的操作模式時，一般情形下，位階等第越低的職務，其人員資歷將越淺，遷轉路徑中的任次安排也將越早，於是職務位階便將影響其任職人員的身分與資歷，而位階高下也將決定該職的任次先後。

金代職務位階的基本判斷依據為職務品秩。格法可見的所有職務，最初的排序標準便是品秩有無，此使無品差使將為格法中最為低階的職務類型。差使之上便是有品職，由於已有品秩，諸職便能依品定序。不過又因低品職務數量的龐大而同品者甚多，為求精確分化，金朝也將增加諸職的權責與職掌等排序標準。但在加入這些標準後，除了某些同品職務將有進一步的等第分化外，部分格法的職務任次排序也不再全然受到職品階序的約束。從格法所見的金代諸職地位，就職掌權責而言，長官地位最高，佐貳官次之，幕職官最低；就業務性質而言，親民職的地位最高，軍職與釐務職次之，監當職最低。[75]於是同為正八品的錄事、防禦判官、赤劇縣丞，在勞效「吏格」中，屬於釐務職的錄事與屬於幕職親民職的防禦判官便被編於初除，屬於佐貳親民職的赤劇縣丞便是次任除授。又有同為七品的「都軍」與縣令，「都軍」諸職便在大定十八年（1178）省祗候郎君出職辦法、泰和四年（1204）閤門祗候出職格、筆硯承奉吏格、大定十六年

---

[73] 以上諸法，均見元・脫脫，《金史》，卷54，〈選舉四〉，頁1210。

[74] 元・脫脫，《金史》，卷58，〈百官四〉，頁1348。

[75] 各類職務總名，詳參元・脫脫，《金史》，卷55，〈百官一〉，頁1230-1231。

（1176）侍衛親軍出職格等，其任次皆排於縣令之前，屬於軍職的「都軍」諸職與屬於親民職的縣令於遷轉位階中並非同等。進而當參酌的職品與職務屬性等兩種條件後，又見在遷轉路徑中，低品親民職有時能比較為高品的其他類型職務擁有更高位階。如承安元年（1196）武舉格中，第二、三名及第者的初除將是八品的巡、尉、部將，次任反而是正九品的主簿。不過當諸職的任次排序背離職品階序時，錯置職務之間的職品差距常在一品左右。

　　前述的作法乃是在循資逐級升遷原則下所產生的基本設定模式，其中所謂之「級」，其分等將以職務的品秩、權責、職掌等條件為標準。另一方面，金朝也有明確背離循資逐級升遷原則的變形規範，此即回降與除差之制。回降之制在格法中的安排甚是多見，主要出現在出職制度中，有些僅是同類職務間的等級錯置，有些已有異品對調的排法。在大定二十六年（1186）的樞密院令史出職格中便是兩狀俱見，以一、二考人員的前三任授職為例，初除為正從八品的錄事與軍防判，次任與第三任分為上簿與中簿，而此兩等主簿皆為正九品。軍防判與主簿雖然皆為親民幕職官，但無論是所屬官府等級或是職品，軍防判皆高於主簿，因此從初除到次任便是一種明顯的降調規劃，而後從上簿到中簿，其狀也是類似。至於除差之制，此制中應歷差使的人員，其差使經歷通常不是整齊地設定於所有有品職務經歷之前，而是以「一除一差」、「兩除一差」的方式排列，過程中所顯示的背離之貌亦是清楚。回降與除差之法乃是金朝壓制官員遷轉速度的調控機制，當格法中的回降與除差設定越多時，該格人員的遷轉將更遲緩。最後，又有一種也可延遲升遷速度的規定，即同等職務多歷數任之法，此法幾乎所有格法均見，只是由於僅是延遲升遷而未降級除授，因此尚未背離循資升遷的基本操作原則。不過雖然僅是「延遲」，如同類職務多設數任，效果亦是可觀。如舉人官員雖然也與進士官員同歷簿令，卻是不斷重複同等職務，此使單就格法任次而言，進士官員乃第六任呈省，舉人官員卻是第十三任方得呈省。

　　利用上述三法，諸格人員可有不同的升遷速度。除了控管升遷速度外，金朝又會利用應歷職務的設定分化各類官員的仕宦前途。雖然規定中官員未必每任滿必有升職，但如有升職則總是循級遞升。大約於世宗後，金朝已據各項條件將無品差使至七品縣令等部擬諸職加以編組分等，如此便有一組簡單的職務等級序列可供遷轉使用。諸職的分等狀況與各類官員的遷轉待遇，詳參下表整理：

【表十六】各類官員歷職種類一覽

職品 官員＼職務	無品	有品	九品			八品		七品		六品
等第	一	二	三	四	五	六	七	八	九	十
職種	差使	諸司	副巡	巡尉	主簿	都巡	錄判	都軍	縣令	省除
◆軍功					●				●	●
◆勞效					●		●		●	
◆進士					●		●		●	
◆武舉			●	●	●	●			●	
◆舉人	●									
◆右職官	●	●								
◆出職					●		●		●	●
◆中央吏員									●	●
右職省令史									●	●
樞密院令史					●		●		●	
六部令譯史					●		●		●	
省祗候郎君					●		●	●	●	
◆宮中人	●[76]	●[77]			●		●	●	●	●
護衛										●
奉職								●	●	
閤門祗候								●	●	
筆硯承奉								●	●	
東宮入殿小底					●		○		●	
侍衛親軍				●	●	●		●	●	

　　本表製作依據為前文已述之格法，宮中承應人部分則僅取記錄較為完整的六職。本表略為複雜，有幾點說明：一，「職品」列中的諸職品秩，諸司除授之職由於跨越多品，故暫以「有品」示之；又有省除之職，其實為正七品以上，但本表僅對六品以上職務獨立安排欄位。二，「等第」列中的排序乃是參照金朝在各式格法中對所有職務的編組分等之設定而得，由於同品職務的地位在遷轉程序中的等級序列仍有分化，因此仍有必要進一步分別同品職務的不同等級。三，在第三、四、六、七、八等之職中，「副巡」一欄將合計副巡檢、軍轄、司軍三職，「巡尉」合計散巡檢、縣尉、部將三職，「都巡」合計都巡檢、副將二職，「都軍」合計諸

---

[76] 此類職務見於知把書畫、東宮筆硯之大定二十一年格、拱衛直不明年份之格。見元·脫脫，《金史》，卷53，〈選舉三〉，頁1185、1188、1189。

[77] 此類職務見於雜班局分承應人，以及拱衛直未至指揮使但得武義將軍階而出職者。見元·脫脫，《金史》，卷53，〈選舉三〉，頁1188、1189。又雜班局分出職初除皆「府州作院都監」，作院都監應即諸司除授之職，詳參前文所論。

府鎮都指揮使、節鎮軍都指揮使、正將三職，「錄判」[78]則合計錄事、軍事判官、防禦判官三職，這些整併皆是基於格法而得。四，表中以「●」注記各類官員的應歷職務，但有東宮入殿小底，其「吏格」之初除與次任為不明職種之「八品職」，今且暫記於「錄判」中，並以「○」表示。五，「官員」欄中的官員類型名稱，以入仕途徑為稱者（含「右職官」，即有蔭監當官），其名前帶「◆」，以個別百司承應人為名者則無注記，「中央吏員」與「宮中人」則是合計所屬個別承應職而得，「出職」又是合計所有出職人待遇而得。六，表中網底，最深色者為監當職，次深者為軍職，無底色者為親民。不過，雖然參注縣尉的「巡尉」一欄標為軍職，但縣尉實為親民職，只是金朝多將縣尉與散巡檢、部將同授，不便分隔，整欄遂仍以軍職標示。七，雖然職務等級越低，任次總將越先，不過因有回降之制，例外頗多，因此本表所列諸職，位階最低者未必即是初除職務，任次也非以表中等第為序，確實的遷轉順序均須回歸格法確認。

　　由於格法所列也是官員仕宦初期的必經歷程，表十六可見無論出身為何，理論上所有的金代官員皆從地方職務任起。[79]所授之職又以親民職務為主，而諸職所屬衙署主要為州縣層級。這種設計構思當與唐宋以來「不歷州縣不擬臺省」的遷轉原則的延伸發揮有關，仕宦初期必歷基層地方職務也有強化官員治事能力的功用。[80]另外又依人員性質與現實需要，部分官員也會參注監當職、軍職、以及少數的釐務職。軍職的官員背景便甚明確，多是武舉出身、侍衛親軍出職等人員。這種在特定職種中專授或排除特定能力的人員的作法，在個別職務的除授中更是常見。如大定二年（1162）後縣尉便不授文資官，章宗以前巡河官所選皆須具有監當資歷者等均是。[81]最後，格法所見職務全部整合後，諸職將可分為十等，不過並非所有官員皆由最低階的無品差使任起，各類官員將有不同等級的初授

---

[78]　「錄判」，金代本為正九品錄事司判官之省稱，本文權充三職合稱，尚請識者見諒。

[79]　不過仍有例外，大定十五年後金朝規定進士科狀元初除即授應奉翰林文字，此為金代唯一在仕宦初期授予中央職務的明文規範。見元・脫脫，《金史》，卷52，〈選舉二〉，頁1161。

[80]　「不歷州縣不擬臺省」之語，見宋・歐陽修、宋祁，《新唐書》（點校本，北京：中華書局，1991），卷45，〈選舉下〉，頁1176。此原則的討論，詳參閻步濱，〈從三省體制到中書門下體制——隋唐五代〉，頁219-220，文收吳宗國主編，《中國古代官僚政治制度研究》（北京：北京大學出版社，2004），頁133-221；王湛，〈「不歷州縣不擬臺省」選官原則在唐代的實施〉，《江西社會科學》，2006：11（南昌：江西社會科學雜誌社，2006.11），頁93-97。

[81]　元・脫脫，《金史》，卷52，〈選舉二〉，頁1161；同書，卷27，〈河渠志〉，頁679。

職務。此後，各類官員的可歷職種與遷轉高度將是有別，待遇落差因此成形。

又在所有需歷部擬職務的官員中，就職種而言，縣令是唯一的必歷之職。此時，各類官員的遷轉待遇除了可就所歷職種觀察外，另一處觀察點則是各類官員可除縣令的任次。以下亦製一表以便觀覽：

【表十七】各類官員可除縣令任次一覽

可除縣令任次	不任	初除	次任	三任	四任	五任	六任	七任	八任
◆軍功	●	●	●	●					
◆勞效		●		●	●				
◆進士			●						
◆武舉			●	●					
◆舉人									●
◆出職	●	●	●			●	●	●	
◆中央吏員	●	●	●			●	●	●	
右職省令史	●		●						
樞密院令史		●				●			
六部令譯史						●	●		
省祗候郎君				●			●	●	
◆宮中人	●	●	●			●			
護衛	●								
奉職		●		●		●			
閣門祗候				●					
筆硯承奉		●							
東宮入殿小底						●			
侍衛親軍						●	●		

本表所據亦如表十六，除了援引相關製表作法外，也另有補充說明：一，表中「可除縣令任次」一列，諸欄即表諸途人員可獲縣令的任次，格中以「●」注記其任。又所謂「不任」，即表不須擔任縣令，這類官員皆是初除已為縣令以上職。二，本表將列出所有等級的諸途人員可獲縣令任次，於是如大定二十九年（1189）軍功出身有分四等，後三等人員可獲縣令任次分別為第三、二、一任，帶宣武將軍以上的最優等人員則達省除層級，表中便有四格注記。三，舉人所列任次，本表未含差使而僅以格法為據，所以便記第八任，但舉人入仕後獲除縣令的實際任次非是第八任，此前已詳述。四，本表排除有廕監當官員，即「右職官」，因其縣令任次無法估算。

　　各類官員可除縣令的任次，將取決於該類官員的初除職務位階，以及回降、除差、重複任職等作法的運用程度，於是其結果等於是相關措施結合後的產物，也是觀察各類官員遷轉待遇的較佳指標。從表十七可知，金朝各類官員的遷轉待遇中，最優者乃是護衛、右職省令史，以及不在表中但前述已言的奉御、符寶郎、東宮護衛、宗室宰執子省令史等出職者，其初除皆為從七品以上職，因此也不必經歷縣令。其中又以護衛最佳，無論何等人員，初除皆達省除階段，而諸護衛中待遇最優的再勒留者，明昌元年格（1190）中的初除可達正五品職，並於第四任即獲刺史。由於再勒留的護衛出職前需先任職六考（每考亦是30月），因此如一從政即任護衛，通算後第十任可獲刺史。相形之下，同時的進士官員自釋褐後則需第十四任方得刺史。[82]不過在明昌以後，護衛待遇將生變化。自正隆二年（1157）起，護衛初除大致為五、六品職左右，但在明昌四年（1193）後，所歷職務位階開始調降，貞祐五年（1217）時，其初除職務已是一考出職者上令，二考、三考正七品，四考方得六品。[83]但即便是貞祐調降以後，護衛出職待遇還是比進士或軍功官員為佳。

　　相較之下，可獲第二等待遇者便是進士、武舉、軍功、勞效等出身，以及自筆硯承奉、閣門祗候、奉職等出職的官員。他們最初皆可獲得主簿等級的親民官，第二至第四任時可獲縣令，第五至第七任左右進入省除階段。第三等則是其他的高階百司承應職出職者，包括高階宮中人與省令史以外所有具備出職格的中央令史，他們初除職務亦如第二等，但是滯留於縣級以下職務的時間較長，一般是第三到第五任可獲縣令，第六至第十任左右呈省。第四等是文資舉人，其初除職務亦如第二等，但是獲得縣令與呈省的時間遠較第二、三等為久，關鍵在於差使經歷的設定。另外，表十六、十七未列的知把書畫、雜班局分人、拱衛直等幾種宮中職務，雖然目前因為未知遷轉格法而無法判定所獲路徑的等級，但因部分成員初除時可獲主簿至差使之間的職務，估計其待遇或能歸入第四等之列。第五等則是無法補入百司承應職的承廕人，他們僅能以差使入仕，且終其一生恐難得到縣令之職。又有不列兩表之中而狀況不明的地方吏員出職者，或許其待遇也將近於第五等。最後，還有一群人員，即其他局分宮中承應人，他們

---

[82]　元・脫脫，《金史》，卷54，〈選舉四〉，頁1206。

[83]　元・脫脫，《金史》，卷53，〈選舉三〉，頁1184。

除非轉入可有出職格法的承應職，或是轉出身，如從軍或應科舉，否則皆無出職入仕機會，此輩所得待遇應可列為第六等。

七、結論

在五大入仕途徑之下，金朝擁有一套多元的人才取用系統。諸途皆有各自的選人標準，其中科舉與軍功的標準主要為才幹條件，門廕則為家世，勞效與出職制度則是年勞。經由入仕途徑所得的出身資格將是金朝分類官員的重要依據，遷轉待遇也將因人設制，各類官員的仕宦空間開始分化。此時，金朝將以格法規範官員仕宦初期的遷轉路徑，此處約是部擬階段的職務除授場合。格法中，金朝首先將依職掌性質與職品高低分等職務，一套適用於遷轉的職務等級序列因而建立。進而各類官員將有不同的初除與歷任的職務，各等職務的經歷任數也有差別，待遇遂得分梳。雖然往後的從政，官員本身的才幹、際遇、人際關係等因素又會產生重要影響，仕宦初期遷轉路徑的設定卻使各類官員的仕宦前途擁有不易超脫的既定格局。爾後，世、章時期各類官員的仕宦初期遷轉待遇基本可分六等：第一等為護衛、省令史、奉御、符寶郎、東宮護衛等出職者，第二等為進士、武舉、軍功、勞效等出身之官員，以及筆硯承奉、閤門祗候、奉職等出職者，第三等是其餘的高階百司承應職出職者，第四等是文資舉人，以及上述以外的正、雜班局分之宮中承應人，第五等為以差使入仕的承廕人，以及地方吏員出職者，第六等為其他局分之宮中承應人。

由於官員的政治前途與其出身資格密切關連，官員的遷轉待遇也多能以五大途徑為單位總體評斷，因此對於待遇良窳，《金史》便有「文資則進士為優，右職則軍功為優」之論。[84]不過如果進一步觀察，在六等遷轉待遇的架構中，獲得最佳待遇的金朝官員實為一群數量極少的高階承應人。只是這些承應人的入仕乃由出職制度，相對於進士、軍功、勞效等出身者，無論其類型或等級為何皆能整齊地獲得第二等待遇的情形，就整體出職制度所見，利用出職制度入仕的官員待遇卻因其出職前原任職務的地位而有極大落差，所獲待遇從第一等至第六等均見。也因此「進士軍功為優」之論雖然忽視了少數承應人的優越地位，然而少數承應人的獲得禮遇

---

[84] 元‧脫脫，《金史》，卷52，〈選舉二〉，頁1157。

卻也不能代表所有出職人皆享同等待遇。出職制度乃為金代遷轉待遇上分化最大的入仕途徑，其因或與利用出職制度的人員身分的高度複雜有關。出職入仕者，既有通過層層試補而才幹已為金朝肯定的承應人，也有家世卓越且背後隱藏龐大政治人脈的貴戚高官子弟，但同時也有才幹、家世雙無之輩。相較於科舉、軍功等途出身者的同質性，出職人員的身分條件落差極大，仕宦前途也因此不能一體規劃，選遷待遇便需詳細分別。

　　透過繁瑣的考釋，本文簡單地說明了金代官員遷轉辦法的「盛世之制」，暫時重建了金代世章時期遷轉路徑的基本架構。相關成果或是比對金代諸途官員遷轉的基礎，一方面可以就此接續整理各種遷轉辦法與待遇的演變，一方面則可提供分析現實運作的制度依據。後者部分，由於史料記錄有限，官員仕宦初期的經歷常有殘闕，格法規範便可為檢覈官員仕履的依據。當然，格法規範與官員仕履間的差異可能也是規範與現實的落差，相關情狀與所反映的時代意義，或可進一步探索。另一方面，雖然並非本文討論的重點，但可補充的是，金代相關作法的設計原則，應是受到了中國政治制度長期發展趨勢的影響。在分類官員並因人設制的部分，即便基於統治環境的考量而使金朝擁有一些與前後朝代不同的設定，然而在最初的分類上，金朝仍與歷代類似而皆以入仕途徑為分類官員的主要標準。至於遷轉的辦法，北宋以後，由於循資原則在遷轉中的地位日漸提升，歷代皆有分等政府諸職以為官員循資遷轉依據的作法，此亦為金朝所承繼。整體而言，金朝制度在中國政治制度發展中承先啟後的作用，應有持續觀察的空間。

從太極宮到大明宮：唐代宮城空間的
變遷與都城社會構造的轉型

妹尾達彥[*]
（黃海靜翻譯）

本文的目的－宮殿與政治

　　7世紀末唐朝都城宮殿區的轉移這一看似微小的變化，實際上卻是象徵著歷史轉換的一件大事，同時，也使政治和社會發生了很大的轉變，本稿的目的即對此進行論述[1]。

　　具體來說，就是探討從長安的宮城（又稱大內，即隋的大興宮。唐中宗的神龍元年（705）以後稱太極宮[2]）到大明宮這一皇帝常居的宮殿區轉移

[*]　日本中央大學文學部教授。
[1]　本文是妹尾達彥，〈太極宮から大明宮へ－唐長安における宮城空間と都市社會の變貌－〉，新宮学編，《近世東アジア比較都城史の諸相》（東京：白帝社，2014年），頁17-59；同〈中唐の社會と大明宮〉，松本肇・川合康三編，《中唐文學の視角》（東京：創文社，1998年），頁337-354；同〈大明宮的建築形式與唐後期的長安〉，《中國歷史地理論叢》，1997年第4期（西安，1997.12）的基礎之上，基於最近圍繞宮殿的考古發掘和文獻研究的成果，對太極宮向大明宮轉換的意義做了新的論述。又本稿，是在2013年11月於台灣師範大學召開的「跨越想像的邊界：族群・禮法・社會—中國史國際學術研討會」，及2014年11月於復旦大學召開的「重繪中古中國的時代格：知識、信仰與社會的交互視角」學術研討會的發言稿的基礎上，進行了修改增補。在這兩次會議上筆者多承指教，在此表示衷心的感謝。
[2]　武德元年（618）五月，唐接受隋的禪讓而建國時，把隋的大興殿改為太極殿。但是，根據殘存文獻，被冠上大興殿這一固有名詞的隋的宮殿區，在唐時被稱為宮城或是大內，似乎並沒有固有名詞。太極宮的名稱，是武則天的周王朝恢復為唐朝國號的神龍元年（705）時被附加的（楊鴻年，《隋唐宮廷建築考》（西安：陝西人民出版社，1992年），頁15-17）。從玄宗期，由於

的歷史背景。另外，我認為從之前的宮城到大明宮宮殿區的比重轉移，象徵著唐朝的統治體質的改變，同時，也使東亞各國的政治、軍事、經濟、思想、社會的全盤發生了巨大‧深遠的變化。若從歷史長河中來評價太極宮和大明宮，那麼可以說，前者是匯集了至8世紀的中國史的舞台，而後者則是9世紀以後中國史進入一個新發展的場所。

　　政治權力的實施與實行政治舞台的空間配置是密切相關的，近數十年來，這個問題不僅是政治學的研究課題，也成為人類學、社會學、地理學、文學等等的社會‧人文科學領域的分析對象[3]。其近年的研究指出，政治需要作為其實施的舞台而設置的空間，同時，空間又創造了政治。人類的生活空間不是由城市規劃而創造的，而是社會性的產物，空間通過表象作用而具有社會性的意義，這種理解，為20世紀後半以後的整個社會‧人文科學領域所普遍認同[4]。

　　大明宮開始成為固定的皇帝常居宮殿，為了與大明宮相區別，需要有一個固有名詞，而伴隨唐朝復興，源於太極殿的名稱，大概被命名為太極宮的。

[3]　政治的運營，與成為舞台的建築物的配置和空間的性質是有密切關係的，這一點被從20世紀末至現今的各研究領域所指出。關於這一方面的研究，以日本為例，有以下研究：政治學領域有，原武史，《皇居前廣場》（東京：光文社，光文社新書091，2003年；增補版，ちくま學藝文庫，2007年）；社會學領域有，若林幹夫，《熱い都市冷たい都市》（東京：弘文堂，1992年）；地理學領域有，荒山正彥、大城直樹、遠城明雄、渋谷鎮明、中島弘二、丹羽弘一，《空間から場所へ－地理學的想像力の探求－》（東京：古今書院，1998年）；建築學領域有，陣內秀信，《東京の空間人類學》（東京：筑摩書房，1985年；ちくま學藝文庫，1992年）；文學領域有，前田愛，《都市空間の中の文学》（東京：筑摩書房，1982年；ちくま学芸文庫，1992年）；等等。這些研究都可以說是各研究領域中具有代表性的研究。日本政治空間的研究，開始於人類學者ClaudeLévi-Strauss（1908-2009），和哲學者MichelFoucault（1926-1984）等，構造主義以後展開的空間論和問題關心相重合。關於空間的研究，近年，基於先驅地理學者DavidHarvey（1935-）和EdwardWilliamSoja（1940年-）的「新地理學」研究，有了進一步的發展。本稿的分析，也受了以上所舉出的關於政治空間構造分析的很大啟發。日本歷史空間分析的特色，在於根據近代日本人文、社會科學的傳統，基於日本的現實而展開的獨自實證的分析。

[4]　Michel Foucault著、福井憲彥譯，〈空間、地理學、權力〉，《アクト（actes）》，1988年4號（東京：日本エディタースクール出版部），頁44-57（原文"Questions à Michel Foucault sur la géographie," *Hérodote*, n° 1, janvier-mars1976, pp.71-85, 1976）；DavidHarvey著、加藤茂生譯〈空間から場所へ，そして場所から空間へ〉，《10＋1特集新しい地理學》，11（東京：INAX出版，1997年），頁85-104（原書"From Space to Place and Back Again: Reflections on the Condition of Postmodernity," JonBird, Barry Curtis, Tim Putnam, George Robertson and Lisa Tickner eds, *Mapping the Futures: Local Cultures, Global Change*, LondonandNewYork: Routledge, 1993, pp.3-29）和Edward William Soja，《ポストモダン地理學－批判的社會理論における空間の位相－》（東京：青土社，2003年）（原書*Postmodern Geographies: The Reassertion of Space in Critical Social Theory*, London and NewYork: Verso, 2011）闡述了富有啟發的見解。

　　歷史學中，對於實行政治活動的空間與政治的展開之間的相互關係這一問題，已有數量眾多的研究。關於本稿的課題—7至12世紀都城研究的文獻史學的主要成果可以列舉如下：以著眼於日本古代都城的空間與政治的關聯，並初次對其進行系統性分析的岸俊男[5]為首，之後有古瀨奈津子[6]、橋本義則[7]、吉田歡[8]等學者在東亞都城中對日本都城進行定位的空間分析；中國的都城研究方面，首先可以舉出楊寬[9]的研究，他對都城宮殿構造的變遷和政治運作的變遷之間的密切關係首次進行了系統性的分析，之後，陸續有金子修一[10]、趙雨樂[11]、松本保宣[12]、袁剛[13]、姜波[14]、新宮學[15]、陳揚[16]、久保田和男[17]、平田茂樹[18]、傅熹年[19]、楊鴻勳[20]、杜文玉[21]、佐川英治[22]等學

[5]　岸俊男，《日本古代宮都の研究》（東京：岩波書店，1988年）。

[6]　古瀨奈津子，《日本古代王權と儀式》（東京：吉川弘文館，1998年）。

[7]　橋本義則，《古代宮都の内裏構造》（東京：吉川弘文館，2011年）。

[8]　吉田歡，《日中宮城の比較研究》（東京：吉川弘文館，2002年）。

[9]　楊寬著、西嶋定生監譯、尾形勇、高木智見共譯，《中國都城の起源と發展》（東京：學生社，1987年）；同《中國古代都城制度史研究》（上海：上海人民出版社，2003年）。

[10]　金子修一，〈唐の太極宮と大明宮－即位儀禮におけるその役割について－〉，《山梨大學教育學部研究報告》，44（甲府，1993年），頁52-64。

[11]　趙雨樂，《唐宋變革期軍政制度史研究（一）－三班官制之演變－》（台北：文史哲出版社，1993年）；同《唐宋變革期之軍政制度－官僚機構與等級之編成－》（北京：文史哲出版社，1994年；同《從宮廷到戰場－中國中古與近世諸考察》（香港：中華書局，2007年）。

[12]　松本保宣，《唐王朝の宮城と御前會議》（京都：晃洋書房，2006年）；同〈唐代前半期の常朝－太極宮を中心として－〉，《東洋史研究》，65：2（京都，2006.9），頁70-106；同〈唐代御史対仗彈奏小考〉，《立命館文學》，598（京都，2007.2），頁372-378；同〈唐初の対仗・仗下奏事－討論集会か，密談か－〉，《立命館文學》，619（京都，20010.12），頁129-142。

[13]　袁剛，《隋唐中樞体制的發展演變》（台北：文津出版社，1994年）。

[14]　姜波，《漢唐都城禮制建築研究》（北京：文物出版社，2003年）。

[15]　新宮學，《北京遷都の研究－近世中國の首都移轉－》（東京：汲古書院，2004年）；同〈近世中國における皇城の成立〉，王維坤、宇野隆夫編，《古代東アジア交流の總合的研究－》（京都：國際日本文化研究センタ―，2008年），139-178頁。

[16]　陳揚，《唐太極宮與大明宮布局研究》（陝西師範大學碩士論文，2010年）；同〈唐代長安政治權力中樞位置的變遷與「三大內」機能的嬗變〉，《西安文理學院學報（社會科學版）》，13：2（西安，2010.4），頁9-13。

[17]　久保田和男，《宋代開封の研究》（東京：汲古書院，2007年）。

[18]　平田茂樹，《宋代政治構造研究》（東京：汲古書院，2012年）。

[19]　傅熹年主編，《中國古代建築史　第一卷　三国、兩晉、南北朝、隋唐、五代建築》（北京：中國建築工業出版社，2009年，第二版）。

[20]　楊鴻勳，《建築考古學論文集》（北京：文物出版社，1984年，增訂版2008年）；同《　殿考古通論》（北京：紫禁城出版社，2009年）；同《大明宮》（北京：科學出版社，2013年）。

[21]　杜文玉，《大明宮研究》（北京：中國社會出版社，2015年）。

[22]　佐川英治，《中國古代都城の設計と思想》（東京：勉誠社，2016年）。

者的研究。以上的諸論考，可以說是間接或直接地繼承了20世紀後半以來的人文・社會諸科學，著眼於空間的研究動向而進行的研究。

本稿根據以上的研究動向，在中國歷代都城宮殿區的建築構造的變遷中，試對隋唐長安的宮殿區進行一個定位。筆者以作為宮殿區的中心宮殿──太極宮的太極殿（隋大興殿），向大明宮的宣政殿這一政治主要舞台的轉換為焦點來進行探討。之所以以此為焦點來進行研究，是因為我認為，太極殿向宣政殿這一中心宮殿的轉換，凝聚了7至9世紀東亞的變容。

應該值得注意的是，大興宮和太極宮的宮殿區成為都城核心宮殿區的時期，不過隋唐初的近100年的時間，而7世紀末至唐末的200年間以上的期間都是大明宮的時代（武則天奠都洛陽期（690-705）及玄宗興慶宮聽政時（728-756）大明宮也維持了一定的政治機能）。所以，大明宮才是決定唐朝大半政治趨向的空間。7世紀末以後的國內外的官僚、官吏、軍人、宮女、各國使者，都聚集在大明宮，因此可以說，從當時的東亞都城中隨處可見大明宮宮殿構造的影響也是理所當然的。

太極宮與大明宮的政治空間的比較分析，近年開始有了急速的進展[23]。只是，對兩宮機能區別的系統且詳細的研究還有待今後去探討。本稿基於之前的研究，①欲探討太極宮向大明宮的轉移在中國都城史上的歷史意義；②對象徵著太極宮和大明宮的建築構造和機能差異的隋唐政治與社會改觀的特質，將進行一個系統性的推測說明。由於篇幅的關係，本稿只對兩宮變遷的概觀進行說明，而詳細的論證則在別稿進行。

唐代太極宮向大明宮這一中央政治表面舞台的轉換，不僅僅是研究唐代史的例子，在考慮空間與政治的關聯這一大問題時，也是一個恰好的事例。我們可以比較清楚地了解到：唐代由於在同一個王朝中發生了中央政治舞台轉移的空間轉換，其政治空間的轉換，為構成國家的政治、軍事、經濟、社會構造帶來了廣泛且深遠的影響。因此，在考察政治舞台、宮殿的轉移與政治、社會的變容之間的相互作用時，我認為唐代的例子是進行比較的理想事例。

---

23 特別是以上杜文玉、楊鴻勳、金子修一、松本保宣、陳揚的研究，成為以後兩宮比較分析研究的基礎。杜文玉《大明宮研究》，是代表文獻史學的研究；楊鴻勳《大明宮》，是代表建築史學的研究。金子先生的論文，以即位儀禮為例，對太極宮和大明宮王權儀禮的差異進行論述；松本保宣以唐後期延英殿聽政為線索，弄清楚了唐王朝中央政治機能的變遷；陳揚的論文，把太極宮和大明宮的建築構造做以對比，詳細分析了兩宮機能的區別和其要因。

一、太極殿的時代

在中國都城史上，作為宮殿區核心宮殿的太極殿時期，如圖1東亞都城的變遷—太極殿的時代—所示，從曹魏明帝改建的洛陽到唐的長安約有650年間。以太極殿為核心宮殿的都城有13個，分別是：曹魏洛陽（220-265）、西晉洛陽（265-313）、東晉建康（317-420）、後趙鄴（335-350）、前秦長安（351-394）、後秦長安（386-417）、北魏平城（398-493，太極殿的建造是492年）、北魏洛陽（493-534）、宋建康（420-479）、齊建康（479-502）、梁建康（502-557）、陳建康（557-589）、唐長安（618-904）。這些都城設置太極殿總計達780年之久。核心宮殿區由太極宮向大明宮轉移之後，太極宮的宮殿及皇城的官廳也作為政治、王權儀禮的舞台被繼續利用，與大明宮一同分擔著行政、儀禮的機能。本節將對中國都城史上可被稱為「太極殿時代」這一時期的特色進行論述。

（一）中國都城史的太極殿時代

什麼是太極殿時代？

祭祀天地諸神和祖先靈的漢長安儀禮空間，西漢末基於儒教的王權論都城被作為主要舞台進行了重組，而後王莽主要依據《周禮》又進行了新長安的改建，後被東漢洛陽所繼承[24]。王莽為了以新代漢的王朝交替而賦予其正統化，根據王朝交替理論化的儒教王權論（禪讓和革命的思想），對新王朝的都城長安的儀禮空間進行了整建。東漢洛陽依據西漢末至新的長安改建的經驗，基於儒教的王權思想有計畫性地被建造而成，成為中國史上的第一個儒教都市。城內南宮設置的核心宮殿，與實行受命祭祀的城

---

[24] 關於從西漢末經過王莽新而至東漢洛陽的儒教王權儀禮的發展，以下的研究做了詳細的論述：目黑杏子，〈王莽「元始儀」の構造－前漢末における郊祀の變化〉，《洛北史學》，8（京都府立大學史學會，2006.6），頁85-103；村元健一，〈前漢長安の變容と王莽の造都構想〉，《大阪歷史博物館研究紀要》，7（大阪，2008.10），頁1-20；楊英，〈祈望和諧－周秦兩漢王朝祭禮的演變及其規律－〉（北京：商務印書館，2009年）；劉瑞，《漢長安的朝向、軸線與南郊禮制建築》（北京：中國社會科學出版社，2011年）；渡邊義浩，《王莽：改革者の孤獨》（東京：大修館書店，2012年）等等。

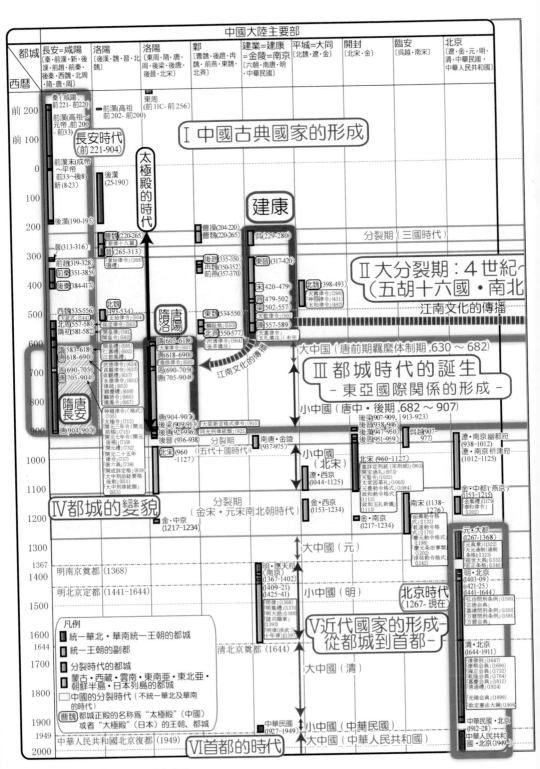

圖1 東亞都城的變遷—太極殿的時代

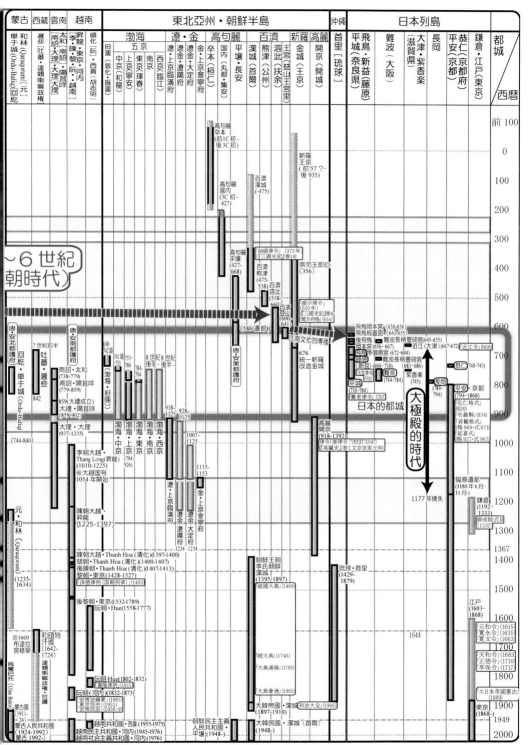

【出處】妹尾達彥〈東アジア都城時代の形成と都市網の變遷〉《中央大學人文科學研究所編《アフロ・ユーラシア大陸の都市と國家》東京: 中央大學出版部, 2014年) 142-3頁所載圖24的修改圖。 [注] 縱軸表示空間 (東亞洲各國都城)、橫軸表示時間 (西曆)。

南圓丘南北相連接而形成一條儀禮軸[25]。

東漢洛陽的城市構造，基本上繼承了經歷過漢魏革命的魏的都城，魏明帝時，宮殿、禁苑、壇廟、城池、道路等等被改建[26]。此時，中國都城的核心宮殿中初次可見太極殿之名。之後，太極殿如**圖1**所示，從魏晉洛陽至唐長安，除了西魏、北周、隋，成為了歷代政權都城的核心宮殿，太極殿的建造和修築成為主張王權正統性的一個論據。

關於從魏洛陽至唐長安都城的宮殿區和太極殿的構造、機能的變遷，從太極殿前殿、東西堂、朝堂、中央官廳的空間配置和政治機能的關聯這一角度，正被逐步弄清[27]。這個時期，也是沿著貫穿以太極殿為核心的都城南北軸，由北郊─後苑（華林園）─太極殿─南郊形成南北相連接的儀禮空間被整修的時期[28]。

太極殿，在魏明帝時的洛陽登場的原因，被認為是魏晉洛陽把東漢洛陽城的北宮和南宮並用的兩宮制改成了一宮制而造成的[29]。由於都城由複

---

[25] 關於東漢洛陽的都市構造，近年，參見村元健一，〈後漢洛陽城の南宮と北宮の役割について〉，《大阪歷史博物館研究紀要》，8（大阪，2010.3），頁1-21，後被收錄同《漢魏晉南北朝時代の都城と陵墓の研究》（東京：汲古書院，2016年），頁169-205；渡邊將智，〈後漢洛陽城における皇帝‧諸官の政治空間〉，《史學雜誌》，119：12（東京，2010.12），頁1-38，後被收錄同《後漢政治制度の研究》（東京：早稻田大學出版部，2014年），頁249-292。

[26] 關於曹魏洛陽的都市改造：傅熹年主編，《中國古代建築史第二卷三国、兩晉、南北朝、隋唐、五代建築》（北京：中國建築工業出版社，2009年），頁8-16，對基本情況做了整理；向井佑介，〈曹魏洛陽の宮城をめぐる近年の議論〉，《史林》，95：1（京都，2012.1），頁247-266，對近年的研究動向進行了簡明的整理。

[27] 渡邊信一郎，《中國古代の王權と天下秩序》（東京：校倉書房，2003年）。

[28] 妹尾達彥，〈隋唐長安城の皇室庭園〉，橋本義則編，《東アジア都城の比較研究》（京都：京都大學學術出版社，2011年），頁269-329。北宋洛陽的主要宮殿也被稱為太極殿（五代後晉稱為宣德殿）。可以說，這是繼承了唐王朝的文化正統而自傲的北宋，仿照唐時宋的西京（唐的東都）洛陽的核心宮殿也付上太極殿之名。發揮北宋政治中心機能的東京開封宮殿，外朝是大慶殿和文德殿，內朝是紫宸殿、垂拱殿、崇政殿和延和殿。北宋洛陽太極殿的作用，是宋王朝繼承了唐王朝正統的象徵，而不是作為王朝的核心宮殿發揮其機能。以後，清代的北京宮殿中也有被命名為太極殿的時候，但是，也沒有核心宮殿的機能性。所以，核心宮殿被稱為太極殿的太極殿時代，看做是從曹魏明帝至唐末的約650年間，這應該是沒有問題的。

[29] 關於魏晉洛陽的太極殿建於東漢洛陽的北宮還是南宮的問題，北宮之說雖已成為定說，但是近年，佐川英治指出，東漢的南宮被魏明帝進行都城改造而成為正規宮殿，因此，於南宮建造了太極殿（佐川英治，〈曹魏太極殿の所在について〉，《岡山大學文學部プロジェクト研究報告書》，15（岡山，2009）；同〈漢魏洛陽城研究の現狀と課題〉，《洛陽學國際シンポジウム報告論文集─東アジアにおける洛陽の位置─》（東京：明治大學大學院文學研究科、明治大學東アジア石刻文物研究所，2011年），頁115-138；同《中國古代都城の設計と思想》（東京：勉誠社，2016年）。佐川指出，由貫穿宮殿的中軸線，把都城設計成左右對稱的一宮制的複

宮制轉換成一宮制，開始需要之前所不具備的具有唯一性、絕對性的宮殿名稱，而符合當時條件的「太極」這一名稱或許就這樣被選中了。

太極思想

太極殿的名稱，是基於3世紀至10世紀所流行的太極思想。太極之語，原本出自《易經》、《莊子》等儒教、道教的典籍之中。《易經》十翼，繫辭傳上記載「是故易有太極，是生兩儀，兩儀生四象，四象生八卦，八卦定吉凶，吉凶生大業」，這裡記載太極創造陰陽，是萬物的根源[30]。另一方面，太極一語在文獻中初見於《莊子》太宗師篇，此篇中記述太極是依照道為標準的[31]。

太極殿的名稱之所以在3世紀至9世紀這段時期中廣為人知，是因為根據當時的易學、讖緯思想、天文占星思想、民間信仰，太極被與環繞北極星（北極或北極星）的紫微宮相提比較，是天的中心萬物的根源，被認為是天帝居住的地方。而太極有時也指天[32]。由於把太極比擬為天界的星座，太極這一抽象的概念被轉換成用肉眼可以看到的形象，被進行具象化[33]。

完成於北魏洛陽。對於佐川的南宮太極殿之說，外村中等主張於北宮建造了太極殿。外村中，〈魏晉洛陽都城制度攷〉，《人文學報（京都大學）》，99（京都，2010.12）；杜金鵬、錢國祥編，《漢魏洛陽遺址研究》（北京：科學出版社，2007年）。關於這些見解的差異，參見向井祐介，前注26，〈曹魏洛陽の宮城をめぐる近年の議論〉，頁247-266，文中對此問題做了整理。

[30] 關於太極的意義，《易經》，卷7，繫辭傳上，記載「是故易有太極，是生兩儀，兩儀生四象，四象生八卦，八卦定吉凶，吉凶生大業」（李學勤主編，《標點十三經注疏1周易正義》（北京：北京大學出版社，1999年），289頁）。

[31] 關於太極的意義，《莊子》內篇，大宗師篇，記載「夫道有情有信，無為無形，可受而不可傳，可得而不可見，自本自根。未有天地，自古以固存。神鬼神帝，生天生地。在太極之上而不為高，在太極之下而不為深，先天地生而不為久，長於上古而不為老（下略）」（阿部吉雄、山本敏夫、市川安司、遠藤哲夫著，《新釋漢文大系7老子、莊子上》（東京：明治書院，1966年），頁257）。

[32] 東漢的馬融（79-166）云：「易有太極，謂北辰。太極生兩儀，兩儀生日月，日月生四時，四時生五行，五行生十二月，十二月生二十四氣。北辰居位不動，其餘四十九，轉運而用也」（李學勤主編，《標點十三經注疏1周易正義》，卷7，周易繫辭上第七，大衍之數五十其用四十有九，頁279）；受教於馬融的東漢大學者鄭玄（127－200）對《易緯乾鑿度》卷下，「太一取其數以行九宮，四正維，皆合於十五」做了注釋，「太一，北辰神名也。居其所，曰太一」。參見鄭玄注，《易緯乾鑿度》，卷下（叢書集成新編24，台北：新文豐出版公司，1985年），頁117。這裡說的太乙、太一（太乙）是與太極同義。因此，太極是宇宙的中心，被比做北極。關於太極，又參見今井宇三郎、堀池信夫、間嶋潤一著，《新釋漢文大系63易經下》（東京：明治書院，2008年），頁1523-1538。

[33] 參見內田和伸，《平城宮大極殿院の設計思想》（東京：吉川弘文館，2011年）的分析。

　　福永光司指出，這種太極思想，是受了東漢時思想體系較為完善的讖緯思想的影響。他還指出，讖緯思想是指以戰國末期，公元前3世紀左右盛行的帶有占星術性的天文學為基礎，與陰陽五行、律曆術數的思想相結合，又吸取儒家《易》的哲學、道家的神仙思想及民間的土俗信仰等多種思想，是一種帶有宗教性且有強烈的神祕主義色彩的思想[34]。太極思想，由東漢的大儒‧鄭玄（127-200）把構成提倡天地對應的體系性的政治哲學作為一個要素進行了推敲精煉，而太極的概念則隨著儒教王權論的變遷而發生變化[35]。

太極殿的時代分期

　　筆者在東亞都城史的源流中，繪製了以太極殿為核心宮殿的都城譜系圖（**圖1**）。太極殿的時代，可以分為前期和後期的兩個時期。即前期，是以漢王朝滅亡為起因使中國大陸陷入未曾有的分裂時代，即3世紀前半的魏洛陽至6世紀末的南朝建康的這段時期；後期，則為7世紀初由唐對中國大陸進行了再次統一的這一時期。

　　前期，雖有晉短暫的統一，但卻是從魏洛陽至南北朝時代的分裂期，是複數的太極殿在中國大陸並存的時期。後期，是唐取代了隋再次一統中國，恢復了晉以來的一個太極殿的時期。擁有太極殿的北魏、東魏、北齊與南朝進行南北對峙的這段期間，可以說是複數的政權相互把都城的核心宮殿稱之為太極殿的「複數王朝與複數太極殿」的時代。而到了唐代，從晉洛陽太極殿的時代相隔了約300年之後，即又恢復到了「一個王朝與一個太極殿」的時代。

鄭玄的都城、王肅的都城

　　這個時期的都城儀禮空間的建造，基於儒教的王權倫有兩種譜系存在。即：根據東漢的大學者鄭玄的學說，魏洛陽→晉洛陽→北魏洛陽→東魏‧北齊鄴→隋唐長安這樣的都城源流；和基於王肅（195-256）之說，西晉

---

[34] 福永光司，〈昊天上帝と天皇大帝と元始天尊〉，同《道教思想史研究》（東京：岩波書店，1987年），頁134-135。

[35] 關於太極思想的變化，有溝口雄三，〈中國近世の思想世界〉，同編《中國という視座－これからの世界史－》（東京：平凡社，1995年），頁10-138；程強，《「太極」概念內涵的流衍變化－從〈易傳〉到朱熹－》（上海師範大學哲學院博士論文，2012年）的詳細研究。

洛陽→東晉建康→南朝建康這一源流。

　　鄭玄把都城看作是複數的超越存在（昊天上帝和五上帝的六天）和天子-皇帝進行交感的舞台，而王肅卻認為都城是唯一的超越存在（昊天上帝的一天）和天子-皇帝進行交感的舞台，他批判了鄭玄之說。因此，鄭玄主張祭祀昊天上帝的圓丘，和祭五帝之中使王朝始祖誕生的感生帝的南郊進行分祀，而提倡超越存在的唯一性的王肅，則主張圓丘和南郊合祀只祭昊天上帝。

　　鄭玄和王肅，因為在經書解釋中有所不同，所以在舉行王權儀禮的時候也在多方面發生了分歧[36]。隋唐初的長安，原本是根據鄭玄之說，把圓丘和南郊進行分祀的儀禮空間的都城，而高宗的顯慶禮，根據王肅之說受到南朝建康的王權儀禮的影響，把鄭玄和王肅的兩說進行折衷，而最終根據王肅之說使圓丘和南郊合祀[37]。圍繞太極的概念鄭玄和王肅的解釋雖有分歧，但是在《易經》繫辭上傳對太極的注釋，兩者卻沒有太大的差異，都是以太極為根本的。

「天的太極」向「理的太極」的轉換

　　「太極殿的時代」終於9世紀唐末的原因，是由於對太極的解釋發生了轉變。宋的儒學者們基於以鄭玄為代表的緯書對太極的解釋進行了批判，主張應把太極當做「理」來認識。到了宋代，太極也因受到佛教的理的概念的影響，被和作為世界秩序根源概念的「理」同等看待。因為理是包含了天在內的萬物的一種抽象上位概念，所以（包括天在內的）萬物的存在在理的根本性的秩序面前形成了相對化[38]。朱子云：「太極只是天地萬物之理。在天言，則天地中有太極。在萬物言，則萬物中各有太極」（《朱子語類》卷1，理氣上，太極天地上）。

---

[36] 關於鄭玄和王肅思想的區別，參見渡邊義浩，《儒教と中國－「二千年の正統思想」の起源》（東京：講談社，2010年）；李振興，《王肅之經學》（上海：華東師範大學出版社，2012年）的詳細研究。

[37] 小島毅，〈郊祀制度の變遷〉，《東洋文化研究所紀要》，108（東京大學東洋文化研究所，1989.2），頁123-219；金子修一，《唐代皇帝祭祀の研究》（東京：岩波書店，2006年）；吳麗娛，〈《顯慶禮》與武則天〉，《唐史論叢》，10（西安：三秦出版社，2008年）。

[38] 關於宋學中理的概念，參見溝口雄三，〈中國前近代における「理」の機能をめぐって〉，《一橋論叢》，83：4（東京，1980.4），頁499-518；小島毅，《中國の歷史7中國思想と宗教の奔流宋朝》（東京：講談社，2005年）；伊東貴之，《思想としての中國近世》（東京：東京大學出版会，2005年）等論考。

　　宋代以後，太極因重新被和成為上位概念的理同等看待，便從與天界星座之間的聯繫中脫離開來，轉變成更加抽象的、普遍的、根本性秩序的概念。根據以上記述的朱子的解釋，由於理普遍存在於世界的各個角落和每一個人，若根據普遍性秩序的理來執政，那麼執政者便可獲得執政的正統性。因此，至唐代為止，用與天界特定的星座之間的聯繫來顯示王權正統性的必要性變得薄弱，而用來表示與天界的星座相對應的太極殿這一名稱也隨之失去了重要性。從大局上來看，中國思想的理的概念的形成，是在歐亞大陸可以常見的由於世界宗教的傳入而使傳統思想發生變化的一個中國事例[39]。

太極殿與律、令、禮的關係

　　太極殿的時代，如圖1所示，是通過都城和太極殿的建造及律、令、禮的制定和施行，來主張各王朝的正統性、優越性的時代。要建立王朝並使其存續，那麼，都城的建造、整修、宮殿的築建、律令禮的制定和發布、正史的編纂、量衡的統一、曆的發布、錢貨的鑄造等等便是不可缺少的[40]。

　　儒教的王權論，從時間性質上來說，主張根據易姓革命論來進行王朝交替是必然的。但是，從空間性質上來說，同時期不允許擁有對等天下的其他國家存在。而天帝之子的天子所統治的天下，認為就如「天無二日，土無二王」的慣用句中所說，是唯一的，同時期的空間里統治天下且擁有正統性的政權只有一個[41]。因此，多數的政權進行割據的時期里他們開始主

---

[39] 妹尾達彥，〈北京の小さな橋－街角のグローバルヒストリーー〉，關根康正編，《ストリートの人類學下卷國立民族學博物館調查報告No.81》（吹田：人間文化研究機構國立民族學博物館，2009年），頁95-183。

[40] 正史編纂，宋・范曄等撰《後漢書》120卷；齊・梁的沈約撰《宋書》100卷；及梁・蕭子顯撰《南齊書》59卷，針對北朝，主張了南朝的正統性。在北朝，有北齊魏收撰《魏書》130卷，針對南朝和北周，主張北齊的正統性。

[41] 《禮記》，曾子問篇，載「曾子問曰：『喪有二孤，廟有二主，禮與？』孔子曰：『天無二日，土無二王。嘗、禘、郊、社，尊無二上，未知其為禮也。』（李學勤主編，《標點十三經注疏6禮記正義中》（北京：北京大學出版社，1999年），頁586，禮記注疏卷第十八，曾子問第七）；同書，坊記篇載「子云：'天無二日，土無二王，家無二主，尊無二上，示民有君臣之別也。」（李學勤主編，《標點十三經注疏6禮記正義下》，頁1403，禮記注疏卷第五十一，坊記第三十）；同書，喪服四制篇，載「天無二日，土無二主，國無二君，家無二尊，以一治之也」（李學勤主編，《標點十三經注疏6禮記正義下》，頁1674，禮記注疏卷第六十三，喪服四制第四十九）；《孟子》卷第九，萬章章句上，「孔子曰：『天無二日，民無二王』。」（小林勝人譯注，《孟子下》（東京：岩波書店，岩波文庫6935-6937b，1972年），頁133）。

張自己的正統性，而各個政權就需要對自己唯一的正統性進行證明。而以太極殿為核心宮殿的宮殿建築，就是把政權的正統性進行了視覺情報化。

日本的事例—天子－皇帝制與天皇制的區別

　　如圖1所示，在中國大陸以外的地域，只有日本列島的政權用「大極殿Daigokuden」來代表「太極殿」作為主要宮殿。日本大極殿的建造，與都城的建造、天皇號（與中國的皇帝號相抗衡的君主號）、元號、曆法、律令、禮典的實施及貨幣的發行，可以說是構成日本列島獨自的政權主張的一環而進行的。只是，日本為了與唐朝避免衝突，讓唐王朝的使者所看到的都城宮殿，有可能故意不使用太極殿之語，而對「太」字使用缺筆變成「大」極殿[42]。日本的「大極殿時代」從7世紀至1177年（安元3年）大極殿被燒毀，持續了數個世紀。

　　日本「律令」國家最大的特色，認為是參照著中國的制度，想創造一個與天子－皇帝制相抗衡的以天皇為神的國家。在漢代形成的儒教王權倫中，天帝之子的天子是統治著天帝所支配的無限天下。但是，事實上卻因軍事力和行政力有限，統治範圍也是有限的。為了合理解決統治理念上的矛盾，執政者的稱號是天子和皇帝的並稱。天子是受天帝之命統治著這不變的無限天下，而皇帝則是支配著有限的時間和現實的統治空間。總之，揚棄統治中的理想與現實、有限與無限的矛盾這一制度，就是天子－皇帝制度。關於天子和皇帝的職責區別，在王權儀禮中有明確的規定[43]。

　　天子－皇帝制度中重要的一點就是，要縮短理想的天子和立於現實的皇帝之間的差距，而這樣的政治的努力就落到了執政者的身上。作為皇帝這樣一個執政者，就必須要讓自己以理想的天子為目標而進行政治努力（這樣的政治思想稱為善政主義）。而對其努力進行輔佐的就是官僚。這

---

[42]　「大」和「太」常通用，雖然不能斷言大極殿就是太極殿「太」字的避諱，但是，把日本建國時，與中國的天子-皇帝制相對抗而制定天皇制、營造都城、施行日本獨自的律令制、編纂正史、使用獨自年號、頒布曆法、鑄造錢貨等政策合起來進行綜合思考時，就會發現大極殿的名稱，構成了日本建國政策的一環。

[43]　關於王權儀禮中天子和皇帝的職責區別，小島毅，〈天子と皇帝－中華帝國の祭祀體系－〉，松原正毅編，《王權の位相》（東京：弘文堂，1991年），頁333-350的論文中對此做了簡明的整理。另外，參見高明士富有啟發性的分析，高明士，《天下秩序與文化圈的探索－以東亞古代的政治與教育為中心》（上海：上海古籍出版社，2008年）；同《律令法與天下法》（台北：五南圖書出版，2012年）。

樣的構造，當然也就容許官僚對皇帝的政治進行批判，而迫使中國的政治不斷的處於緊張狀態。在中國，由於天子－皇帝不是神，所以這樣的政治運作是可以實行的。

但是，在以天皇為神＝天的日本，即使發生了利用天皇的權威企圖掌握權力的世俗為政者們的爭鬥，原則上也不允許對作為神的天皇進行直接的批判，這其實是捨棄了中國的天子－皇帝制度中所包含的政治緊張的一個結構。有對皇帝的政策進行批判的官僚存在，就會使政治運作更加接近理想的中國儒教的構想，在日本的天皇＝神的體制中，卻被預先排除掉了。這樣的日中政治理念的差異，認為是由於兩國的官僚制度傳統的有無和經驗豐富度的不同所造成的。

中國的律令、正史的編纂、都城的建造，是根據以王朝交替為前提的天子－皇帝制的制度來進行的，而日本則不認同王朝交替，執政者就當作是天皇＝神（天），欲把唐的天子－皇帝制脫胎換骨成為日本的天皇制。因此，從中國的儒教知識分子的角度來看，日本的律令、正史、都城都有類似的名稱，且看起來和中國的制度也很相近，可是卻不會認為是根據儒教的王權論而形成的律令、正史、都城制度，可能會把它看作是日本獨特的地域性的制度。相反，若從當時的日本文人的立場來看，試圖導入和中國的天子－皇帝的王權理論不相衝突的天皇＝神的概念，或許可以說是以國際性的自立為目標來進行發展的。

（二）太極殿的變形

根據《大唐開元禮》，在太極殿舉行的王權儀禮，有皇太子、皇太子妃、群臣的朝賀、納后的儀禮、冊命的儀禮、內冊、朔日受朝等等，每個儀禮項目都有各自詳細的規定。另外，皇帝的大葬和即位儀禮也在太極殿舉行，還有郊祀、太廟等最重要的儀禮舉行時，太極殿被定為出發地點。這些儀禮在政治中心轉移到大明宮以後的唐後半期也被繼續舉行。可以說太極殿在整個唐代王權儀禮之中發揮了核心作用[44]。在本節，將對太極殿

---

[44] 關於以太極殿為核心的王權儀禮的特色，參見金子修一，前注10，〈唐の太極宮と大明宮〉和松本保宣，前注12，〈唐代前半期の常朝－太極宮を中心として－〉。另外，參見妹尾達彥，〈唐長安城の儀禮空間－皇帝儀禮の舞台を中心に－〉，《東洋文化》，72（東京大學東洋文化研究所，1992.3），頁1-35；黃正建譯，〈唐代長安城的儀禮空間〉，溝口雄三、小島毅主編，《中國的思維世界》（南京：江蘇人民出版社，2006年），頁466-498。

時代的宮城和皇城的空間配置的特色做以論述。

秩序的空間—都城和律、令、禮

前近代中國的法律體現了天子－皇帝制的理念，這一點已經不必贅述。基於儒教的禮的思想對律、令進行解釋，是從晉王朝（265-420）制定泰始律令（律20篇、令40篇、故事30卷）和晉禮（五禮儀注）165篇開始的。把律、令、禮相互關聯地進行編纂始於晉王朝。晉朝把古時作為刑法的律、行政法規的令、規定王權儀禮的細則的禮等國家規範，根據儒教思想重新進行系統性的解釋，想要編纂出它們之間相互關聯的國家規範[45]。律、令、禮的編纂，自晉朝以後至唐開元年間的約500年間被繼承下來，玄宗期的《大唐開元禮》（開元20年（732）完成奏上）的編纂、開元律令的制定（開元3年令（715）、7年令（719）、25年律令（737））和《唐六典》的編纂（開元27年（739）完成）是其結晶的體現。

律・令，是天地媒介的天子－皇帝的價值基準的規範體系。比如，唐律中把天子－皇帝的所在空間稱之為「御在所」，通常，皇帝在宮殿中（若是唐長安城就是指兩儀殿等內朝的宮殿），只要是天子－皇帝的所在場所，無論是在哪裡，那個場所就是「御在所」也就成為秩序的核心[46]。

---

[45] 晉禮和晉泰始律令的制定，是基於儒教禮的概念來嘗試重編之前的律令的。關於這一點，參見小林聰，〈泰始禮制から天監禮制へ〉，《唐代史研究》，8（東京，2005.8），頁26-38；同〈西晉における禮制秩序の構築とその變質〉，《九州大學東洋史論集》，30（福岡，2002.4），頁27-60。

[46] 戴炎輝在，戴炎輝，《唐律各論（上）》（台北：成文出版社有限公司，1988年），頁25-26，一文中指出，御在所有兩種含義：宮殿和宮殿以外的皇帝居所。只是，御在所是不是宮殿無關，把它看作是指天子－皇帝所在的場所應該更為正確。御在所一語頻繁出現於《唐律疏議》。同書卷7，以衛禁律為例（劉俊文點校，《唐律疏議》（北京：中華書局，1983年），頁149-166），衛禁律59條的「殿門，徒二年半。持仗者，各加二等。仗，謂兵器杵棒之屬。餘條稱仗準此。」的疏記載，「【疏】議曰：太極等門為殿門，闌入者，徒二年半。持仗各加二等，謂將兵器、杵棒等闌入宮門，得徒三年，闌入殿門，得流二千里。兵器，謂弓箭、刀之類。杵棒，或鐵或木為之皆是，故云『之屬』。餘條，謂下文『持仗及至御在所者』，并『持仗強盜者』，並準此。」；同書卷7，衛禁律69條的「諸犯闌入宮殿，非御在所者，各減一等。無宮人處，又減一等。入上閤內，有宮人者，不減。」的疏記載，「【疏】議曰：諸條稱闌入宮殿得罪者，其宮殿之所，御若不在，各得減闌入罪一等。雖是宮殿，見無宮人，又得減罪一等。假若於外諸宮，有宿衛人防守而闌入，合徒一年之類。若入上閤內，有宮人，雖非御在所，亦合絞。無宮人處，亦減二等。」；同書卷7，衛禁律73条「諸向宮殿內射，謂箭力所及者。宮垣，徒二年。殿垣，加一等。箭入者，各加一等。即箭入上閤內者，絞。御在所者，斬。」的疏記載，「【疏】議曰：射向宮垣，得徒二年。殿垣，徒二年半。箭入者，宮內，徒

都城就是御在所的場所，是天子－皇帝身體（御在所）至高性的體現，通過發揮國家規範的律、令、禮的作用，而構成了從視覺上可以讓人們看到這種至高統治的建築空間。

匯集於御在所的都城，作為天子＝皇帝身體的隱喻而被建造。天帝之子的天子＝皇帝的身體（＝御在所），是天帝統治的宇宙之鏡—小宇宙。根據與寶座之上的天子＝皇帝身體距離的遠近，來對「內」和「外」的空間進行階層化的分化，距離宮殿越近的空間，社會秩序的位置就越靠上位。如**圖5**唐衛禁律的空間所示，太極殿以南的空間被認為是「外」，而相對於太極殿以北的空間則被規定為「內」，對其進行了聖別化。這樣一來，整個衛禁律就是根據與御在所的空間距離來對罪行的大小進行增減而構成的。存在於御在所的天子－皇帝的至高性，匯集了整個唐律的構造，可以說是明確表現了律的中心性的構築[47]。

在地上宮殿的皇帝面向南，左手的方位是左街（東街），右手方位是右街（西街），被分成左右兩街，根據陰陽思想左（陽）優越於右（陰）[48]。都城的宮殿，比如唐長安城，就如「兩儀」[49]、「甘露」[50]、「太極」的名稱一樣，作為直接連結天界的天帝宮殿的神聖空間而被聖化（**圖2、圖3**）[51]。

二年半。殿內，徒三年。即箭入上閤內者，絞。『御在所者斬』，謂御在所宮殿。若非御在所，各減一等。無宮人處，又減一等。皆謂箭及宮、殿垣者。若箭力應及宮、殿而射不到者，從『不應為重』。不應及者，不坐。問曰：何以知是御在所宮殿？答曰：向宮垣射得徒二年，殿垣徒二年半，準其得罪，與『闌入』正同。上條，『闌入宮、殿，非御在所，各減一等。無宮人，又減一等。』即驗車駕不在，又無宮人，闌入上閤者合徒三年。此條箭入上閤絞，御在所斬，得罪既同『闌入』，明為御在宮中。御若不在，皆同上條減法。箭入宮中，徒一年半。殿中，徒二年。入上閤內，徒三年。」等等。把衛禁律的空間構造進行圖解，參見本文圖5衛禁律的空間構造。

[47] 關於唐長安城的法律空間的最新研究成果，參見蔡佾霖，《唐代長安城的法律空間》（國立台灣師範大學歷史系碩士論文，2015年）。

[48] 只是，必須要注意的是：不是空間，始終是皇帝的身體為空間順序的基準。比如，皇帝面向北的形式的南宋臨安宮殿構造，皇帝左手的方位是西，右手方位是東，若面向南則反之。即，在臨安，以面向北的皇帝身體為基準，從宮殿向外郭城延伸的御街由南向北延伸，以御街為軸太廟設置在左手方向（西），社稷設置在右手方向（東）。

[49] 兩儀之語，基於前面所記李學勤主編，《標點十三經注疏1周易正義》，卷7，周易繫辭上第七，頁289，所載的「易有太極，是生兩儀」。

[50] 甘露之語，見《老子》聖德第三十二中記載「天地相合，以降甘露」（阿部吉雄、山本敏夫、市川安司、遠藤哲夫著，《新釋漢文大系7老子、莊子上》（東京：明治書院，1966年），頁64），指天地陰陽之氣相協調時，會從天而降甘甜的靈液。這被認為是只有在以德治世的王的時代才會出現的瑞兆。

[51] 論述中國的都城是世界各地所存在的神聖之都的典型之一的論著，參見M.Eliade著‧久米博譯，《エリアーデ著作集第3卷　聖なる空間と時間　宗教學概論3》（東京：せりか書房，1963年）

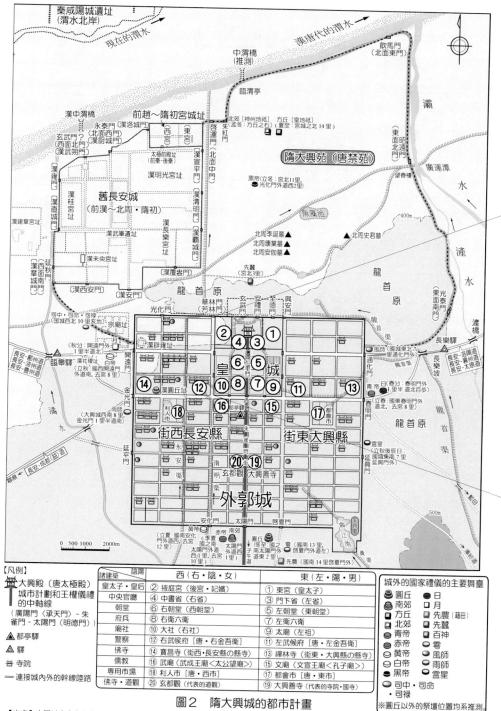

【凡例】
🏛 大興殿（唐太極殿）
▌ 城市計劃和王權儀禮的中軸線
（廣陽門〈承天門〉-朱雀門-太陽門〈明德門〉）
▲ 都亭驛
△ 驛
吾 寺院
＝ 連接城內外的幹線陸路

諸建築 / 陰陽	西（右・陰・女）	東（左・陽・男）
皇太子・皇后	② 披庭宮（後宮・妃嬪）	① 東宮（皇太子）
中央官廳	④ 中書省（右省）	② 門下省（左省）
朝堂	⑥ 右朝堂（西朝堂）	⑤ 左朝堂（東朝堂）
府兵	⑧ 右衛六衛	⑦ 左衛六衛
廟社	⑩ 大社（右社）	⑨ 太廟（左祖）
警察	⑭ 左武候府〔唐・右金吾衛〕	⑪ 左武候府〔唐・左金吾衛〕
佛寺	⑭ 寶昌寺（街西・長安縣的縣寺）	⑬ 禪林寺（街東・大興縣的縣寺）
儒教	⑯ 武廟（武成王廟〈太公望廟〉）	⑮ 文廟（文宣王廟〈孔子廟〉）
專用市場	⑱ 利人市〔唐・西市〕	⑰ 都會市〔唐・東市〕
佛寺・道教	⑳ 玄都觀（代表的道觀）	⑲ 大興善寺（代表的寺院〈寺〉）

城外的國家禮儀的主要舞臺

● 圓丘	● 日	● 赤帝	● 雩
● 南郊	□ 月	● 黃帝	● 風師
● 方丘	■ 先農（藉田）	● 白帝	● 雨師
● 北郊	□ 先蠶	● 黑帝	● 靈星
● 青帝	□ 百神	・司中・司命	
		・司祿	

圖2　隋大興城的都市計畫

※圓丘以外的祭壇位置均系推測

【出處】本圖以史念海主編《西安歷史地圖集》（西安：西安地圖出版社，1996年）78頁圖"唐長安縣、萬年縣鄉裡分布圖"為底圖，等高線以陝西省地志編產廳、陝西省計劃委員會編制《西安地區環境地志圖集》（西安：西安地圖出版社，1999年）2頁圖"西安地區政區圖"為基礎繪制。別墅與本宅的關係及商業設施參考妹尾達彥《長安的街西》《史流》25號，札幌：北海道教育大學史學會，1984年）6頁圖1"街西的別墅與街東的本宅"、妹尾達彥《唐代長安的印刷文化》（土肥義一編《敦煌：吐魯番出土漢文文書》的新研究〈修訂版〉，東京：東洋文庫，2013年）443頁圖7。皇族、官僚的家廟與本宅的關係參考甘懷真《唐代家廟制研究》（台北：台灣商務印書館，1991年）、張萍《唐代長安官、私廟制及廟堂的地理分布》（《中國歷史地理論叢》第16卷第4輯，2001年）28-37頁。圓丘之外城外的國家禮儀的舞台位置根據文獻推測，禁苑苑牆皆系推測繪制。

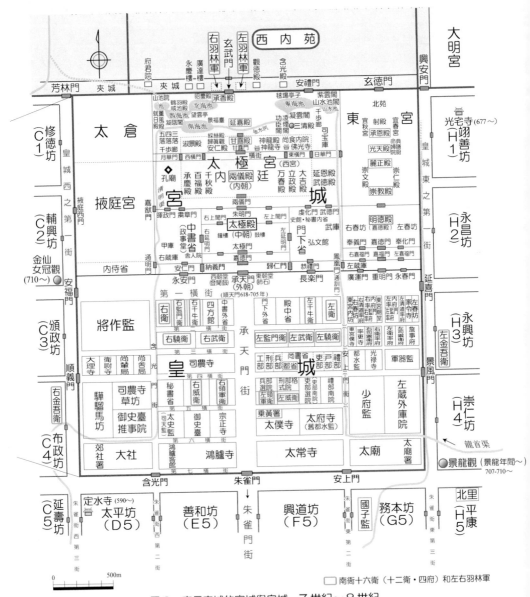

圖 3　唐長安城的宮城與皇城－7 世紀～8 世紀

【出處】本圖以妹尾達彥《隋唐長安城的皇家園林》（橋本義則編《東亞都城比較研究》，京都：京都大學出版會，2011年）308頁所載圖14爲底圖。又參見妹尾達彥《中國的都城與東亞世界》（鈴木博之等編《系列都市・建築・歷史 I　紀念性建築物的成立》，東京大學出版社，2006 年）185頁所載圖3-11（a）"唐長安城的宮城與皇城"、傅熹年主編《中國古代建築史 第2卷》（北京：中國建築工業出版社，2001 年）363頁的圖3-2-2 "唐長安太極宮平面復原示意圖、馮曉多《唐長安城北部主要池陂及其作用"》（《西安文理學院學報（社會科學版）》9-5，2006年）44頁所載"圖中所標西內苑部分建築"、北田裕行《隋唐長安城太極宮後園及其系譜 ──北齊與隋朝的四海》（《古代學》1，奈良女子大學古代學術中心，2009 年）30頁所載圖3 "太極宮復原圖"為基礎制圖。太極宮北部復原之際，特別參考了北田裕行氏的復原圖。另外參考了外村中《唐長安的西內與東內及日本的平城宮》（《佛教藝術》317 號，每日新聞社，2011 年）38頁圖14 "唐長安西內東內附近概念圖"。

注）　左下的比例尺表示宮城、皇城全體的規模，關於宮城、皇城的各門和建築物的規模不太清楚。

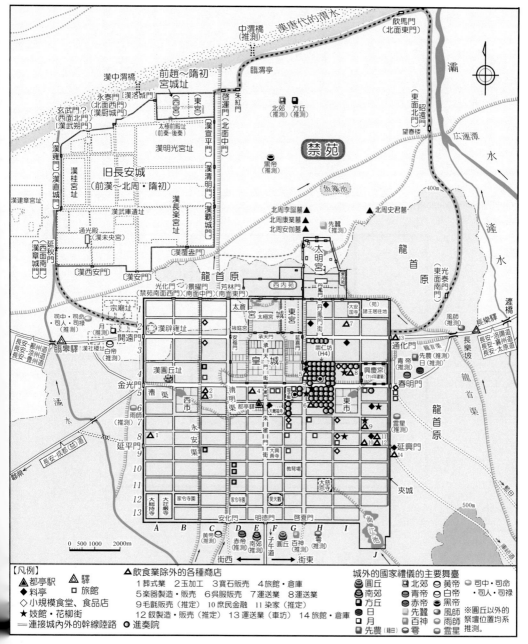

圖4　唐長安城的進奏院和商業施設的立地

【出處】本図以妹尾達彦「隋唐長安城と関中平野の土地利用－官人居住地と墓葬地の変遷を中心に－」同編『都市と環境の歴史学〔増補版〕第3集』（東京・中央大学文学部東洋史学研究室、2015年）56頁図11「唐代長安城内の別荘・家廟・豪邸・商業施設の分布」爲底圖。

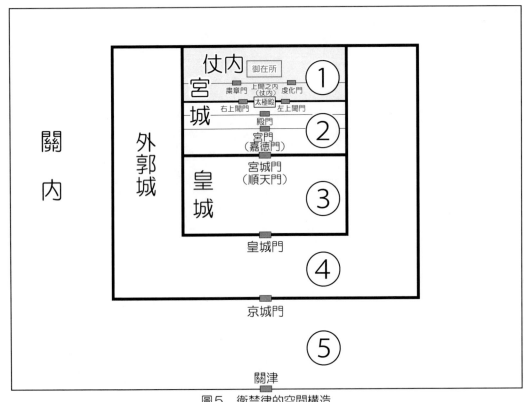

圖5　衛禁律的空間構造

【出處】根據《唐律疏議》卷7～8《衛禁律》為基礎繪制。參考妹尾達彥《東亞的都城時代與交通網的形成》、國立歷史民俗博物館‧玉井哲雄編《從亞洲看日本都市史》，（東京：山川出版社，2013年）54頁圖3 "衛禁律的空間結構" 修訂。　※據唐律規定都城的空間被分化為如上圖所示，且從⑤到①罪行依次加重。

　　因此，都城這樣的空間和令・禮等國家規範，是在那裡所居住的為政者轉變為天子－皇帝的文化裝置。律、令、禮是把天子－皇帝所在的宮殿作為神聖的中心進行聖別化，從視覺性、空間性的角度來構成的，與魏晉洛陽以來的都城制的整建一併被進行體系化[52]。正如Balandier，Georges所說的：「社會秩序創造了差異，進行了分類，設置了階位，劃定了由於禁忌而被保護的界線，於是，職責、行為的模範便被封鎖在各種條件之中」[53]。

太極殿時代的政治空間

　　都城與律・令・禮制之間的密切關係，可以從唐長安城的城市空間的復原圖中略知。圖2，是開元25年（737）律令被實施前後8世紀前半的唐長安城宮城、皇城部分的擴大圖[54]。進入8世紀後，以大明宮的改造和興慶宮的建造為開端，進行了一系列的唐獨自的都城改造，但是，唐長安城基本上是繼承了隋大興城的建築構造[55]。

（原書*Traité d'histoire des religions*, Paris: Payot, 1949）Paul Wheatley, *The Pivot of theFour Quarters: A Preliminary Enquiry into the Origins and Character of the Ancient Chinese City*, Edinburgh: Edinburgh University Press, 1971；大室幹雄，《劇場都市－古代中國的世界像－》（東京：三省堂，1981年）。

[52] 關於此見解，妹尾達彥，〈都城と律令制〉，大津透編，《史學会シンポジウム叢書　日唐律令比較研究の新段階》（東京：山川出版社，2008年），頁97-118中有初步的論述。

[53] G.バランディエ著・渡邊公三譯，《舞台の上の權力－政治のドラマトゥルギー》（東京：平凡社，1982年），頁51（原書Balandier, Georges, *Sens et puissance les dynamiques sociales*, Paris: Press esuniversitaires de France, 1971）。

[54] 圖3，唐長安城的宮城與皇城是根據：妹尾達彥，《韋述〈兩京新記〉和8世紀初的長安社會》，榮新江主編，《唐研究》（北京：北京大學出版社，2003年），卷9中所載的圖2，和池田溫「西京宮城皇城略圖」，同《律令官制の形成》（岩波講座世界歷史5，東京：岩波書店，1970年），頁308-309，以及以後的研究成果繪製而成。

[55] 關於宮城的範圍，辛德勇在〈宮城南門名稱考實〉認為「唐長安宮城狹義上是指西內太極宮，廣義上則包括掖庭宮和東宮在內」（同《隋唐兩京叢考》（西安：三秦出版社，2006年），頁93）。《唐六典》（北京：中華書局，1992年，頁217），卷7，尚書工部中載：「宮城在皇城之北。南門三門。中曰承天，東曰長樂，西曰永安。」即，有宮城（太極宮）的範圍不包括東宮的記載。近年，外村中，〈唐の長安の西內と東內および日本の平城宮について〉，《佛教藝術》，317（東京，2011.7），頁9-51的論文中，對問題點做了細緻的整理。文中把東宮和太極宮合起來的空間作為宮城的範圍進行論證，沒有可非議之處。蔡佾霖，《唐代長安城的法律空間》，頁20，認為「如果從唐代法制的角度來看，宮城應該是指辛德勇的狹義定義。」一方，《長安志》卷12，長安縣，龍首山所引用的《括地志》中記載：「今宮城之太倉」（經訓堂叢書本《長安志》卷12，3b），這裡有宮城中包含太倉的記載。目前，宮城之語，有時把把太倉（加上掖庭宮）、太極宮、東宮全部包括在內的空間（這種見解被以往多數的概論書籍所採用），也有時把不包括東宮、太倉、掖庭宮在內而只是中間的空間稱為宮城（＝太極宮）的兩種情況。

　　回顧中國都城史，宮城的空間和皇城的空間，中間夾著橫街被南北分割開來，從宮城至皇城，貫穿外郭城的南北軸的東西，各種官廳、設施井井有條地排列在兩邊，像這樣的建築，自大興城以前是不存在的。關於這一點，池田溫先生指出要留意隋大興城的都市空間與統治理念之間的密切聯繫，池田先生指出「皇城內的官廳排列，是與隋初的統治理念密切相關的，可以推測這是極其有計劃性的決定，宮城、皇城作為中國史上擁有劃時代且井然有序的城坊組織的都城核心，所起的作用也都反映在了它們的外形之上」[56]。

　　唐代的中央官廳，有三省、九寺、一台、五監、十六衛（唐初不同）。開元年間，六省（尚書省、門下省、中書省、祕書省、殿中省、內侍省）、二十四司（吏部、司封、司勳、考功、戶部、度支、金部、倉部、禮部、祠部、膳部、主客、兵部、職方、駕部、庫部、刑部、都官、比部、司門、工部、屯田、虞部、水部）、一台（御史台）、九寺（太常寺、光祿寺、衛尉寺、宗正寺、太僕寺、大理寺、鴻臚寺、司農寺、太府寺）、五監（國子監、少府監、北部軍器監、將作監、都水監）、十六衛（左右衛、左右驍衛、左右武衛、左右威衛、左右領軍衛、左右金吾衛、左右監門衛、左右千牛衛）的制度完善。除此之外，還有東宮的官廳和親王府的官廳等等。另外，都城裡也設置了地方官廳的京兆尹和縣的官廳[57]。

　　那麼，都城內的宮城、皇城的宮殿和官廳等建築物的配置是按照怎樣的原則來決定的呢？大概是按照以下的兩個原則來進行排列的。

　　（1）按照建築物的重要度，看它與皇帝身體（御在所）的距離。越
　　　　　是重要的建築物就距離皇帝所在的宮殿（御在所）越近。
　　（2）基於陰陽秩序的排列。即東（陽）的地位要高於西（陰）。

　　把（1）和（2）的原則合起來，我認為：距離內朝的宮殿最近的東側位於序列的最上位，以下，距離宮殿最近的西側→東側→西側的順序排列而逐漸變低。這種配置方法，意味著有著各種機能的都城裡所有建築物，是以皇帝的御在所為頂點來進行排列，達到確定其秩序關係的目的被系統

---

[56]　池田溫，前注53，〈律令官制の形成〉，頁306。

[57]　各官廳的排列，基本上基於《唐六典》的排列。

化地設計配置的。

　　例如，門下省（左省）和中書省（右省）的配置，這一配置和其他官廳有所不同，門下、中書兩省被置於宮城內的太極殿（中朝）、兩儀殿（內朝）的左右，距離皇帝最近的場所，這是因為兩省在各官廳中處於特別的位置[58]。兩省不僅是在宮城內，還在皇城內順序排列最高的承天門街和第一橫街的交叉位置，各設置了門下外省和中書外省的派出機構。

　　根據陰陽秩序，陽（東）的地位要高於陰（西），所以可以知道，東側的門下省的地位要高於西側的中書省。因此，舉行宰相會議的政事堂，唐初設置在門下省。但是，後來中書省的權限開始伸張，683年政事堂被轉移到中書省，723年，政事堂又改稱為中書門下，從而中書省確立了其優勢地位[59]。並且，又加上皇帝居住地從太極宮轉移至大明宮，致使隋唐初的宮城、皇城空間所具有的象徵性開始衰退。

　　唐令（官品令、職員令）中，對門下省和中書省的人員數、官品、職掌都有嚴密地規定，要左右對稱。如，門下侍中和中書令（各2人、正3品）、黃門侍郎和侍郎（各2人、正4品上）、給事中和舍人（門下給事中4人、中書舍人6人〈唐開元年間〉、正5品上）、錄事和主書（各4人、從7品上）、主事和主事（各4人、從8品下）等等[60]。

　　如上所述，門下省和中書省被稱為兩省，不單單只是行政機構，更是為了突出天子－皇帝所在的太極殿的中心性和至高性，作為富有視覺性的象徵空間的構成要素而被建造的。同樣的，皇城內東西對稱所設置的，掌管皇帝日常的殿中省和掌管外國來賓謁見的四方館（隋的謁見台）、管理駐紮計數萬衛兵的左右諸衛（左右衛開頭，左右驍衛、左右武衛、左右威衛、左右領軍衛、左右金吾衛、左右監門衛、左右千牛衛）、太常寺和鴻臚寺、太廟署及太社署等官廳，也是以陰陽秩序和以皇帝為頂點的層次順

58　參見《唐六典》，卷8，門下省，和同書卷9，中書省的敘述。

59　關於政事堂的宰相會議，參見松本保宣，前注12，《唐王朝の宮城と御前會議－唐代聽政制度の展開》；羅永生，《三省制新探－以隋和唐前期門下省職掌與地位為中心》（北京：中華書局，2005年）；劉后濱，《唐代中書門下體制研究－公文形態‧政務運行與制度變遷》（濟南：齊魯書社，2004年）；雷家驥，《隋唐中央權力結構及其演進》（台北：東大圖書，1995年）；謝元魯，《唐代中央政權決策研究》（台北：文津出版社，1992年）；袁剛，《隋唐中樞体制的發展演變》（台北：文津出版社，1994年）；孫國棟〈唐代三省制之發展研究〉，同《唐宋史論叢　增訂版》（香港：商務印書館，2000年），頁81-185。

60　《唐六典》，卷1，尚書都省；同卷2，尚書吏部；同卷3，尚書戶部；同卷4，尚書禮部；同卷5，尚書兵部；同卷6，尚書刑部；同卷7，尚書工部；同卷8，門下省；同卷9，中書省。

序，從視覺上進行明示的建築物。

太極殿東西的尚書省六部二十四司的建築，夾著尚書都省，東側作為左司，按吏部（吏部、司封、司勳、考功）、戶部（戶部、度支、金部、倉部）、禮部（禮部、祠部、膳部、主客）的三部順序排列，西側作為右司，按兵部（兵部、職方、駕部、庫部）、刑部（刑部、都官、比部、司門）、工部（工部、屯田、虞部、水部）的三部排列。這種空間配置，與開元7年（719）成立的開元格二十四篇的順序所對應[61]。

原本，**圖3**所繪的唐宮城、皇城圖的空間構造，是根據：開元10年（722）韋述（?-757）編纂的《兩京新記》卷1的宮城、皇城部分和對韋述的《兩京新記》進行增補的北宋‧宋敏求《長安志》卷6，宮室，唐上、同書卷7，唐皇城，唐京城1（1076年序文），以及北宋‧呂大防《長安圖》（1080年完成）所繪製的[62]。

記錄唐朝理想王制的《唐六典》的編纂，是受玄宗（在位712-756）的敕命，在韋述的《兩京新記》全5卷完成的開元10年（722）開始編纂，以集賢院的學士為中心的編輯組織進行編輯，於開元27年（739）編纂完畢。此時，作為集賢院學士之一的《兩京新記》的著者韋述，也參與了《唐六典》的編纂。因此，韋述的《兩京新記》卷1的宮城、皇城部分，與《唐六典》所記述的宮城和皇城官廳的配置、對職掌的敘述是密切相關的，這也是理所當然的。

總之，**圖3**復原的8世紀前半唐長安城的城市空間，從名例涉及到斷獄的唐律、從官品令涉及到雜令的唐令，從排列順序至王公以下葬通儀的《大唐開元禮》150卷中所規定的禮，都認為是可以用眼睛看到的形式把它們具體的表現出來。不管是規定刑罰的律、記述行政法規和行政制度的令、還是表示儀禮細則的禮，只要把價值觀放在天子－皇帝上，始終是主張不局限於特定空間的普遍性，可是，其價值觀自體，卻被天子－皇帝所在的都城空間進行了可視化。

確實，律、令、禮不受特定的時間和空間的束縛，因為存在著抽象的論理性和普遍性，所以也適用於新的統治者實施其正統化，具有超越王朝

---

[61] 《唐六典》，卷6，刑部；池田溫，前注53《律令官制の形成》，頁291-292；滋賀秀三，《中國法制史論集》（東京：創文社，2003年），頁77。

[62] 關於唐長安城的復原圖製作的研究史，參見妹尾達彥，〈隋唐長安城の皇室庭園〉，橋本義則編，《東アジア都城の比較研究》（京都：京都大學學術出版社，2011年），頁269-329。

的交替、空間、種族而被繼承的機能。比如，在唐律的本文，會慎重地避開建築物的固有名詞的使用，而在疏議當中卻對該當建築物的名字進行具體地注記，這是考慮到要展示律所帶有的普遍性的價值存在的表現[63]。可是，明確展示了以皇帝為頂點秩序的隋大興＝唐長安的建築構造，正是創造出體系性的律、令、禮的一個原因，並且得到順利的施行，這也是無可置疑的。

只是，根據律、令、禮這樣的政治空間，卻並不一定適合實際有效性的政治運作。因為比起機能來說，它的比重則更側重於象徵性，作為都城正統性的賦予這一方面被優先考慮。而重視都城政治的機能性，被進行集權性的重編，就必須要等待大明宮的建造了。

二、大明宮的時代——從太極宮太極殿到大明宮宣政殿

在前一節，概論了中國都城史上太極殿時代（3世紀–7世紀）的特色。本節，將論述大明宮時代（7世紀末–10世紀初）的宮殿區的空間與政治的關係。另外，關於太極宮向大明宮的宮殿區轉移，與東亞的歷史變容有怎樣的關聯這一問題，將以構成宮殿區的空間構造的差異為基礎試對其作以論述。

（一）大明宮的建築構造

關於大明宮的建築構造，由於以考古學發掘的進展和國家遺址公園為前提的整修，20世紀末開始有所進展[64]，而匯集了發掘報告論文以及研究論文的專著也被出版發行[65]。另外，關於大明宮的史料集也被公開出版，這就越發增加了研究的便利性[66]。在此，筆者對近年的考古學發掘和研究的進展進行整理，雖然仍有許多不明之處，但我將試著提出一個大明宮建築構造的復原推測圖。

---

[63] 井上和人，〈唐代長安の諸門について－〈唐律疏議〉における「門」字の分析〉，法史學研究會編，《法史學研究會會報》，9（東京，2004.12），頁26-44。

[64] 西安曲江大明宮遺址區保護改造辦公室編，《大明宮國家遺址公園　建築篇》（西安：陝西人民出版社，2010年）；同編《大明宮國家遺址公園　規畫篇》（西安：陝西人民出版社，2009年）。

[65] 中國社會科學院考古研究所、西安市大明宮遺址區改造保護領導小組編，《唐大明宮遺址考古發現與研究》（北京：文物出版社，2007年）；楊鴻勛，《大明宮》（北京：科學出版社，2013年）。

[66] 參見吳春・韓海梅・高本憲主編，《唐大明宮史料匯編》（北京：文物出版社，2012年）；何建超、吳廣懷，《大明宮唐詩輯注》（北京：人民出版社，2010年）等等。

考古學發掘的進展

　　大明宮的宮殿、官廳配置的復原，從宋代開始至現在一直試著在進行[67]。只是，成為現在研究基礎的是，1959年出版的中國科學院考古研究所編《唐長安大明宮　中國田野考古報告集專刊丁種11號》，根據同書所載「圖一　大明宮地形位置圖」和「圖三　大明宮地址及宮殿分布實測圖」，首次可以以考古學發掘的復原圖為底圖來繪製大明宮復原圖[68]。

---

[67]　從50年代至90年代關於大明宮的發掘，有以下論著：
　　（1）馬得志，〈唐大明宮發掘簡報〉，《考古》，1959年第6期（北京，1959.6），頁296-301。
　　（2）中國科學院考古研究所編，《唐長安大明宮》（中國田野考古報告集專刊丁種11號，北京：科學出版社，1959年）。
　　（3）陳明達，〈讀〈唐長安大明宮〉後〉，《考古》，1960年第3期（北京，1960.3），頁52-54。
　　（4）劉致平、傅熹年，〈麟德殿復原的初步研究〉，《考古》，1963年第7期（北京，1960.7），頁385-402。
　　（5）郭義孚，〈含元殿外觀復原〉，《考古》，1963年第10期（北京，1960.10），頁567-72。
　　（6）傅熹年，〈唐長安大明宮含元殿原狀的探討〉，《文物》，1973年第7期（北京，1973.7），頁30-48。
　　（7）傅熹年，〈唐長安大明宮玄武門及重玄門復原研究〉，《考古學報》，1977第2期（北京，1973.10），頁131-58。
　　（8）馬得志，〈唐長安城發掘新收穫〉，《考古》，1987年第4期（北京，1987.4），頁329-36、310。
　　（9）中國社會科學院考古研究所西安唐城工作隊，〈陝西唐大明宮含耀門遺址發掘記〉，《考古》，1988年第11期（北京，1988.11），頁988-1001。
　　（11）楊鴻勛，〈唐長安大明宮含元殿復原研究〉，《慶祝蘇秉琦考古五十五年論文集》（北京：文物出版社，1989年），頁525-39。
　　（12）中國社會科學院考古研究所西安唐城工作隊，〈唐大明宮含元殿遺址1995-1996年發掘報告〉，《考古學報》，1997年第3期（北京，1997.7），頁341-406，圖版1-32。
之後，伴隨大明宮遺址公園構想的實現，考古發掘和大明宮的整修一舉有所發展。關於這一點，參見楊鴻勛，〈唐長安大明宮含元殿復原研究報告－再論含元殿的形制〉，中國建築學會建築史學分會編，《建築歷史與理論　第6、7合輯》（北京：中國科學技術出版社，2000年），頁3-32；傅熹年，〈大明宮〉，同《中國古代城市規畫、建築群布局及建築設計方法研究（上）》（北京：中國建築工業出版社，2001年），頁21-22；楊玉貴、張元中編著，《西安文博叢書　大明宮》（西安：陝西人民出版社，2002年）等等。另外，對大明宮的發掘成果進行整理的初期論考，有小野勝年，〈長安の大明宮〉，《佛教藝術》，51（東京，1963），頁109-20；秦浩編著，《隋唐考古》，（南京：南京大學出版社，1992年），第3節唐長安城的變革，一.大明宮的創建，29－41頁。大明宮發掘的歷史，參見龔國強，〈1957-2009半個世紀的大明宮考古與考古人〉，《中國文化遺產》，2009年第4期（北京，2009.8），頁68-75。
[68]　關於近年發掘的進展，參見中國社會科學院考古研究所陝西第一工作隊，〈西安市唐大明宮遺址考古新收穫〉，《考古》，2012年第11期（北京，2012.11），頁3-6；何歲利，〈大明宮考古

　　特別是由中國社會科學院考古研究所，在1995年春、秋及翌年的1996年春、秋經過四期的考古發掘和調查，有了劃時代的新發現，弄清楚了龍尾道的位置、含元殿的柱石配置、大台的形狀、含元殿建築時的窯址、含元殿前廣場的構造、東朝堂的位置和建築構造等的詳細情況。尤其，是由考古學者馬得志等所提出的，在含元殿建造後，唐代龍尾道是從含元殿的中央向南北延伸的以往見解被否定，而推斷在咸亨元年（670）含元殿重建以後，龍尾道是在含元殿的東西有2條存在的事實被弄清，這在大明宮的研究中引起很大的反響。

　　現在的大明宮遺址公園的含元殿，是根據咸亨元年（670）以後的狀況進行復原的。含元殿遺址，大概是擁有中央道的建造當初的前期，和東西存在龍尾道的含元殿重建後的層相重合了[69]。龍尾道，如現在被復原的一樣，其特點是從含元殿的東西彎彎曲曲地向上延伸的2條道。龍尾道建造的結果，使含元殿前誕生了一個很大的廣場。毋庸置疑，這個含元殿前的廣場在舉行王權儀禮時被有效的利用，由於含元殿前需要舉行大規模的王權儀禮，所以這就讓我們推測：根據當時的需要，不設置中央道而修建了東西龍尾道。

　　在1995年至1996年勘探龍尾道遺址的時候，關於龍尾道的形狀，有建築史學的楊鴻勛和考古學的安家瑤等考古學者所提出的兩個學說[70]。現

　　軼事〉，《中國文化遺產》，2009年第4期（北京，2009.8），頁86-89；李春林，〈大明宮考古成果巡禮〉，《中國文化遺產》，2009年第4期（北京，2009.8），頁76-84；高本憲，〈大明宮遺址保護50年〉，《中國文化遺產》2009年第4期（北京，2009.8），頁90-93。

[69] 關於這一點，參見中國社會科學院考古研究所西安唐城工作隊，〈關於唐含元殿遺址發掘資料有關問題的說明〉，《考古》，1998年第2期（北京，1998.2），頁93-96；傅熹年，〈對含元殿遺址及原狀的再探討〉，《文物》，1998年第4期（北京，1998.4），頁76-87；中國社會科學院考古研究所西安唐城隊，〈西安市唐大明宮含元殿遺址以南的考古新發現〉，《考古》，2007年第9期（北京，2007.9），頁3-6；劉思怡、楊希義，〈唐大明宮含元殿與外朝聽政〉，《陝西師範大學學報（哲學社會科學版）》，38：1（西安，2009.1），頁42-46；侯衛東，〈含元殿、麟德殿遺址保護工程記〉，《中國文化遺產》，2009年第4期（北京，2009.8），頁94-103等等。

[70] 安家瑤設想龍尾道南端的道路是向著正南方的，而楊鴻勛則對龍尾道南端道路的入口是面向東西而進行復原的。關於這一點，安家瑤之說是正確的（參見楊鴻勛著、田中淡、福田美穗譯，〈唐長安大明宮含元殿の復元的研究－その建築形態に關する再論－〉，《佛教藝術》，233（東京，1997）；安家瑤著、町田章譯，〈含元殿遺跡の發掘に關する誤解を解く〉，《佛教藝術》，238（東京，1998）。安家瑤在論文中還對含元殿是源於隋仁壽宮的宮城這一點做了論述。引導初期含元殿的發掘和研究的馬得志的見解，參見馬得志，〈唐大明宮含元殿の建築樣式とその源流〉，《東アジアの古代文化》，93（東京，1997年）。另外，傅熹年主編，《中國古代建築史－三國‧兩晉‧南北朝‧隋唐‧五代建築－》（北京：中國建築工業出版社，

在的大明宮含元殿遺址，基本上是根據龍尾道的入口是面向南的安家瑤等考古學者的學說而復原的。含元殿的發掘，在研究大明宮的政治構造時具有核心性的重要意義，同時也為以後的長安史研究帶來不可忽視的影響[71]。

2005年9月至2006年1月對丹鳳門進行了發掘，確定了丹鳳門並不是以往所認為的三門構造，而是**圖6**呂大防《唐長安圖》中所描繪的與明德門的構造相同，為五門構造。丹鳳門的發掘，在探討大明宮的構造時有著很大的意義[72]。由日本奈良文化財研究所和中國社會科學院考古研究所共同組成的聯合考古隊，對太液池的發掘也有所進展，弄清楚了大明宮園林區的狀況，這也是對大明宮復原來說的一大成果[73]。關於大明宮周圍地域的自然環境，有李令福[74]、馮曉多[75]、陳楊[76]等學者的研究，最近也開始對古景觀進行復原。

根據以上的研究，讓我們清楚了：大明宮的建築構造，以丹鳳門–含元殿（外朝）–宣政殿（中朝）–紫宸殿（內朝）為中軸線，由3種性質的不同空間（外朝、中朝、內朝）所構成。大明宮的中軸線，與太極宮的承天門（外朝）–太極殿（中朝）–兩儀殿（內朝）相對應[77]，是基於《周

2001年），在關於大明宮的復原一節中（同書357-391頁），基於馬得志的見解，試著從建築史學的角度對大明宮進行了獨自的系統性的復原，其研究成果很有參考價值。

[71] 中國社會科學院考古研究所西安唐城工作隊，前注12，〈唐大明宮含元殿遺址1995-1996年發掘報告〉，圖版1-32。

[72] 參見王璐，《唐大明宮丹鳳門遺址保護初探》（西安：西安建築科技大學學位論文，2007年6月）；中國社會科學院考古研究所西安唐城隊，〈西安市唐長安城大明宮丹鳳門遺址的發掘〉，《考古》，2006年第7期（北京，2006.7），頁39-51；楊鴻勳，〈唐長安大明宮丹鳳門復原研究〉，《中國文物科學研究》，2012年第3期（北京，2012.9），頁52-61、86頁；張錦秋，〈丹鳳門遺址保護展示工程設計〉，《中國文化遺產》，2009年第4期（北京，2009.8），頁120-125等等。

[73] 參見中國社會科學院考古研究所、日本獨立行政法人文化財研究所奈良文化財研究所聯合考古隊〈唐長安城大明宮太液池遺址發掘簡報〉，《考古》，2003年第11期（北京，2003.11），頁7-27；同〈西安唐大明宮太液池南岸遺址發現大型廊院建築遺存〉，《考古》，2004年第9期（北京，2003.11），頁3-6；同〈西安唐長安城大明宮太液池遺址的新發現〉，《考古》，2005年第12期（北京，2005.12），頁3-6等等。

[74] 李令福，〈龍首山、龍脈與唐大明宮探析〉，《絲綢之路》，2010年第24期（蘭州，2010.12）頁24、32-38。

[75] 馮曉多，〈唐長安城北部主要池陂及其作用〉，《西安文理學院學報（社會科學版）》，2006年第5期（西安，2006.10），頁41-45。

[76] 陳楊，前注16，《唐太極宮與大明宮布局研究》。

[77] 古瀨奈津子，〈宮の構造と政務運營法〉，《史學雜誌》，93：7（東京，1984.7），31頁的注

禮》的外朝–中朝–內朝的三朝制的理念來建造的[78]。

大明宮的復原平面圖

　　由於整個發掘工作還未完成，詳細表示大明宮整體構造的復原圖還沒有被作成，但是，超過半世紀的研究調查的結果，使其基本構造逐漸變得清晰，所以比較詳細的復原推測圖也是可以繪製的。其中，特別是建築史學的楊鴻勛[79]和傅熹年[80]的研究，可以說是今後研究大明宮建築構造的復原課題的基礎。

　　以往根據考古學發掘而製成的大明宮復原圖，其中具有代表性的有以下諸圖。

（1）中國科學院考古研究所編，《唐長安大明宮》，北京：科學出版社，1959年，頁2圖一「大明宮位置圖」。

（2）馬得志・馬洪路，《唐代長安宮廷史話》，北京：新華出版社，1994年，頁54圖「唐大明宮實測圖」。

（3）史念海主編，《西安歷史地圖集》，西安：西安歷史出版社，1996年，頁89所載「唐大明宮圖（考古）」及「唐大明宮圖（文獻）」。

40，後被收錄于同《日本古代王權と儀式》（東京：吉川弘文館，1998年）；松本保宣，〈唐後半期における延英殿の機能について〉，《立命館文學》，516（京都，1990.5），頁78-79，後被收錄於同前注12，《唐王朝の宮城と御前會議－唐代聽政制度の展開》（京都：晃洋書房，2006年）。

[78]　關於大明宮的三朝制，早期有佐藤武敏，〈唐長安の宮城について〉，《江上波夫教授古希記念論集（考古・美術編）》（東京：山川出版，1976年），頁227-241；同〈唐の朝堂について〉，《難波宮と日本古代國家》（東京：墻書房，1977年），頁183-213的論考，成為以後研究的基礎。

[79]　參見楊鴻勛，〈再論唐長安大明宮含元殿的原狀〉，同《建築考古學論文集（增訂版）》（北京：清華大學出版社，2008年），頁433-457；同〈唐大明宮含元殿朝堂復原探討〉，同《建築考古學論文集（增訂版）》，頁458-460；同〈唐長安大明宮麟德殿復原研究階段報告〉，同《建築考古學論文集（增訂版）》，頁461-475；同〈唐大明宮三清殿與清思殿復原初探〉，同《建築考古學論文集（增訂版）》，頁476-481；同《大明宮》（北京：科學出版社，2013年）等等。特別是《大明宮》，是楊鴻勛大明宮研究的集大成著作，同時，可以說是展示了目前大明宮建築史研究的最高水平。

[80]　參見傅熹年，《傅熹年建築史論文集》（北京：文物出版社，1998年）；同《中國古代城市規畫、建築群布局及建築設計方法研究（上冊、下冊）》（北京：中國建築工業出版社，2001年）所載的有關大明宮的研究。

（4）傅熹年主編，《中國古代建築史　第2卷》，北京：中國建築工業出版社，2001年，頁403所載圖3-2-8「陝西西安唐長安大明宮平面復原圖」。

（5）吳春、韓海梅、高本憲主編，《唐大明宮史料匯編》，北京：文物出版社，2012年，圖版5「大明宮遺址考古平面圖（2010年）」

（6）何歲利著、馬彪譯《唐長安大明宮發掘の成果と課題》，《アジアの歷史と文化》，2011年，卷15，頁35圖2「唐大明宮遺址考古平面圖」。

（7）中國社會科學院考古研究所陝西第一工作隊，《西安市唐大明宮遺址考古新收穫》，《考古》，2012年第11期，頁4圖1「2007-2011年唐大明宮遺址考古平面圖」。

（8）楊鴻勛，《大明宮》，北京：科學出版社，2013年，頁25所載圖2-2「唐長安大明宮復原平面圖」。

（9）杜文玉，《大明宮研究》，北京：中國社會科學出版社，2015年所載圖「唐大明宮平面示意圖」

另外，妹尾達彥，《長安の都市計畫》，東京：講談社，2001年，頁179圖51「長安の大明宮」，是根據至20世紀末的發掘成果繪製而成的。關於大明宮研究，杜文玉《大明宮研究》是劃時代的研究成果。本稿中的**圖8**大明宮圖，是根據上述諸圖和近年的研究所修改之圖，特別以杜文玉「唐大明宮平面示意圖」為底圖。本圖不是筆者的獨創，始終是對本稿所引用的各論著的成果進行的總結整理。希望根據今後的考古發掘和研究進展，可以繪製出更加正確的復原推測圖。

大明宮的沿革

大明宮建築物的特色，是根據需要頻繁地進行增築，這一點與太極宮的宮城和皇城有所不同。因此，大明宮的建築物，刻印了唐中期以後的歷史的展開。關於大明宮的沿革有諸多的論著[81]，近年，特別是杜文玉對大

---

[81]　關於大明宮建造的情況，參見中國科學院考古研究所編，馬得志執筆、夏鼐審閱，《唐長安大明宮》（中國田野考古報告集專刊丁種11號，北京：科學出版社，1959年），頁1；張永祿，《唐都長安》（西安：西北大學出版社，1987年，頁78-95）；馬得志、馬洪路，《唐代長安宮廷史話》（北京：新華出版社，1987年）；肖愛玲，〈論大明宮之歷史地位〉，《絲綢之路》，2010年第24期（蘭州，2010.12），頁5-13；劉子建、喬寧，〈唐大明宮設計特徵探析〉，《邢台學院學報》，27：1（邢台，2012.3），頁96-98；李春陽、燕連福，〈大

明宮的沿革進行了詳細的復原[82]。

　　無需重複，唐代長安城的宮殿中，以太極宮、大明宮、興慶宮的三宮殿規模為最大，從布局上分別被稱為：太極宮為西內，大明宮為東內（北內），興慶宮為南內，合起來被稱為「三大內」。大明宮是這三大內之一，位於長安城太極宮的東北部，禁苑的東南部。

　　位於龍首原上高台的高爽之地的大明宮，唐初原本是太極宮後苑的射殿（舉行大謝禮之殿）之地[83]。太宗為父（高祖）李淵建避暑之地，於貞觀8年（634），在此高台上建築了宮殿，取名永安宮[84]。建設中的永安宮，於貞觀9年（635）正月改名為大明宮，但由於高祖駕崩，便一時中止了建造。

　　之後，高宗的龍朔2年（662）進行了大規模的改建、增築，於翌年（663）新宮殿建成[85]。高宗從之前居住的太極宮移居到大明宮，開始在

明宮見証的唐朝歷史：一段彰顯平等開放的歷史〉，《絲綢之路》，2010年第24期（蘭州，2010.12），頁14-19；黎羌，〈論大明宮與長安文化〉，《絲綢之路》，2010年第24期（蘭州，2010.12），頁20-26；杜文玉，〈大明宮與大唐文化〉，《中國文化遺產》，2009年第4期（北京，2009.8），頁62-67；同《唐代宮廷史（上、下）》（天津：百花文藝出版，2010年）；高本憲，〈唐高宗與大明宮〉，《文博》，2008年5期（西安，2008.9），頁52-56；金鐵木，《千宮之宮－大明宮的真相與傳奇》（北京：東方出版社，2009年）；楊希義、孫福喜、張璠，《大明宮史話》（西安：陝西人民出版社，2011年）等等。關於大明宮建築構造的特色，參見陳揚・辛文婷，〈簡論大明宮宮廷附屬建築物的布局〉，《絲綢之路》，2010年第24期（蘭州，2010.12），頁89-92。

[82] 杜文玉，〈唐長安大明宮、太極宮三清殿小考〉，《唐都學刊》，28：2（西安，2012.3），頁1-14；同〈論唐大明宮延英殿的功能與地位─以中樞決策及國家政治為中心〉，《山西大學學報（哲學社會科學版）》，35：3（太原，20125），頁196-205；杜文玉・趙水靜，〈唐大明宮紫宸殿與內朝朝會制度研究〉，《江漢論壇》，2013年第7期（武漢，2013.7），頁120-127；杜文玉，〈唐大明宮金鑾殿的功能及地位研究〉，《陝西師範大學學報（哲學社會科學版）》，41：3（西安，2012.5），頁76-82；同〈唐大明宮麟德殿功能初探〉，《晉陽學刊》，2012年第2期（太原，2012.3），頁102-109；同〈唐大明宮含元殿與外朝朝會制度〉，《唐史論叢》，15（西安，2012.11），頁1-25，同《大明宮研究》（北京：中國社會出版社，2015年）。特別是《大明宮研究》，是杜文玉大明宮研究的集大成著作，同時，可以說是展示了目前大明宮文獻史學研究的最高水平。

[83] 關於大明宮所在的龍首原自然景觀的特徵，參見史念海，〈唐長安城外龍首原上及其鄰近的小原〉，《中國歷史地理論叢》，1997年第2期（西安，1997.6），後入同《史年海全集第6卷》（北京：人民出版社，2013年），頁157-169。

[84] 關於大明宮建造的原委，參見龔靜，〈大明宮初建時日考〉，《長安大學學報（社會科學版）》，14：2（西安，2012.6），12-15頁；趙喜惠・楊希義，〈唐大明宮興建原因初探〉，《蘭州學刊》，2011年第5期（蘭州，2011.5），頁213-215；高本憲，〈唐朝大明宮初建史事考述〉，《文博》，2006年第6期（西安，2006.12），頁56-58等。

[85] 大明宮重建所關聯的政治狀況，有張全喜，〈淺談唐帝國再建大明宮的原因〉，《科教文匯》，2010年第8期（合肥，2010.8），頁59-60的簡單分析。

大明宮聽政，大明宮的名稱被改為「蓬萊宮」。咸亨元年（670）又改稱為「含元宮」，長安元年（701），再次改回之前的「大明宮」之名，以後，大明宮的名稱被固定下來。

但是，龍朔3年（663）雖說高宗重建了大明宮開始聽政，但大明宮取代太極宮確定成為唐朝政治核心之地，卻是從經過安史之亂後的8、9世紀開始的。繼高宗之後的中宗、睿宗也多停留在洛陽，即便在長安居住的時候，也不是在大明宮而是在太極宮。武則天雖然曾與高宗一起從太極宮移居到大明宮，但多半是在神都・洛陽執政的。玄宗，在開元2年（714）從太極宮移居到了大明宮，但開元16年（728）以後，又多居住在開元2年（714）建造的興慶宮裡。在安史之亂長安陷落時，玄宗到即將陷落之前所居住的宮殿也是興慶宮。面臨長安陷落的玄宗，在守衛興慶宮的飛龍院禁軍的保護之下，從興慶宮逃出，在舊長安城中停泊一晚之後，從舊長安城西門的延秋門出逃奔蜀。

大明宮，取代太極宮而被固定成為皇帝常居宮殿，是在安史之亂時陷落的長安，於至德2載（757）再次被唐朝的肅宗所收復以後的事情[86]。總之，長安的大明宮成為中央政治的表面舞台，是與東部的洛陽城從武則天以來的中央政治的表面舞台消失所並行的現象。關於唐末大明宮的狀況，有高本憲、韓海梅[87]的研究。

（二）大明宮的空間配置的特色

大明宮，看似是基於三朝制基本上仿照太極宮而建造的，可是，又有很多地方與太極宮有所不同。關於大明宮的行財政機構的機能，雖有諸多研究存在，但王靜的《唐大明宮的構造形式與中央決策部門職能的變遷》和《唐大明宮內侍省及內使諸司的位置與宦官專權》的兩篇論考[88]，現在

---

[86] 關於這一點，參見張永祿，前注，《唐都長安》，頁93-94；古瀨奈津子，〈儀禮における唐禮の繼受－奈良末－平安初期の變化を中心に－〉，池田溫編，《中國禮法と日本律令制》（東京：東方書店，1992年），頁379-81；楊鴻年，《隋唐宮廷建築考》（西安：陝西人民出版社，1992年），頁6-9等等。

[87] 高本憲、韓海梅，〈唐末大明宮毀廢過程考述〉，《文博》，2009年第3期（西安，2009.6），頁39-42。

[88] 王靜，〈唐大明宮的構造形式與中央決策部門職能的變遷〉，《文史》，2002年第4輯，頁101-119；同〈唐大明宮內侍省及內使諸司的位置與宦官專權〉，《燕京學報》，新16期（北京，2004），頁89-116。

也是考察這個問題時的基礎之論。近年，從大明宮國家遺址公園的設立為先機，到開始提倡研究大明宮的「大明宮學」，大明宮研究的專業雜誌《大明宮研究》也被出版（年刊、2011年9月總第1期被出版），這表示大明宮研究迎來了劃時代的時期。

　　與太極宮相比較，對大明宮的空間特色和機能進行整理，可以列出以下幾點。

　　　　①內廷軍事、財政機構的集中化。
　　　　②宮城防衛的強化和禁軍的重編。
　　　　③王權儀禮的變化和宮殿的劇場化。
　　　　④道教建築的突出和蓬萊宮的誕生。

這些特徵是相互關聯的，以下，將一邊留意著不同於太極宮的原因一邊進行整理。

①軍財政諸機構的集中化──「西北部軍事前線－大明宮－江南經濟圈連結」的形成

　　由於太極宮的宮殿和南側皇城內的諸多官廳，在大明宮建造後也被繼續利用發揮其機能，所以，於大明宮內新建的外朝、中朝、內朝的宮殿和官廳，一定是有著特別的政治理由，在適當的位置而被建造的。也就是說，以大明宮的建築物的位置、規模、建築構思為線索，就可以窺視唐中期至後期的新政治和經濟構造。而這樣的研究，現在才剛剛開始，今後如果對各個建築物的情況做以整理，那麼就可以進行更加綜合性的分析。吳春、韓海梅、高本憲主編《唐大明宮史料匯編》（2012年），楊鴻勛《大明宮》（2013年），及杜文玉《大明宮研究》（2015年）是研究大明宮史上，劃時代的研究成果。

　　看著大明宮的建築物，首先會被面積廣闊的內廷所吸引。內廷是軍事、財政機構集中的地方，這裡很充分地展現了大明宮所需要的機能。到了8、9世紀，以長安的大明宮為核心，農業－游牧境域地帶的西北部軍事前線和政治中樞的都城‧長安，還有沿海部的穀倉地帶的長江下流域（江南）的經濟，初次被機能性地連結到一起。這為宋代以後的後期中華帝國的歷史帶來了很大的影響。此時，中國大陸誕生了廣範圍且有集權性的軍

圖6 呂大防「長安圖」(部分)

▦ 官人・親王・公主宅、▦ 佛寺、▦ 道観與太清宮(大寧坊)、▦ 所示為川、渠、池、陂。

【出處】本圖以胡海帆《北京大學圖書館藏呂大防《長安圖》殘石拓本的初步研究》（榮新江編《唐研究》21卷，北京：北京大學出版社，2016年）登載的圖《北大圖書館藏《長安圖》拓本A本》，圖《北大圖書館藏《長安圖》拓本B本》，及平岡武夫編《唐代研究のしおり 第七唐代の長安と洛陽 地図篇》（京都：京都大學人文科學研究所，1956年）登載的圖版二・第二圖《長安城図（呂大防）》為底圖。關於本圖描寫禁苑的功能，參看妹尾達彥《隋唐長安城の皇室庭園》（橋本義則編《東アジア都城の比較研究》京都：京都大學出版會，2011年，269-329頁）。圖中點線的文字，根据《長安志》等文獻史料推測描寫的。

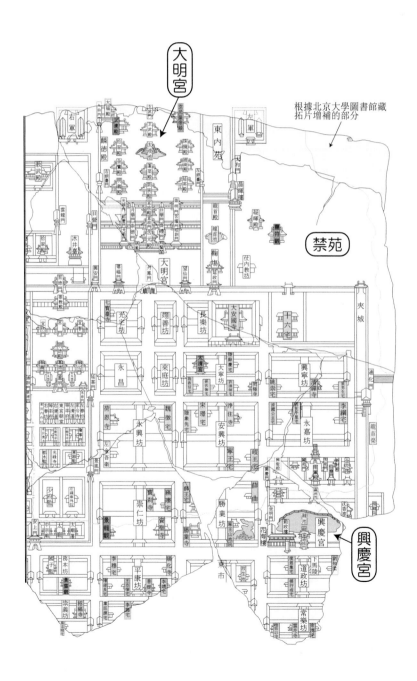

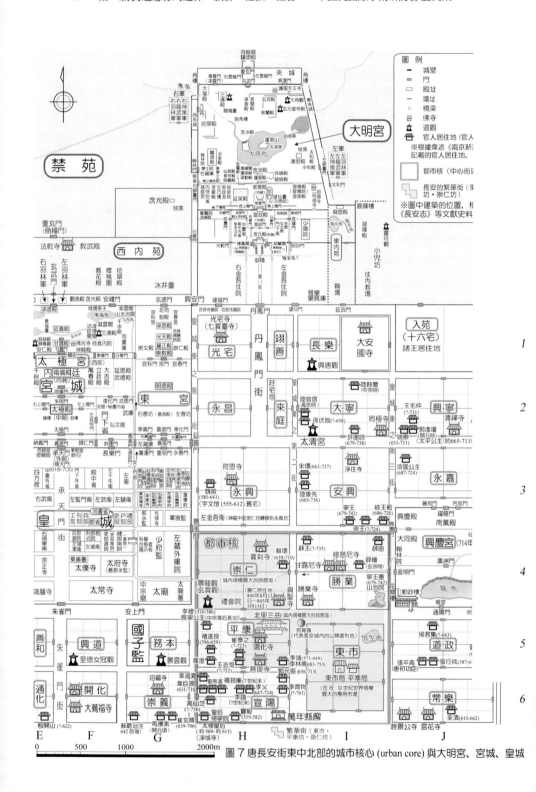

圖 7 唐長安街東中北部的城市核心 (urban core) 與大明宮、宮城、皇城

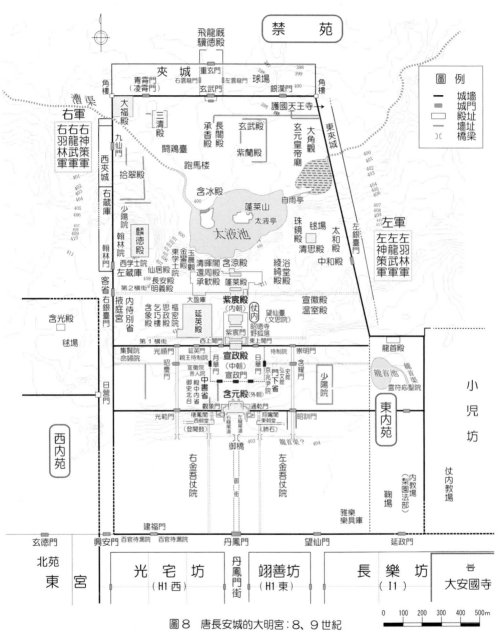

圖8　唐長安城的大明宮：8、9世紀

【出處】本圖以杜文玉《大明宮研究》（北京：中國社會科學出版社，2015年）所載的《唐大明宮平面示意圖》為底圖。又參看妹尾達彥《太極宮から大明宮へ—唐長安における宮城空間と都市社会の変貌—》（新宮学編《近世東アジア比較都城史の諸相》東京：白帝社，2014年）37頁所載的圖6，何歲利著、馬彪翻譯《唐長安大明宮發掘の成果と課題》（《アジアの歴史と文化》15巻，2011年）35頁所載的圖2《唐大明宮遺址考古平面図》，史念海主編《西安歷史地図集》（西安：西安歷史出版社，1996年）89頁卷載的《唐大明宮圖》，中國社會科學院考古研究所西安唐城工作隊《唐大明宮含元殿遺址1995～1996年發掘報告》（《考古學報》1997年第3期）所載的圖1《含元殿遺址位置圖》，傅熹年主編《中國古代建築史第2卷》（北京：中國建築工業出版社，2001年）403頁所載的圖3-2-8《陝西西安唐長安大明宮平面復原圖》，中國社會科學院考古研究所、日本独立行政法人文化財研究所奈良文化財研究所連合考古隊《唐長安城大明宮太液池遺址發掘簡報》（《考古》2003年第11期）10頁所載的圖3《太液池遺址2001-2002年發掘區位置圖》，王静《唐大明宮的構造形式與中央決策部門職能的變遷》（《文史》2002年第4輯），同《唐大明宮内侍省及内使諸司的位置與宦官專權》（《燕京學報》2004年新16期）等論著。建築位置不少系推測繪制。

事財政體系。大明宮，是中國大陸的軍事和經濟進行機能性連結的核心空間，如果沒有像大明宮這樣的政治機能集中的空間，那麼，對連結中國大陸的華北和江南的大規模物流的控制，就一定是不可能的。

隋唐初的宮城和皇城被分割的建築構造沒有被大明宮所採用，大明宮的中樞宮殿周圍集中著重要官廳，形成與宮殿混建的形態。這種傾向，特別是在最裡面的相當於內廷（內朝）的紫宸殿以北的空間最為顯著[89]。以內廷的紫宸殿為核心，在與皇帝鄰接的近旁空間配置皇帝直屬的官廳和宮殿，就會使皇帝的命令更加有效地被執行[90]。這樣的構造，基本上被北宋・開封的內城建築構造所繼承運用[91]。

環繞紫宸殿的內廷（內朝），西側依次有延英殿[92]－樞密院[93]－思政殿[94]－

[89] 關於這一點，與日本都城的宮殿相比較來對唐代長安內廷構造的特色進行論述的研究有：古瀨奈津子，〈中国の「内廷」と「外廷」－日本古代史における「内廷」「外廷」概念再檢討のために－〉，《東洋文化》，68（東京，1988.3）；同〈昇殿制の成立〉，青木和夫先生還曆記念會編，《日本古代の政治と文化》（東京：吉川弘文館，1987年）。如上兩篇論文，後被收錄於古瀨奈津子，《日本古代王權と儀式》（東京：吉川弘文館，1998年）。

[90] 關於唐後期軍事制度的特色，參見王永興，《唐代後期軍事史略論稿》（北京：北京大學出版社，2006年）。

[91] 關於大明宮的構造對北宋開封產生的影響，今後還需要做詳細的探討。關於這個問題，論述唐後半期的政治空間的松本保宣，前注12，《唐王朝の宮城と御前會議》，和論述宋代開封的宮殿與政治構造之關聯的平田茂樹，前注，《宋代政治構造研究》一文，是今後研究的基礎。

[92] 關於延英殿，參見松本保宣，前注12，《唐王朝の宮城と御前會議》21-69頁，前面所提到的杜文玉論文〈論唐大明宮延英殿的功能與地位─以中樞決策及國家政治為中心〉，和杜文玉《大明宮研究》（北京：中國社會出版社，2015年），頁127-149。

[93] 關於樞密院的功能和位置，參見李金德，《唐宋變革期樞密院研究》（北京：國家圖書館出版社，2009年），和楊鴻勛，《大明宮》（北京：科學出版社，2013年），頁137。

[94] 關於思政殿，參見松本保宣，前注12，《唐王朝の宮城と御前會議》，頁153；杜文玉，《大明宮研究》（北京：中國社會出版社，2015年），頁170-173；吳春、韓海梅、高本憲主編，《唐大明宮史料匯編》（北京：文物出版社，2012年），頁222-227。

內侍省[95]－集賢院（學士院）[96]－翰林院[97]－金鑾殿[98]－浴堂殿[99]－麟德殿[100]－左右藏庫[101]－右銀台門[102]－右軍（右神策軍）[103]等，軍事、行政、財政的

---

[95] 關於內侍省，參見王靜，前注88，〈唐大明宮內侍省及內使諸司的位置與宦官專權〉，頁89-116。

[96] 關於集賢院，參見鄭偉章，〈唐集賢院考〉，《文史》，1983年19輯（北京，1983），頁65-85；趙永東，〈唐代集賢殿書院考論〉，《南開學報》，1986年4期（天津，1986），頁12-20；李湜，〈盛唐時期的集賢學士〉，《江西師範大學學報》，1995年3期（南昌，1995.9），頁31-34；劉健明，〈論唐玄宗時期的集賢院〉，黃約瑟、劉健明合編，《隋唐史論集》（香港：香港大學亞州研究中心，1993），頁54-64；池田溫，〈盛唐之集賢院〉，收入《唐研究論文選集》（北京：中國社會科學出版社，1999，初出1971年），頁190-242；李福長，《唐代學士與文人政治》（濟南：齊魯書社，2005年）；李德輝，《唐代文館制度及其與政治和文學之關係》，上海：上海古籍出版社，2006年）；吳夏平，《唐代中央文館制度與文學研究》（濟南：齊魯書社，2007年；同《唐代文館文士社會角色與文學》（北京：中國社會科學出版社，2012年）等等。

[97] 關於翰林院，參見楊果，《中國翰林制度研究》（武漢：武漢大學出版社，1996年）；傅璇琮，《唐翰林學士傳論　晚唐卷》（瀋陽：遼海出版社，2007年）；松本保宣，前注12，《唐王朝の宮城と御前會議》153頁；吳春、韓海梅、高本憲主編，《唐大明宮史料匯編》（北京：文物出版社，2012年）；楊鴻勳，《大明宮》，137-147頁；杜文玉，《大明宮研究》（北京：中國社會出版社，2015年），頁266-273。

[98] 關於金鑾殿，參見吳春、韓海梅、高本憲主編，《唐大明宮史料匯編》（北京：文物出版社，2012年），頁144-146；杜文玉，《大明宮研究》（北京：中國社會出版社，2015年），頁149-165。

[99] 關於浴堂殿，參見松本保宣，前注12，《唐王朝の宮城と御前會議》，頁153；李向菲，〈唐大明宮浴堂殿方位考〉，《中國歷史地理論叢》，23：4（西安，2008.10），頁149-153，杜文玉，《大明宮研究》（北京：中國社會出版社，2015年），頁168-170。

[100] 關於麟德殿，參見松本保宣，前注12，《唐王朝の宮城と御前會議》，頁153；孔黎明、蘇靜，〈唐大明宮麟德殿遺址詮釋與展示方法探索〉，《建築與文化》，2011年第11期（北京，2011.11），頁94-96；王曉寧，〈大明宮麟德殿遺址〉，《黑龍江史志》，2012年第15期（哈爾濱，2012.8），頁14-15；吳春、韓海梅、高本憲主編，《唐大明宮史料匯編》（北京：文物出版社，2012年），頁146-163；杜文玉，《大明宮研究》（北京：中國社會出版社，2015年），頁104-127；杜文玉，前注82，〈唐大明宮麟德殿功能初探〉，頁102-109。

[101] 關於大明宮左右藏庫，參見室永芳三，〈唐末內庫の存在形態について〉，《史淵》，101（福岡，1969.11），頁93-109；中村裕一，〈唐代內藏庫の變容－進奉を中心に－〉，《待兼山論叢》4（大阪大學文學部，1969年），頁137-168；葛承雍，《唐代國庫制度》（西安：三秦出版社，1990年）；李錦秀，《唐代財政史稿》，卷5冊（北京：北京大學出版社，1995-2001年，北京：中國社會科學出版社，再版2007年）；清木場東，《帝賜の構造-唐代財政史研究、支出篇》（福岡：中國書店，1997年）；高瀨奈津子，〈唐後半期の財庫について－延資庫を中心に－〉，《唐代史研究》，13（東京，2010），頁101-126；吳志宏，〈唐代左、右藏庫の變容と內庫との關係〉，《早稻田大學大學院文學研究科紀要》，58（東京，2013.2），頁57-71；楊鴻勳，《大明宮》，頁158-161；杜文玉，《大明宮研究》，頁327-336。關於左右藏庫的位置，參看辛德勇，《隋唐兩京叢考》（西安：三秦出版社，2006年），頁112-117。

[102] 關於右銀台門，參見吳春、韓海梅、高本憲主編，《唐大明宮史料匯編》，頁41-49；杜文玉，《大明宮研究》，15-20頁。

[103] 關於右軍（右神策軍），參見吳春、韓海梅、高本憲主編，《唐大明宮史料匯編》，頁351-387。

重要官廳集中地分布在這裡。紫宸殿的東側，有文思院[104]－宣徽殿[105]－少陽院[106]－清思殿[107]－左銀台門[108]－左軍（左神策軍）[109]等建築，緊貼著皇帝近旁的另一個行政、軍事的重要官廳排列於此。這樣，環繞紫宸殿的地區，唐後期的行財政、軍事的重要機構集中地分布在這裡，成為唐王朝的心臟部。

　　位於內廷的這些建築的多數，都是皇帝直屬的內諸司的官廳。內廷的內諸司，是皇帝掌握人事權，由宦官來掌管，是反映8、9世紀中央政府的集權化和宦官勢力延伸的場所[110]。把相當於內廷（內朝、後朝、仗內）的太極宮的兩儀殿和大明宮的紫宸殿的行財政機構的配置進行一個比較，就會發現同樣是內廷，大明宮內廷的行財政機構數量多、建築規模巨大，還擁有豪華的建築景觀，其中最重要的是政治的重要性這一點尤為突出。8、9世紀的中央政治，是由大明宮內廷的行財政機構來進行的，這表示了8、9世紀的天子－皇帝，擺脫了如唐前期那樣的律令官制的束縛，正構築一個更加具有機能性‧集權性的決策體系。

　　安史之亂（755-63）後的唐王朝，由於統治領土的減少而面臨著國家財政的危機和地方軍閥的抬頭，為了延續政權，開始進行行財政的根本改革。由此而誕生的新行財政，為以後的中國史的展開帶來了不小的影響。代表唐初律令制的以廣範圍的統治為目標的政治組織，經過安史之亂後不得不發生變化，其支配的體系被改組，即要對有限的領土進行有效的利

---

[104] 關於文思院，參見李民舉，〈宋代的後苑造作所與文思院〉，北大考古學編，《考古學研究》，1994年第2期（北京，1994.11），頁244-248；杜文玉，《大明宮研究》，頁173-181。

[105] 關於宣徽殿，參見友永植，〈唐宋時代の宣徽院使について－主に五代の宣徽院使の活動に注目して－〉，《北大史學》，18（札幌，1978.+），頁60-80；吳春、韓海梅、高本憲主編，《唐大明宮史料匯編》，頁228；杜文玉，《大明宮研究》，頁184。

[106] 關於少陽院，董春林，〈少陽院與唐中後期太子權力之遷移〉，《延邊大學學報（社會科學版）》，42：5（延吉，2009.10），頁140-144；吳春、韓海梅、高本憲主編，《唐大明宮史料匯編》，頁235-240；楊鴻勳，《大明宮》，頁147-150；杜文玉，《大明宮研究》，頁287-292。

[107] 關於清思殿，參見吳春、韓海梅、高本憲主編，《唐大明宮史料匯編》，頁220-222；楊鴻勳，《大明宮》頁118-120；杜文玉，《大明宮研究》，頁165-166。

[108] 關於左銀台門，參見吳春、韓海梅、高本憲主編，《唐大明宮史料匯編》，頁40-41；杜文玉，《大明宮研究》，頁15-20。

[109] 關於左軍，參見吳春、韓海梅、高本憲主編，《唐大明宮史料匯編》，頁351-387。

[110] 參見唐長孺，〈唐代的內諸司使及其演變〉，同《唐長孺文集3　山居存稿》（北京：中華書局，2011年），頁252-282；趙雨樂，《唐宋變革期軍政制度史研究（一）－三班官制之演變－》（台北：文史哲出版社，1993年頁；同《唐宋變革之軍政制度－官僚機構與等級之編成》（台北：文史哲出版社，1994年），頁49；寧志新，《隋唐使職制度研究（農牧工商編）》（北京：中華書局，2005年）等等。

用。安史之亂使得華北的財源地的主要部喪失，但結果卻使長江下流域第一次成為中國史上中央財政的主要財源地，以都城為媒介向中國北部駐紮的龐大軍隊有效地進行軍糧補給的體系構築開始了[111]。

軍事衝突頻發的西北邊境部的軍事前線、作為財源的長江下流域和政治中心長安這樣的不同的三個地域，由於交通、運輸制度的改革開始機能性的相連接，中唐期的8世紀末至9世紀初，把都城長安作為中樞，邊境軍事前線和長江下流域的軍事、財政相連接的政治‧經濟體制誕生了。筆者把這個體制稱為「西北部軍事前線－都城－江南經濟連結」[112]。而這個體系的中樞‧司令部，就是以大明宮的紫宸殿為核心的諸官廳。

這個體系，從唐代的長安至宋代的開封、明代的北京，被不同的王都所繼承，是後期中華帝國行財政的骨骼。本稿的研究對象—長安城的大明宮，我認為是象徵著安史之亂後的中國史新發展的一個歷史空間。大明宮，代替了之前的太極宮成為唐後半期行財政的中樞，是中央政府做出決策的主要舞台[113]。

②禁軍的重組—防衛的強化

看著大明宮的建築構造，就可以具體地了解宮城防衛的強化和禁軍的重組過程。從建設大明宮的夾城、宮牆、閣廊進行複城化和大明宮守衛三方的禁軍的配置等就可以明確地看出，大明宮與太極宮相比，在軍事防禦構造方面被更加強化了[114]。

---

[111] 關於這個財政運輸體系，丸橋充拓，《唐代北邊財政の研究》（東京：岩波書店，2006年）；西村陽子，〈唐末五代の代北における沙陀集團の內部構造と代北水運使〉，《內陸アジア史研究》，23（東京都，2008），頁1-24。

[112] 妹尾達彥，〈中華の分裂と再生〉，樺山紘一等編，《岩波講座世界歷史9　中華の分裂と再生》（東京：岩波書店，1999年），頁60-66。當初，曾把它稱為「西北部軍事前線－都城－長江下流域連結」，由於與北部軍事前線相連結的地域是長江下流的江南經濟圈，所以，現在把它表示為「北部軍事前線－都城－江南經濟圈連結」。

[113] 關於太極宮時代的政治中樞，參見礪波護，《唐代政治社會史研究》（京都：同朋舍，1986年）；謝元魯，《唐代中央政權決策研究》（台北：文津出版社，1987年）；袁剛，《隋唐中樞體制的發展演變》（台北：文津出版社，1994年）；雷家驥，《隋唐中央權力結構及其演變》（台北：東大圖書公司，1995年）；任士英，《唐代玄宗肅宗之際的中樞政局》（北京：社會科學文獻出版社，2003年）等研究。

[114] 蒙曼，《唐代前期北衙禁軍制度研究》（北京：中央民族大學出版社，2005年）；趙雨樂，《從宮廷到戰場－中國中古與近世諸考察》（北京：中華書局，2007年）；王鏡輪、向斯，《中國古代禁衛軍－皇家衛隊始末》（北京：解放軍出版社，1999年）。

關於大明宮的防衛構造和禁軍的作用，池田溫[115]、張永祿[116]、趙雨樂[117]、林美希[118]，與太極宮相比較對其進行了論述。趙雨樂，弄清了大明宮的軍事防衛構造的整備是在宦官對軍事、財政權掌握的過程中進行的，對此做了系統性的分析[119]。其中，最受關注的學說是，作為北宋的禁軍總司令部的樞密院，其實是誕生於9世紀的大明宮這一事實[120]。如樞密院的例子，就是說明大明宮的軍事防衛和禁軍配置的經驗，在五代十國宋代被運用並發揮其作用。

③宮殿的劇場化和王朝儀禮的變化

大明宮裡諸多的豪華威嚴的建築物，把宮殿區進行了劇場化，使王權儀禮變得世俗化。由於政治中心移向大明宮，使太極宮和大明宮進行王權儀禮的分工，而在大明宮，不偏重於宗教性的王權儀禮的戲劇化開始發展。

太極宮的儀禮舞台和大明宮的儀禮舞台的區別

把大明宮和太極宮的諸建築物相比較時的第一印象，是歷代宮殿建築中大明宮建築尤為豪華。大明宮的建築，是由於鹽專賣制和兩稅法的實施等稅制改革，使唐朝的財政有所好轉，並以此財政為基礎，花費了龐大的建築費用和勞動力修建了這諸多的大規模豪華建築物。和僅領有中國大陸北部的隋，在財政基盤還沒有穩定的狀況之中短時間內建造的太極宮的建築群相比，大明宮建築物的華麗、豪華，是極為顯著的。

---

[115] 池田溫，〈律令官制の形成〉，《岩波講座　世界歷史5　古代5》（東京：岩波書店，1970年），頁277-323。

[116] 張永祿，《唐都長安》（西北大學出版社，1987年），頁87。

[117] 參見趙雨樂，前揭，〈唐宋變革期軍政制度史研究（一）－三班官制之演變〉，同〈唐宋變革期之軍政制度－官僚機構與等級之編成〉，同《從宮廷到戰場－中國中古與近世諸考察》（北京：中華書局，2007年）。

[118] 參見林美希，〈唐代前期宮廷政變をめぐる北衙の動向〉，《史觀》，164（東京都，2011.3），頁47-64；同〈唐・左右龍武軍の盛衰—唐元功臣とその後の禁軍—〉，《史滴》，33（東京都，2011.12），頁111-138；同〈唐代前期における北衙禁軍の展開と宮廷政變〉，《史學雜誌》，121：7（東京，2012），頁41-66；同〈唐前半期の閑　體制と北衙禁軍〉，《東洋學報》，94：4（東京，2013.3），頁1-29，同〈唐代前期における蕃將の形態と北衙禁軍の推移〉，《東洋史研究》，75（京都，2017.3），頁76-108。

[119] 同時參見賈志剛，〈大明宮太液池出土「左策」銘文磚考釋〉，《絲綢之路》，2010年第24期（蘭州，2010.12），頁45-50。

[120] 參見李金德，前注93，《唐宋變革期樞密院研究》，頁41-111。

　　有效運用龍首原隆起地形的大明宮建築，與位於低地的太極宮有所不同，擁有太極宮所不具有的高度差，因而製造出富有變化的景觀。丹鳳門－含元殿（外朝）－宣政殿（中朝）－紫宸殿（內朝）－蓬萊宮－含涼殿－太液池所連成的大明宮的南北中軸線，是根據高低差而建造，構成了在平坦的太極宮所感受不到的充滿躍動感的建築群（參見**圖8**）。利用龍首原起伏的地形的空間構造，給在各宮殿所舉行的王權儀禮帶來戲劇性的效果。

　　特別是相當於外朝（前朝）的含元殿，建造在高15.6m的台地的斜面上，仰望其威容會讚嘆不已。從丹鳳門進入大明宮的官人們，朝著廣場中前方610m處的含元殿前進，就會到達主殿的含元殿和翼樓相連的建築群廣場。含元殿，主殿和東西兩樓閣（翔鸞閣和棲鳳閣）由飛廊相連接，是一個巨鳥展翅的形狀，形成接近於前便會被包裹於其中的建築景觀。含元殿相當於三朝制的外朝（前朝、治朝、路門），是元正、冬至等大朝會和改元、大赦、冊封、受貢等各種王權儀禮的主要舞台[121]。

　　主殿和東西樓閣由飛廊連接，且擁有龍尾道和廣場的含元殿的建築構造，也可在渤海的上京龍泉府的1號宮殿和日本平安宮的大極殿等處見到，其建築構造給東亞的宮殿建築帶來廣泛影響[122]。渤海和日本，整個都城規劃雖然受到隋唐初長安城的影響，但是，感覺宮殿區的構造還是受大明宮的宮殿區的影響比較大[123]。這或許也是由於，渤海和日本的朝貢使節進行實際訪問的場所是大明宮含元殿的建築群，而後根據自己的見聞來建造宮殿區的緣故吧（參見**圖10　渤海上京的城市構造**，第1號宮殿、第2號宮殿、第3號宮殿分別與含元殿、宣政殿、紫宸殿相對應）。

　　前面所提到過，根據90年代的考古發掘，推斷在咸亨元年（670）含元殿重建以後，在含元殿的東西各建了1條龍尾道，而去掉了之前的含元殿前的龍尾道，使其地變成一個廣場的構造。因此，龍尾道重建後，於高台

---

[121] 參見劉思怡、楊希義，〈唐大明宮含元殿與外朝聽政〉，《陝西師範大學學報（哲學社會科學版）》，38：1（西安，2009.1），頁42-46；杜文玉，前注82，〈唐大明宮含元殿與外朝朝會制度〉，頁1-25等等。

[122] 關於含元殿建築構造的由來，參見內田昌功，〈北周長安宮の路門と唐大明宮含元殿－殿門複合型建築の出現とその背景〉，《歷史》，115（宮城，2010.9），頁1-19。關於對日本都城的影響，參見山田邦和，〈桓武朝における樓閣附設建築〉，《國立歷史民俗博物館研究報告》，134（千葉，2007.3），頁155-176。

[123] 關於渤海上京的發掘和其成果，參見黑龍江省文物考古研究所編，《渤海上京城　上冊、下冊、附圖》（北京：文物出版社，2009年）；黑龍江省文物考古研究所、趙虹光編，《渤海上京城考古》（北京：科學出版，2012年）等等。

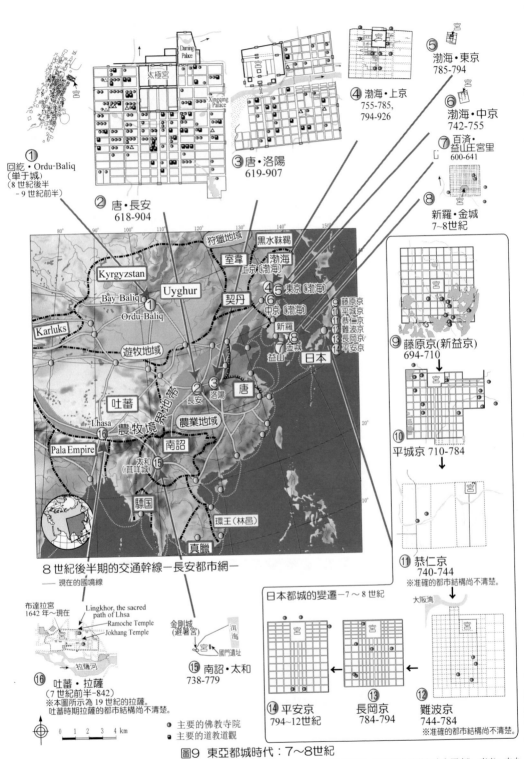

① 回紇・Ordu-Baliq
（単于城）
（8世紀後半
－9世紀前半）

② 唐・長安
618-904

③ 唐・洛陽
619-907

④ 渤海・上京
755-785,
794-926

⑤ 渤海・東京
785-794

⑥ 渤海・中京
742-755

⑦ 百濟・
益山王宮里
600-641

⑧ 新羅・金城
7~8世紀

⑨ 藤原京(新益京)
694-710

⑩ 平城京 710-784

⑪ 恭仁京
740-744
※准確的都市結構尚不清楚。

⑫ 難波京
744-784
※准確的都市結構尚不清楚。

⑬ 長岡京
784-794

⑭ 平安京
794~12世紀

⑮ 南詔・太和
738-779

金剛城
(避暑宮)
城門遺址

布達拉宮
1642 年～現在

Lingkhor, the sacred
path of Lhsa
Ramoche Temple
Jokhang Temple

⑯ 吐蕃・拉薩
（7世紀前半-842）
※本圖所示為 19 世紀的拉薩。
吐蕃時期拉薩的都市結構尚不清楚。

8 世紀後半期的交通幹線－長安都市網－

——— 現在的國境線

● 主要的佛教寺院
■ 主要的道教道觀

日本都城的變遷－7～8世紀

0 1 2 3 4 km

圖9 東亞都城時代：7～8世紀

【出處】根據妹尾達彥《東亞都城時代的形成與都市網的變遷》（中央大學人文學研究所編《亞非歐大陸的都市與國家》，東京：中央大學出版部、2014 年）138 頁圖 22 增補。

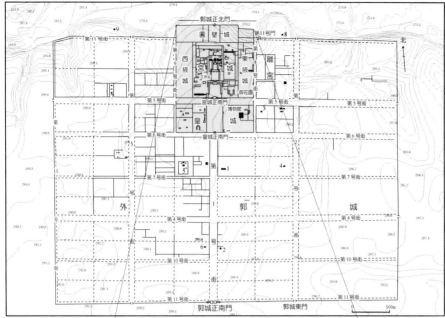

圖 10　渤海上京龍泉府的城市構造

【出處】本圖以黑龍江省考古文物研究所編《渤海上京城－1998～2007 年度考古発掘調查報告》（北京：文物出版社，2009 年）15 頁登載的圖 9 《渤海上京城遺址、上京城遺址宮城與皇城平面圖（黑龍江省文物考古研究所 2008 年繪制）》，及黑龍江省考古文物研究所編《渤海－上京城考古》（北京：科學出版社，2012 年）15 頁登載的圖 1《渤海上京城平面圖》爲底圖。圖中的等高線，根據黑龍江省考古文物研究所編《渤海上京城》19・20 頁登載的圖《渤海上京城遺址地形圖》。

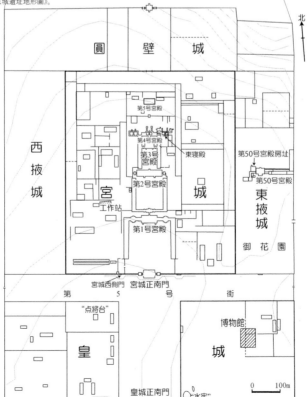

上三層的大台之上所建造的含元殿的威容顯得更加突出。從丹鳳門進入至含元殿前的廣場，從這裡來仰望含元殿，與之前舉行朝會的太極宮承天門前的廣場相比，無論是空間規模還是建築構思，都是更加巨大而豪華的[124]。

　　位於含元殿之北300m處的宣政殿，相當於三朝制的中朝（燕朝、路寢），在建築構造上，成為大明宮的中樞宮殿。宣政殿相當於太極宮的太極殿，是皇帝平日聽政的宮殿。宣政殿之北60m之地是紫宸殿。紫宸殿相當於三朝制的內朝（後朝、小寢），是在內廷的皇帝日常處理政務的宮殿，實際上成為唐後期中央政治的中樞之地。以紫宸殿為核心，東西分布著重要的中央官廳。含元殿至紫宸殿的三朝，被南北向的配置於龍首原的丘陵之上。

　　於紫宸殿西北的丘陵上建造的麟德殿，也是三個建築南北相連接的一個巨大建築物，是一個獨特的建築精華，威嚴的建築使人有一種很大的壓迫感。麟德殿基台部分的面積超過一萬平方米，如此之巨大，被認為是當時世界的木造建築中規模最大的建築物。8、9世紀在麟德殿的大廳舉行了數千人規模的宴會，這給參加宴會的人留下了難以忘懷的印象。在麟德殿曾頻繁地舉行皇帝與宰相、高官們的集會和宴會，以及對外國使節的謁見儀禮[125]。另外，麟德殿北側的供奉道教的三清（元始天尊、太上老君、太上道君）的三清殿，有高度的基壇被保存下來，作為道教儀禮的舞台而被重視[126]。

　　巧妙地利用龍首原高台的起伏所建造的新的儀禮空間在大明宮誕生，朝會、朝賀、對朝貢使節和科舉考生的謁見，皇帝的千秋節等儀禮在此被舉行，這個儀禮空間給諸儀禮的內容和規模帶來了直接的影響[127]。特別是

---

[124] 中國社會科學院考古研究所西安唐城工作隊，前注12，〈唐大明宮含元殿遺址1995-1996年發掘報告〉，頁397-99。另參見楊鴻勳，前注12，〈唐長安大明宮含元殿復原研究報告－再論含元殿的形制－〉，頁3-32；傅熹年，〈大明宮〉，同《中國古代城市規畫、建築群布局及建築設計方法研究（上）》（北京：中國建築工業出版社，2001年），頁21-22。

[125] 劉致平、傅熹年，前注4，《麟德殿復原的初步研究》，頁385-402；石見清裕，〈唐代外國使節の宴會儀禮について〉，《小田義久博士還曆紀念東洋史論集》（京都：朋友書店，1995年）。

[126] 關於三清殿，參見杜文玉，前注82，《唐長安大明宮・太極宮三清殿小考》，頁1-14。

[127] 楊寬，前注9，《中國古代都城制度史研究》；妹尾達彥，〈唐長安城の儀禮空間－皇帝儀禮の舞台を中心に－〉，《東洋文化》，72（東京大學東洋文化研究所，1992.3），頁1-35；黃正建譯，〈唐代長安城的儀禮空間〉，溝口雄三、小島毅主編，《中国的思惟世界》（南京：江蘇人民出版社，2006年），頁466-498。

對於科舉考生來說，排列著世界最大規模宮殿的大明宮是仙人居住的仙界，而考試合格進入大明宮就意味著自己是昇了仙[128]。

太極宮的儀禮和大明宮的儀禮的區別

應該注意的是，大明宮建造之後，並不是所有的王朝儀禮都移到了大明宮。大喪、即位儀禮、太廟、太社及郊祀等與隋唐初長安城的象徵性都市規劃不可分的王朝儀禮，其儀禮舞台沒能被遷移。而可以遷移的，僅是那些在當初的都市規劃中所設定的與儀禮空間的象徵性關係較弱的、世俗的、且與皇帝的身邊緊密相關的儀禮[129]。實際上，《大唐開元禮》中所規定的王權儀禮的多數，仍是以太極宮為舞台進行的。

總之，大明宮的建築，是王權儀禮的比重進行轉換的一個開始，它是以太極宮為核心的左右對稱的都市構造被進行視覺化後形成的儀禮空間為基礎，從象徵性地證實天帝和皇族祖先之間的時空聯繫的隋唐初儀禮，向有多數的官僚參加、更加現世的、世俗的唐後期儀禮轉換。或者可以說，大明宮的建成，促進了那種傾向的發展。由於政治的主要舞台移向大明宮，長安從注重象徵性的都城變成重視機能性的都城，從宇宙之都轉變為世俗之都。

④宮城區的仙境化—道教建築與園林

大明宮特色的其中之一，是道教建築的突出。從大明宮被稱為蓬萊宮這一點也可以略為知曉，大明宮是模仿仙界所建造的。大明宮內，與道教有關的建築以及來自於道教的建築名稱很多。如：三清殿、蓬萊殿、蓬萊池（太液池）、紫宸殿、含元殿、望仙門、重玄門、九仙門、玄元皇帝廟等，都可以說是根據道教，或來自於道教的建築。紫宸殿的後方，是廣闊的園林地區，以太液池為中心建造了許多池沼和建築物，形成了有水渠的綠意盎然、風光明媚的園林區。環繞太液池的地區，可以說是仿照了仙界凝聚了大明宮特色的場所。

---

[128] 妹尾達彥，《唐代の科舉制度と長安の合格儀禮》，唐代史研究會編，《律令制－中國朝鮮の法と國家－》（東京：汲古書院，1986年），頁239-274。

[129] 金子修一，前注10，〈唐の太極宮と大明宮－即位儀禮におけるその役割について－〉，頁52-64；陳磊，〈唐代皇帝的出生、即位和死亡地點考析〉，《史林》，2007年5期（上海，2007.10），頁118-127。

　　大明宮的建築群，如實地說明了唐代中期以後道教的影響力的擴大[130]。被稱為蓬萊宮的整個大明宮，是模仿道教的仙境（蓬萊）而建造，這充分地表現了大明宮的性格。圓仁的《入唐求法巡禮行記》中，具體生動地描寫了圓仁逗留期間，在大明宮中道教勢力擴大的狀況[131]。

　　大明宮內有關道教建築的突出，被認為是意味著儒教、佛教、道教保持均衡的隋唐初都市規劃的瓦解[132]。唐後期道教的突出，我認為是與王權儀禮將民眾包卷於其中來加強世俗化的動向相對應的，皇帝直屬的機能性的新行財政機構相繼被建於大明宮的內廷，這或許是與8、9世紀的政治動向相關的現象[133]。只是，如圓仁的《入唐求法巡禮行記》中所描述的，多數宦官信仰佛教，在會昌廢佛時曾有不少的宦官信者一直保護了佛僧。

　　玄宗的開元29年（741），於大明宮前的大寧坊西南隅建造了祭祀老子的太清宮，把參拜太清宮納入了王朝儀禮中最重要的南郊儀禮過程中（太清宮的位置和外形，參見**圖6**呂大防《長安圖》）。大明宮前的太清宮，與大明宮內廷東北部建造的玄元皇帝廟相對應。太清宮建成3年後的天寶3載（744），由於術士的上奏，於長安東郊的日壇東設立了九宮貴神壇（太一、攝提、軒轅、招搖、天符、青龍、咸池、太陰、天一的九神），與太清宮同樣，被納入大祀之中[134]。8、9世紀至唐末，道教的勢力不斷延伸。

---

[130] 關於唐後期道教的動向，參見砂山稔，〈道教と隋唐の歷史‧社會〉，秋月觀瑛編，《道教研究のすすめ－その現狀と問題点を考える》（東京：平河出版社，1986年）；郝雯，〈淺談大明宮建築名體現的道教思想〉，《劍南文學》，2012年第8期（綿陽，2012.8），頁360-361等等。

[131] 參見圓仁《入唐求法巡禮行記》卷5的敘述。另參見妹尾達彥，〈圓仁の長安－9世紀の中國都城と王權儀禮－〉，《中央大學文學部紀要　史學》，53（東京都，2008），頁17-76；同〈長安、禮儀の都－以圓仁《入唐求法巡禮行記》為素材－〉，榮新江主編，《唐研究》（北京：北京大學出版社，2009年），卷15，頁385-434。

[132] 觀看隋大興城和唐初長安城的都市計畫，可以知道，城內有100多所大型佛教寺院，因此，隋唐初適合被稱為佛教都市。而道觀原本只有十幾所，並不引人注目。這似乎是，隋大興城借助世界宗教‧佛教之力重視胡漢融合普遍價值的表現。而到了玄宗以後，在8、9世紀對道教重視的態度變為顯著，比起普遍價值，我認為更是意味著唐朝加強了對漢族傳統的重視。關於這一點，妹尾達彥，〈都市の生活と文化〉，谷川道雄、池田溫、古賀登、菊池英夫編，《魏晉南北朝隋唐時代史の基本問題》（東京：汲古書院，1997年）一文中，有簡單的說明。

[133] 關於從隋唐初的象徵性重視向唐後期的機能性重視的轉變，以及長安城的建築構造和政治構造的轉移，還需要進行更加詳細的論證，妹尾達彥，《長安の都市計畫》（東京：講談社，2001年）一文中，做了簡單的概觀。

[134] 關於九宮貴神，參見吳麗娛，〈論九宮祭祀與道教崇拜〉，榮新江主編《唐研究》（北京：北京大學出版社，2003年），卷9，頁283-314。

（三）文學的大明宮

　　最後，筆者來探討詩歌及故事中所描繪的大明宮的特色，通過詩歌及故事來論述唐後半期，在統治者階層的心中所形成的大明宮的權威和意義的過程。筆者通過留意，表示李白和白居易與大明宮密切關係的詩歌，以及小說、故事中對大明宮的描寫手法、敘述方式，來試著窺視大明宮所反映出的文人們的印象風光。正因為是文學和口傳的文藝，才可以創造權威，創造出人們的共有意識和伙伴意識。

　　特別是在科舉滲透的同時，大明宮也逐漸成為進士合格者們「昇仙」的「仙界」的一個表象，這一點頗有意思。由於大明宮成為詩歌和故事中所描述的對象，使其成為創造積極維持統治構造的被統治者的舞台裝置。總之，大明宮因文化和權力的相互作用而成為新的空間編組的主要舞台，為同時代的東亞諸國和中國後代王朝的宮殿構造帶來巨大影響。

①詩歌中所描繪的大明宮—從歷史到記憶—

　　大明宮頻繁出現於8、9世紀的詩歌、小說之中，這是因為在此時期，大明宮作為中央政治的主要舞台而登場。同時，我認為由於科舉的滲透，大明宮可以看做是象徵著考生們成功的場所，這一點比較重要[135]。

　　大明宮，是以科舉合格和晉升為目標的官人們貢舉、銓選和制科的舞台，8、9世紀，許多官人和科舉考生得到在大明宮的含元殿和宣政殿直接拜見皇帝的機會。當時很多官人以參加大明宮含元殿、宣政殿、紫宸殿所舉行的朝會等儀禮為榮耀，這也就使大明宮的建築本身有了天子－皇帝的權威性。歌頌大明宮建築威容的詩歌的流行，更加強化了居住在大明宮的天子－皇帝的中心性[136]。

（a）李白和大明宮

　　天性聰慧的詩人李白（701-762），在他60年左右的波亂人生中感到最輝煌的日子，就是天寶元年（742）至天寶3載（744），作為左拾遺翰林學士在

---

[135] 妹尾達彥，〈詩のことば、テクストの權力－9世紀中國における科舉文學の成立－〉，《中國：社會と文化》，16（東京，2001），頁25-55。

[136] 比如，參見官人們所作的大明宮早朝情況的〈早朝大明宮〉的一系列作品。另參見何建超、吳廣懷，前注66，《大明宮唐詩輯注》。

大明宮翰林院任職的近2年的時光。李白沒有經過科舉便成為翰林待詔。在短時期的翰林院任職之後，因失去職務而離開長安，在外地過著流浪的生活。李白，一生也不會忘記作為翰林待詔而直接聽命於玄宗的短暫、充實的那段時光，想起在大明宮的顯赫生活，就會陷入現實的寂寞孤獨之中[137]。

　　過著流浪生活的李白對長安的思念之情，表現於他眾多的詩歌之中。例如，〈送單父東樓秋夜族弟況之秦〉中，對將赴長安的族弟云：「明日斗酒別，惆悵清路塵。遙望長安日，不見長安人。長安宮闕九天上，此地曾經為近臣」（詹鍈《李白全集校注匯釋集評》卷14，第5冊，天津：百花文藝出版社，1996年，2348頁）。此外，從〈登金陵鳳凰台〉的」總為浮雲能蔽日，長安不見使人愁」（同上書，第6冊，3011頁）的句中，也可以窺視到李白對長安的懷念之情。

　　充分表現李白對長安懷有剪不斷的情愫的詩歌，其中有〈贈從弟南平太守之遙二首〉。其第一首如下（同上書卷10，第4冊，1738-1743頁，《全唐詩》卷170）：

> 少年不得意，落魄無安居。
> 願隨任公子，欲釣吞舟魚。
> 常時飲酒逐風景，壯心遂與功名疏。
> 蘭生谷底人不鋤，雲在高山空卷舒。
> 漢家天子馳駟馬，赤軍蜀道迎相如。
> 天門九重謁聖人，龍顏一解四海春。
> 彤庭左右呼萬歲，拜賀明主收沈淪。
> 翰林秉筆回英眄，麟閣崢嶸誰可見。
> 承恩初入銀臺門，著書獨在金鑾殿。
> 龍鉤雕鐙白玉鞍，象床綺席黃金盤。
> 當時笑我微賤者，卻來請謁為交歡。
> 一朝謝病遊江海，疇昔相知幾人在。

---

[137] 關於李白與長安的關係，筆者於妹尾達彥，〈長安への旅〉，《NHKスペシャル　新シルクロード5　カシュガル‧西安》（東京：NHK出版社，2005年），頁200-215一文中，引用李白的詩〈觀胡人吹笛〉進行了論述。〈觀胡人吹笛〉中「梅花」「出塞」的胡人所吹奏之曲，是李白任職於大明宮翰林院時城內流行的曲子，由於在長安時候所聽的曲子，不料又在外地聽到，不禁湧出流浪的悲哀之情。這首詩也是可以看出長安那段生活在李白人生中的重要價值的一首詩。

前門長揖後門關，今日結交明日改。
愛君山岳心不移，隨君雲霧迷所為。
夢得池塘生春草，使我長價登樓詩。
別後遙傳臨海作，可見羊何共和之。

　　對於李白來說，詩中所提到的大明宮的金鑾殿、翰林院、麟樓閣和銀台門等建築物，是作為翰林待詔聽命於玄宗的充滿回憶的場所，是天子－皇帝所在的世界中心‧長安的象徵。李白偶然在南平郡（現在的重慶市）遇到從弟李之遙，便送給從弟這首詩，從此詩當中，可以窺視到李白的曲折心理，同時，也可以知道8世紀大明宮的文化磁力之強大。

（b）白居易和大明宮

　　與李白不同，科舉考試進士科合格，一生作為優秀官僚的白居易（772-846），境遇和時期都不同於李白，從他的事例當中，可以窺視到李白所不具有的文人優越感。只是，任職地的大明宮的景觀，會激起唐朝官僚的自負心，這一點是相同的。白居易，在科舉合格後擔任秘書省校書郎，中途出任畿內盩厔縣的縣尉，後成為左拾遺‧翰林學士，與李白一樣，任職於翰林院。

　　我們來看一下白居易於長慶元年（821），在他50歲的時候所作的詩（〈待漏入閣書事奉贈元九學士閣老〉，朱金城《白居易集箋校》卷19，律詩，北京：中華書局，1238頁）。這是同年，科舉考試合格的親友元稹（779-831），拜為中書舍人成為翰林學士時，白居易贈與他的詩。

待漏入閣書事奉贈元九學士閣老

衙排宣政仗，門啟紫宸關。
彩筆停書命，花磚趁立班。
稀星点銀礫，殘月墮金環。
暗漏猶傳水，明河漸下山。
從東分地色，向北仰天顏。
碧縷爐煙直，紅垂佩尾閑。
綸閣鬎並入，翰苑忝先攀。
笑我青袍故，饒君茜綬殷。

詩仙歸洞裏，酒病滯人間。

好去鵁鶄侶，沖天便不還。

　　從這首詩中，可以充分看出能作為中央官廳的官僚在大明宮的宣政殿和紫宸殿供職的幸福感和驕傲感。9世紀科舉的滲透，為文學的世界帶來新的興致[138]。科舉的滲透和制度化，產生了科舉官人歌頌皇帝權威的文學類型，而其文學本身，發揮著把科舉和皇帝權威正統化的作用。此詩中所提到的宣政殿、紫宸殿和翰林院，象徵著皇帝權威，可以讓人窺視到天子－皇帝的存在，通過大明宮的建築景觀，逐漸滲透於科舉官人的心中。

②故事中的大明宮─從空間到場所─

　　故事不同於韻文詩，會產生無數的變形並代代相傳，把人們聯繫到一起。以下，韋述的《兩京新記》里所載的關於大明宮宣政殿的故事，也反映出在大明宮任職的許多官僚們的心象。

　　　此殿初就，每夜夢見數十騎，衣鮮麗，游往其間。高宗使巫祝劉明奴、王湛然問其所由。鬼曰：「我是漢楚王戊太子，死葬於此。」明奴等曰：「按漢書，戊與七國反誅死，無後，焉得其子葬於此？」鬼曰：「我當時入朝，以路遠不從坐，後病死。天子於此葬我，漢書自有遺誤耳。」明奴因宣詔與改葬。鬼喜曰：「我昔日亦是近屬豪貴，今在天子宮內，出入不安，改卜極為幸甚。今在殿東北入地丈餘，我死時天子歛我玉魚一雙，今猶未朽，必以此相送，勿見也。」明奴以事奏聞，有敕改葬苑外。及發掘，玉魚宛然見在，棺槨之屬，朽爛已盡。自是其是遂絕。（辛德勇，《兩京新記輯校‧大業雜記輯校》，西安：三秦出版社，2006年，頁6-7。另參見《分門集注杜工部詩》卷15）

　　以上的宣政殿的鬼故事，是普通冥界譚的一種，是通過巫祝進行現世和冥界溝通的形式。為了讓冥界譚的構造更具真實性，故使用了大明宮、

---

[138] 妹尾達彦，《唐代の科舉制度と長安の合格儀禮》，唐代史研究會編，《律令制　中國朝鮮の法と國家》（東京：汲古書院，1986年）；同《白居易と長安‧洛陽》，川合康三等編，《白居易研究講座　第1卷　白居易の文學と人生1》（東京都：勉誠社，1993年）。

宣政殿、吳楚七國、劉戊、高宗、劉明奴、王湛然等實際存在的固有名詞。這個故事，是來自於8世紀聽命於玄宗的韋述（？－757）所撰的《兩京新記》之中，所以可以認為，供職於大明宮的官吏、軍人和后宮的女性是聽眾，同時也是傳播的人。由於通過互相講談冥界譚、互相傳播、聽取、然後記錄下來，便在大明宮任職的人們之間，於同一時期的大明宮內，在信息傳播和互動過程中產生了共有意識。

我認為圍繞大明宮無數的故事、謠言、流行語、閒話等等，無關於其內容的真實性，而是通過在人們之間進行談論傳播，在有共同話題的人們之間使之形成同伴意識。這樣，空間可以轉換成具有各種故事和意義的場所，從而扎根於人們的心中。總之，8世紀至9世紀的大明宮，成為都城中構建人際關係的詩歌和故事的主要舞台。

結語—空間和社會

近年關於空間的研究，強調空間是由都市計畫進行幾何學的規畫而創造的，並不是一開始就存在的，而是基於人們的生活，通過表象作用而進行社會的構築。空間的物質機能，是通過人們對表象的營造而實現的。從這個意義上來說，從太極宮向大明宮的政治主要舞台的轉換，是可以窺視出由政治權力所進行的空間編成的轉換，和伴隨其轉換的社會所作出的反應的一個頗有興趣的事例。

而問題是，通過怎樣的社會經過空間才會被構築。大明宮的事例，暗示了權力的集中和強化使空間需要進行重編，而政治空間的重編可以實現集權化。筆者指出，以特定的空間為舞台的文學和故事，會賦予空間某種意義，為創造社會發揮了重要作用。

以隋唐中國大陸的再次統一為契機，東亞各地域開始了國家統合，在各國家營造都城的都城時代誕生了（參見**圖1**）。都城時代，也是核心宮殿的時代，在7-8世紀的東亞，新都城和宮殿在各地相繼被建。各個都城，由於互相作為政治獨立的象徵而被建造，所以，成為各國間的「共通言語」的普遍要素和基於地域固有的傳統要素是並存的。特別是宮殿，由於它象徵著都城本身，所以，宮殿的建築構造中具體表現了當時的世界認識、傳統意識以及都城所肩負的政治、經濟機能的一面。所以說，宮殿的空間構造的研究，成為都城史研究的核心。

　　在考慮太極宮向大明宮的核心宮殿區的轉換問題時，必須要注意與圍繞唐朝國內外形勢變化之間的關係。以安史之亂為開端，唐朝的統治空間，由包含農業地域和游牧地域的大範圍統治空間，縮小為以農業地域為主的小範圍統治空間。這種國內外形勢的變化，促使唐的制度發生戲劇性的改變。

　　也就是說，唐的制度，政治方面，由多元的農牧複合國家向以農業地域為核心的集權國家轉變。8世紀末至9世紀，不是要建造一個包含不同職業、不同思想和不同生活習慣的普通帝國，而是試圖構築以農業地域為主，把生活習慣相似的人們集聚到一起的，更加有效、集權的體制。

　　這個政策，在軍事方面，發生了唐前期農牧複合國家的蕃兵與府兵兼用的軍事體制，向立足於農業國家的募兵制的轉換；行政方面，促進了唐前期農牧複合國家的羈縻州、都督府和州縣制度的並用，向主據於農業地域的藩鎮、巡院、州縣制度的轉換。軍事戰術上，試圖由以騎兵為主體的戰術，向側重於步兵的戰術轉換，但卻導致了軍人數量增加和軍餉負擔加重的結果。

　　財政方面，不得不由以華北為重點實行的直接稅（租庸調制），向以江南為重點而實行的兩稅法與間接稅（鹽稅、茶稅、酒稅、商稅等）的重視轉換，由於此稅制改革的成功，唐朝中央財政出現前所未有的財政規模。這樣的稅制轉換，具有向南朝稅制回歸的側面，這一點是不可忽略的。經濟方面，由通過農牧交界地帶（農業─遊牧境界地帶）而進行的奢侈品貿易、局部性市場，開始向通過沿海地帶所進行的大眾品貿易、全國性市場轉換，長江中下流域發展的市場城鎮，成為經濟的新動力。

　　社會方面，由於科舉的滲透，促使業績主義社會的形成與對性別認識的強化，男性知識分子通過科舉考試而做官，把文人放在社會階層上位的價值觀在社會中形成，與此同時，民眾之中武人的價值觀作為對抗文化而產生，使文和武逐漸分離。文化方面，基於多文化、多種族社會而形成的世界主義風潮逐漸衰退，而以科舉考試合格的男性知識分子及道士為主所提倡的漢族主義風潮開始高漲。

　　以上的變化，是相互密切關連的，而長安則是發生這些聯動轉換的主要舞台[139]。把大明宮放入以上的變化之中來看，就會發現：大明宮正是表

---

[139] 詳見妹尾達彥，前注112，〈中華の分裂と再生〉，頁65-66；同〈都市の千年紀を迎えて－中

現、推動以上全部轉換的場所。為了準備、創造中國史的新發展，可以說
有必要建造大明宮這樣一個空間、場所。

國近代都市史研究の現在－〉，中央大學人文科學研究所編，《アフロ・ユ─ラシア大陸の都
市と宗教》（東京：中央大學人文科學研究所，2010年），頁63-140。

唐代自然災害與民間信仰

金相範[*]

一、前言

　　本文試圖從信仰與宗教這一精神史的層面對「自然災害」問題進行研究。翻閱編年體史料時，從頻繁出現的災害記錄中可知，唐代的自然災害接連不斷。洪水隔年來襲[1]，旱魃至少每兩三年爆發一次。二三十年間還會發生一次大洪災，導致全年的農事付諸東流。[2] 儘管地域之間的自然災害頻度存在較大差異，但為了應對週期性發生的自然災害，國家把水利設施的管理法制化，還對設置義倉、常平倉等救荒措施予以了制度化。[3] 民間也做好了防災的對應措施，佛教寺院設置「悲田養病坊」和「粥院」等常設救濟機構，為災民提供慈善資助。[4] 然而，自然災害的頻繁發生致使上述措施黯然失色，農民持續遭受著災害的威脅，恐怖光景更是意想不到的殘酷，[5] 獨孤及對上元2年（761）江淮大饑饉的慘狀作了如下描述：

　　　　辛丑歲（上元2年，761），大旱，三吳飢甚，人相食。明年，大

---

[*]　韓國外國語大學史學科教授。

[1]　劉俊文，〈唐代水害史論〉，《北京大學學報（哲學社會科學版）》，1988年第2期（北京，1998.4），頁48。

[2]　鄧拓，《中國救荒史》（北京：北京出版社，1998），頁22-25。

[3]　關於義倉和常平倉的研究，有以下文獻：周一良，〈隋唐時代之義倉〉，《食貨》，2：6（上海，1935.8），頁25-34；張弓，《唐朝倉廩制度初探》（北京：中華書局，1986）；船月泰次，《唐代兩稅法研究》（東京：汲古書院，1996）等。

[4]　全漢昇，〈中古佛教寺院的慈善事業〉，《食貨》，1：4（上海，1935.1）。張國剛，〈《佛說諸德福田經》與中古佛教的慈善事業〉，《史學集刊》，2003年第2期（天津，2003.7）。

[5]　「江淮大飢，人相食。」《資治通鑑》（北京：中華書局，2007），卷222，唐紀38，肅宗上元2年（761），頁7116。

疫，死者十七八。城郭邑居為之空虛，而存者無食，亡者無棺殯，
悲哀之送大抵。雖其父母妻子，亦啖其肉，而棄其骸於田野。由是
道路，積骨相支撐枕藉者，彌二千里。……[6]

　　每當人們快要淡忘之時，自然災害便會再次來襲，像引文中記載的這
種慘絕人寰的大恐慌，僅靠單薄的救濟制度是無法解決的。[7]考慮到這一
點，唐政府在國家祭祀體系內準備了防災與祈豐的定期祭祀，並試圖在災
害發生時啟動一系列的非常祭祀體系來慰藉民心。即在被稱為「國家祭祀
體系」的禮制吉禮中設置了定期的和臨時的防災祭祀。

　　既然如此，身陷危難中的農民是否從國家開展的官方防災祭祀中獲取
了心理安慰？基層社會的信仰習慣對地方官這一國家祭祀的普及者兼主導
者產生了何種影響？非常時期祝文中出現的與神之間的交易又具備何種意
義？克服災害後，對民間祠廟採取的事後措施給民間信仰的發展會造成何
種影響？在圍繞上述疑問展開論述的同時，本文還將對周期性爆發的自然
災害給基層社會廣為信奉的民間信仰的發展方向所帶來的影響予以考察。

　　為此，首先對國家祭祀中與自然災害相關的祭祀進行把握，從而對其
在地域社會的實際運營狀況予以分析。其次要探討的問題是，對直面自然
災害的地方官而言，他們的顧慮是什麼，在國家祭祀與地方民間信仰之間
又該如何決策。最後，對災害平復後舉行的報祀與事後措施以及中央對民
間神祇的政策進行綜合考察，並通過追溯民間信仰的變化過程進一步分析
自然災害對民間信仰的開展所產生的影響。

6　獨孤及，〈弔道殣文〉，《毘陵集》，卷19。本文引自《全唐文》（上海：上海古籍出版社，
　　1990），卷393，頁1772。

7　在唐代自然災害的相關研究中，救濟制度是被集中探討的主題。有關唐朝救荒政策的研究如
　　下：王壽南，〈唐代災荒的救濟政策〉，《慶祝朱建民先生七十華誕論文集》（台北：正中書
　　局，1978）；潘孝偉，〈唐代救荒措施總體特徵〉，《安徽師院學報》，1993第3期（安慶，
　　1993.10）。此外，有關賑恤政策的研究有：曾一民，〈唐代之賑恤政策〉，收入於黃約瑟、
　　林天蔚主編，《唐宋史研究─中古史研討會論文集之二》（香港：香港大學亞洲研究中心，
　　1987），頁55-65。近期出版的文獻中，值得參考的是閻守誠，《危機與應對─自然災害與唐
　　代社會》（北京：人民出版社，2008）。在韓國，自然災害研究最為活躍的領域是明清史，金
　　文基圍繞驅蝗神劉猛將軍信仰的變化為中心，對17世紀江南地區的自然災害與民間信仰間的關
　　係進行了考察。〈17世紀江南的災害與民間信仰─以劉猛將信仰的轉變為中心〉，《歷史學研
　　究》，第29輯，湖南史學會，2007。

二、唐代國家祭祀中相關自然災害祭祀的運營實態

（一）與自然災害相關的國家祭祀的實態

　　對唐朝這個農業國家而言，自然災害被視為時刻警戒的對象，因為它對一年農事的成敗具有決定性的影響。為此，唐朝在國家祭祀中設定和實行了防止自然災害的定期祭祀和臨時祭祀。在《大唐開元禮·吉禮》的55個條目中，有18個條目可以劃分到與防災、祈豐儀禮有直接或間接關聯的祭祀中，具體內容如下表所示：

五禮篇目號碼	祭祀區分	祭祀內容	舉行日期	舉行場所
2	中央／定期	祈穀於圜丘	正月 上辛日	圜丘壇
3	中央／定期	雩祀於圜丘	孟夏	圜丘壇
13	中央／定期	祀風師 祀雨師 祀靈星 祀司中.司命.司人.司祿	立春後 丑日 立夏後 辛日 立秋後 辰日 立冬後 亥日	國城東北 國城南 國城東南 國城西北
14	中央／定期	祭皇地祇於方丘，后土同	夏至日	方丘壇
15	中央／定期	祭神州於北郊	立冬後（孟冬）	北郊
16	中央／定期	祭太社.太稷	仲春（仲秋）上茂	太社（社稷壇）
17	地方／定期	祭五嶽.四鎮	五郊迎氣日 各一祭	兗州（東嶽）／沂州（東鎮） 衡州（南嶽）／越州（南鎮） 河南府（中嶽） 華州（西嶽）／隴州（西鎮） 定州（北嶽）／營州（北鎮）
18	地方／定期	祭四海.四瀆	五郊迎氣日 各一祭	東海（萊州）／東瀆（唐州） 南海（廣州）／南瀆（益州） 西海（同州）／西瀆（同州）

五禮篇目號碼	祭祀區分	祭祀內容	舉行日期	舉行場所
				北海（河南府）／北瀆（河南府）
24	中央／定期	享先農，耕籍	孟春　吉亥	先農壇
29	中央／定期	興慶宮祭五龍壇	仲春	興慶宮 五龍壇
39	中央／臨時	時旱祈太廟	災害發生時	太廟
40	中央／臨時	時旱祈太社	災害發生時	太社
41	中央／臨時	時旱祈嶽鎮以下於北郊，報儀同	災害發生時	北郊
42	中央／臨時	就祈嶽鎮海瀆	災害發生時	嶽鎮海瀆 所在地
43	地方／定期	諸州祭社稷	仲春（仲秋）　上茂	州 社稷壇
45	地方／臨時	諸州祈社稷，禱諸神，禜城門	災害發生時	州 社稷壇，諸神壇，城門
46	地方／定期	諸縣諸里祭社稷	仲春（仲秋）　上茂	縣、里 社稷壇
48	地方／臨時	諸縣祈社稷及諸神	災害發生時	縣 社稷壇，諸神壇，城門

　　事實上，儒家的國家祭祀自西漢以來受「氣化宇宙論」的影響，否定人格神的神性和歷史性，強調「超自然的自然神」概念，因此在祭祀中，相對於「防災」和「祈福」，它更為重視包含天人關係的氣的調合循環。到了唐朝，從顯慶禮開始王肅的天倫取代了鄭玄的理論，這種事實愈加得到了強調。[8] 在有關昊天上帝的祭祀中，「皇帝冬至祀圜丘」便是最重要的禮儀之一，冬至是陰氣和陽氣的轉換點，祝文中只強調了氣的循環，並沒有提及防災和祈福。[9] 在「季秋明堂大享」和「蠟百神」儀禮中，內容也比較相似。然而，在以農為本的農業國家，國家祭祀無法完全脫離農業生產，由此一來，一部分祭祀則依據祭祀的時間或祭神的性質而具備了防災和祈豐的性質。本文把防災禮儀分成定期和臨時祭祀，分別對其施行狀況進行考察。首先，每年定期舉行的定期祭祀有：①祈穀、②雩祀、③祭皇地祇、④祭神州、⑤祭太社‧太稷、⑥祭五嶽‧四鎮和祭四海‧四瀆、⑦享先農‧耕籍、⑧祭風師‧雨師‧靈星‧司中‧司命‧司人‧司祿、⑨

---

[8]　隨著人格神的特性和歷史性被排除，與昊天上帝等有關的神話傳說便不復存在。甘懷真，〈《大唐開元禮》中的天神觀〉，《皇權、禮儀與經典詮釋—中國古代政治史研究》（臺北：台灣大學出版中心，2004），頁199-205。

[9]　《通典》（北京：中華書局，1992），卷109，禮69，開元禮纂類4，吉禮1，〈皇帝冬至祀圜丘〉，頁2834。並參見《大唐開元禮（附大唐郊祀錄）》（東京：古典研究會，1981）。

興慶宮祭五龍壇、⑩諸州祭社稷、⑪諸縣 諸里祭社稷等。其中，祈穀和雩祀是以昊天上帝為主神的祭祀，因此與祭皇地祇和祭神州一起相當於大祀。[10] 儘管這兩種祭祀屬於在圜丘壇舉行的昊天上帝儀禮，但「祈穀」在本質上祈願豐年的特性更突出，所以祝文中出現了「雲雨作施，普博無私」[11]的內容；雩祀起初源於「模仿咒術」的祈雨儀禮，後來被禮制化，因此祈求適當的降雨確保農業生產大豐收的祈雨祭祀特點則更為明顯。[12] 祭皇地祇和祭神州的祭祀對象是象徵國土的土地神，與農業的關聯自然就得到了強調，由此也具備了防災的性質。

　　社稷祭祀與嶽鎮海瀆以及享先農、耕藉儀禮是相當於中祀的祭祀。[13] 社稷祭祀在中央的社稷壇舉行，因為兼有土地神與穀物神的農業神特性，[14]而在所在州界以望祭的形式舉行的嶽鎮海瀆祭祀，因為對自然神呼雲喚雨的長期信仰，從而具備了通過氣的順通和適量的降雨祈求豐收和防災的特性。在中祀裏，為農業神先農氏舉行祭祀和皇帝親自耕地督促農業的耕藉儀禮也帶有強烈的象徵性，[15]因此也包含了防災和祈豐的意義。玄宗接受禮部員外郎王仲丘的建議，於開元23年（735）正月舉行了耕藉禮，彰顯了帝王對農業的高度關注，成為後世膾炙人口的一段佳話。依照當時耕藉禮的規定，天子只需象徵性地推三次犁，接下來公卿推九次，剩下的

---

[10] 大祀是最高祭祀，依據禮典的規定，皇帝負責初獻，敬上親祭，太尉和光祿卿分別擔任亞獻和終獻。如果皇帝有事不能參加，則由太尉負責初獻，太常卿和光祿卿分別擔任亞獻和終獻。《唐六典》（北京：中華書局，1992），〈尚書禮部〉卷4，頁120-124。

[11] 《通典》，卷109，禮69，開元禮纂類4，吉禮1，〈皇帝冬至祀圜丘─正月上辛祈穀・孟夏 雩祀及攝事並附〉，頁2834。

[12] 金相範，〈從咒術到儀禮：祈雨祭祀的禮制化及其文化意義〉，《中國學報》，第45輯（2002.8）。

[13] 社稷祭祀原本被劃入了中祀（《唐六典》，尚書禮部，卷4，頁120），天寶三載（744）以後，中央層面的社稷祭祀晉升為大祀。至於禮制上的變化，永徽・開元祠令與《唐六典》・《大唐開元禮》的記錄稍有差異，但內容大體一致；與之相反，在貞元9年（793）王涇修纂的《大唐郊祀錄》中，天寶年間以後的內容出現了明顯的變化。除社稷晉升為大祀以外，道教祭祀的九宮貴神與太清宮祭祀編入了大祀，《唐六典》・《大唐開元禮》以來開始被劃分為中祀的孔宣父・齊太公的稱號也升格為文宣王和武成王。同時，中央層面的靈星・風師・雨師也晉升為中祀，在諸神中間還添加了雷神。參見高明士〈唐代敦煌官方的祭祀儀禮〉，《1994年敦煌學國際研討會論文集─紀念敦煌研究院成立50周年》（蘭州：甘肅民族出版社，2000），頁36-38。

[14] 《通典》，卷112，禮72，開元禮纂類7，吉禮4，〈皇帝夏至祭方丘─後土同孟冬諸神州及攝事附〉，頁2289-2896。

[15] 《通典》，卷115，禮75，開元禮纂類10，吉禮7，〈皇帝孟春吉亥享先農─攝事附〉，頁2938-2946。

則由農夫完成。然而在先農祭祀結束之後，玄宗親自駕著犁走了五十餘步，直至田壟才停下。開元26年（738），玄宗又一次參加耕藉禮，時值大雪降臨，百官紛紛慶賀，[16]這種複雜的儀禮偶爾也能為皇帝塑造豐富多樣的帝王形象，因此也承擔著確保權力正當化以及獲得百姓支持的功能。

祭風師、雨師、靈星、司中、司命、司人、司祿與興慶宮祭五龍壇儀禮相當於小祀。如果說祭風師和雨師包含通過氣的順利運行來預防乾旱的祈願，那靈星祭祀則蘊含祈求成熟的穀物避開災害迎接豐年的意願，而司中‧司命‧司人‧司祿祭祀則含有祈禱百姓安寧的意義。小祀由中央派遣的一名有司來負責祭祀，其儀禮規定和祝文內容在開元禮中作了詳細的記載。[17]此外，「諸州祭社稷」和「諸縣、諸里祭社稷」也可以視為定期在地方舉行的祈豐防災國家祭祀，而此種地方祭祀基本遵照中央小祀的規格舉行。

若說上述國家禮儀是在預防災害和祈求豐收的層面所舉行的定期祭祀，那麼，為了克服實際發生的自然災害，政府還啟動了一系列的非常祭祀體系。如上表中的①時旱祈太廟、②時旱祈太社、③時旱祈嶽鎮以下於北郊，報儀同、④就祈嶽鎮海瀆、⑤諸州祈社稷，禱諸神，禜城門和⑥諸縣祈社稷及諸神等。由此可見，臨時祭祀的前面要麼標有意味「臨時」或「立即」的「時」或「就」，要麼用「祈」取代「祭」或「祀」。[18]

相對於單獨舉行的定期祭祀而言，為了克服危機，臨時祭祀一般是動員所有可能性的連續性祭祀。假設京師附近在孟夏以後發生了旱魃，首先在北郊以望祭的形式給嶽鎮海瀆和周圍的山川神舉行祈雨祭祀，若沒有效果，再給社稷神舉行祭祀，此後便在祖先神靈安息的太廟舉行祭祀。每次

---

[16]　《舊唐書》（北京：中華書局，1989），〈儀禮四〉，頁913。「玄宗開元二十二年冬，禮部員外郎王仲丘又上疏請行藉田之禮。二十三年正月，親祀先農於東郊，以勾芒配。禮畢，躬御耒耜于千畝之甸。時有司進儀注：「天子三推，公卿九推，庶人終畝。」玄宗欲重勸耕藉，遂進耕五十餘步，盡壟乃止。禮畢，鑾還齋宮，大赦。侍耕、執牛官皆等級賜帛。玄宗開元二十六年，又親往東郊迎氣，祀青帝以勾芒配，歲星及三辰七從祀。其壇本在春明門外，玄宗以祀所隘狹，始移於滻水之東面，而值望春宮。其壇一成，壇上及四面皆青色。勾芒壇在東南。歲星已下各為一壇，在青帝壇之北。親祀之時，有瑞雪，幄下侍臣及百僚，拜賀稱慶。」

[17]　《通典》，卷111，禮71，開元禮纂類6，吉禮3，〈立春後丑日祀風師，立夏後申日祀雨師。立秋後辰日祀靈星，立冬後亥日祀司中‧司命‧司人‧司祿〉，頁2882-2886。

[18]　《通典》，卷120，禮80，開元禮纂類15，吉禮12，〈時旱祈太廟，時旱祈太社，時旱祈嶽鎮以下於北郊報祠同，時旱祈就嶽鎮海瀆，久雨禜祭國，諸州祈社稷，諸州祈諸神縣祈附，諸州禜城門縣禜附〉，頁3053-3067。

以七天為周期，如果無效，則從嶽瀆重新開始。[19] 由於自然災害的頻發，直接派遣祭官去嶽鎮海瀆或山川神所在地舉行祭祀的情況也比比皆是。開元4年（716）發生了嚴重的旱災，中央派有司去驪山以小牢舉行祭祀，並下令禁止在那一帶伐木；幾年間旱災和水災接連發生，收成不佳，於是開元8年（720）再次派左常侍元行沖在華嶽和溫湯（驪山）舉辦了祭祀。[20] 當乾旱嚴重時，還舉行臨時雩祭的「大雩禮」[21]，在臨時開設的祭場，身穿玄衣的64名舞童站成八列，手中舉著傘狀的羽翳，一邊跳舞一邊唱著祈雨歌。在商周時代，本是一邊跳舞一邊模仿雨聲大喊「雨雨」，後來這充滿狂氣的形式逐漸消失，唱歌也被「雲漢詩」所取代，這也反映了咒術禮制化的過程。[22] 隨後也採取了如伐木禁止令一樣的象徵性措施，禁止屠殺，並製作土龍祈求降雨。[23] 唐代人又把自然災害與現實政治聯繫在一起，將其視為「天譴」，因此，解決冤獄、賑恤貧民、埋葬遺骸等安撫民心的政治性舉措也一並進行。《傳載》中記載到，顏真卿在任河西隴右軍覆屯交兵使時解決了一宗冤案，後來天降大雨，消解了長期的乾旱，百姓們紛紛稱頌這場雨為「御史雨」。這也象徵性地反映了唐代人對政治與自然災害的關係的心態。[24]

除了以中央政府和首都附近為中心開展的臨時祭祀外，在《大唐開元禮》中，遵照小祀的規格所舉行的地方祭祀中，「諸州祈社稷，禱諸神，禜城門」和「諸縣祈社稷及諸神」與前面的臨時祭祀被劃分為一類。[25] 在齋戒規定方面，這些祭祀的祈官只在祭場清齋一天，與刺史或縣令「散齋二日，致齋一日」的一般規定存在著差異。從這一點來看，為了應對災害發生，唐代國家祭祀層面的地方祭祀也具備了非常時期的祭祀規定。[26] 事

---

[19]　《舊唐書》，〈禮儀四〉，頁912。

[20]　《冊府元龜》（北京：中華書局，1994），卷33，〈帝王部〉，崇祭祀二，頁358。

[21]　《通典》記載到，梁大同五年（539）舉行了儀禮次節。「大雩禮於壇，用黃牡牛於一，……又遍祈社稷·山林·川澤，就故地處大雩。國南除地為墠，舞童六十四人，皆依玄服，為八列，各執羽翳。每列歌雲漢詩一章而畢。……」《通典》，卷43，禮3，沿革3，吉禮2，〈大雩〉，頁1203。

[22]　金相範，前揭文。

[23]　《通典》，卷43，禮3，吉禮2，頁1203-1204。

[24]　《太平廣記》（北京：中華書局，1994），卷172精察二，〈顏真卿〉，頁1262-1263。

[25]　《通典》，卷106，禮66，開元禮纂類1，〈序例（上）〉，頁2762。

[26]　《通典》，卷120，禮80，開元禮纂類15，吉禮12，〈時旱祈太廟，時旱祈太社，時旱祈嶽鎮以下於北郊報祠同，時旱祈就祈嶽鎮海瀆，久雨禜國，諸州祈社稷，諸州祈諸神縣祈附，諸州

實上，相對於大祀和中祀而言，地方祭祀的神格雖低，但卻與基層百姓的生活有著緊密的聯繫，它還可以成為與基層民間信仰進行接觸和比較的對象，因此具有十分重要的意義。下一節將繼續探討官方防災祭祀的實際運營狀況及其局限性。

（二）與自然災害相關的地方祭祀的運營情況

本節將探討地方祭祀的運營情況，並對官方祭祀在基層百姓的意識中佔據的比重予以考察。《大唐開元禮》中詳細記錄了與自然災害相關的地方祭祀的諸般規定，其範圍包括基層的里單位在內。[27] 這些祭祀規定在地方是否也得到了實際運營？為了回答該問題，下文將對地方擬定的祭文、地方祭場、反映唐代人生活周期的具注曆日[28]以及判文等依次展開探討。從敦煌出土的一部分殘卷中確認到，《大唐開元禮》中的與災害相關的地方祭祀體系實際在地方也得到了運營。首先值得關注的是敦煌文書中的地方祭祀的祭文。在S.1725號文書中發現了〈釋奠文〉、〈祭社文〉、〈祭雨師文〉、〈祭風伯文〉等，〈釋奠文〉和〈祭社文〉的內容與《大唐開元禮》的內容一致。但是，《大唐開元禮》中的「諸州祈諸神」條的祭文以「祝文與祈社同」為由被省略，而S.1725號文書中卻保留了祝文的內容。[29] 需要注意的是，各種祝文後半部還附有沙州祭官的牒文。由此可見，當時確實依照《大唐開元禮》中的儀禮規定在沙州舉行了以州為單位的地方祭祀。[30] 此外，P.3896號文書收錄了〈祭后稷氏文〉和〈祭雨師文〉，S.5745號文書並載錄了天復5年（905）歸義軍節度使南陽張公的〈祭

祭城門縣祭附〉，頁3062-3067。

27　《通典》，卷121，禮81，開元禮纂類16，吉禮13，頁3082-3083。

28　具注曆日是以國家天文機構纂編的鋪注為主要內容的民曆。唐代的具注曆日在敦煌文書中被發現，大部分經鄧文寬採錄和校注後收錄在《敦煌天文曆法文獻輯校》（南京：江蘇古籍出版社，1996）中。

29　祭文本身並沒有多大的意義，但作為補充材料，該文書中的〈祭雨師文〉和〈祭風伯文〉的內容如下。祭雨師文：「昭告於雨師之神，惟神德含元氣，道運陰陽，百穀仰其膏澤，三農粢以成功。倉(蒼)生是依，莫不咸賴，謹以致幣禮薦，粢盛庶品，恒奉舊章，式陳明薦，作主侑神。敢昭告於雷神惟神德煙元氣，道運陰陽，將欲雨施雲行，先發聲而隱隱，陰凝結，乃震響以雄雄。黎元是依，莫不咸賴，謹以致幣禮薦，粢盛庶品，恒奉舊章，式陳明薦。「祭風伯文：「敢昭告於風伯神，惟神德含元氣，體運陰陽，百穀仰其結實，三農粢以成功。蒼生是依，莫大咸賴，謹以致幣禮薦，粢盛庶品，恒奉舊章，式陳明薦，伏維尚饗。」

30　牒文的內容和意義參考了姜伯勤的《敦煌社會文書道論》（台北：新文豐出版社，1992），頁7-8。

風伯文〉。[31]

　　祭祀祭場的實際存在有助於證明祭文在祭祀中的使用，因此意義重大。P.2005號文書[32]中準確記錄了州、縣的社稷壇以及土地神、風伯神、雨師神、妖神等四種雜神壇廟的所在地，[33] P.5034（《沙州圖經》卷5）則記錄了設置在壽昌縣的社稷壇的位置。同時，P.2005號有關土地神、風伯神和雨師神的內容中，記載了「境內有災患不安」、「境內風不調」、「境內亢旱」等自然災害的實際情況，可見諸神祭祀為了應對非常狀況而設置了祭壇，因此與《大唐開元禮》的內容有著明顯的關聯。[34]

　　從具注曆日中也可以確認唐代曾在沙州舉行過地方祭祀。在古代社會，具注曆日不僅提供單純的時間信息，它還包含萬物依從陰陽五行的運行和氣候變化所發生的反應和徵兆以及農事、葬禮、結婚、治病、移徙、修理房屋等詳細的日常生活內容。事實上，國家祭祀中隱含了按政府意願統合意識形態的意圖，因此部分被指定為節日且與民眾的日常生活緊密相連的地方祭祀，其相關信息也就理所當然地被標記在了曆書日期的下方。P.3900文書的背面有唐元和四年（809）己丑歲具注曆日，記錄著「三月二十五日，壬申，金平，祭雨師」的內容。[35] P.2765被視為唐大和八年（834）甲寅歲具注曆日，從中可以確認「二月七日，戊子，火收，社」、「三月二十一日，壬申，金平，祭雨師，立夏 四月節……」等記錄。[36] S.1439文書的背面記載了唐大中12年（858）戊寅歲具注曆日，包含從正月到五月的

---

[31] S.5745號文書的正式名稱是〈天復五年歸義軍節度使南陽張公祭風伯文〉，與S.1725號的祭文內容存在顯著的差異，可以視之為一種地方化的祭文。姜伯勤，《敦煌社會文書導論》，頁3-6。

[32] 即《沙州都督府圖經卷第三》。池田溫在《沙洲圖經考略》中指出，《沙州都督府圖經》是唐永泰年間（765）在武周時期編纂的《沙洲圖經》的基礎上增補而釀成的。有關《沙州都督府圖經卷第三》的內容，參考了池田溫的〈沙洲圖經考略〉和李正宇的《古本敦煌鄉土志八種箋證》（台北：新文豐出版公司，1998），頁11。

[33] 唐耕耦・陸弘基編，《敦煌社會經濟文獻真蹟（第一輯）》（北京：書目文獻出版社，1990），頁12-13。李正宇，《古本敦煌鄉土志八種箋證》（台北：新文豐出版公司，1997），頁11。除了沙州和敦煌縣的地方祭祀祭場之外，《沙洲圖經》卷5（P.5034）也提到了當時在壽昌縣設置的社稷壇，「□（一）所社稷壇，週回各廿四步。右在縣西南一里州步。唐乾封二年（667）奉□」。由此可見，《沙洲圖經》對當時設置在沙州州城以及敦煌縣、壽昌縣等地的地方祭祀祭場的位置和大小作了詳細的記載。在沙州社稷壇中，位於城南的社壇現已不存在，而城西的稷壇則距離現在沙州古城西北1千米。李正宇，《敦煌鄉土志八種箋證》，頁86。

[34] 金相範，〈從咒術到儀禮：祈雨祭祀的禮制化及其文化意義〉。

[35] 鄧文寬錄校，《敦煌天文曆法文獻輯校》（南京：江蘇古籍出版社，1996），頁114-122。

[36] 鄧文寬錄校，《敦煌天文曆法文獻輯校》，頁140-154。

信息，如「正月二十日，癸丑日，木閉，祭風伯」、「二月六日，戊戌，木危，社，雷乃發聲」、「三月二十二日，甲申，水平，蚯蚓出，下弦，祭雨師」等。[37] 由此可見，社稷、雨師、風伯等地方舉行的防災祈豐祭祀在敦煌出土的具注曆日中有著明確的記載。[38] 這一事實在圓仁的《入唐求法巡禮行記》中也可以得到確認。圓仁於武宗開成5年（840）正月十五日買到了當年的曆書，並把部分內容摘抄到了旅行記錄中，如「2月小……11日社，春分」和「8月大 15日 社」。假定百姓每天都翻看這部曆書，從中便可以推斷出，官方主導的地方祭祀通過曆日進一步融入了個人的日常生活。[39]

正史中很難找到國家層面的防災祭祀在地方運營實況的相關記錄，唐詩則在一定程度上對該空缺予以了補充。張演在〈杜日村居〉中如實描繪了春社日醉酒喜歸家的鄉村景緻；[40] 杜甫也曾在〈社日詩〉中勾勒出秋社日的風景。[41] 如果說張演和杜甫的詩主要描繪的是防災和答謝豐年的社日活動，那白居易則在〈旱祭風伯因懷李十一舍人〉這首詩中描寫了因乾旱舉行風伯祭祀時的沉悶。[42] 由此可見，地方祭祀作為國家祭祀的一部分，它不僅是祈求預防自然災害的定期儀禮，當災難發生後，還被用於克服危機的非常儀禮。

這些事例從地方官直接擬定的祝文中也可以得到確認。開元5年（717），荊州大都督府的長史張說見雨連續下了十天也不停，於是親自起草了〈荊州禜城門文〉，[43] 並派遣錄事參軍皇甫崿去北邊的城門舉行了禜祭。禜城門是大雨不止時在城門舉行的祭祀。如果長安久雨不歇，那京城所有城門要依次舉行3天的祭祀，禜祭則每天一次。如果雨還是不止，則給嶽鎮和

---

[37] 鄧文寬錄校，《敦煌天文曆法文獻輯校》，頁160-174。

[38] 金相範，〈地方祭祀體系與民間信仰—以唐代為中心〉，《中國史研究》，第19輯（2008.2）。

[39] 圓仁著，金文經譯，《入唐求法巡禮行記》（首爾：中心，1999），頁218-219。

[40] 「鵝湖山下稻粱肥，豚柵雞棲對掩扉。桑柘影斜春社散，家家扶得醉人歸。」詩的第三句分明提到了春社，但前面的內容卻令人聯想到豐收的秋天。作者張演的生卒年不詳，但從咸通13年（872）高中進士這一點來看，其活動時期大概在咸通年間。該詩收錄在《全唐詩》（北京：中華書局），卷231，頁2536。

[41] 「九農成德業，百祀發光輝。報效神如在，馨香舊不違。……」《全唐詩》，卷231，頁2536。

[42] 該詩作於元和15年（820），白居易正擔任忠州刺史。「遠郡雖褊陋，時祀奉朝經。夙興祭風伯，天氣曉暝冥。 導騎與從吏，引出上東坰。水霧重如雨，山火高於星。……」朱金城箋注，《白居易集箋校》（上海：上海古籍出版社，1988），卷11，頁595。

[43] 張說撰，《張燕公集》（北京：中華書局，1985），卷25，〈荊州 禜城門文〉。

海瀆和山川舉行祈晴禮儀。若仍不見效，則祭祀社稷和太廟。《大唐開元禮》吉禮45中記載了〈諸州祈社稷，禱諸神，禜城門〉的條目，州縣禜祭的基本形式遵照京城的事例。首先在州縣的城門舉行禜祭，若不見效，則在境內的山川和社稷壇舉行祈晴禜祭。[44] 圓仁滯留揚州府之時，雨從十月下到了十一月末，為了祈晴，李德裕令以開元寺為首的各個寺院挑選七名僧人誦經七日。圓仁後來回憶說，「唐國之風，乞晴即閉，路北頭。乞雨即閉，路南頭。」[45] 為了祈晴，則要阻擋陰氣進入，所以關閉象徵陰的北門，並在此舉行禜祭。以上對國家祭祀中與自然災害相關的地方祭祀的活用事態進行了考察，由此可知，部分地方祭祀在不少地區得到了運營，從敦煌到江南，時而作為預防災害的定期祭祀，時而作為克服災難的臨時祭祀。但是，在敦煌文書或唐詩的相關內容中，定期祭祀佔了多數，而發生重大災害時，卻很少見到「國家祭祀」下屬的「地方祭祀體系」的運作。這一點不得不令人質疑基層民眾對地方祭祀的信仰支持。在唐代文獻中，社稷、雨師和風伯的神格呈現急劇下降的趨勢，偶爾還被用於攻擊和嘲弄政敵的比喻對象，這一點也加深了前面的質疑。不僅如此，在唐代後半期的多數祝文中，地方的民間神比社稷、雨師和風伯出現的次數更為頻繁。這也表明，對陷入危機的基層百姓而言，讓他們身懷希望堅持下去的不是「官方神」，而是習慣化的「地方民間神」。此種情形下，從外地派遣來的地方官在面對自然災害這一危機事態時，陷入了何種苦惱？又作出了何種選擇？而這一選擇對今後民間信仰的展開又會產生何種影響？這些問題將留待下一章予以解決。

三、自然災害與民間信仰

（一）地方官的苦惱與選擇

　　就地方官的立場而言，如果遇到嚴重的自然災害，在尋求實際解決方案的同時，通過主持祭祀祈求神靈的幫助來安撫民心也十分重要。地方官首先想到的祭祀當然是載入「祀典」中的國家祭祀體系內的臨時防災祭

---

[44] 《舊唐書》，〈禮儀四〉，頁912。
[45] 圓仁著，金文經譯，《入唐求法巡禮行記》，頁80。

祀。開元7年（719）頒布的祠令顯示，州縣若發生旱情便舉行祈雨祭祀，首先在社稷舉行祭祀，其次在境內山川中能興雲造雨的地方舉行祭祀。洪水發生之時，參見張說的先例可知，先在城門舉行禜祭，若無效則在境內山川和社稷舉行祭祀。還規定，若舉行三次禜祭，則要舉行一次祈祭。[46]

　　但是，地方基層民眾的信仰習慣和基層社會內部的紐帶關係，也使地方官倍感困惑。災害不僅會給百姓的生活造成致命的打擊，還會對地方官的考課造成負面的影響。因此，地方官不得不慎重考慮。白居易在借用「狐」和「鼠」來指責貪官污吏的諷喻詩文中提到，與暴風、洪水、旱魃和疾疫相關的所有祭祀都由巫者擔任。[47]巫者擺上神像或土龍向自己信奉的神靈舉行祈雨祭祀或祈晴祭祀，這在唐代相當普遍。[48]每當災害發生時，巫者都會介入和主導祭祀，而批判之聲也從未間斷過。代宗永泰初（765），擔任北庭行營邠寧節度使的馬璘說，「天大旱，里巷為土龍聚巫以禱」，乾旱源於錯誤的政治，因此必須要改善政治，於是令人撤走土龍。[49]據記載說，命令下達以後，天降大雨，當年贏得了豐收。大曆8年（773）大旱時，京兆尹黎幹在長安擺設土龍，還與巫祝一起跳降雨舞，但過了一個月都不見效果，於是連在孔子廟舉行了祈雨祭祀。結果，代宗下令中斷黎幹的舉措，並親自作出節制的表率，於是下起了雨。[50]這些事例都強調，通過國家舉行的一系列防災祭祀，與國家承認的神祇之間進行良好的交流，並以自我譴責和節制等儒家的對應方式來感動上天，這是克服災害的唯一方法。在唐代，這種強調教化的內容在史料中隨處可見。該事實也從反面證明了一點，即源於民間信仰的防災祭祀在基層社會相當普片。

　　使地方官更為困惑的是，長期積累的這種信仰習慣在巫者、基層百姓和地方勢力的心中根深蒂固，且以地方搭建的祠廟為中心形成了一定的紐帶關係[51]，因此危機狀況下，很難單方面強行儒家儀禮或一系列的舉措。在此，有必要對狄惟謙的祈雨故事予以仔細揣摩。會昌年間（841-846），

---

[46]　仁井田陞，《唐令拾遺》（東京：東京大學出版會，1964），〈祠令〉第八，頁209-210。

[47]　白居易著，朱金城箋校，《白居易集箋校》，卷第四，諷喻四〈黑潭龍疾貪吏也〉，頁256-257。

[48]　有關唐代的巫祝和祈雨祭，參照了中村治兵衛《中國シャマニズマの研究》（東京：刀水書房，1992），頁55。

[49]　《新唐書》，卷138，列傳第63，〈馬璘〉，頁4618。

[50]　《新唐書》，卷145，列傳第70，〈黎幹〉，頁4721。

[51]　金相範，〈唐末‧五代浙西地域的祠廟信仰與地域社會〉，《東洋史學研究》，第101輯（東洋史學會，2007.12），頁65-70。

任晉陽縣令的狄惟謙把出入皇宮且人稱天師的巫女斥為「左道」，並將其扔進了江中，他還爬到陽光熾熱的山頂，親身經歷灼烤之痛，由此感動了上蒼，於是天降豪雨。狄仁傑曾在江南撤廢了1700餘所淫祠，身為他的後裔，狄惟謙親自實踐了破除迷信以及被稱為儒家祈雨祭祀典範的西門豹和湯王的典故。但若細心考察狄惟謙剷除巫女的過程，則不難發現地方官在防災祭祀中所處的困境。當時旱情從春季持續到了夏季，事態十分嚴重，狄惟謙在晉祠舉行了祈雨祭祀，卻未見效果。對此，民眾表示郭天師從皇宮回來了，要求請她來主導祭祀，於是狄惟謙親自駕車去請郭天師。結果在晉祠擺放了神像，準備了豐盛的祭品，並在地方士人和百姓面前舉行了祈雨祭祀，卻依舊沒有降雨的徵兆。郭天師詰責狄惟謙，說這場災難源於縣令的無德。[52] 視自然災害為「天譴」的觀念已經擴散到了基層，並發展成為一種習慣。在這種情況下，地方社會把災害的責任轉移到地方官的統治上，向其施加無形的壓力。唐朝的起家之地—晉陽都是如此，江南和其他地方的情況則更加嚴重。長期接受儒家教育的地方官與基層民眾的心態之間存在較大的差異，他們最終極有可能向士人和地方勢力請求協助並予以妥協。李德裕身任浙西觀察使之時，拆除了1015餘所淫祠，與狄仁傑一起被稱為淫祠撤廢的典範。他在《禱祝論》中強調了非常時期與地方社會合作的重要性，具體內容如下：

> ……失時不雨，稼穡將枯，閉閤責躬，百姓不見。若非遍走群望，則皆謂太守無憂人之意。雖在畎畝，不絕嘆音。……[53]

這表明，通過與地方有力人士（群望）之間的直接交流和對話來尋求地方社會的協助是解決危機的上策。同時也包含了這樣一層含義，即必須對地方的宗教心態予以優先考慮。既然如此，自然災害發生時地方官會如何抉擇？擔任過地方官的士人文集中保留了不少祭文，從中顯示，面臨緊迫的災情，地方官大多積極順應了地方基層社會的民間信仰。《稽神

---

[52] 王讜撰，《唐語林校證》（北京：中華書局，1987），卷1，〈政事（上）〉120條，頁76-77（原文《劇談錄》卷（上），〈狄惟謙請雨〉，見於《太平廣記》卷396）。

[53] 四部叢刊本和四庫全書本中記載的是「若非避望群」，意思說不通，依循校勘作了修改。傅璇琮，周建國校箋，《李德裕文集校箋》（石家莊：河北教育出版社，2000），外集卷第4〈禱祝論〉，頁694。

錄‧袁州父老》中記載到，某年輕人乘坐華麗的馬車帶領侍從來找袁州富豪求食，予以接待的父老發現他是仰山神，頓時心生懷疑，「仰山日厭於祭祀，奈何求食乎？」[54] 隨從眾多和祭祀頻繁，這表明當時袁州地區世代信奉仰山神的可能性很大。值得注意的是，韓愈在元和14年（819）和15年間擔任袁州刺史時也為仰山神舉行了祭祀。他把乾旱的責任歸結在自己身上，表示願意一己承認所有的災難，請求仰山神體恤無辜的百姓恩賜降雨。從廣義上來看，仰山神相當於山川神；但從傳說內容來看，則可以看作是純粹的民間神。袁州刺史韓愈寫了兩篇有關仰山神的祭文，還為其舉行了祭祀。[55]

　　災害愈加嚴重時，為該地區所有靈驗的神靈舉行祭祀的情況也比比皆是。長慶3年（823），白居易就任杭州刺史，時逢大旱，7、8月間依次拜訪了伍子胥廟、城隍廟、皋亭神廟、仇王廟、龍王廟等地，舉行了祈雨祭祀。尤其在7月16日舉行的祈皋亭神的祝文中出現了「一昨禱伍相神，祈城隍祠」的內容，從中可知，此時杭州著名祠廟的祭祀連續進行。[56] 當時杭州的伍子胥信仰由杭州擴散到了浙西地域，而位於吳山的伍子胥廟則作為杭州的景點，經常出現在詩人的文章中。元和10年（815）災情發生時，伍子胥神顯靈，當時的刺史盧元輔大舉重修了伍子胥廟。位於鳳凰山的城隍廟也因祈雨靈驗而有名，當時一些地方官把該地的城隍神視為祈晴和祈雨的對象，並留下了不少祭文。[57] 皋亭神廟在之後也獲得了發展，進入宋代，還在江漲橋鎮和董家巷設置了行祠（分廟），因其對旱魃和洪水特別靈驗，還獲得了中央下賜的廟額。[58]

---

[54]　《太平廣記》，卷314，神24，頁2483。

[55]　韓愈著，馬其昶校注，《韓昌黎文集校注》（上海：上海古籍出版社，1998），頁321-322。

[56]　〈祝皋亭神文〉：「維長慶二年歲次癸卯，七月癸丑朔，十六日戊辰，朝議大夫使持節杭州諸軍事守杭州刺史 上柱國白居易，以酒乳香果，昭告于皋亭廟神，去秋愆陽今夏。少雨，實憂災屬，重困杭人。居易忝奉詔條，愧無政術，既逢愆序，不敢寧居，一昨禱伍相神，祈城隍祠，靈雖應期。雨未霑足，是用擇日祇事，改請于神。恭惟明神，稟靈於陰隲，資善於釋氏。聰明正直，潔靖慈仁，無幽不通，有感必應。今請竭心虔告，神其鑑之。若四封之間，五日之內，雨澤霑足。稼穡滋稔，敢不增修像設，重薦馨香，歌舞鼓鐘。備物以報，如此則不獨人之福。亦惟神之光。若寂寥自居，肸饗無應，長吏虔誠而不苔，下民顒望而不知，坐觀田農，使至枯悴。如此，則不獨人之困，亦唯神之羞。惟神裁之，敬以俟命，尚饗。」《白居易集箋校》，頁2671。

[57]　關於城隍神與祈雨、祈晴，參照了鄭淳模〈唐代後半期城隍神信仰與江南開發〉，《中國史研究》，31輯，2004.8，頁168-173。

[58]　《淳熙臨安志》（《宋元方志叢刊》，北京：中華書局，1990），卷72〈仕賢‧靈惠廟〉，頁

同時，這些為克服自然災害而舉行的祭祀偶爾還給地方官和地方勢力提供了相互接觸和合作的機會。甚至還出現了地方官派遣地方有力人士主導祭祀的情況。韓愈在擔任潮州刺史時，界石神祈雨祭祀顯靈，他便派遣耆壽成寓主持報祀。[59] 事實上，祠令對這種臨時防災祭祀作了如下規定：「若嶽鎮海瀆，州則刺史、上佐行事，其於山川判司行事，縣則令、丞行事，祈用酒脯臨，報以少牢。」[60] 即便如此，之所以讓地方有力人士直接參與，是因為對不熟悉當地習俗的地方官而言，與地方勢力的合作對執行政策和自身意圖大有幫助。宋代以後，這種地方祭祀由刺史和守令率領耆老一齊齋戒後進行，並發展成了正式規定，地方勢力在地方祭祀中的作用增強。[61] 由此可以發現，自唐代後期以來，地方勢力在地方儀禮中的公共角色得到了強化。為了打破危機局面，地方官尊重地域心態，用心聽取了地域民眾尤其是地方有力人士的忠告，而這種尋求合作的過程也是地方官融入當地社會的契機。咸通13年（872）乾旱時，蘇州常熟縣令周思輯在破山的池塘邊為龍神舉行了祈雨祭祀。皮日休的《龍堂記》中記錄到，父老告訴周思輯說，龍神每年往返於陽山和虞山之間呼雲喚雨。由此可見，周思輯在選擇祈雨場所時參考了地方有力人士的意見。[62] 防災祭祀靈驗之後，周思輯舉行了報祀，並令人製造神像和築造廟堂。這種後續舉措也極有可能是在與常熟縣地方勢力的妥協中實現的。下一節將圍繞自然災害克服之後的後續舉措來考察防災祭祀對民間信仰的開展所產生的影響。

（二）自然災害的克服與對民間信仰的後續舉措

度過危機後，在感恩的意義上舉行報祀。在國家祭祀層面的臨時祭祀中，詳細規定諸州縣祈雨報以少牢，州縣禜城門就用特牲。一般來說，面對緊急的災情，地方官在擬定祭文時向神靈承諾報祀的情況居多。白居易

4005-4006，記載到，南宋初年政府推行淫祠撤廢，皋亭神廟因地方民眾的請願而獲得了廟額（靈惠），並被載入了祀典。

[59] 韓愈擬定的祭文內容如下：「維年月日，潮州刺史諱愈，謹遣耆壽成寓，以清酌少牢之奠，告于界石神之靈。曰：『惟封部之內山川之神，克庥于人。官則置立室宇，備具服器，奠饗。以時淫雨，既霽蠲穀，以成織婦耕男。忻忻衎衎，是神之庥庇于人也。敢不明受其賜，謹選良月吉日，齋潔以祀，神其鑒之。尚饗。』」韓愈，〈潮州祭神文五首〉。

[60] 仁井田陞，《唐令拾遺》，〈祠令〉第八〔開元7年令〕，頁209。

[61] 《宋史》，卷102，禮五〈祈報〉，頁2500。

[62] 廟記保存到了今天，破山即虞山。《吳郡圖經續記》（江蘇地方文獻叢書，南京：江蘇古籍出版社，1999），頁26。《吳郡志》，卷13，頁179-180。《琴川志》，頁1243。

也在長慶2年（822）的〈祭龍文〉中提及過：「禮無不報，神其聽之，急急如律令。」[63]

　　報祀完畢後，重修或移建廟宇的情況較多。杜牧任職黃州刺史時，於會昌6年（846）遭遇了旱魃，當地木瓜山神祈雨靈驗，杜牧遵循前代刺史的慣例給木瓜山神舉行了祭祀，並取得了滿意的結果，於是第二年舉行了報祀，且修建了莊重的新廟。[64] 乾元2年（759）8月16日，處州縉雲縣令李陽冰親自去洪水、旱魃和疾疫靈驗的城隍廟舉行了祈雨祭祀。李陽冰在祝文中寫到，若五日之內不降雨，便下令燒掉廟宇。時值大雨降臨，李陽冰與地方勢力和屬官將原位於幽暗山谷的祠廟移到山頂，以此報答城隍神。[65] 此外，也有重新修建祠廟的事例。據《咸淳臨安志》記載，大歷2年（767）杭州餘杭縣西邊的海塘破損，居民陷入恐慌，恰逢周赧王顯靈，於是修建了周赧王新廟。[66] 該廟宇是供奉周赧王的祠廟，早前被狄仁傑判定為淫祠予以了撤廢。這一內容令人不得不對淫祠撤廢的效力產生懷疑。不管怎麼，從中可以推斷出，大歷年間杭州遭遇錢塘江潮水氾濫時，通過散佈靈驗傳聞才獲得了修建祠廟的支持和認可。事實上，不少地方官相當積極地應對祠廟的修建。尤其值得一提的是，睦州刺史呂述於開成4年（839）遷移和改建了城隍廟。睦州城隍神廟原本在城內西北邊，元和初年睦州刺史鄭膺甫將其移到了城北門樓。開成4年前後江南大旱，舉行祈雨祭祀後，呂

---

[63] 〈祭龍文〉：「維長慶二年，歲次癸卯八月癸未朔，二日甲申，朝議大夫、使持節杭州諸軍事、守杭州刺史、上柱國白居易，率寮吏薦香火拜告于北方黑龍。惟龍其色玄，其位坎，其神壬癸，與水通靈。昨者，歷禱四方，寂然無應。今故虔誠潔意，改命於黑龍。龍無水，欲何依？神無靈，將恐竭。澤能救物，我實有望於龍。物不自神，龍豈無求於我？若三日之內，一雨霶霈，是龍之靈，亦人之幸。禮無不報，神其聽之，急急如律令。」《白居易集箋校》，頁2673。

[64] 杜牧，《樊川文集》（台北：漢京文化事業有限公司，1983），頁203-204。「維會昌六年，歲次丙寅，某月某日，某官敬告于木瓜山之神。惟神聰明，格天能降雲雨，郡有災旱，必能救之。前後刺史，祈無不應，去歲七月，苗將萎死，禱神之際，甘雨隨至槁然，凶歲化為豐年，仰神之靈，感神之德。願新祠宇以崇，祭祀今易卑庳變為華敞，正位南面，廟貌嚴整，風雷雲雨師伯，必備侍衛旗戟羅列森然，惟神繫雲在襟貯雨在缶，視人如子渴即與之不容凶邪，不降疾疫，千萬年間，使池之人，敬仰不怠，伏惟，尚饗。」

[65] 李陽冰，〈縉雲縣城隍神記〉：「城隍神，祀典無之，吳越有之。風俗，水旱疾疫，必禱焉。有唐乾元二年，秋七月，不雨。八月既望，縉雲縣令李陽冰，躬祈於神。與神約曰：『五日不雨，將焚其廟。』及期大雨，合境告足。具官與耆 盡蝥吏，乃自西谷，遷廟於山巔，以答神休。」《唐文粹》，卷71（《金石萃編》卷91）。

[66] 「在縣東北一十五里。舊志載，故老之言云，周赧王廟也。唐大歷二年，縣西海塘壞，邑人大恐，走錢塘縣崇山鄉觀山，禱於赧王祠，下水為絕流，於是立廟。」《咸淳臨安志》（宋元方志叢刊第4冊，北京：中華書局，1990），卷74，頁4016。

述把監牢移到六司院東南面的廢墟，在此新建了城隍廟，並把神像搬到了這裡。[67] 當時，呂述還為馬目山上的池塘神——馬目神舉行了祭祀，並遵守祭文的承諾，為馬目神修建了新廟。[68]

值得關注的一點是，顯靈的祠廟被載入祀典，開始獲得政府的認可。蘇州常熟縣令周思輯在咸通13年（872）旱災時向龍神舉行了祈雨祭，皮日休在《龍堂記》中作了如下記載：

> ……若然者，龍亦能為風雨，見怪物，則其澤之在民厚矣。神而祀之，又宜矣。……汝南周君為令之初年，夏且旱，禜其神於破山之上，果雨以應。君曰：「受其賜，徒禜以報，不可也。」於是命工以土木介（肖）其像，為室以陰之。著之於典，用潔其祀。於是風雨時，怪物止，水旱不為厲，連歲以穰。……[69]

如前所述，周思輯在選擇祈雨場所的時候尋求了地方有力人士的協助。他赴任不久，且不熟悉當地的實情，若考慮到這一點，周思輯舉行報祀、製作神像和築造新廟極有可能是在地方父老的協力中實現的。其中，載入祀典的事實也值得矚目，於開元16年（728）6月，玄宗在應對持續發生的自然災害的同時，下達了「報答呼雲喚雨的山川的功德，並載

---

67 董棻編，《嚴陵集》（叢書集成初編，北京：中華書局，1985），卷7，〈移城隍廟記〉：「睦州城隍神廟，舊在城內西北隅。元和初年，刺史鄭膚甫（元和4年，809-810）移置於城北門樓上。其地舊置州獄及司法官廳。開成4年（839），刺史呂述移獄就六司院東南之際（隙）地於廢趾上，立新廟堂，屋三間五架，階高三尺，上設鴟尾。三面行廊聯屬，東嚮開門，門外造廳一間，一廈為修容之所。五年正月十九日，廟成，遷神像焉。神坐後，分畫侍衛於左右壁，其門左右畫兵仗，屏之南北列木寓馬。二階前，植松五本，門外夾道，亦植松。三月十六日，大備牲牢。」

68 董棻編，《嚴陵集》，卷7，〈馬目山新廟記〉：「睦州主烏龍，馬目二山。馬目在州西南，勢如驚奔，拔去不得，中蓄怪態，晏天常陰望之，而知其能雲雨也。先是，州之右有潭，曰層潭，其深無至，鱗物宅焉。因立廟潭上，而馬目顧無之。每有禱則附而祝曰，告于層潭馬目之神。開成己未歲（839），六月，江南大旱，述乃致精意于神曰，能雨則立廟。越三日晡時，雲氣從山來，饋烝牆進空中濤喧，俄而震雨隨下。自是比旬必雨，故民有半收。八月既霽述泝江四十里而遠躬擇廟位，果有一峯壓江隨水蕩搖蓊茂蔽覆淺濃百色周步其下絕無徑斬叢攀樛漸得峭脊蛇行，而上百數步抵大石，根如圭而頂如壺，側視之有木一本十五榦垂覆三面無地獨其北平可居卜室昭昭乎，神之告寧也。乃仍勢取高架為新廟。」

69 《吳郡圖經續紀》（江蘇地方文獻叢書，南京：江蘇古籍出版社，1999），卷中，〈祠廟·常熟縣龍堂〉，頁26-27。《吳郡志》（南京：江蘇古籍出版社，江蘇地方文獻叢書，1999），卷13，〈祠廟（下）〉，頁179-180。

入祀典」[70]的命令，之後還下令在地方設置祭務而相應的管理。元和8年（813），湖州吳康縣縣令劉汭在龍王廟即淵德廟舉行了祈雨祭祀，應驗之後，便將其載入了「祀典」。[71]載入祀典意味著得到國家的公認。在地方官面臨危機、安慰基層民眾以及尋求地方勢力協助的過程中，不少神祇被納入了「國家祀典的範圍（諸神祠）」。到了宋代，發展成由各地判別民間信仰載入地方祀典，然後送付中央，最終載入中央祀典的制度。依據這一制度，不少地方信仰通過封號和廟額被納入正式的國家祭祀。由此可見，自唐代後期以來，上述變化已經出現在應對自然災害的過程之中。

四、結語

　　本文對在自然災害這一非常狀況下，作為國家權力合理化以及促進教化的重要手段─「國家祭祀」與融合了基層社會力量和宗教心態而成的「民間信仰」的運用實態進行了探討。同時，還對周期性發生的自然災害對民間信仰的展開和國家政策所產生的影響予以考察。具體結論如下：

　　第一，儒家國家祭祀自西漢以來逐漸強調「氣化宇宙論」，並無視大、小神的人格神的特性和歷史性。由於神性的變化，祭祀的目的也從向神「祈福」轉向重視氣的調合循環。唐代「顯慶禮」以來，鄭玄的理論被王肅的天倫所取代，「氣化宇宙論」愈加被重視。但是農業生產在國家治理中佔據了相當的比例，加上遭到周期性自然災害的威脅，因此防災祈豐的祭祀依然屬於國家祭祀體系。在定期祭祀中，屬於大祀的有祈穀、雩祀、祭皇地祇；屬於中祀的有社稷、嶽鎮海瀆、享先農和耕籍儀禮；屬於小祀的則有祭風師、雨師、靈星、司中、司命、司人、司祿和興慶宮祭五龍壇等。地方祭祀則遵照小祀的規格進行，「諸州祭社稷」和「諸縣諸里祭社稷」可謂是具備祈豐防災性質的官方祭祀。此外，中央和地方還具備了應對非常事態的臨時祭祀體系，如「時旱祈太廟」、「時旱祈太社」、「時旱祈嶽鎮以下於北郊」、「就祈嶽鎮海瀆」、「諸州祈社稷，禱諸神，禜城門」、「諸縣祈社稷及諸神」等。根據災情的狀況，偶爾還同時按順序舉行。

---

[70]　《冊府元龜》（北京：中華書局，1994），卷33，〈帝王部〉，崇祭祀二，頁359。

[71]　「唐元和8年（813），縣令劉汭禱雨有驗，始載祀典。」《嘉泰吳興志》，頁4745。

　　第二，在國家祭祀中，祈豐防災祭祀的實際運營在士人的詩文和記錄祭場的敦煌文書中得到了確認。具注曆日中也記錄了地方祭祀的日期，政府主導的地方祭祀透過曆日深入到了個人的日常生活之中。然而相關內容的絕大部分依舊是關於定期祭祀的。地方官在自然災害發生時擬定的祝文，相對於官方神而言，為地方民間的神舉行的祭祀更多。這表明在實際的危機狀況下，基層社會可以依賴的對象不是人為普及的「官方神」，而是長期與日常生活融為一體的「民間神」。這些祝文多數是唐代後期擬定的，政府政策逐漸轉向包容地域信仰，民間祠廟也擴大了祭祀圈，並發展成為地域民間信仰，由此反映出了唐代後期的時代變化趨勢。

　　第三，地方官期待通過祀典中記錄的正統祭祀與自譴和節制的象徵性行為實現氣的疏通，而地方勢力則主張施行靈驗熟悉的民間祭祀。在地方官和地方勢力之間，偶爾還發生了衝突。但大多數地方官為了獲得基層社會的支持，選擇尊重民間的信仰傳統，並於地方有力人士一起主管祠廟的儀禮。在當時的地域社會，巫祝擺設地域神的神像或土龍，主導祈雨祭祀或祈晴祭祀的情況相當普遍，且地域民眾共享著這種宗教心態，因此緊急狀況時難以單方面的強制執行與儒家儀禮相關的舉措。會昌年間大旱，晉陽縣令狄惟謙在晉祠主持祈雨祭而未見成效，後聽取地方民眾的要求起用郭天師主導儀禮。結果咒術沒有靈驗，狄惟謙仿效「西門豹故事」中的情節，斷然把巫女扔進了江中，最後用自我譴責的方式求來了降雨。這一事例儘管強調了儒家的教訓，但也反映出地域社會的文化心態與政府方面的應對方案之間存在相當大的差距。李德裕就任浙西觀察使時，大舉推行淫祠撤廢，但在《禱祝論》中強調了災害時期與地域社會融合的重要性。唐代後期士人所寫的祝文也證明，災情發生時，大多數地方官積極參與了當地民間神的祭祀。長慶3年（823）杭州大旱，身為刺史的白居易依次拜訪伍子胥廟、城隍廟、皋亭神廟、仇王廟等，主導了防災祭祀。隨著地方官直接主導民間祠廟儀禮的機會增加，他們與地方勢力之間的接觸和合作自然也就增多了。在這一過程中，地方勢力在地方儀禮中的公共角色也逐步加強。祠令規定州縣的地方祭祀由地方官和屬吏主持，但在地方官的推薦或默許下，父老或耆壽主持防災祭祀和報祀的事例也多了起來。這一現象在宋代演變成了正式的制度，即耆老獲准參加地方祭祀。

　　第四，克服災害危機之後，也在民間祠廟舉行了報祀，並施行了築造、重修、移建神像或廟宇等舉措。與直接主導民間祭祀一樣，這些舉措

也成為了地方官獲得地域社會支持的重要機會。當然，政府支助舉行祭祀以及修建祭祀場所，這也是民間祠廟獲得國家認可的契機。由此一來，出現了把民間信仰載入祀典，並通過下賜廟額和封號的方式將其正式納入國家祭祀體系的事例。開元16年（728），政府下令將對克服災害有功的山川神載入祀典，並設置祭務直接管理。然而到了唐代後期，在周期性發生的災難中，不少地方官為了預防民心的動搖，積極地利用了民間信仰，而「祀典」的登載範圍也逐漸擴大。元和8年（813），湖州吳康縣縣令劉汭把淵德廟載入祀典。咸通13年（872），常熟縣令周思輯把龍堂即換靈廟載入了祀典。不僅如此，不少祠廟還因顯靈驅災而被賜予了廟額和封號。這意味著國家對民間信仰的公認，而民間信仰也因此逐步擴散，這也為民間祠廟在地域社會中的公共職能的強化提供了契機。由此可以確認，災情發生之時，在地方官安慰地域民眾和尋求地方勢力協助的過程中，民間信仰的相關政策發生了變化，民間祠廟信仰也取得了發展。

漢唐之間的「乞鞫」

陳俊強[*]

一、前言

　　筆者多年前因為研究魏晉南朝的流徙刑，[1]曾注意到《隋書・刑法志》中蕭梁的任提女誘口案。[2]當時主要著眼於任提女之子景慈被流於交州一事，藉以說明流徙刑的廢除與恢復。[3]至於該案其他部分，倉促間並未深入分析。年前重讀此段史料，發現任提女案對於探討乞鞫制度之發展頗有裨益，遂重啟對此案的研究。

　　「鞫」，《爾雅・釋言》解作「窮也」；《漢書・車千秋傳》「未聞九卿廷尉有所鞫也」句顏師古注云：「鞫，問也。」[4]《尚書・呂刑》「獄成而孚輸而孚」句孔穎達云：「漢世問罪謂之鞫。」[5]鞫作為動詞，是窮問、究竟的意思，在司法審判中主要是指窮究案情。秦漢司法審判中有「讀鞫」程序，即宣讀罪狀，把審理結果告知罪犯。罪犯對審理結果不滿，可以「乞鞫」（或作「乞鞫」），即要求重新審理。[6]乞鞫之制在《史記》、《漢書》等史籍中語焉不詳，但隨著近年秦漢簡牘陸續出土，世人已能略知其梗概。唐代雖無「乞鞫」之名，但《唐律・斷獄律》「獄結竟取服辯條」（總490）卻有關於犯人再審理的規定，可知相關制度並

---

[*] 國立臺北大學歷史學系教授。

[1] 參看陳俊強，〈三國兩晉南朝的流徙刑──流刑前史〉，《政治大學歷史學報》，20（台北，2003），頁1-33。

[2] 唐・魏徵撰，《隋書》（北京：中華書局，1973），卷25，〈刑法志〉，頁700。

[3] 參看陳俊強，〈三國兩晉南朝的流徙刑──流刑前史〉，頁17-20。

[4] 漢・班固撰，《漢書》（北京：中華書局，1964），卷66，〈車千秋傳〉，頁2885。

[5] 漢・孔安國傳；唐・孔穎達疏，《尚書正義》（十三經注疏本）（台北：藝文印書館，1979）。

[6] 參看沈家本，《漢律摭遺》，《歷代刑法考》（北京：中華書局，1985），頁1492-1493；日・籾山明著，李力譯，《中國古代訴訟制度研究》（上海：上海古籍，2009），頁72-75。

未消失。目前學界對於秦漢「乞鞫」的研究成果甚豐，[7]但對於此制在魏晉隋唐的變化著墨不多，尤其是上述任提女一案更未見深入討論。因此不揣鄙陋，草成此文以拾遺補闕。

二、秦漢的乞鞫

乞鞫之制或可追溯到上古時期，據《周禮‧秋官‧朝士》云：

> 凡士之治有期日，國中一旬，郊二旬，野三旬，都三月。邦國朞。
> 期內之治所，期外不聽。[8]

凡治獄有斷決不當者，容許犯人於一定期限內向「士」要求覆審，百里之內的國是十天；相距二百里的郊是二十天；相距三百里的野為三十天；相距五百里的都為三個月；邦國為一年。期限以內的受理覆審，期限以外的則不予受理。

周朝是否真有這樣的覆審制度暫不得而知，但戰國晚期的秦國確有這樣的法律，據《睡虎地秦簡‧法律答問》云：

> 以乞鞫及為人乞鞫者，獄已斷乃聽，且未斷猶聽也？獄斷乃聽之。[9]

可知要求乞鞫，即重新審理的可以是罪犯本人，也可以是別人，而乞鞫的時間必須要在「獄已斷」，即案件判決以後才能提起。

漢承秦制，漢初法律條文中可清楚看到乞鞫的規定，《二年律令‧具律》中有詳細記載，云：

---

[7]　參看劉海年，〈秦的訴訟制度〉，《戰國秦代法制管窺》（北京：法律出版社，2006），頁200-201；高恒，《秦漢簡牘中法制文書輯考》（北京：社會科學文獻，2008），頁462-463；程政舉，〈張家山漢墓竹簡反映的乞鞫制度〉，《中原文物》，2007：3（北京，2007）；張琮軍，〈漢代刑事證據在司法監督制度中的運用〉，《政法論壇》，31：1（北京，2013）；日‧籾山明著，李力譯，《中國古代訴訟制度研究》，頁72-75。

[8]　參看漢‧鄭玄注；晉‧賈公彥疏，《周禮注疏》（十三經注疏本）（台北：藝文印書館，1979），頁533-2。

[9]　《睡虎地秦墓竹簡》（北京：文物，1990），頁120。注釋主張將「以」讀為「已」，即已經之意。但同一段文字中也有「已」字，為何前後寫法不一，讓人不解。

罪人獄已決，自以罪不當，欲气（乞）鞫者，許之。气（乞）鞫不
審，駕（加）罪一等；其欲復气（乞）鞫，當刑者，刑乃聽之。死
罪不得自气（乞）鞫，其父、母、兄、姊、弟、夫、妻、子欲為气
（乞）鞫，許之。其不審，黥為城旦舂。年未盈十歲為气（乞）
鞫，勿聽。獄已決盈一歲，不得气（乞）鞫。气（乞）鞫者各辭在
所縣道，縣道官令、長、丞謹聽，書其气（乞）鞫，上獄屬所二千
石官，二千石官令都吏覆之。都吏所覆治，廷及郡各移旁近郡，御
史、丞相所覆治移廷。[10]

可知犯人在宣判後認為判決不公，可以要求乞鞫。然而若乞鞫「不審」，
也就是與事實不符，[11]則加罪一等。這樣的規定自然是防止犯人為了拖延
服刑而胡亂要求重審，浪費司法資源。重審之後，仍然維持原判，犯人可
以再次要求重審。但犯人由於「乞鞫不審」而被加罪一等，需要先服刑才
容許再次乞鞫。死罪已無罪可加，因此死囚不得自請乞鞫，[12]須由家人代
為提出，但限定在父、母、兄、姊、弟、夫、妻、子等至親。倘若家人乞
鞫不審，會處以黥為城旦舂之刑。相較於死刑，當為減一等的處罰。[13]律
文所述家人提出乞鞫的情況似乎只限定死罪，但根據前述的秦簡以及後世
的相關規定，應當包含其他犯罪。至於家人乞鞫不審的刑罰，應即依犯人
之刑降一等論處。

乞鞫有時間限制，須在一年內提出，超過一年不予受理。提出乞鞫者
需於所在的縣、道提出，縣、道的官員令、長、丞等要認真聽取乞鞫的要
求並加以記錄，上報所屬郡太守，郡太守再派「都吏」按覆。「都吏」一

10 《張家山漢墓竹簡（二四七號墓）》（北京：文物，2006），頁24-25。
11 參看專修大學「二年律令」研究會編，〈張家山漢簡《二年律令》譯注（三）——具律〉，《專修史學》，第37號（2004.11），頁167。另外，富谷至將「不審」一詞釋為不正確，意思相近，參看氏編，《江陵張家山二四七號墓出土漢律令の研究・譯注篇》（京都：朋友書店，2006），頁77。「不審」一詞，睡虎地秦簡屢見，皆作不實解。如《法律答問》「甲告乙盜牛若傷人，今乙不盜牛、不傷人，問甲何論？端為，為誣人；不端，為告不審。」其中「為告不審」一詞，譯文即作「作為控告不實」，參看前揭《睡虎地秦墓竹簡》，頁103。
12 程政舉以為死罪囚本人不可乞鞫的規定似乎不大合理，「該規定基於何種考慮不得而知」，參看氏著〈張家山漢墓竹簡反映的乞鞫制度〉，頁65。程氏的疑問應是忽略了乞鞫不審要加罪一等，但死罪卻是無罪可加，如果法律沒有這項限制，很可能死囚都會要求乞鞫以拖延刑罰的執行。
13 據《二年律令・告律》云「告不審及有罪先自告，各減其罪一等，死罪黥為城旦舂。」可知死罪減一等就是黥為城旦舂。參看《張家山漢墓竹簡（二四七號墓）》，頁26。

職，學者以為是西漢時期的二千石官所屬的無害公平官吏，在東漢則是督郵，代表郡守巡行所屬縣道，平反冤獄。[14]對於都吏已覆審的案件，郡守或郡的司法官吏再將案件移至鄰近的郡驗審。御史、丞相已覆審過的案件再移送至廷尉驗審。[15]

　　簡單歸納乞鞫制度的內容：

　　（一）時機：案件宣判之後。

　　（二）時限：一年內。

　　（三）乞鞫的主體：犯人或十歲以上的至親皆可提出。

　　（四）接受乞鞫的官司：犯人所在的縣、道、郡。

　　（五）乞鞫不審的處罰：犯人乞鞫不審，加罪一等；家人乞鞫不審，
　　　　　降（犯人）罪一等。

　　透過張家山漢簡除了看到乞鞫的法律規定以外，在《奏讞書》中更記錄了一宗乞鞫個案，有助瞭解漢代乞鞫制度的具體實行狀況。[16]此案提出乞鞫的是一名叫講的犯人，他遭到一名叫毛的朋友誣稱共同盜牛，兩人因不堪刑訊而認罪。講被判處黥城旦，在服刑期間提出乞鞫。此乞鞫案件有幾點值得注意：（一）時限。原案是在秦王政二年（前245）二月癸亥（十七日）斷決，講在四月丙辰（十一日）乞鞫，相隔五十四天，[17]符合前引《二年律令‧具律》一年之內的規定。（二）講的身分。從《奏讞書》所見，講顯然已在服刑當中。（三）再度檢視主客觀的證據。官員一方面詰問關係人，以瞭解講確未與毛一起盜牛。另一方面，毛與講異口同聲表示都是不堪刑訊而誣服，故審理官員一一檢驗二人背部傷勢。（四）重審過程中，對原審官員也要進行調查和訊問。（五）更正判決。講最終沉冤得雪，被判無罪，免除刑罰，但因已被黥面，所以令其為「隱官」。[18]被賣之妻、子贖回，沒入的財產按價償還。

14　程政舉前揭〈張家山漢墓竹簡反映的乞鞫制度〉，頁66。

15　程政舉前揭〈張家山漢墓竹簡反映的乞鞫制度〉，頁66。然而，籾山明主張「郡各移旁近郡御史丞相所覆治移廷」文字不可解，應是錯簡。參看前揭《中國古代訴訟制度研究》，頁96。

16　《張家山漢墓竹簡（二四七號墓）》，頁100-103。另參看前揭高恒，《秦漢簡牘中法制文書輯考》，頁375-382。

17　高恒，《秦漢簡牘中法制文書輯考》，頁381。

18　隱官的身分是自由的，而且可以擁有田地和宅地，地位接近一般的庶民，但他們的居住地受到一些限制，又不能完全視為庶民。參看前揭籾山明著；李力譯，《中國古代訴訟制度研究》，頁98註1。

　　關於乞鞫的期限，東漢有所修訂，前引《周禮・秋官・朝士》句漢鄭司農釋云：「今時徒論決滿三月，不得乞鞫。」[19]可知東漢將徒罪乞鞫的期限自一年縮短為三個月，但死刑是否縮短則不得而知。為何會縮短期限呢？學者以為時間過久既造成案件過度積壓，增加審判機關的壓力；同時也會導致證據的流失，妨礙案情的清楚認定。[20]這樣的說法固然有理，但筆者懷疑或許與徒刑刑期的建立有關。眾所周知，古代的徒刑原來並沒有刑期，刑徒皆終身服刑。直到漢文帝時期，一方面廢除肉刑，一方面為徒刑訂定刑期，從而使罪犯得以改過遷善、重返社會。[21]徒刑的刑期自一年刑至五年刑，共分五等，分別是罰作、復作（一年刑）；司寇（二年刑）；鬼薪、白粲（三年刑）；完城旦舂（四年刑）；髡鉗城旦舂（五年刑）。徒刑倘若沒有刑期，乞鞫的年限訂為一年容或合理。可是，一旦徒刑是有刑期，而且是從一年至五年的話，乞鞫的期限如果仍然維持一年之久，無疑顯得過長且不切實際。故此，筆者以為乞鞫的期限是因應徒刑刑期的制定而縮短的。如果這樣的臆測能夠成立的話，則乞鞫期限的縮短很可能是在漢文帝以後，而未必要遲至東漢時期了。

三、乞鞫在魏晉南北朝的變化

　　曹魏明帝太和三年（229），制定《魏律》十八篇，同時對乞鞫制度作出變革，史稱：

---

[19]　參看漢・鄭玄注；晉・賈公彥疏，《周禮注疏》（十三經注疏本），台北：藝文印書館，1979，頁533-2。

[20]　張琮軍，〈漢代刑事證據在司法監督制度中的運用〉，《政法論壇》，31：1（北京，2013），頁145。

[21]　滋賀秀三以為漢文帝的刑罰改革，除了廢肉刑外，亦將徒刑自無期刑改為有期刑，從此，中國的徒刑開始有了刑期。這些改革可說都是因為文帝著眼於為人民開闢改過自新之途的緣故。參看〈前漢文帝の刑制改革をめぐって──漢書刑法志脫文の疑い──〉，收入氏著《中國法制史論集──法典と刑罰》（東京：創文社，2003），頁557-567。關於徒刑刑期問題，邢義田認為漢文帝以前的秦漢刑罰已有刑期，文帝改革的意義是使原本存在的刑期制體系化和固定化。參看氏著，〈從張家山漢簡《二年律令》論秦漢的刑期問題〉，《臺大歷史學報》，31（臺北，2003），頁311-323；〈從張家山漢簡〈二年律令〉重論秦漢的刑期問題〉，《臺大歷史學報》，36，（臺北，2005），頁407-432。

二歲刑以上，除以家人乞鞫之制，省所煩獄也。[22]

「除」應是廢除的意思。新制是廢除原來二歲刑以上准許家人乞鞫的規定，目的是為了減省獄訟。此處的「家人」，不知是否還是前述漢代的父、母、兄、姊、弟、夫、妻、子等至親？漢代徒刑在文帝以降雖有刑期，但仍是沿用「城旦舂」、「鬼薪」、「白粲」等緣於苦役內容的刑名。及至曹魏制律，始出現一歲刑、二歲刑等以刑期長短而區分的刑名，並為後世所沿襲。此外，相較於漢律，曹魏刑罰體系中增加了徒刑的份量，分別有髡刑四、完刑三、作刑三。髡刑四，據學者推論應是「減右趾髡鉗五歲刑笞二百」、「減左趾髡鉗五歲刑笞二百」、「髡鉗五歲刑笞一百」、「髡鉗五歲刑」等。完刑三，當即「四歲刑」、「三歲刑」、「二歲刑」等。作刑三，即「一歲刑」、「半歲刑」、「百日刑」等。[23]曹魏新制之下，家人可以代為乞鞫的，只剩下「一歲刑」、「半歲刑」、「百日刑」等輕刑而已。倘若為了減省獄訟而禁止家人乞鞫，究竟要限制重罪還是輕罪？曹魏禁止家人對重罪提出乞鞫的原因是什麼？暫時不得其詳。

　　晉朝是否繼承了曹魏時期的變革雖然並不清楚，但晉朝的司法審判中仍保有乞鞫之制當屬無疑。據唐朝司馬貞《史記索隱》卷二十二「注乞鞫」條云：

　　《晉令》云「獄結竟，呼囚鞫語罪狀，囚若稱枉欲乞鞫者，許之也。」[24]

---

[22]　曹魏《新律》十八篇〈序略〉。參見（唐）房玄齡等撰，《晉書》（北京：中華書局，1974），卷30，〈刑法志〉，頁926。

[23]　關於《魏律》的髡刑四等、完刑三等和作刑三等的內容，史籍不詳。但張建國〈魏晉五刑制度略論〉對此作了一番頗有道理的推測，參看氏著《帝國時代的中國法》（北京：法律出版社，1999），頁242-262。

[24]　唐・司馬貞，《史記索隱》（台北：藝文，1964），卷22，頁5a。然而，令文云「囚若稱枉欲乞鞫者，許之也」，其中「許之也」讀來像是注釋文字，不像是律令用語。所以本條究竟是否為《晉令》原文，不無斟酌的餘地。（此處承蒙上海師範大學古籍研究所戴建國先生教示，特此誌謝。）此外，目前通行的三家注《史記》，卷75，〈夏侯嬰傳〉「告故不傷嬰」句注引此段《史記索隱》的文字，各版本略有歧異。「北京中華書局本」文字相同，但「晉令」二字校勘記云：「耿本、黃本、柯本、凌本、殿本作『晉灼』。」晉灼是晉朝人，官至尚書郎，《隋書・經籍志》著錄其《漢書集注》十三卷，《史記》三家注大量引述晉灼的注釋。未悉「百衲本」和「武英殿本」是否另有所本？

可知晉朝仍有乞鞫制度。又據《宋書・蔡廓傳》，云：

> 宋臺建，為侍中，建議以為：「鞫獄不宜令子孫下辭，明言父祖之
> 罪，虧教傷情，莫此為大。自今但令家人與囚相見，無乞鞫之訴，
> 便足以明伏罪，不須責家人下辭。」朝議咸以為允，從之。[25]

蔡廓的意思是審訊時，不宜令子孫「下辭」，即作供。[26]若子孫作供指證
父祖的犯罪，無疑是虧損名教，傷害親情。所以，蔡廓建議審訊時不必要
求子孫作供，只需在刑獄結竟後，呼囚宣讀罪刑，家人在此場合不提出乞
鞫，自然就是代表承認父祖的犯罪。蔡廓提出建議的時間，是在東晉末
年、劉裕建宋的前夕，其建議當為劉宋沿襲。

　　誠如開頭所述，《隋書・刑法志》所記蕭梁天監年間任提女一案，對
於乞鞫制度的研究頗有裨益，茲引錄其文字如下：

> （A）（天監）三年（504）八月，建康女子任提女，坐誘口當死。
> （B）其子景慈對鞫辭云：「母實行此。」（C）是時法官虞僧虬
> 啟稱：「案子之事親，有隱無犯，直躬證父，仲尼為非。景慈素無
> 防閑之道，死有明目之據，陷親極刑，傷和損俗。（D）凡乞鞫不
> 審，降罪一等，豈得避五歲之刑，忽死母之命！景慈宜加罪辟。」
> 詔流於交州。至是復有流徒之罪。[27]

筆者以為（A）任提女誘拐人口，按律當死，據前引漢初《二年律令・具
律》云「死罪不得自乞鞫」，可知依法任提女本人應無權乞鞫。漢初距梁
初約七百年，本條法律是否仍然行用固然不無疑問，但考慮到死囚或會借
乞鞫而拖延行刑，梁律仍然延用禁止死囚本人乞鞫的規定也是情理之中。
（B）所謂「景慈對鞫辭云：『母實行此』。」即是景慈在審判時作供證
明母親確有犯下誘拐人口罪。若對照前述東晉末年蔡廓的建議，似乎後來

---

[25] 《宋書》，卷57，〈蔡廓傳〉，頁1570。

[26] 晉・陳壽撰，劉宋・裴松之注，《三國志》，卷9，〈夏侯尚傳〉，頁293，注引《世語》曰：
「（夏侯）玄至廷尉，不肯下辭。廷尉鍾毓自臨治玄。玄正色責毓曰：『吾當何辭？卿為令史
責人也，卿便為吾作。』毓以其名士，節高不可屈，而獄當竟，夜為作辭，令與事相附，流涕
以示玄。玄視，頷之而已。」可知「下辭」即錄取口供之意。

[27] 《隋書》，卷25，〈刑法志〉，頁700。

又恢復審訊父祖犯罪時，要求子孫作供的做法。（Ｃ）虞僧虬指控景慈子
證母罪，違反親親相容隱的精神。「景慈素無防閑之道，死有明目之據」
一句，應是指景慈平常沒有設法防範母親犯法，而自身的死罪則有明白的
依據。所謂依據，就是「陷親極刑，傷和損俗」，即指證母親犯罪致其判
處死刑，既傷母子和睦之情，復損社會淳樸之風俗。

　　這段史料中較有爭議的，應是（Ｄ）部分，幾種《隋書‧刑法志》譯
注的說法紛歧。「乞鞫不審，降罪一等」是什麼意思？這句話所指究竟是
任提女抑或是其子景慈？

　　日本學者內田智雄將此句解釋為重審時，由於犯罪事實不明確，犯人
將被降罪一等。[28]筆者以為將「不審」解釋為「犯罪事實不明確」，並不
恰當，而且為何在重審的場合，明知犯罪事實不明確，竟是機械式的降罪
一等？若是犯人犯罪事實不明確，不是應該依律輕判或縱放嗎？否則重審
不就失去意義了？

　　高其邁則認為：

> 晉、宋時父母或祖父母犯罪，都命子孫當面質證。如果子孫不願說
> 真話，便作為乞鞫不符事實，照父母或祖父母所犯罪名，降一等處
> 罰。梁朝沿用晉、宋成例，任提女既然犯了誘拐人口的死罪，她的
> 兒子景慈當面質證，如果替母親隱瞞，便是「乞鞫不審，降死一
> 等」，應處五歲刑。[29]

高氏對「乞鞫不審，降罪一等」的解釋是正確的，但子女在當面質證時隱
瞞父母罪行，為何會是比照「乞鞫不審」的處罰？從上引《隋書‧刑法
志》完全看不出這樣的含義？

　　中國政法大學所編《歷代刑法志注譯‧隋書刑法志注譯》則是這樣
說的：

> 晉宋時父母或祖父母犯罪，如子孫提出「不符合事實，要求覆
> 審」，即降一等判刑。如父母或祖父母原犯死罪，就減判為髡鉗五

---

[28]　日‧內田智雄編，《譯注續中國歷代刑法志‧譯注隋書刑法志》（東京：創文社，1971），頁31。

[29]　高其邁，《隋唐刑法志注釋》（北京：法律出版社，1987），頁32。

歲刑。梁朝沿晉、宋舊例。[30]

讓人不解的是，晉宋舊例的證據是什麼？而且，正如前述，若是案情真的不符合事實，重審只當改判。若子孫只是隨便以「不符合事實」為名，要求重審，即可自動降刑一等，未免太過兒戲，不合常理。況且，這樣解釋似乎將「乞鞫」之「不審」顛倒為由於「不審」而「乞鞫」。

以上諸書因為時空關係，未能得見最近二十年出土的秦漢簡牘，所以在乞鞫的理解顯然有欠周全。虞僧虬提到「凡乞鞫不審，降罪一等」的規定，早見於前引《二年律令・具律》，若父母判處死刑，子女代為提出重新審理但與事實不符，依律是減犯人罪一等。據《隋書・刑法志》所載梁初新律，死刑之下即為五歲刑。虞僧虬所責難的對象是景慈，指他不應為了逃避乞鞫不審的五歲刑，而忽視母親的性命。不僅沒有提出乞鞫，更供稱母親確有其事。虞僧虬話中的「五歲刑」，是指景慈乞鞫不審的刑罰，並非任提女的刑罰。虞僧虬建議科處景慈死刑，最後朝廷將其流徙交州。

至於北朝方面，北魏亦有類似乞鞫的措施，據《魏書・刑罰志》：

> 獄已成及決竟，經所綰，而疑有姦欺，不直於法，及訴冤枉者，得攝訊覆治之。[31]

綰是繫的意思，其意是刑獄審判終結，經過相關的管轄機構覆核時，若懷疑案件有不法和欺瞞，執法不公正，以及犯人訴稱冤枉的，相關機構可以對此案重新審理。可知北魏雖無乞鞫之名，卻有乞鞫之事。

四、唐律有關上訴的規定

唐律可能繼承北朝法律系統，所以有別於東晉南朝，並無「乞鞫」之名，但《唐律・斷獄律》「獄結竟取服辯條」（總490）卻有類似的規定，云：

---

[30] 中國政法大學法律古籍整理研究所，《歷代刑法志注譯》，（長春：吉林人民，1994），頁200。
[31] 北齊・魏收，《魏書》（新點校本，北京：中華書局，1974），卷111，〈刑罰志〉，頁2884。

> 諸獄結竟，徒以上，各呼囚及其家屬，具告罪名，仍取囚服辯。
> 若不服者，聽其自理，更為審詳。違者，笞五十；死罪，杖一百。
> 　　《疏》議曰：「獄結竟」，謂徒以上刑名，長官同斷案已判
> 訖，徒、流及死罪，各呼囚及其家屬，具告所斷之罪名，仍取囚服
> 辯。其家人、親屬，唯止告示罪名，不須問其服否。囚若不服，聽
> 其自理，依不服之狀，更為審詳。若不告家屬罪名，或不取囚服辯
> 及不為審詳，流、徒罪並笞五十，死罪杖一百。[32]

　　唐律本條旨在懲治官司在刑徒以上案件審判結束後，（一）沒有具告犯人罪名；（二）沒有取得犯人服罪供狀；（三）沒有為不服判決的犯人重新審理。唐代刑罰分為笞、杖、徒、流、死等，徒以上屬重刑，所以本條是針對重刑的判決加以管制。

　　長官在判決結束後要召集犯人和家屬宣告罪名，應是繼承秦漢以來「讀鞫」的傳統。罪狀宣告完畢後，犯人不外乎兩種反應：伏罪或是不伏罪。若是伏罪，即需寫下服辯，即伏罪供狀。服辯，或寫作服辨、伏辯、伏辨等。歷代都重視犯人畫押的供狀，蓋有無犯罪本人當最為清楚。直到清代，為使刑獄審錄無冤，取得犯人「服輸口供」，仍為結案的必須條件。[33]罪犯須要伏罪供狀，但家屬則不須表示伏罪，故《疏》文云「其家人、親屬，唯止告示罪名，不須問其服否」。筆者以前對於此段疏文頗為不解，蓋官員宣告罪名，最關鍵的應是犯人的伏罪，為何法律卻要申明不需要家屬伏罪？是否有點多此一舉？後來讀了前引《晉書‧蔡廓傳》和《隋書‧刑法志》的文字，可知父祖犯罪，不應要求子孫在質證時作供指證。既是如此，當法官讀鞫時，在場的家屬對於判決自然也不必表示伏罪，否則就變成子證父罪了。唐律《疏》文其實是繼承東晉蔡廓的建議：「無乞鞫之訴，便足以明伏罪。」

　　又據《唐六典》「大理寺鴻臚寺‧大理丞職掌條」，云：

> 徒已上，各呼囚與其家屬，告以罪名，問其狀款；不伏，則聽其自
> 理。無理者，便以元狀斷定，上刑部。刑部覆有異同者，下於寺，

---

[32] 唐‧長孫無忌等撰，劉俊文點校，《唐律疏議》（北京：中華書局，1983），卷30，〈斷獄律〉，「獄結竟取服辯條」（總490），頁568。

[33] 鄭秦，《清代司法審判制度研究》（長沙：湖南教育，1988），頁165。

更詳其情理以申，或改斷焉。[34]

《唐六典》此段文字述明官司覆核案件的程序，刑部會覆核地方上奏的案件，若發現案件有問題，就轉到大理寺檢核其情理，然後或是再向刑部申報，或是逕行改判。倘若犯人或家屬對判決不服，其中救濟之途就是「聽其自理」，其詳情另見《唐六典》卷六「尚書刑部・刑部郎中職掌條」，云：

> 凡有冤滯不申欲訴理者，先由本司、本貫；或路遠而躓礙者，隨近官司斷決之。即不伏，當請給不理狀，至尚書省，左、右丞為申詳之。又不伏，復給不理狀，經三司陳訴。又不伏者，上表。受表者又不達，聽撾登聞鼓。若惸、獨、老、幼不能自申者，乃立肺石之下。（注云：若身在禁繫者，親、識代立焉。）[35]

仁井田陞將《唐六典》此段文字復原為開元《公式令》第40條（開元7、25）。[36]本條與前述唐律可謂互為表裡，倘若罪犯不伏，可要求「自理」，應是自請訴理之意。如果是無須訴理，即是所謂「無理」者，案件就已斷定，可往上送交刑部。

據前引《唐六典》「尚書刑部・刑部郎中職掌條」，可知唐代訴訟皆從下而上。唐律云「若不服者，聽其自理，更為審詳」，「更為詳審」的單位應該仍是本司、本貫。[37]犯人若對本司、本貫的重審依然不滿，在取得衙門的「不理狀」後，可向尚書省申詳。關於「不理狀」，據日本《令義解・公式令》「訴訟條」的注釋云：

> 謂官司判斷，雖得其理，而訴人不服，以為不理。即判文之外，更與不理狀，聽訴人之上陳也。[38]

---

[34] 唐・李林甫等撰，陳仲夫點校，《唐六典》（北京：中華書局，1992），卷18，大理寺鴻臚寺・大理丞職掌條，頁503。

[35] 唐・長孫無忌等撰，劉俊文點校，《唐律疏議》（北京：中華書局，1983），卷30，〈斷獄律〉，獄結竟取服辯條（總490），頁568。

[36] 仁井田陞，《唐令拾遺》（東京：東京大學出版會，1964年覆刻發行，初版於1933年由東方文化學院東京研究所發行），頁600。

[37] 參看錢大群，《唐律疏義新注》（南京：南京師範大學，2007），頁995。

[38] 黑板勝美編集，《令義解》（新增訂補《國史大系》，東京：吉川弘文館，1974），卷7，《公

又《令集解・公式令》「訴訟條」之「請不理狀」句注引古記云：

不理狀，謂訴人為非理，故名不理狀。[39]

不理狀之意即犯人以為官司所論為「非理」，故名。犯人取得判文以外，再加上不理狀，可以向上級單位提出上訴。

若與前代犯人乞鞫不審，加罪一等；家人乞鞫不審，降罪一等的規定相比較，唐律並沒有犯人或家屬「乞鞫不審」的相關刑罰。唐律的規定或許會造成罪囚胡亂要求「更為詳理」以拖延獄訟，但另一方面卻也可以有效保護被告的上訴權，無疑是進步的。

五、結論

中國古代罪犯對判決結果不滿，可以「乞鞫」，即要求重新審理。透過新出土的簡牘材料，可知秦漢已有乞鞫之制。但犯人若乞鞫「不審」，也就是與事實不符，則加罪一等。死囚不得自請乞鞫，須由家人代為提出。倘若家人乞鞫不審，會處以降死罪一等的處罰，即黥為城旦舂之刑。漢代法司處理乞鞫案件時，除了重新檢視主客觀證據以外，還需訊問原審官員，制度設計頗為周詳。曹魏時期，為了減省獄訟，廢除原來二歲刑以上准許家人乞鞫的規定。兩晉劉宋，仍見乞鞫之制。蕭梁的任提女誘口案中，可知法律延續漢代以來禁止死囚本人乞鞫的規定，若子女代為乞鞫而不審，依律還是處以降死罪一等之刑，即徒五年。唐代無乞鞫之名，但有類似要求重審的規定。倘若犯人或家屬對判決不服，其中救濟之途就是「聽其自理」，即自請訴理。犯人除了判文以外，再加上官府開立的「不理狀」，可以向上級單位提出上訴。唐代以前，被告或家屬乞鞫不審都會受到懲處，但唐代法律對於上訴並不加刑，對於被告的權益更有保障，可謂司法審判的一大進步。

中國的乞鞫仿似今日的上訴制度，既維護被告人的權益，亦能有效監督官員的審判，從而糾正判決之失誤，防止枉濫之產生，是中國古代刑獄追求無冤理想的一種措施。

式令》，頁259-260。

[39] 黑板勝美編集，《令集解》（新增訂補《國史大系》，東京：吉川弘文館，1974），卷36，《公式令》，頁886。

五胡十六國時期胡族國家政體

甘懷真[*]

一、前言：漢的天下政體及其遺緒

　　魏晉南北朝時期胡族國家研究向來是中國史的重要課題，有諸多研究成果，名家輩出。已有不少學說史回顧，我就省略介紹。[1]重啟該研究的理由是近年來關於皇帝制度政體的研究有不少突破，如圍繞天下、帝國、漢代郡縣制、封建（爵）制與東亞世界等課題的討論，[2]在這些研究業績的啟發下，我們對於漢唐間的中國政體可以有新的認識，其中的一個課題是胡族國家政體。

　　胡族國家歷史的起點定在西元304年匈奴政團首長劉淵起事，「五胡亂華」的歷史於焉開幕。七年後的311年發生「永嘉之亂」，匈奴首長劉聰領導諸胡族聯軍攻入洛陽。316年，晉愍帝被叛軍俘虜，西晉正式滅亡。其後華北出現了所謂的「十六國」。[3]中國走入了另一個戰國時期。

---

[*]　國立臺灣大學歷史學系教授。

[1]　甘懷真、宋德熹、沈明得合著，《戰後臺灣的歷史學研究：1945-2000（第三冊秦漢至隋唐史）》（臺北：臺灣大學出版中心，2004），第二篇〈魏晉南北朝史：魏晉南北朝的政局〉；川本芳昭，〈胡族國家〉，《魏晉南北朝隋唐時代史の基本問題》（東京：汲古書院，1997），頁93-116。

[2]　關於天下、帝國與東亞世界的若干討論，參考甘懷真，〈東亞前近代國際關係研究的若干省思〉，《中國言語文化》，2（首爾，2012）；漢代郡縣制漢代郡縣制的相關研究，參考卜憲群，〈秦漢之際國家結構的演變——兼談張家山漢簡中漢與諸侯王國的關係〉，《秦文化論叢》，第12期（西安，2005）；周振鶴，〈《二年律令・秩律》的歷史地理意義〉，《張家山漢簡《二年律令》研究文集》（桂林：廣西師大，2005）；陳蘇鎮，〈漢初王國制度考述〉，《中國史研究》，第3期（北京，2004.8）；阿部幸信，〈漢初「郡国制」再考〉，《日本秦漢史學會會報》，9（2008）；封建爵制參考王安泰，《再造封建：魏晉南北朝的爵制與政治秩序》（臺北：臺大出版中心，2013），頁35-111。

[3]　本文所謂的華北有廣狹二義。廣義是指今天遼寧西部、河北、山西、山東、河南、陝西、甘肅

　　在此之前的漢、魏、西晉的五百年可以被視為一個歷史階段，是漢帝國及其延續，其所實施的政治制度是本文所說的漢制。此漢帝國之前與之後是二個戰國期。此漢帝國的政體有二面，一是以儒家的「天下國家」說為原理，二是實施郡縣制。二者又互為表裏。就漢制而言，中國天子，即漢、魏、晉皇帝所治理的政治空間是天下。此天下是列國並立，有二類之國，一是中國之國，二是四夷之國。中國之諸國的領域即郡縣區域。國又由諸家所組成，此「家」是君臣團體。政治的世界就是由重層君臣團體所締構的，從國至天下。這個時期的政治原理也建立在君臣關係上。

　　我們應重新認識「天下國家」中的「國」。漢所實施的郡縣制的確使國之名在制度中消失，但隨著官僚制的發展與地域社會的政治整合，郡成為具有自主性的政治單位，尤其是邊郡，如遼東郡、樂浪郡。[4]這樣的郡也不妨稱其為一種東亞世界中的國，而州可以視為大國。諸州所構成的軍區是更大的國，這樣的軍區一般是都督（諸州諸軍事）區。隨著將軍開府制度的流行，郡、州與都督區都成為各級的軍府，而其間的連結是藉由軍府長官間的君臣關係。[5]這一方面是漢末以來封建化的一種表現，也是其後漢帝國分裂的主要動力；另一方面這種封建化又以郡縣體系的形態呈現。從漢末、三國所謂群雄割據開始，這些群雄作為自主的勢力就是以軍府中的君臣團體為憑藉，割據漢的州郡，大者為諸州所構成的都督區，中者為一州，小者為一郡。我們可以說這些群雄建立了大中小國。

　　漢代皇帝制度的另一面是「天下—中國—四夷」之制，也可以說是「內中國、外四夷」。皇帝不用藉由官僚制治理四夷之國，只要藉冊封而與四夷首長保有君臣關係即可。也就是說，皇帝以郡縣制支配中國，而以封建制支配四夷。這套「中國—四夷」說包含事實，但更是建構與規範。它既創造了中國人，也創造了四夷之人，又同時規範了帝國的行動。[6]

　　然而「內中國、外四夷」制度存在的條件必須是靜態的人口不流動，

東南部、寧夏、江蘇北部、安徽北部、湖北北部。狹義則去除遼寧西部、河北北部、山西北部、甘肅東南部、寧夏。去除的部分本文稱塞北。

4　邊郡作為一國的探討，可參考參考甘懷真，〈古代東亞國際關係中的高句麗（고대 동아시아 국제관계 속의 고구려）〉，《史學志》，50（韓國檀國大學，2015.6）。

5　甘懷真，〈東亞古代冊封體制中的將軍號〉，徐興慶主編，《東亞文化交流與經典詮釋》（臺北：台大出版中心，2009）。

6　甘懷真，〈從冊封制看漢魏時期的國際關係〉，吳玉山主編，《中國再起：一個歷史與國關的對話》（臺北：臺灣大學人文社會高等研究院東亞儒學研究中心，2018）

但歷史的實態卻不然。漢魏西晉五百年間移民現象根本是常態。本文所注目的移民是從塞北移至華北。於是「中國—四夷」制度出現了它的難題。漢代以來那些移入中國的移民，究竟是中國之人或四夷之人？東漢將這類人定義為四夷，依四夷之國制度處理這類人群。這類外夷以自治團體的形式居住在郡縣領域內。漢朝認定這樣的團體可以大到一「國」，小到一個「邑」。漢任命這類在華之夷人首長以漢制的官職，如國王，率眾王，歸義侯，邑君，邑長等。其人民不編入郡縣所管理的戶籍中。對於這種在華之外夷，漢朝廷以「內附」、「內屬」的理論加以詮釋，以取得其合理性。[7]我們也可以說漢朝將這類外夷視為在華的封建集團，一方面他們是自治團體，身分上是胡人。另一方面，其首長作為中國政府（朝廷、州、郡）之臣屬。

漢以來，在華外夷的人數愈來愈多，勢力愈來愈大，漢朝進一步設置軍事首長性質的監臨外夷之官管理這些外夷。這是將外夷納入郡縣制支配的一步。在第二世紀東漢羌亂時期，已經看到漢朝將這類監臨蠻夷官授給了外夷首長，這是要將外夷領導層納入中國官僚體系的一步。漢同時授與外夷首長的官職有中國之爵，或稱內爵，即非四夷君主之爵，又有將軍號。而另一面，中國朝廷（魏晉）也開始將監臨外夷官授與刺史，使刺史可以同時治理境內的外夷（胡人）。這是將外夷納入郡縣制支配的另一步。在第四世紀五胡亂華開始時，晉朝廷更進一步將刺史一類的郡縣長官之職賜給了蠻夷君長。發展到這個階段，已是漢之「中國—四夷」制度的終止，我也稱這個變化為「從內附到內臣」。[8]

在西晉五胡亂華的前夕，古代中華帝國是想改變這種華夷二分的政策，但已時不我與，古代帝國即將被胡族建國運動所摧毀。然而，胡族建國運動卻又是在這個歷史軌道上繼續前進，只不過政局的主導者改為胡人。胡族國家兼有胡漢二元體制早是史學界的成說。相關學說還有滲透王朝之說。[9]只是本文將從漢制之「天下國家」與「天下—中國—四夷」體制傳承重新討論這個課題。

---

[7]　甘懷真，〈從冊封體制看漢魏時期的國際關係〉。

[8]　甘懷真，〈化之內外與古代中國的內外〉，收入方維規主編，《思想與方法—變動的秩序，交錯的文明：歷史中國的內與外》（北京：北京大學出版社，預定2018年出版）。

[9]　鄭欽仁、李明仁編譯，《征服王朝論文集》（臺北：稻香出版社，1999）；雷家驥，〈漢趙國策及其一國兩制下的單于體制〉，《國立中正大學學報》，3：1（嘉義，1992）。

　　劉淵政權的歷史意義在於中國境內的四夷首長可以升為皇帝。這個發展不是胡族首長的憑空創造，也不是單純的外族的征服，其中一條歷史脈絡是漢朝「中國─四夷」政策的演變。

　　第二世紀後，更大量的外夷進入華北，這也包括漢朝（含其州郡）在征服其週邊的外夷後將這些人納入郡縣支配。[10]我們看到二個歷史進程的並進。一是外夷（胡人）政團的日益強大，二是中國政府加緊管理。自第一世紀後期始，中國朝廷設置軍事長官以監督地方上的外夷，如對匈奴、鮮卑、烏桓、羌等外族設置校尉、中郎將以為監臨之官。這類監臨蠻夷之官在第二世紀以後更為普遍。[11]其制度是「中國朝廷─軍府長官─四夷首長」。另一方面，這類軍府長官之職也開始授與在中國的四夷首長。在史書紀錄中，第二世紀之初，有燒當羌首長「率種人內附」的紀錄，漢朝授與燒當羌首長遷那「假冠軍將軍、西羌校尉、歸順王」。[12]其中「歸順王」是四夷首長爵號。對於中國而言，這是一個封建屬國。而受注目的是將軍號與監臨蠻夷之官。中國朝廷將燒當羌首長視為中國官員。這一類的任官是既有的「中國─四夷」政體的突破口。這類中國官職的官署應在郡縣（含州）城內，雖然實際上這類首長沒有至郡縣就職。

　　至第三世紀，由於外夷政團更加強大，曹魏時期的新政策是以邊境的州刺史兼任監臨外夷官，一改過去漢人編戶之民由郡縣長官治理，胡人由監臨蠻夷官治理的二元體系，轉變為境內胡漢皆由刺史一元化治理。如魏太和二年（228）幽州刺史王雄兼領護烏桓校尉。又西晉武帝時，張華為使持節、都督幽州諸軍事、領護烏桓校尉。[13]為節制外夷，中國朝廷授與了州刺史更大的軍政權力。這個政策改變既有的「中國朝廷─州刺史─四夷首長」的三邊角力關係，使邊境州的自主性加大，刺史的權力也加大。在第四世紀初擔任過并州刺史的劉琨儼然就是并州王。[14]我們甚至可以推

---

[10]　參考王明珂，《游牧者的抉擇：面對漢帝國的北亞游牧部族》（臺北：中央研究院、聯經出版公司，2009），尤其是第四、五章。

[11]　趙紅梅，〈漢代邊疆民族管理機構比較研究─以度遼將軍、護羌校尉、使匈奴中郎將為中心〉，《黑龍江社會科學》，2014年第5期（哈爾濱，2014.9）；李大龍，〈東漢王朝護羌校尉考述〉，《民族研究》，1996年第2期（北京，1996.3）。

[12]　《晉書》，卷116，頁2959。

[13]　《三國志》，卷30，頁839；《晉書》，卷36，頁1070。參考程尼娜，〈護烏桓校尉府探析〉，《黑龍江民族叢刊》，82（哈爾濱，2004）。

[14]　廖幼華，〈晉末太原劉琨敗亡之基本形式分析〉，《國立中正大學學報》，5：1（嘉義，1994）。

測，若沒有劉淵所發動的五胡亂華，西晉仍然會被這些自主的州所撕裂。當然我們也不會忘記五胡亂華之前曾發生「八王之亂」。

第四世紀前期五胡亂華之後，中國（晉）開始將郡縣長官（含刺史、都督諸州軍事）之職授與胡人首長。這是漢以來「中國—四夷」體制的另一次明顯的改變，甚至是漢的「中國—四夷」政策的終止。對於中國王權而言，其官員候選人可以無胡漢之分。永嘉亂後，位在建康（今南京）的晉元帝任命鮮卑慕容氏領袖慕容廆為「監平州諸軍事、安北將軍、平州刺史」，其後再升為「使持節、都督幽州東夷諸軍事、車騎將軍、平州牧，遼東郡公」。[15]我們可以辯論平州刺史（牧）之任命是實或虛，但無論如何是中國朝廷承認了在遼西、河北北部的最大政團慕容氏首長可以為平州刺史與幽州都督。

雖然說「五胡亂華」時期胡族國家的建立是對於漢帝國的否定，但另一方面也是漢帝國體制的演變。東漢魏西晉的匈奴歷史，由於史料不載，諸史實湮滅，史家多不能斷言。但可以確知的是，曹操政權進一步要控制內附匈奴，將匈奴分為五部，再以其首長為部帥，晉改稱都尉。這個發展可被視為東漢後期以來軍府化的一環。至第三、四世紀之交，劉淵成為此五部匈奴的最高首長，並獲晉任命為建威將軍、匈奴五部大都督。[16]「將軍號＋都督」是典型的軍府長官之職。在劉淵稱兵造反的前夕，劉淵具二種身分。一是晉的高級官員；二是匈奴的首長。

其實漢魏晉的「中國—四夷」體制也是一個胡漢雙聯王權，因為「天下」之內包攝了胡與漢，只是「治天下」的天子／皇帝必須是「中國」之人。而劉淵革命是使四夷之人也可以成為皇帝。劉淵革命一方面是繼承漢制。劉淵本人已是一位西晉的高級官員，只是依既有的「中國—四夷」體制仍無胡人可以擔任天子／皇帝的可能性。劉淵革命必須創造一個新的政體，使胡人首長可以為皇帝而「治天下」。接下來發生的浩浩蕩蕩的胡族建國運動，在制度史上的意義之一是使胡人可以擔任中國天子。

---

[15]　《晉書》，卷109，頁2817。

[16]　《晉書》，卷101，頁2647。參考陳勇，《漢趙史論考—匈奴屠各建國的政治史考察》（北京：商務印書館，2009），頁125。

二、匈奴與羯胡建國

　　雖然史料有闕，我們仍可判斷在304年劉淵所領導的匈奴起兵反晉的前夕，匈奴的統治集團是希望從西晉自立與脫離，重建匈奴王權之匈奴國。如何自立則有曖昧的空間。我們的認識是根據《晉書》所載匈奴首長劉淵引述其族人劉宣的一段話。這段話被視為五胡亂華運動展開的宣言。[17]其宣言如下：

> 晉為無道，奴隸御我，是以右賢王猛不勝其忿。屬晉綱未弛，大事不遂，右賢塗地，單于之恥也。今司馬氏父子兄弟自相魚肉，此天厭晉德，授之於我。單于積德在躬，為晉人所服，方當興我邦族，復呼韓邪之業，……[18]

　　劉宣所提議的是：「方當興我邦族，復呼韓邪之業」。劉宣想作的是再造自立性的匈奴國。而這個匈奴國可以不是過去的匈奴帝國，至少是「呼韓邪之業」，即匈奴首長呼韓邪單于在西元前第一世紀五十年代接受漢朝協助於蒙古南部、山西北部的河套地區所建的匈奴國。這個區域也被稱為漠南。其後匈奴的政團與其人民不斷的南移並散居於中國的郡縣。在這個過程中不斷有匈奴統治者主張舉族回到漠南。[19]劉宣建議當時匈奴首長劉淵，以單于地位率領族人回到漠南建國。而漠南這個區域包含中國郡縣。劉宣認為劉淵「為晉人所服」，所以這些晉人當不會反對自己被包攝進入匈奴國。

　　然而，起兵反晉的劉淵並不採這條路線。許多學者將這段劉宣的發言當成劉淵革命的宣言，其實不然。我們無法探索劉淵的心路歷程及其如何改變決策，但劉淵最後要建之國是「中國」，而不是匈奴國，也沒有要「復呼韓邪之業」。此「中國」之國名是漢。以劉淵的經歷當深知在匈奴國南移約二百五十年間，在山西的匈奴統治集團根本已失去了其基層人

---

[17]　谷川道雄，《隋唐帝国形成史論》（東京：筑摩書房，1971），頁30-35。

[18]　《晉書》，卷101，頁2648。

[19]　關於劉淵與南匈奴關係研究，參考唐長孺，〈魏晉雜胡考〉，收入《魏晉南北朝史論叢》（北京：中華書局，2011）；陳勇，《漢趙史論考──匈奴屠各建國的政治史考察》，頁1-6。

民，這些基層人民已是各地域社會的土著，即使是胡人。雖然呼韓邪傳承下來的統治集團尚在，但「邦族」已不復存在。劉淵的軍事行動不是以復國為目標，而是要取代晉朝，以其匈奴政團稱霸中國。也就是劉淵所領導的匈奴政團不是要建一個匈奴國，而是新的中國。其人民包括胡漢，且胡也不只是匈奴。在上引劉宣發言的史料之後，劉淵的回復是：

> 夫帝王豈有常哉，…顧惟德所授耳。…鼓行而摧亂晉，猶拉枯耳。
> 上可成漢高之業，下不失為魏氏。雖然，晉人未必同我。漢有天下
> 世長，恩德結於人心，是以昭烈崎嶇於一州之地，而能抗衡於天
> 下。[20]

站在史料批判的立場，這段漢文史料是否如實的記錄了劉宣與劉淵間以胡語的對話，無法查證，也有可以懷疑的餘地。然而，我們可以相信這段文字的整體反映了劉淵的革命觀念。根據上引這段史料，劉淵提出有德者可以革命之說，主張他可以推翻晉朝，一如漢取代秦與魏取代漢。但劉淵最肯定的是劉備之例，即劉備宣告自己是漢皇室的後裔而能占有天下之一部分。劉淵在304年所打出的國號是漢，即以漢的繼承者自居。劉淵採取了三國中的蜀漢模式，宣告自己是漢的正統，退可以保有天下之「一州」而「抗衡於天下」，進可以得天下。

　　在304年，劉淵稱漢王。在此時，政權嬗代的理論是來自漢魏革命與魏晉革命的經驗。曹操與司馬昭的魏王與晉王之王爵分別是來自於漢皇帝與魏皇帝的授與。曹丕與司馬炎再以國王身分宣告得天命而為皇帝、天子。[21]劉淵的漢王卻是自稱，並非來自於當時的天子。於是劉淵的正當性訴諸他是漢皇室的後代，其前例有三國時蜀漢政權的劉備。劉淵宣告他是遙接約八十年前滅亡的漢朝與四十年前滅亡的蜀漢，以此說明為何他的王位非現任天子授與。[22]308年劉淵再由漢王升為皇帝。[23]這是繼承漢魏、魏晉革命的模式，從國王升格為皇帝。

---

[20]　《晉書》，卷101，頁2649。

[21]　甘懷真，〈從天下國家的觀點論中國中古的朝代〉，《中國中古史研究》，2011年第2期（北京，2011）。

[22]　《晉書》，卷101，頁2649-2650。

[23]　《晉書》，卷101，頁2651。

　　其後，310年劉淵死，其勢力為劉曜繼承。319年，劉曜改國號為趙，自立為皇帝。我們沒有太多史料可以論證這個大變化。目前所能見的史料是《晉書》載：「以水承晉金行，國號曰趙，……冒頓配天，元海配上帝。」[24]分析如下。其一，趙是上承晉。晉之金德，趙是水德，符合五行相生之金生水之理。由此可知，劉曜政權改變了劉淵政策，改宣布對晉的革命與傳承，一如漢傳魏、魏傳晉。而劉曜宣告其政權是依德與五行相生之理而繼承晉，並取了「中國」之名的趙，這也標示其政權的中國性。其二，其郊祀的配帝是冒頓與劉淵，此則標示趙國的皇家是傳承歷來的匈奴統治者家族。就這一點，趙國是傳承匈奴王權，而不同於劉淵標榜他是繼承漢皇帝。

　　劉淵政團所建的漢與趙國，自一開始就採取二元政策，既繼承了晉朝的中國官制以統治漢人，也繼續使用了匈奴王權的官制，如大單于、單于臺。當這個胡族國家以郡縣體系支配漢人之編戶之民時，同時以單于臺支配胡人。我們可以說這是胡族國家的二元體制，但這也是延續了漢以來的「中國─四夷」體制，改變的是胡族政團控制了郡縣體系。單于臺所率有「六夷」。據《晉書・劉曜載記》記劉曜以劉胤為大單于，下設左右賢王以下官職，其首長以「胡、羯、鮮卑、氐、羌豪桀為之。」[25]此制度是「單于臺─大單于─左右賢王─左右輔─六夷」。此六夷之人各設君長，而統合於大單于。至於六夷所指之六為何，有所爭論，本文就不追究，無論如何這一詞是指我們所說的胡人。自劉淵、劉曜起事以來，這場胡族國家的建構運動就在意整合境內的諸胡人。匈奴所建前趙、羯胡所建之後趙的「六夷」制度都起了動員中國邊境內外胡人的作用，使胡人得以組織化。350年後一波波胡人建國的動力也來自於此。

　　310年劉淵死。其所創匈奴之漢國雖然延續，實際上是諸胡族政團如羯胡、鮮卑、氐、羌起事競逐地盤。劉淵之漢國作為一個觸媒，激發了各地胡人的動員，於是各胡人政團也競相占領地盤。當晉朝垮台，華北羯胡紛紛起事。相對於五胡中的其他四胡之匈奴、氐、羌、鮮卑，羯胡是以小群的方式居住在華北，尤其是山西、河北。也相對於匈奴、氐、羌、鮮卑，羯胡缺少本族政治團體的保護，所以許多生活於基層社會的羯胡在勞

24　《晉書》，卷103，頁2685。

25　《晉書》，卷103，頁2698。

動條件上受到奴隸般的對待。匈奴起事後，羯胡也蜂起，主要的地點在山西、中原與河北。當時華北以羯胡為下層胡人，史料中有「雜胡」之稱。[26]這群勢力最後歸於石勒，石勒也藉此奪取了匈奴政權，成立後趙。

在劉淵起事階段，羯胡領袖石勒已是劉淵集團的重要領導人，先任輔漢將軍、平晉王。平晉王當是一種胡族名號被譯為漢文。在約310年時，石勒任征東大將軍、并州刺史、汲郡公、持節、開府、都督、校尉、平晉王。這是集漢制的地方首長官銜於一身。其後再歷任幽州牧、冀州牧等。[27]根據《晉書》，劉曜為趙皇帝後，封石勒為趙國公。劉曜之國是趙，照理是不會封其臣為趙國公，應是異例。隔年的319年石勒進爵為趙王，應是石勒已掌握前趙政權，而在續用趙國之名的情況下改朝換代。在一份官員上疏建議建趙國並稱皇帝的文書中，曰：「請依劉備在蜀、魏王在鄴故事，以河內、魏…合二十四郡……為趙國。」[28]此二十四郡主要在幽、冀州，已是前趙的大半領土。疏中建請石勒「即皇帝位」。而此皇帝位的模式仍是在此之前的三國模式。然而根據〈石勒載記〉，319年石勒所即之王是趙王，而非皇帝，這期間所發生的事不得而知，只能推論有人認為石勒直接出任皇帝不符當時體制，而石勒也接受該意見。所以石勒一直奉劉氏之趙國為天子之國。十年以後的329年劉曜政權為石勒所亡，第二年石勒任「趙天王，行皇帝事」。其後再即皇帝位。[29]

石勒先任「天王」再即皇帝位成為其後胡族國家的通例，史料中所見採行者至少有前秦、後燕、後秦、後涼與夏。關於天王，目前有諸多討論，最盛行的學說是天王出自佛教。[30]的確可以從史料中推論，天王被當時人詮釋為佛教的王者，後秦姚興時期更是明顯。但是當時佛教徒如何理解與詮釋胡族國家體制中的天王是一回事，胡族國家體制中的天王為何是另一回事。從石勒以來稱天王者，其政體多不是佛教王權，這是很明確的事實。[31]就當時的胡族國家政體而言，統治者的官名只有二軌，一是來自中國王權，二是匈奴王權。天王號明顯是屬中國王權的系統。就石勒之

---

[26] 陳勇，《漢趙史論考─匈奴屠各建國的政治史考察》，頁190-211。

[27] 《晉書》，卷104，頁2712-2724。

[28] 《晉書》，卷104，頁2730。

[29] 《晉書》，卷105，頁2735、2746；卷104，頁2730。

[30] 周伯戡，〈姚興與佛教天王〉，《臺大歷史學報》，30（臺北，2002）。

[31] 吳洪琳，〈王、天王、皇帝─十六國時期各政權首領名號研究〉，《西北民族論叢》，9（西安，2013.8）。

例，石勒是從趙王升為趙天王，即從王升為天王，其後再即皇帝位。夾在王與皇帝中間的天王若屬於佛教王權之官名是不合理的。

　　此天王當是大王、太王之義。在第四、五世紀，東亞諸國國君多稱大王、太王。[32]有名的之例有二，皆在中國域外。一是第四紀後期高句麗王之「好太王」，史料是有名的廣開土王碑或稱好太王碑。[33]二是第五世紀後期日本的「獲加多支鹵大王」，一般認為即中國史書所記的倭王武，其史料是稻荷山鐵劍銘。這份史料的另一重點是記此「大王」是「治天下」。為什麼大王可以治天下，引發很多討論。因為依中國的天下理論，「治天下」者當是天子，而不是王。[34]然而對照第四世紀時發生在中國的天王之事例，反過來可以知道「大王治天下」並不奇怪。第四世紀的胡族國家的天王作為準皇帝，都建年號，理當宣稱「治天下」。因此推論，「天王」就是王之上的大王。依漢代皇帝制度的知識，一國之君為王。稱大王者是表示該王位於諸國之王之上。對於高句麗王而言，尤其是標榜自己位在新羅王與百濟王之上。由於其位階高於一國之君的王，其所治的範圍可以被定義為「天下」，如倭王之例。我推測石勒在330年所任之「天王」，與大王、太王同義，表示王上之王，而所治的範圍可以超越己國（趙國）而及於「天下」。或許「天王」之稱也由「治天下」而來。

　　天王作為「治天下」君主的尊號，是位在皇帝之下。《晉書》記石虎335年稱居攝趙天王而不稱皇帝的理由如下：「朕聞道合乾坤者稱皇，德協人神者稱帝，皇帝之號非所敢聞，且可稱居攝趙天王，以副天人之望。」[35]換言之，皇帝是至高的尊號，所以石虎先稱天王。而皇帝與天王只是作為尊號的上下差別。[36]至337年石虎稱趙天王，《晉書》記這是「依

---

[32]　內田昌功，〈東晉十六国における皇帝と天王〉，《史朋》，41（札幌，2008.12）。

[33]　耿鐵華，〈高句麗好太王碑研究綜述〉，收入耿鐵華編，《高句麗‧好太王碑》（吉林：吉林大學出版社，2012）。

[34]　關於稻荷山鐵劍銘的研究成果非常豐富，僅舉以下幾本代表著作。井上光貞等編，《シンポジウム鉄剣の謎と古代日本》（東京：新潮社，1979）；西嶋定生，《日本歷史の国際環境》（東京：東京大學出版會，1985），頁66-80；川本芳昭，《中華の崩壊と拡大：魏晉南北朝》（東京：講談社，2005），頁281-308；大津透《古代の天皇制》（東京：岩波書店，1999），頁17-43。亦可參考甘懷真，〈從天下觀到律令制的成立：日本古代王權發展的一側面〉，收入高明士主編，《東亞傳統教育與法制研究（一）教育與政治社會》（臺北：臺大出版中心，2005）。

[35]　《晉書》，卷106，頁2762。

[36]　胡族如何看待政治名號是另一個課題，近年羅新有所討論，見《中古北族名號研究》（北京：北京大學出版社，2009）。

殷周之制」。[37]殷的天王之制無可考，周天王之說是出自《春秋》三傳。周王是否真的有自稱過天王，另當別論。這不過是要採用儒家經典之說，將天王詮釋為一如周代諸國並立狀態中周天王是諸國君之上之治天下的國君。趙一如周是當時諸國之上的上國，國君也稱天王。349年石虎稱皇帝。這又是石虎自認其「道」、「德」已合於皇帝的標準，故由周制之天王升格為漢制之皇帝。

歷經劉淵集團所建的漢、趙，石勒所建的後趙政權為胡族國家作為天下型政權立下一個模式。石勒作為胡人，先為劉淵政權下的官員，其所任官職已是中國官職，如「持節，平東大將軍，校尉、都督、王」。[38]石勒再由此中國官職體系上升為國王，同時又為境內胡人首長，官名是「大單于」。在國王階段，石勒身兼境內胡漢之首長。但當石勒任趙天王後就將大單于之位傳給他的兒子石宏。[39]我們要注意皇帝並不會兼大單于。由此看來，所謂胡漢二元體制或雙聯王權只發生在王國階段，不會提升到天下層級。即使歷經胡族建國運動，當時仍只有一個天下，即傳承自漢天下的天下，並沒有胡漢二元的天下。天下的統治者仍是皇帝／天子，即使皇帝／天子可以是胡人。

三、華北三國：燕、秦與涼

劉淵—石勒革命發生在并州，戰火以晉陽（太原）為中心點，終於向南燒到洛陽，摧毀了晉朝的本部。若劉淵起事有偶然性，中國地域社會的變化卻具必然性。這個必然性是胡人已成為地域社會的成員，在若干地域胡人政團已是強勢者。永嘉之亂的結果是「晉朝＋華北漢人士族」以「移國」的形式南遷，在健康（南京）重建了晉朝。於是華北地域社會在接下來的約二百七十年間由強勢的胡人政團所主導，只是這些所謂胡人政團其實是整合了地域社會的胡漢之人。

一旦天下分裂，首先呈現的是州的自立性。長期受州刺史所節制的胡人政團先以控制該州的主導權作為政治行動的開端，如鮮卑慕容氏控制幽州、平州、氐苻氏控制雍州、秦州。若版圖擴張順利，就進而控制複數之

---

[37]　《晉書》，卷106，頁2765。

[38]　《晉書》，卷104，頁2710。

[39]　《晉書》，卷105，頁2746。

州，如慕容氏再征服了冀州等。接下來慕容氏採用了燕作為國名，即開燕
國。從漢末曹操開魏國以來，這種型態的開國都是為接下來成為天子之國
與天下型政權作預備。又由於前有三國之例，該國君可以在尚未統一天下
之前就宣告自己是皇帝。

　　慕容氏以燕為國號。苻氏以秦為國號也是基於同樣的原理。其所根據
的政體理論是儒教的天下國家。這樣的一「王」國可以發展為「天子」之
國，其方法就是宣告其國君為皇帝／天子，慕容燕與苻秦都依循此原理，
至於客觀的政局如何另當別論。無論如何，慕容氏與苻氏都以天子之國的
主張不斷征服華北各地，苻堅政權一度統一了華北，甚至還揮軍南下欲消
滅東晉以統一天下。

　　五胡亂華以來華北的另一大國是涼。相對於燕與秦是通過胡族政團起
事征服郡縣體系而建國，此涼國則是原漢官之涼州刺史所建之國。從350
年至拓跋魏統一華北的439年的約九十年間，華北的政治史就是此三國鬥
爭的歷史。

　　慕容燕的崛起可推到238年慕容廆在遼西棘城附近建立政治中心。
棘城在今天的遼寧朝陽與錦州之間。《晉書‧慕容廆傳》稱此為「始建
國」。曹魏封慕容廆為「率義王」，即中國所認為的四夷之國。其後慕容
氏將建國的重心置於爭奪遼東，289年在遼西建立青山城。青山城在昌黎
郡城外東一百九十里，這標示慕容氏將政治發展的方向改面向中國。294
年再將政治中心移至（大）棘城。接下來的戰爭是對抗平州刺史、東夷校
尉等中國政府。[40]前燕政權首長慕容廆之祖是「右賢王」，父是「鮮卑單
于」，這表明慕容氏認為他們是屬於匈奴王權。慕容廆則受中國官職，如
「（鮮卑）都督」，[41]這也是「從內附到內臣」的表現。

　　五胡亂華展開後，晉朝授與其首長慕容廆更重要的中國官職，包括郡
縣長官，如前文所記。慕容廆所受的中國官職為郡縣長官（州刺史）、內
爵（遼東郡公）、都督、將軍號，以及單于名號。這是中國（晉）承認了
郡縣長官可以由胡人政團首長擔任，也就是承認了胡漢雙聯首長之制。在
法理上，慕容廆應至平州城就職。在實際上，慕容氏已掌握平州。只是我
們不能確定慕容廆至平州城（今遼陽）就職。至其後繼者慕容皝於341年

---

[40]　《晉書》，卷108，頁2803-2807。

[41]　《晉書》，卷108，頁2804。

遷都至龍城，龍城位在今天的朝陽。[42]至此階段，慕容燕仍表現為一個四夷政權與匈奴系王權，其政治交往的對象，包括戰爭與結盟，仍是中國所稱的東夷之國，如高句麗、夫餘。此階段的鮮卑慕容部屬東夷王權。[43]

而慕容氏政權由東夷王權轉換為中國王權的動力來自於它與後趙間的戰爭，慕容氏君主希望中國天子授與大國的官職，以標示該政權在國際上的地位，尤其是面對後趙。當慕容氏實質支配河北之地後，其首長慕容皝於340年得到東晉冊封為燕國王。[44]此燕王依漢制是「王國」之爵制，[45]然而，漢朝已廢止這類一類的王國之制，爵制是用來表現官員身分。即使魏晉以後「復封建」，這一類以戰國大國之名為名的王國只封給宗室，實質上也是虛封，用以表現身分而已，國王的權力是來自於他所具有的郡縣與軍府系統的官職。站在東晉的立場，此燕王是內爵，授與燕王不表示東晉授土以建燕國。[46]

慕容儁因父死而升為燕王，時間是349年。史料說東晉穆帝冊封慕容儁為「使持節、侍中、大都督、都督河北諸軍事、幽冀并平四州牧、大將軍、大單于、燕王。」[47]此燕王是配合大都督、都督諸軍事與諸州刺史之職，作為一「國」國王的意義不大。我們可以說，對於東晉而言，此燕王是皇帝制度中的封建爵制，即內爵。然而，另一面，對於慕容燕而言，它是實質占有了河北，並掌握了幽冀并平四州的郡縣體系，更是自稱大單于。這是實質的大國無疑。慕容氏首長希望從中國天子處得到燕國之爵只是為其已然存在之國求得一大國之名，也表示其王號是上國之王號。而主要目的是慕容氏首長用來表示其政團在當時國際中的地位，即他是「天下國家」體制中的大國君主，以至可以與小國君主間有君臣關係。

在350年，慕容氏占領薊，即幽州城。352年，慕容儁在幽州城，也是戰國、漢初燕國的都城，即皇帝位。這明顯的是採用漢魏與魏晉革命之制，以受天命為由，由國王升為皇帝／天子。有紀錄記載慕容儁說他之所

---

[42] 魏俊杰，〈慕容燕遷都探析〉，《齊魯學刊》，222（曲阜，2011.5）。

[43] 關於東夷王權，參考甘懷真，〈第三世紀辰王政權與東亞冊封體制〉，《新史學》，22：3（臺北，2011.9）；〈古代東亞國際關係中的高句麗（고대 동아시아 국제관계 속의 고구려）〉。

[44] 《晉書》，卷109，頁2821。

[45] 《後漢書》，卷38，頁3627。

[46] 關於封建制爵制中的授「茅土」的討論，見王安泰，《再造封建：魏晉南北朝的爵制與政治秩序》，頁227。

[47] 《晉書》，卷110，頁2831。

以為皇帝是「為中國所推」，[48]意即他雖為胡人卻為原漢代郡縣內之諸國所推舉為皇帝。這當然只是正當性的宣告。前燕宣告其德是水德，依五行相生是接晉之金德。但其後前燕改其德為木德，[49]其原因當是前燕改主張其政權是接續劉曜、石勒之趙，也就是承認趙國是接續晉的天下政權，而燕國是繼承此趙國也為一天下政權。只是我們沒有史料以明瞭這個轉折。

燕國在357年遷都鄴城。鄴作為都城始自曹操在這裡建魏國，通魏晉南北朝約三百五十年間，鄴是華北最重要的都城，十六國中有後趙、冉魏與前燕都於此，其後東魏、北齊也以此為首都。若中原地區以一條軸線表示，其西端是長安，中心是洛陽，東端是鄴。鄴也成為華北東部的樞紐城市。中國王權通過鄴以連結華北東部的各大樞紐城市，如幽州城（北京）、晉陽（太原）等。慕容燕定都鄴城也表示承續石趙以作為中國王權。我們可以推想，若慕容燕打敗前秦統一華北，或許會以洛陽為首都，但370年為前秦所滅。

苻氏前秦政權又是一種類型。五胡亂華開始後，氐人首長苻洪占領關中。在劉曜稱帝時，劉曜政權拉攏苻洪，為苻洪所拒。此時的苻洪當想依違於晉、匈奴之間。其後苻洪自稱護氐校尉、秦州刺史、略陽公。[50]這表示苻洪政團利用郡縣制以標示其政權，且不再作為外夷屬國。護氐校尉是中國監臨蠻夷型之官，秦州刺史是本州刺史，略陽公是內爵。350年，在冉魏政權成立時，苻洪自稱大將軍、大單于、（三）秦王。苻洪的稱王是要對抗在華北東部崛起的慕容燕。至其子苻健繼位，因國際局勢不利，一時之間宣布放棄秦王之號，既服屬於東晉，又稱臣於後趙石祗。但351年就自稱天王、大單于，再於隔年（352）稱皇帝。這也是石勒模式，即從秦國王升為天王，同時保有大單于之職銜。再由天王、大單于升為皇帝，同時傳大單于位給其子苻萇。[51]355年苻健死，苻生繼位稱皇帝。357年苻堅即位。苻堅在這一年（357）先稱「大秦天王」，其後應再登上皇帝位。只是《晉書》未記苻堅登基為皇帝之事，此當是《晉書》漏記無疑。

苻堅是五胡十六國時代的名君，研究者眾。經過約二十五年的戰爭，前秦在370年滅前燕，376滅前涼，又打敗了拓跋氏，於是華北有了短暫的

48　《晉書》，卷110，頁2834。

49　《晉書》，卷111，頁2851。

50　《資治通鑑》，卷87，頁2751，晉孝懷皇帝永嘉四年條。

51　《晉書》，卷112，頁2868-2869。

統一。若接下來苻堅政權在淝水一戰（383年）打敗東晉，中國將出現另一個統一的秦帝國。苻堅政權立意南征東晉反映了它自認為是中國政權，且決心甚強，所以要完成天下的統一。這一役的失敗造成秦國自身政變與境內胡族政權起事。被秦國征服的諸胡族政權再一次進行建國運動。當時中國的幾個大的胡族政團都起事叛前秦並建國，從這年開始到北魏統一華北的439年的五十年間，五胡國家進入最後階段。

　　前涼的成立則是西晉以來州的自立化的結果，其脈絡一如并州與幽州。只是并州刺史敗於匈奴，幽州刺史敗於鮮卑。相對之下，涼州刺史張軌可以利用涼地的郡縣體系建立自己的王國，並以武威為都城。張氏涼州政權一直與晉保持政治關係，尤其是與東晉天子維持君臣關係。其子張寔、張茂、張茂子張駿皆以涼州刺史（牧）之職統治此地。劉曜冊封張駿為涼王，而另一方面劉曜與張駿間又有戰爭。[52]但自立之勢日久，且五胡亂華造成中國分裂之勢日明，在張駿之世，官僚勸進為涼王，雖然張駿沒有接納。然而這類王爵只是既有統治事實的官號而已。《晉書》曰：「雖稱臣於晉，而不行中興正朔。舞六佾，建豹尾，所置官僚府寺擬於王者，而微異其名。」[53]張氏所治已是實質上的一國，只是張氏不願宣告它是上國之王國。石勒崛起後，張駿稱臣於石勒，並朝貢。這在當時諸國關係中也不是特例。張氏政權又依違東晉之間。至其子張重華繼位，在346年稱「假涼王」。張重華受東晉任命為涼州牧，但希望東晉封他為涼王。至354年，繼任君主張祚稱皇帝。前涼政權將張祚視為篡立，其政權三年而亡。後繼者張玄靚又自稱「大都督、大將軍、校尉、涼州牧、西平公」。西平公是涼州刺史會得到的內爵。此時張氏政權首長沒有自稱涼國王。又後繼者張天錫「自號大將軍、校尉、涼州牧、西平公」，而東晉封為「大將軍、大都督、督隴右關中諸軍事、護羌校尉、涼州刺史、西平公」。[54]其後為苻堅所滅。

四、後苻堅時代的三國復國

　　當前秦瓦解後，另一波胡族建國運動於焉展開。遠因推到第一世紀以來胡人大量進入中國（郡縣），各據地域社會，近因是從劉淵開始的胡族

---

[52]　《晉書》，卷86，頁2233。

[53]　《晉書》，卷86，頁2237。

[54]　《晉書》，卷86，頁2237、2238、2240、2244-2245、2250。

建國運動，而契機則是秦、燕、涼三國的成立及其政治動員。胡族建國所帶來的這一波第四世紀東亞王權運動從劉淵集團所在的晉陽（太原）成為第一個波心，浪潮波及薊、鄴、長安、武威，各地成為下一個波心而繼續擴散。除了擴散，王權運動的波濤也向下推進基層社會。更多地域社會的胡人政團被動員。在苻堅政權之前華北已形成了燕、秦、涼三國的格局，苻堅垮台後，這個格局重現，新興的各胡族政團是競逐此三國的支配權，即其首長以作燕王、秦王與涼王名義支配該地。我們也不妨說，中國王權發展至此，已從一個「漢天下」，分裂為三個「天下」即「燕天下」、「秦天下」與「涼天下」。而各「天下」的統治者也可以自稱皇帝／天子。從這角度看，從380年代至拓跋魏再度統一華北的439年的約六十年之間，中國處在一個大分裂時期。五胡十六國中有十國（後燕、南燕、北燕、後秦、後涼、西涼、西秦、夏、南涼、北涼）是在這個時期。而其中西秦、夏、南涼與北涼又是另一類型，這幾國是王權擴散後原處中國郡縣之外的胡族政權建立中國式的王權。

　　首先我們考察燕國的復國運動。苻堅垮台後慕容皝之子慕容垂領導燕的復國。慕容垂先是臣屬於苻秦，當苻秦敗亡，仍先是奉苻秦為天子之國，在384年自稱燕王。《晉書‧慕容垂載記》曰：「王公已下稱臣，凡所封拜，一如王者。」[55]即慕容垂為燕王，其下有諸王。雖然史料不載，我們可以推論此「燕王」是「燕天王」。386年慕容垂升為皇帝。當慕容垂為皇帝時，以其太子慕容寶為大單于。[56]此皆承襲燕國舊制。

　　後燕政權極不穩定，政爭甚至政變不斷，這是胡族政團要從部落制轉變成官僚制的困境所致，也是胡族國家最大的弱點，如諸多學者所論。[57]慕容寶之子慕容盛與慕容垂之子慕容熙皆以政變方式即後燕君主之位，皆稱皇帝或天王。史料顯示此時期燕國君主也有從皇帝降為天王。[58]這是因為皇帝或天王只是大國國君的尊號，故可以因為國內外的政局而升降。

　　慕容氏利用舊日的權威與政治關係，在苻堅政權滅亡後，重新整合了燕地的郡縣體系，尤其是州與州之上的都督區。在慕容垂稱皇帝期間，即

55　《晉書》，卷123，頁3082。

56　《晉書》，卷124，頁3087。

57　谷川道雄，〈慕容国家における君権と部落制〉，《隋唐帝国形成史論》（東京：筑摩書房，1986），頁68-99。

58　《晉書》，卷123，頁3099；《魏書》卷95，頁2070。參考《晉書》，卷124，頁3111，校勘記第八。

386年至396年間，華北東部（約漢之幽州、冀州、兗州、豫州、并州、青州）呈現以慕容氏政團為首而為一個政治單位，但這至多是表象。慕容垂本來是想奪回鄴以復興燕國，但不能如願，而定都中山。在這個時代的政權鬥爭中，占據郡縣系統中的核心城市不一定能獲勝，不能占到的肯定失敗。燕復國運動的更大挑戰是拓跋魏對於此區的征服。我們不只著眼於拓跋氏的軍事行動，[59]拓跋魏的勝出當是有更多的都督區、州、郡首長向拓跋魏輸誠的結果，不管主動或被動。在400年以後，慕容燕只剩下南北二區，南區在山東半島，其支配政團被稱為南燕；北區是遼西，後燕在為拓跋魏所敗後，其主力退至遼西，想守住慕容氏的本部。

南燕的建立者慕容德也是慕容皝之子。在400年稱皇帝。其子慕容超於405年繼位皇帝，但不見有大單于之稱，或許是史料中缺載。

西燕雖不被列入十六國，也是慕容氏政團所建的燕政權。其領袖慕容沖於385年稱皇帝。[60]雖然此西燕政權所占有之地是以今天山西為主的并州，但慕容沖不是要在此區域建國，而是宣告他是（慕容）燕國的最高首長，至於這個法理宣告與事實的落差是另一回事。慕容沖政權的稱帝否定了後燕慕容垂政權的合法性。相較於前燕開國者慕容廆、慕容皝至慕容儁等三個世代花了三四十年才稱帝，這時的慕容氏首長可以說是輕易稱帝。推其原因，慕容氏首長認為作為天子之國的燕國已存在，他們可以循此制度而宣告自己是該燕國的合法君主，又因燕國是天子之國，所以可以有皇帝之尊號。只是稱帝愈輕易的另一面，是該政團實際所領領土愈小。後燕因拓跋魏的攻擊而退到遼西的龍城，其實已轉為塞北政權。南燕一度占有鄴城，可以成為燕國的正統，但同樣受拓跋魏攻擊而撤出鄴城。西燕更是無法進入燕國的核心區，只能一時控制并州部分。

北燕反映胡族國家另一類型，也反映了基層社會的新興政團逐漸取代了過去一百多年間的強勢政團。北燕是馮跋與高雲在遼西所建，這是非慕容氏的燕國。馮跋所出的馮氏是河北、山西地區的豪族，由於其環境是胡漢混居，胡人與漢人之辨的意義不大。馮跋父馮安出任西燕的官僚。西燕被後燕滅了之後，馮跋轉隸後燕政團，再隨後燕遷往遼西。在第四、五世紀之交，這裡的基層社會多高句麗人。馮跋與高句麗政團有所合作。其後

---

[59]　張繼昊，《從拓跋到北魏—北魏王朝創建歷史的考察》（臺北：稻鄉出版社，2003），頁259-269。

[60]　《魏書》，卷95，頁2064。

馮跋控制了龍城，於是率領這個地區的政團從後燕分離出去。其作法是推高麗人高雲為首長。高雲與馮跋所為不是要新立一個國家，而是宣告其政權才是燕國的正統。406年左右高句麗占有遼東，在附近地區勢力大盛。在後燕時期，大量的戰爭使鮮卑慕容氏的軍人有高比例的死亡。這些原因使鮮卑慕容氏在遼西的勢力衰退。407年馮跋集團殺死後燕君主慕容熙，後燕滅亡。馮跋推高雲為君主，稱天王，國號仍為燕。這可以視為燕國的改朝換代，慕容氏的朝代結束。409年高雲死後馮跋自立為燕的君主，稱天王，以昌黎為都城。並以太子馮永為大單于。[61]北燕政權維持到436年為拓跋魏所滅，不見君主稱皇帝。推測馮氏之燕國因在塞北，自認國際地位較低，所以其君主不稱皇帝。

　　至此階段，皇帝、王等尊號主要是用來表示政團首長在本國與國際間的地位。國內的例子如燕國諸政團首長競相稱王、皇帝。國際的例證如下。當後秦與南燕並立，南燕君主慕容超遣使與後秦君主姚興談判。姚興自認大國，要求南燕為藩。《晉書》記使者韓範對姚興之詞：「今陛下……光宅西秦，本朝主上……定鼎東齊，中分天曜，南面並帝。」即燕國方面主張燕與秦都是「帝」國。可是另一方面，姚興在韓範之前稱慕容超為「燕王」，要求向後秦「稱藩」。[62]換言之，姚興認為其秦國是天子之國，而他是皇帝，並不承認慕容超作為並立的皇帝。基於秦與燕的「上國」與「下國」關係，姚興要求燕國作為秦國的藩屬之國。

　　其次，話題轉到秦國。在第四世紀，華北西部有比華北東部更複雜的族群問題。當氐族所主導的前秦崩潰後，羌、氐、匈奴與鮮卑等族的政團競奪地域社會的主導權。苻堅滅亡後，關中地區最大的政權是由羌人姚萇所建，其國被史家稱為後秦。姚萇屬甘肅東南之燒當羌，其父姚弋仲在西晉政權垮台後，率領其族人遷入關中西部之扶風郡，其實就是入侵中國郡縣。姚弋仲自稱護西羌校尉、雍州刺史、扶風公。這是此羌人政團的自我州郡化。[63]苻秦政權在關中成立，姚萇為其拉攏的對象，歷任秦國的郡守、刺史要職。苻堅政權滅亡時，姚萇作為這個區域的有力者競逐領導權，在384年「自稱大將軍、大單于、萬年秦王」，並建年號。由建年號可推論其王若不是天王，則當有天王的性質。「萬年秦王」或許即秦天王

61　《魏書》，卷125，頁3128、3130。

62　《晉書》，卷128，頁3179。

63　《晉書》，卷116，頁2959。

之義。「萬年」之稱應是其羌人口語的翻譯，此尊號加在王之前當是表示王上之王的意思。大單于之稱是表示其政權可以統率胡人。姚萇在386年占領長安，於是稱皇帝，國號「大秦」。又自認其政權之德是火德，繼承苻秦之木德，即承認其政權是承續苻秦之朝代，卻沒有改國號，可以視為秦國的改朝換代。[64]其後394年，姚興繼位。姚興是另一位五胡十六國時期的重要君主。399年，因災異，「降號稱王」，「王」當是「天王」。[65]至416年姚泓繼位，稱皇帝。亡於東晉劉裕所主導的征服。

　　再者是涼國。相較於秦國大體維持統一，甚至向東方河南之地擴張，涼地則是在地諸政權搏鬥。苻堅滅亡後，呂光占有張掖，重新以涼州為範圍圖建立政權。這個政權被稱為後涼。呂光是甘肅南部的略陽氐酋長，史書說「酋豪」。其父親呂婆樓加入苻堅政團。389年呂光占有涼州城（武威），自稱三河王，而以（後）秦為其上國。我們沒有其他的史料可以論證三河王，[66]推測這是氐人政權自己的王號而寫成漢字。此時呂光政團自認為是涼州的統治者。至396年，呂光稱天王。《魏書》、《資治通鑑》記其國號「大涼」。[67]從他建年號可以推論，呂光認為其政權是自立性政權，雖然不是天子之國，其後呂光也只即天王位而未即皇帝位。

　　呂光的涼國重整了這個地區的諸勢力，如結盟位在甘肅東南部、青海的鮮卑禿髮烏孤（南涼），甘肅中部的盧水胡渠沮氏（北涼），這二個政團的首長在呂光政權下任官。南涼的根據地在樂都（沿湟水，在蘭州與南寧中間），北涼在張掖。這二政權之後也追求自立，都以占領武威為目的，後文將討論。

　　涼的另一核心城市敦煌在400年後為李暠政團所控制。李暠被認為是李唐皇室的遠祖，有不少研究。李暠也曾隸屬呂光政權。其後李暠又屬北涼（張掖）段業政權，再從段業政權自立，段業封李暠為敦煌太守。[68]李暠又向東晉輸誠。400年東晉授李暠「護羌校尉、秦涼二州牧、涼公」，即陝西西部與甘肅的地方首長。李歆繼位，其官位為「大都督、大將軍、涼公、領涼州牧、護羌校尉。」[69]這也是得自晉朝的官職，李歆也曾獲授

[64]　《晉書》，卷116，頁2967。

[65]　《魏書》，卷95，頁2082。

[66]　胡三省的考證見《資治通鑑》，卷109，頁3453，晉安皇帝隆安元年條。

[67]　《魏書》，卷2，頁28；《資治通鑑》，卷108，頁3429，東晉烈宗孝武皇帝太元二十一年條。

[68]　《晉書》，卷87，頁2258。

[69]　《晉書》，卷87，頁2268。

「持節、都督七郡諸軍事、鎮西大將軍、護羌校尉、酒泉公」。[70]然而這些證據來自《晉書》，而所記為李唐皇室祖先，又事涉唐朝作為中國的正當性，故這些紀錄只能視為片面之詞。我們只能確認東晉授與州郡長官之職，沒有涼王。《晉書》記李暠建年號庚子。405年，改元建初。[71]這透露了此李氏政權作為自立之國，即使不稱「涼天王」，至少也自封為涼王。在紀錄中沒有看到李氏政權進攻武威的動向，原因之一這中間夾著張掖政權之北涼，結果此敦煌政權被北涼所滅。

從漢代以來，一波波的人群移入河西走廊及其鄰近地區。用中國史的語言，這是一種封建式的建國，即建立一自主之國，並與週邊其他國建立政治關係，表現為首長間的君臣關係。鮮卑從大興安嶺向東亞大地的移民中，一支禿髮部輾轉移到甘肅東南部與鄰青海地區，約第三世紀後期以樂都為政治中心。此為十六國中的南涼。從中國史的角度，這是一個邊境胡人政權。

在苻堅政權垮台後，原屬前秦的隴西也面臨政治勢力重組。呂光任命禿髮部首長烏孤為涼國官員，想為二政團之間建立政治關係。其官職是「假節、冠軍大將軍、河西鮮卑大都統、廣武縣侯」。這是一種利用漢制官職所作的封建式的冊封。假節、冠軍大將軍與廣武縣侯是標示該官員的政治身分與等級，而「河西鮮卑大都統」是軍府長官之職，這種軍區首長的授與在這個時期就是變相承認該政團是一「國」。我們說這是一種封建關係，被冊封者要向冊封之君主提供兵役與物資。其後，呂光再任命禿髮烏孤為「征南大將軍、益州牧、左賢王」。這是進一步的任命禿髮部首長為郡縣長官（益州牧）與胡族首長（左賢王），但仍不被接受。397年，烏孤自稱「大都督、大將軍、大單于、西平王，赦其境內，年號太初」，若我們認識到此禿髮部從來就是一個自立之國，因此這類自稱的意義主要是在國際關係上，用來表現此禿髮部要從一自立政權轉變為天下之一國，結果是採用胡族國家慣用的官制，另一方面這也是中國化。

又過了5年的402年，其首長禿髮傉檀自稱涼王。號稱涼王是主張涼地是其應然的領土，即使不是實然。這個政治動向使得禿髮部不得不進一步捲入這個區域的國際政治中。禿髮部的策略是臣服於長安政權後秦，即奉後秦為天子之國，而自為秦藩屬的涼國。禿髮政團奪取涼之重鎮姑臧即武

---

[70]　《晉書》，卷87，頁2268。

[71]　《晉書》，卷87，頁2259。

威。禿髮傉檀能奪取此地，使得他的涼王身分得到更多的正當性。禿髮傉檀於408年遷都於此。其後禿髮涼成為各方攻擊的焦點。該城先為北涼王沮渠蒙遜所奪。南涼再敗於夏之赫連勃勃，最後連根據地樂都也為西秦乞伏熾磐所奪而亡國，時間在414年。

　　另一被稱為涼國者是盧水胡渠沮氏政權，史稱北涼。盧水胡在張掖附近。何謂盧水胡，至今已有諸中國史學者討論。[72]其主要的人群是小月氏。此小月氏隸屬於匈奴，故其人也是匈奴，但其地又混居多種族群如羌人，故也是「雜胡」。世襲為酋長的沮渠氏當是匈奴貴族出身。該族在張掖附近就是自主的勢力。《晉書》說其首長沮渠蒙遜「博涉群史」，證明有相當的漢文能力，也可以推論其領導層的漢化。如前述，後涼呂光政權成立帶動了涼地的政治動員，蒙遜氏政團也成為呂光政權的藩屬。紀錄中說沮渠蒙遜的伯父從呂光征河套，[73]這種兵役是作為藩屬的證據。其後沮渠蒙遜起兵反呂光，並推段業為盟主。段業397年自稱「使持節、大都督、龍驤大將軍、涼州牧、建康公」，並建年號，399年稱涼王。[74]至401年，沮渠蒙遜推翻了段業，以張掖為政治中心。然而，在政變之後，沮渠蒙遜沒有繼承涼王，而是稱「使持節、大都督、大將軍、涼州牧、張掖公。」[75]這是典型的漢制郡縣長官的官銜。其中沒有（大）單于之職，是否漏記，難以推論。沮渠蒙遜既以地方長官自居，即承認在他之上有天子之國，此天子之國可能是東晉。然而這種官職的意義不在於承認何為天子之國，而是對於自己是一個天下之州郡型政權的宣告。412年沮渠蒙遜政團占領武威，自稱河西王。421年受東晉冊封為涼州刺史、張掖公。423年劉宋封涼州牧、河西王。此時沮渠氏是涼地最大的勢力。在紀錄中，此沮渠政權一直未稱涼王，反映它沒有要稱霸涼地。當拓跋魏強大，拓跋魏要拉攏沮渠涼，沮渠涼也依靠拓跋魏，《魏書》稱為「以河西內附」。[76]內附的結果是北魏冊封沮渠蒙遜為「假節，加侍中，都督涼州及西域羌戎諸軍事、行征西大將軍、太傅、涼州牧、涼王」，時間在431年。[77]這是附屬

---

[72] 相關討論可參考劉淑芬，〈從民族史的角度看太武滅佛〉，《中央研究院歷史語言研究所集刊》，72：1（臺北，2001.3），頁6-17。

[73] 《晉書》，卷129，頁3189。

[74] 《晉書》，卷10，頁251。

[75] 《晉書》，卷129，頁3192。

[76] 《魏書》，卷36，頁830。

[77] 《魏書》，卷4上，頁79。

於拓跋魏政權下的涼王，八年後的北魏滅了沮渠涼。

　　另二個在後苻堅時代崛起的胡族國家是匈奴之乞伏氏與赫連氏，前者被稱為十六國中的西秦，後者被稱為夏。

　　西秦的統治者是匈奴，其人民則以鮮卑為主，其政治中心在蘭州附近。苻秦政權與這支匈奴族建立了政治關係。因為這層政治關係，其首長乞伏國仁率族人參與了苻堅征東晉遠征軍。當苻堅死，385年乞伏國仁自稱「大都督、大將軍、大單于、領秦河二州牧，建元曰建義。」這是以州郡型政權＋胡族首長自我定義，至於天子之國為何並不重要。一如南涼與北涼之例，其自國早已存在，故這類首長官職的意義在於定義自身是一個地域性的政權，藉以與他國建立關係，並表示加入國際社會即天下。而另一方面，乞伏政權也以「建元」來強調自己的自立性。《晉書》又記乞伏國仁「置武城、……十二郡」。[78]這是該國在建國過程中自我郡縣化，而為」秦河二州─郡─縣」的政治體系。

　　乞伏乾歸於388年繼位，定都在蘭州附近的金城，自稱為為「大都督、大將軍、大單于、河南王」。這個稱號一如後梁呂光稱「三河王」，南涼禿髮烏孤稱「大都督、大將軍、大單于、西平王」，姚萇稱「自稱大將軍、大單于、萬年秦王」，以及苻洪稱「大將軍、大單于、（三）秦王」，即由「將軍號＋大單于＋王」所組成，而不使用漢制的州郡長官職稱，即宣示其政權的自主性，以至非中國性。其中河南王可視為是其夷語自稱的漢文翻譯。《晉書‧吐谷渾傳》記吐谷渾首長視羆在外交場合稱乞伏乾歸為「河南王」，推論河南王是乞伏歸乾在國際上的稱號，我們也不妨稱其國為河南國。然而，在當時的國際關係中，境外的大國仍以州郡之國定義此匈奴的乞伏政權。前秦繼承者苻登曾授與乞伏乾歸「假黃鉞、大都督隴右河西諸軍事、左丞相、大將軍、河南王，領秦梁益涼沙五州牧」，[79]其差別在於諸州牧的授與。至於乞伏乾歸是否接受了難以判斷，其實也不重要。苻登只是想宣示乞伏政權臣屬前秦，而乞伏乾歸只是想宣示其政權的自主性。更不用說秦梁益涼沙諸州其實既不屬於苻登，也不屬於乞伏氏。我們可以推論乞伏政權也與姚興之後秦保有上國與下國的關係。[80]

78　《晉書》，卷125，頁3115。

79　《晉書》，卷125，頁3116；卷97，頁2541；卷125，頁3117。

80　《晉書》，卷125，頁3120。

　　即使乞伏政權想尋求自國的自主性，在當時的歷史脈絡下仍無法解脫漢制的天下國家作為國際關係的規範性。當後秦之長安發生亂事，乞伏乾歸就乘機宣告自己是「秦王」，時間在409年。[81]推測從388年至409年的二十年間，乞伏氏政權被捲入這個區域的國際鬥爭中。乞伏氏以蘭州為本部，其國際地位來自於它領有此城。但蘭州也是四戰之地，東邊是長安政權的後秦，西邊有武威政權的後涼，後涼又分裂為武威的南涼、張掖的北涼、酒泉的西涼，西方還有青海的吐谷渾。北方則有在陝北、河套的夏。乞伏氏自稱秦國、國王之號當是為提升其國際地位，結果是採用了中國的國名與君主號。西秦亡於431年與夏的戰爭中。

　　夏也是匈奴所建之國，建國者是赫連勃勃。這一部屬南匈奴，也被認為是鐵弗部。劉淵起事時這個匈奴政團也參與行動，在山西北部、朔方建立其勢力。匈奴漢、趙、前秦、後秦都任命這支匈奴族首長官職。如漢之劉聰授「樓煩公、安北將軍、監鮮卑諸軍事、丁零中郎將」，後趙石季龍授「平北將軍、左賢王、丁零單于」，苻堅授「西單于，督攝河西諸虜」，姚興授「持節，安北將軍，五原公」。[82]這個官職都是胡族國家所採行的胡漢官職，然可注意者是其中沒有郡縣長官之銜。一方面，這些大國視赫連氏為郡縣域外之政權，另一方面，作為中國的這些大國與赫連氏政團的關係是封建的。至409年，赫連勃勃自稱「天王、大單于」，並以（大）夏為「國號」。並建元龍昇。至418年稱皇帝。[83]這個政權是其首長不經過郡縣長官的資歷而直接宣告自己是（天）王國。

　　國號為夏也是特例。史料中記國號為夏的原因是「自以匈奴夏后氏之苗裔也，國稱大夏」。[84]將匈奴說成是夏后氏之後裔是中國方面的通說，其說法已出現在《史記·匈奴傳》。這種說法的一體兩面是既將匈奴納入中國天子所治的天下體系中，又主張匈奴是夷狄而非中國之類。國號為夏的意義亦同，一方面表示自己是與其他諸國同在一個「天下」之中，故發生國際關係，另一方面又標榜自己的非中國性。[85]只是赫連氏政權同樣在所謂國際化的浪潮中使用了天王、皇帝等名號。

81　《晉書》，卷125，頁3122。

82　《晉書》，卷130，頁3201-3202。

83　《晉書》，卷10，頁260；卷130，頁3202。

84　《晉書》，卷130，頁3202。

85　參考三崎良章，《五胡十六国の基本的研究》（北京，汲古書院，2006），頁139-168。

　　然而，我們也不可以因為漢文表記而判斷這是一個中國政權，畢竟漢文是當時東亞的公用語。《晉書‧赫連勃勃載記》記載了赫連勃勃使用漢文的故事。故事是說赫連勃勃為在東晉使者面前展現自己的漢文能力，暗記官員已寫好外交文書，再於東晉使者面前假裝「口授」。[86]這是一場政治表演無疑，但也可以看出漢文通行於夏的政治界，並作為外交的語言。另一故事是赫連勃勃改劉姓為赫連。[87]這個事實的一面是該匈奴政權的中國化，故以漢字表現其姓，才有改姓之議。但是，夏國只是一個使用了漢文的匈奴國。420年其首都統萬建設完成，刻石頌功，其文開頭記載了夏國的前史，其起源是「大禹」。接下來敘述匈奴的歷史。其文諷刺中國不斷改朝換代，戰禍不斷，而位居塞外的匈奴卻是「幽朔諡爾，主有常尊于上」。又其文歌頌匈奴的武力，有「故能控弦之眾百有餘萬，……使中原疲於奔命」，又諷刺漢高祖的平城圍，曰：「平陽挫漢祖之銳」。[88]這些都表現了高度的匈奴意識。我們不妨說夏是一個漢化的匈奴國。夏長年與後秦戰爭。431年亡於拓跋魏。

五、結語：另一個從封建到郡縣

　　再回顧「五胡十六國」的政體，本文可補充若干結論，如下。

　　首先是關於胡漢二元體制之說。這是胡族國家政體的性質，無庸置疑。只是這個體制不是胡人創造的，更不是藉由胡族征服而帶來的。本文探討了這個體制如何從漢制的「天下─中國─四夷」演變而來。漢帝國本身就是胡漢二元體制。漢天子所治理的天下分中國之國與四夷之國。中國之國是郡縣，四夷之國則採封建之制。一方面，所謂四夷的政團首長與中國首長（天子、州刺史、郡太守）間藉由冊封而締結君臣關係，另一方面這樣的外夷政團作為一個自治單位。除了藉由封建式的冊封外，漢朝也利用軍府制度控外夷。這是一種漢制的胡漢二元體制，刺史領郡縣治理「中國人」，而監臨外夷官治理外夷。

　　受軍府制度發達的影響，也面對日漸強大的境內外夷，第二世紀以後，中國政府開始將這類監臨外夷官授與外夷首長，並授與將軍號與內爵

---

[86]　《晉書》，卷130，頁3208。

[87]　《晉書》，卷130，頁3206。

[88]　《晉書》，卷130，頁3210。

（中國爵制）。其意義在於承認這類外夷首長是中國官員，即所謂「從內附到內臣」。這種胡漢一體化的另一面是第三世紀以後，魏晉朝廷使刺史兼監臨外夷長官，也使刺史可以治理其境內的胡漢之民。在304年劉淵領導匈奴造反之前，中國朝廷守住了「中國—四夷」政策的底線，沒有將州郡長官之職授與胡人領袖。而五胡亂華以後，東晉朝廷開始授與外夷首長都督諸州、刺史之職，同時授與大單于等胡族首長的官職。就制度面而言，這是中國皇帝制度接受了外夷（胡族）首長可以擔任郡縣系統的長官，且同時保有胡族首長的身分如大單于。這也是中國朝廷承認胡族出身的都督諸州、刺史可以治理境內的胡漢之民。

　　當東晉根本失去了對於華北的支配權，其官職任命是虛或實，是有討論的餘地。然而，本文強調，漢帝國創立以來的約五百年，漢的皇帝制度是東亞世界共有的政治知識與規範，第三世紀以來東亞世界內的建國者無不利用這套制度。而這套漢帝國的遺產對於東亞建國者而言，其主要功能在於其「名」，而不是「實」。漢皇帝制度的郡縣制與官僚制為這些建國者所詮釋與運用，以定義自己在複雜的國際關係中的身分與地位。對於建國行動而言，這套知識的重要性不下於武力。再舉例而言，慕容廆曾自晉皇帝受「使持節、都督幽州東夷諸軍事、車騎將軍、平州牧，遼東郡公」。此時慕容氏已實質占有遼西、河北北部，東晉授與他這裡的都督與刺史職可以說是虛授，但是這些行政長官頭銜、將軍號與內爵是顯示這個政團的自我定位與位階，也被用來建構國際關係。皇帝、天王、王等政治名號在這個時期也是被用來表現一國統治者的尊號，功能在於表現該國在國際關係中的主張與位階。

　　再者，觀察五胡十六國，可以區分出三種國之模式。其一是帝／王國型，或稱天下型。如劉淵集團之漢、趙，慕容燕、苻秦。這些政團都開國稱王，國號是戰國大國之名。這類政權主張自己是天下之中國，其國君可以治天下。此天下的應然範圍是漢天下，但又以三國（魏蜀吳）的模式詮釋帝／王國可以只統治天下的一部分，只要其國能作為上國而支配諸下國，即依「天下國家」原理是諸「國」之上之「國」。其首長稱皇帝或天王。

　　其二是州郡型，其首長的官職的基本型態是「都督＋（諸）州刺史＋將軍號＋內爵」。十六國的首長在建國歷程中幾乎都經歷過這個階段，無論該官銜是來自於外部大國國君主或自稱。本文也強調，五胡十六國的特色在於這些都是由自主性很強的政團所建構，這類的官銜是表現該政團的

「名」而非「實」。胡族國家首長得到這一類的官銜是如何運用於其國內政治是猶有可以討論的餘地，而它的主要功能是在表現國際關係。處在當時漢帝國遺緒下的「天下」的建國者無論主動或被動，情願或不情願，都必須使用與接受這套制度。

　　其三是封建型。五胡十六國的建國者有二類，一是漢以來的四夷之國，二是第三世紀以來的邊境胡族政權。這類政權在五胡亂華階段，其首長藉由將軍號以宣稱其政團是天下的成員（國），又標榜是大單于，也有其自國的王號。這個王號是其自稱的漢文表現。前秦、後秦、後涼、南涼、西秦在其建國階段都有一度這種類型的封建之國。只是這類封建之國不能免於被捲入天下之國際社會中，不得不轉型為州郡型之國，甚至宣告自己是帝／王國。

　　最後，五胡十六國誠然是胡族國家，雖然本文在其政體中的胡族性格上著墨不多。然而，本文強調，在諸國並立的狀態下，諸國所共構的國際社會所發生的國際關係仍採行漢制，即皇帝制度的郡縣制與官僚制。如果我們稱這個國際社會為天下，則這個天下仍由中國性所構成，表現在漢文使用與官名。這也使得諸胡族國家必須藉由標榜其中國性以發展國際關係與爭取國際地位。即使十六國中唯一的匈奴系王權之夏國也不例外。

《史記‧循吏列傳》析疑（新稿）[*]

閻鴻中[**]

前言

　　循吏和酷吏是《史記》兩篇列傳的標題，此後多部正史有名稱相近的類傳，因而形成中國政治文化中一組對比的官吏典型。酷吏詞義的變化不多，都指採嚴酷的手段施政，[1]循吏則不然。《漢書‧循吏傳》專寫安治百姓、教化有成而受到愛戴的地方官，尤其以宣帝一朝（74-48 BC）的郡國守相為多；[2]《後漢書》以下，不論循吏傳、良吏傳中的人物，或是其他見許為有循吏之風的官吏，都屬地方長官，甚至常見某些表示感化績效的格

---

[*]　本文初稿以〈《史記‧循吏列傳》的法制職分論〉為題，於本研討會中宣讀。承蒙評論人王仁祥先生及與會多位同仁賜教，受益良多，謹誌謝忱。文稿修訂後，改題〈《史記‧循吏列傳》析疑〉，刊於《臺大歷史學報》第57期（臺北，2016.6），頁1-46。現又通體改寫，雖大旨未變，但刊除疏誤、增添新得，行文亦求簡淨周密。因頗有刪潤出入，故於原題後冠以「新稿」，以免誤會。

[**]　國立臺灣大學歷史學系副教授。

[1]　《史記‧酷吏列傳》三度提到「嚴酷」，兩次提到「暴酷」，又說「酷急」、「酷烈」、「慘酷」，又稱「好殺伐行威不愛人」。見〔漢〕司馬遷撰，〔南朝宋〕裴駰集解，〔唐〕司馬貞索隱，〔唐〕張守節正義，《史記》（北京：中華書局，2014點校本二十四史修訂本；以下簡稱《史記》），卷122，〈酷吏列傳〉，頁3803-3827。這些形容可說是司馬遷對酷吏特質的定義，後史也都遵用。立「酷吏傳」的正史有10部：《史記》、《漢書》、《後漢書》、《魏書》、《北齊書》、《北史》、《隋書》、《舊唐書》、《新唐書》和《金史》。此外，《明史》不立酷吏的專傳，而是將錦衣衛和東廠、西廠的史事記載於〈佞幸〉和〈宦官〉，蓋以其立於政府部門之外，無關乎官吏個人的行事風格。

[2]　《漢書‧循吏傳》載，孝宣「常稱曰：『庶民所以安其田里而亡歎息愁恨之心者，政平訟理也。與我共此者，其唯良二千石乎！』」此傳以受到宣帝褒獎的「良二千石」為主，但政績遠不止於「政平訟理」，而是如小序所說：「泯泯群黎，化成良吏。……沒世遺愛，民有餘思。」需以教化的成就贏得人民的追思。見〔漢〕班固撰，〔唐〕顏師古注，《漢書》（北京：中華書局，1962；以下簡稱《漢書》），卷89，〈循吏傳〉，頁3624；卷100下，〈敘傳下〉，頁4266。

套。[3]即或吏風不良，作史者不得不退而求其次，卻仍對《兩漢書》中的循吏楷模表示嚮往。[4]不過，首見循吏一名的《史記・循吏列傳》，傳中的人物事跡卻大異其趣。

　　司馬遷（135-90 BC）的〈循吏列傳〉文長不逾千字，在《史記》列傳中洵屬小品。記載五位賢臣：楚相孫叔敖、鄭相子產、魯相公儀休、楚相石奢及晉國的理官（司法官）李離，都屬春秋中期到戰國早期時人。唐司馬貞（679-732）對此早有質疑：

> 其國僑（子產）、羊舌肸（叔向）等亦古之賢大夫，合著在〈管晏（列傳）〉之下，不宜散入〈循吏〉之篇。[5]

---

[3]　在二十五史中，立循吏傳有12部，立良吏傳有6部，立良政傳有1部，匯列於此（名良吏者加*號）：《史記》、《漢書》、《後漢書》、《晉書》*、《魏書》*、《北齊書》、《宋書》*、《梁書》*、《南齊書》（稱「良政」）、《北史》、《南史》、《隋書》、《舊唐書》*、《新唐書》、《宋史》、《金史》、《元史》*、《明史》、《清史稿》。嚴耕望指出，《漢書》、《後漢書》所見酷吏、循吏，作風有由嚴而寬的變化，但其所說變化與循吏觀念的界定無關。見嚴耕望，〈政風述要〉，收入氏著，《中國地方行政制度史（甲部）》（臺北：中央研究院歷史語言研究所，1990），頁409-416。關於東漢以下良吏德化書寫的格套化，參見〔日〕柳瀨喜代志，〈「虎渡河」「虎服罪」故事考－後漢の傳記をめぐって〉，收入氏著，《日中古典文學論考》（東京：汲古書院，1999），頁78-91；孫正軍，〈中古良吏書寫的兩種模式〉，《歷史研究》，2014年第3期（北京，2014），頁4-21。

[4]　《漢書》以下，循吏傳僅收地方首長一類人物，其他形容為循吏者亦然。良吏一詞所稱則不限官職類型，如《漢書・循吏傳》說，宣帝獎勵良二千石，「漢世良吏，於是為盛」，則良吏義同「良二千石」，在此義近循吏。見《漢書》，卷89，〈循吏傳〉，頁3624。而《東觀漢記・鍾離意傳》載：鍾離意辟大司徒侯霸府，遇冬寒能體恤罪徒，帝得奏，曰：「誠良吏也！」則良吏不專指臨民之官。見〔漢〕劉珍等撰，吳樹平校注，《東觀漢記校注》（北京：中華書局，2008），卷16，〈鍾離意傳〉，頁665。至於中古正史改循吏列傳為良吏列傳，或許寓有不敢比肩於兩漢循吏之意。如《宋書・良吏列傳》云：「豈徒吏不及古，民偽于昔，蓋由為上所擾，致治莫從。今采其風跡粗著者，以為〈良吏篇〉云。」《魏書・良吏列傳》亦云：「其於移風革俗之美，浮虎還珠之政，九州百郡，無所聞焉。且書其為時所稱者，以著〈良吏〉云爾。」均坦承吏風不良，罕見教化之功，僅取治績較著者入斯篇，其改名良吏傳之故在此。兩漢循吏典型在昔，令後人不敢褻瀆，這可說是著史關乎名教的一個好例證。見〔梁〕沈約撰，《宋書》（北京：中華書局，1974），卷92，〈良吏列傳・序〉，頁2262；〔北齊〕魏收撰，《魏書》（北京：中華書局，1974），卷88，〈良吏列傳・序〉，頁1899-1900。

[5]　見《史記》，頁3769。按，此條《索隱》，金陵書局本《史記三家注》、單行本《索隱》皆無；然黃善夫本、蔡夢弼本及〔明〕凌稚隆輯《史記評林》（國立中央圖書館藏明萬曆四年〔1576〕吳興凌氏刊本）、〔日〕瀧川龜太郎《史記會注考證》（臺北：藝文印書館，1959據日本昭和七至九年（1932-1934）東京研究所排印本影印。以下簡稱《史記會注考證》）皆有，參〔日〕水澤利忠編，《史記會注考證校補》（東京：史記會注考證校補刊行會，1957-70）。中華書局原標點本無，修訂本增列。

後來的批評意見，清梁玉繩《史記志疑》曾做扼要的歸納：

> 史公傳循吏無漢以下，傳酷吏無秦以前，深所難曉。又（〈循吏
> 列傳〉）所舉僅五人，而為相者居其三，吏事不責公卿，[6]何以入
> 此？孫叔、子產、公儀子當與管、晏並傳為允也。《巵聞錄》曰：
> 「循吏五人而不及漢，春秋列國賢臣尚多，而獨傳叔敖、子產、公
> 儀休，不太略乎？石奢、李離以死奉法，豈曰非賢？於循吏未甚當
> 也。且敘事寥寥，絕無光燄。」《史詮》曰：「漢之循吏，莫若吳
> 公、文翁，子長不為作傳，亦一缺事。」[7]

上述質疑可分為五點：

一、春秋時期的賢大夫遠不止這幾人；
二、「吏」當指地方官，此傳人物多為朝廷公卿，可與〈管晏列傳〉
　　合併，不該入循吏；
三、石奢、李離守法而犧牲生命一事，與循吏無關；
四、漢代優秀地方官如吳公、文翁之倫應入此傳；
五、傳文敘事簡略，精彩不足。

這些批評可一言以蔽之，都是以班固（32-92）書寫的循吏為標準，指責首
創「循吏」一名的《史記》，實有郢書燕說、反客為主的嫌疑。

---

[6] 「吏事不責公卿」，謂地方官或公卿屬吏可稱吏，公卿（含相）不當稱「吏」。按，梁玉繩所言觀念實屬晚起，馬端臨《文獻通考‧選舉考》載北宋哲宗時劉安世言：「祖宗之待館職也，儲之英傑之地，以飭其名節；觀以古今之書，而開益其聰明。稍優其廩，不責以吏事，所以滋長德器，養成（其）名卿賢相也。」此言宋代公卿人才之養成，不責以佐治州縣之瑣務。見〔宋〕馬端臨，《文獻通考》（臺北：臺灣商務印書館，1987縮影武英殿《十通》本），卷38，〈選舉考〉，頁362-363。按，劃分公卿與百吏，蓋可上溯南北朝九品官人、嚴別清濁之制，漢代殊不然，公卿多起自地方基層，郡國守相總轄軍民財刑諸政，職責與公卿為近，且與九卿同稱「吏二千石」。

[7] 〔清〕梁玉繩撰，《史記志疑》（北京：中華書局，1981），卷35，頁1431。按，《巵聞錄》，〔明〕華繼善撰；《史詮》，〔明〕程一枝撰。又，傳文指明為相者四人，梁氏曰三人，因為他認為石奢非相。又，梁氏以公儀休為春秋時人，實為戰國初年。類似批評參見〔明〕凌稚隆輯，〔明〕李光縉增補，〔日〕有井範平補標，《補標史記評林》（臺北：地球出版社，1992影印明治十六年〔1883〕刊本；以下簡稱《補標史記評林》），卷119，頁1下補標引陳仁錫，頁2下-3上增補引王世貞。此外，余英時〈漢代循吏與文化傳播〉也提示多種質疑〈循吏列傳〉的觀點，該文收入氏著，《中國思想傳統的現代詮釋》（臺北：聯經出版公司，1987），頁191-193。

　　要釐清《史記・循吏列傳》的初義，先得擱置後起的循吏觀念。在《史記》裡，循吏一詞僅見於本傳和〈太史公自序〉的本傳小序。傳中人物，除子產外，未曾在《史記》他處陳述過具體事跡。[8]所以，一切疑問，只有回歸〈循吏列傳〉本文尋求解答，進而釐清太史公和班固兩種循吏觀念的異同得失。這就是本文的目標和工作程序。

一、傳文大意

　　司馬遷在《史記・太史公自序》裡，為本傳寫了簡短的小序：[9]

> 奉法循理之吏，不伐功矜能，百姓無稱，亦無過行。作循吏列傳第五十九。

「奉法循理之吏」是「循吏」極扼要的定義，「不伐功矜能，百姓無稱，亦無過行」三句則寫出循吏的風格，強調不求聲名的態度。簡潔的定義，低調的態度，相當特別。

　　從結構來看，〈循吏列傳〉是段落分明的類傳。首尾各有一段「太史公曰」，可說是全篇的序和贊；中間是五個人的傳記。所謂傳記，依形式可分為先後兩組：前三人孫叔敖、子產和公儀休，敘及出身背景，寫其施政綱領，再敘述行事和政績，的確是簡明的傳記；後兩人石奢和李離只各寫一項事跡。這裡先將本傳的結構以綱目形式提示，然後逐段討論。綱目與全文對照參見附錄。

　　序　論　　　奉職循理（解題）
　　孫叔敖傳　　導民樂生（政綱）
　　　　　　　　復幣安民　高車變俗（政事）
　　　　　　　　民自從化（政績）

---

[8] 在《史記》裡，公儀休、石奢和李離三人未另出現。孫叔敖另有兩次，是由他人之口間接提及：一、鄒陽〈獄中上梁孝王書〉說：「孫叔敖三去相而不悔。」二、優孟曾模仿孫叔敖，稱「孫叔敖之為楚相，盡忠為廉以治楚，楚王得以霸」。見《史記》，卷83，〈魯仲連鄒陽列傳〉，頁2999；卷126，〈滑稽列傳・優孟〉，頁3889-3890。

[9] 《史記》，卷130，〈太史公自序〉，頁4025。

	自信不移（為人）
子產傳	教化之功（政績）
	民思遺愛（政績）
公儀休傳	奉法循理　不爭民利（政綱）
	廉不受魚　拔棄園葵　焚機出婦（行事）
石奢傳	廉正無阿（為人）
	縱父自刎（行事）
李離傳	過聽自裁（行事）
贊　語	

（一）序論

序論的「太史公曰」簡短而含意曲折：

> 法令，所以導民也；刑罰，所以禁姦也。文武不備，良民懼然身修
> 者，官未曾亂也。奉職循理，亦可以為治，何必威嚴哉？

前兩句的「法令」和「刑罰」，分別是「導民」和「禁姦」的手段，一正一反，相輔為用。第三句開端「文、武」並列是漢時的常語，將兩種相反的手段並舉，如〈酷吏列傳〉「一切亦皆彬彬質有其文武焉」，〈貨殖列傳〉「以武一切，用文持之」，所指內容視上下文而定。在這段話裡，「文、武」當分指前文對舉的「法令」和「刑罰」。[10]「文武不備」也就是「禁網疏闊」的意思。因此這段話的大意應該是和〈酷吏列傳序〉相呼應的：「昔天下之網嘗密矣，然姦偽萌起，其極也，上下相遁，至於不振。……漢興，破觚而為圜，斲雕而為朴，網漏於吞舟之魚，而吏治烝烝，不至於姦，黎民艾安。由是觀之，在彼不在此。」[11]治理並不在法令完備、禁網周密、刑罰嚴酷；但「在彼」是指什麼呢？本傳序文最後一句說：「奉職循理，亦可以為治，何必威嚴哉？」應當就是扼要的回答。

不過，前面一句話的斷句歷來有歧異，且關乎文義的理解，得先做釐

---

[10] 見《史記》，卷122，〈酷吏列傳〉，頁3827；卷129，〈貨殖列傳〉，頁3981。或以為「文武」指文治武功，如韓兆琦，《史記箋證》（南昌：江西人民出版社，2004），頁5895，是誤以代稱為實指。

[11] 《史記》，卷122，〈酷吏列傳〉，頁3803。

清。以往斷句的方式共有三種：

〔甲〕文武不備，良民懼然。身修者，官未曾亂也。[12]（懼讀為瞿）

〔乙〕文武不備，良民懼。然身修者，官未曾亂也。[13]（懼音巨）

〔丙〕文武不備，良民懼然身修者，官未曾亂也。[14]（懼讀為瞿）

甲式讀法的「懼然」是驚恐貌，「身修者官未曾亂也」，是說官吏修身則民不亂。乙式斷句的「懼」字做動詞的驚恐義，「然」字表示語氣轉折，對「身修者官未曾亂」的理解則和甲式相似。古人節引「身修者官未曾亂」以下，其實難以分辨是採甲式或乙式斷句。這種讀法一直通行，如劉禹錫〈荅饒州元使君〉言：

太史公云：「身脩者，官未嘗亂也。」然則脩身而不能及治者有矣，未有不自己而能及民者。[15]

自唐代到清代類似的引述例子相當常見。但這一讀法實為斷章取義。在文

---

[12] 歷代稱引「身脩者官未嘗亂」多不連上文，如下舉劉禹錫、楊士奇、鄒迪光之文皆是。這一讀法當以「懼然」為狀語，此種文例見於《莊子‧桑庚楚》「南榮趎懼然顧其後」，〔唐〕陸德明《經典釋文》及〔唐〕成玄英《莊子疏》於此篇皆出「懼然」詞條釋其音義，可見唐人對該詞例並不陌生。《莊子疏》曰：「懼然，驚貌也。」郭慶藩曰：「懼然，即瞿然也。」參見〔戰國〕莊周撰，〔晉〕郭象注，〔唐〕成玄英疏，〔唐〕陸德明釋文，〔清〕郭慶藩集釋，《莊子集釋》（北京：中華書局，1961），頁726。

[13] 採乙式斷句的《史記》版本有：凌稚隆輯《史記評林》、日本天明七年（1787）刊本《群書治要》、《史記會注考證》。見〔明〕凌稚隆輯《史記評林》（萬曆四年吳興凌氏刊本、有井範平《補標史記評林》並同），卷119，頁1上；〔唐〕魏徵等編，《群書治要》，收入《四部叢刊‧正編》，第23冊（臺北：臺灣商務印書館，1979據上海涵芬樓景印日本天明七年〔1787〕尾張藩刊本影印），卷12，頁23下；《史記會注考證》，卷119，頁2。楊海崢點校《史記會注考證》時改為丙式，見楊海崢整理點校，《史記會注考證》（上海：上海古籍出版社，2015），頁4040。

[14] 採丙式斷句的《史記》版本有：〔清〕吳汝綸評點，《史記集評》（臺北：臺灣中華書局，1970影印都門書局1915年鉛印本），卷190，〈循吏列傳〉，頁1上；商務印書館《國學基本叢書》點校本《群書治要》，上冊（上海：商務印書館，1937據連筠簃叢書本排印並標點），頁211；中華書局點校本《史記》，頁3767。王叔岷、施之勉亦主此式斷句，見王叔岷，《史記斠證》（臺北：中央研究院歷史語言研究所，1983），頁3227。

[15] 〔唐〕劉禹錫撰，《劉禹錫集》（北京：中華書局，1990），〈荅饒州元使君〉，頁257。較晚的類似用例如〔明〕楊士奇〈送董知州序〉，《東里集》續集，收入《文淵閣四庫全書》，第1238-1239冊（臺北：臺灣商務印書館，1983據國立故宮博物院藏本影印），卷8，頁5下。

法上，「身修者」的主詞並未表明；前文的「法令」、「刑罰」、「良民」，與這句話的「身修者」和「官」，先後層次不清，文意難以連貫。[16]

丙式斷句約從晚清、民初才開始流行。它將「文武不備，良民懼然身修者」連讀，「文武」指前文的「法令」和「刑罰」，「良民」是「身修」的主詞，合為一個判斷句的主語，意思是，當「法令」、「刑罰」不完備，而良民還能惕勵自修，後文的「官未曾亂」則說明前者得以成立的基礎。[17]「官未曾亂」的內容自然涉及後文「奉職循理」的官吏。[18]這一斷句貫串首尾，層次分明，相當合理。

嚴格來說，「官」字的本義是官府，延伸可指官職和官吏，三義在《史記》都很常見。如在本傳中，「官有貴賤」是說官吏，「臣居官為長」是說官府，〈萬石張叔列傳〉中的張叔「專以誠長者處官」、「子孫咸至大官」[19]則是官職。「官未曾亂」既然與官吏奉職直接相關，解作官吏、官職，或兼有二義，均無不可，且大意皆可相通。本傳以循吏為題，以下對此句的解讀一般就以官吏來表示。

據此，序論指出了三種治理工具：法令、刑罰和官吏。「法令」和「刑罰」無疑是為政的手段，但第三句話卻透進一個層次：當「法令」和「刑罰」不完備時，良民往往還是會惕勵修身，那有個前提，是「官未曾亂」的緣故。這句話突顯出社會秩序的最後防線，並非一般以為的政府的暴力，而是「奉職循理」、足以讓人民信賴的官吏。荀子說：「有治人，無治法。」[20]

---

[16] 主詞未表明，讀者難免有不同的聯想。如方苞說：「酷吏恣睢，實由武帝侈心不能自克而倚以集事，故曰『身修者，官未曾亂也。』」認為主詞乃是君主。不過，全傳無法支持此說。見〔清〕方苞撰，《方苞集‧集外文補遺》（上海：上海古籍出版社，1983），卷2，〈史記評語〉，頁860。

[17] 錢大昕《史記考異》釋〈孟子荀卿列傳〉「懼然顧化」，說：「懼即瞿字。」乃驚視之貌。此釋本成玄英《莊子疏》。施之勉引以解釋此篇之「懼然身修」，見王叔岷，《史記斠證》，頁3249。〔清〕吳見思曾說：「文，法令也；武，刑罰也。承上。兩句雙起，下乃仄入。」指出序論三句話的關係，深得文法，但必須依丙式斷句才能清楚呈現這種關連，然其讀本仍作乙式斷句。見〔清〕吳見思評點，〔清〕吳興祚參訂，《史記論文》（臺北：中華書局，1970影印1936鉛印本），頁641。

[18] 「官」本義指官府，但《史記》常見「官吏」連用，如「官吏令丞」、「軍官吏」。此外，「群臣從官」、「天子從官」，吏直接稱為官。見《史記》，卷122，〈酷吏列傳〉，頁3825；卷123，〈大宛列傳〉，頁3857；卷29，〈河渠書〉，頁1703；卷30，〈平準書〉，頁1733。「官未嘗亂」，從後面傳文看來，當指官吏，從寬說也可涵蓋官府。

[19] 《史記》，卷103，〈萬石張叔列傳〉，頁3356-3357。

[20] 荀卿撰，李滌生注釋，《荀子集釋》（臺北：臺灣學生書局，1979），〈君道〉，頁263。

寓有崇儒尚賢之意。本傳自然有重視官吏人品與治術的用意，開端首先舉出「循吏」與法的關係，即在為全篇主旨定調。[21]

　　序論沒有對「奉職循理」多做解釋。可以想見，太史公要用傳主的事跡來展示它的內涵。讓我們先看看故事，再來討論「奉職循理」（或小序「奉法循理」）的確切含意。

（二）人物事跡

　　本傳五位傳主，雖然前四人的官職都是相，[22]只有最後一人為理（法官）。但在內容上，前三人孫叔敖、子產和公儀休都有治民的政績，因此先寫出身背景，說明為政的風格，再寫事蹟和成效。後二人石奢和李離僅各記載一則故事。

　　孫叔敖的傳記篇幅最長。傳中說，孫叔敖本為處士，[23]由虞丘相推薦給楚莊王（613-591 BC在位），短短三個月便擢升為相，可見他才具過人。他為政的風格是：「施教導民，上下和合，世俗盛美。政緩禁止，吏無姦邪，盜賊不起。」序論所提示的「導民」、「止姦」兩事均在其中，完全不用嚴酷的手段。

　　傳文先以一項民生措施為例：「秋冬則勸民山採，春夏下以水，各得其所便，民皆樂其生。」這句話先秋冬而後春夏，不按四季的順序，裴駰《集解》引徐廣的解釋說：「乘（春夏）多水時而出材竹。」說的是深山伐林之法：鼓勵人民在秋冬葉落時入山採伐，到春夏時順水而下，惠而不費地讓人民得其所需，可見其為政重視規劃的用心。[24]

---

[21]　司馬貞《索隱》為此篇所寫的述贊說：「奉職循理，為政之先。恤人體國，良史述焉。」即以「奉職循理」四字定義循吏。《索隱》在篇題下注曰：「謂奉法循理之吏也。」各本「奉法」作「本法」，唯武英殿本作「奉法」。依傳文及〈述贊〉，作「奉法」為是。見《史記》，頁3772；王叔岷，《史記斠證》，頁3227。

[22]　按，「相」作為官名起於戰國時代。顧炎武說：「六國時，一人知事者，特謂之相。……三代之時言相者，皆非官名。……荀子言孫叔敖相楚，《傳》止言為令尹，《淮南子》言子產為鄭國相，《傳》止言執政。」所言甚是，太史公此傳稱「相」，即以戰國之名稱春秋時事。見〔清〕顧炎武撰，黃汝成集釋，《日知錄集釋》，收入《四部備要》（臺北：臺灣中華書局，1965據士禮居校宋本校刊），卷24，〈相〉，頁13下-15上。

[23]　《左傳》、《國語》未言及孫叔敖的出身，但孟子說：「孫叔敖舉於海。」《荀子・非相》說：「楚之孫叔敖，期思之鄙人也，突禿長左，軒較之下，而以楚霸。」可知戰國時相傳孫叔敖出身低微。見〔宋〕朱熹集注，《四書章句集注》（北京：中華書局，1983；以下簡稱《四書章句集注》），〈孟子・告子章句下〉，頁348；《荀子集釋》，〈非相〉，頁74。

[24]　中土各本俱缺「下」字，然《集解》引徐廣曰：「乘多水時而出材竹。」《史記會注考證》，

接著寫到兩則與法令有關的故事。一則是楚莊王先前下令改行大幣，引起人民不安，市集騷亂。孫叔敖聽了市令的報告，得知亂象已有三月之久，並非暫時的不適應，立即表示將恢復舊令。五日後上朝時，他親自向楚王報告狀況，請求廢止改幣之令，得到許可。令下三日，市場便恢復舊觀。這則故事涉及改幣造成民生的困擾，隱然與〈平準書〉所載漢武帝（141-87 BC在位）屢屢更改貨幣、社會陷入長期混亂的情況形成對照。[25]文中凸顯孫叔敖決斷明快，不顧忌楚王顏面而親自進言，太史公在傳末贊語特別說「孫叔敖出一言，郢市復」，可見他對這件事的激賞。

第二則故事是，楚國人好低矮的庫車，楚莊王有意改變風氣，要下令讓車輛加高。孫叔敖另提妙策：教導閭里升高里門的門閾。原文用一「教」字，可見此舉對人民當有切身的效益，可能是利於防制水患或防禦盜賊。里門升高之後，乘車的貴人為求通行方便而自動升高車身；其他人紛紛仿效貴人，如此上行下效，不過半年，使用高大的車輛蔚為全民風氣。太史公自己給予了詮釋：「此不教而民從其化，近者視而效之，遠者四面望而法之」，孫叔敖分明教導閭里增高了門閾，何以謂之「不教」？當是不斤斤於爭辯庫車、高車的利病，從容易說服處下手，又藉由上下貴賤的自然心理，不必費力督促便達成目標。傳文最後提到：「故（孫叔敖）三得相而不喜，知其材自得之也；三去相而不悔，知非己之罪也。」凸顯孫叔敖直道而行、自知自信的風範。

第二人是鄭國子產。子產赫赫有名，但本傳專寫教化一面，說他將「上下不親，父子不和」的鄭國，教導成理想社會：「豎子不戲狎、斑白不提挈、僮子不犁畔（不破壞侵佔田界）、市不豫賈（交易標價實在）、[26]門不夜關、道不拾遺、田器不歸（留置田間）、士無尺籍（不用戶籍而無人逃役）、喪期不令而治（鄉黨自發的互助）」。子產帶有濃厚

　　卷129，頁3考證云：「楓、三本『夏』下有『下』字。愚按，依《集解》當有『下』字。」按，有「下」字語意始明，且與徐廣語合，瀧川氏之言可從。水澤利忠之《史記會注考證校補》，卷129，頁1載南化本、楓本亦均有「下」字。今據瀧川、水澤說校補。近人邱楚良支持徐廣說，舉「湘、資、沅、澧之間今尚多此事」以為佐證，見李笠，《廣史記訂補》（上海：復旦大學出版社，2001），頁326。

25　韓兆琦指出兩者對照的用意，很有見地。見韓兆琦，《史記箋證》，頁5906。

26　「豫賈」，豫是虛詐不實，賈通價。《荀子‧儒效篇》云：「魯之粥（通鬻）牛不豫賈」，王引之曰：「豫，猶誑也。《周官‧司市》注曰『使定物賈，防誑豫』是也。豫與誑同義。……《史記‧循吏傳》曰：『子產為相，市不豫賈』，……義並與此同。」見〔清〕王念孫撰，《讀書雜志》（臺北：洪氏出版社，1976），八之二，「豫賈」條引，頁25。

道德色彩的教化成效，恰與孫叔敖近於因循無為的風格形成對照。最後描寫百姓在子產身後的追思，以見其遺愛人間，與贊語「子產病死，鄭民號哭」相呼應。特別的是，本傳並未談到子產的施政手段。

第三人是公儀休，魯穆公之相，是傳中唯一戰國時的人物。公儀休曾為博士，本是儒生，[27]他的施政大綱有二：一是「奉法循理，無所變更，百官自正」，執法行政循理，不變易更張，百官就自動遵循正軌；[28]二是要求官吏不可與民爭利。接著連寫三則故事：不接受贈魚，拔去家中園葵，逐出能織好布的家婦。第一事關乎清廉，[29]後二事則表現出絕不與民爭利的態度，逐家婦的作法尤其激烈，卻也是贊語特別推許的事跡。[30]不謀私利、不與小民爭利，顯然是循吏應有的表現。

孔子曰：「導之以政，齊之以刑，民免而無恥。導之以德，齊之以禮，有恥且格。」這句話在〈酷吏列傳〉開端就曾引用。上述三人有為有守，既導之以政、也導之以德，樹立了正面的典範。以下石奢和李離兩傳則只分別記載一項事跡，都為守法的精神下註腳。

石奢為楚昭王（515-489 BC在位）之相，行事廉正，「無所阿避」。他巡視地方時，追捕一殺人者，竟是自己的父親。他縱父之後自行繫獄，願意

---

27 據錢穆考訂，博士制度可能始於戰國時魯穆公，大抵均為儒生，公儀休為始見之博士。見氏著，《先秦諸子繫年》（錢賓四先生全集本，臺北：聯經出版公司，1995），卷2，考辨四八〈魯繆公禮賢考〉，頁181-182。按，先秦至漢代稱述公儀休者，如孟子、韓非、劉安、董仲舒、韓嬰、劉向、揚雄等，即非大儒，亦深染儒術。

28 這點頗與漢儒申公的意態相似。《史記》載，申公年八十餘，漢武帝「使使束帛加璧安車駟馬迎申公，弟子二人乘軺傳從。至，見天子。天子問治亂之事，……對曰：『為治者不在多言，顧力行何如耳。』」見《史記》，卷121，〈儒林列傳〉，頁3792。

29 公儀休「受魚而免（相）」，明言有違法之虞。《韓詩外傳》和《淮南子》記事與〈循吏列傳〉同。這則故事也見於《韓非子》，稱：「受魚必有下人之色，有下人之色，將枉於法。」見〔漢〕韓嬰撰，許維遹校釋，《韓詩外傳集釋》（北京：中華書局，1980），卷3，第二十一章，頁104-105；〔漢〕劉安撰，張雙棣校釋，《淮南子校釋》（北京：北京大學出版社，1997），卷12，〈道應訓〉，頁1270。〔戰國〕韓非撰，《韓非子》校注組編寫，周勛初修訂，《韓非子校注（修訂本）》（南京：鳳凰出版社，2009），卷14，〈外儲說右下〉，頁392。

30 公儀休拔葵、出婦的故事，董仲舒在〈天人對策〉中曾大力表彰，藉以說明居官者不應爭利，他說：「受祿之家，食祿而已，不與民爭業，然後利可均布而民可家足。……公儀子相魯，之其家見織帛，怒而出其妻，食於舍而茹葵，慍而拔其葵，曰：『吾已食祿，又奪園夫、紅女利虖！』古之賢人君子在列位者皆如是。……居君子之位而為庶人之行者，其患禍必至也。若居君子之位，當君子之行，則舍公儀休之相魯，亡可為者矣。」見《漢書》，卷56，〈董仲舒傳〉，頁2521。不過，〈循吏列傳〉稱「出家婦」，「家婦」似為婢女之倫，董仲舒乃云出妻，或係傳聞誇大，或係太史公改寫時特意含糊其詞。

受刑。楚昭王不擬追究，以「追而不及」為他脫罪，石奢卻說：「王赦其罪，上惠也；伏誅而死，臣職也。」遂自刎而死。

李離是一名司法官，因斷案誤判而致人於死，他自請依法受死。晉文公（636-628 BC在位）為他開脫，先說主要責任在下吏，李離道：「臣居官為長，不與吏讓位；受祿為多，不與下分利。今過聽殺人，傳其罪下吏，非所聞也。」自己在位掌權，當負全責。文公轉換說詞，問應否由國君負責？李離說，司法官自有其職務和法定責任，所謂「失刑則刑，失死則死」，與國君的政治責任不同。他堅持依法受死。

傳中並沒有提到兩人的事功成就。石奢在執法和孝親間陷入兩難，李離誤判殺人，難道為錯誤負責的官吏就足以名列循吏，而與孫叔敖、子產和公儀休等成就斐然的良相並列嗎？後人百思不解，[31]對石奢縱父自囚一事更多有批評。如《史記評林》所載何夢春、邵寶之說，依據孔子「子為父隱」的道理，認為石奢本就應該釋放其父，而且要為父親隱瞞此事才對；否則也可以效法孟子所擬「瞽瞍殺人」時舜的選擇——「竊父而逃」。[32]司馬貞〈索隱述贊〉乾脆說「赦父非愆」，認為石奢根本沒錯。[33]這類觀點肯定父子之倫本於天性而不可棄離，但不免輕忽居公職者應承擔的職務倫理。太史公的見解顯然不同，贊語中說「石奢縱父而死，楚昭名立；李離過殺而伏劍，晉文以正國法」，讚許他們對於公務職責抱有價值信念的堅持，在犧牲自己的同時，使法制的尊嚴得以確立。[34]序論所謂

---

[31] 本傳五人都列名《漢書・古今人表》，子產列為「上中仁人」，孫叔敖和公儀休列為「上下智人」；李離僅列中中，石奢更列為中下。列中下一級的政治人物多以智謀見稱，如蘇秦、張儀、申不害、慎到，罕有表現為德行者。見《漢書》，卷20，〈古今人表〉，頁923、916、941、913、930。

[32] 「子為父隱」是《論語・子路》孔子對葉公語，見《四書章句集注》，頁146。何夢春和邵寶之說見《補標史記評林》，卷119，頁2下。按，邵寶引《孟子・盡心》「桃應問」章，其實誤解了孟子的意思。當時桃應問，若舜為天子，皋陶為士，而瞽瞍殺人，當如何辦？孟子認為，皋陶應本於職責捕捉瞽瞍，舜不能干預，但舜可以棄位竊父而逃；孟子絕非主張身為天子的舜可掩蓋父親殺人的事實。見《四書章句集注》，頁359-360。

[33] 《史記》，卷119，〈循吏列傳〉，頁3772。

[34] 郭嵩燾說：「按史公之傳〈循吏〉，取能盡職而已。石奢、李離均以不能盡職而自請死，此其在官能盡職者多矣。」見〔清〕郭嵩燾撰，《史記札記》（臺北：世界書局，1960），卷5下，頁404。按，郭氏僅取石奢、李離來說明全傳旨趣，未免以偏概全，但能道出二人傳褒揚盡職者的用心，洵具隻眼。于振波見解與郭氏相近：「《史記・循吏列傳》中所收錄的春秋戰國循吏，可謂自覺遵守法紀的楷模。」見于振波，〈漢代的循吏與酷吏〉，收入氏著，《簡牘與秦漢社會》（長沙：湖南大學出版社，2012），頁282。

「文武不備，良民懼然身修者，官未曾亂也」，除了存有愛民之意，自應包含官吏守法盡責、嚴以律己的風範。

五名循吏各自風格不同，際遇、事跡也大相逕庭。如果認為太史公心目中的循吏該兼有五人之長，似乎匪夷所思。《史記》篇末「太史公曰」常有逸出本文的評論或補充，此篇傳末的「太史公曰」卻只對五人事跡略做提示，諸人平列，不做歸納：

> 孫叔敖出一言，郢市復。子產病死，鄭民號哭。公儀子見好布而家婦逐。石奢縱父而死，楚昭名立。李離過殺而伏劍，晉文以正國法。

太史公只提醒人物各自的特性，不做補充或總結，也沒有多餘的讚美。其短語用韻、[35]贊述宗旨的形式，在《史記》中是少有的例子，卻成為東漢頌碑及《後漢書》傳末贊語的先聲。但是，贊語不做歸納，五人不同背景、不同表現的差異該如何解釋？不得不另求解答。

二、本傳的取材與文體

梁玉繩《史記志疑》著意鉤稽《史記》的取材，對本傳的史料來源提供了很好的指引。不過，瞭解取材來歷，不僅可以追究記載是否信實。就本傳來說，更重要的意義在於觀察選汰的標準，尋繹其間的特筆與用心。以下就此進行分析。

（一）傳記取材的考察

在五名人物裡，孫叔敖傳寫得最詳盡。孫叔敖是楚國名相，故事本來就特別豐富，《左傳》曾大力表彰他為政的精密和魄力，《墨子》、《孟子》、《莊子》、《荀子》、《韓非子》、《呂氏春秋》、《韓詩外傳》、《淮南子》等書，都對孫叔敖助成楚莊王的霸業交口讚譽，也記載了許多故事。[36]但〈循吏列傳〉非但不從《左傳》提供的歷史背景中取

35　贊語的特點，〔明〕楊慎、〔清〕吳見思都注意到。見《補標史記評林》，卷119，頁3；吳見思評點，《史記論文》，頁643。吳氏對各篇贊語多所剖析，並可參照。

36　《左傳》魯宣公十一年、十二年載孫叔敖政績甚詳。因孫叔敖之功，楚莊王得以成就霸業，《墨子》、《荀子》、《呂氏春秋》、《韓詩外傳》和《史記‧滑稽列傳》皆有記載。不過，

材，連孫叔敖與楚莊霸業的關係也完全不提。除了三相三去曾見於多種子書外，[37]本文的故事在上述文獻中全然未見類似記載。即使三相三去，此前寫出孫叔敖心境的，一是《莊子‧田子方》：「吾以其來不可卻也，其去不可止也，吾以為得失之非我也。」[38]是任運隨化的道家心態；二是《荀子‧堯問》：「吾三相楚而心瘉卑，每益祿而施瘉博，位滋尊而禮瘉恭。」是謙退遠害的智者之謀。太史公在傳中卻將此事寫成直道而行、忘懷得失的君子之懷。由此可知，本傳所寫處事明快、手段柔軟、又一心為民的孫叔敖並非簡單的因襲前人，太史公不論是寄託想像、或特意擇取逸聞，皆有其卓立不群的特殊見識。

第二人是鄭國的名相子產。子產在內政、外交的行誼，以及關於天道和人事的諸多名論，《左傳》也都記載得極其詳盡，並見於《論語》、《孟子》、《莊子》、《荀子》、《韓非子》、《呂氏春秋》、《韓詩外傳》等文獻。[39]太史公寫〈鄭世家〉及〈十二諸侯年表〉時，依據《左傳》提示子產在內政、外交上的重要表現，只有對子產卒年的記載有些失誤。[40]本傳寫子產時代背景，指子產受大宮子期推薦、及為鄭昭君相，

《史記》〈十二諸侯年表〉及〈楚世家〉並沒有提到孫叔敖。見〔戰國〕不知撰人，楊伯峻注，《春秋左傳注（修訂本）》（北京：中華書局，1990），頁711-743。〔戰國〕墨翟等撰，孫詒讓注，〔日〕小柳司氣太校訂，《墨子閒詁》（臺北：驚聲文物供應公司，1970影印《漢文大系》本），卷1，〈所染〉，頁14。李滌生注釋，《荀子集釋》，〈非相〉，頁74。〔秦〕呂不韋撰，陳奇猷校釋，《呂氏春秋新校釋》（上海：上海古籍出版社，2002），卷2，〈仲春紀‧當染〉，頁95；卷22，〈慎行論‧察傳〉，頁1526；卷24，〈不苟論‧贊能〉，頁1592。許維遹校釋，《韓詩外傳集釋》，卷2，頁43；卷5，頁195。《史記》，卷126，〈滑稽列傳〉，頁3890。

37 孫叔敖三相三去的傳聞，載於郭慶藩集釋，《莊子集釋》，外篇，〈田子方〉，頁726；李滌生注釋，《荀子集釋》，〈堯問〉，頁680；陳奇猷校釋，《呂氏春秋新校釋》，卷20，〈恃君覽‧知分〉，頁1346；張雙棣校釋，《淮南子校釋》，卷12，〈道應訓〉，頁1310；鄒陽，〈上梁孝王書〉，見《史記》，卷83，〈魯仲連鄒陽列傳〉，頁2999。但王應麟、閻若璩、全祖望及梁玉繩皆以為此係楚令尹子文故事的訛傳，見梁玉繩撰，《史記志疑》，頁1300；子文事見《論語‧公冶長》「子張問曰令尹子文」章，《四書章句集注》，頁80。

38 郭慶藩集釋，《莊子集釋》，外篇，〈田子方〉，頁726。

39 《左傳》魯襄公八年至昭公二十年間記載子產許多事跡，後人稱述尚見於昭公二十五年、哀公十二年，其他各書記載亦煩，細目從略。

40 司馬貞《索隱》、梁玉繩《史記志疑》均指出，《史記》〈循吏列傳〉、〈十二諸侯年表〉及〈鄭世家〉敘子產事，其時世、事跡均有錯誤。按，子產為卿之年，《左傳》、〈鄭世家〉、〈十二諸侯年表〉同書於鄭簡公十三年（魯襄公十九年，554 BC）；為執政，《左傳》載在十年後的鄭簡公二十三年（544 BC），《史記》世家、表、列傳俱無明文，但前後敘事一依《左傳》。唯有子產卒年記載大異，據《左傳》，子產卒於鄭定公八年（522 BC），執政凡22年

與《左傳》、〈鄭世家〉和〈十二諸侯年表〉全然牴牾。[41]除了內容來歷不明之外，子產的為政其實本以雷厲風行的手段為特色，《左傳》說：「子產使都鄙有章，上下有服；田有封洫，廬井有伍。大人之忠儉者從而與之，泰侈者因而斃之。」可見他大刀闊斧，又賞罰分明。《左傳》還說，子產為政一年，輿人之誦曰：「孰殺子產？吾其與之。」及三年，又誦之曰：「我有子弟，子產誨之；我有田疇，子產殖之。子產而死，誰其嗣之？」可見子產為政規劃嚴密，不苟徇民情。又記載子產臨終告誡其子大叔說：「唯有德者能以寬服民，其次莫如猛。夫火烈，民望而畏之，故鮮死焉；水懦弱，民狎而翫之則多死焉。」[42]這一為政寬猛論更可見子產嚴毅果決的風格。〈循吏列傳〉不提子產變法更制、剛毅果決的作風，專注在道德色彩濃厚的教化成效，所述政績在《左傳》和上述子書都未見記載，實在極不尋常。

　　上述孫叔敖和子產的事跡，今已全然無徵，以太史公網羅文獻之廣，不容輕易斷言他的敘事全無依據。但太史公至少捨棄了他一向倚重的《左傳》，以及時時擷取的《孟子》、《荀子》、《韓非子》、《呂氏春秋》、《韓詩外傳》等典籍，甚至對自己著作中的史實框架也掉以輕心，在在反映〈循吏列傳〉的寫作理念自有特色。

　　本傳後三人的故事，倒是都有清楚的依據。公儀休嗜魚而不受贈，事見於《韓非子‧外儲說右下》和《韓詩外傳》；拔園葵、出織婦的故事也被董仲舒提起過。然而，「奉法循理，無所變更，百官自正」的描述，並未在此前的文獻裡見到。但如果沒有這句話，上述三則故事不過是廉節自

（合前後年計，下同），由宗人子大叔繼之為政；〈十二諸侯年表〉及〈鄭世家〉書其卒在鄭聲公五年（496 BC），則凡執政48年，實誤。

[41]　〈循吏列傳〉寫子產的時代，謂：「鄭昭君之時，⋯⋯以子產為相，⋯⋯治鄭二十六年而死。」據《左傳》、《史記》〈十二諸侯年表〉及〈鄭世家〉所載，鄭有昭公（春秋前期）與昭侯（戰國中期），並無昭君，二人與子產也不相值。按《左傳》，子產仕於簡公、定公；若據〈十二諸侯年表〉及〈鄭世家〉，當仕於簡公、定公、獻公、聲公。本傳皆不合。以上參據梁玉繩撰，《史記志疑》，卷8，頁379，及卷35，頁1432-1433；並參《史記會注考證》，卷42，頁33-34，引張照、錢大昕等所作辨正。

[42]　見楊伯峻注，《春秋左傳注（修訂本）》，襄公三十年（543 BC），頁1181-1182；昭公二十年（522 BC），頁1421。又，同書昭公十六年載：「鄭大旱，使屠擊、祝款、豎柎有事於桑山，斬其木，不雨。子產曰：『有事於山，蓺山林也；而斬其木，其罪大矣。』奪之官邑。」可見子產對大夫違法者懲處甚嚴。襄公二十五年：「子產始知然明，問為政焉。對曰：『視民如子。見不仁者誅之，如鷹鸇之逐鳥雀也。』子產喜，以語子大叔。」反映子產嫉惡如仇的為政方略。見《春秋左傳注》，昭公十六年（526 BC），頁1382；襄公二十五年（548 BC），頁1108。

持的典範而已。加上這句話，才表現出操守是官吏「奉法循理」的基礎。「奉法循理」的官吏不必變更法度，就可以獲得端正吏習的功效，孔子說：「其身正，不令而行；其不正，雖令不從。」[43]正合此意。這一觀念明顯與序論「奉職循理，亦可以為治」的主軸相呼應。

　　石奢因父親殺人而遭遇的人倫衝突，見於《呂氏春秋》和《韓詩外傳》；李離的故事見《韓詩外傳》和《新序・節士》。就現今所知，正是兩人在歷史上各自留下的唯一事跡。[44]上述文獻所載故事的情節和文字，都與〈循吏列傳〉若合符節，顯然有轉寫或同源的關係。如寫石奢的出場：

　　　　《呂氏春秋・離俗覽・高義》：「荊昭王之時，有士焉，曰石渚。（按，渚、奢通。）其為人也，公直無私，王使為政廷。有殺人者，石渚追之，則其父也。於是道有殺人者，石奢追之，則父也。」
　　　　《韓詩外傳》卷二：「楚昭王有士曰石奢，其為人也，公而好直，王使為理。於是道有殺人者，石奢追之，則父也。」
　　　　〈循吏列傳〉：「石奢者，楚昭王相也。堅直廉正，無所阿避。行縣，道有殺人者，相追之，乃其父也。」[45]

所記石奢的官職雖有差異，但都先寫為人正直，再寫「道有殺人者」事，其餘情節也大都雷同。寫事蹟相近的李離卻是另一種筆法：[46]

---

[43]　《論語・子路》，見《四書章句集注》，頁143。

[44]　錢穆先生謂李離或即李悝，事晉文公為魏文侯的誤傳，見《先秦諸子繫年》，卷2，考辨四0〈魏文侯禮賢考〉，頁153-154。按，就考史言，其說可參，但現存文獻中，離、悝事蹟並無牽涉，故在此不論。

[45]　石奢事見陳奇猷校釋，《呂氏春秋新校釋》，卷19，〈離俗覽・高義〉，頁1256-1263；許維遹校釋，《韓詩外傳集釋》，卷2，頁48；又見於〔漢〕劉向撰，盧元駿注譯，《新序今注今譯》（臺北：臺灣商務印書館，1975），〈節士〉，頁244-245。以上三書皆記其職務為「廷」或「理」，也就是司法官。梁玉繩曾考訂：「楚相即令尹，昭王時子西尸之，未聞相石奢。《呂覽・高義篇》言：『昭王使石渚為政』，與此同，《史》蓋本《呂》而誤改作相也。」見梁玉繩撰，《史記志疑》，卷35，頁1433。陳奇猷指出，《呂氏春秋・離俗覽・高義》原句作「王使為政廷」，廷即廷尉之廷，「為政廷」乃主廷事，梁玉繩推斷司馬遷因採《呂氏春秋》文，誤讀「為政」為執政而致誤，確有見地；但梁氏於「為政」下斷句，句讀偶疏。《韓詩外傳》卷2記石奢事與《史記》文字尤近，此句作「王使為理」，太史公似兼參其敘事，而用己所理解之《呂氏春秋》改書官職。

[46]　李離事見許維遹校釋，《韓詩外傳集釋》，卷2，頁54-56；又見於盧元駿注譯，《新序今注今譯》，〈節士〉，頁244-245。兩書所記情節與〈循吏列傳〉相同，對話則遠為煩冗。《韓詩外傳》載李離最後有一申說，謂：「政亂國危，君之憂也；軍敗卒亂，將之憂也。夫無能以事

《韓詩外傳》：「晉文侯使李離為大理，過聽殺人，自拘於廷，請死於君。」

〈循吏列傳〉：「李離者，晉文公之理也。過聽殺人，自拘當死。」

兩者在官職後直接切入「過聽殺人，自拘」的情境，並不鋪陳人物性格，顯有因襲。但太史公大力刪節《韓詩外傳》的對話，使李離僅言「公以臣能聽微決疑，故使為理。今過聽殺人，罪當死。」專注在職分上，詞無旁涉而精義自顯。

總結上述考察，史料來源可分為兩類：看似描寫細緻的孫叔敖和子產，不僅全無可查證的記事依據，而且寫成眾不同的行事風格；後三人則參照晚近的記事來改寫或給予新詮。可知本傳的敘事帶有很高的目的性。對於涉及歷史動向的霸政、外交和政局興衰毫不關心，與〈十二諸侯年表〉、〈六國年表〉或各國世家所勾勒的歷史大勢全然脫鉤。寫孫叔敖和子產的教化導民風格，可謂自出機杼。以「奉法循理，無所變更，百官自正」來寫公儀休，別成一種典範，而石奢和李離兩人的悲劇性故事接續在「奉法循理」的公儀休之後，彷彿是個註腳，讓忠於職守的要求達到自我犧牲的高度，成為樹立官吏尊嚴、維繫制度精神的穩固基石。

由此可知，本傳的重心的確不在記述歷史事實，而在表述為政的觀念，而且可能是具有複雜內涵的觀念。

（二）文體之辨

〈循吏列傳〉對歷史素材的取捨，從記實的角度來看大有可議，對人物政績與國勢興衰的關連不置一詞也引起不少批評。梁玉繩質疑「敘事寥寥，絕無光燄」，即與此有關。相反的，對本傳旨趣特有會心的學者多精於文章，而由文體悟入。

君，闇行以臨官，是無功不食祿也。臣不能以虛自誣。」《新序・節士》記晉文公與李離往返四度對話，最後兩回是：「文公曰：『吾聞之也，直而不枉，不可與往；方而不圓，不可與長存，願子以此聽寡人也。』李離曰：『吾以所私害公法，殺無罪而生當死，二者非所以教於國也，離不敢受命。』文公曰：『子獨不聞管仲之為人臣邪？身辱而君肆，行汙而霸成。』李離曰：『臣無管仲之賢，而有辱汙之名，無霸王之功，而有射辜之累。夫無能以臨官，藉汙名以治人，君雖不忍加之於法，臣亦不敢汙官亂治以生。臣聞命矣。』」似乎著有意將君臣情誼曲折交代，反而未能彰顯李離奉法守職、為失職負責的決絕態度。

在《史記》裡，〈循吏列傳〉和〈酷吏列傳〉是鮮明的對照，文體也南轅北轍。〈酷吏列傳〉漢代文景以下人物，列敘十人，[47]依照入仕先後魚貫而出。既詳述每個人的性情才具、行事始末，又細細勾勒彼此錯綜複雜的關係，而且與時代、世變緊密扣合。這些特質不煩徵引，由古人異口同聲的稱美就足以窺見一二：[48]

> 劉辰翁：「〈酷吏〉首尾只似一傳，……而心術、形勢、時事、勝敗、民俗、情偽，無不可以一目而得。」
>
> 鄧以讚：「摹寫一時尚酷之風，曲盡情勢，可痛可歎。筆力極馳騁。」
>
> 牛運震：「〈酷吏傳〉以類傳敘事，蓋漢世之用刑本末具見焉。意在敘事，不專主為十人傳。」
>
> 姚祖恩：「十人合傳只作一篇文字。其中結撰靈妙，固亦缺一不可。」

扼要言之，〈酷吏列傳〉乃是以人物群像書寫時代變遷的大手筆。反觀〈循吏列傳〉，不僅未能反映時代，人物年代還先後無序，銜接處亦無任何交代。請看下表：

〈循吏列傳〉人物時代表

人　物	傳中次序	時代次序	時世
孫叔敖	1	2	相楚莊王（莊王在位613-591 BC）
子　產	2	3	相鄭簡公、定公（執政544-522 BC）[49]
公儀休	3	5	相魯穆公（穆公在位407-377 BC）[50]

---

[47] 此據傳末「太史公曰」所稱，實際上，全傳共寫了12人的傳記。

[48] 以下第1-3條引自〔清〕牛運震，《空山堂史記評註校釋　附史記糾謬》（北京：中華書局，2012；以下簡稱《空山堂史記評註》），卷11，頁761、739-740。第4條見〔清〕姚祖恩撰，《史記菁華錄》（臺北：聯經出版公司，1979），卷6，頁243。

[49] 本傳稱子產為相26年而卒，不知其起迄。此姑據《左傳》書子產執政之年至卒年，先後22年。詳見註39。

[50] 此依《史記》，卷15，〈六國年表〉，頁859-866。按，〈六國年表〉穆公在位32年，〈魯周公世家〉云33年，據〈世家〉世系年數推算，應在西元前409年（周威烈王十七年）至前377年。見《史記》，卷33，〈魯周公世家〉，頁1867。然錢穆據〈世家〉所載秦國記事訂正魯悼公在位年數，由37年改為31年，因而推定穆公在位應提前六年，當西元前415至前383年。見《先秦

石　奢	4	4	相楚昭王（昭王在位515-489 BC）
李　離	5	1	晉文公之理官（文公在位636-628 BC）

　　即使不跟〈酷吏列傳〉相比，《史記》中其他類傳也從未如此安排：〈刺客列傳〉、〈游俠列傳〉和〈滑稽列傳〉的人物都依時代先後為序，且有銜接交代。[51]劉咸炘（1897-1932）善解史意，對此也感費解：「審此五人事，參差不齊，……觀傳首數語，誠似為酷吏之反映，然何以解（時世）不相屬之疑耶？」[52]

　　面對本傳簡略、參錯的敘事方式，古文家曾提出另一種觀點：

> 　　語似諸子，蓋別是一種小文字。（〔明〕鄧以讚）[53]
>
> 　　亦太史公不甚經意之文，祇取略寫大意，以備一體，固不欲多著筆墨也。（〔清〕牛運震）[54]
>
> 　　五人不拘時代，不用連貫。（〔清〕尚鎔）[55]
>
> 　　傳循吏耳，而其政績事實一概略開。有空序者，有序其逸事者。止寫性情氣度，而循吏一片惻怛、全副精神於中現出，……是《史記》中一篇極脫胎文字。（〔清〕吳見思）[56]

諸子繫年》，考辨四七，〈魯繆公元乃周威烈王十一年非十九年亦非十七年辨〉，頁178-179。

[51] 如〈刺客列傳〉：「其（曹沫）後百六十有七年而吳有專諸之事」、「其後七十餘年而晉有豫讓之事」、「其後四十餘年而軹有聶政之事」。〈游俠列傳〉：「田仲已死，而雒陽有劇孟。」〈滑稽列傳〉：「其後百餘年，楚有優孟」、「其後二百餘年，秦有優旃」。見《史記》，卷86，〈刺客列傳〉，頁3054-3060；卷124，〈游俠列傳〉，頁3869；卷126，〈滑稽列傳〉，頁3888-3891。

[52] 劉咸炘，《太史公書知意》，收入《四史知意并附編六種》（臺北：鼎文書局，1976影印1931年原刊本），卷6，頁57下-58下。

[53] 鄧氏語並參見《補標史記評林》，卷119，頁3上，補標引。

[54] 見牛運震，《空山堂史記評註》，卷11，頁721、723。

[55] 〔清〕尚鎔，《史記辨證》，卷10，〈循吏列傳〉，轉引自楊燕起等編，《歷代名家評史記》（臺北：博遠書局，1990），頁818。按，「不拘時代」指人物不依時代先後；「不用連貫」指不對人物的關聯做交代。

[56] 吳見思評點，《史記論文》，頁643。按，吳氏長於論書法，多值參考，但其對本傳頗有誤解附會處，如說：「寫循吏純是黃老清淨學問。」然本傳小序明言「奉法循理之吏」，並非「因循」；且諦觀諸人行事，孫叔敖為政或有近於黃老清靜處，餘人則未見其然。吳氏又說：「公儀休亦從其閒處寫」，「寫石奢、李離亦摭其閒事，若與循吏無涉，實是循吏一片純摯至心」。他認為諸人故事均無關緊要，僅表現其存心純摯，對它們印證「奉法（職）循理」的意義全然不解。以上參見《史記論文》，頁642-643。余英時將循吏之「循」釋為「因循」，看法

他們早看出〈循吏列傳〉所欲傳達的並非史實，而是思想。這是尋求解答的合理出路。

太史公寫史，隨目的之不同而成文，各篇自有神理貫串，也往往各為創格。以類傳來說，如〈刺客列傳〉的五名人物彼此時代懸遠，但各自故事都和一代時局關係緊密。〈滑稽列傳〉僅寫戰國至秦寥寥三人，重點在「談言微中」所可具有的政治功能，並非徒為言談滑稽的優伶人物作傳。〈游俠列傳〉專錄漢代游俠的典型，一代一人，前後相接，細寫其性情風格。〈佞幸列傳〉歷數西漢各帝的嬖臣，著重其與皇帝的關係。〈貨殖列傳〉更以經濟專史兼寓經濟思想，人物只是表現風氣、傳達觀念的素材。精察文理的古文家由此悟入，比較容易擺脫史傳體裁的定式，直探言外之意。他們所說「語似諸子」，「略寫大意」，「不拘時代，不用連貫」，都富於啟發性。根據這種看法，〈循吏列傳〉並非為人物寫傳記，而是藉若干事跡來摹寫循吏的大概意象。

不過，文體分析雖然可以引導讀者脫離考據的桎梏，但太史公用意究竟如何？何以要採取這種手法表達？畢竟得回到義理的層面尋求解答。〈循吏列傳〉的人物不依時間為序，沒有提供聯繫、比較的具體說明，但這些故事並不是粒粒散珠。孫叔敖、子產和公儀休三人的教化成就，各是一種風格；公儀休、石奢和李離的廉正自持、奉公守法，則相互輝映。看來各成片段的故事，隱隱浮現某種貫串的線索。

三、「奉法（職）循理」析義

考察過敘事、取材和文體之後，我們再回到最初提供線索的序論。

序論的層次雖曲折，重點卻很清楚：在法令和刑罰之外，謹守分際的官吏可以成為安定社會秩序的基石；官吏只要「奉職循理」，也就「足以為治」了。「奉職循理」、「奉法循理」在《史記》凡三度出現，都跟〈循吏列傳〉有關：

> 小序：「奉法循理之吏，不伐功矜能，百姓無稱，亦無過行。

與吳氏類似，見氏著，〈漢代循吏與文化傳播〉，收入氏著，《中國思想傳統的現代詮釋》，頁191-194。

作循吏列傳第五十九。」

　　本傳序論：「奉職循理，亦可以為治，何必威嚴哉？」

　　公儀休傳：「奉法循理，無所變更，百官自正。」

小序以「奉法循理之吏」為「循吏」下界定，本傳則兼用「奉職循理」和「奉法循理」，可見「奉職」和「奉法」互文見義。官吏的職守與法制規章本是一體兩面，這不難理解。而且，「奉職」和「奉法」是秦漢時人的常言，指奉行職務、執行法令，並沒有思想上的特定含意。《史記》記載，文帝（180-157 BC在位）時馮唐說：「其賞不行而吏奉法必用。」武帝時宰相公孫弘（200-121 BC）對淮南王、衡山王謀反之事引咎自責，則說：「此皆宰相奉職不稱。」大將軍衛青（?-106 BC）則說：「人臣奉法遵職而已。」酷吏郅都曾說：「身固當奉職死節官下。」[57]這些「奉職」和「奉法」，既有對盡忠職守的襃詡，也有對未能善盡職守的自責和貶抑。因此，「奉法循理」、「奉職循理」的關鍵不在「奉法」或「奉職」，而是在「循理」。

　　「循理」一詞在戰國晚期至漢代很流行。考察其詞義，在太史公之前，「循理」具有涇渭分明的兩種內涵。一種意思近於行義，多出於儒者之口，例如：

　　　　仁者愛人，愛人故惡人之害之也；義者循理，循理故惡人之亂之也。（《荀子》）[58]

　　　　緣法循理謂之軌。（《新書》）[59]

　　　　安處善然後樂循理，樂循理然後謂之君子。（董仲舒〈天人對策〉）[60]

---

[57] 以上四則，見《史記》，卷102，〈張釋之馮唐列傳〉，頁3337；卷112，〈平津侯主父列傳〉，頁3576；卷111，〈衛將軍驃騎列傳〉，頁3564；卷122，〈酷吏列傳〉，頁3805。類似詞語也見於《漢書》，如〈蒯伍江息夫傳〉言武帝「以充忠直，奉法不阿，所言中意」，〈宣帝紀〉詔曰：「今吏修身奉法，未有能稱朕意。」見《漢書》，卷45，〈蒯伍江息夫傳〉，頁2177；卷8，〈宣帝紀〉，頁255。

[58] 李滌生注釋，《荀子集釋》，〈議兵〉，頁328。

[59] 〔漢〕賈誼撰，閻振益、鍾夏校注，《新書校注》（北京：中華書局，2000），卷8，〈道術〉，頁303-304。

[60] 《漢書》，卷56，〈董仲舒傳〉，頁2516。

義者，循理而行宜也。（《淮南子》）[61]

《春秋》曰：「士守一不移，循理不外援，共其職而已。」（《鹽鐵論》文學稱引）[62]

在儒家觀念裡，理、義相通，而與功利和私意對立。[63]賈誼（200-168 BC）「緣法循理謂之軌」一語，將法與理結合，指始終依循正道，與〈循吏列傳〉「奉法循理」之言，以及傳中人物堅持正道的精神尤其吻合。《鹽鐵論》雖然晚於《史記》，但文學所稱述的是《春秋》家的言論，「守一不移」和「循理」、「共職」（共，通供，義亦通奉）連用，指官吏（士）一心盡職，依循法度義理而別無瞻顧企求，寓含著「不伐功矜能」的質樸低調，幾乎就是〈循吏列傳〉「奉職循理」的同義詞。這些思想和語境無疑是太史公所說「循吏」觀念的來源。

另有一種「循理」的觀念，指的是物來順應，依循天理或形勢。例如：

心之在體，君之位也；九竅之有職，官之分也。心處其道，九竅循理。嗜欲充益，目不見色，耳不聞聲。（《管子》）[64]

太上喜怒必循理。（《呂氏春秋》）[65]

---

61 張雙棣校釋，《淮南子校釋》，卷11，〈齊俗訓〉，頁1151。據校釋引王念孫說校補。按，《淮南子》尊崇道家，時亦融會儒、道。〈齊俗訓〉的宗旨是貶抑仁義禮樂，崇尚道德，「循理而行宜」云云，是篇中認可的儒家的理論，強調「宜」字，實寓有會通儒道的用意。

62 〔漢〕桓寬撰，王利器校注，《鹽鐵論校注（定本）》（北京：中華書局，1992），卷5，〈孝養〉，頁310。今按，文學所稱《春秋》之說不知其所據，或係指《左傳》昭公二十年齊虞人之事：「齊侯田于沛，招虞人以弓，不進，公使執之。辭曰：『昔我先君之田也，旃以招大夫，弓以招士，皮冠以招虞人。臣不見皮冠，故不敢進。』乃舍之。仲尼曰：『守道不如守官。君子同之。』」若然，則文學所說「守一」蓋指篤守成規。又，此故事在《孟子》〈滕文公下〉、〈萬章下〉兩度轉述。《漢書‧古今人表》列此不知名之「齊虞人」於中下，與楚左史倚相、晉籍談等賢大夫同列，可知這則故事在漢代頗受注意。見楊伯峻注，《春秋左傳注（修訂本）》，頁1418；《四書章句集注》，頁264、323；《漢書》，卷20，〈古今人表〉，頁925-926。

63 「理義」連稱屢見於儒家著作，除《荀子》外，如《孟子‧告子上》「心之所同然者何也？謂理也，義也」、「理義之悅我心」；《管子》「明主內行其法度，外行其理義」，《呂氏春秋》「教民平好惡、行理義」。見《四書章句集注》，頁330；〔戰國〕不知撰人，黎翔鳳注，《管子校注》（北京：中華書局，2004），卷20，〈形勢解〉，頁1188；陳奇猷校釋，《呂氏春秋新校釋》，卷5，〈仲夏紀‧適音〉，頁276。

64 黎翔鳳注，《管子校注》，卷13，〈心術上〉，頁759。

65 陳奇猷校釋，《呂氏春秋新校釋》，卷25，〈似順論‧似順〉，頁1645。

進退應時，動靜循理，不為醜美好憎，不為賞罰喜怒。名各自名，類各自類，事猶自然，莫出於己。（《淮南子》）[66]

循理而舉事，因資而立功，推自然之勢。（《淮南子》）[67]

循理而動，不繫於物者，正氣也。（《淮南子》）[68]

（吳王濞）使中大夫應高誂膠西王。……高曰：「……今吳王自以為與大王同憂，願因時循理，棄軀以除患害於天下。」（《史記‧吳王濞列傳》）[69]

韓非揣事情，循勢理。（《史記‧太史公自序》）[70]

「循理」是虛己以待物，要求心無私欲、無好惡喜怒，而不為外物所繫絆，然後能夠做到物來順應，順乎自然。這種觀念近於「因循」之說，也可涵蓋縱橫家的揣摩形勢。[71]在〈循吏列傳〉裡，孫叔敖因勢利導的施行教化，順利改變社會的習慣，就反映出這種含意。

合而觀之，太史公提出的「奉法循理之吏」，是以「循理」的精神來執行職務和法度。所謂「循理」，包括循正道義理，不求人知，不改其志，幾乎就是儒家理想中的「君子」；同時也能衡酌事理，順乎自然。官吏能夠「循理」，有為有守，善為權衡，既不消極保守，也不阿意諂上，更不會是僵化的執行者。

理解了「奉法（職）循理」的觀念，傳記中的人物故事便一一呈現出清晰的意義。孫叔敖以順應人情的方式導民施教，又剛正不阿，是儒家執道不回和道家因循無為精神的完美結合；子產透過倫理教化締造理想社會；廉正不苟的公儀休是正己以率下的楷模；石奢、李離表現出忠於職守、維護制度尊嚴所不可少的正直與自省精神。這些人物故事都是觀念的精彩展示，共同彰顯了「循理」的內涵，沒有無關緊要、可有可無的「閒筆」。不但故事如此，其行文的簡淡雅潔也與表述觀念的要求相一致。在〈循吏列傳〉的傳文和贊語中，幾乎沒有主觀情感的投射，與太史公寫管

66　張雙棣校釋，《淮南子校釋》，卷9，〈主術訓〉，頁889。

67　張雙棣校釋，《淮南子校釋》，卷19，〈脩務訓〉，頁1950。

68　張雙棣校釋，《淮南子校釋》，卷14，〈詮言訓〉，頁1496-1497。

69　《史記》，卷106，〈吳王濞列傳〉，頁3421。

70　《史記》，卷130，〈太史公自序〉，頁4019。

71　司馬談〈論六家要旨〉說道家：「其術以虛無為本，以因循為用。無成執，無常形，故能究萬物之情。……虛者道之常也，因者君之綱也。」所言正與前述文字相通。見同上註，頁3997。

仲（?-645 BC）、晏嬰（?-501 BC）、張釋之、馮唐、汲黯（?-112 BC）、鄭當時等賢臣不時流露仰慕傾心的意態大異其趣。這應該是出於作者的堅持——既然虛寫人物，純以敘事傳達信念，自當言盡即止，不事渲染。本傳的文體與作意是吻合無間的。

　　〈循吏列傳〉的序論是全篇的綱領，本已道出了理解敘事意義的鎖鑰。後來的讀者之所以會感到難於索解，是因為脫離了當時的思想環境，將饒有深意的「奉法（職）循理」看成了空洞的話語；[72]又由於疏遠了《史記》時代的文體風格。藉由人物故事來詮釋思想觀念，在晚周、秦漢子書十分常見，《呂氏春秋》、《韓非子》〈內儲說〉和〈外儲說〉、《韓詩外傳》、《新序》及《說苑》等書，莫不如此。體近子書而兼有記事，可說以子為體，以史為用。阮芝生先生曾說「《史記》乃論治之書」，[73]故而亦經、亦子、亦史，諸體兼而有之。〈循吏列傳〉論治的意圖一如子學，文體風格也近似子書，其作法與《呂氏春秋》等書並無不同，只不過思想更精湛周密，謀篇布局更富於層巒疊巘前後輝映的奇趣。

　　前一節說到，許多讀者懷疑，為何漢代名臣無一列入〈循吏列傳〉？或如明儒陳子龍（1608-1647）所論：「太史公傳循吏，無漢以下者，傳酷吏，無周以前者，寄慨深矣。」[74]此一問題，主要該從文體的角度來解答。太史公對漢代官吏實不乏稱許，如張釋之、馮唐、汲黯、韓安國（?-127 BC），以及其他謀臣智士、具才略幹濟者，都不吝給予肯定。但這些賢臣各有特質，太史公聞見親切，寫他們的行事和際遇時，貴乎傳神寫照，不虛美、不隱惡。卓絕如張釋之，太史公在該傳的小序中稱道他「守法不失大理」，[75]已然完全許可其為循吏；但當文帝時，他守法不阿，遇景帝（157-141 BC在位）則不得不婉言謝過。[76]耿介如汲黯，在朝時直言犯上，卻

---

[72] 唐宋以下形容循吏時，多會稱引〈循吏列傳〉序論的幾句話，但很少給予解釋。如宋人所作《州縣提綱》引述說：「為政先教化而後刑責，寬猛適中，循循不迫，俾民得以安居樂業，則歷久而亡弊。……史傳獨有取於循吏者，無他，《索隱》所謂『奉職循理，為政之先』是也。」寬猛適中、循循不迫，自有道理，但與太史公此傳精意深淺不同。見〔宋〕不知撰人撰，《州縣提綱》，收入《文淵閣四庫全書》，第602冊（臺北：臺灣商務印書館，1983據國立故宮博物院藏本影印），卷1，〈奉職循理〉，頁3上下。

[73] 阮芝生，〈滑稽與六藝——《史記‧滑稽列傳》析論〉，《臺大歷史學報》，第20期（臺北，1996），頁341-378。

[74] 《補標史記評林》，卷109，頁3上，補標引。

[75] 《史記》，卷130，〈太史公自序〉，頁4023。

[76] 《史記》，卷102，〈張釋之馮唐列傳〉，頁3329-3335。

不願出為一方大吏，其治事只舉大綱，委任責成，臥而治之。[77]無論人物性格、出處進退，其間委婉曲折為知人論世所不可少，不容化約帶過。蓋追述古人時便於意會和節取，稱說今人則理應著實。即使是古人，家喻戶曉如管仲、晏嬰之流，也不便單取一節遽以循吏稱之。理解了〈循吏列傳〉的作意和文體，則人物時代問題，自當存而不論。

四、〈循吏列傳〉在《史記》中的作用與循吏的標準

　　太史公創立循吏和酷吏兩種品目，顯然有意彼此對照。酷吏寫得翔實，循吏則純為表達理念，此種不尋常的作法，理應寓有批判當代的用意。由篇序來看，意圖很清楚。《史記》列傳凡70篇，基本上以時代為序：前28篇從伯夷到蒙恬（?-210 BC），是早於漢代的人物；從〈張耳陳餘列傳第二十九〉到〈大宛列傳第六十三〉共35篇，寫秦漢時代的人物或四夷。〈循吏列傳〉篇序第五十九，夾於漢代人物之中。[78]因此，〈循吏列傳〉針對漢代政風而發，是毋庸置疑的。

　　關係最緊密的固然是〈酷吏列傳〉，但所批判的不僅是形容為酷吏的官員，更涉及官僚制度和政治文化的整體現象。對這一點，方苞（1668-1749）的分析很有代表性：

> 〈循吏〉獨舉五人，傷漢事也。孫叔順民所欲、不教而從化，以視猾賊任威、使吏民重足一跡而益輕犯法者何如？（此其一）子產既死而有遺愛，以視張湯死而民不思、王溫舒同時五族而眾以為宜者何如？（此其二）公儀子使食祿者不得與民爭利，以視置平準、籠鹽鐵、縱告緡以巧奪於民者何如？（此其三）石奢、李離以死守法，以視用愛憎橈法、視上意為輕重者何如？（此其四）史公蓋欲傳〈酷吏〉，而先列古循吏以為標準，故序曰：「奉職循理，亦足以為治，何必威嚴哉！」[79]

---

[77] 《史記》，卷120，〈汲鄭列傳〉，頁3773-3779。

[78] 〈循吏列傳〉前的兩篇是〈司馬相如〉和〈淮南（王）衡山（王）〉，其後是〈汲（黯）鄭（當時）〉、〈儒林〉、〈酷吏〉和〈大宛〉，人物、事件主要在武帝時期。隨後是幾篇專傳：〈游俠〉、〈佞幸〉，以漢代為主；〈滑稽〉、〈日者〉、〈龜策〉和〈貨殖〉，時代跨度較大。最後是〈太史公自序〉。

[79] 方苞撰，《方苞集‧集外文補遺》，卷2，〈史記評語〉，頁860。牛運震《空山堂史記評註》

方苞列舉的四個對比論據明確，無可置疑。以下僅稍做補充。[80]

循吏與酷吏的差別，不僅在治民的手段，根本在於有無愛人之意。〈酷吏列傳〉中給予最多肯定的是景帝時的郅都，說他「公廉，不發私書，問遺無所受，請寄無所聽。常自稱曰：『已倍親而仕，身固當奉職死節官下，終不顧妻子矣。』」景帝因懷恨栗姬而廢了栗姬所生的太子，又連帶欲誅外戚栗氏，特命郅都為中尉來捕治栗氏。[81]中尉職司治理京師，當時「民朴，畏罪自重」，郅都「獨先嚴酷，致行法不避貴戚」，這點本不為過。但栗太子廢為臨江王，三年之後，因侵佔太宗廟地一事交由中尉審訊，受迫自殺，景帝竟稱許郅都為「忠臣」。[82]可見郅都不避豪強貴戚，實際上是逢迎人主而痛施殺戮，殘及骨肉。

其他酷吏的性格就更為乖張了。如：寧成（?-141 BC），「為人小吏，必陵其長吏；為人上，操下如束溼薪，滑賊任威」。周陽由，「所愛者，撓法活之；所憎者，曲法誅滅之。所居郡，必夷其豪。為守，視都尉如令；為都尉，必陵太守，奪之治」。義縱（?-117 BC），「少為群盜」，居官「以鷹擊毛摯為治」。王溫舒（?-104 BC），「少時椎埋為姦」，為河內太守，「郡中豪猾相連坐千餘家。上書請，大者至族，小者乃死，家盡沒入償臧（贓）。……會春，溫舒頓足歎曰：『嗟乎，令冬月益展一月，足吾事矣！』」他還「姦猾窮治，大抵盡靡爛獄中，行論無出者」，讓多數罪犯在審訊期間就遭折磨致死。

這些殘酷的作為並非出於除惡務盡的偏執，依該傳所描述，酷吏往往故意出入人罪，弄權斂財，對法律毫不尊重。杜周為廷尉，「上所欲擠者，因而陷之；上所欲釋者，久繫待問而微見其冤狀」；他還有句名言：「前主所是著為律，後主所是疏為令，當時為是，何古之法乎！」對阿附君主、玩弄法令毫無愧怍。寧成，為中尉、內史時嚴厲打擊豪強，後遭權貴羅織入罪，自行脫逃返家，反而「貰貸買陂田千餘頃，假貧民，役使數千家。……致產數千金，為任俠，持吏長短，出從數十騎。其使民威重於郡守」，徹底化身為先前自己打擊的對象。王溫舒，「擇郡中豪敢任吏十

　也說：「此編循吏本旨，正取其與酷吏相反。」見氏著，《空山堂史記評註》，頁721。

[80] 本節以下酷吏事跡，除另注出處外，俱見《史記》，卷122，〈酷吏列傳〉，頁3803-3828。

[81] 《史記》，卷103，〈萬石張叔列傳〉，頁3352。

[82] 稱許郅都、甚至為其列於酷吏打抱不平者，歷代不乏其人，如〔唐〕權德輿、〔元〕黃震、〔明〕陳子龍，見《補標史記評林》，卷122，頁12，及頁2下-3上補標。

餘人，以為爪牙，皆把其陰重罪，而縱使督盜賊，快其意所欲得。此人雖有百罪，弗法；即有避，因其事夷之，亦滅宗」。他任中尉時以同樣方法治京師，「有勢家，雖有姦如山，弗犯；無執者，貴戚必侵辱」，最後因受賄罪自殺，「家累千金」。杜周、寧成和王溫舒都是令人畏懼的執法者，卻全然無視法律的尊嚴，甚至素性貪婪。

　　在酷吏中，趙禹（?-100 BC）和張湯（?-115 BC）是赫赫有名的制法者。武帝時，趙禹任太中大夫，張湯先為廷尉、後為御史大夫，兩人共同制訂了迫使官吏相互告訐的法令，「共論定諸律令，作〈見知〉、〈吏傳得相監司〉，用法益刻蓋自此始」。趙禹不結黨羽，性喜入人於罪，「見文法輒取，亦不覆案，求官屬陰罪」，並非真正尊重法律。張湯更善於逢迎君主和籠絡下屬，奏讞疑事時，「上所是，受而著讞決法廷尉，絜令揚主之明；奏事即譴，湯應謝，鄉上意所便，必引正、監、掾史賢者，曰：『固為臣議如上責臣，臣弗用，愚抵於此。』罪常釋。」籠絡上下的手段何其巧妙！「所治即上意所欲罪，予監史深禍者；即上意所欲釋，與監史輕平者。」能操弄於無形。太史公說他「文深意忌不專平」，一語道破，可謂誅奸諛於既死。

　　「奉法循理之吏」與酷吏的行徑形成鮮明的對照。簡單說：循吏寬容愛人，酷吏手段嚴酷；循吏以教化導民，酷吏則摧殘震懾吏民；循吏嚴以律己，酷吏弄權僥倖；循吏權衡事理，酷吏愛憎由己；循吏尊重職事和法度，耿直不阿，酷吏則舞文巧詆，逢君之惡；循吏「不伐功矜能」，酷吏則求「天子以為能」。[83]〈酷吏列傳〉的序論說：「法令者治之具，而非制治清濁之源也。」若問「制治清濁之源」何在？〈循吏列傳〉已經給了答案。

　　論政府職能的紊亂，〈平準書〉與〈酷吏列傳〉可說互為表裡。〈平準書〉從漢初與民休息的清靜之治，寫到武帝在國防、封禪和公共工程等多方面的擴張政策，造成國家藏帑迅速枯竭，於是財稅、貨幣和經濟政策不斷推陳出新，政府職能隨之驟變。〈酷吏列傳〉指出，改換幣制以求饒財，行鹽鐵專賣以收大利，藉財產稅（算緡）和獎勵告發（告緡）使申報不實的富人財產充公，凡此連串發展，關鍵人物就是張湯：

---

[83]　〈酷吏列傳〉中，言「天子以為能」或「上以為能」多達六人（趙禹、張湯、義縱、王溫舒、尹齊和楊僕），「天子以為盡力無私」一人（杜周），太史公反覆言之，既責武帝，亦責群吏。古文家多有見及此，如姚祖恩稱之為「傳中眼目」，見《史記菁華錄》，卷6，頁231。

縣官空虛，於是（張湯）丞上指，請造白金及五銖錢；籠天下鹽鐵，排富商大賈；出告緡令，鉏豪彊并兼之家；舞文巧詆以輔法。湯每朝奏事，語國家用，日晏，天子忘食。丞相取充位，天下事皆決於湯。百姓不安其生，騷動，縣官所興，未獲其利，姦吏並侵漁，於是痛繩以罪。則自公卿以下至於庶人咸指湯。[84]

張湯規劃的諸多法令政策，皆令百姓騷動不安。〈平準書〉則說：「入物者補官，出貨者除罪，選舉陵遲，廉恥相冒，武力進用，法嚴令具，興利之臣自此始」，「法既益嚴，吏多廢免」；「吏道益雜不選，而多賈人矣」；「兵所過縣，為以訾給毋乏而已，不敢言擅賦法矣」。嚴法和酷吏共生，用來打擊豪強、鎮壓盜賊和橫徵暴斂；因政府財政職能所需，又倚賴多謀私利的賈人為吏，徹底改變了漢初以來政、商分離的原則，官方吏習嚴重敗壞。武帝元鼎二年（115 BC），張湯畏罪自殺，王溫舒、孔僅、桑弘羊（?-80 BC）等人相繼重用，均輸、平準漸次施行，數年之後，「盡籠天下之貨物，貴即賣之，賤即買之」。[85]凡此種種，太史公都指為紊亂政府職能、與民爭利。他記下卜式的激憤之言：「縣官當食租衣稅而已，今弘羊令吏坐市列肆，販物求利！亨（烹）弘羊，天乃雨！」[86]〈平準書〉的記事結束於此，蓋財稅政策至此臻於極致，但更可怕的後果寫在〈酷吏列傳〉裡：[87]

至（杜）周為廷尉，詔獄亦益多矣。二千石繫者新故相因，不減百餘人。郡吏大府舉之廷尉，（如淳曰：「郡吏，太守也。」顏師古曰：「言郡吏、大府獄事皆歸廷尉也。大府，丞相、御史之府也。」）一歲至千餘章。章大者連逮證案數百，小者數十人；遠者數千，近者數百里。會獄，吏因責如章告劾，不服，以笞掠定之。於是聞有逮皆亡匿。獄久者至更數赦十有餘歲而相告言，大抵盡詆以不道，以上廷尉及中都官詔獄逮至六七萬人，吏所增加十萬餘人。[88]

84　《史記》，卷122，〈酷吏列傳〉，頁3813。

85　《史記》，卷30，〈平準書〉，頁1728-1737；《漢書》，卷19下，〈百官公卿表〉下，頁774-781。

86　《史記》，卷30，〈平準書〉，頁1738。

87　杜周為廷尉，據《漢書》，卷19下，〈百官公卿表〉下，頁781-785。

88　《史記》，卷122，〈酷吏列傳〉，頁3826-3827。註釋參據顏師古注，見《漢書》，卷60，

杜周在元封二年至天漢二年（109-99 BC）十年間為廷尉，此時詔獄大增。詔獄用來審理官吏、王侯、宗室、外戚和宮內等特殊身分的嫌犯。廷尉負責的詔獄專審公卿、太守等大吏，其餘則由中都官偵辦。當時告訐風行，一年案件多達千餘；每案牽連指控及作證人數眾多，獄吏又一心想證成告發的罪名，多以笞掠求招供認罪，而罪名又多屬「不道」大罪。使得詔獄被逮捕者多達六、七萬人，受牽連而在地方繫獄者又有十餘萬人，此外逃亡者尚多。根據〈百官公卿表〉，哀帝（7-1 BC在位）時全國「吏員自佐史至丞相，十二萬二百八十五人」，[89]而武帝後期在十年之間詔獄牽連的人數竟達十六、七萬人之多，可知政府遭到恐怖統治的反噬而徹底失控。原先為了打擊豪強、聚斂財富和推動新政而整肅官吏，但不擇手段的殘酷統治終究引發了恐懼和報復，告訐迅速蔓延，使整個官僚系統捲入罹罪和逃亡的風潮中。在這種情況下，盜賊四起，人民流離失所，乃至「海內虛耗，戶口減半」，[90]又何足為奇！

　　針對這盤動盪失序的政局，〈平準書〉提出了「先本絀末，以禮義防于利」的理想，[91]回歸堅持公義的政治準則。這固然是一種拔本塞原之論，但衰敗的風氣如何著手重整，該篇未及處理，〈循吏列傳〉為此提供具體的藍圖。[92]所謂「奉法循理」，公卿大吏必須有執道不回的道德精神，不阿從君主，陟黜貴賤不改其志；官吏的執法，必須甘於以法律己，施行於下才能得人信服；重視民生，善用教化，以柔性的手段導民興利，不與民爭利，多利用社會自身的調節機制而少所紛更，都是題中應有之義。上述種種要項的核心，就是為官必須「循理」，依據道義和事理權衡而行。

　　這種思維也與〈貨殖列傳〉的主張相表裡。〈貨殖列傳〉肯定由求利動機形成的經濟法則、以及社會分工互助的自然生態，期望政府善用這些機制來生財富國，批判國家壟斷利益的作為。許多學者好奇，重視德行、

　　〈杜周傳〉，頁2660。

[89] 見《漢書》，卷19上，〈百官公卿表〉上，頁743。這應當是哀帝時全國官吏的員額，做為參考值，可以想見武帝時詔獄牽連之廣，很高比例的政府官吏都牽連進去。

[90] 贊語中以此形容武帝所留下的殘局。見《漢書》，卷7，〈昭帝紀〉，頁233。

[91] 參考阮芝生，〈貨殖與禮義〉，《臺大歷史學報》，第19期（臺北，1996），頁1-50；呂世浩，〈平準與世變──《史記‧平準書》析論〉，《燕京學報》，新12期（北京，2002），頁7-60。

[92] 韓兆琦指出，〈循吏列傳〉「應與《平準書》之所講武帝時的吏治比較觀看」。雖未及發揮，但確有所見。參韓兆琦，《史記箋證》，頁5895。

主張「以禮義防于利」的太史公，何以竟在〈貨殖列傳〉裡寫下一心謀財致富的社會群相，接納近乎自主運行的經濟社會？其實，「先富後教」本是儒家政治思想的基本原則，民生富裕安樂被視為道德和政治的基礎；就連孔子也不曾否定好利之心。[93]〈貨殖列傳〉說：「善者因之，其次利道之，其次教誨之，其次整齊之，最下者與之爭。」[94]孫叔敖、子產、公儀休之所為，不外乎因勢、利導、教誨、整齊，不同的作為各有功效。而武帝與民爭利、不擇手段的壟斷政策，卻造成吏民流離、國家瓦解的後果。〈循吏列傳〉首先寫的孫叔敖的故事是教民開採山林，而武帝和孔僅、桑弘羊則盡縮山澤之利；楚莊王改幣，孫叔敖立諫而恢復舊制；楚莊王欲改庫車，孫叔敖不肯下令，以免人民不知所從。這些故事都在例示尊重社會機制、依循事理的原則。凡此種種並非神遊往古的感慨寄託，實在是針砭時弊、指引未來的規劃和期許。

太史公身後不久，發生了「鹽鐵議」的政策辯論。御史大夫桑弘羊強調工商交易求利的必要，卻主張由政府壟斷這些利益，支持官吏藉此謀私利。文學、賢良反對政府與民爭利，以安定民生為先，主張上下崇尚德義，但又屢發重農本而輕工商之論。相較之下，〈循吏列傳〉和〈貨殖列傳〉豈非更閎通縝密的折衷之道？

揚雄（53 BC-AD18）的《法言》論及酷吏和循吏時，用語十分犀利：

> 或問……酷吏。曰：「虎哉！虎哉！角而翼者也。」……或問循吏。曰：「吏也。」[95]

揚雄將酷吏比做戴角添翼的猛虎，[96]無比的殘暴凶猛；但對循吏，他只簡單的說：那才是「吏」。這意味著循吏應是對官吏的普遍期許，不是一種

---

[93] 《四書章句集注》，《論語》，卷4，〈述而第七〉，頁96。

[94] 《史記》，卷129，〈貨殖列傳〉，頁3949。

[95] 〔漢〕揚雄撰，〔清〕汪榮寶疏，《法言義疏》（北京：中華書局，1987），卷17，〈淵騫〉，頁460。

[96] 「角而翼者」形容老虎增添獸角和羽翼，本無可疑。然汪榮寶引俞樾《群經平議》：「角字本義當為鳥喙。《漢書‧董仲舒傳》：『予之齒者去其角，傅其翼者兩其足。』此二句以鳥獸對言。」汪氏據此曰：「虎而角翼，謂以猛獸而兼鷙鳥之利。」見汪榮寶疏，《法言義疏》，頁466-467。今按，虎有齒牙已自可畏，添鳥喙殊無謂。《淮南子‧墜形訓》曰：「戴角者無上齒」，「戴角」指頭生獸角，「無上齒」謂不以囓齒決勝負，指草食動物之天賦利器；董仲舒「予之齒者去其角」肉食動物。《法言》並用兩喻。俞、汪不辨其文理，說並非。

高不可攀的標準，也非為官者的個人風格。這一理解可說精準傳達出太史公的本意。

試看小序：「百姓無稱，亦無過行。」序論則說「亦可以為治」，這是多麼的低調！孫叔敖、子產和公儀休雖是賢相，但傳文只寫出為政風格，不涉及事功，漏略者多矣。石奢和李離除了嚴以律己的風範，沒提起有何幹濟之才。文末的贊語既無意綜合諸人優點，也沒有「文之以禮樂」那類抬高標準的意思。簡單說，「奉法（職）循理」不過是官吏該有的基本準則，各人大可有不同的表現和風格。這跟孔子所說「君子和而不同」，意思是一樣的。

五、略論《漢書・循吏傳》的得失

《史記・循吏列傳》意涵豐富，卻是無法複製的體裁。此傳僅藉「循吏」一名闡述理念，純然是太史公的一家之言，後人即使理解，也不必重申，泛引人物事跡增添例證也非適宜。它脫略時空、以意行文的體裁，無法承載書寫當代人事所應有的綿密內容。除非棄用「循吏」一名，否則只可重新定義，專就官吏中的特定類型寫出群相。《漢書・循吏傳》正是這麼做的。《漢書・循吏傳》不再提及「奉法（職）循理」的觀念，專寫以教化治民的「良二千石」。[97]這是成功的代換，卻也是顛覆性的改造。此後正史無不以《漢書》為典範，根本遺忘了「循吏」一語原來的意義。

不過，〈循吏傳〉的序文通論漢代整體的官吏風氣，還隱然承繼太史公論循吏的視野。序文多從正面立言，風格與《史記》不同，但的確著眼於全盤政局，以「移風易俗」、「化治」、「民所疾苦」、「服從教化」和人民的謳歌為線索來看待吏治的發展。序文很長，稍加刪節，以見大意：

> 漢興之初，反秦之敝，與民休息，……相國蕭、曹以寬厚清靜
> 為天下帥，民作「畫一」之歌。……至於文、景，遂移風易俗，是
> 時循吏如河南守吳公、蜀守文翁之屬，皆謹身帥先，居以廉平，不
> 至於嚴，而民從化。

---

[97] 《漢書・敘傳》小序說：「誰毀誰譽，譽其有試。泯泯群黎，化成良吏。淑人君子，時同功異。沒世遺愛，民有餘思。述循吏傳。」寫法和《史記》迥異，以教化人民和遺愛追思為要點，自屬另一種定義。見《漢書》，卷100下，〈敘傳下〉，頁4266。

　　孝武之世，外攘四夷，內改法度，民用彫敝，姦軌不禁，時少能以化治稱者，惟江都相董仲舒、內史公孫弘、兒寬居官可紀。三人皆儒者，通於世務，明習文法，以經術潤飾吏事，天子器之。仲舒數謝病去，弘、寬至三公。……

　　孝昭幼沖，霍光秉政，承奢侈師旅之後，海內虛耗，光因循守職，無所改作。至於始元、元鳳之間，匈奴鄉化，百姓益富，舉賢良文學，問民所疾苦，於是罷酒榷而議鹽鐵矣。

　　及至孝宣，……屬精為治，五日一聽事，自丞相已下各奉職而進。及拜刺史守相，輒親見問，觀其所繇，退而考察所行以質其言，有名實不相應，必知其所以然。常稱曰：「庶民所以安其田里而亡歎息愁恨之心者，政平訟理也。與我共此者，其唯良二千石乎！」以為太守，吏民之本也，數變易則下不安，民知其將久，不可欺罔，乃服從其教化。故二千石有治理效，輒以璽書勉厲，增秩賜金，或爵至關內侯，公卿缺則選諸所表以次用之。是故漢世良吏，於是為盛，稱中興焉。若趙廣漢、韓延壽、尹翁歸、嚴延年、張敞之屬，皆稱其位，然任刑罰，或抵罪誅。王成、黃霸、朱邑、龔遂、鄭弘、召信臣等，所居民富，所去見思，生有榮號，死見奉祀，此廩廩庶幾德讓君子之遺風矣。[98]

這篇序文勾勒的歷史宏大深廣，縱述西漢吏治風氣的轉移，兼論公卿和守相。在漢初，舉出相國蕭何（?-193 BC）、曹參（?-190 BC）和循吏吳公、文翁；武帝時吏治敗壞，「化治」可稱道的有董仲舒、公孫弘和兒寬（?-103 BC），任職江都相、內史（列九卿）和三公（丞相、御史大夫）；在霍光（?-68 BC）主政之後，宣帝關心民瘼，勵精圖治，丞相以下無不兢兢業業，郡守政績卓著者備受榮寵，可擢為公卿，於是良吏輩出。班固重視循吏和經術的關係，在武帝時期只舉出三位儒臣，且僅稱許其「以經術潤飾吏事」，含蓄中帶有批判。在霍光時期強調舉賢良文學，賢良文學正是儒生的代表，由他們反映出人民疾苦之情。宣帝所期勉的「良二千石」是班固表彰的重點，但班固又細做區分：趙廣漢（?-65 BC）、韓延壽（?-57 BC）、尹翁歸（?-62 BC）、嚴延年（?-58 BC）、張敞（?-48 BC）之屬，雖然「皆稱其

---

[98]　《漢書》，卷89，〈循吏傳〉，頁3623-3624。

位」，但為政「任刑罰」，個人「或抵罪誅」。班固將嚴延年歸入〈酷吏傳〉，趙、韓、尹、張別為一傳而沒有名目。寫入〈循吏傳〉的是王成、黃霸（130-51 BC）、朱邑（?-58 BC）、龔遂、召信臣等推行儒家禮樂教化的二千石。班固還以景、武之間最早興學校的蜀郡太守文翁為循吏冠首，而在《史記》裡並沒提過文翁。如此一來，〈循吏傳〉既勾繪出西漢吏治中禮樂教化的傳統，又以宣帝時的循吏做為理想的典型，循吏人物「德讓君子之遺風」也形成一致的風格。《漢書・循吏傳》所塑造的人物典型和教化傳統誠然令人印象深刻，其對此後政治文化影響之深，是《史記・循吏列傳》無法比擬的。

可是，照耀史冊的教化政績，雖說根植於儒家的理想，也得力於宣帝的厚賞。〈循吏傳〉另一可貴之處，在於含蓄揭露官吏趨風慕時的虛偽作風。顧炎武（1613-1682）指出：

> 古人作史，有不待論斷而于序事之中即見其指者，唯太史公能之。……後人知此法者鮮矣，惟班孟堅間一有之。……〈黃霸傳〉（按，在《漢書・循吏傳》）載張敞奏，見祥瑞多不以實。通傳皆褒，獨此寓貶，可謂得太史公之法者矣。[99]

此言於敘事中寓論斷，班固「間一有之」，下語矜慎不苟，但《漢書・循吏傳》所寫五人裡，除黃霸外，其實對文翁、王成二人也不無微詞。[100]王夫之（1619-1692）對西漢循吏有細緻的分辨和批評，他說：

---

[99] 顧炎武撰，黃汝成集釋，《日知錄集釋》，卷26，〈史記于序事中寓論斷〉，頁1下。〈黃霸傳〉是〈循吏傳〉中最長的傳記，寫黃霸為人「外寬內明」，手段極工巧。又載黃霸任潁川太守八年，「鳳皇神爵數集郡國，潁川尤多」；後來擢為丞相時，「有鶡雀飛止丞相府屋上，丞相以下見者數百人。逯遷多知鶡雀者，問之，皆陽不知。丞相圖議上奏曰：『臣問上計長吏守丞以興化條，皇天報下神爵。』」這件故事徹底揭露他以偽飾逢迎來博取虛名的作風。見《漢書》，卷89，〈循吏傳〉，頁3632。

[100] 《漢書・循吏傳》說，文翁：「常選學官僮子，使在便坐受事。每出行縣，益從學官諸生明經飭行者與俱，使傳教令，出入閨閣。縣邑吏民見而榮之，數年，爭欲為學官弟子，富人至出錢以求之。」這是利用虛榮心來獎勵向學。《漢書・地理志下》說：「景、武間，文翁為蜀守，教民讀書法令，未能篤信道德，反以好文刺譏，貴慕權勢。」這是與〈循吏傳〉互足的微詞。見《漢書》，卷89，〈循吏傳〉，頁3626；卷28下，〈地理志下〉，頁1645。許多人批評太史公寫循吏竟不傳文翁，不知文翁為政實與〈循吏列傳〉的旨趣大有逕庭。王成是宣帝最先襃揚的守相，但他「偽自增加（戶口），以蒙顯賞」。見《漢書》，卷89，〈循吏傳〉，頁3627。

宣帝重二千石之任，而循吏有餘美，龔遂、黃霸、尹翁歸、趙廣漢、張敞、韓延壽，皆藉藉焉。跡其治之得失，廣漢、敞、霸皆任術而託跡於道：廣漢、敞以虔矯任刑殺，而霸多偽飾。寬嚴異，而求名太急之情一也。延壽以禮讓養民，庶幾於君子之道，而為之已甚者亦飾也；翁歸雖察而執法不煩；龔遂雖細而治亂以緩，較數子之間，其愈矣乎！

要此數子者，唯廣漢專乎俗吏之為，而得流俗之譽為最；其餘皆緣飾以先王之禮教。而世儒以為漢治近古，職此由也。夫流俗之好尚，政教相隨以濫；禮文之緣飾，精意易以相蒙。兩者各有小著之效，而後先王移風易俗、緣情定禮之令德永息於天下。救之者，其惟簡乎！故夫子言南面臨民之道而甚重夫「簡」。以法術之不可任，民譽之不可干，中和涵養之化不可以旦夕求也。[101]

船山批評宣帝時的疆吏往往求名太急而多偽飾；論為政愛民而不慕虛名，唯有〈循吏傳〉中的龔遂，及不在〈循吏傳〉的尹翁歸，[102]較值得尊敬。他以為唯有以孔子所說的「簡」為為政的要旨，不用法術、不貪速效且不求聲名，才可望企及教化之精意，這番見解其實闇合太史公〈循吏列傳〉質樸低調的旨趣。相較之下，班固〈循吏傳‧序〉所舉武帝朝教化的楷模，如公孫弘之「曲學阿世」，兒寬依附張湯，任御史大夫「久無有所匡諫」而受屬下輕蔑，[103]實在大有可議。

總之，〈循吏傳〉樹立了勵行教化的官吏典型，且能美惡不掩，成就

---

[101] 〔清〕王夫之撰，《讀通鑑論》（北京：中華書局，1975），卷4，〈宣帝〉，頁100-101。按，孔子言臨民尚簡，見於《論語‧雍也》首章和仲雍的對話：「子曰：『雍也可使南面。』仲弓問子桑伯子，子曰：『可也，簡。』仲弓曰：『居敬而行簡，以臨其民，不亦可乎？居簡而行簡，無乃大簡乎？』子曰：『雍之言然。』」朱《注》曰：「仲弓以夫子許己南面，故問伯子如何。」見《四書章句集注》，頁83-84。按，《論語注疏》以「仲弓問子桑伯子」以下別為一章，《集注》合前為一章，王夫之的解讀從朱子。

[102] 史載龔遂為昌邑國郎中令，昌邑王賀多不正，遂內諫爭於王，外責傅相，至於涕泣，蹇蹇亡已。治渤海郡，化盜賊為良民，使吏民富實，獄訟止息。見《漢書》，卷89，〈循吏傳〉，頁3637-3641。尹翁歸為平陽市吏，霍氏奴客莫敢犯者。拜東海太守，廷尉于定國不敢干以私。治郡能以一警百，吏民自新。守右扶風時緩於小弱，急於豪彊。清絜自守，語不及私，然不以行能驕人。見《漢書》，卷76，〈趙尹韓張兩王傳〉，頁3206-3209。

[103] 公孫弘事跡見《史記》，卷111，〈平津侯主父列傳〉，頁3573-3576；兒寬事跡見《史記》，卷121，〈儒林列傳〉，頁3795-3796。

斐然；但若欲知人論世，尚不足以傳達政治的最高理想。〈循吏列傳〉的宏識孤懷，看似寥寥千古少有知音，卻蘊含著儒、道思想的根本精神，值得重新認識和闡發。

結語

〈太史公自序〉曾說：「夫《詩》、《書》隱約者，欲遂其志之思也。」[104]隱約難解之文往往寓有特殊的深意，〈循吏列傳〉正是如此。因為作意深微，文體特殊，這篇傳記也招致許多誤解。武帝時代因急功近利，導致酷吏橫行，吏風敗壞，太史公在多篇作品中對其來龍去脈做了深刻的記載和剖析，〈循吏列傳〉則是一劑正本清源的處方。

〈循吏列傳〉篇首的「太史公曰」，揭示「奉法（職）循理」為「循吏」的精神，主張官吏循理是維繫法治、贏得人民信賴尊重的最後基礎。本文指出，「循理」一詞兼有「循道義之理」和「依事物之理」兩重含意，分別淵源於儒、道兩家思想，兩者都可從人物故事中得到印證。循吏行事正直，合於道義，順應事理，以民生為優先，且虛懷淡泊，具有自省和犧牲的精神。由於對職務、對制度自有信念，能在大是大非處自做權衡，不阿附君上，甚至不輕易討好下民，更別說是往故公義而圖謀私利了。傳中人物故事僅是「奉法（職）循理」觀念的註腳，因此，或取自子書所載逸聞，或今已不知所據，全未從太史公素來信賴的《左傳》等經傳取材。人物背景單薄，不依時代為序，不做多方面描寫，不談事功成就，有時不顧《史記》他處的史實架構，因為目的本不在傳真寫實，純粹作為說明理念的事證而已。整體而言，本傳人物除了石奢和李離的遭遇類似之外，孫叔敖、子產和公儀休其實風格迥異。太史公對循吏的期許，當寓有「君子和而不同」的含意。

〈循吏列傳〉的文體近於《呂氏春秋》、《韓非子》、《韓詩外傳》、《新序》、《說苑》等子書，在史學確立之後，寫史無法蹈襲此種體裁；循吏豐富多樣的行事作風也難以劃定類型和界線。班固作《漢書‧循吏傳》時，保留了循吏之名而另立標準，專寫「良二千石」，塑造出教化型官吏的典型，對史學和政治文化都影響深遠。可是，讀者如能重新認

---

[104] 《史記》，卷130，〈太史公自序〉，頁4006。

識《史記‧循吏列傳》中「奉法（職）循理」的意義，或許會同意：太史
公寫下的「循吏」事蹟，闡述了一種「有治人而後有治法」的政治思想，
不僅針對其時代危機所提供的藥方，也是平實深允、具有普遍意義的政治
理念。在中國政治思想史上，〈循吏列傳〉的洞識是不該遺忘的。

附錄 《史記‧循吏列傳》傳文綱目

循吏列傳第五十九[105]	綱目
太史公曰：法令，所以導民也；刑罰，所以禁姦也。文武不備，良民懼然身修者，官未曾亂也。奉職循理，亦可以為治，何必威嚴哉？	**序論** 奉職循理（解題）
孫叔敖者，楚之處士也。虞丘相進之於楚莊王以自代也；三月為楚相。施教導民，上下和合，世俗盛美。政緩禁止，吏無姦邪，盜賊不起。秋冬則勸民山採，春夏下以水。[106]各得其所便。民皆樂其生。	**孫叔敖傳** 導民樂生（政綱）
莊王以為幣輕，更以小為大。百姓不便，皆去其業。市令言之相曰：「市亂，民莫安其處，次行不定。」相曰：「如此幾何頃乎？」市令曰：「三月頃。」相曰：「罷，吾今令之復矣。」後五日，朝，相言之王曰：「前日更幣，以為輕。今市令來言曰：『市亂，民莫安其處，次行之不定。』臣請遂令復如故。」王許之，下令三日而市復如故。	復幣安民（政事）
楚民俗好庳車，王以為庳車不便馬，欲下令使高之。相曰：「令數下，民不知所從，不可。王必欲高車，臣請教閭里使高其梱。乘車者皆君子，君子不能數下車。」王許之。居半歲，民悉自高其車。此不教而民從其化，近者視而效之，遠者四面望而法之。故三得相而不喜，知其材自得之也；三去相而不悔，知非己之罪也。	高車變俗（政事） 民自從化（政績） 自信不移（為人）

《史記‧循吏列傳》傳文依據中華書局點校本二十四史修訂本，重經校訂和標點。

106 中土各本俱缺「下」字，日本古鈔本楓、三、南化、掖本皆有之。瀧川龜太郎以為當有「下」字，乃與《集解》引徐廣曰「乘多水時而出材竹」義合。其說可從。參註23。

循吏列傳第五十九	綱目
子產者，鄭之列大夫也。鄭昭君之時，以所愛徐摯為相，國亂，上下不親，父子不和。大宮子期言之君，以子產為相。為相一年，豎子不戲狎，斑白不提挈，僮子不犁畔。二年，市不豫賈。三年，門不夜關，道不拾遺。四年，田器不歸。五年，士無尺籍，喪期不令而治。	**子產傳** 教化之功（政績）
治鄭二十六年而死。丁壯號哭，老人兒啼，曰：「子產去我死乎！民將安歸？」	民思遺愛（政績）
公儀休者，魯博士也。以高弟為魯相。奉法循理，無所變更，百官自正。使食祿者不得與下民爭利，受大者不得取小。	**公儀休傳** 奉法循理（政綱） 不爭民利（政綱）
客有遺相魚者，相不受。客曰：「聞君嗜魚，遺君魚，何故不受也？」相曰：「以嗜魚，故不受也。今為相，能自給魚；今受魚而免，誰復給我魚者？吾故不受也。」食茹而美，拔其園葵而棄之。見其家織布好，而疾出其家婦，燔其機，云「欲令農士工女安所讎其貨乎」？	廉不受魚（行事） 拔棄園葵（行事） 焚機出婦（行事）
石奢者，楚昭王相也。堅直廉正，無所阿避。行縣，道有殺人者，相追之，乃其父也。縱其父而還自繫焉。使人言之王曰：「殺人者，臣之父也。夫以父立政，不孝也；廢法縱罪，非忠也；臣罪當死。」王曰：「追而不及，不當伏罪，子其治事矣。」石奢曰：「不私其父，非孝子也；不奉主法，非忠臣也。王赦其罪，上惠也；伏誅而死，臣職也。」遂不受令，自刎而死。	**石奢傳** 廉正無阿（為人） 縱父自刎（行事）
李離者，晉文公之理也。過聽殺人，自拘當死。文公曰：「官有貴賤，罰有輕重。下吏有過，非子之罪也。」李離曰：「臣居官為長，不與吏讓位；受祿為多，不與下分利。今過聽殺人，傅其罪下吏，非所聞也。」辭不受令。文公曰：「子則自以為有罪，寡人亦有罪邪？」李離曰：「理有法，失刑則刑，失死則死。公以臣能聽微決疑，故使為理。今過聽殺人，罪當死。」遂不受令，伏劍而死。	**李離傳** 過聽自裁（行事）

<table>
<tr><td>

循吏列傳第五十九

太史公曰：孫叔敖出一言，郢市復。子產病死，鄭民號哭。公儀子見好布而家婦逐。石奢縱父而死，楚昭名立。李離過殺而伏劍，晉文以正國法。

</td><td>

綱目

贊語

</td></tr>
</table>

跨越想像的邊界：族群‧禮法‧社會
──中國史國際學術研討會議程

時間	102年11月29日（五）				
08:30-09:10	報　到				
09:10-09:20	開幕式／貴賓致詞				
09:20-10:10	專題演講：三十年來的鄉族研究與地域社會論				
	引言人：林麗月　　　　　講者：森正夫				
10:10-10:30	茶　敘				
時間	場次	主持人	發表人	論文題目	評論人
10:30-12:00	A-1	呂芳上	吳有能	歷史、離散與身分：當代港台華文歌詞中的中國身分的多部對唱	莊佳穎
			陳進金	現代中國的想像與建構：蔣介石及其《中國之命運》	劉維開
			陳惠芬	域外知識的選擇與建構──二十世紀上半葉拉斯基（Harold J. Laski）政治多元論在中國的傳播	潘光哲
12:00-13:30	午　餐				
13:30-14:35	B-1	賴惠敏	葉高樹	繙譯考試與清朝旗人的入仕選擇	林士鉉
			陳國棟	寂寞的皇叔──慎郡王允禧（1711-1758）及其交遊	鄭永昌
14:35-14:45	休　息				
14:45-15:50	C-1	張哲郎	李和承	明中葉東南沿海「倭寇」多國身分及其走私貿易活動	張秀蓉
			邱仲麟	奔嫁殆盡──明代採選秀女的社會恐慌	巫仁恕
15:50-16:10	茶　敘				
16:10-17:40	D-1	黃寬重	方震華	和戰、道德與夷夏──北宋棄地求和論的分析	蔣武雄
			沈宗憲	宋代詔葬之研究	劉馨珺
			陳昭揚	金代的入仕之途及其遷轉之道	林煌達

時間	\multicolumn{4}{c}{102年11月30日（六）}	
08:30-09:20	\multicolumn{5}{c}{報　　到}
09:20-10:10	\multicolumn{5}{c}{專題演講：追尋早期中國的社會與人群：以東南土著為例的測試 引言人：邱添生　　　　講者：陳弱水}
10:10-10:40	\multicolumn{5}{c}{茶　　敘}
時間	場次	主持人	發表人	論文題目	評論人
10:40-11:45	A-2	高明士	妹尾達彥	從太極宮到大明宮：唐代宮城空間的變遷與都城社會構造的轉型	廖幼華
			金相範	唐代自然災害與民間信仰	桂齊遜
11:45-13:30	\multicolumn{5}{c}{午　　餐}
13:30-15:00	B-2	張廣達	劉淑芬	宋代的羅漢信仰及其儀式——從大德寺宋本「五百羅漢圖」說起	李玉珉
			陳俊強	漢唐之間的「乞鞫」	陳登武
			甘懷真	魏晉南北朝時期的胡族國家政體	陳俊強
15:00-15:20	\multicolumn{5}{c}{茶　　敘}
15:20-16:50	C-2	杜正勝	閻鴻中	《史記‧循吏列傳》的法制職分論	王仁祥
			黃銘崇	從基於親屬的國家到官僚的國家——殷周變革的一個面向	李訓詳
			陳健文	試論漢代文獻中的「秦胡」問題	林冠群
16:50-17:50	\multicolumn{5}{c}{綜合討論 引言人：杜正勝、邱添生、黃寬重、陳國棟、陳秀鳳}
17:50-18:00	\multicolumn{5}{c}{閉幕式}

※各場次主持人引言5分鐘，論文宣讀每篇15分鐘，評論每篇7分鐘，發表人回應每人各3分鐘，綜合討論10分鐘。

跨越想像的邊界：族群・禮法・社會 ——中國史國際學術研討會主題演講暨論文發表人名單		
主題演講人		
	姓名	服務學校／職稱	發表論文名稱

	姓名	服務學校／職稱	發表論文名稱
1	〔日〕森正夫	名古屋大學、愛知縣立大學名譽教授	近三十年來的鄉族研究與地域社會論
2	陳弱水	國立臺灣大學歷史學系特聘教授、國立臺灣大學文學院院長、中央研究院歷史語言研究所合聘研究員	試說早期中國的社會與族群

論文發表人			
1	〔加〕吳有能（William Wood）	香港浸會大學宗教及哲學系副教授	History, Diaspora and Identity: The Polycloral Antiphony of Chinese Identity Reflected in the Chinese Song Lyrics in Contemporary Hong Kong and Taiwan 歷史、離散與身分：當代港台華文歌詞中的中國身分的多部對唱
2	陳進金	東華大學歷史學系副教授兼系主任	現代中國的想像與建構：蔣介石及其《中國之命運》
3	陳惠芬	臺灣師範大學歷史學系副教授	域外知識的選擇與建構——二十世紀上半葉拉斯基（Harold J. Laski）學說在中國的傳播
4	葉高樹	臺灣師範大學歷史學系教授	繙譯考試與清朝旗人的入仕選擇
5	陳國棟	中央研究院歷史語言研究所研究員	寂寞的皇叔——慎郡王允禧（1711-1758）及其交遊
6	〔韓〕李和承	Seoul Digital University（首爾數位大學）中國學系教授	商與賊，明清中國沿海的和平與紛爭
7	邱仲麟	中央研究院歷史語言研究所研究員	奔嫁殆盡——明代採選秀女的社會恐慌
8	方震華	臺灣大學歷史學系副教授	和戰、道德與夷夏——北宋棄地求和論的分析
9	沈宗憲	臺灣師範大學國際與僑教學院人文社會學科副教授	宋代詔葬之研究
10	陳昭揚	臺灣師範大學歷史學系助理教授	金代官員選任制度概說
11	〔日〕妹尾達彥	日本中央大學文學部教授	想像的街巷、故事的都城
12	〔韓〕金相範	韓國外國語大學校人文大學史學科副教授	吳越時期杭州祠廟與都市景觀
13	劉淑芬	中央研究院歷史語言研究所研究員	中古佛教儀軌中的「茶供養」
14	陳俊強	臺北大學歷史學系教授兼系主任	六朝隋唐的嶺南想像
15	甘懷真	臺灣大學歷史學系教授兼系主任	魏晉南北朝時期的胡族國家政體
16	閻鴻中	臺灣大學歷史學系助理教授	先秦時代公私觀念的多角度探討
17	黃銘崇	中央研究院歷史語言研究所副研究員	從基於親屬的國家到官僚的國家——般周變革的一個面向
18	陳健文	臺灣師範大學歷史學系副教授	試論漢代文獻中的『秦胡』問題

※本表所列職稱，係以2013年11月29、30日為準。

跨越想像的邊界：族群‧禮法‧社會 —中國史國際學術研討會引言人、主持人暨評論人名單	
引言人	
姓名	服務學校／職稱
1 林麗月	臺灣師範大學歷史學系教授
2 邱添生	臺灣師範大學歷史學系兼任教授
3 黃寬重	中央研究院歷史語言研究所兼任研究員、長庚大學醫學系人文及社會醫學科講座教授
主持人	
1 呂芳上	國史館館長、中央研究院近代史研究所兼任研究員
2 賴惠敏	中央研究院近代史研究所研究員
3 張哲郎	政治大學歷史學系名譽教授
4 黃寬重	中央研究院歷史語言研究所兼任研究員、長庚大學醫學系人文及社會醫學科講座教授
5 高明士	臺灣大學歷史學系名譽教授
6 張廣達	中央研究院院士、歷史語言研究所通信研究員、政治大學歷史學系講座教授
7 杜正勝	中央研究院歷史語言研究所通信研究員、長榮大學台灣研究所講座教授
評論人	
1 莊佳穎	臺灣師範大學台灣語文學系助理教授
2 劉維開	政治大學歷史學系教授
3 潘光哲	中央研究院近代史研究所副研究員
4 林士鉉	臺北大學歷史學系助理教授
5 鄭永昌	國立故宮博物院圖書文獻處副研究員
6 張秀蓉	中正大學歷史學系副教授
7 巫仁恕	中央研究院近代史研究所副研究員
8 蔣武雄	東吳大學歷史學系教授
9 劉馨珺	嘉義大學通識教育中心副教授兼教學組組長
10 林煌達	淡江大學歷史學系副教授
11 廖幼華	中正大學歷史學系教授
12 楊俊峰	東吳大學歷史學系助理教授
13 李玉珉	國立故宮博物院書畫處研究員兼處長、臺灣大學藝術史研究所兼任教授
14 陳登武	臺灣師範大學歷史學系教授
15 陳俊強	臺北大學歷史學系教授兼系主任
16 王仁祥	中興大學歷史學系助理教授
17 李訓祥	臺北大學歷史學系助理教授
18 林冠群	中國文化大學史學系教授兼文學院院長、中正大學歷史系兼任教授

※本表所列職稱，係以2013年11月29、30日為準。

會議組織暨工作人員

主辦單位

國立臺灣師範大學歷史學系

指導單位

教育部、行政院國家科學委員會、國立臺灣師範大學研究發展處、
國立臺灣師範大學文學院

籌備委員會

召 集 人：陳秀鳳（國立臺灣師範大學歷史學系副教授兼系主任）

秘 書 長：葉高樹（國立臺灣師範大學歷史學系教授）

籌備委員：陳登武（國立臺灣師範大學歷史學系教授）

呂春盛（國立臺灣師範大學歷史學系教授）

陳健文（國立臺灣師範大學歷史學系副教授）

陳昭揚（國立臺灣師範大學歷史學系助理教授）

執行委員會

召 集 人：陳秀鳳

秘 書 長：葉高樹

文 書 組：林麗月、劉紀曜、呂春盛、鄧世安、杜祐寧、黃于庭

議 事 組：陳豐祥、劉文彬、陳惠芬、陳昭揚、邱藍萍、吳雅琪、
林益德、楊鎮魁、張哲翰、莊郁麟、羅元祺、任立瑜、
張秀卿、胡齊峰

總 務 組：吳文星、陳登武、吳志鏗、石蘭梅、李文珠、張穎德、
林宗達、張君川、蔡俏霖、陳泓瑞、李承諺、何相樞

公 關 組：朱鴻、蔡淵洯、邱榮裕、陳健文、楊彥彬、王美芳、鈴
木哲造、末武美佐、韓哲旻、林佩蓉、林怡玟、翁翊
瑄、簡佑宇、邱婷婷

編 輯 組：黃千嘉、陳鴻明、齊汝萱

史地傳記類　PC0718

第一屆 跨越想像的邊界：
族群・禮法・社會
——中國史國際學術研討會 論文集

主　　編／陳惠芬
編輯校對／黃千嘉、陳鴻明、齊汝萱
責任編輯／鄭伊庭
圖文排版／楊家齊
封面設計／楊廣榕

編　　印／國立臺灣師範大學歷史學系
發 行 人／宋政坤
法律顧問／毛國樑　律師
出版發行／秀威資訊科技股份有限公司
　　　　　114台北市內湖區瑞光路76巷65號1樓
　　　　　電話：+886-2-2796-3638　傳真：+886-2-2796-1377
　　　　　http://www.showwe.com.tw
劃撥帳號／19563868　戶名：秀威資訊科技股份有限公司
　　　　　讀者服務信箱：service@showwe.com.tw
展售門市／國家書店（松江門市）
　　　　　104台北市中山區松江路209號1樓
　　　　　電話：+886-2-2518-0207　傳真：+886-2-2518-0778
網路訂購／秀威網路書店：https://store.showwe.tw
　　　　　國家網路書店：http://www.govbooks.com.tw

2018年6月　BOD一版
定價：880元

國家圖書館出版品預行編目

第一屆 跨越想像的邊界：族群.禮法.社會: 中國史國際學術
研討會論文集 / 陳惠芬主編. -- 一版. -- 臺北市：秀威資訊
科技, 2018.06
　　面；　公分. -- (史地傳記類)
BOD版
ISBN 978-986-326-566-5(平裝)

1. 中國史 2. 文集

617   107008005

讀者回函卡

感謝您購買本書，為提升服務品質，請填妥以下資料，將讀者回函卡直接寄回或傳真本公司，收到您的寶貴意見後，我們會收藏記錄及檢討，謝謝！
如您需要了解本公司最新出版書目、購書優惠或企劃活動，歡迎您上網查詢或下載相關資料：http:// www.showwe.com.tw

您購買的書名：＿＿＿＿＿＿＿＿＿＿＿＿＿＿＿＿＿＿＿＿＿＿

出生日期：＿＿＿＿＿年＿＿＿＿＿月＿＿＿＿＿日

學歷：□高中 (含) 以下　　□大專　　□研究所 (含) 以上

職業：□製造業　□金融業　□資訊業　□軍警　□傳播業　□自由業
　　　□服務業　□公務員　□教職　　□學生　□家管　　□其它＿＿＿

購書地點：□網路書店　□實體書店　□書展　□郵購　□贈閱　□其他

您從何得知本書的消息？

　□網路書店　□實體書店　□網路搜尋　□電子報　□書訊　□雜誌
　□傳播媒體　□親友推薦　□網站推薦　□部落格　□其他＿＿＿＿＿

您對本書的評價：(請填代號　1.非常滿意　2.滿意　3.尚可　4.再改進)

　封面設計＿＿　版面編排＿＿　內容＿＿　文／譯筆＿＿　價格＿＿

讀完書後您覺得：

　□很有收穫　□有收穫　□收穫不多　□沒收穫

對我們的建議：＿＿＿＿＿＿＿＿＿＿＿＿＿＿＿＿＿＿＿＿＿＿

＿＿＿＿＿＿＿＿＿＿＿＿＿＿＿＿＿＿＿＿＿＿＿＿＿＿＿＿＿＿

＿＿＿＿＿＿＿＿＿＿＿＿＿＿＿＿＿＿＿＿＿＿＿＿＿＿＿＿＿＿

＿＿＿＿＿＿＿＿＿＿＿＿＿＿＿＿＿＿＿＿＿＿＿＿＿＿＿＿＿＿

11466
台北市內湖區瑞光路 76 巷 65 號 1 樓

秀威資訊科技股份有限公司 　　收

BOD 數位出版事業部

⋯⋯⋯⋯⋯⋯⋯⋯⋯⋯⋯⋯⋯⋯⋯⋯⋯⋯⋯⋯⋯⋯⋯⋯⋯⋯⋯

（請沿線對折寄回，謝謝！）

姓　　名：＿＿＿＿＿＿＿＿＿　年齡：＿＿＿＿　性別：□女　□男

郵遞區號：□□□□□

地　　址：＿＿＿＿＿＿＿＿＿＿＿＿＿＿＿＿＿＿＿＿＿＿＿＿＿

聯絡電話：(日) ＿＿＿＿＿＿＿＿＿＿＿ (夜) ＿＿＿＿＿＿＿＿＿＿＿

E - m a i l：＿＿＿＿＿＿＿＿＿＿＿＿＿＿＿＿＿＿＿＿＿＿＿＿＿